기업범죄

양동석·김현식 공저

법영사

머 리 말

대학에서 기업법제를 연구하며 가르친 세월이 어느새 30년을 훌쩍 넘겼다. 그동안 기업관련 법률들은 매우 복잡해졌고 그 숫자도 많아졌다. 선진국의 제도들도 많이 도입되었고 우리만이 갖는 제도도 눈에 띄게 증가하였다. 다행스럽게도 우리 기업이 국민경제 발전에 혁혁한 기여를 하였고, 인류의 생활을 풍요롭게 하는데 크게 공헌하였다고 생각한다. 이제 대학의 교수직에서 물러나야 할 때가 되어 기업법제를 회고해 보니, 그동안 괄목할만한 학문의 발전에도 불구하고 아직도 기업의 현장에서는 비리행위가 우려스러울 정도로 빈번히 나타나는 것으로 보인다.

기업법제는 지속적으로 지배구조의 개선을 통하여 이해관계인의 이익을 조정하고, 더 효율적이고 투명하게 경영되도록 거듭 발전해 나가야 한다. 그러나 법과 제도의 정비만으로써 정의롭고 풍요로운 사회를 건설할 수 있을 것인지 생각하지 않을 수 없다. 우리 인간에게 탐욕과 집착이 도사리고 있는 한 기업내부에서 발생하는 위법행위는 근절될 수 없을 것이고 이 피해는 고스란히 국민들에게 전가될 수밖에 없을 것이다. 미래사회에서도 기업과 기업가는 더 강력한 힘으로 국민 앞에 필요악으로서 존재하게 될 것이다.

법의 허용범위를 넘나들고 있는 대주주, 경영자, 기업 관련자들에게 어떤 가치관이 필요한가 하는 문제는 참으로 중요하고, 절실하다고 생각한다. 정책에 따라 기업에게 허용되는 행위의 범주가 달라지고, 종래부터 관행적으로 행해지고 있는 행위이고, 알려지면 회사에 충성이고 모르면 그냥 넘어가는 수많은 기업관련 범법행위 때문에 경쟁기업과 국민들은 견딜 수 없는 고통을 부담해야 한다면 현대사회의 큰 병폐가 아닐 수 없다.

기업을 일으키기도 쉽고, 영업하기도 쉬운 사회적 환경이 만들어져야 하지만, 기업은 마땅히 자율적이고 공정하게 경쟁하고 이해를 조정하고 사회에 기여하여야 한다. 또 국제적 경쟁력을 갖추고 인류공영에 이바지하여야 한다. 기업가는 수단과 방법을 가리지 않고 사익만을 추구하는 참빗장수 같은 좀스러움을 탈피하여 국가와 세계를 품에 안을 수 있는 크고 따뜻한 윤리관을 지녀야 하는 것이다.

그러나 불법과 탈법적 방법으로써 법망을 이리저리 피하고, 사익을 도모하기 위하여 사실을 은폐조작하고, 국민에게 피해를 끼치는 기업가가 있다면 국가와 사회의 신뢰와 기대를 저버리는 것이므로 이에 대해서는 개인적 관계보다 더 엄중하게 문책을 하고, 무거운 처벌을 하여야 할 것이다.

그동안 기업관련 법률 내부에 들어 있는 벌칙조항에 관하여 관심을 갖지 못했지만, 최근 형법 각론보다 많은 벌칙조항이 기업관련 법률들에 내재되어 있음을 발견하고 새삼 놀라움을 감추지 못하였다. 그동안 본인의 학문이 일천하여 이 부분에 대하여 중요하게 생각하지 못했던 것이 사실이다. 또 기업법제를 공부하면서 형사문제까지 들추어 보기는 다소 부담스럽기도 해서 차일피일 미루어 오던 것이 30여년을 넘기게 되었다. 이제 와서 생각하니, 기업가의 인격이나 가치관에 호소하고 민사책임이나 묻는 사법적 측면의 기업법제 연구방법만이 아니라 행위자를 벌하고, 기업가와 대주주를 벌하며, 기업을 벌하여 행정목적을 달성하기 위한 법제도 경제정의 실현을 위하여 매우 중요하다는 것을 알게 되었다.

본서는 기업관련 법률의 벌칙조항을 한 곳에 묶어서 체계적으로 설명하여 학생들뿐만 아니라 관련분야 종사자들이 쉽게 볼 수 있도록 할 목적으로 집필하였다. 다만 관련법의 범위가 너무 방대하고, 자신의 능력의 한계 때문에 선배제현의 역작을 주로 참고하여 체계화 하였으나, 그 인용의 표시도 제대로 하지 못하여 송구한 마음을 감출 수 없다. 기업관련 범죄에 관한 설명서를 서둘러 출판하고 싶다는 의욕과 조급한 성질 때문에 또 우를 범하여 선배제현께 또 누를 끼쳤으니, 넓은 마음으로 용서해 주시길 바라는 마음이다.

본서의 제1편에서는 기업범죄를 이해하기 위한 총론으로서 형법의 중요한 원리를 정리하였고, 제2편 각론에서는 회사법상의 벌칙조항에 의한 범죄, 독점규제 및 공정거래법상의 범죄, 자본시장 및 금융투자업에 관한 법률상의 범죄, 기타 경제법상의 범죄 순으로 각 장을 엮어보았다. 그리고 부록에서는 법전을 소지하기가 쉽지 않을 것을 생각하여 상법 회사편, 독점규제 및 공정거래법, 자본시장 및 금융투자업에 관한 법률을 수록하여 독자가 쉽게 법률을 참고할 수 있도록 하였다. 판례를 인용할 때도 번호만 표시하고 그 내용은 생략하여 독자들이 찾아갈 수 있도록 하였다.

끝으로 본서를 출판하기까지 물심양면으로 협조해주신 법영사 고호균 과장님을 비롯한 관계자 여러분께 감사드린다. 또 원고를 함께 쓰고 내용을 수정한 광주은행 김현식 박사, 정리 및 편집을 한 조선이공대학교 박승남 교수, 교정을 위해 노력한 대학원생 양동희 군과 본서를 집필하도록 용기를 주며 충고해준 신경대학교 문주우 교수께 감사의 마음을 표하고 싶다. 앞으로 이 분들이 더욱 다듬고 연구를 가하여 훌륭한 저서로 발전해 가기를 기대한다.

2014. 7.

대표저자 조선대학교 명예교수 법학박사 양동석

참고문헌

양동석, 한·중·일 비교회사법, 법영사, 2012.
이철송, 회사법, 박영사, 2014.
정찬형, 상법강의, 박영사, 2014.
최준선, 회사법, 삼영사, 2012.
정호열, 경제법, 박영사, 2013.
권오승, 경제법, 법문사, 2005.
임재연, 자본시장법, 박영사, 2103.
이재상, 형법총론, 박영사, 2010.
이재상, 형법각론, 박영사, 2010.
임　웅, 형법총론, 법문사, 2005.
한석훈, 기업범죄의 쟁점연구, 법문사, 2013.
기업범죄연구회, 기업범죄연구, 경인문화사, 2011.
小林英明, 企業犯罪 基礎知識, 中央經濟社, 2013.

차 례

제 1 편 기업범죄 총론

제 2 편 기업범죄 각론

제 I 편

기업범죄 총론

제 1 장 기업범죄의 의의와 특성

기업은 영리를 추구하기 위하여 다양한 활동을 하며, 많은 임직원의 조직을 통하여 그 직무를 수행하고 있다. 기업의 활동은 국민경제와 밀접한 관련을 갖게 되고 다양한 이해관계인을 갖게 된다. 그러므로 기업과 관련된 다양한 이해관계인을 보호하고 국민경제에 기여하게 하기 위하여 상법 외에도 공정거래법, 자본시장법, 소비자기본법 등 많은 기업관련 법령에서 기업 및 관련자의 행위를 규제하고 있다. 또한 기업의 불법행위 등은 그 파급효과가 크고 피해가 광범위하기 때문에 이를 예방하기 위하여 엄중한 민사책임을 지우고, 범죄행위에 대하여는 형사책임을 강화하고 있다.

최근 기업범죄라는 말이 자주 사용되고 있으나 그 개념을 명확히 이해하는 것은 쉬운 일이 아니다. 그러므로 학자들도 기업범죄에 대하여 다양한 정의를 내리고 있다.[1] 기업범죄를 일반적으로 정의하자면, 기업 또는 기업의 구성원(대주주, 경영진, 종업원 등)이 기업이나 행위자 자신의 이익을 위하여 기업의 활동을 통하여 행하는 범죄라고 할 수 있을 것이다. 이와 비슷하지만 회사범죄란 회사나 회사의 구성원이 회사나 행위자의 이익을 위하여 회사의 제도나 기구 등을 이용하여 행하는 범죄이다. 이에 대하여 일반적으로 경제범죄란 경제활동에 관한 범죄로서 회사법, 공정거래법, 자본시장법 기타 경제관련법상의 범죄뿐만 아니라 형법상의 사기. 업무상 횡령, 배임 등을 포함하는 넓은 개념이다.

범죄의 성립요건은 형법이나 형벌법규에 의하여 정해진 형벌의 대상이 되는 행위를 하고(구성요건 해당성), 위법하고(위법성) 그리고 유책한 것(책임성)이다. 구성요건은 객관적 구성요건과 주관적 구성요건으로 나눌 수 있다. 객관적 구성요건은 행위와 결과, 양자의 인과관계 등이고, 주관적 구성요건이라는 것은 고의나 과실 및 목적범에서 목적 등이다. 당연히 기업범죄도 각 종의 법률상 형벌법규로써 정하고 있는 행위(구성요건 해당성)를 기업 또는 그 구성원이 행하는 것이고 위법하고

1) 한석훈, 기업범죄의 쟁점연구, 1-2면.

유책한 것이다.

기업범죄의 특성은 그 피해규모가 크며, 개인범죄와 비교할 때 행위자의 신분성, 전문성이 이용되고, 계속적이고 반복적으로 행해진다는 점 등 일반범죄와 다른 특성이 있다. 피해규모는 자신의 기업을 상대로 하든지 또는 제3자를 상대로 하든지 피해액이 크고 그 범위가 넓기 때문에 국민경제에 미치는 영향도 당연히 크고 광범위하다. 신분성이란 기업의 구성원이 기업 활동의 과정에서 범하는 범죄이므로 기업 구성원이라는 신분을 갖게 되며, 정치권력이나 행정부처와도 직·간접적으로 연계될 수 있으므로 신분적 특성이 있다. 그리고 전문성이란 기업의 활동 가운데서 전문적 지식이나 경험을 갖는 구성원들에 의하여 범죄가 이루어지므로 지능적이고 기술적인 특성이 있다는 의미이다. 계속성이란 기업의 영리활동이 계속성, 반복성을 갖기 때문에 범죄의식이 희박한 가운데 오랫동안 지속되어 오거나 또는 전임자부터 관행적으로 행해져 오는 것이 반복되는 경우가 대부분이다.

이와 같이 기업범죄 자체가 갖는 특성 때문에 기업범죄의 수사나 재판에 있어서도 중요한 특성이 있다. 즉, 기업범죄의 수사나 재판에 있어서 담당자들은 일반 범죄에 대한 전문성 외에도 기업의 경제활동에 대한 전문성이 요구된다. 독립된 특별법에서 제한하거나 금지하고 있는 기업범죄는 매우 복잡하여 쉽게 이해할 수 없고 그 해석에 있어서도 경제법 전반에 걸친 전문지식을 필요로 한다. 따라서 경영, 회계, 기술, 무역 등 회사전반에 관한 전문적 지식이나 회사제도에 대한 이해 및 경제전반에 대한 폭 넓은 이해 없이는 기업범죄를 효과적으로 수사하거나 처리할 수 없게 된다. 또한 기업범죄는 정치권력이나 행정부처와도 연계될 수 있으며, 행위자 자신의 이익을 위한 경우 외에도 회사의 이익을 위한 범죄의 경우도 많다.

기업범죄에 대하여 행위자의 사실 확인이나 징계 등을 위한 내부적 감사, 행정조치를 위한 행정기관의 조사, 예컨대 세무당국에 의한 세무조사, 공정거래위원회에 의한 조사 등이 있으나, 이들은 행위자나 기업에 대한 형사처벌을 목적으로 하는 수사와 다르다. 본 책에서는 이러한 기업내부의 감사나 행정당국에 의한 조사 또는 과징금 부과, 과태료 부과 등은 다루지 않고 행정목적 달성을 위한 형벌만을 대상으로 하여 다루고자 한다.

제 2 장 구성요건

어떤 행위가 범죄로 되려면 그 행위는 구성요건에 해당하고, 위법성이 인정되며 행위자에 대하여 유책성(책임성)이 인정되어야 한다. 구성요건이란 형벌법규에 정형화되어 명시된 범죄유형이고, 위법성이란 그 행위가 법에 의하여 허용되는 것이 아니라는 것을 의미한다. 그리고 유책성이란 행위자에게 책임을 물을 수 있는 즉, 비난가능성이 있는 것을 의미한다.

1. 구성요건 해당성과 형법상의 여러 가지 원칙

구성요건이란 형벌을 과하는 근거가 되는 행위유형을 추상적으로 기술한 것이다. 구성요건은 법률상의 정형적, 추상적 개념이고, 구성요건 해당성은 어떤 행위가 법적구성요건의 범죄정형적인 기술에 일치하는 것이다. 즉 형벌을 과하는 근거가 되는 행위유형을 추상적으로 기술한 것을 의미한다. 구성요건은 객관적 구성요건요소만으로 이루어진 것이 아니라 주관적 구성요건요소가 함께 존재하는 것이다.[1] 객관적 구성요건 요소란 행위의 외적 발생형태를 결정하는 상황으로서, 행위의 주체와 객체, 행위의 태양 및 결과발생, 인과관계 등이 해당한다. 그리고 주관적 구성요건요소란 행위자의 관념세계에 속하는 심리적·정신적 구성요건 상황을 말하는 것으로서 목적범에 있어서 목적이나 고의범에 있어서 고의 등이 이에 해당한다.

죄형법정주의란 어떤 행위가 범죄로 되는가를 국민이 사전에 인식할 수 있도록 하는 것, 즉 예측 가능성을 부여하기 위한 것이다. 그러므로 어떤 행위가 범죄로 되고 이에 대하여 어떤 형벌이 과해지는가를 미리 성문법으로 규정하게 된다. 그러므로 "법률 없으면 범죄 없고 형벌도 없다"는 형법의 기본원리가 성립하게 된다. 모든 국민은 누구든지 법률에 의하지 아니하고는 체포, 구속, 압수, 수색 또는 심문을 받지 아니하며, 법률과 적법한 절차에 의하지 아니하고는 처벌, 보안처분 또

1) 이재상, 형법총론, 108면.

는 강제노역을 받지 아니한다(헌 제12조 제1항). 모든 국민은 행위 시의 법률에 의하여 범죄를 구성하지 아니하는 행위로 소추되지 아니하며, 동일한 범죄에 대하여 거듭 처벌받지 아니한다(헌 제13조 제1항).

이상의 헌법규정에서 알 수 있는 바와 같이 죄형법정주의에서 소급처벌의 금지원칙과 동일한 범죄에 대하여 행위 후의 중한 형으로 거듭 처벌하는 것이 금지되는 원칙이 도출된다. 따라서 어떤 행위가 아무리 사회적 비난을 받는다고 하더라도 행위 시의 법률이 범죄로 규정하지 아니하는 한 벌할 수 없고, 법률이 정하고 있지 않은 형벌을 과할 수 없게 된다. 국가형벌권의 확장과 자의적 행사로부터 시민의 자유를 보장하기 위한 원리이다.

그러므로 민·상법의 해석에 있어서는 일반적으로 유추해석이 허용되지만, 형벌법규의 해석에 있어서는 절대로 금지된다(유추해석 금지의 원칙). 구성요건 해당성 여부의 판단은 매우 엄격하게 하여야 하기 때문이다. 이와 같이 죄형법정주의는 유추해석금지의 원칙 외에도 관습형법금지의 원칙, 소급효금지의 원칙, 명확성의 원칙 등을 포함하는 현대 형법에 있어서 가장 중요한 지위에 있다.

2. 위법성

구성요건에 해당하는 행위는 일반적으로 위법성이 인정되지만, 구성요건에 해당하더라도 전체 법률질서의 가치평가에 의하여 실질적으로 법질서에 위반하지 않은 경우에는 범죄가 성립하지 않는다. 구성요건(금지규범, 명령규범)에 해당하더라도 실질적으로 법질서에 위반하지 않은 경우(허용규범)를 위법성의 조각사유라 하며, 정당행위, 정당방위, 긴급피난, 피해자의 승낙에 의한 행위, 가벌적 위법성 등이 이에 속한다. 따라서 구성요건에 해당하지 않은 행위와 구성요건에 해당하지만 위법성이 없는 행위는 구별된다. 그래서 구성요건에 해당하는 행위는 위법성조각사유에 해당하지 않으면 위법하다.

위법성과 불법은 다른 의미로 사용된다. 즉, 위법성은 규범과 행위의 충돌을 의미하고, 불법은 행위에 의하여 실현되고 법에 의하여 부정적으로 평가된 반가치 자체를 의미한다. 위법성이 순수한 관계인데 반하여 불법은 실체, 즉 위법한 행위 자체이다. 또 위법성은 불법의 성질, 법질서에 대한 위반을 말하지만, 불법은 위법한 행위방법 그 자체를 말하는 것이다.[1] 가벌적 위법성이란 구성요건에 해당하지

1) 이재상, 형법총론, 208-209면.

만 처벌할 정도의 가치가 없는 행위에 대하여 위법성을 조각하는 것이다.

(1) 정당행위

정당행위란 법령에 의한 행위 또는 업무로 인한 행위 기타 사회상규에 위배되지 아니하는 행위는 벌하지 아니 한다(형 제20조). 여기에서 법령에 의한 행위 또는 업무로 인한 행위는 사회상규에 위배되지 아니하는 행위의 예시에 지나지 아니 한다.[1] 민법, 상법과 공법 등 다른 법 분야에서 적법한 행위는 형법상으로도 위법하다고 할 수 없으며, 그 외에도 국제법이나 관습법 등에 의해서도 위법성조각사유는 인정될 수 있을 것이다.[2] 사회상규란 국가질서의 존엄성을 기초로 한 국민일반의 건전한 도의감 또는 공정하게 사유하는 일반인의 건전한 윤리감정을 의미한다. 이를 판단하는 기준에는 법익교량, 목적과 수단의 정당성 및 사회적 상당성 등이 있다.

법령에 의한 행위란 법령에 근거하여 하는 행위가 타인이 법익을 침해하여 구성요건에 해당하더라도 위법성이 조각된다는 것이다. 예건대, 공무원의 직무집행행위, 징계행위, 현행범인의 체포행위, 노동쟁의행위 등이 있다. 업무로 인한 행위란 사회생활상의 지위에 의하여 계속, 반복의 의사로 행하는 사무로서 법령에 정함이 없는 경우라도 업무내용이 사회 윤리상 정당하다고 인정되는 경우에는 위법성이 조각된다. 예건대, 의사의 치료행위나 안락사, 변호사 또는 성직자 등의 업무행위 등이다.

(2) 정당방위

정당방위란 자기 또는 타인의 법익에 대한 현재의 부당한 침해를 방위하기 위한 행위(형 제21조 제1항)로서 상당한 이유가 있는 때이다. 정당방위는 긴급피난, 자구행위와 함께 형법이 정하는 위법성 조각사유이며, 이익교량의 사상에 근거하지 않는 점이 긴급피난과 구별된다. 현재의 부당한 침해를 방위하기 위한 행위이므로 不法 대 法(不正 대 正)의 관계이다. 정당방위에 의하여 보호될 수 있는 법익은 개인적 법익이므로 생명, 신체, 명예, 재산, 자유, 주거권 등 형법상의 법익뿐만 아니라 가족관계, 애정관계 등의 법익도 포함된다. 그러나 국가적 법익이나 사회적 법

1) 이재상, 274면; 안동준, 134면; 김일수·서보학, 363면; 박상기, 151면.

2) 이재상, 275면.

익은 원칙적으로 정당방위에 의하여 보호될 수 없을 것이다. 정당방위가 성립하기 위해서는 ① 현재의 부당한 침해가 있을 것 ② 자기 또는 타인의 법익을 방위하기 위한 행위일 것 ③ 상당한 이유가 있을 것 등의 요건을 필요로 한다.

(3) 긴급피난

긴급피난이란 자기 또는 타인의 법익에 대한 위난을 피하기 위한 행위(형 제22조 제1항)로서 상당한 이유가 있는 때이며, 정당방위(부정 대 정의 관계)와 달리 위법하지 않은 침해에 대하여 일정한 한도에서 피난하는 것(정 대 정의 관계)을 법이 허용하는 것이다. 보호받을 수 있는 법익도 정당방위와 달리 개인적 법익뿐만 아니라 국가적·사회적 법익도 포함된다. 긴급피난에 대한 특칙으로서 위난을 피하지 못할 책임 있는 자에게는 긴급피난이 허용되지 않는다(형 제22조 제2항). 위난을 피하지 못할 책임 있는 자란 군인, 경찰, 소방관, 의사 등과 같이 그 직무를 수행함에 있어서 마땅히 일정한 위난을 감수해야 할 의무가 있는 자를 말한다.

긴급피난의 성립요건은 ① 자기 또는 타인의 법익에 대한 현재의 위난이 있을 것, ② 위난을 피하기 위한 행위일 것, ③ 상당한 이유가 있을 것을 필요로 한다.

(4) 피해자의 승낙

피해자의 승낙에 의한 행위란 처분할 수 있는 자의 승낙에 의하여 법익을 훼손한 행위, 즉 피해자가 가해자에 대하여 자기의 법익을 침해하는 것을 허락하는 것으로서 법률에 특별한 규정이 없는 경우(형 제24조)이다. 피해자의 승낙은 상해죄, 재산죄, 명예에 관한 죄 및 업무와 신용에 관한 죄에만 위법성을 조각할 수 있다. 승낙은 처분할 수 있는 자의 의식적이고 자유로운 의사에 의한 승낙이어야 하며, 법익침해 이전에 표시되어야 하고 법익침해 시까지 계속되어야 한다.

피해자의 승낙이 위법성을 조각하기 위해서는 ① 법익주체의 승낙, ② 생명이나 신체 등을 제외한 처분할 수 있는 법익에 대한 승낙, ③ 승낙의 의미를 이해할 능력이 있는 피해자의 자유의사에 의한 승낙 등의 요건을 필요로 한다.

이에 대하여 피해자의 승낙이 없거나 피해자 또는 그 대리인이 부재중이거나 의식이 없어서 필요한 때에 승낙을 받을 수 없었지만 여러 가지 사정을 종합적으로 판단하여 승낙이 확실히 기대될 수 있는 경우에는 승낙이 있는 것으로 보아 위법성을 조각하는 추정적 승낙이 있다.

(5) 자구행위

자구행위란 권리자가 그 권리를 침해당한 때 공권력의 발동에 의하지 않고 그 권리를 구제, 실현하는 행위이다. 민법상의 자력구제와 같은 의미이다. 법적 절차에 의한 구제를 적시에 청구할 수 없고 이를 지체하게 되면 공권력에 의한 청구권의 실현이 불가능하거나 현저히 곤란한 경우에는 사인의 자력구제를 인정하지 않을 수 없게 된다. 형법 제23조는 "법정절차에 의하여 청구권을 보전하기 불가능한 경우에 그 청구권의 실행불능 또는 현저한 실행곤란을 피하기 위한 행위는 상당한 이유가 있는 때에는 벌하지 아니 한다."고 규정하고 있다. 자구행위가 성립하기 위한 요건은 ① 법정절차에 의하여 청구권을 보전하는 것이 불가능한 경우일 것, ② 청구권의 실행불능 또는 현저한 실행곤란을 피하기 위한 행위일 것, ③ 상당한 이유가 있을 것을 필요로 한다.

3. 책임성

책임성이란 어떤 행위가 구성요건에 해당하고 위법성이 인정되지만(행위자체에 착안하는 요건), 행위자에게 형사책임을 지우는 것이 상당하지 않은 경우(행위자에 착안하는 요건)에는 범죄가 성립하지 않는 것이다. 책임이란 위법한 행위에 대하여 행위자를 개인적으로 비난할 수 있느냐라는 문제를 말한다. 즉 형사책임능력이 없거나 기대가능성이 없는 경우 등에는 책임을 물을 수 없게 된다. 형법에 있어서 행위자의 책임문제는 행위의 위법성이 확정된 후에 비로소 제기되는 문제이다. 그러므로 책임은 그 기초로서 불법의 존재를 전제로 하는 것이다.

(1) 형사책임능력

형사책임능력이란 형사책임을 부담할 수 있는 능력이다. 책임능력의 본질에 관하여 도의적 책임론은 책임능력을 행위의 시비와 선악을 구별하여 이에 따라 의사를 결정할 수 있는 능력으로서 범죄능력을 의미하지만, 사회적 책임론에 의하면 책임능력을 사회방위처분인 형벌이 효과를 거둘 수 있는 능력이라고 보아 형벌능력 또는 형벌적응성이라고 한다.

형법은 책임능력에 대하여 적극적으로 규정하지 않고 소극적으로 책임능력이 없거나 그 능력이 감경된 예외적인 경우만을 규정하고 있다. 예건대, 14세 되지 아니한 자의 행위는 벌하지 아니한다고 하여 절대적 책임 무능력자를 규정하며(형 제9조), 심신장애로 인하여 사물을 변별할 능력 또는 의사를 결정할 능력이 없거나 미약한 자에 대하여 벌하지 아니 하거나 형을 경감한다고 규정한다(형 제10조 제1항, 제2항). 그리고 청각과 발음기능에 장애가 있는 농아자의 행위는 형을 감경한다(형 제11조)고 규정하고 있다.

14세가 되지 아니한 자는 위법한 행위를 비난하기에 필요한 정도로 성숙하지 못하였다고 보아 책임을 조각하는 것이므로 책임능력을 전제로 형벌을 과할 수 없으나, 소년법에 의한 보안처분까지 배제하는 것은 아니다. 당연히 14세 이상 19세 미만의 소년에게는 책임능력이 인정되지만, 소년법에 의하여 특별한 취급을 받는다. 그리고 심신상실자로서 책임성이 조각되기 위해서는 심신장애라는 생물학적 요소와 이를 기초로 하여 사물을 변별할 능력 또는 의사를 결정할 능력이 없다는 심리적 요소를 갖추어야 한다. 심신미약자로서 한정책임능력자가 되기 위해서는 심신상실의 경우와 정도의 차이는 있지만 생물학적으로 심신장애가 있어야 하며, 사물의 변별능력이나 의사를 결정할 능력이 미약할 것이 요구된다. 또 농아자의 행위도 심신미약자의 경우와 같이 한정책임능력을 인정한다.

(2) 원인에 있어서 자유로운 행위

원인에 있어서 자유로운 행위란 행위자가 고의 또는 과실에 의하여 자기를 심신장애(상실 또는 미약) 상태에 빠지게 한 후, 이러한 상태를 이용하여 범죄를 실현하는 것을 말한다. 즉 불법을 실행하는 때는 책임무능력 상태이지만 그 결정적인 원인은 책임능력 상태에서 행위자가 자유롭게 하였다는 점에서 이를 원인에 있어서 자유로운 행위라고 한다.

형법에서는 “위험의 발생을 예견하고 자의로 심신장애의 상태를 야기한 자의 행위에는 전 2항의 규정을 적용하지 아니 한다.”고 규정하고 있다(형 제10조 제3항). 원인에 있어서 자유로운 행위의 실행행위는 책임능력이 결여된 상태이지만, 그 책임비난은 원인행위에 있고 그 원인행위와 실행행위 사이의 불가분적 연관성에 착안하여 가벌성을 인정하는 것이다.

(3) 기대가능성

기대가능성이란 행위자가 범죄행위를 하지 않고 적법행위를 할 것이라고 기대할 수 있는 가능성을 말하는 것이다. 책임비난은 인간에게 적법행위를 기대할 수 있을 것을 전제로 하기 때문에 기대가능성이 없는 경우에는 책임성을 부정하는 것이 규범적 책임론의 당연한 결론이다. 그러나 기업범죄 실무에 있어서 기대가능성이 없어서 책임성이 부정되는 경우는 매우 희소할 것이다.

형법에서는 저항할 수 없는 폭력이나 자기 또는 친족의 생명, 신체에 대한 위해를 방어할 방법이 없는 협박에 의하여 강요된 행위(형 제12조), 과잉방위(형 제21조 제3항), 과잉피난(형 제22조 제3항) 등은 책임의 조각 내지 감경사유이다. 그리고 친족간의 범인은닉과 증거인멸, 범인자신의 증거인멸 등에서도 기대가능성이 없는 것으로 책임이 조각되는 경우이다.

형법의 규정이 없더라도 기대가능성이 없어서 책임이 조각되는 초법규적 책임조각사유로는 위법한 명령에 따른 행위, 의무의 충돌, 생명신체 이외의 법익에 대한 강요된 행위 등이 있다. 군인이나 공무원의 직무상 명령과 같이 상관의 위법한 명령에 따른 행위는 어떠한 경우에도 위법하지만 절대적 구속력을 가진 명령의 경우에는 기대가능성이 없으므로 책임이 조각된다고 보아야 할 것이다. 또 동시에 이행할 의무가 충돌한 경우에 행위자가 낮은 가치의 의무를 이행하기 위하여 높은 가치의 의무를 태만히 한 때에는 위법하다고 할 것이나, 행위자가 의무의 서열을 잘 몰랐거나 극복할 수 없는 부득이한 사유의 존재, 행위자의 종교 또는 윤리적 신념 등의 경우에는 책임이 조각된다고 해석할 수 있을 것이다.

제3장 고의와 과실범 및 부작위범

1. 고 의

(1) 고의의 의미

고의란 범죄행위를 할 의사를 말하며, 죄를 범할 의사라는 것은 객관적으로 구성요건에 해당하는 범죄사실을 인식하면서도 이를 실현하려는 의사를 말한다. 즉 구성요건 실현의 인식과 의사를 말한다. 고의가 성립하기 위해서는 행위자가 객관적 구성요건요소를 인식하여야 한다. "인식"한다는 것은 그 행위가 범죄행위라는 것을 아는 것이고, 그러면서도 결과발생을 개의치 않고 그 행위를 하려는 의사가 고의이다. 고의는 인식하고 있는 범죄사실의 실현을 적극적으로 희망할 필요는 없고, 범죄사실을 단순히 인식하면서 이를 행하는 경우에도 인정될 것이다. 구성요건적 고의는 행위 시에 필요한 것이고, 행위 시에 인식하지 못한 사전고의나 결과발생 후에 인식을 갖게 되는 사후고의는 의미가 없다.

형법은 죄의 성립요소인 사실을 인식하지 못한 행위는 벌하지 아니한다. 단, 법률에 특별한 규정이 있는 경우에는 예외로 한다(형 제13조)고 규정하고 있다. 고의는 행위자의 주관적 상태에 관한 것이므로 고의의 유무는 행위자 각자에 대하여 개별적으로 판단되어야 한다.

(2) 위법성의 인식

어떤 범죄사실에 해당하는 행위를 한 자에게 형사책임을 묻기 위해서, 그 행위자가 범죄사실을 인식하고 있을 뿐만 아니라 위법성까지 인식할 필요가 있는가 하는 문제이다. 자연범의 경우(예컨대 살인죄, 절도죄 등), 즉 법질서 위반이 명백한 행위인 경우 그 행위의 내용까지 인식하고 있으면 위법성 인식이 있다고 할 수 있어서 문제가 되지 않는다. 그러나 기업범죄에 주로 있게 되는 법정범의 경우(현행법으로서는 금지 또는 제한되지만 제반 상황에 따라 평가가 달라지는 범죄)에 대해서는 그 사실을 인식하고 있음에도 불구하고 그것이 위법하다고 생각하지 않을 수도 있게 되기 때문이다.

형법은 자기의 행위가 법령에 의하여 죄가 되지 아니한 것으로 오인한 행위는 그 오인에 정당한 이유가 있는 때에 한하여 벌하지 아니 한다(제16조, 법률의 착오)고 규정하고, 특별히 중한 죄가 되는 사실을 인식하지 못한 행위는 중한 죄로 벌하지 아니하며(제15조 제1항, 사실의 착오) 결과로 인하여 형이 중한 죄에 있어서 그 결과의 발생을 예견할 수 없었을 때에는 중한 죄로 벌하지 아니한다(동조 제2항)고 규정하고 있다.

고의와 위법성 인식의 관계에 대하여 대략 3개의 학설이 있다. 첫째, 위법성 인식이 없는 경우에는 고의가 인정되지 않는다는 견해(엄격 고의설), 둘째, 위법성의 인식 가능성이 있으면 고의를 인정하고, 인식 가능성이 없으면 고의를 인정하지 않는다는 견해(제한 고의설), 위법성의 인식 가능성이 없는 경우에도 고의가 인정되지만 고의와 달리 책임이 조각되어 범죄가 성립하지 않는다는 견해(책임설)가 있다. 법령을 모르거나 정확하게 이해하지 못하여 위법성이 없는 경우는 물론이고, 고문 변호사 또는 행정관청의 담당자 등과 상담하고 위법성 인식 없이 범죄를 행했다고 하더라도 고의가 인정된다고 보아야 할 것이므로 세 번째의 견해(책임설)가 타당하다고 본다.[1)]

(3) 고의의 종류

고의는 인식요소와 구성요건 실현의 의사에 따라 확정적 고의와 불확정적 고의로 구별된다. 확정적 고의란 구성요건적 결과의 실현을 행위자가 인식하였거나 예견한 경우를 말한다. 그러나 그 결과발생을 희망하였는지 여부는 불문한다. 불확정적 고의는 구성요건적 결과에 대하여 인식 또는 예견이 불명확한 경우이며, 미필적 고의 또는 택일적 고의, 개괄적 고의가 있다.

미필적 고의란 결과발생자체가 불확실한 경우이며, 결과발생의 가능성을 예견하고 그 행위를 한 경우이다. 미필적 고의는 행위자가 구성요건적 결과발생의 가능성을 인식하고 이를 진지하게 고려하여야 하며, 구성요건 실현의 위험을 감수한 경우에 인정되는 것이다. 고의를 인정하기 위해서는 지적요소(인식)와 의지적 요소(실행의사)가 필요하다. 이 점에서 행위자에게 결과발생을 실행할 의사가 없는 또는

---

1) 대판 2003.5.13, 2003도939.

결과발생을 회피할 수 있다고 믿는 인식 있는 과실과 차이가 있다.

2. 과실범

범죄가 성립하기 위하여 행위자의 고의 또는 과실에 의한 어떤 행위가 필요하다. 고의란 구성요건요소에 대한 인식과 의사를 필요로 하는 것이지만, 정상의 주의를 태만함으로 인하여 죄의 성립요소인 구성요건 사실을 인식하지 못한 행위를 과실이라고 한다. 과실범은 이를 처벌하는 법률상의 특별한 규정이 있는 경우에 한하여 고의가 없더라도 과실범으로서 처벌된다(형 제14조). 위에서 살펴본 바와 같이 고의는 구성요건에 해당하는 범죄사실을 인식하면서도 그 행위를 하는 확정적 고의와 어떤 결과가 발생할 수도 있다고 인식하면서도 감히 그 행위를 하는 미필적 고의가 있다. 미필적 고의와 유사하지만 어떤 결과가 발생하지 않을 것이라고 생각하며 그 행위를 하여 결과가 발생한 경우에는 인식 있는 과실이 있어서 고의와 과실을 구분하기가 매우 어려운 부분도 있다.

사회생활에서 요구되는 주의의무가 있음에도 불구하고 이를 태만히 하여 구성요건적 결과가 발생한 경우에 과실범이 인정되며, 그 주의의무 위반에 대하여 비난 가능한 것이 과실범의 처벌근거이다. 주의의무는 결과예견의무와 결과회피의무로 나눌 수 있다. 결과예견의무는 어떤 위법한 결과를 예견해야 하는 의무이고, 결과회피의무는 예견한 위법한 결과를 회피해야 할 의무이다. 그러므로 어떤 결과를 예견해야 함에도 불구하고 예견하지 않고 결과를 회피해야 함에도 불구하고 회피하지 않은 경우에 과실범이 성립한다. 따라서 결과예견 가능성이 없거나 결과회피 가능성이 없는 경우에는 결과를 예견해야 할 의무나 회피해야 할 의무, 즉 주의의무를 부과할 수 없을 것이므로 과실범은 성립하지 않는다고 보아야 할 것이다.

그리고 어느 정도 주의를 해도 결과를 예견할 수 없는 경우에는 그 결과를 회피하는 것도 불가능하므로 결과회피의무는 인정되지 않을 것이다. 또 결과를 예견했더라도 행위자의 상황에서 어떤 방법으로써도 결과회피가 불가능한 경우에는 결과회피의무는 없다고 할 수 있을 것이다. 그러므로 불가항력으로 결과가 발생한 경우에는 과실범은 성립하지 않을 것이고, 처벌대상이 되지 않을 것이다.

기업의 업무활동 중에 발생하는 많은 사고는 과실에 의한 것이다. 업무상의 과실로 사고가 발생하고 사람이 사상한 경우에는 업무상과실치사상죄가 된다. 사고발생 원인이 고의에 의한 것이면 당연히 살인죄나 상해죄가 될 것이므로, 사고발생 원인이 고의에 의한 것인가 과실에 의한 것인가를 분별하는 문제는 매우 중요하다. 형법 제268조는 업무상 과실에 대하여 「업무상 과실 또는 중대한 과실로 인하여 사람을 사상에 이르게 한 자는 5년 이하의 금고 또는 2천만원 이하의 벌금에 처한다」고 규정하고 있다. 업무상 과실치상죄는 일반 살인죄나 상해죄에 비하여 법정최고형을 크게 경감하고 있으나 업무라는 신분관계로 인하여 과실치사상죄보다 형이 가중되는 가중적 구성요건이다. 가중적 근거에 대하여 여러 의견이 있으나, 업무자에게는 일반적으로 결과에 대한 예견가능성이 크기 때문에 그 책임이 보통사람의 중과실의 경우와 같다고 본다.[1]

3. 부작위범

범죄는 보통 적극적인 행위(작위)에 의하여 실행되지만, 결과발생을 방지하지 않은 부작위에 의하여 실현될 수도 있다. 부작위범이란 위험을 방지할 의무가 있거나 자기의 행위로 인하여 위험발생의 원인을 야기한 자가 그 위험발생을 방지하지 아니한 범죄를 말하며, 이 경우에는 그 발생된 결과에 의하여 처벌한다(형 제18조). 이와 같이 어떤 행위를 하지 않아 부작위로써 범하는 범죄를 부작위범이라 한다. 그러므로 범죄행위는 작위뿐만 아니라 부작위도 당연히 포함하는 개념이다.

작위가 인과의 연관에 대한 적극적인 작용과 조종에 본질이 있는 것이라면, 부작위는 가능하고 기대되는 특정행위를 하지 않는데 본질이 있다. 작위와 부작위는 경우에 따라 행위에 두 요소가 모두 포함되어 있어서 작위인지 부작위인지 구별하기 곤란한 경우가 있다. 예건대, 과실범에 있어서 필요한 방어조치를 취하지 않고 행위 한 점에 주의의무 위반이 있는 경우에는 작위와 부작위의 두 요소가 함께 포함되어 있다. 이 경우에는 먼저 작위가 구성요건에 해당하고 위법하고 유책한가를 검토하여 작위만 형법적 평가의 대상으로 하고 그렇지 않은 경우에 한하여 부작위를 검토하여야 할 것이다. 즉 부작위는 작위에 대하여 보충적 관계에 있다고 보아야 할 것이다.

부작위범이 성립하기 위해서는 작위의무(명령규범이 작위를 요구하는 경우), 작위의 가능성과 용이성(객관적으로 불가능한 것은 부작위라고 할 수 없음), 부작위의 위법성(구성요건에 해당하는 부작위의 위법성은 위법성조각사유에 의하여 조각될 수 있음), 책임성(부작위범의 책임도 책임능력, 위법성의 인식, 책임조각사유의 부존재) 등이 필요하다.

---

1) 이재상, 형법각론, 77면; 유기천, 이정원, 정성근, 정영석 등 같은 취지.

특히 작위의무는 법령, 계약, 조리 및 선행행위(위험발생 원인을 야기한 자는 그 위험이 구성요건적 결과로 발전하지 않도록 해야 할 의무)에 의하여 발생할 수 있다.

형벌법규는 구성요건으로서 일반적으로 작위를 실행행위로 하고 그것을 금지하고 있지만, 예외적으로 어떤 행위를 하지 않는 것을 실행행위로서 정하고 있는 경우가 있다. 이와 같은 범죄를 진정부작위범이라고 한다. 이에 대하여 작위를 구성요건 실행행위로 정하고 있지만 부작위로써 동일한 결과를 실현하는 경우를 부진정부작위범이라고 한다. 부작위범은 고의범뿐만 아니라 과실범의 경우에도 인정될 수 있으며, 부작위는 「단순한 무위」가 아니라 「기대되는 특정행위」를 하지 않는 것을 의미한다.[1)]

부작위범에 있어서도 주관적 구성요건으로서 구성요건적 상황의 존재, 요구되는 행위의 부작위 및 개별적 행위능력에 대한 인식을 필요로 한다. 그리고 부진정부작위범에 있어서는 구성요건적 결과와 결과방지의 가능성에 대한 인식이 있어야 한다. 부작위범에 대하여도 적극적인 작위에 의한 교사와 방조가 가능하지만, 부작위에 의한 교사는 불가능하고 방조는 가능할 것이다.

기업 활동에 있어서 부작위범이 처벌되는 경우(진정부작위범)는 자본시장법, 공정거래법 등 경제법 분야에서 많이 나타난다. 예컨대, 유가증권신고서, 보고서 등의 제출, 등기 등록 등 각종의 공시, 시정명령 등에 있어서 이를 이행하지 않는 경우 등이다.

---

1) 이재상, 전게서, 118면.

제 4 장 미수범

1. 미수범

행위자의 범죄의사가 범죄로 실현되는 데는 예비, 실행의 착수, 결과발생, 종료 등 여러 단계를 거치게 된다. 미수라는 것은 범죄의 실행에 착수하였지만 행위를 종료하지 못하였거나 범죄의 결과가 발생하지 않은 경우를 말한다. 미수와 예비는 실행에 착수하였는가 여부에 따라 구별되며, 행위의 가벌성을 결정하는데 구별할 중요한 의미가 있다. 미수와 기수는 범죄 실행의 착수 이후라는 점에서 같으나, 미수는 구성요건 실현이 완성되지 못한 때를 의미함에 반하여 기수는 이를 실현하여 완성한 경우이다. 그러나 기수는 구성요건의 형식적 실현을 의미하는 것이고, 범죄의 실질적 종료와는 다시 구별된다.

미수범의 형은 기수범보다 경감할 수 있으며(형 제25조 제1, 2항), 이를 처벌하려는 뜻의 정함이 각론에 있는 경우에만 처벌대상으로 한다(형 제29조). 또 범죄의 실행에 착수하여 범죄의 결과가 발생하였더라도 그 결과와 실행의 착수와의 사이에 인과관계가 없으면 미수가 된다. 인과관계가 없는 경우란 실행의 착수를 원인으로 하지 않고 전혀 다른 원인으로 결과가 발생한 경우이다.

미수범의 경우에도 기수범의 경우와 같은 고의가 있어야 성립한다. 고의는 모든 객관적 구성요건에 대한 인식을 요하며, 가중적 구성요건에 대한 미수의 경우에는 가중사유에 대한 인식이 있어야 한다. 기수범이 미필적 고의로 족할 경우에는 미수범의 고의도 미필적 고의로 족하며, 목적범에 있어서 목적과 같은 주관적 요건을 필요로 한다.

미수범은 실행의 착수가 인정되는 경우에 성립하지만, 구성요건으로 정해진 결과가 발생하면 미수가 아니고 기수가 성립한다(미수와 기수의 구별). 즉 실행의 착수 이후 구성요건상의 결과발생 이전의 단계에서만 미수가 인정된다. 다만 위험범의 경우에는 어떤 위험이 존재하는 것만으로써 기수범이 된다. 이와 같이 미수범이 성립하는 것은 「실행의 착수」가 있었는지의 여부에 의한다.

실행의 착수란 범죄실행의 개시이다. 실행의 착수가 예비와 미수를 구별하는 기준이 된다. 어느 시점에서 실행의 착수가 있었다고 인정할 것인가에 대하여 학설상의 이론이 있지만, 일반적으로 범죄의 결과를 발생시킬 수 있는 위험성이 인정되는 행위에 착수한 시점에서 실행의 착수가 있다고 본다.

미수범의 본질과 처벌의 근거에 대하여 객관설, 주관설, 절충설 등이 있다. 객관설 입장은 미수범 처벌에 대한 법적 근거는 구성요건적 결과실현의 근접한 위험(결과발생에 대한 높은 개연성)에 있다고 하며, 주관설의 입장은 위험하거나 위험하지 않은 행위에 의하여 표현된 법적대적 의사(확인된 범의)에 있다고 한다. 이에 대하여 절충설의 입장은 주관설에 의한 미수의 범위를 객관적 표준에 의하여 제한하는 입장이다. 이에 대하여 형법은 절충설의 입장이라고 본다.[1)]

기업범죄나 경제범죄 등에서는 미수범 처벌규정이 없는 경우라도 다른 범죄의 기수가 되거나, 피해가 발생하기 이전의 시점에서 범죄성립이 인정되어 처벌하는 경우가 있다. 예컨대, 내부자거래금지위반에 대하여 미수범 처벌규정이 없으므로 회사의 관계자가 주식의 매매 등을 증권회사에 위탁하더라도 실제로 매매계약이 성립하지 않으면 미수가 성립하지 않는다. 그러나 매매가 성립하면 곧 기수가 성립하므로 매매대금의 수수 등이 이루어지지 않더라도 내부자거래금지 위반죄가 성립한다. 또 예금통장의 잔액을 변조하여 실제의 잔액보다 많은 돈을 인출하려는 자가 금전교부를 위하여 은행에 통장을 제시하면 곧 실행의 착수가 있게 되어 사기죄의 미수가 성립하고, 실제로 금전이 이전되면 사기죄의 기수가 성립한다. 그러나 예금통장이나 그 밖에 통화, 유가증권 등의 위조죄에 있어서는 위조자가 아직 사용하지도 않았고 어떠한 이익도 취득하지 않았지만 곧 위조죄의 기수가 성립한다.

2. 중지미수와 장애미수

형법상의 미수범에는 장애미수와 중지미수의 2종류가 있다. 범인이 자의로 실행에 착수한 행위를 중지하거나 그 행위로 인한 결과의 발생을 중지한 때 즉, 자기의 의사에 의하여 범죄완성을 중지한 경우를 중지미수라 하고, 그와 같은 사정이 인정되지 않은 통상의 미수를 장애미수라고 하여 양자를 구별한다. 중지미수의 경우에는 형을 반드시 감경 또는 면제(형 제26조)하여야 하므로 통상의 장애미수의

---

1) 이재상, 전게서, 354면.

경우 형을 감경할 수 있는 것(임의적 감경)과 다르다.

중지미수의 성립요건은 착수미수와 실행미수로 나누어 볼 수 있다. 착수미수란 범죄행위의 일부를 개시하였지만 자발적으로 범의를 포기하고 그 행위를 완성하지 않은 것이고, 실행미수란 범죄행위를 완성하였으나 임의로 결과발생을 방지하여 기수에 이르지 아니한 것이다. 그러므로 중지미수가 성립하기 위하여 주관적으로 자의성이 필요하며, 객관적으로는 실행에 착수하여야 한다. 특히 실행미수의 경우에는 결과발생을 방지하는 행위가 더 필요하다.

진정부작위범의 경우에는 요구되는 행위를 하지 않으면 바로 범죄가 완성되므로 미수를 고려할 여지가 없으며, 부진정부작위범의 경우에는 모든 결과범에 있어서 부작위에 의한 미수가 가능하므로 중요한 의미를 갖는다. 부진정부작위범의 착수시기에 관하여 다양한 의견이 있으나 보호법익에 대한 급박한 구체적인 위험이 있음에도 불구하고 부작위로 나아가 구성요건적 불법결과를 발생할 수 있게 한 때라고 보는 것이 타당할 것이다.[1)]

회사법에서는 회사의 발기인, 업무집행사원, 이사, 집행임원, 감사위원회 위원, 감사 또는 제386조 제2항, 제407조 제1항, 제415조 또는 제567조의 직무대행자, 지배인, 기타 회사영업에 관한 어느 종류 또는 특정한 사항의 위임을 받은 사용인이 그 임무에 위배한 행위로써 재산상의 이익을 취하거나 제3자로 하여금 이를 취득하게 하여 회사에 손해를 가한 때(상 제622조 제1항), 회사의 청산인 또는 제542조 제2항의 직무대행자, 제175조의 설립위원이 제1항을 한때에는 특별배임죄의 미수를 처벌한다(상 제624조). 그리고 사채권자 집회의 대표자 또는 그 결의를 집행하는 자가 그 임무에 위배한 행위로써 재산상의 이익을 취하거나 제3자로 하여금 이를 취득하게 하여 사채권자에게 손해를 가한 때(상 제623조)에도 미수범을 처벌한다(상 제624조).

3. 불능미수

불능범이란 행위자에게 범죄의사가 있고, 외관상 실행의 착수라고 볼 수 있는 행위가 있지만 행위의 성질상 결과의 발생이 불가능한 경우(구성요건의 실현이 불가능한 경우)를 말한다. 이는 위험성이 없으므로 미수범으로 처벌할 수 없고 범죄도 성립하지 않는다. 그러나 형법 제27조는「실행의 수단 또는 대상의 착오로 인하여

1) 이재상, 전게서, 366면.

결과의 발생이 불가능하더라도 위험성이 있는 때에는 처벌한다. 단, 형을 감경 또는 면제할 수 있다」고 규정하고 있다. 이는 결과의 발생이 불가능 하더라도 위험성이 있는 경우인 불능미수를 규정한 것이라고 볼 수 있다.

불능미수가 성립하기 위해서는 ① 실행의 수단 또는 대상의 착오로 인하여 결과의 발생이 불가능할 것, ② 위험성이 있을 것, ③ 실행의 착수가 있을 것을 요건으로 한다. 불능미수의 경우에 형법 제27조는 형을 감경 또는 면제할 수 있다고 하여 임의적 감면사유로 규정하고 있다. 그러므로 형법 제25조의 장애미수는 임의적 감경사유이고, 제27조의 불능미수(장애미수의 일종)는 임의적 감면사유이며 제26조 중지미수는 필요적 감면사유이다. 불능미수의 처벌도 미수범을 처벌하는 규정이 있는 경우에만 가능하다.

제5장 공 범

범죄는 혼자서 단독으로 범할 수 있지만, 다른 사람과 공동으로 실행하는 경우도 많다. 하나의 범죄를 단독으로 실행하는 경우를 단독범이라고 하고 두 사람 이상이 협력하여 실행하는 경우를 공범이라고 한다. 형법은 범죄에 대한 다수인의 참가형태로서 공동정범(형 제30조), 교사범(형 제31조), 종범(형 제32조), 간접정범(형 제34조)을 규정하고 있다.

공동정범은 두 사람 이상이 공동으로 죄를 범한다는 점에서 단독정범과 구별되지만 스스로 범죄를 행하는 자이므로 공범이 아니고 정범이며, 간접정범도 타인을 도구로 이용하여 범죄를 범한 자이기 때문에 정범에 해당한다. 그러나 교사범과 종범은 타인의 범죄를 교사하거나 또는 방조하여 타인이 정범으로 범하는 범죄에 가담하는데 불과하므로 공범이다. 이에 관하여 다음에서는 상세히 설명한다.

공범에는 임의적 공범과 필요적 공범이 있다. 필요적 공범이란 구성요건자체가 이미 2인 이상의 참가나 단체의 행동을 전제로 하여 성립하는 범죄로서, 소요죄, 내란죄, 특수절도죄, 특수강도죄, 특수도주죄 등의 집합범과 간통죄, 아동 혹사죄, 수뢰죄와 증뢰죄, 배임수재죄와 배임증재죄, 음화 등의 반포·판매·임대죄 등의 대향범이 있다. 이에 대하여 임의적 공범이란 한 사람이 실현할 것을 예상하는 구성요건을 수인이 협력하여 실현하는 경우로서 형법총론이 규정하는 공범은 임의적 공범만을 의미한다.

1. 공동정범

(1) 공동정범의 의의

하나의 범죄를 단독으로 실행하는 것을 단독범이라 하고, 두 사람 이상이 협력하여 실행하는 경우를 공범이라 한다. 형법도 공범으로 공동정범, 교사범, 종범, 간접정범을 규정하고 있으나 이것은 범죄에 대한 다수인의 참가형태를 규정하는 것이고, 여기에는 정범과 공범이 포함된다. 공동정범은 2인 이상이 공동하여 죄를 범한다는 점에서 단독정범과 다르지만 스스로 범죄를 행한 자이므로 공범이 아니라 정범이다. 간접정범도 타인을 도구로 이용하여 죄를 범한 자이므로 정범에 해당한다.

형법에서도 2인 이상이 공동하여 죄를 범한 때에는 각 자를 그 죄의 정범으로 처벌한다(형 제30조). 형벌법규에서 각 범죄의 실행행위가 정해져 있으나 통상은 1인이 모든 실행행위를 단독으로 하는 것을 전제로 하지만, 2인 이상의 복수의 사람들이 실행행위를 분담하여 범죄를 실현하는 경우도 있으므로 형법은 이를 단독범의 경우와 같이 정범으로 처벌한다고 정하고 있다(일부실행 전부책임). 정범성은 분업적 행위실행과 기능적 역할분담에 근거한다.[1]

교사범과 종범은 타인의 범죄를 교사 또는 방조하여 타인이 정범으로 범하는 범죄에 가담하는 데 불과하다. 형법이 규정하는 공범에 해당하는 형태는 교사범과 종범 뿐이기 때문에 이들을 협의의 공범이라고 한다. 공동정범은 정범의 공동이라는 점에서 타인의 범죄에 가담하는 협의의 공범과 구별된다.

(2) 공동정범의 성립요건

공동정범이 성립하기 위해서는 주관적 요건으로서 공동가공의 의사와 객관적 요건으로서 공동의사에 의한 기능적 행위지배를 통한 범죄의 실행사실이 필요하다.

주관적 요건으로서 공동가공의 의사(공동의사)는 타인의 범행을 인식하면서도 이를 제지하지 않고 용인하는 것만으로는 부족하고 공동의 의사로 특정한 범죄행위를 하기 위하여 일체가 되어 서로 다른 사람의 행위를 이용하여 자기의 의사를 실행에 옮기는 것을 내용으로 하여야 한다.[2] 그리고 범죄를 공동 실행할 의사는 범죄행위 시에 존재하면 족하고 반드시 사전에 모의해야 할 필요는 없다.[3]

포괄일죄의 범행도중에 공동정범으로 가담한 자는 비록 그가 그 범행에 가담한 때에 이미 이루어진 종전의 범행을 알았다 하더라도 그 가담 이후의 범행에 대해서만 공동정범으로 책임을 진다(승계적 공동정범).

공동정범이 성립하기 위하여 주관적 요건 외에도 객관적으로 범죄를 실행하는 공동가공의 사실이 있어야 한다. 즉, 주관적인 공동의사가 있는 경우라도 공동가공

---

1) 이재상, 전게서 446면.

2) 대판 2004.4.7, 2000도995.

3) 대판 1985.8.20, 84도1373.

의 사실로서, 실행행위의 분담이 없으면 공동정범이 될 수 없다. 공동실행이란 구성요건에 해당하는 행위의 실행을 의미하므로 각자가 구성요건적 요소를 실현하는 것을 요한다. 다만 각자가 모든 구성요건을 충족시켜야 하는 것은 아니고, 구성요건의 일부를 실행한 이상 공동정범이 된다.

(3) 과실범의 공동정범

과실범의 공동정범이란 2인 이상이 공동의 과실로 인하여 과실범의 구성요건적 결과를 발생하게 한 경우에 과실범의 공동정범이 성립할 수 있는가 문제이다. 공동정범은 고의범이나 과실범을 불문하고 의사의 연락이 있는 경우이면 그 성립을 인정할 수 있다. 피고인이 정기관사의 지휘감독을 받는 부기관사이기는 하나 사고열차의 서행에 관하여 서로 상의, 동의한 이상 서행에 과실이 있다면 과실책임을 면할 수 없다는 과실범의 공동정범을 인정한 판례가 있다.[1)]

(4) 공모공동정범

2인 이상의 자가 특정한 범죄를 행하기 위하여 공동의사 아래 일체가 되어 서로 타인의 행위를 이용하여 각자의 의사를 실행에 옮기는 내용을 모의하고 그 중 일부가 범죄를 실행한 경우에 공모공동정범이 성립한다. 직접 실행행위에 관여하지 않은 자도 타인의 행위를 소위 자기의 수단으로서 범죄를 행한 자는 실행행위에 관여한 자와 동일하게 형사책임을 지우는 것이다. 단순히 범죄의 공모에 참가했을 뿐 범죄의 실행행위를 분담하지 않은 자는 공모공동정범이고, 전술한 공동정범인 실행행위를 분담한 자 사이에 성립하는 관계는 실행공동정범이다.

구성요건행위를 직접 분담하여 실행하지 아니한 공모자를 공동정범으로 인정하기 위해서는 주관적 요건으로서 공동가공의 의사와 객관적 요건으로서 공동의사에 의한 기능적 행위지배라는 요건의 충족여부에 따라 공모공동정범이 될 수 있다. 구성요건행위를 직접 분담하여 실행하지 아니한 공모자가 공모공동정범이 되기 위해서는 전체 범죄에 있어서 그가 차지하는 지위, 역할, 범죄경과에 대한 지배내지 장악력 등을 종합하여 그가 단순히 공모자에 그치는 것이 아니라 범죄에 대한 본질적 기여를 통한 기능적 행위지배가 존재하는 것으로 인정되어야 한다.[2)]

---

1) 대판 1982.6.8, 82도781.

2) 대판 2010.7.15, 2010도3544.

그리고 공범관계에서 공모는 법률상 어떤 정형을 요구하는 것이 아니고 2인 이상이 공모하여 어느 범죄에 공동 가공하여 그 범죄를 실현하려는 의사의 결합만 있으면 되는 것으로서, 비록 전체의 모의과정이 없었다고 하더라도 수인 사이에 순차적으로 또는 암묵적으로 상통하여 그 의사의 결합이 이루어지면 공모관계가 성립한다. 이러한 공모가 이루어진 이상 실행행위에 직접 관여하지 아니한 자라도 다른 공모자의 행위에 대하여 공동정범으로서 형사책임을 지게 된다.[1)]

공모공동정범은 회사 조직 내 상사와 부하의 관계에서도 성립할 수 있다. 회사범죄의 경우에는 부하를 지휘하는 입장에 있는 상사가 부하의 범행을 확정적으로 인식하면서도 그것을 방치한 경우에는 부하의 범행에 직접 관여하지 않았다고 하더라도 공모공동정범을 인정할 수 있을 것이다.

2. 간접정범

간접정범이란 정신이상자나 내용을 모르는 자 등 타인을 이용하여 범죄를 실현하는 것을 말한다. 형법 제34조 제1항은 "어느 행위로 인하여 처벌되지 아니하는 자 또는 과실범으로 처벌되는 자를 교사 또는 방조하여 범죄행위의 결과를 발생케 한 자는 교사 또는 방조의 예에 의하여 처벌한다."고 규정하고 있다. 그러나 이와 같은 규정에도 불구하고 간접정범은 공범이 아니고 정범이라고 해석하는 것이 통설이다.

간접정범은 이용자가 피이용자를 조종하여 사건의 진행을 지배함으로써 피이용자의 행위는 이용자의 의사의 실현에 지나지 않게 된다. 간접정범이 성립하기 위해서는 "어느 행위로 인하여 처벌되지 아니하는 자 또는 과실범으로 처벌되는 자를 교사 또는 방조하여 범죄행위의 결과를 발생하게 할 것"이 요구된다. 어느 행위로 인하여 처벌되지 아니하는 자란 범죄의 성립요건인 구성요건해당성, 위법성 또는 책임성이 없어 범죄가 성립하지 않는 경우를 말한다.

간접정범은 교사 또는 방조의 예에 의하여 처벌한다고 규정하므로, 간접정범의 이용행위가 외형상 교사에 해당할 때는 정범과 동일형으로 처벌(형 제31조 제1항)하고, 종범에 해당할 때는 정범의 형보다 감경(형 제32조 제1항)한다.

---

1) 대판 2004.4.27, 2004도482.

3. 교사범

타인을 교사하여 죄를 범하게 한 자는 죄를 실행한 자와 동일한 형으로 처벌한다(형 제31조 제1항). 교사를 받은 자가 범죄의 실행을 승낙하고 실행의 착수에 이르지 아니한 때에는 교사자와 피교사자를 음모 또는 예비에 준하여 처벌하며(동조 제2항), 교사를 받은 자가 범죄의 실행을 승낙하지 아니한 때에도 교사자에 대하여는 전항과 같다(동조 제3항).

교사란 타인을 부추겨서 범죄 실행의 결의를 발생시키는 것이다. 교사의 수단에는 제한이 없고, 명령, 지시, 설득, 애원, 요청, 유혹, 감언, 이익제공, 위협 등이 포함된다. 다만 강요, 위력, 기망 등은 간접정범이 성립하므로 교사가 될 수 없다. 교사자는 교사를 받은 자가 실행하는 범죄에 대하여 어떠한 실행행위도 분담하지 않았지만 교사에 의하여 범죄를 실행한 자와 동일하게 정범의 형을 과한다. 교사범이 성립하기 위한 요건으로서는 타인을 교사할 것, 교사를 받은 자가 교사에 의하여 범죄를 실행할 것이 요구된다.

4. 종 범

타인의 범죄를 방조한 자는 종범으로 처벌하며, 종범의 형은 정범의 형보다 감경한다(형 제32조 제1항, 제2항). 종범이란 정범을 방조한 자이다. 여기에서 정범이란 형벌법규에 정해진 각 범죄의 실행행위를 실제로 행하는 자이고, 방조란 범죄의 실행행위 이외의 행위에 의하여 정범의 실행을 쉽게 하는 것이다. 방조행위는 작위의무가 있는 자의 부작위에 의해서도 가능하다.

종범도 범죄의 실행행위를 일체 분담하지 않고 일정한 형사책임을 지기 때문에 교사범과 같으나, 종범은 정범과 비교하여 형사책임을 가볍게 하는 점(필요적 감경)에서 교사범과 다르다. 종범의 성립요건으로서 정범을 방조할 것, 방조 받은 자가 범죄를 실행할 것 등이 요구된다. 따라서 종범은 정범의 실행을 방조한다는 인식(방조의 고의)과 정범의 행위가 구성요건에 해당한다는 인식(정범의 고의)이 필요하다.

공범자가 자기의 범죄로서 가담하면 공모공동정범이 되고, 타인의 범죄로서 가담하면 교사범이나 종범이 된다. “자기의 범죄로서”라는 것은 자기의 범죄를 행할 의사로 범죄행위에 이르는 것이고, 이러한 의사를 정범의사라고 한다. 정범의사가 있는가 하는 문제는 ① 공모자와 실행행위자와의 관계, ② 범행의 동기, ③ 공모자와 실행행위자간의 의사소통행위의 경과, 태양, 적극성, ④ 범죄의 성질이나 내용 등이 고려되어야 하는 것이다.

5. 공범과 신분

신분관계로 인하여 성립될 범죄에 가공한 행위는 신분관계가 없는 자에게도 공범규정을 적용한다. 단 신분관계로 인하여 형의 가중이 있는 경우에는 중한 형으로 벌하지 아니한다(형 제33조). 이와 같이 형법은 신분을 갖는 자와 신분을 갖지 않은 자가 공동으로 범죄를 실행한 경우를 규정하고 있다.

신분범이란 범죄의 구성요건에 있어서 일정한 신분을 갖는 자에 한정된 경우를 말한다. 신분이란 남녀의 성별, 친족관계, 공무원 지위 등에만 한정되는 것이 아니라, 일정한 범죄행위에 관한 범인의 인적관계인 특수한 지위 또는 상태를 지칭하는 것이다. 예컨대, 내부자거래금지위반에 관한 죄에서 법률에 정해진 회사관계자에 해당하는 자의 행위만을 대상으로 하므로 신분범이다.

신분범 중에는 행위자가 일정한 신분을 갖기 때문에 처벌대상이 되는 진정신분범과 신분이 없어도 범죄가 되지만 행위자에게 일정한 신분이 있기 때문에 형의 경중이 달라지는 부진정신분범이 있다. 기업관련 범죄의 신분범 가운데는 업무상 횡령죄나 특별배임죄 등이 부진정신분범이다.

제6장 법인의 처벌

1. 법인의 범죄능력

기업은 회사기업과 개인기업으로 나눌 수 있다. 개인기업은 기업주인 개인이 기업 활동에서 발생하는 권리의무의 귀속주체이며, 형사상 범죄의 주체가 되므로 개인기업의 형사책임에 관한 논의는 특별히 문제되지 않는다. 그러나 회사의 경우에는 기업 활동에서 발생하는 권리의무의 귀속주체가 법인이고, 법인의 행위는 회사의 기관을 구성하는 자연인에 의하여 이루어지므로 법인을 형사 처벌하기 위해서는 법인의 범죄능력에 대하여 논의할 필요가 있을 것이다.

법인의 범죄능력을 인정할 것인지에 대하여 범죄의 성질상 자연인만이 행위주체가 될 수 있다고 보는 경우에는 논의의 실익이 없다. 그러나 자기주식 취득금지 위반, 모회사주식 취득금지위반 등 회사가 행위주체가 되는 경우에는 논의의 필요가 있다. 그리고 기업의 사회적 역할증대, 조직적이고 전문화된 기업범죄의 증가에 따라 행위자 처벌과 함께 법인에 대한 과형의 필요성 증대 등은 법인의 범죄능력을 재고하게 한다.

종래 법인의제설의 입장에서는 법인은 권리의무의 주체가 아니고 그 설립목적의 범위 내에서 법인격이 의제되는 것이므로 당연히 범죄능력이 없다고 보았다. 그러나 법인실재설의 입장에서는 법인을 권리주체로 인정하고 범죄능력도 있는 것으로 보았다. 법인실재설이 대륙법계의 통설이 되어 일반적으로 법인의 범죄능력을 인정할 수 있는 이론적 기반이 마련되었으나, 나라에 따라 이를 긍정하는 입법과 부정하는 입법이 공존하고 있다. 이에 대하여 영미법계 국가에서는 법인 의제설 입장에서 법인의 범죄능력이 부정되어 왔으나 최근 입법이나 판례 등을 통하여 법인의 형사책임이 인정되고 있다.

법인의 범죄능력을 인정할 것인가에 대하여 학설 및 판례는 다양한 의견으로 대립하고 있는 실정이다. 형법에서는 행위의 주체를 「○○행위를 한 자」로 규정하고 있으며, 이 경우에는 자연인의 범죄능력만을 전제로 하고 법인의 범죄능력을 부인하고 있다고 보아야 할 것이다. 따라서 처벌대상이 되는 범죄의 주체는 자연인에 한정되므로, 회사의 임직원이 회사를 위하여 범죄를 행하더라도 회사라는 법인이 범죄를 행했다고 평가되지 않고 임직원 개인이 형사책임을 진다. 그러나 많은 행정형법 분야에서는 법인의 구성원을 처벌하는 외에 법인도 함께 벌금형에 처하고 있다. 특히 형사벌을 정한 특별법 가운데는 법인의 업무에 대하여 그 임직원이 범죄행위를 한 때, 그 사업주인 법인도 함께 처벌하는 규정을 두는 경우가 있다. 이를 양벌규정이라 하며, 이 경우에는 법인도 형사책임의 주체가 된다. 법인에게는 징역형이나 금고형 등의 자유형을 과할 수 없기 때문에 벌금형만을 과하고 있다.

헌법재판소의 입장도 보건범죄단속에 관한 특별조치법 제6조에 대하여 종업원의 위반행위에 대하여 영업주 개인에 대하여 종업원과 동일한 법정형으로 처벌하도록 규정한 것은 형사법상의 책임원칙에 반한다는 위헌 결정을 하였고,[1] 의료법 제91조 제1항에 관하여 동일한 취지의 결정을 하였다.[2]

이와 같이 원칙적으로 법인의 범죄능력을 부인하더라도 범죄의 종류에 따라서는 법인에 대한 사회 윤리적 비난이 가능하고, 기관의 의사나 행위를 법인의 의사나 행위로 보아 법인자체를 범죄의 행위주체로 보아야 할 예외적인 경우가 있을 것이다.[3] 법인 구성원 개개인의 행위는 법인의 물적 인적 요소가 조직적으로 반영된 결과이므로 구성원의 행위를 법인과 완전히 분리하여 오로지 구성원 개인의 행위로만 볼 수는 없을 것이다.[4]

2. 설립중 회사·법인격 없는 사단·조합 등

설립중 회사, 법인격 없는 사단·조합 등은 원칙적으로 권리능력이 없으나 예외적으로 부분적인 권리능력이 인정되는 경우(민사소송에 있어서 당사자능력, 예금능력, 부동산 등기능력 등)가 있다. 법인의 처벌에 있어서 대부분의 경우에 법인격이 없는 단체는 제외되지만 공정거래법 제70조(양벌규정)와 자본시장법 제448조(양벌규정) 같이 이례적으로 법인격 없는 단체를 포함하고 있는 경우도 있다. 그러나 형벌법규가 명문으로 설립중 회사·법인격 없는 사단·조합 등의 법인격 없는 단체를 처벌

1) 헌재결 2007.11.29, 2005헌가10.

2) 헌재결 2009.7.30, 2008헌가16.

3) 한석훈, 기업범죄의 쟁점연구, 24-25면.

4) 이재방, "법인의 범죄능력 인정과 법인 처벌방안", 「홍익법학」 제11권 제1호(2010), 289면.

대상으로 정하고 있지 않으면 당연히 처벌할 수 없을 것이다(죄형법정주의).[1]

그러므로 설립중 회사, 법인격 없는 사단·조합 등 법인격 없는 단체의 경우에도 법인의 경우와 같이 원칙적으로 범죄능력이 없지만, 형벌법규가 예외적으로 처벌대상으로 하고 있는 경우에는 범죄능력이 인정된다고 본다. 그러므로 이들의 범죄행위에 대해서는 그 행위자나 대표자, 구성원 등을 행위주체로 보아야 하고 처벌대상으로 해야 할 것이다.[2]

3. 법인의 형사 처벌

우리 상법 기타 특별법에서는 양벌규정을 두고 위반행위를 한 자연인뿐만 아니라 법인도 처벌대상으로 하고 있다. 예컨대 상법 제634조의3(양벌규정)에 의하면 "회사의 대표자나 대리인, 사용인, 그 밖의 종업원이 그 회사의 업무에 관하여 제624조의2(주요주주 등 이해관계자와의 거래위반의 죄)의 위반행위를 하면 그 행위자를 벌하는 외에 그 회사에도 해당조문의 벌금형을 과한다. 다만 회사가 제542조의13(준법통제기준 및 준법지원인)에 따른 의무를 성실히 이행한 경우 등 회사가 그 위반행위를 방지하기 위해서 해당 업무에 관하여 상당한 주의와 감독을 게을리 하지 아니한 경우에는 그러하지 아니하다."고 규정하고 있다.

여기에서 볼 수 있는 바와 같이, 양벌규정은 실제 행위자의 범죄 구성요건을 정하고 그 행위자를 벌하는 외에 그 위반행위의 이익의 귀속주체인 법인(영업주)을 처벌하며, 면책의 내용을 포함하는 규정이라고 보아야 할 것이다. 이러한 양벌규정의 입법취지는 벌칙규정의 실효성을 확보하는데 있다는 것이 판례의 태도이다.[3] 이와 같이 많은 기업관련 법에서는 양벌규정을 두고 있다. 우리나라는 실제행위자와 법인만 처벌하는 양벌규정만 두고 있으며, 그 외에도 법인의 대표자나 임원 등을 처벌하는 3벌 규정은 존재하지 않는다.[4]

전술한 바와 같이 현대사회에서 법인이 차지하는 독자적 역할과 그 영향력이 매우 크기 때문에 법인의 범죄행위로부터 다수의 피해자와 사회를 보호하기 위해서는 법인의 범죄능력을 인정하여야 한다. 그리고 형법에 규정된 형벌의 종류를 근거로 법인에게 형벌을 과할 수 없다고 하거나 법인의 처벌을 염두에 두지 않는다

1) 대판 1997.1.24, 96도524.

2) 대판 2005.12.22, 2003도3984.

3) 대판 2010.4.29, 2009도7017 같은 취지 판례 외 다수.

4) 한석훈, 전게서, 29면.

고 할 것이 아니라 법인에게 적합한 형벌을 다양하게 개발할 필요가 있을 것이다.

법인의 범죄능력을 부정하는 것이 다수의 의견이고 판례의 입장이지만, 최근 구성원의 범죄행위로 법인이나 법인의 실질적 소유자의 이익이 극대화 된다면 구성원을 범죄의 도구로 사용할 여지가 있으므로 법인자체를 처벌하는 것만이 법인에 의한 범죄를 억지할 수 있을 것이라는 의견이 유력하다. 그러므로 형법 총칙편에 법인의 범죄능력을 인정하는 일반적인 원칙을 두어야 한다고 한다.[1] 그리고 법인 대표자나 구성원에 의하여 전문적이고 조직적으로 이루어지는 범죄에 대하여 그 전모를 밝혀 최고책임자를 처벌하는 것이 불가능하므로 사용인 등의 업무관련범죄 행위를 예방하기 위한 주의와 감독을 소홀히 한 책임을 대표자에게 물을 수 있도록 할 필요도 있다. 그 외에도 다양한 처벌수단으로서 법인의 해산, 사법감시, 공계약 배제, 영업소폐쇄, 기업자금 공모금지, 어음이나 수표발행금지, 대표자 등의 직업 활동제한 등이 논의되고 있다.[2]

4. 형사책임의 법적 성질

양벌규정에 의하여 법인은 다른 행위자의 행위에 대한 책임을 부담하는 것이므로, 법인이 부담하는 책임의 법적 근거 또는 법적 성질을 어떻게 보아야 할 것인지 문제가 있게 된다. 법인의 책임을 묻기 위하여 법인의 고의, 과실이 요구되는지에 대하여 무과실책임설과 과실 책임설의 분기가 있다. 전자의 입장은, 법인은 위반행위의 귀속주체로서 행정목적을 달성하기 위하여 위반행위가 있으면 고의, 과실을 묻지 않고 처벌되는 것이라고 본다. 그러나 이 견해는 "책임 없으면 형벌 없다"는 범죄론의 원칙에 반하는 것이고,[3] 양벌규정에 있어서 위반행위 방지를 위한 주의, 감독상 과실에 대한 면책조항을 두고 있어서 계속 주장하기 어려운 견해이다.

후자의 입장인 과실 책임설은, 법인의 책임은 대리인, 사용인, 종업원 등의 위반행위를 방지하기 위하여 필요한 선임·감독 등에 있어서 주의의무를 태만한 과실에 의한 책임이라고 본다.[4] 입법적으로 과실 책임으로 하고 있다.[5] 법인에게 대리인, 사용인, 종업원 등의 선임·감독 소홀에 대한 고의가 있거나 위반행위에 가담

1) 이재방, 전게논문, 299면.
2) 이재방, 전게논문, 301면.
3) 임웅, 형법총론, 85면.
4) 박상기, 형법총론, 79-80면; 이재상, 형법총론, 101면.
5) 한석훈, 전게서, 33면.

하는 경우에는 당연히 그로 인한 책임을 부담한다. 법인에게 과실이 있다는 것은 법인의 대표자에게 과실이 있다는 것이다. 이에 대하여 법인 대표자의 위반행위에 대한 법인의 책임은 그 선임·감독상의 과실책임이 아니라, 대표자의 행위는 곧 법인 자신의 행위이므로 법인의 자기책임이 된다.

과실책임설에 따르면 법인의 고의, 과실을 누가 증명해야 하는가에 대하여 과실추정설과 순과실설이 있다. 과실추정설에 의하면, 대리인, 사용인, 종업원 등의 위반행위가 있으면 법인에게 이를 방지하기 위하여 필요한 주의의무를 소홀히 한 과실이 추정된다고 본다. 추정이란 반증이 없으면 법령에서 미리 그 판단을 부여해 놓은 것이다. 이 견해에 의하면 법인은 자신에게 고의나 과실이 없었음을 증명해야만 책임을 면할 수 있다(무과실면책).

이에 대하여 순과실설의 입장은, 법인의 범죄의 성립을 위하여 필요한 구성요건, 위법성, 책임성은 무죄추정의 원칙상 모두 검사에게 증명책임이 있으며, 법인(영업주)의 대리인, 사용인, 종업원 등의 선임, 감독상의 과실도 검사가 증명하여야 하고 추정해서는 안 된다는 입장이다. 우리나라 판례의 입장이기도 하다.[1)]

5. 처벌요건

위의 양벌규정의 객관적 구성요건은 법인(영업주)의 대표자, 대리인, 사용인 기타의 종업원이 법인(영업주)의 업무에 관하여 해당 조문의 위반행위를 하는 것이다. 또 법인(영업주)이 그 위반행위를 방지하기 위하여 상당한 주의와 감독을 태만한 것이다. 따라서 본 항에서는 법인(영업주), 대표자, 대리인, 사용인 기타의 종업원의 의의와 업무관련성을 검토하고 위반행위에 대하여 고찰한다.

(1) 법인(영업주), 대표자, 대리인, 사용인 기타의 종업원

법인(영업주)은 각 위반행위의 업무상 손익이 귀속되는 주체로서 형식상 명의자가 아니고 자기의 계산으로 사업을 경영하는 실질적 경영귀속주체를 말한다. 일반적으로 회사 또는 개인 영업주이다. 판례에 의하면 지방자치단체는 고유사무에 대하여 업무주인 법인으로서 양벌규정의 대상이 되지만, 국가 위임사무의 범위에서

1) 대판 2010.2.25, 2009도5824; 한석훈, 전게서, 38면; 임웅, 전게서, 87면. 일본의 통설임.

는 지방자치단체는 국가기관의 일부이므로 법인에 포함될 수 없다고 한다. 지방자치단체의 장이 처리하는 사무가 자치사무인지 또는 기관위임사무인지 여부를 판단할 때는 법령의 규정, 경비부담주체, 책임귀속주체 등을 고려하여야 한다.1) 국가에게는 형벌을 부과할 수 없다는 전제이다.

대표자란 법인의 의사결정, 업무집행의 권한을 가진 자로서 대표자로 등기된 자를 말한다. 그러나 대표자가 내부절차에 따라 적법하게 선임되지 않았거나 이미 퇴임한 자가 실질적으로 회사를 경영하고 있는 경우에도 대표자라고 보아야 할 것이다.2)

이들은 법인 등의 영업주의 영업활동에 종사하는 자이며, 영업주는 그들의 선임·감독상의 책임을 지므로 종속관계에 있어야 한다. 그러나 반드시 영업주와 고용관계에 있을 것을 요구하지 않는다.3)

대리인은 영업주를 위하여 자신의 명의로 대외적 법률행위를 하고 그 효과를 영업주에게 귀속시키는 관계에 있는 자이다. 지배인, 부분적 포괄대리권을 가진 사용인, 물건판매점포의 사용인 등 상업사용인은 대리인에 속한다. 그리고 사용인 및 종업원은 영업주의 업무를 보조하는 자로서 영업주의 감독·통제아래 있는 자이다. 법인의 사용인에는 법인과 정식 고용계약이 체결되어 근무하는 자뿐만 아니라 그 법인의 업무를 직접 또는 간접으로 수행하면서 법인의 통제·감독 아래 있는 자도 포함된다.4)

(2) 위반행위

구성요건에 해당하는 위반행위가 되기 위해서는 실제 행위자의 위반행위가 영업주의 영업에 관하여 행하여 질 것이 요구된다. "영업에 관하여"란 위반 행위자의 행위가 객관적 외형적으로 영업주의 영업에 관한 행위를 한 것이어야 한다는 의미이다. 객관적 외형적으로 영업주의 영업에 관 것이면 법인 내부의 결제유무, 영업주의 이익유무, 정관상 목적범위 내외 등은 문제되지 않을 것이다.

영업주의 책임은 위반행위를 방지하기 위하여 필요한 주의의무를 태만한 과실책임이므로, 실제 행위자의 위반행위가 범죄 구성요건이나 위법성을 갖추지 못하

---

1) 대판 2009.6.11, 2008도6530; 대판 2005.11.10, 2004도2657.

2) 대판 1997.6.13, 96도1703.

3) 대판 1993.5.14, 93도344.

4) 대판 2003.6.10, 2001도2573; 대판 1993.5.14, 93도344; 대판 1987.11.10, 87도1213.

면 감독책임을 물을 필요가 없을 것이다. 그러나 실제 행위자가 범죄 구성요건 및 위법성을 충족하였으면 책임조각사유가 있더라도 영업주에게 감독책임을 물을 수 있을 것이다.

(3) 법인이 기소된 경우 회사의 대표

법인의 임직원이 범죄행위를 하고, 당해 법인도 양벌규정에 의하여 수사대상이 된 경우에는 피의자 또는 피고가 된 법인을 대표하는 자는 법인의 대표자이다(형소 제27조 제1항). 수인이 공동하여 법인을 대표하는 경우에도 소송행위에 관하여는 각자가 대표한다(동조 제2항). 피고인을 대리 또는 대표할 자가 없는 경우에는 법원은 직권 또는 검사의 청구에 의하여 특별대리인을 선임하여야 하며, 피의자를 대리 또는 대표할 자가 없는 경우에는 법원은 검사 또는 이해관계인의 청구에 의하여 특별대리인을 선임하여야 한다(형소 제28조 제1항).

제 2 편

기업범죄 각론

제 1 장 회사법상의 범죄

1. 회사법상의 특별배임죄[1)]

(1) 서 론

형법상 배임죄는 타인의 사무를 처리하는 자가 그 임무에 위배하는 행위로 재산상의 이익을 취득하거나 제3자로 하여금 이를 취득하게 하여 본인에게 손해를 가하는 것을 내용으로 하는 범죄이다. 그러므로 배임죄는 본인과의 신임관계에 위배하여 타인의 재산을 침해하는 범죄로서, 신임관계의 위배는 독립된 보호법익이 될 수 없고 타인의 재산권을 보호법익으로 하는 범죄이다. 즉 본인과 행위자 사이에 신임관계가 있음에도 불구하고 이에 위배하여 본인에게 손해를 가하였다는 점에서 횡령죄와 성질을 같이 한다.

그러나 재산상의 이익의 침해태양이 물적 침해인 재물의 영득행위와 같이 유형화하는 것이 어렵기 때문에 구성요건이 추상화될 수밖에 없다. 형법상 배임의 주체는 "타인의 사무를 처리하는 자"이며, 구성요건 행위는 "임무에 위배하는 행위"라고 하여 추상적으로 규정하고 있다. 또 배임죄의 미수는 처벌하기 때문에 범죄의 성립여부가 법원의 자의적 판단을 초래하기 쉽다는 것이 종래 형법학계의 입장이었다.[2)]

상법에서는 "회사의 발기인, 업무집행사원, 이사, 집행임원, 감사위원회 위원, 감사 또는 제386조 제2항, 제407조 제1항, 제415조 또는 567조의 직무대행자, 지배인 기타 회사영업에 관한 어느 종류 또는 특정한 사항의 위임을 받은 사용인이 그 임무에 위배한 행위로써 재산상의 이익을 취하거나 제3자로 하여금 이를 취득하게

---

1) 본 장의 내용은 양동석·박승남, "회사법상의 특별배임죄", 「기업법연구」 제28권 제1호(한국기업법학회, 2014. 3.)에 수록된 논문임.

2) 강동욱, "형사상 배임죄의 입법례와 주체에 관한 고찰", 「법학논총」 제37권 제1호, 단국대학교 법학연구소, 2013, 151면.

하여 회사에 손해를 가한 때에는 10년 이하의 징역 또는 3천만 원 이하의 벌금에 처한다." 규정하고 있다(상 제622조 제1항). 그리고 "회사의 청산인 또는 제542조 제2항의 직무대행자, 제175조의 설립위원이 제1항의 행위를 한 때에도 제1항과 같다."고 규정하고 있다(동조 제2항). 상법은 또 "사채권자집회의 대표자 또는 그 결의를 집행하는 자가 그 임무에 위배한 행위로써 재산상의 이익을 취하거나 제3자로 하여금 이를 취득하게 하여 사채권자에게 손해를 가한 때에는 7년 이하의 징역 또는 2천만 원 이하의 벌금에 처한다."고 규정하고 있다(상 제623조). 그리고 미수범은 처벌한다(상 제624조).

특히 대법원은 회사법상 특별배임죄의 판결에 있어서 이사 등의 경영판단행위에 대하여 형법상 업무상배임죄의 적용을 확대하여 "특정경제범죄 가중처벌 등에 관한 법률"을 적용함으로써 배임죄 과잉적용에 대한 우려를 초래하였다.[1] 미국에서 경영판단의 원칙이 기업경영자들을 위하여 중요한 방패가 되고 있는 것과 비교하면 비록 기업의 폐해가 크고 광범위 하다고 할지라도 기업 활동이 위축되고 국민경제에 불이익이 미칠 우려를 불식할 수 없다. 이러한 이유 때문에 형벌과잉이 되지 않도록 엄격한 해석이 요구되고 있으며, 배임죄의 폐지, 경영판단의 원칙 도입 등이 주장되고 있는 실정이다.[2]

본 연구에서는 회사법상의 특별배임죄 즉 발기인, 이사 기타 임원 등의 특별배임죄와 사채권자집회의 대표자 등의 특별배임죄에 관하여 의의, 행위주체, 범죄행위, 주관적 구성요건, 처벌 등을 상법 및 형법적 시각으로 분석한다. 그리고 경영판단원칙의 의의, 기능 및 근거, 특별배임죄와의 관계를 분석, 고찰하며 본죄와 형법 및 특정경제범죄 가중처벌 등에 관한 법률 등과의 관계 등을 연구한다.

본 연구를 통하여 배임죄 과잉적용의 우려를 불식하고, 기업가의 소신 있고 적극적인 경영활동을 보장할 수 있는 방안을 모색하고자 한다. 그리하여 건전한 경영문화 창달과 국민경제에 기여할 수 있기를 기대한다.

(2) 발기인, 이사 기타 임원 등의 특별배임죄

1) 의 의

상법상 특별배임죄란 설립 중 회사의 업무를 집행하는 자(발기인), 성립 후 회사

1) 대법원 1983.10.25. 선고 83도2099 판결; 대법원 2000.5.25. 선고 99도2781 판결.

2) 강동욱, 앞의 논문, 152면.

의 업무를 집행하는 자(이사, 집행임원, 업무집행사원 등), 업무집행을 감독하는 자(감사, 감사위원) 및 청산회사의 업무집행을 담당하는 자(청산인) 등 상법 제622조에서 열거하는 자가 그 임무에 위배하는 행위를 하여 재산상의 이익을 취득하거나 제3자로 하여금 이를 취득하게 하여 회사에 손해를 생기게 하는 범죄이다. 회사와 이들과의 관계는 위임에 관한 법률관계이므로(상 제382조 제2항) 당연히 선량한 관리자의 주의의무로써 회사의 업무를 처리하여야 하며, 그 지위를 이용하여 자기 또는 제3자의 이익을 도모 하여서는 안 된다.

형법상의 배임죄에 있어서와 같이 본죄는 상법 제622조 제1항과 제2항에서 열거하는 자들이 회사와의 신임관계를 위배하여 재산상의 이익을 취하거나 제3자로 하여금 이를 취득하게 하여 회사의 재산을 침해하는 것이므로 보호법익은 신임관계 위반이 아니라 회사의 재산권이다. 신임관계 자체는 보호법익이 될 수 없을 것이다.[1)]

상법상 특별배임죄는 형법상의 업무상 배임죄의 특별규정으로서 이사, 기타 임원 및 사채권자집회의 대표자 등의 회사에 대한 배임행위가 회사뿐만 아니라 사회에 미치는 해악이 중대하고 광범위하다는 점을 고려하여 특별히 가중 처벌하고자 한 것이다. 1995년 상법개정에서 상법 제622조 상의 특별배임에 대한 처벌이 현재와 같이 10년 이하의 징역 또는 3천만 원 이하의 벌금으로 높아지면서 형법상의 업무상 배임죄와 법정형이 동일하게 되었고, 제623조 상의 특별배임죄에 대해서는 7년 이하의 징역 또는 2천만 원 이하의 벌금으로 하면서 형법상의 업무상 배임죄보다 법정형이 가볍게 되었다.

업무상배임죄는 타인의 사무를 처리하는 자가 업무상의 임무에 위배하여 재산상의 이익을 취득하거나 제3자로 하여금 이를 취득하게 함으로써 본인에게 손해를 가한 때 성립한다. 이에 대하여 형법은 가중처벌규정을 두고 있다(형 제356조). 그러나 상법상의 특별배임죄, 형법상의 업무상배임죄, 특정경제범죄 가중처벌 등에 관한 법률상의 배임죄는 형법상의 배임죄와 법적성질 및 구조를 같이 한다.

그러므로 상법상 특별배임죄에 해당하는 경우에는 이사 등의 행위가 형법상 업무에 해당한다는 것을 이유로 형법상의 업무상 배임죄와 그 가중규정인 특정경제범죄 가중처벌법을 적용해서는 안 될 것이다. 왜냐하면 상법상의 특별배임죄와 형법상의 업무상 배임죄는 특별법과 일반법의 지위에 있으므로 특별법우선의 원칙에 의하여 상법상 특별배임죄로 처벌하는 것이 타당하기 때문이다.[2)]

---

1) 이재상, 「형법각론」, 박영사, 2013, 415면.

2) 강동욱, 앞의 논문, 151면; 강동욱, “이사 등의 경영행위에 대한 배임죄 적용의 문제점”, 「법학연구」 제23권 제2호, 충남대학교 법학연구소, 2012, 223-225면.

2) 객관적 구성요건

① 행위의 주체

형법상 배임죄의 주체는 타인의 사무를 처리하는 자이므로 타인의 사무 처리를 업무로 하는 자이면 누구든지 본죄의 주체가 될 수 있다. 사무 처리의 근거는 법령, 계약, 관습의 어느 것에 의하건 묻지 않고 사실상의 것이라도 신의성실의 원칙에 따라 신임관계가 인정되면 이에 포함한다.[1] 사무를 처리하는 자란 타인과의 관계에서 사무를 처리할 신임관계가 있는 것을 의미하며, 반드시 대외적으로 사무에 관한 권한이 있을 것을 요하지 않는다. 그러므로 독립권한이 있는 자의 지휘나 감독을 받고 사무 처리에 임하는 자도 본죄의 주체가 될 수 있다.[2] 그러나 보조자 중 재량권이 없는 자나 본인의 지시에 따라 기계적 사무에 종사하는 자는 본죄의 주체가 될 수 없다.[3]

형법에 의하면 "타인의 사무"라고만 규정하고 있으나, 형법학계 다수의 의견은 사무란 "재산적 사무"에 국한된다고 한다.[4] 그 논지는 배임죄가 본인의 재산보호를 내용으로 하는 재산죄이고, 본인에게 재산상의 손해발생을 요건으로 하고 있기 때문에 사무는 재산과 관련한 사무여야 한다는 것이다. 법원도 동일한 입장이다.[5]

형법학에서는 배임죄의 구성요건이 가지고 있는 추상성으로 인해 배임죄의 성립범위가 확대될 염려가 있으므로 배임죄에 관한 규정을 개정하여 "사무처리 권한 기준 등"을 명확히 해야 한다는 의견이 있다.[6]

회사법상 특별배임죄의 주체는 상법 제622조 제1항과 제2항에서 열거하는 자들이다. 그러므로 신분범이다. 회사의 업무와 관련하여 특별배임죄의 구성요건에 해당하는 행위를 하는 자가 동조에서 열거하는 자가 아닌 경우에는 형법상의 배임죄 또는 업무상 배임죄가 성립하는 것은 별문제로 하고 회사법상의 특별배임죄는 성립하지 않는다고 보아야 한다. 이들은 회사에 대하여 위임관계(상 제382조 제2항)로 인한 선량한 관리자의 주의의무(충실의무 포함)를 지므로 선임의 본지에 따라 법령

---

1) 대법원 2003.1.10. 선고 2002도758 판결.
2) 이재상, 앞의 책, 423면; 대법원 2007.6.1. 선고 2006도1813 판결.
3) 배종대, 「형법각론」, 홍문사, 2010, 555면; 강동욱, 앞의 형사상 배임죄의 입법례와 주체에 관한 고찰, 168면.
4) 박상기, 「형법각론」, 박영사, 2008, 401면; 배종대, 위의 책, 551면; 이재상, 앞의 책, 421면.
5) 대법원 2008.4.24. 선고 2008도1408 판결; 대법원 2003.9.26. 선고 2003도763 판결.
6) 강동욱, 앞의 형사상 배임죄의 입법례와 주체에 관한 고찰, 172면.

을 준수하고 회사의 최선의 이익을 위하여 사무를 집행하여야 하며, 그 지위를 이용하여 자기 또는 제3자의 이익을 도모할 목적으로 회사의 이익을 해쳐서는 안 되는 상법상의 의무를 진다.[1)]

이들을 나누어 설명하면 다음과 같다.

i) 발기인이란 실질적 의미로는 회사의 설립을 기획하고 설립사무에 종사한 자이나 형식적 의미로는 정관에 발기인으로서 기명날인 또는 서명한 자로서 회사의 설립사무와 관련하여 여러 가지의 의무와 책임을 부담하는 자이다(상 제297조, 제311조, 제321조, 제322조 등). 법률상의 발기인이란 형식적 의미의 발기인이다.

법인이 다른 회사의 발기인이 될 수 있는가에 관하여 부정설과 긍정설이 분기하지만, 긍정설에 의하더라도 본죄의 주체는 법인이 아니라 회사의 설립사무를 집행하는 자연인이라고 보아야 할 것이다.[2)]

ii) 업무집행사원이란 합명회사, 합자회사, 유한책임 회사에서 업무집행을 담당하는 사원을 말한다. 합명회사의 경우 각 사원은 정관에 다른 규정이 없는 때에는 회사의 업무를 집행할 권리와 의무가 있으므로(상 제200조 제1항) 각 사원이 본죄의 주체가 될 수 있으나, 정관으로 사원의 1인 또는 수인을 업무집행사원으로 정할 수 있으므로(상 제201조 제1항) 이 경우에는 업무집행사원으로 정해진 자에 한정된다. 회사가 정관으로 수인의 사원을 공동업무집행사원으로 정한 경우에는(상 제202조) 이들만이 본죄의 주체가 될 것이다.

합자회사의 경우에는 정관에 다른 규정이 없는 경우 무한책임사원 각자가 회사의 업무를 집행하며 회사를 대표한다(상 제273조). 합명회사의 경우와 같이 업무집행사원에 관한 정함을 둘 수 있을 것이다. 그러므로 업무집행을 담당하는 자만이 본죄의 주체가 될 수 있고 유한책임사원은 업무집행권이나 회사의 대표권이 없으므로 본죄의 행위주체가 될 수 없을 것이다.

유한책임회사의 경우에는 사원 또는 사원이 아닌 자를 업무집행자로 정할 수 있다(상 제287조의12 제1항). 수인의 업무집행자를 둘 경우에도 각자가 회사의 업무를 집행하지만, 정관으로 그들을 공동업무집행자로 정한 경우에는 그 전원의 동의가 없으면 업무집행 행위를 할 수 없다(동조 제2항, 제3항). 따라서 업무집행자로 정해진 자가 본죄의 주체가 될 것이다. 그리고 유한책임회사의 경우에는 법인이 업무집행자가 될 수 있으며, 그 경우 법인은 해당 업무집행자의 직무를 행할 자를 선

---

1) 양동석, 「한·중·일 비교회사법」, 법영사, 2012, 325-326면.

2) 대법원 1985.10.8. 선고 83도1375 판결.

임하여야 한다(상 제287조의15). 따라서 법인이 업무집행자인 경우에는 업무집행을 위하여 법인이 선임한 직무수행자가 본죄의 행위주체가 될 것이고 법인은 본죄의 주체가 될 수 없다고 할 것이다.

합명회사, 합자회사, 유한책임회사의 업무집행사원을 특별배임죄의 주체로 한 것은 소규모회사의 인적결합을 중시하는 특성을 무시하고 엄벌주의적 입법태도를 취하는 것이라는 비판이 있다.[1]

iii) 이사는 주식회사와 유한회사의 업무집행을 담당하는 자이다. 이사와 회사의 관계는 위임에 관한 규정이 준용되고 이에 따라 이사는 회사에 대하여 선관주의의무(상 제382조 제2항)와 충실의무(상 제382조의3)를 지게 된다. 이에 위반하여 이사가 회사에 손해를 끼치면 당연히 이사는 회사에 대하여 채무불이행책임을 부담 할 것이다. 이사가 임무를 위배하여 자기 또는 제3자의 이익을 취하고 회사에 손해를 발생시킨 경우에는 본죄가 성립하게 된다.

그러나 주식회사와 유한회사 및 소규모 주식회사(자본금액이 10억 원 미만)의 경우 이사의 임무는 회사에 따라 각각 다르다고 본다. 또 주식회사에 있어서 대표이사, 업무담당이사, 사외이사 등의 임무도 각각 다르다고 보아야 할 것이므로 임무의 위배정도도 차이가 있을 것이다. 당연히 민사책임의 경우에는 책임정도가 다를 것이지만,[2] 본 죄가 성립하여 형법상의 책임이 발생하면 그 결과에는 차이가 없을 것이다.

iv) 집행임원이란 대표이사에 갈음하여 회사의 업무집행과 대표를 담당하는 자이다.[3] 이 제도는 이사회의 감독기능과 업무집행기능을 분리하기 위하여 2011년 개정상법에서 미국법상의 제도를 도입한 것으로서, 회사는 대표이사제도를 둘 것인지 집행임원제도를 둘 것인지 임으로 결정한다. 회사와 집행임원 사이에도 위임에 관한 규정을 준용(상 제408조의2 제2항) 하므로, 회사가 집행임원을 두기로 하면 회사에 대하여 선관주의의무와 충실의무를 지며 이들은 이사와 동일하게 본죄의 주체가 될 것이다.

v) 감사는 회사가 건전하고 적정하게 운영될 수 있도록 업무와 회계를 감독하는 필요·상설기관이며, 회사의 선택에 따라 감사를 대체할 수 있는 기관으로서 이사회 내에 감사위원회를 둘 수 있게 하였다.[4] 상법 제622조는 본죄의 행위주체로서 감

---

1) 주강원, "상법상 특별배임죄에 대한 연구", 「법학연구」 제18권 제3호, 연세대학교 법학연구소, 2008, 368면; 박길준, "기업관련법중 처벌규정의 개선에 관한 연구", 대한상공회의소, 1989, 21면.

2) 양동석, 앞의 책, 제352면.

3) 양동석, 위의 책, 378면 이하.

사와 감사위원회 위원만을 명문으로 규정하고 있다. 따라서 회사의 설립절차와 업무 및 재산 상태를 조사하기 위한 검사인, 주식회사 외부감사에 관한 법률에 의한 회계감사인, 2011년 개정상법에서 도입한 준법지원인 등은 회사에 대하여 선관주의 의무가 있는 자들이지만 상법에 의한 특별배임죄의 주체가 될 수 없을 것이다. 따라서 이들의 임무위배에 대해서는 형법상 배임죄 또는 업무상 배임죄의 주체가 될 수 있을 뿐이고, 상법 제622조에 의한 특별배임죄의 주체가 되는 것은 아니다.

vi) 주식회사에 있어서 이사 또는 감사가 법률 또는 정관에서 정한 원수를 결한 경우에는 임기의 만료 또는 사임으로 인하여 퇴임한 이사·감사는 새로 선임된 이사·감사가 취임할 때까지 이사 또는 감사의 권리와 의무가 있다(상 제386조 제1항, 제415조). 이 경우 필요하다고 인정할 때는 법원은 이사, 감사 기타 이해관계인의 청구에 의하여 일시이사나 감사의 직무를 행할 자를 선임할 수 있다(임시이사 또는 가이사, 상 제386조 제2항, 제415조). 그리고 이사나 감사의 선임결의의 무효나 취소 또는 해임의 소가 제기된 경우 법원은 당사자의 신청에 의하여 가처분으로써 직무집행을 정지할 수 있고, 직무대행자를 선임할 수 있다(직무대행자, 상 제407조 제1항, 제415조). 유한회사의 경우에는 이사에 관한 제386조와 제417조를 준용한다(제567조). 이경우의 임시이사 또는 이사직무대행자는 모두 본죄의 주체가 될 수 있다.[1]

vii) 지배인 기타 회사영업에 관한 어느 종류 또는 특정한 사항의 위임을 받은 사용인은 본죄의 행위주최가 될 수 있다. 지배인이란 영업주에 갈음하여 그 영업에 관한 재판상 또는 재판 외의 모든 행위를 할 수 있는 포괄적 대리권을 가진 상업사용인이다(상 제11조). 그 선임과 종임은 등기사항이다(상 제13조). 지배인은 영업주를 대리하여 각종의 영업활동을 하기 때문에 영업비밀 및 고객관계에 정통하게 되므로 이를 이용하여 자기 또는 제3자의 이익을 도모하고 영업주의 신뢰를 위배하여 영업주의 이익을 해칠 수 있다. 그러나 표현지배인은 외관을 신뢰한 선의의 제3자를 보호하기 위한 법 정책적 규정이기 때문에 특별배임죄의 주체가 될 수 없다고 보아야 할 것이다.[2]

본죄의 행위주체로서 상법 제622조는 지배인과 기타 회사영업에 관한 어느 종류 또는 특정한 사항의 위임을 받은 사용인을 명문으로 규정하고 있다. 그러므로 부분적 포괄대리권을 가진 상업사용인(상 제15조), 물건판매점포의 사용인(상 제16조)은 기타 회사영업에 관한 어느 종류 또는 특정한 사항의 위임을 받은 사용인에 포

4) 양동석, 위의 책, 386면 이하.

1) 양동석, 위의 책, 269면 이하.

2) 주강원, 앞의 논문, 370면.

함되어 상법상 특별배임죄의 행위주체는 될 수 있을 것이다.

그러나 경영자의 지배하에 있는 부장, 과장 등의 사용인은 대부분 윗선의 명령과 지시에 따라 행동하는 자이므로 상법상 특별배임죄의 입법취지에 맞지 않으므로 이들의 배임행위에 대해서는 형법상 배임죄를 적용해야 할 것이고 회사법상의 특별배임죄의 주체라고 볼 수 없을 것이다.[1]

viii) 청산인(법정청산절차에 있어서 청산사무를 집행하고 청산중의 회사를 대표하는 자), 청산인의 직무대행자(상 제542조 제2항), 회사의 합병으로 인하여 신 회사를 설립하는 경우(신설합병의 경우)에는 각 회사에서 선임한 설립위원 등도 본죄의 행위주체가 될 수 있다(상 제622조 제2항).

ix) 상법 제401조의2에 의한 업무집행지시자 등은 본죄의 행위주체가 될 수 없다. 즉 동조 제1항의 "회사에 대한 자신의 영향력을 이용하여 이사에게 업무집행을 지시한 자", 제2항의 "이사의 이름으로 직접 업무집행을 한 자", 제3항의 "이사가 아니면서 명예회장, 회장, 사장, 부사장, 전무, 상무, 이사, 기타 회사의 업무를 집행할 권한이 있는 것으로 인정될 만한 명칭을 사용하여 회사의 업무를 집행한 자" 등이다. 다만 이들이 본죄의 주체가 될 수 있는 이사 등과 공모하여 재산상의 이익을 취득하고 회사에 손해를 끼친 때는 형법 제33조에 의하여 공범으로 처벌할 수 있을 것이다.[2]

그러나 이들은 실질적으로 회사를 경영하고 위법행위를 할 수 있기 때문에 "신의칙에 따른 신임관계" 또는 "실질상의 기관"을 인정하여 배임죄를 적용하고 있는 실정이다.[3] 업무집행지시자 등을 상법상의 특별배임죄로 처벌하는 것은 죄형법정주의의 명확성원칙에 반하며, 구성요건의 지나친 확대, 민사책임의 형사화 등의 문제점을 초래하게 된다는 반대 견해가 있다.[4] 생각건대 업무집행지시자 등은 정해진 업무도 없으므로 구성요건 상으로도 불법과 합법의 영역을 명확하게 확정할 수 없고 예측가능성을 심각하게 훼손시키게 되므로 본죄의 주체로 보는 것은 타당하지 않다고 본다.[5] 입법론으로 업무집행지시자(사실상의 이사)에 대한 형사책임의 문

---

1) 최준선, "상법상 특별배임죄의 개정방향", 「경제법연구」 제11권 제2호, 한국경제법학회, 2012, 101면.

2) 주강원, 앞의 논문, 368면.

3) 대법원 1986.8.19. 선고 85도144 판결; 대법원 2004.7.9. 선고 2004도10 판결.

4) 안경옥, "사실상의 신임관계", 「형사판례연구(9)」, 박영사, 2001, 298면; 박미숙, "경영판단과 배임죄의 성부", 「형사판례연구(15)」, 박영사, 2001, 298면; 허일태, "배임죄에서의 행위주체와 손해의 개념", 「비교형사법연구」 제6권 제2호, 한국비교형사법학회, 2004, 152면.

5) 최준선, 앞의 논문, 101면; 이상돈, "경영실패와 경영진의 형사책임", 「법조」 제560호, 법조협회, 2003, 49면.

제를 해결하는 것이 바람직할 것이다.

② 행 위

i) 임무위배행위

임무위배행위가 있었는지 판단은 상법 제622조에서 열거한 자의 행위의 성질이나 내용이 통상의 업무집행의 범위를 벗어났는가의 여부에 따라 판단하여야 한다. 즉 임무에 위배한 행위가 있었는가 하는 것은 선임의 본지에 따라 법령을 준수하고 회사의 최선의 이익을 위하여 업무를 수행하여야 할 의무에 위반하였는지 여부를 판단해야 할 것이다. 임무의 본질과 내용은 그의 직책과 담당업무에 따라 구체적으로 판단해야 한다. 왜냐하면 이들의 임무위배 기준은 회사의 규모, 업종, 종업원 수 등에 따라 상이하며, 대표이사, 업무집행이사, 사외이사 등에 따라 다르므로 동등한 수준에서 평가해야 되는 것이 아니기 때문이다.

임무위배행위는 권한남용, 법률상 의무위반 등을 불문하며, 사실행위나 법률행위 또는 작위, 부작위 등 모든 경우에 나타날 수 있다. 예컨대 금융기관 이사가 자격미달의 보증인을 세우고, 상당하고 합리적인 채권회수조치 없이 자기 또는 제3자의 이익을 위하여 대출하는 경우, 회사의 대표가 지급능력 없는 자기의 친인척이 발행한 약속어음에 회사의 명의로 배서하는 경우나 권한남용으로 어음이나 수표를 발행한 경우, 대표이사가 회사가 지급할 의무가 없는 돈을 지급한 경우, 기업의 영업비밀을 경쟁업체에 유출한 경우, 위법하게 임원에게 상여금을 지급한 경우 등이 해당한다.

그러나 위의 행위가 이사회의 승인을 받은 경우 등에는 민사책임은 별론으로 하고 본조의 구성요건 해당성을 조각한다고 본다. 이에 대하여 대법원의 판례는 이사의 배임행위의 성립여부에 대하여 명확한 기준을 제시하지 않고 유사한 상황 아래서 다른 판결을 함으로써 죄형법정주의에 반한다는 비판이 있다. 즉 법원이 이사의 임무위배에 해당하는가 여부를 판단함에 있어 형식적으로 법령이나 직무집행을 위하여 정해진 준칙의 위반여부에 의하여 판단할 것이 아니라 실질적으로 회사의 불이익 여부에 의하여 판단되어야 한다는 것이다.[1)]

ii) 회사의 재산상의 손해

특별배임죄는 상법 제622조에서 열거한 자의 배임행위로써 회사에 손해를 가한

---

1) 대판 2000.5.26, 99도2781; 대판 1989.10.13, 89도1012; 곽관훈, "기업범죄 예방과 상법의 역할", (한국상사법학회 자료집, 2011, 4), 84면; 김상봉, "상법상의 특별배임죄", 「검찰」 제101호, 대검찰청, 1990, 84면.

때 성립한다. 배임행위와 회사의 재산상의 손해 사이에는 인과관계가 있어야 한다. 재산상의 손해라 함은 경제적 관점에서 회사재산가치의 감소를 의미하며, 기존재산에 관한 것이건 장래 취득할 이익의 상실이건 불문한다.[1] 그리고 현실적으로 손해를 가한 경우뿐만 아니라 재산가치의 감소라고 볼 수 있는 재산상 손해의 위험이 발생한 경우도 포함되는 것이며, 일단 회사에 대하여 재산상 손해의 위험을 발생시킨 이상 사후에 피해가 회복되었다 하더라도 특별배임죄는 성립한다.[2]

iii) 이익의 취득

본죄는 상법 제622조에서 열거한 자가 배임행위로 인하여 이익을 취득하거나 제3자로 하여금 이를 취득하게 하여야 한다. 이로 인하여 회사에 손해가 발생하여야 한다. 우리나라는 배임죄의 본질에 관하여 행위자의 임무위배행위로써 행위자가 이익을 취득하거나 제3자로 하여금 이를 취득하게 하여 본인(회사)에게 손해를 가하는 것을 구성요건으로 하므로 이익취득과 손해발생 두 요건 모두를 배임죄의 본질로 한다.[3]

따라서 배임행위를 하여 회사에 손해를 가하였더라도 행위자나 제3자가 재산상의 이익을 취하지 않았다면 특별배임죄는 성립하지 않는다.[4] 반대로 행위자나 제3자가 이익을 취득하였더라도 회사에 손해가 발생한 사실이 없으면 마찬가지로 특별배임죄는 성립하지 않는다.[5] 행위자나 제3자가 취한 재산상의 이익이란 회사가 입은 재산상의 손해의 경우와 같은 개념이다. 제3자란 행위자와 회사를 제외한 모든 자를 의미하며, 주주도 제3자에 해당한다. 또 공범이 있는 경우에는 특별배임죄의 공범자도 제3자이다.[6]

3) 주관적 구성요건

형법상의 배임죄가 고의범인 것과 같이 상법 제622조의 특별배임죄의 경우도 객관적 구성요건에 관한 고의가 있어야 한다. 따라서 행위자는 임무를 위배하는 행위를 하여 회사에 손해를 가하고, 자기 또는 제3자가 이익을 취득한다는 인식과 불법이득의 의사가 있어야 한다.[7] 미필적 고의만으로도 충분하다. 그러나 행위자

1) 이재상, 앞의 책, 426면.

2) 대법원 1998.2.24. 선고 97도183 판결.

3) 주강원, 앞의 논문, 370면.

4) 대법원 1982.2.23. 선고 81도2601 판결.

5) 대법원 1983.7.26. 선고 83도819 판결.

6) 이재상, 앞의 책, 148면.

7) 이재상, 위의 책, 428면; 박상기, 앞의 책, 409면; 이형국, 「형법각론」, 법문사, 2007, 437면; 임웅,

가 자기의 행위가 임무의 본지에 따르는 행위라고 오인하고 행위를 한 경우에는 객관적으로 임무위배행위가 되더라도 행위자에게 고의가 있다고 할 수 없을 것이다. 본인과 제3자가 동시에 이익을 취득할 의사가 결합되어 있는 경우도 포함된다. 그러나 주관적 구성요건으로서 본인 또는 제3자가 이익을 얻은 후에 회사에 손해를 가할 목적이 있을 것은 요하지 않는다.[1)]

일본의 경우에도 회사법상 특별배임죄에 대하여 규정을 두고 있는데, "자기 또는 제3자의 이익을 도모하거나, 또는 회사에 손해를 가할 목적으로 그 임무에 위배하여 행위를 하거나 당해 회사에 손해를 가한 때에는 10년 이하의 징역 또는 일천만 엔 이하의 벌금에 처하거나 이를 병과할 수 있다."고 한다(일회 제960조 제1항). 우리나라의 경우와 같이 임무위배에 대해서만 특별배임죄를 인정하고 있지만, 자기 또는 제3자의 이익도모 또는 회사에 손해를 가할 목적이 있어야 한다는 점에서 우리나라의 경우와 다르다. 즉 우리 상법은 자기 또는 제3자의 이익을 도모하고 회사에 손해를 가한다는 목적은 요구하지 않는다.[2)]

특별배임죄가 성립하기 위해는 고의 이외에 불법이득의 의사가 있어야 한다.[3)] 형법상의 배임죄는 횡령죄와 같이 이득죄이기 때문에 그 성격상 불법이득의 의사가 있어야 하는 것이다. 따라서 행위자가 회사의 이익을 위해서 사무를 처리한 때에는 불법이득의 의사가 없으므로 특별배임죄의 성립을 인정할 수 없을 것이다.[4)] 다만 행위자의 의사가 자기의 이익을 취득할 의사 또는 제3자로 하여금 이익을 취득하게 할 의사와 회사의 이익을 위한다는 의사가 혼합되어 있는 경우에는 그중에서 주된 의사에 따라 판단하여야 할 것이다.[5)]

4) 처 벌

발기인, 이사 기타 임원 등의 배임행위는 회사뿐만 아니라 일반사회에 미치는 해악이 광범위하고 심각하다는 점을 고려하여 특별히 가중처벌하고 있다. 즉 형법상의 배임죄는 5년 이하의 징역 또는 1천5백만원 이하의 벌금에 처하고 있으나, 처벌을 가중하여 업무상 배임죄의 경우와 동일한 처벌을 규정하고 있다.[6)] 본 죄를

「형법각론」, 법문사, 2005, 452면.

1) 이재상, 위의 책, 429면; 대법원 1983.12.13. 선고 83도2330 판결.

2) 강동욱, 앞의 형사상 배임죄와 입법례와 주체에 관한 고찰, 159면; 주강원, 앞의 논문, 370면.

3) 이재상, 앞의 책, 421면; 박상기, 앞의 책, 408면; 임웅, 앞의 책, 452면; 주강원, 위의 논문, 394면.

4) 대법원 1983.7.26. 선고 83도819 판결; 이재상, 위의 책, 421면.

5) 이재상, 위의 책, 421면.

6) 상법 제정당시에는 상법상 특별배임죄가 형법의 업무상 배임죄보다 높았으나, 1995년 상법개정을 통하여 현재와 같이 "10년 이하의 징역 또는 3천만 원 이하의 벌금"으로 하면서 동일하게 되었다.

범한 자는 10년 이하의 징역 또는 3천만 원 이하의 벌금에 처한다. 그리고 미수범은 처벌한다(상 제624조). 징역과 벌금은 이를 병과 할 수 있다(상 제632조).

상법상 특별배임죄에 대하여 형법상의 사기죄, 공갈죄, 횡령과 배임죄, 업무상 횡령과 배임죄 등의 경우에 적용되는 특정경제범죄 가중처벌 등에 관한 법률의 적용이 불가능 하다면, 상법상의 특별배임죄에도 이득액에 따라 처벌을 가중할 수 있는 근거규정을 마련하는 것이 타당할 것이다.[1)]

(3) 사채권자집회의 대표자 등의 특별배임죄

1) 사채권자집회의 대표자 등의 특별배임죄의 의의

상법 제623조는 사채권자집회의 대표자 또는 그 결의를 집행하는 자가 그 임무에 위배한 행위로써 재산상의 이익을 취하거나 제3자로 하여금 이를 취득하게 하여 사채권자에게 손해를 가한 때에는 7년 이하의 징역 또는 2천만원 이하의 벌금에 처한다고 규정하고 있다.

사채권자집회는 상법에서 규정하고 있는 사항(상 제439조 제3항, 제481조, 제482조, 제483조 제1항, 제484조 제4항, 제494조, 제500조 제1항, 제501조 단서, 제504조) 및 사채권자의 이해관계가 있는 사항에 관하여 결의하고(상 제490조), 해당종류의 사채총액(상환 받은 금액은 제외)의 500분의 1 이상을 가진 사채권자 중에서 1명 또는 여러 명의 대표자를 선임하여 그 결의할 사항의 결정을 위임할 수 있다(상 제500조 제1항). 그리고 대표자가 수인인 때에는 전항의 결정은 그 과반수로 한다(동조 제2항).

사채권자집회의 결의는 사채관리회사가 집행하고, 사채관리회사가 없는 때에는 제500조의 대표자가 집행한다. 다만 사채권자 집회의 결의로써 따로 집행자를 정한 때에는 그러하지 아니하다(제501조). 대표자나 집행자가 수인인 때에는 상법 제485조 제1항을 준용하여 그 권한에 속하는 행위를 공동으로 하여야 한다(제502조).

본죄는 사채권자 집회의 대표자 및 사채권자 집회의 결의의 집행자가 그 임무에 위배하여 재산상의 이익을 취하거나 제3자로 하여금 이를 취득하게 하여 사채권자에게 손해를 가함으로써 성립하는 범죄이다. 형법상의 업무상 배임죄의 특별규정으로서 전술한 바와 같이 회사뿐만 아니라 사회에 미치는 해악이 중대하고 광범위하다는 점을 고려하여 특별히 가중 처벌하고자 한 것이다. 1995년 상법개정에서 제623조의 특별배임죄에 대해서는 7년 이하의 징역 또는 2천만 원 이하의 벌금으

---

1) 주강원, 앞의 논문, 394면.

로 개정하면서 형법상의 업무상 배임죄보다 법정형이 가볍게 되었다.

2) 객관적 구성요건

① 행위의 주체

본죄의 주체는 상법 제623조에서 열거하는 사채권자집회의 대표자 및 그 결의의 집행자이다. 사채권자집회의 대표자는 해당종류의 사채총액(상환 받은 금액은 제외)의 500분의 1 이상을 가진 사채권자 중에서 1명 또는 여러 명의 대표자를 선임하여 그 결의할 사항의 결정을 위임받은 자이다. 그리고 사채권자집회의 결의는 사채관리회사가 집행하고, 사채관리회사가 없는 때에는 제500조의 대표자가 집행한다. 다만 사채권자 집회의 결의로써 따로 집행자를 정한 때에는 그러하지 아니하다(제501조).

따라서 본죄의 주체는 해당종류의 사채총액의 500분의 1 이상을 가진 채권자 중에서 대표자로 선임된 자, 사채관리회사, 사채권자 집회에서 정한 집행자로서 신분범이다. 전술한 바와 같이 배임죄의 주체는 본인(사채권자)과 신임관계를 갖는 자연인이어야 할 것이므로 회사(법인)가 대표자 또는 집행자가 되는 경우에도 그 회사의 선임에 의하여 대표 또는 집행의 사무를 직접 처리하는 자연인만이 주체가 될 수 있다. 기타 관련자의 배임행위에 대해서는 형법상의 배임죄 적용은 별론으로 하고 상법 제623조에 의한 특별배임죄는 성립하지 않는다고 본다.

② 행 위

i) 임무위배행위

사채권자집회의 대표자 및 그 결의의 집행자도 임무에 위배한 행위를 하여야 한다. 사채권자집회의 대표자의 임무는 모든 사채권자를 위하여 위임받은 사항을 결정하고, 사채관리회사가 없는 경우에는 그 결정사항을 집행하는 것이다. 그리고 결의의 집행자는 사채권자집회가 결정사항을 집행하기 위하여 따로 선임한 자이다.

이들은 당연히 모든 사채권자를 위하여 위임의 본지에 따라 선량한 관리자의 주의로써 법정사항을 결정하고 그 결정사항을 집행하여야 한다. 임무의 위배행위에 대해서는 전술한 발기인, 이사 등의 경우와 같다.

ii) 사채권자의 손해

특별배임죄는 상법 제623조에서 열거한 자의 배임행위로써 사채권자에 손해를 가한 때 성립한다. 배임행위와 사채권자의 재산상의 손해 사이에는 인과관계가 있어야 한다. 재산상의 손해에 관해서는 앞에서 설명한 발기인, 이사 등의 경우와 같다.

iii) 이익의 취득

본죄는 상법 제623조에서 열거한 자가 배임행위로 인하여 이익을 취득하거나 제3자로 하여금 이를 취득하게 하여야 한다. 따라서 배임행위를 하여 회사에 손해를 가하였더라도 행위자나 제3자가 재산상의 이익을 취하지 않았다면 민사책임은 별문제로 하고 형사상의 특별배임죄는 성립하지 않는다. 반대로 행위자나 제3자가 이익을 취득하였더라도 회사에 손해를 가하지 않았다면 본조에 의한 특별배임죄는 성립하지 않을 것이다. 행위자나 제3자가 취한 재산상의 이익이란 사채권자가 입은 재산상의 손해의 경우와 같은 개념이다. 제3자란 행위자와 사채권자를 제외한 모든 자를 의미한다.

3) 주관적 구성요건

이사 등의 특별배임죄에서 설명한 바와 같이 상법 제623조에 의한 특별배임죄의 경우도 객관적 구성요건에 관한 고의가 있어야 한다. 따라서 행위자는 임무를 위배하는 행위를 하여 자기 또는 제3자가 이익을 취득한다는 인식과 불법이득의 의사가 있어야 한다. 본인과 제3자가 동시에 이익을 취득할 의사가 결합되어 있는 경우도 포함된다. 다만 사채권자의 이익이나 본인 또는 제3자의 이익이 결합되어 있는 경우에는 전술한 바와 같이 주된 의사에 따라 본죄의 성립을 논하여야 할 것이다. 그러나 주관적 구성요건으로서 사채권자에게 손해를 가할 목적이 있을 것은 요하지 않는다고 본다.

4) 처 벌

사채권자 등의 배임행위는 회사뿐만 아니라 일반사회에 미치는 해악이 광범위하고 심각하다는 점을 고려하여 특별히 가중처벌하고 있다. 즉 형법상의 배임죄는 5년 이하의 징역 또는 1천5백만원 이하의 벌금에 처하고 있으나, 처벌을 가중하고 있다. 즉, 상법상 발기인, 이사 기타 임원 등의 특별배임죄나 업무상 배임죄의 경우보다 가벼운 처벌규정을 두고 있으나 일반 배임죄보다 중한 처벌을 규정하고 있다. 본 죄를 범한 자는 7년 이하의 징역 또는 2천만원 이하의 벌금에 처한다. 그리고 미수범은 처벌한다(상 제624조). 징역과 벌금은 이를 병과 할 수 있다(상 제632조).

전술한 바와 같이 본조에 대해서도 이득액에 따라 처벌을 가중할 수 있는 근거규정을 마련하는 것이 타당할 것이다.

(4) 경영판단의 원칙과 배임죄

1) 경영판단원칙의 의의

경영판단의 원칙은 19세기 초부터 미국의 판례법을 통하여 발전된 것으로서, 이사의 경영판단이 회사에 손해를 끼쳤다고 해도 당해 판단이 성실성과 합리성을 충족한 경우에는 법원이 그 당부에 대해 사후적으로 개입하여 이사에게 책임을 직접 물을 수 없는 법리이다.[1] 당시 미국에서는 자유방임주의 사상이 팽배하여 개인의 기업적 성취와 활동의 자유를 방임하고 간섭하지 않는 것이 경제사회와 정치적 이념의 기초가 되었다. 이것은 사법부에도 영향을 미치게 되었으며, 따라서 법원은 개인의 기업가 정신과 모험심은 자유롭고 경쟁력 있는 경제사회의 발전의 원동력이라고 생각하게 되었다. 그 결과 이사 등에게 광범위한 재량권이 부여되고 법원은 경영자의 행동을 견제하는 것에 대하여 신중해야 된다는 원칙이 서게 되었다. 경영판단의 원칙이 생성·발전되어 온 배경에는 이와 같은 사회, 경제적 배경이 있다.[2]

최근 상법학계뿐만 아니라 형법학계에서도 경영판단의 원칙을 도입하는 입법을 해야 한다는 주장이 빈번하다.

2) 미국 법률협회의 동 원칙과 그 근거 및 기능

경영판단의 원칙에 대해 법원에 따라 그 표현이나 적용방법이 상이하였기 때문에 정확한 정의나 기능 및 주의의무와의 관계에 관하여 미국에서도 의견이 일치되지 않았다. 그러나 미국 법률협회(ALI)가 채택한 코퍼레이트 가버넌스의 원칙: 분석과 권고 제4편 "주의의무와 경영판단의 원칙"에서 정식화를 시도하였다. 동 제4.01조(a)는 "이사 또는 임원은 회사에 대하여 성실하게, 회사의 최선의 이익에 합치한다고 합리적으로 믿는 방법으로, 그리고 통상의 신중한 자가 같은 지위의 유사한 상황에서 진력할 것이 합리적으로 기대되는 주의로써 직무를 수행할 의무를 진다."고 규정하고 있다. 동 제4.01조(c)에서는 ① 경영판단의 대상에 이해관계를 갖지 않을 것 ② 경영판단의 대상에 관하여 그 상황에 적절하다고 합리적으로 믿을 정도로 알고 있을 것 ③ 경영판단이 회사의 최선의 이익에 합치한다고 상당하게 믿었을 것 등의 요건을 충족해야 한다고 규정하고 있다.

---

1) 양동석, "경영판단원칙의 수용 가능성", 「기업법연구」 제7집, 한국기업법학회, 2001, 90-91면.

2) 양동석, 위의 논문, 91면; 近藤光男, 「經營判斷取締役責任-經營判斷の法則適用檢討」, 中央經濟社, 1994, 19-20面.

경영판단원칙을 인정해야 하는 일반적인 근거는 첫째, 경영에 관한 결정에는 기본적으로 위험이 수반된다는 사실을 전제로 하고 이사에게 사법적인 사후심사에 대한 우려 없이 역동적이고 효과적인 경영정책수립에 필요한 재량권을 부여하기 위한 것이다.[1] 둘째, 법원이 경영상의 판단에 관한 전문적인 경험이나 지식이 부족하여 이사의 경영판단을 사후적인 심사로 대체할 수 없기 때문이다.[2] 셋째, 주주들이 이사회의 결정에 대하여 사법심사를 요구할 수 있게 되면 회사의 경영의사결정권한을 주주들이 갖게 되는 부당한 결과를 초래할 수 있기 때문이다.[3]

경영판단의 원칙은 이사 등의 경영판단의 결과로서 회사에 손해가 발생했다고 하더라도 이사가 주의의무를 다 했다면 책임이 발생하지 않는다는 것만을 의미하는 것이 아니다. 그 외에도 이사 및 임원의 광범위한 재량의 인정을 통한 주의의무 경감기능, 법원이 이사의 행동을 평가할 때 심사기준, 경영판단에 따른 이사 또는 임원의 개인적 책임으로부터 이사를 보호하기 위하여 면책시키는 기능, 경영판단원칙의 추정적 효과에 의하여 입증책임을 원고에게 전환시키는 기능 등을 갖는다.[4]

3) 경영판단의 원칙과 배임죄와의 관계

종래 다수의 연구에서 형사법 영역에 경영판단원칙을 도입해야 한다는 주장이 있었고, 배임죄의 폐지를 주장하는 의견도 있었다. 그러나 기업범죄의 통제방안으로서 우리나라는 미국 등의 선진국과 경영환경이 다르고 지배주주에 의한 경영권 남용이 항상 존재하고 있다는 것을 감안하면 이러한 방안도 우려를 불식 시킬 수 없다고 본다. 그렇다고 배임죄의 적용을 부당하게 확장될 수 있도록 한다면, 이사 등의 임원이 소신껏 광범위한 재량을 가지고 회사이익의 극대화를 위하여 경영활동을 해야 한다는 시대적 요구를 외면할 수 있는 여지가 있게 될 것이다.

배임죄를 회사경영과 관련된 사업 활동에 적용할 경우 경제활동 전반에 사법기관의 규율이 확대되어 경제활동 자체를 위축시킬 우려가 있기 때문이다.[5] 또 기업의 법률관계에 대하여 이해관계자들의 고소, 고발이 있음을 이유로 중간에 수사기

---

1) 이영봉, “경영판단원칙의 수용에 관한 검토”, 「상사법연구」 제19권 제1호, 한국상사법학회, 2000, 44면; 권재열, “경영판단의 원칙”, 「비교사법」 제6권 제1호, 한국비교사법학회, 1999, 22면; 양동석, 위의 논문, 93-94면.

2) 권재열, 위의논문, 21-22면; 吉原和之, “取締役の経営判断と株主代表訴訟”, 「株主代表訴訟大系」, 弘文堂, 1996, 59-60面.

3) 이영봉, 앞의 논문, 45면.

4) 양동석, 앞의 논문, 95-99면.

5) 최준선, 앞의 논문, 114면.

관이 개입하거나, 수사기관의 인지활동으로 개별기업의 경영활동의 적정성을 따지게 된다면 국민경제에 대한 부정적 영향력도 매우 클 것이다.1)

그러므로 상법에 경영판단원칙을 도입하여 이에 해당하는 경우에는 배임죄의 적용을 신중하게 해야 한다는 주장이 타당하다고 본다. 즉 상법 제622조에 "다만 경영판단의 원칙이 인정되는 경우에는 벌하지 아니한다."라는 단서를 두어 이사 기타 임원의 경영판단에 대한 배임죄의 적용을 신중하게 하는 것이다. 이사 기타 임원에 대하여 형법상의 배임죄나 업무상 배임죄의 적용 또는 특정경제범죄 가중처벌법의 적용을 부정하고, 상법 제622조의 특별배임죄의 적용대상으로만 한다면, 동조 단서의 삽입은 배임죄의 적용이 확장되는 것을 방지할 수 있을 뿐만 아니라 지배주주나 경영권 남용에 대한 적절한 통제수단이 될 것이다. 나아가서 기업의 경영자에게 광범위한 재량권을 부여하여 기업의 이익을 극대화하는 적극적 수단이 될 수 있을 것이다.

이 경우에도 경영판단의 원칙이란 어떤 것인가에 대하여 명확한 개념정의가 어려운 실정이므로 상법에서는 이에 대한 정의규정을 두는 것이 타당하다고 생각한다. 이 정의규정은 상법 제400조에 제3항을 신설하는 것이 적합할 것이다. 그 내용은 전술한 미국 ALI의 코퍼레이트 가버넌스의 원칙: 분석과 권고 제4편 "주의의무와 경영판단의 원칙"의 내용에 따르는 것이 타당하다고 본다.

(5) 결 론

본 연구에서는 상법 제622조 발기인, 이사 기타의 임원 등의 특별배임죄와 제623조 사채권자집회의 대표자 등의 특별배임죄를 상법과 형법적 시각에서 분석하고, 본죄의 의의, 객관적 구성요건으로서 행위주체와 범죄행위, 주관적 구성요건, 처벌 등으로 나누어 고찰하였다. 그리고 미국법에서 발달한 경영판단의 원칙과 그 기능 및 배임죄와의 관계에 대해서도 분석·고찰하고 상법의 개정방안을 제시하였다.

형법상의 배임죄는 타인의 사무를 처리하는 자가 그 임무에 위배하는 행위로 재산상의 이익을 취득하거나 제3자로 하여금 이를 취득하게 하여 본인에게 손해를 가하는 것을 내용으로 하는 범죄이다. 그러므로 배임죄는 본인과의 신임관계에 위배하여 타인의 재산을 침해하는 범죄로서, 타인의 재산권을 보호법익으로 하는 범죄이다. 상법상의 특별배임죄는 상법 제622조 제1항과 제2항에서 열거하는 자들이

---

1) 최준선, 위의 논문, 114면; 이종상, "이사의 책임과 배임죄에 대한 비판적 고찰", 「BFL」 제19호, 서울대학교 금융법센터, 2006, 46면; 이상돈, 앞의 논문, 61면.

회사와의 신임관계를 위배하여 재산상의 이익을 취하거나 제3자로 하여금 이를 취득하게 하여 회사의 재산을 침해하는 것이므로 보호법익은 회사의 재산권이다.

회사법상 특별배임죄의 주체는 상법 제622조 제1항과 제2항에서 열거하는 자들이므로 당연히 신분범이다. 회사의 업무와 관련하여 특별배임죄의 구성요건에 해당하는 행위를 하는 자가 동조에서 열거하는 자가 아닌 경우에는 죄형법정주의 원칙에 따라 형법상의 배임죄 또는 업무상 배임죄가 성립하는 것은 별문제로 하고 상법상의 특별배임죄는 성립하지 않는다고 보아야 한다.

상법상 특별배임죄는 형법상의 업무상 배임죄의 특별규정으로서 이사, 기타 임원 및 사채권자집회의 대표자 등의 회사에 대한 배임행위가 회사뿐만 아니라 사회에 미치는 해악이 중대하고 광범위하다는 점을 고려하여 특별히 가중 처벌하고자 한 것이다. 그러므로 상법상 특별배임죄에 해당하는 경우에는, 이사 등의 행위가 형법상 업무에 해당한다는 것을 이유로 형법상의 업무상 배임죄와 그 가중규정인 특정경제범죄 가중처벌법을 적용해서는 안 될 것이다. 왜냐하면 상법상의 특별배임죄와 형법상의 업무상 배임죄는 특별법과 일반법의 지위에 있기 때문이다. 상법상 특별배임죄에 대하여 형법상의 횡령과 배임죄 등의 경우에 적용되는 특정경제범죄 가중처벌 등에 관한 법률의 적용이 불가능 하다면, 상법상의 특별배임죄에도 이득액에 따라 처벌을 가중할 수 있는 근거규정을 마련할 수도 있을 것이다.

우리나라는 배임죄의 본질에 관하여 행위자의 임무위배행위로써 행위자가 이익을 취득하거나 제3자로 하여금 이를 취득하게 하여 본인(회사)에게 손해를 가하는 것을 구성요건으로 하므로 이익취득과 손해발생 두 요건 모두를 배임죄의 본질로 한다. 따라서 배임행위를 하여 회사에 손해를 가하였더라도 행위자나 제3자가 재산상의 이익을 취하지 않았거나, 행위자나 제3자가 이익을 취득하였더라도 회사에 손해가 발생한 사실이 없으면 특별배임죄는 성립하지 않는다.

그럼에도 불구하고 대법원은 회사법상 특별배임죄의 판결에 있어서, 이사 등의 경영판단행위에 대하여 형법상 업무상배임죄의 적용을 확대하여 특정경제범죄 가중처벌 등에 관한 법률을 적용함으로써 배임죄 과잉적용에 대한 우려를 초래하였다. 그 결과 “배임죄의 폐지론”, “경영판단원칙의 도입론” 등이 주장되고 있는 실정이다.

회사에 있어서 이사, 임원 등의 경영자는 광범위한 재량을 가지고 회사이익의 극대화를 위하여 적극적으로 경영활동을 하지 않으면 안 된다. 경영활동에 수사기관이 사후에 개입하거나, 배임죄 등의 형사처벌이 따른다면 당연히 경영활동은 위축되고 나아가서 국민경제가 저해되는 악영향을 미치게 될 것이다. 상법상의 특별배임죄의 적용에 있어서는 이사 등의 적극적 경영활동을 보장하여 국민경제에 이익이 되게 한다는 점과 경영권의 남용으로부터 사회적 이익을 보호하여야 한다는 점을 조화시키는 과제를 안고 있다.

그러므로 상법 제622조에 "다만 경영판단의 원칙이 인정되는 경우에는 벌하지 아니한다."라는 단서를 두어 이사 기타 임원의 경영판단에 대한 배임죄의 적용을 신중하게 할 필요가 있다. 이사 기타 임원에 대하여 형법상의 배임죄나 업무상 배임죄의 적용, 또는 특정경제범죄 가중처벌법의 적용을 부정하고, 상법 제622조의 특별배임죄의 적용대상으로만 한다면 동조 단서의 삽입은 배임죄의 적용이 확장되는 것을 방지할 수 있을 것이다. 그리고 상법 가운데 경영판단의 원칙을 도입하여야 할 것이다. 그 내용은 미국 ALI의 코퍼레이트 가버넌스의 원칙 : 분석과 권고 제4편 "주의의무와 경영판단의 원칙"의 내용이 중요한 모델이 될 수 있을 것이다.

2. 주요주주 등 이해관계자와의 거래위반의 죄

(상법 제624조의2) 제542조의9 제1항을 위반하여 신용공여를 한 자는 5년 이하의 징역 또는 2억원 이하의 벌금에 처한다.

(1) 주요주주 등 이해관계자와의 거래위반죄의 의의

자기거래라 함은 이사 등이 자기 또는 제3자의 계산으로 회사를 상대방으로 하는 거래를 말한다. 상법 제398조 각호는 자기거래의 주체가 될 수 있는 범위를 이사 또는 주요주주, 그들의 배우자 및 직계존비속, 배우자의 직계존비속, 이상의 자가 단독 또는 공동으로 의결권 있는 발행주식 총수의 100분의 50 이상을 가진 회사 및 자회사, 이상의 자들이 합하여 의결권 있는 발행주식 총수의 100분의 50 이상을 가진 회사로 규정하였다.

자기거래는 이사 등이 회사의 업무집행에 관하여 그 내용을 잘 아는 자이므로 자기 또는 제3자의 이익을 도모하고 회사의 이익을 희생시킬 우려가 있으므로 그 이사가 대표이사이든 아니든 자기거래를 원칙적으로 금지하고, 예외적으로 사전에 개별적으로 이사회의 승인을 받도록 하고 있다. 소규모 회사(자본금액 10억원 이하)의 경우에는 주주총회의 승인을 받아야 한다. 2014년 개정상법은 이사와 주요주주가 회사의 재산을 빼돌려 사익을 추구하는 것을 방지하여 회사경영의 투명성을 강화하기 위하여 이사뿐만 아니라 주요주주 및 이들의 주변인물들이 회사와 거래하는 경우를 포함하고 있다. 이사회의 승인은 이사 3분의 2 이상의 수로써 하여야 하고, 그 거래의 내용과 절차는 공정하여야 한다(상 제398조 후문).

그러나 상장회사 특례규정(상 제542조의9 제1항)에서는 주요주주 및 그의 특수 관계인, 이사 및 집행임원, 감사와 회사의 거래를 제한하고 특히 신용공여는 이사회 승인여부와 관계없이 이를 금지하고 있다. 즉, 상장회사 특례규정인 제542조의9는 이사의 자기거래에 대하여 일반규정인 제398조보다 그 내용을 강화하였다.[1] 이에 위반하여 신용공여를 한 경우에는 상법 제624조의2에 의하여 본죄가 성립한다. 신용공여란 금전 등 경제적 가치가 있는 재산의 대여, 채무이행의 보증, 자금지원적 성격의 증권매입, 그 밖에 거래상의 신용위험이 따르는 직접적 또는 간접적 거래로서 대통령령으로 정하는 거래, 예건대 담보를 제공하는 거래, 무담보배서를 제외하고 어음을 배서하는 거래, 출자의 이행을 약정하는 거래 등을 말한다.

(2) 객관적 구성요건

1) 행위주체

상법 제542조의9 제1항은 "상장회사는 … 신용공여를 하여서는 안 된다."고 규정하고 있고, 제624조의2에서는 "이를 위반하여 신용공여를 한 자"라고 규정하고 있다. 따라서 본죄의 행위주체는 상장회사의 업무를 집행하는 대표이사 및 업무담당이사와 대표집행임원 및 집행임원과 그들의 대리인, 사용인, 그 밖의 종업원 등이 될 것이다.

2) 행 위

본죄는 상법 제542조의9 제1항 각호에서 열거한 주요주주 등에게 회사가 신용을 공여하는 행위를 함으로써 성립한다. 신용의 공여란 ① 금전 등 경제적 가치가 있는 재산의 대여, ② 채무이행의 보증, ③ 자금지원 성격의 증권매입, ④ 그 밖에 거래상의 신용위험이 따르는 직접적·간접적 거래로서 대통령령으로 정하는 거래를 말한다(상 제542조의9 제1항 입법해석). 신용공여는 다른 거래에 비하여 회사의 자본충실을 해하고 재무의 건전성을 해할 위험이 크기 때문에 이를 금지한 것이다.[2]

그러므로 법령에 의하여 허용되는 신용공여에는 위법성이 조각된다(상 제542조의

1) 양동석, 비교회사법, 334면.

2) 이철송, 회사법, 745면.

9 제2항 각호). 즉 ① 복리후생을 위한 이사·집행임원 또는 감사에 대한 금전 대여 등으로서 대통령령으로 정하는 신용공여, 예컨대 학자금, 주택자금, 의료비 등 복리후생을 위하여 그 회사가 정하는 바에 따라 3억원 범위 안에서 금전을 대여하는 행위, ② 다른 법령에서 허용하는 신용공여, ③ 그 밖에 상장회사의 경영건전성을 해칠 우려가 없는 금전대여 등으로서 대통령령으로 정하는 신용공여 등의 행위는 위법성이 조각되어 본죄가 성립하지 않는다.

3) 신용공여 행위의 대상

본죄는 상장회사가 ① 주요주주 및 그의 특수 관계인, ② 이사(제401조의2제1항 각호에 해당하는 자를 포함함) 및 집행임원, ③ 감사에게 신용을 공여하는 행위를 함으로써 성립한다.

주요주주 및 그의 특수 관계인이란 상법 제542조의8 제2항 제6호에서 규정하는 자이다. 즉 누구의 명의로 하든지 자기의 계산으로 의결권 없는 주식을 제외한 발행주식 총수의 100분의 10 이상의 주식을 소유하거나 이사·집행임원·감사의 선임과 해임 등 상장회사의 주요 경영사항에 대하여 사실상의 영향력을 행사하는 주주 및 그의 배우자와 직계 존·비속을 의미한다.

이사란 주주총회에서 선임하여 이사회의 구성원이 되며, 이사회는 경영의사를 결정하고 업무집행을 감독하는 회의체 형식의 기관이다. 당연히 비상근 이사나 사외이사를 포함한다. 그리고 상법은 이사의 범위에 제401조의2 제1항 각호에 해당하는 자 즉 ① 회사에 대한 자신의 영향력을 이용하여 이사에게 업무집행을 지시한 자(업무집행 지시자), ② 이사의 이름으로 직접 업무를 집행한 자(무권대행자), ③ 이사가 아니면서 명예회장·회장·사장·부사장·전무·상무·이사 기타 회사의 업무를 집행할 권한이 있는 것으로 인정될 만한 명칭을 사용하여 회사의 업무를 집행한 자를 포함한다고 규정하고 있다.

집행임원은 발기인 이사 등의 특별배임죄에서 설명한 바와 같이 대표이사에 갈음하여 회사의 업무집행과 대표를 담당하는 자이다.

감사는 회사가 건전하고 적정하게 운영될 수 있도록 업무와 회계를 감독하는 필요·상설기관이며, 회사의 선택에 따라 감사를 대체할 수 있는 기관으로서 이사회 내에 감사위원회를 둘 수 있게 하였다. 상법 제542조의9에서는 감사만을 명문으로 규정하고 있으나 당연히 감사위원회의 위원도 포함된다고 보며, 임시기관인 검사인, 회계감사인, 준법감시인도 포함된다고 보아야 할 것이다. 본죄는 회사의 자본충실과 재무건전성을 확보하기 위하여 둔 것이기 때문이다.

(3) 주관적 구성요건

본죄는 상장회사의 업무를 집행하는 대표이사, 업무담당이사 또는 (대표)집행임원이 객관적 구성요건에 관한 고의가 있어야 한다. 따라서 이들이 ① 주요주주 및 그의 특수 관계인, ② 이사(제401조의2 제1항 각호에 해당하는 자를 포함함) 및 집행임원, ③ 감사에게 신용을 공여하려는 의사가 있어야 한다. 그러나 회사에 손해를 가하려는 의사는 필요로 하지 않을 것이며, 이 신용공여행위로 인하여 회사에 손해가 발생했는지 여부도 필요하지 않다고 본다.

(4) 처 벌

이러한 제한에도 불구하고 신용을 공여한 자는 과태료처분을 받게 되거나 회사에 대하여 손해배상 책임을 지는 것 외에도, 본 죄를 범한 자는 5년 이하의 징역 또는 2억원 이하의 벌금에 처한다. 징역과 벌금은 병과 할 수 있다(상 제632조).

회사의 대표자나 대리인, 사용인, 그 밖의 종업원이 그 회사의 업무에 관하여 제624조의2의 위반행위를 하면 그 행위자를 벌하는 외에 그 회사에도 해당 조문의 벌금형을 과한다. 다만 회사가 제542조의 13에 따른 의무를 성실히 이행한 경우 등 회사가 그 위반행위를 방지하기 위하여 해당 업무에 관하여 상당한 주의와 감독을 게을리 하지 아니한 경우에는 그러하지 아니하다(상 제634조의3). 행위자와 법인의 양벌규정을 두고 있다.

3. 회사재산을 위태롭게 하는 죄

(상법 제625조) 제622조 제1항에 규정된 자, 검사인, 제298조 제3항·제299조의2·제310조 제3항 또는 제313조 제2항의 공증인(인가공증인의 공증담당 변호사를 포함한다.)이나 제299조의2, 제310조 제3항 또는 제422조 제1항의 감정인이 다음의 행위를 한 때에는 5년 이하의 징역 또는 1천5백만원 이하의 벌금에 처한다.

1. 주식 또는 출자의 인수나 납입, 현물출자의 이행, 제290조, 제416조 제4호 또는 제544조에 규정된 사항에 관하여 법원·총회 또는 발기인에게 부실한 보고를 하거나 사실을 은폐한 때
2. 누구의 명의로 하거나를 불문하고 회사의 계산으로 부정하게 그 주식 또는 지분을 취득하거나 질권의 목적으로 이를 받은 때

3. 법령 또는 정관에 위반하여 이익배당을 한 때
4. 회사의 영업범위 외에서 투기행위를 하기 위하여 회사재산을 처분한 때

(1) 의 의

본죄는 회사의 발기인, 업무집행사원, 이사, 집행임원, 감사위원회 위원, 감사 또는 제386조 제2항, 제407조 제1항, 제415조 또는 567조의 직무대행자, 지배인 기타 회사영업에 관한 어느 종류 또는 특정한 사항의 위임을 받은 사용인 및 검사인, 공증인, 감정인 등이 상법 제625조 각호에서 규정하는 회사의 재산을 위태롭게 하는 행위를 함으로써 성립되는 범죄이다. 이들은 회사와 위임관계에 있으므로 선량한 관리자의 주의로써 회사의 업무를 집행하여야 하기 때문에 이에 위반하여 회사에 손해를 끼치면 당연히 회사에 대하여 손해배상책임을 지며, 제3자에게 손해를 입힌 경우에도 손해배상책임을 지게 된다. 그럼에도 불구하고 회사재산을 보호하기 위하여 본죄를 설립하고 상법 제625조 각호의 행위를 한 자에게 형사책임을 인정하고 있다. 이들은 허위의 보고를 하거나, 위법한 배당, 정상적 영업이 아닌 투기행위를 함으로써 회사재산을 위태롭게 하고, 자기 또는 제3자의 이익을 도모할 염려가 있는 위험이 있다.

(2) 객관적 구성요건

1) 행위주체

본죄의 행위주체는 상법 제622조 제1항에 규정된 자 즉, 회사의 발기인, 업무집행사원, 이사, 집행임원, 감사위원회 위원, 감사 또는 제386조 제2항, 제407조 제1항, 제415조 또는 567조의 직무대행자, 지배인 기타 회사영업에 관한 어느 종류 또는 특정한 사항의 위임을 받은 사용인 및 검사인, 공증인, 감정인 이다. 상법 제622조 제1항에 규정된 자에 대해서는 이미 설명을 하였다.

검사인은 회사의 설립절차나 업무 및 재산상태의 조사 등을 임무로 하는 임시적 기관이다. 검사인의 임무는 그 선임목적에 따라 다르며, 선임도 회사가 선임하는 경우와 법원이 선임하는 경우가 있다. 검사인과 회사와의 관계는 위임관계이거나 또는 위임에 관한 규정이 유추될 수 있을 것이다.[1)]

제298조 제3항·제299조의2·제310조 제3항 또는 제313조 제2항의 공증인이란 설

1) 양동석, 409면.

립절차를 조사·보고하거나, 변태설립사항이 있는 경우에 발기인이 받을 특별이익이나 설립비용 등에 관하여 검사인에 갈음하여 조사·보고할 자를 의미한다. 그리고 제299조의2, 제310조 제3항 또는 제422조 제1항의 감정인이란 변태설립사항으로서 현물출자 및 재산의 인수에 관하여 또는 신주발행 시에 현물출자가 있으면 검사인에 갈음하여 조사·보고할 자를 의미한다. 공증인과 감정인도 선량한 관리자의 주의로써 위임의 본지에 따라 위임사무를 처리해야 할 것이다. 검사인, 공증인, 감정인 등이 사실을 은폐하거나 허위의 사실을 보고하면, 회사재산을 보호할 수 없게 되고 투자자나 채권자의 이익을 적절하게 보호할 수 없게 될 것이므로 회사의 재산을 보호하고 투자자나 채권자의 이익을 보호하기 위하여 본죄를 두고 있다.

2) 행 위

① 상법 제622조 제1항에 규정된 행위주체가 주식 또는 출자의 인수나 납입, 현물출자의 이행, 제290조(변태설립사항), 제416조 제4호(현물출자의 목적인 재산의 종류, 수량, 가액과 이에 대하여 부여할 주식의 종류와 수) 또는 제544조의 규정된 사항(유한회사의 변태설립사항)에 관하여 법원 · 총회 또는 발기인에게 부실한 보고를 하거나 사실을 은폐한 행위를 함으로써 본죄가 성립한다.

부실한 보고란 회사의 재산상황이나 사실과 다른 보고를 하는 것으로서, 이로 인하여 사전에 위험을 예방하거나 손실의 규모를 줄일 수 있는 기회를 상실하게 하는 것이며, 또 회사로 하여금 적절한 조치를 할 수 없게 하는 것이다.

② 그리고 누구의 명의로 하거나를 불문하고 회사의 계산으로 부정하게 그 주식 또는 지분을 취득하거나 질권의 목적으로 이를 받은 행위를 하면 본죄가 성립한다. 즉, 상법상 자기주식취득의 제한과 방법을 위반한 경우에 본죄가 성립하는 것이다. 자기주식취득은 회사재산의 적정한 운영, 지배구조에 왜곡을 초래하거나 주가조작 등으로 남용될 수 있으므로 상법은 이를 제한하거나 자기주식취득방법을 한정하고 있다.

그러나 상법 제341조는 회사가 배당가능 이익으로써 자기주식을 취득할 수 있도록 하였기 때문에 이 경우에는 위법성이 조각된다. 위법성이 조각되기 위해서 회사는 ① 거래소에서 시세가 있는 주식의 경우에는 거래소에서 취득하는 방법 ② 주식의 상환에 관한 종류주식(상 제345조)의 경우 외에 각 주주가 가진 주식 수에 따라 균등한 조건으로 취득하는 것으로서 대통령령으로 정하는 방법으로 취득하여야 한다(상 제341조 제1항 각호). 배당 가능한 금액이 주식의 취득금액에 미치지 못할 경우에는 위법성이 조각되지 않을 것이다.

그리고 상법 제341조에도 불구하고 다음의 경우에는 자기주식을 취득할 수 있으므로 위법성이 조각된다(상 제341조의2 각호). 즉 i) 회사의 합병 또는 다른 회사의 영업전부의 양수로 인한 경우, ii) 회사의 권리를 실행함에 있어 그 목적달성을 위하여 필요한 경우, iii) 단주처리를 위하여 필요한 경우, iv) 주주가 주식매수청구권을 행사한 경우이다.

회사는 발행주식 총수의 20분의 1을 초과하여 자기의 주식을 질권의 목적으로 받지 못한다. 다만 i) 회사의 합병 또는 다른 회사의 영업전부의 양수로 인한 경우, ii) 회사의 권리를 실행함에 있어 그 목적달성을 위하여 필요한 경우에는 그 한도를 초과하여 질권의 목적으로 할 수 있다(상 제341조의3). 이 경우에도 본죄의 위법성이 조각된다고 할 것이다.

③ 상법 제622조 제1항에 규정된 행위주체가 법령 또는 정관에 위반하여 이익배당을 한 경우에는 본죄가 성립한다. 회사는 대차대조표의 순자산액으로부터 자본금의 액, 그 결산기까지 적립된 자본준비금과 이익준비금의 합계액, 그 결산기에 적립해야 할 이익준비금의 액, 대통령령으로 정하는 미실현 이익의 금액을 공제한 액을 한도로 하여 이익배당을 할 수 있다(상 제462조). 이에 위반하면 위법배당이 되어 본죄가 성립한다. 회사재산의 건전한 운영과 투자자 및 채권자 보호를 위하여 상법은 위법배당을 금지하고, 이를 위반하면 본죄가 성립하도록 하였다.

④ 회사의 영업범위 외에서 투기행위를 하기 위하여 회사재산을 처분한 경우에는 본죄가 성립한다. 회사의 영업목적은 정관의 절대적 기재사항이다. 회사의 목적은 정관이나 등기된 사항의 문리적 해석에 그치지 않고 목적달성을 위하여 필요하고 유익한 행위까지 확대하여 회사의 목적으로 해석하는 것이 판례와 통설의 입장이지만, 회사의 자산을 이용하여 위험한 투기행위를 하는 것은 본죄를 성립하게 한다.

(3) 주관적 구성요건

행위자는 객관적 구성요건에 관한 고의 또는 인식이 있어야 한다. 따라서 부실한 보고나 사실의 은폐의 의사, 위법한 자기주식의 취득의사, 위법한 이익배당 등에 관한 의사로써 행위를 하여야 한다. 그러나 이로 인하여 회사의 손해나 위험에 대한 인식까지 요구되는 것은 아니며, 자기 또는 제3자의 이익을 위한 인식이나 고의를 요구하는 것은 아니라고 할 것이다.

(4) 처 벌

본죄를 범한 자는 5년 이하의 징역 또는 1천 5백만원 이하의 벌금에 처한다. 징역과 벌금은 이를 병과 할 수 있다(상 제632조). 이들이 회사나 제3자에게 민사책임을 지는 것과 이사회의 결의에 의하는 경우의 책임은 별론으로 한다.

4. 주식의 취득제한 등에 위반한 죄

(상법 제625조의2) 제342조의2 제1항 또는 제2항을 위반한 자는 2천만원 이하의 벌금에 처한다.

(1) 주식의 취득제한 등에 위반한 죄

갑 회사가 을 회사의 발행주식 총수의 100분의 50을 초과하는 주식을 소유하는 경우에 모자회사 관계가 성립하고, 자회사인 을 회사는 원칙적으로 모회사인 갑 회사의 주식을 취득할 수 없다(상 제342조의2 제1항). 다만, 주식의 포괄적 교환, 주식의 포괄적 이전, 회사의 합병 또는 다른 회사의 영업의 전부의 양수로 인한 때와 회사의 권리를 실행함에 있어 그 목적을 달성하기 위하여 필요한 때는 예외적으로 모회사의 주식을 취득할 수 있다(동항 각호). 그리고 예외적으로 자회사가 취득한 모회사 주식에 대해서는 그 주식을 취득한 날로부터 6월 이내에 모회사의 주식을 처분하여야 한다(동조 제2항). 이를 위반하면 본죄가 성립된다.

자회사의 모회사 주식취득은 회사지배구조의 왜곡이나 자기주식취득의 경우와 같이 자본의 공동화를 초래하고, 법인주주가 주축이 되어 회사의 사단성이 파괴되는 등 폐해를 초래할 수 있기 때문에 이를 금지하는 것이 세계 각국의 입법례이다.

(2) 객관적 구성요건

1) 행위주체

본죄는 자회사가 모회사의 주식을 취득함으로써 성립하는 것이므로 행위주체는 자회사이다. 상법에서는 다른 회사의 발행주식의 총수의 100분의 50을 초과하는 주식을 모회사 및 자회사 또는 자회사가 가지고 있는 경우 그 다른 회사는 이 법의 적용에 있어 그 모회사의 자회사로 본다고 규정하고 있으며(상 제342조의2 제3

항), 해석상 증조모회사와 증손회사도 모자관계의 회사로 보는 견해가 있다.[1] 그러나 상법 제625조의2에서는 제342조의2 제1항과 제2항의 행위에 대해서만 본죄의 성립을 규정하고, 모회사 및 자회사 또는 자회사가 다른 회사의 발행주식의 총수의 100분의 50을 초과하는 주식을 가지고 있는 경우에도 모자회사 관계를 인정하지만 본죄를 구성하지는 않는다. 따라서 상법상의 직접 모자관계가 있는 자회사만이 본죄의 행위주체가 될 것이다.

법인의 범죄능력에 대해서는 전술한 바와 같지만, 본죄의 처벌에 대해서 벌금형만을 법정하고 있는 것으로 보아 직접 경영행위를 담당하는 이사나 임원을 본죄의 주체로 하지 않고, 회사자체를 본죄의 주체로 하고 있다고 본다. 그러므로 직접 행위를 담당한 이사 기타 임원에게는 본죄를 적용하지 않고 회사재산을 위태롭게 하는 범죄(상 제625조)만을 적용할 수 있을 것이다.

상법 제625조의2에서는 제342조의2 제1항 또는 제2항을 위반한 경우에만 본죄가 성립하는 것으로 하였지만, 동조 제3항을 위반한 경우도 본죄의 성립범위에 포함 시키는 것이 타당하다고 본다.

2) 행 위

본죄는 자회사가 모회사의 주식을 취득하거나, 예외적으로 취득한 모회사의 주식을 취득한 날로부터 6월 이내에 처분하지 않음으로써 성립한다. 법률상 예외적으로 모회사의 주식 취득이 인정되는 경우로서는 ① 주식의 포괄적 교환, 포괄적 이전, 회사의 합병 또는 다른 회사의 영업전부의 양수로 인한 때(1호), ② 회사의 권리를 실행함에 있어 그 목적을 달성하기 위하여 필요한 때(2호) 등이다. 상법 제342조의2 제1항 각호에서 예외적으로 인정하는 자기주식취득의 경우에는 6월 이내에 처분하기만 하면 위법성이 조각된다고 할 것이다.

따라서 검사는 자회사가 모회사의 주식을 취득하였다는 사실 외에도, 예외적으로 취득할 수 있는 경우에 해당하지 않는다는 사실이나, 6개월 이내에 예외적으로 취득한 주식을 처분하지 아니하였음을 입증하여야 할 것이다.

(3) 주관적 구성요건

행위자는 객관적 구성요건에 관한 고의 또는 인식이 있어야 한다. 따라서 자회사의 대표이사 등이 상법이 인정하는 예외적인 경우를 제외하고 모회사의 주식을

1) 양동석, 146-147면.

취득하려는 의사로써 취득행위(작위)를 하여야 한다. 그리고 예외적으로 취득한 모회사의 주식에 대하여 6월 이내에 처분하지 않음(부작위)으로써 본죄가 성립한다. 자회사는 예외적으로 취득한 주식을 6월 이내에 처분하여야 할 의무를 지기 때문이다. 위법한 취득행위나 6월 이내에 처분하지 않음으로 인한 회사의 손해나 지배구조의 왜곡 기타 그 결과에 대한 인식까지 요구되는 것은 아니라고 할 것이다. 그러나 이에 대한 인식이 있었다면 당연히 구성요건에 대한 고의나 인식이 입증되는 것이라고 본다.

(4) 처 벌

제342조의2 제1항 또는 제2항을 위반하여 본죄가 성립하면 회사는 2천만원 이하의 벌금에 처한다(상 제625조의2). 상법은 본죄에 대하여 벌금형만 규정하고 있다. 범죄행위의 주체가 회사(법인)이므로 벌금형만을 법정하는 것으로 본다. 따라서 대표이사 등 회사의 업무집행자가 회사에 대하여 민사책임을 지거나 해임 등의 사유가 되는 것은 별론으로 하며, 이들이 회사의 재산을 위태롭게 하는 등의 형사책임이 있는지는 별론으로 하지만 상법 제625조의2에 의한 본죄의 책임을 지는 것은 아니라고 보아야 할 것이다.

5. 부실보고죄

(상법 제626조) 회사의 이사, 집행임원, 감사위원회 위원, 감사 또는 제386조 제2항, 제407조 제1항, 제415조 또는 제567조의 직무대행자가 제604조 또는 제607조의 조직변경의 경우에 제604조 제2항 또는 제607조 제2항의 순재산액에 관하여 법원 또는 총회에 부실한 보고를 하거나 사실을 은폐한 경우에는 5년 이하의 징역 또는 1천 500만원 이하의 벌금에 처한다.

(1) 부실보고죄의 의의

본죄는 주식회사를 유한회사로 조직변경 하거나, 유한회사를 주식회사로 조직변경 하는 경우에 자본금을 충실히 하기 위하여 현존하는 순재산액보다 많은 금액을 자본금 총액으로 하지 못하게 하거나(상 제604조 제2항), 발행하는 주식의 발행가액 총액은 회사에 현존하는 순재산액을 초과하지 못하게 하는(상 제607조 제2항) 상법

규정을 확보하기 위한 것이다.

조직을 변경함으로 인하여 자본금액이 부실한 회사가 출현하는 것을 미연에 방지하고 자본금액이 충실한 회사가 출현하게 하기 위한 규정이다. 자본금액이 부실한 회사가 출현하는 것은 회사를 이용한 또 다른 범죄의 가능성과 사회적 폐해를 초래할 수 있기 때문이다.

본죄는 회사의 업무집행을 담당하는 대표이사, 이사, (대표)집행임원과 감사(감사위원회 위원), 그들의 직무대행자 등에 의하여 범하게 된다.

(2) 객관적 구성요건

1) 행위주체

주식회사를 유한회사로 조직변경 하는 경우, 총주주의 일치에 의한 주주총회의 결의가 필요하다. 이 경우 유한회사는 회사에 현존하는 순재산액보다 많은 금액을 자본금 총액으로 할 수 없다. 이를 위반하더라도 조직변경의 효력에는 영향이 없고 결의당시의 주주와 이사의 전보책임이 발생한다(상 제605조 제1항). 그리고 본 규정의 실효성 확보를 위하여 상법은 조직변경에 있어서 순재산액을 법원이나 주주총회(사원총회)에 보고하거나 보고서류를 감사하는 자(상 제413조)들을 행위주체로 하는 부실보고죄를 둔다. 본죄의 행위주체는 (대표)이사, 감사(감사위원회 위원), (대표)집행임원, 이들의 직무대행자 및 임시이사(감사, 집행임원)이다.

그리고 유한회사를 주식회사로 조직변경 할 경우에는 자본유지의 원칙에 의하여 조직변경시 발행하는 주식의 발행가액의 총액은 회사에 현존하는 순재산액을 초과하지 못한다(상 제607조 제2항). 이를 위반하더라도 조직변경의 효력에는 영향이 없고 결의당시의 이사와 감사 및 사원의 전보책임이 발생한다. 그리고 총사원의 일치에 의한 동의가 필요하며, 주식회사의 엄격한 설립절차를 회피하여 조직변경이 이용되는 것을 막기 위하여 법원의 인가를 받도록 하고 있다. 이를 확보하기 위하여 이사 및 이사의 직무대행자, 임시이사 등을 행위주체로 하는 부실보고죄를 두고 있다.

2) 행 위

상기의 이사 등이 조직변경 당시의 현존하는 순재산액에 관하여 법원 또는 총회에 부실한 보고를 하거나 사실을 은폐한 경우 또는 이에 대하여 감사는 이사의 부실한 보고나 사실은폐가 가능할 수 있도록 한 경우이다. 부실한 보고란 사실의 누락, 허위사실의 기재 등 사실과 다른 내용을 보고한 것이고, 은폐란 중요사실을 은닉하는 것을 의미한다고 본다. 일반적으로 업무를 집행하는 자(이사, 집행임원 등)가 보고서류를 작성하겠지만, 감사(감사위원)는 총회 등에 보고할 서류를 감사하는 지위에 있는 자이므로 본죄의 성립에 있어서 행위의 태양이 이사 등과는 다를 것이다.

조직변경은 총주주(총사원)의 동의로써만 가능하고, 만약 순재산액보다 많은 금액의 주식이 발행되거나 자본금액으로 하는 회사로 조직변경 된다면 결의당시의 주주(사원), 이사, 감사 등이 그 차액에 대한 전보책임을 지는 것은 별론으로 한다.

(3) 주관적 구성요건

행위자는 객관적 구성요건에 관한 고의 또는 인식이 있어야 한다. 즉, 조직변경을 함에 있어서 순재산액에 관하여 법원 또는 총회에 보고할 때 사실과 다른 부실보고를 하거나 사실을 은폐한다는 것에 대하여 고의 또는 인식이 있어야 본죄가 성립한다. 이로 인한 회사의 손해나 투자자 또는 채권자의 손해 등에 관한 고의나 인식은 필요로 하지 않는다. 전술한 바와 같이 감사(감사위원)의 경우에는 행위의 태양이 이사와 다를 것이며, 업무를 담당하지 않은 이사나 사외이사 등의 경우도 업무집행 이사나 대표이사 등과 행위의 태양이 다를 것이다.

(4) 처 벌

본죄에 대해서는 5년 이하의 징역 또는 1천 500만원 이하의 벌금에 처한다. 징역과 벌금은 병과 할 수 있다(상 제632조).

6. 부실문서행사죄

(상법 제627조) ① 제622조 제1항에 게기한 자, 외국회사의 대표자, 주식 또는 사채의 모집의 위탁을 받은 자가 주식 또는 사채를 모집함에 있어서 중요한 사항에 관하여 부실한 기재가 있는 주식청약서, 사채청약서, 사업계획서, 주식 또는 사채의 모집에 관한 광고 기타의 문서를 행사한 때에는 5년 이하의 징역 또는 1천 500만원 이하의 벌금에 처한다.

② 주식 또는 사채를 매출하는 자가 그 매출에 관한 문서로서 중요한 사항에 관하여 부실한 기재가 있는 것을 행사한 때에도 제1항과 같다.

(1) 부실문서행사죄의 의의

상법 제622조에서 열거한 자 즉, 회사의 발기인, 업무집행사원, 이사, 집행임원, 감사위원회 위원, 감사 또는 제386조 제2항, 제407조 제1항, 제415조 또는 567조의 직무대행자, 지배인 기타 회사영업에 관한 어느 종류 또는 특정한 사항의 위임을 받은 사용인, 청산인과 그 직무대행자, 외국회사의 대표자, 주식 또는 사채의 모집의 위탁을 받은 자, 주식 또는 사채를 매출하는 자가 행위주체가 되는 범죄이다. 이들이 주식 또는 사채를 모집하거나 매출할 경우에 중요한 사항에 관하여 부실한 기재가 있는 주식청약서, 사채청약서, 사업계획서, 주식 또는 사채의 모집에 관한 광고 기타의 문서를 행사한 때 본죄가 성립한다.

두자자가 투자판단을 함에 있어서 정확한 정보를 제공할 수 있도록 하기 위하여 주식청약서, 사채청약서, 사업계획서, 주식 또는 사채의 모집에 관한 광고 기타의 문서 등은 부실한 기재를 하여 주식이나 사채의 모집을 위하여 행사해서는 안 된다. 즉 허위사실을 기재하거나 중요사실을 은폐해서 투자자의 투자판단에 영향을 미칠 수 있도록 행사하면 본죄가 성립하는 것이다. 이로 인한 회사의 손해나 투자자 또는 채권자의 손해 등에 관한 고의나 인식은 필요로 하지 않는다.

본죄는 투자자에게 정확한 정보를 제공하여 투자자의 투자판단을 보호하기 위한 것이다. 불특정 다수의 투자자는 이들이 제공하는 정보만을 신뢰하고 투자판단을 하기 때문에 정보를 제공하는 주식청약서, 사채청약서, 사업계획서, 주식 또는 사채의 모집에 관한 광고 기타의 문서 등이 허위로 작성되어 공시된다면 피해규모가 크고 광범위하게 된다. 형법상의 사기죄와 성격을 같이 한다고 본다.

주식청약서와 사채청약서는 기재할 사항을 법정하고 있으며, 주식이나 사채를 청약할 경우에는 반드시 청약서를 작성하여야 한다(상 제302조).

(주식청약서 기재사항)

(1) 회사설립 시에는 발기인은 주식청약서를 작성하고 다음 사항을 적어야 한다(상 제302조 제2항 각호). ① 정관의 인증 연월일과 공증인의 성명, ② 상법 제289조 제1항(정관의 절대적 기재사항)과 제290조 각호(변태설립사항), ③ 회사의 존립기간 또는 해산사유를 정한 때에는 그 규정, ④ 각 발기인이 인수한 주식의 종류와 수, ⑤ 상법 제291조에 게기한 사항(설립 당시의 주식발행사항의 결정), ⑥ 주식의 양도에 관하여 이사회의 승인을 얻도록 정한 때에는 그 규정, ⑦ 주주에게 배당할 이익으로 주식을 소각할 것을 정한 때에는 그 규정, ⑧ 일정한 시기까지 창립총회를 종결하지 못한 때에는 주식의 인수를 취소할 수 있다는 뜻, ⑨ 납입을 맡을 은행 기타 금융기관과 납입장소, ⑩ 명의개서 대리인을 둔 때에는 그 성명·주소 및 영업소 등

(2) 회사가 신주를 발행할 경우 이사는 주식 청약서를 작성하여 다음 사항을 기재하여야 한다(상 제420조 각호). ① 상법 제289조 제1항 2호부터 4호: 상호, 회사가 발행할 주식의 총수, 액면주식을 발행하는 경우 1주의 금액, ② 상법 제302조 제2항 7호, 9호, 10호: 주주에게 배당할 이익으로 주식을 소각할 것을 정한 때에는 그 규정, 납입을 맡을 은행 기타 금융기관과 납입장소, 명의개서 대리인을 둔 때에는 그 성명·주소 및 영업소, ③ 상법 제416조 1호내지 4호: 신주의 종류와 수, 신주의 발행가액과 납입기일, 무액면 주식의 경우에는 신주의 발행가액 중 자본금으로 계상하는 금액, 신주의 인수방법, 현물출자를 하는 자의 성명과 그 목적인 재산의 종류, 수량, 가액과 이에 대하여 부여할 주식의 종류와 수, ④ 상법 제417조(액면미달의 발행)에 따른 주식을 발행하는 경우에는 그 발행조건과 미상각 액, ⑤ 주주에 대한 신주인수권의 제한에 관한 사항 또는 특정한 제3자에게 이를 부여할 것을 정한 때에는 그 사항, ⑥ 주식발행의 결의 연월일 등

(사채청약서 기재사항)

사채청약서는 이사가 작성하고 다음 사항을 적어야 한다(상 제474조 제2항 각호). ① 회사의 상호, ② 자본금과 준비금의 총액, ③ 최종의 대차대조표에 의하여 회사에 현존하는 순재산액, ④ 사채의 총액, ⑤ 각 사채의 금액, ⑥ 사채발행의 가액 또는 그 최저가액, ⑦ 사채의 이율, ⑧ 사채의 상환과 이자지급의 방법과 기한 ⑨사채를 수회에 분납할 것을 정한 때에는 그 분납금액과 시기, ⑩ 채권을 기명식 또는 무기명식에 한할 때에는 그 뜻, ⑪ 채권을 발행하는 대신 전자등록기관의 전자등록부에 사채권자의 권리를 등록하는 때에는 그 뜻, ⑫ 전에 모집한 사채가 있는 때에는 그 상환하지 아니한 금액, ⑬ 사채모집의 위탁을 받은 회사가 있는 때에는 그 상호와 주소, ⑭ 사채관리회사가 있는 때에는 그 상호와 주소, ⑮ 사채관리회사가 사채권자 집회결의에 의하지 아니하고 제484조 제4항 2호의 행위를 할 수 있도록 정한 때에는 그 뜻, ⑯ 사채모집의 위탁을 받은 회사가 그 모집 액이 총액에 달하지 못한 경우에 그 잔액을 인수할 것을 약정한 때에는 그 뜻, ⑰ 명의개서 대리인을 둔 때에는 그 성명, 주소 및 영업소 등

(2) 객관적 구성요건

1) 행위주체

상법 제622조에서 열거한 자 즉, 회사의 발기인, 업무집행사원, 이사, 집행임원, 감사위원회 위원, 감사 또는 제386조 제2항, 제407조 제1항, 제415조 또는 제567조의 직무대행자, 지배인 기타 회사영업에 관한 어느 종류 또는 특정한 사항의 위임을 받은 사용인, 청산인과 그 직무대행자, 외국회사의 대표자, 주식 또는 사채의 모집의 위탁을 받은 자, 주식 또는 사채를 매출하는 자가 행위주체가 되는 범죄이다.

외국회사란 외국의 법률에 의하여 설립된 회사로서, 우리나라의 법률에 의하여

설립된 내국회사에 비교되는 개념이다. 외국회사가 대한민국에서 영업을 하려면 대한민국에서의 대표자를 정하고 대한민국 내에 영업소를 설치하거나 대표자 중 1명 이상이 대한민국에 주소를 두어야 한다(상 제614조). 이 대표자가 본죄의 행위주체이다. 대한민국에서 외국회사의 주권 또는 채권의 발행과 그 주식의 이전이나 입질 또는 사채의 이전에 관해서는 상법 제335조 내지 제338조, 제340조 제1항, 제335조 내지 제357조, 제478조 제1항, 제479조와 제480조의 규정을 준용한다(상 제618조 제1항).

2) 행 위

상기의 행위주체가 주식 또는 사채를 모집함에 있어서 중요한 사항에 관하여 부실한 기재가 있는 주식청약서, 사채청약서, 사업계획서, 주식 또는 사채의 모집에 관한 광고 기타의 문서를 행사한 때 본죄가 성립한다.

일반적으로 투자자는 주식청약서, 사채청약서, 사업계획서, 모집광고 등을 참작하여 모집에 응할 것인지를 판단할 것이다. 중요한 사항이란 투자자가 투자판단을 하는데 중요한 영향을 미치는 사항을 말한다. 법정기재사항은 대부분이 중요한 사항일 것이다. 그러므로 주식청약서, 사채청약서, 사업계획서, 모집광고 등이 사실대로 작성되지 않고, 허위기재 또는 사실이 은폐된 것이라면 투자자는 투자여부에 대하여 오판을 하게 될 것이다.

본죄는 부실한 기재가 있는 주식청약서 사채청약서, 사업계획서, 모집광고 등을 주식 또는 사채를 모집함에 있어 행사(이용)한 때 성립한다. 주식청약서 사채청약서, 사업계획서, 모집광고 등은 예시적인 것이고 그 외에도 모집을 위하여 부실한 기재가 있는 것을 이용한 때에는 본죄가 성립할 것이다. 따라서 모집 외의 목적을 위하여 부실하게 기재된 동 문서를 행사하더라도 본죄는 성립하지 않을 것이다.

(3) 주관적 구성요건

본죄는 고의범이다. 따라서 행위주체가 허위사실을 기재하거나 사실을 은폐한 주식청약서, 사채청약서, 사업계획서, 모집광고 등을 작성하고, 주식 또는 사채를 모집하기 위하여 이를 행사할 의사가 있어야 한다. 실제로 투자자가 부실기재 된 문서를 신뢰하고 투자결정을 했는지 여부는 불문하고 본죄는 성립한다고 본다. 이로 인하여 회사가 손해를 보았거나 투자자가 손해를 보았는지 불문하고, 부실기재된 상기의 문서를 주식 또는 사채모집을 위하여 행사하였으면 본죄는 성립한다.

회사나 제3자에 대한 손해배상책임은 별론으로 한다.

(4) 처 벌

부실문서행사죄를 범한 자는 5년 이하의 징역 또는 1천 500만원 이하의 벌금에 처한다. 징역과 벌금은 병과 할 수 있다(상 제632조).

7. 납입가장죄 등

(상법 제628조) ① 제622조 제1항에 게기한 자가 납입 또는 현물출자의 이행을 가장하는 행위를 한 때는 5년 이하의 징역 또는 1천 500만원 이하의 벌금에 처한다.
② 제1항의 행위에 응하거나 이를 중개한 자도 제1항과 같다.

(1) 납입가장죄 등의 의의

주금의 납입은 현실적으로 하여야 하는데 실제로 납입이 없이 납입이 있는 것처럼 가장하여 등기하고 회사를 성립하게 하는 것이 가장납입이다. 가장납입행위는 자본확정 및 충실원칙을 해하여 회사의 재산적 기초를 위태롭게 하거나 주주나 채권자를 해할 염려가 있게 된다. 납입가장행위에는 납입은행과 결탁하는 공모가장납입, 일시적으로 타인으로부터 자금을 차용하여 납입하고 회사성립 후 즉시 인출하여 변제하는 차입가장납입 및 양자의 절충형태가 있다.

현물출자란 금전 이외의 재산을 출자의 목적으로 하는 것이다. 출자된 재산은 금전으로 평가되어 주식이 발행되고 자본금으로 구성되기 때문에 부동산, 동산, 지적재산권, 유가증권 등도 현물출자의 대상이 될 수 있다. 이 과정에서 무가치한 재산이 출자되거나 과대평가되어 자본충실을 해할 수 있으므로 이 경우에도 납입가장죄가 성립한다.

본죄는 상법 제622조에서 열거하는 회사의 발기인, 업무집행사원, 이사, 집행임원, 감사위원회 위원, 감사 또는 제386조 제2항, 제407조 제1항, 제415조 또는 567조의 직무대행자, 지배인 기타 회사영업에 관한 어느 종류 또는 특정한 사항의 위임을 받은 사용인, 청산인과 그 직무대행자가 납입가장행위를 하거나 또는 현물출자의 이행을 가장하는 행위를 하였을 때 성립한다. 그리고 은행 등이 이에 응하거나 중개한 경우에도 성립한다.

(2) 객관적 구성요건

1) 행위주체

본죄의 행위주체는 상법 제622조에서 열거하는 회사의 발기인, 업무집행사원, 이사, 집행임원, 감사위원회 위원, 감사 또는 제386조 제2항, 제407조 제1항, 제415조 또는 567조의 직무대행자, 지배인 기타 회사영업에 관한 어느 종류 또는 특정한 사항의 위임을 받은 사용인, 청산인과 그 직무대행자와 납입가장행위에 응하거나 이를 중개한 자이다. 납입가장행위에 응한 자는 은행의 임직원 등이 될 것이고 이를 중개한 자는 설립사무에 관여한 변호사, 법무사, 회계사 등 또는 제622조에 열거되지 않은 회사의 업무관련자 등이 될 것이다.

2) 행 위

상법 제622조에서 열거하는 자가 실제로 납입이 없음에도 불구하고 납입이 있는 것처럼 가장하여 등기를 하거나 현물출자 이행행위를 가장하여 등기함으로써 본죄가 성립한다. 그리고 이들 행위에 응하거나 중개하는 행위를 해도 본죄가 성립하여 형사책임을 지게 된다.

가장납입의 행위의 태양에는 납입은행과 결탁하는 공모가장납입, 일시적으로 타인으로부터 자금을 차용하여 납입하고 회사성립 후 즉시 인출하여 변제하는 차입가장납입 및 양자의 절충형태가 있다. 납입은행과 결탁하는 공모가장납입이란 발기인 등과 납입금 보관은행이 공모하여 주금납입 없이 은행이 납입보관증명을 발급하여 발기인이 이를 가지고 설립등기를 하게 된다. 그러나 상법은 은행이 발행한 보관증명에 대해서는 납입의 부실 또는 그 금액의 반환에 제한이 있음을 이유로 하여 회사에 대항하지 못한다고 규정한다(상 제318조 제2항). 이 방법은 은행의 부담이 크므로 가장납입의 방법으로 잘 이용되지 않는다.[1]

실제로 자주 발생하는 가장납입의 형태는 발기인이 타인으로부터 금전을 차입하여 납입하고 납입금 보관증명을 받아 설립등기를 마친 후 납입금 보관은행으로부터 인출하여 변제하는 방법이다. 이와 같은 납입가장을 차입가장납입이라고 한다. 또 공모가장납입과 차입가장납입을 절충하는 방법도 있을 것이다.

현물출자의 이행의 가장이란 무가치한 재산이 출자되거나 과대평가 되는 것 또

---

1) 이철송, 254면.

는 출자이행이 없이 출자된 것처럼 가장하는 행위를 하는 것이다. 현물출자의 이행은 출자자가 납입기일에 지체 없이 출자목적 재산을 인도하고, 등기·등록 기타 권리설정 또는 이전을 필요로 하는 경우에는 이에 관한 서류를 완비하여 교부하여야 한다(상 제295조 제2항).

그리고 은행의 임직원 등이 이에 응하는 행위를 하거나, 법무사 변호사 등이 이를 중개하는 행위를 함으로써 본죄가 성립한다.

이와 같은 행위를 통하여 회사가 설립등기(회사 설립의 경우) 또는 변경등기(신주발행의 경우)를 하여야 한다. 따라서 본죄는 설립등기나 변경등기가 된 때 성립하는 것이며, 등기신청의 경우에는 본죄가 성립하기 이전 단계이므로 미수에 해당하지만, 본죄의 경우에는 미수범 처벌에 관한 규정이 없다. 자본금을 구성하는 주금납입이나 현물출자를 가장하는 것이 본죄를 구성하는 것이고, 사채 등의 납입을 가장하는 것이나 주주의 구성을 가장하는 것 등은 이에 해당하지 않는다.

(3) 주관적 구성요건

본죄는 고의범이므로 행위자는 객관적 구성요건에 대한 고의가 있어야 한다. 따라서 납입가장행위와 현물출자 이행가장행위 및 이에 응하거나 중개하는 행위에 대하여 행위자의 고의 또는 인식이 있어야 한다. 발기인 등의 민사책임이나 회사 성립 여부에 대한 인식은 요구되지 않는다고 보아야 할 것이다.

(4) 관련 문제

가장납입 행위는 처음부터 납입의사 없이 형식상 주금을 납입하는 외형을 갖추고 보관증명을 교부받아 설립등기를 하였으므로 상법에 의한 납입가장죄(상 제628조)와 형법상의 공정증서 원본부실기재죄(형 제228조) 및 동행사죄(형 제229조)가 성립한다. 판례는 상법상 납입가장죄의 성립을 인정하는 이상 회사의 자본이 실질적으로 증가됨을 전제로 한 업무상 횡령죄가 성립한다고 할 수 없다고 하였다.[1)]

(5) 처 벌

상법 제622조에서 열거하는 자 및 이에 응한 자, 중개한 자가 본죄를 범하면 5

1) 대판 2004.6.17, 2003도7645.

년 이하의 징역 또는 1천500만원 이하의 벌금에 처한다. 징역과 벌금은 병과 할 수 있다(상 제632조).

8. 초과발행죄

(상법 제629조) 회사의 발기인, 이사, 집행임원 또는 제386조 제2항 또는 제407조 제1항의 직무대행자가 회사가 발행할 주식의 총수를 초과하여 주식을 발행한 경우에는 5년 이하의 징역 또는 1천 500만원 이하의 벌금에 처한다.

(1) 초과발행죄의 의의

우리 상법상 정관에는 자본금과 관계되는 사항으로서 회사가 발행할 주식의 총수(발행예정주식 총수)와 회사설립 시에 발행하는 주식의 총수를 기재하여야 한다. 회사가 발행할 주식의 총수란 설립된 후 정관을 변경하지 않고 발행할 수 있는 최대치이다. 그러므로 회사에 신규자금이 필요할 경우 이 범위 내에서는 언제든지 이사회의 결의만으로 신주를 발행할 수 있다. 그러나 발행예정주식 수를 초과하여 신주를 발행하고자 할 때는 먼저 주주총회의 특별결의를 거쳐 정관을 변경하여 발행예정주식 수를 늘려야 한다.

발기인이 발기인 전원의 동의로 결정한 주식발행사항을 위반하여 초과발행 하거나, 이사 및 집행임원이 이 범위를 초과하여 주식을 발행하게 되면 본죄가 성립한다. 정관에 기재되는 발행예정주식 총수는 주주가 회사의 자본금 규모 및 주식의 규모를 통제하기 위한 방안이므로 이를 위반한 발기인, 이사, 집행임원 등의 초과발행 행위는 주주를 보호하기 위한 것으로서 본죄를 성립시킨다.

(2) 객관적 구성요건

1) 행위주체

본죄의 행위주체는 발기인, 이사, 집행임원, 상법 제386조 제2항·제407조 제1항의 직무대행자이다. 발기인은 회사 성립의 경우의 행위주체이고 이사와 집행임원 등은 이미 성립한 회사가 신주를 발행하는 경우의 행위주체이다. 신주의 발행은 발행예정주식 총수 중에서 이사회 결의만으로 필요하면 언제든지 발행할 수 있으므로 업무집행을 담당하는 자만을 본죄의 주체로 하고 있는 것이다.

2) 행 위

이상의 행위주체가 발행예정주식 총수를 초과하여 주식을 발행하는 행위를 하면 본죄가 성립한다. 자본금이나 발행주식의 규모를 이사나 집행임원 등의 자의적 행동에 맡기지 않고, 주주 등이 결정하도록 하려는 것이다. 그러나 사채 등의 초과발행에 대해서는 본죄가 성립하지 않는다. 회사가 필요한 자금을 언제든지 용이하게 조달할 수 있도록 하기 위해서 발행예정주식이나 사채발행의 한도 등에 관하여 상법은 폭 넓은 재량을 이사 등에게 인정하고 있다.

(3) 주관적 구성요건

본죄는 고의범이다. 따라서 본죄의 행위주체가 정관에서 정하고 있는 발행예정주식을 초과하여 주식을 발행한다는 고의 또는 인식이 있어야 한다. 회사나 주주 또는 투자자 등의 손해에 대한 인식은 필요 없다고 본다.

(4) 처 벌

행위주체에 대하여 5년 이하의 징역 또는 1천500만원 이하의 벌금에 처한다. 징역과 벌금은 병과 할 수 있다(상 제632조).

9. 발기인, 이사 기타 임원의 독직죄

(상법 제630조) ① 제622조와 제623조에 규정된 자, 검사인, 제298조 제3항·제299조의2·제310조 제3항 또는 제313조 제2항의 공증인이나 제299조의2, 제310조 제3항 또는 제422조 제1항의 감정인이 그 직무에 관하여 부정한 청탁을 받고 재산상의 이익을 수수, 요구, 또는 약속한 때에는 5년 이하의 징역 또는 1천 500만원 이하의 벌금에 처한다.
② 제1항의 이익을 약속, 공여 또는 공여의 의사를 표시한 자도 제1항과 같다.

(1) 독직죄의 의의

본죄는 상법 제622조에서 열거하는 회사의 발기인, 업무집행사원, 이사, 집행임원, 감사위원회 위원, 감사 또는 제386조 제2항, 제407조 제1항, 제415조 또는 567

조의 직무대행자, 지배인 기타 회사영업에 관한 어느 종류 또는 특정한 사항의 위임을 받은 사용인, 청산인과 그 직무대행자와 검사인, 공증인, 감정인이 그 직무에 관하여 부정한 청탁을 받고 재산상의 이익을 수수, 요구, 또는 약속한 때 성립한다. 그리고 이익을 약속, 공여 또는 공여의 의사를 표시한 자도 같다.

직무에 관한 것이란 상법 제622조에서 열거한 자들의 직책에 따라 담당하는 일체의 업무행위뿐만 아니라 업무행위에 밀접한 관계가 있는 것을 의미한다.[1] 업무행위에 밀접한 관계가 있는 것이란 직무상의 지위를 이용하거나 그 직무에 관한 힘을 이용하여 업무의 공정성에 영향을 미치는 행위이다.[2] 본죄의 보호법익은 상법 제622조에서 열거하는 자들의 직무집행의 공정성과 이에 대한 신뢰라고 볼 수 있다.

부정한 청탁을 받은 재산상의 이익이란 부당한 이익 내지 불법한 보수이다. 이익이란 수령자의 경제적, 법률적, 인격적 지위를 유리하게 하는 것으로서, 재산적 이익뿐만 아니라 일체의 유형·무형의 이익을 포함한다.[3]

(2) 객관적 구성요건

1) 행위주체

① 제1항의 행위주체는 상법 제622조에서 열거하는 회사의 발기인, 업무집행사원, 이사, 집행임원, 감사위원회 위원, 감사 또는 제386조 제2항, 제407조 제1항, 제415조 또는 567조의 직무대행자, 지배인 기타 회사영업에 관한 어느 종류 또는 특정한 사항의 위임을 받은 사용인, 청산인과 그 직무대행자와 검사인, 공증인, 감정인이다.

검사인은 전술한 바와 같이 법원 또는 주주총회에 의하여 선임·해임한다. 법원에서 선임하는 경우로서 변태설립사항을 조사하기 위한 때, 현물출자에 의한 신주발행의 경우, 회사의 업무집행에 관하여 부정행위 또는 법령·정관에 위반한 의심할 만한 사유가 있을 때, 업무와 재산 상태를 조사하기 위하여 소수주주권자의 청구가 있는 때, 신주할인발행을 위한 때 등이 있다. 주주총회에서 선임하는 경우는 소수

1) 대판 1977.6.7, 77도842 뇌물죄의 경우와 같은 내용으로 봄.

2) 이재상, 형법각론, 723면.

3) 이재상, 727면: 차용금 명목의 금원, 물건과 같은 금품제공, 주식을 액면가로 매수하여 얻게 된 투기사업에 참여할 기회, 향후 개발이 예정되어 가격이 상승할 토지를 매수하는 등의 무형의 이익, 프리미엄, 금융소비대차계약에 의한 금융이익, 향응제공 또는 이성간의 정교, 성교행위 등.

주주의 청구에 의하여 임시총회에서 회사의 업무와 재산 상태를 조사하기 위한 때, 이사 또는 청산인이 제출한 서류와 감사보고서에 대한 조사를 하기 위한 때 등이다. 이들은 선임 목적에 따라 권한을 갖고 회사에 대하여 선관주의의무를 진다.

공증인은 이사와 감사에 대신하여 설립절차의 조사 및 보고(상 제298조 제3항, 제313조), 검사인에 대신하여 발기설립 및 모집설립의 경우 변태설립사항의 보고(상 제299조의2, 제310조 제3항)를 위임한 자이다. 감정인은 검사인에 대신하여 발기설립 및 모집설립의 경우 변태설립사항의 보고(상 제299조의2, 제310조 제3항) 및 신주발행의 경우에 검사인에 대신하여 현물출자를 조사 보고할 자이다(상 제422조).

② 제2항의 행위주체는 제한이 없다. 부정한 이익을 공여하는 행위주체는 회사의 구성원일 수도 있고, 회사 외부인일 수도 있을 것이다.

2) 행 위

전술한 행위주체가 부정한 청탁을 받고 재산상의 이익을 수수, 요구, 또는 약속한 행위가 있어야 한다(부정한 이익을 수수하는 행위). 그리고 위의 이익을 약속, 공여 또는 공여의 의사를 표시한 행위에 대해서도 본죄가 성립한다(부정한 이익을 공여하는 행위).

① 부정한 이익을 수수하는 행위의 태양은 수수, 요구 또는 약속하는 것이다. 수수란 부정한 이익을 영득의 의사로써 취득하는 것이다. 따라서 영득의 의사가 있었으면 후에 반환하더라도 본죄가 성립하며, 용도 등도 불문한다. 요구란 불법영득의 의사로 상대방에게 그 교부를 청구하는 갓이다. 상대방이 이에 응하였는지 여부는 불문한다. 약속이란 부정한 이익의 수수를 합의하는 것이다.

② 부정한 이익을 공여하는 행위의 태양은 약속, 공여 또는 공여의 의사를 표시를 하는 것이다. 공여란 부정한 이익을 취득하게 하는 것이고, 현실적 취득이 없더라도 상대방이 이를 취득할 수 있는 상태에 두면 족하다. 공여의 의사표시는 상대방에게 뇌물을 공여하려는 명시 또는 묵시의 의사를 표시하는 것이다. 의사표시의 상대방은 제1항의 행위주체에 한하지 않으며, 그의 처자에게도 할 수 있다. 약속이란 제1항의 행위주체의 요구를 승낙하는 경우와 자진하여 공여할 것을 약속하는 경우가 있을 것이다.

(3) 주관적 구성요건

직무에 관하여 부정한 이익을 수수, 요구 또는 약속한다는 사실에 대한 고의가 있어야 한다. 즉, 목적물이 부정한 이익이라는 점에 대하여 인식하여야 한다. 그러나 부정한 이익의 대가로 직무집행을 할 의사가 있어야 하는 것은 아니다. 형법상의 수뢰죄와 그 성격을 같이한다고 본다.

(4) 처 벌

5년 이하의 징역 또는 1천 500만원 이하의 벌금에 처한다. 징역과 벌금은 병과할 수 있다(상 제632조). 범인이 수수한 이익은 이를 몰수한다. 그 전부 또는 일부를 몰수하기 불능한 때에는 그 가액을 추징한다(상 제633조). 몰수의 대상이 되는 것은 범인이 수수한 이익이기 때문에 약속 또는 공여의 의사표시만 있는 것이거나 수수하였다가 반환한 이익에 대해서는 몰수할 수 없다고 할 것이다.

본죄에 있어서는 형법상의 사전 수뢰죄와 사후 수뢰죄에 해당하는 부분이 없다. 입법적 해결이 필요할 것으로 본다.

10. 권리행사방해 등에 관한 증수뢰죄

(상법 제631조) ① 다음의 사항에 관하여 부정한 청탁을 받고 재산상의 이익을 수수, 요구 또는 약속한 자는 1년 이하의 징역 또는 300만원 이하의 벌금에 처한다.

1. 창립총회, 사원총회, 주주총회, 또는 사채권자 집회에서의 발언 또는 의결권의 행사
2. 제3편에서 정하는 소의제기, 발행주식 총수의 100분의 1 또는 100분의 3에 해당하는 주주, 사채총액의 100분의 10 이상에 해당하는 사채권자 또는 자본금의 100분의 3 이상에 해당하는 출자좌수를 가진 사원의 권리의 행사
3. 제402조 또는 제424조에 정하는 권리의 행사

② 제1항의 이익을 약속, 공여 또는 공여의 의사를 표시한 자도 제1항과 같다.

(1) 증수뢰죄의 의의

본죄는 주식인수인, 주주(사원), 사채권자 등이 회의에서 발언 또는 의결권을 행사하거나, 소의 제기, 소수주주권을 행사함에 있어서 공정하게 권리행사를 할 수 있도록 하고, 권리행사와 관련하여 부당한 이익 내지 불법한 보수취득을 금지하려는 것이다. 또 누구든지 주식인수인, 주주(사원), 사채권자 등에게 권리행사와 관련하여 부당한 이익 내지 불법한 보수의 공여를 금지 하려는 것이다. 따라서 이들이

권리행사와 관련하여 부당한 이익 내지 불법한 보수를 취득하게 되면 수뇌죄가 성립하고, 누구든지 이들에게 부당한 이익 내지 불법한 보수를 공여하게 되면 증뇌죄가 성립한다.

(2) 객관적 구성요건

1) 행위주체

① 제1항 제1호의 행위주체는 창립총회에서는 주식인수인, 사원총회에서는 사원(주식회사 이외의 유한회사 등), 주주총회에서는 주주(주식회사), 사채권자 집회에서는 사채권자가 행위주체이다. 제2호의 행위주체는 회사법상의 각종의 소송을 제기할 수 있는 제소권자이며, 주식회사의 소수주주(발행주식 총수의 100분의 1 또는 100분의 3 이상의 주식을 가진 주주) 및 소수사채권자(사채총액의 100분의 10 이상의 사채권자), 유한회사의 소수사원(자본금 100분의 3 이상에 해당하는 출자좌수를 가진 사원)이다. 그리고 제3호의 행위주체는 이사의 위법행위 유지청구권(상 제402호)과 위법한 신주발행의 유지청구권(상 제424조)을 행사하는 주주이다. 전자는 발행주식 총수의 100분의 1이상의 소수주주에게 인정되는 공익권(회사의 손해를 예방하기 위하여 행사)이므로 소수주주가 행위주체이다. 그러나 후자는 위법한 신주발행으로 불이익을 받을 염려가 있는 단독주주가 행사하는 자익권이므로 행위주체는 단독주주이다.

② 제2항의 행위주체는 회사 내외를 불문하고 제한이 없다. 따라서 누구든지 제1항의 행위주체에게 부정한 청탁을 하고 재산상의 이익을 약속, 공여, 또는 공여의 의사를 표시한 자이다.

2) 행 위

① 제1항의 행위는 본죄의 행위주체가 다음 사항에 관하여 부정한 청탁을 받고 재산상의 이익을 수수, 요구 또는 약속하는 것이다. 수수란 부정한 이익을 영득의 의사로써 취득하는 것이다. 따라서 영득의 의사가 있었으면 후에 반환하더라도 본죄가 성립하며, 용도 등도 불문한다. 요구란 불법영득의 의사로 상대방에게 그 교부를 청구하는 갓이다. 상대방이 이에 응하였는지 여부는 불문한다. 약속이란 부정한 이익의 수수를 합의하는 것이다.

부정한 청탁은 다음 사항에 관하여 있어야 한다.

첫째, 창립총회, 사원총회, 주주총회, 또는 사채권자 집회에서의 발언 또는 의결

권의 행사 : 창립총회는 주식회사의 모집설립의 경우에 주식 인수인이 모두 참석하여 이사와 감사를 선임하고 설립경과를 보고받고 확정하는 총회이다. 그리고 사원총회는 주식회사 이외의 회사의 사원이 모여서 하는 총회이며, 주식회사의 경우는 주주총회라고 한다.

둘째, 제3편에서 정하는 소의제기, 발행주식 총수의 100분의 1 또는 100분의 3에 해당하는 주주, 사채총액의 100분의 10 이상에 해당하는 사채권자 또는 자본금의 100분의 3 이상에 해당하는 출자좌수를 가진 사원의 권리의 행사: 단독주주권으로 행사하든지 소수주주권으로 행사하든지 회사법상 인정되는 주주의 모든 권리행사와 소송행위에도 적용된다.

셋째, 제402조 또는 제424조에 정하는 권리의 행사: 이사의 위법행위 유지청구권, 대표소송 등에도 적용된다.

② 제2항의 행위는 행위주체가 이익을 약속, 공여 또는 공여의 의사를 표시를 하는 것이다. 공여란 부정한 이익을 취득하게 제공하는 것이고, 현실적 취득이 없더라도 상대방이 이를 취득할 수 있는 상태에 두면 족하다. 공여의 의사표시는 상대방에게 뇌물을 공여하려는 명시 또는 묵시적으로 의사를 표시하는 것이다. 의사표시의 상대방은 제1항의 행위주체에 한하지 않으며, 그의 처자에게도 할 수 있다. 약속이란 제1항의 행위주체의 요구를 승낙하는 경우와 자진하여 공여할 것을 약속하는 경우가 있을 것이다.

(3) 주관적 구성요건

본죄는 고의범이다. 그러므로 제1항의 경우에는 행위자가 각호의 사항에 관하여 부정한 청탁을 받고 재산상의 이익을 수수, 요구 또는 약속하는 행위에 대하여 고의 또는 인식할 것을 요구한다. 그러나 부정한 이익의 대가로 주주권을 행사할 의사가 반드시 있거나 주주권을 행사했어야 하는 것은 아니다. 제2항의 경우도 부정한 청탁과 관련하여 이익을 약속, 공여 또는 공여의 의사를 표시한 행위에 대하여 고의 또는 인식이 있어야 한다.

(4) 처 벌

1년 이하의 징역 또는 300만원 이하의 벌금에 처한다. 징역과 벌금은 병과 할 수 있다(상 제632조). 범인이 수수한 이익은 이를 몰수한다. 그 전부 또는 일부를 몰수하기 불능한 때에는 그 가액을 추징한다(상 제633조). 몰수의 대상이 되는 것은 범인이 수수한 이익이기 때문에 약속 또는 공여의 의사표시만 있는 것이거나 수수하였다가 반환한 이익에 대해서는 몰수할 수 없다고 할 것이다.

11. 납입책임면탈의 죄

(상법 제634조) 납입의 책임을 면하기 위하여 타인 또는 가설인의 명의로 주식 또는 출자를 인수한 자는 1년 이하의 징역 또는 300만원 이하의 벌금에 처한다.

(1) 납입책임면탈의 죄의 의의

주식이나 출자를 인수한 자는 인수가액의 전액을 납입하여야 한다(전액납입주의). 회사 설립의 경우에는 회사성립 전, 신주발행의 경우에는 신주의 효력발생 전에 납입하여야 한다. 일반적으로 회사는 납입기일을 정하기 때문에 그 이전에 정해진 은행 기타 금융기관에 납입하여야 한다. 다만 회사 성립 후 주식 인수인이 아직 납입하지 않은 경우나 이사와 통모하여 현저하게 불공정한 발행가액으로 인수한 자는 주주의 자격에서 출자의무 또는 추가출자를 하여야 한다.

가설인 명의나 타인의 승낙을 얻지 않고 타인명의로 주식을 인수한 경우에는 실제로 청약을 한 자(명의차용자)가 주식 인수인이 되어 납입의무를 진다(상 제331조). 타인의 승낙을 얻어 타인명의로 주식을 청약하고 그 후 그 타인에게 주식이 배정된 경우 누가 주식 인수인인가에 대해서는 학설의 대립이 있으나, 통설과 판례는 명의차용자가 인수인이라고 본다.[1)]

본죄는 주식회사의 주식이나 유한회사의 출자를 인수한 자가 상법상 납입의 책임을 면하기 위하여 타인 또는 가설인의 명의로 인수한 경우에 성립한다.

(2) 객관적 구성요건

1) 행위주체

본죄의 행위주체는 주식회사의 경우에는 타인 또는 가설인의 명의로 주식을 인수한 자이고, 유한회사의 경우에는 타인 또는 가설인의 명의로 출자를 인수한 자

1) 양동석, 69면; 대판 1998.4.10, 97다50619; 대판 2004.3.26, 2002다29138.

이다. 주식의 인수는 인수하고자 하는 자의 청약과 발기인의 배정에 의하여 성립한다. 그러나 유한회사의 경우의 자본증가는 정관변경이 되므로 사원총회의 특별결의를 거쳐야 하고, 출자 인수권자를 정할 수 있다(상 제586조). 이를 정하지 않은 경우에는 각 사원이 그 지분에 따라 출자를 인수할 권리를 갖게 되며(상 제588조), 출자의 인수는 주식청약서와 같은 요식의 문서를 요하지 않지만 인수를 증명하는 서면으로 하여야 한다(상 제589조 제1항).

2) 행 위

인수인이 납입의 책임을 면하기 위하여 타인 또는 가설인의 명의로 주식 또는 유한회사의 출자를 인수하여야 한다. 본죄는 목적범으로서 타인 또는 가설인의 명의로 주식 또는 출자를 인수하는 목적이 납입책임을 면탈하려는 것이다. 따라서 납입책임을 면탈할 목적이 없다면 타인 또는 가설인의 명의로 인수하더라도 명의차용자가 민사책임의 주체가 되는 것일 뿐이고 본죄는 성립하지 않는다고 보아야 할 것이다.

타인의 명의란 다른 사람의 명의를 이용하는 것이고, 타인의 승낙을 받았는지 여부는 불문한다. 가설인의 명의란 존재하지 않는 사람, 즉 허무인의 명의를 이용하는 것을 의미한다.

(3) 주관적 구성요건

본죄는 고의범으로서 행위주체는 납입책임을 면탈하려는 목적으로 타인 또는 가설인의 명의를 이용하여야 한다. 따라서 주식의 인수인에게 납입책임을 면탈하려는 목적이 없으면 비록 타인이나 가설인의 명의를 이용하였더라도 본죄는 성립하지 않는다.

(4) 처 벌

본죄를 범하면 행위자는 1년 이하의 징역 또는 300만원 이하의 벌금에 처한다. 본죄에 대해서는 징역과 벌금의 병과가 인정되지 않으며, 몰수에 관한 규정도 적용되지 않는다.

12. 주주의 권리행사에 관한 이익공여의 죄

(상법 제634조의2) ① 주식회사의 이사, 집행임원, 감사위원회 위원, 감사, 제386조 제2항·제407조 제1항 또는 제415조의 직무대행자, 지배인, 그 밖의 사용인이 주주의 권리행사와 관련하여 회사의 계산으로 재산상의 이익을 공여한 경우에는 1년 이하의 징역 또는 300만원 이하의 벌금에 처한다.
② 제1항의 이익을 수수하거나 제3자에게 공여하게 한 자도 제1항과 같다.

(1) 이익공여죄의 의의

회사는 누구에게든지 주주의 권리행사와 관련하여 재산상의 이익을 공여할 수 없다. 종래 총회꾼들에게 금품 기타 재산상의 이익을 공여하여 온 부조리를 제거하여 회사의 이익을 보호하고 올바른 주주권 행사를 확보하여 주주총회의 운영을 정상화 시키려는 의도이다.[1)]

회사는 명의자와 상관없이 회사의 계산으로 재산상의 이익을 공여하지 못하므로 이사나 집행임원 등이 자기의 계산으로 이익을 공여하더라도 본죄에 포함되지 않는다. 주주권의 행사와 관련이 없으면 다른 범죄의 성립은 별론으로 하더라도 본죄는 성립하지 않는다.

이익공여의 상대방은 주주이거나 그 주주가 지정한 자가 포함되며, 주주의 권리란 자익권, 공익권을 포함하며, 권리행사는 불행사도 포함한다.

(2) 객관적 구성요건

1) 행위주체

제1항의 행위주체는 주식회사의 이사, 집행임원, 감사위원회 위원, 감사, 제386조 제2항·제407조 제1항 또는 제415조의 직무대행자, 지배인, 그 밖의 사용인이다. 감사와 감사위원회 위원만 제외하면 회사의 업무집행을 실질적으로 담당하는 자들이다.

제2항의 행위주체는 제1항의 행위주체로부터 특별이익을 수수한 자 및 제3자에게 이를 공여하게 한 자이다. 즉 주주권 행사와 관련하여 이익을 수수하거나 제3자에게 공여하게 한 자이므로 주주여야 한다.

---

1) 양동석, 236면.

2) 행 위

본죄의 제1항의 행위는 주주의 권리행사와 관련하여 회사의 계산으로 재산상의 이익을 공여하는 것이다. 따라서 주주의 권리행사와 관련이 없으면 본죄는 성립하지 않는다. 주주의 권리란 자익권, 공익권을 포함하며, 권리행사는 불행사도 포함한다. 또 누구의 명의로 하든지 회사의 계산으로 재산상의 이익을 공여할 경우에 본죄가 성립한다.

제2항의 행위주체는 이익공여의 대상으로서 주주이며, 제3자를 지정하여 공여하게 한 경우에도 주주가 행위주체이다.

(3) 주관적 구성요건

본죄는 고의범이다. 따라서 주주의 권리행사와 관련하여 회사의 계산으로 재산상의 이익을 공여한다는 고의 또는 인식이 행위자에게 있어야 한다.

(4) 처 벌

본죄를 범하면 1년 이하의 징역 또는 300만원 이하의 벌금에 처한다. 본죄에 대해서는 징역과 벌금의 병과가 인정되지 않으며, 몰수에 관한 규정도 적용되지 않는다.

제2장 독점규제 및 공정거래법상의 범죄

1. 독점규제 및 공정거래에 관한 법률 제66조상의 범죄

(1) 시장 지배적 지위의 남용금지 위반죄(공정 제66조 제1항 제1호)

1) 의 의

시장 지배적 사업자라 함은 일정한 거래 분야의 공급자나 수요자로서 단독으로 또는 다른 사업자와 함께 상품이나 용역의 가격·수량·품질 기타의 거래조건을 결정·유지 또는 변경 할 수 있는 시장 지배적 지위를 가진 사업자를 말한다. 즉, 시장에서 거래조건을 주어진 것으로 수용하는 것이 아니라 거래조건을 스스로 결정하고 좌우할 수 있는 지배력을 가진 사업자이다. 시장 지배적 사업자를 판단함에 있어서는 시장 점유율, 진입장벽의 존재 및 정도, 경쟁사업자의 상대적 규모 등을 종합적으로 고려한다(공정 제2조 제7호).

시장 지배적 사업자는 독점규제 및 공정거래에 관한 법률 제3조의2 제1항 각호에 해당하는 남용행위를 하여서는 아니 된다. 즉, 시장 지배적 사업자는 그 지위를 남용하여 부당한 가격형성, 부당한 출고조절, 부당한 사업활동방해, 부당한 시장진입방해, 부당한 경쟁사업자 배제 혹은 소비자 이익을 침해하는 행위, 기타 소비자의 이익을 현저하게 침해하는 행위를 하여서는 아니 된다. 시장 지배적 지위 남용의 규제는 공급독점의 경우가 대부분이겠지만, 수요독점의 경우에도 적용된다. 보험업을 포함하는 금융사업자, 정부투자기관, 국가나 지방자치단체도 수범자로서 주체가 될 수 있다. 이 규제는 독점사업자의 행태를 규제하여 시장구조의 악화, 소비자 후생 침해, 자유 사시장 침해위협을 예방하기 위한 것이다.[1)]

공정위가 제정한 시장 지배적 지위 남용행위 심사기준(공정위 고시 제2009-26호)은 판단기준과 관련하여 법률이 제시한 기준인 시장 점유율, 진입장벽의 존재, 경쟁사

---

1) 정호열, 경제법, 182면.

업자의 상대적 규모 등은 물론이고, 경쟁사업자의 공동행위 가능성, 유사품 및 인접시장의 존재, 시장 봉쇄력, 자금력 등을 종합적으로 고려하여 판단하도록 한다.

그리고 공정거래법은 시장 점유율을 기준으로 시장 지배적 사업자 추정제도를 도입(공정 제4조)하여 시장 지배력의 판단이나 입증의 곤란성을 해결하고 있다. 즉, 일정한 거래분야에서 한 사업자의 시장 점유율이 다음 각 호의 어느 하나에 해당하는 사업자(일정한 거래분야에서 연간 매출액 또는 구매액이 40억원 미만인 사업자 제외)는 시장 지배적 사업자로 추정한다. 즉 ① 1사업자의 시장점유율이 100분의 50 이상인 자, ② 3이하의 시장 점유율의 합계가 100분의 75이상, 다만 이 경우에 시장 점유율이 100분의 10 미만인 자는 제외한다.

시장지배적 사업자가 지배적 지위를 남용한 경우에는 3년 이하의 징역 또는 2억원 이하의 벌금에 처한다(공정 제66조 제1항 제1호). 법인(법인격 없는 단체 포함)의 대표사나 법인 또는 개인의 대리인, 사용인, 그 밖의 종업원이 그 법인 또는 개인의 업무에 관하여 이에 해당하는 위반행위를 하면 그 행위자를 벌하는 외에 그 법인 또는 개인에게도 해당 벌금형을 과한다. 다만 법인 또는 개인이 그 위반행위를 방지하기 위하여 해당업무에 관하여 상당한 주의와 감독을 게을리 하지 아니한 경우에는 그러하지 아니하다(공정 제70조).

2) 객관적 구성요건

① 행위주체

본죄의 행위주체는 시장 지배적 지위에 있는 사업자이지만, 사업자의 행위를 실현하는 자는 법인(법인격 없는 단체 포함)의 대표자나 법인 또는 개인의 대리인, 사용인, 그 밖의 종업원이다. 법인의 대표자란 대표이사 또는 (대표)집행임원, 업무를 집행하는 이사 등이다. 이들의 개념에 관해서는 전장 회사법상의 범죄편에서 상세히 설명하였다.

② 행 위

본죄는 시장 지배적 지위에 있는 사업자가 그 지위를 남용함으로써 성립한다. 지위의 남용행위는 시장 지배적 상품이나 용역 그 자체의 거래행위는 물론 이와 관련된 일체의 법률행위, 사실행위를 포함한다. 그 남용행위의 유형은 다음과 같다(공정 제3조의2 제1항 각호). 남용행위의 유형 또는 기준은 대통령령으로 정할 수 있다(동조 제2항). 이에 해당하는 해위를 함으로써 바로 본 죄가 성립하고 실제 피해자가 있는지, 또는 소비자의 후생이 실제로 침해되었는지 등은 불문한다.

ⅰ) 부당한 가격형성 : 상품의 가격이나 용역의 대가를 부당하게 결정·유지 또는 변경하는 행위(제1호)이다. 이에 대하여 시행령은 "정당한 이유 없이 상품의 가격이나 용역의 대가를 수급의 변동이나 공급에 필요한 비용의 변동에 비하여 현저하게 상승시키거나 근소하게 하락 시키는 경우"라고 한다(령 제5조 제1항). 부당하게 높은 가격을 형성하여 독점이윤을 거두거나 혹은 원가의 변화나 수요공급의 변화에 따른 자연스러운 가격변화를 통제하여 인위적으로 가격을 유지하거나 변경하는 행위는 독점사업자의 대표적인 횡포이고, 소비자의 후생을 침해하는 남용행태이므로 이를 억제하기 위한 방안이다.

공정거래법은 독점사업자의 모든 가격결정이 아니라 부당한 가격결정만을 금지한다. 그러나 부당성의 판단기준과 그 증명은 매우 어려운 일이다. 그래서 공정위는 가격남용행위가 있다고 볼만한 상당한 이유가 있을 경우에는 관계행정기관의 장이나 다른 공공기관에 대하여 가격조사를 의뢰할 수 있다(령 제6조).

ⅱ) 부당한 출고조절 : 상품의 판매 또는 용역의 제공을 부당하게 조절하는 행위(제2호)이다. 이에 대하여 시행령은 "법인(법인격 없는 단체 포함)의 대표자나 법인 또는 개인의 대리인, 사용인, 그 밖의 종업원이 최근의 추세에 비추어 상품 또는 용역의 공급량을 현저하게 감소시키는 경우(령 제5조 제2항 제1호)와 정당한 이유 없이 유통단계에서 공급부족이 있음에도 불구하고 상품 또는 용역의 공급량을 감소시키는 경우(동항 제2호)" 등이다.

매점매석이라고 하는 독점사업자 행태 중에서 매석에 해당하는 것으로서, 제조업자나 도매상, 소매상 등도 행위주체가 될 수 있다. 동법은 수급상황이나 원자재조달로 인한 통상적 출고조절이 아닌 가격상승이나 가격조절을 위한 출고조절을 문제로 삼고 있는 것이다. 출고조절은 출고를 제한하는 것이나 늘리는 것 모두를 포함하는 것이지만, 시행령은 두 가지 세목만을 정하고 있다.

ⅲ) 부당한 사업활동의 방해 : 다른 사업자의 사업 활동을 부당하게 방해하는 행위(제3호)이다. 이에 대하여 시행령(령 제5조 제3항)은 "정당한 이유 없이 다른 사업자의 생산 활동에 필요한 원재료 구매를 방해하는 경우(제1호), 정상적인 관행에 비추어 과도한 경제상의 이익을 제공하거나 제공할 것을 약속하면서 다른 사업자의 사업 활동에 필수적인 인력을 채용하는 경우(제2호), 정당한 이유 없이 다른 사업자의 상품 또는 용역의 생산·공급·판매에 필수적인 요소의 사용 또는 접근을 거절, 중단하거나 제한하는 행위(제3호), 1호 내지 3호 이외의 부당한 방법으로 다른 사업자의 사업 활동을 어렵게 하는 행위로서 공정위가 고시하는 행위(제4호)"등이다.

이 유형은 공정거래법 제23조 불공정거래행위와 경합할 수 있다. 법문에서 말하는 “다른 사업자”에는 당해 거래분야에서 시장지배적 사업자와 경쟁하거나 이 시장에 진입하려는 사업자뿐만 아니라 전후방 단계의 사업자(시장지배적 사업자에게 원재료, 부품공급, 유통사업 등을 하는 사업자)도 포함되는 것으로 본다.

ⅳ) 부당한 시장진입방해 : 새로운 경쟁사업자의 참가를 부당하게 방해하는 행위(제4호)이다. 이에 대하여 시행령 제5조 제4항은 “정당한 이유 없이 거래하는 유통사업자와 배타적 거래계약을 체결하는 행위(제1호), 정당한 이유 없이 기존 사업자의 계속적인 사업 활동에 필요한 권리를 매입하는 행위(제2호), 정당한 이유 없이 새로운 경쟁사업자의 상품 또는 용역의 생산, 공급, 판매에 필수적인 요소의 사용 또는 접근을 거절하거나 제한하는 행위(제3호), 기타 공정위가 고시하는 행위(제4호)” 등이다.[1]

ⅴ) 부당한 경쟁사업자 배제 혹은 소비자 이익침해 : 부당하게 경쟁 사업자를 배제하기 위하여 거래하거나 소비자의 이익을 현저히 저해할 우려가 있는 행위(제5호)이다. 이에 대하여 시행령 제5조 제5항은 “부당하게 상품 또는 용역을 통상 거래가격에 비하여 낮은 대가로 공급하거나 높은 대가로 구입하여 경쟁 사업자를 배제시킬 우려가 있는 행위(제1호), 부당하게 거래 상대방이 경쟁 사업자와 거래하지 아니할 것을 조건으로 그 거래 상대방과 거래하는 경우(제2호)” 등 두 가지 세목을 설정하고 있다.

ⅵ) 기타 소비자이익을 현저하게 침해하는 행위 : 이 유형에 대해서는 시행령이나 공정위의 고시에 정함이 없다. 다만 구체적이고 개별적인 소비자 보호는 본법의 목적이 아니므로, 사업자가 가격기능을 왜곡시켜 소비자 이익을 침해하는 기타의 행태를 의미한다고 볼 것이다.

3) 주관적 구성요건

본죄는 고의범이다. 따라서 행위주체가 시장 지배적 지위를 남용하여 공정거래법 제3조의2 제1항 각호의 남용행위를 할 때 성립한다. 그러므로 행위자에게는 부당한 가격형성, 부당한 출고조절, 부당한 사업 활동방해, 부당한 시장진입방해, 부당한 경쟁사업자배제 혹은 소비자 이익을 침해하는 행위에 대한 고의 또는 인식이 있어야 본죄가 성립한다.

시장지배적 사업자인가를 판단함에 있어서 살펴본 바와 같이 2개, 3개의 회사도 행위주체가 될 수 있고, 공동정범이 될 수 있을 것이다.

---

1) 공정위가 고시한 세목: 시장 지배적 지위남용행위 심사기준(2009.8.20 개정) Ⅳ.4.다.

4) 고발 및 처벌

공정거래위원회는 시장 지배적 지위를 남용한 사업자에게는 가격인하, 당해 행위의 중지, 시정명령사실의 공표, 기타 시정을 위한 조치를 단독으로 또는 병행하여 명할 수 있다(공정 제5조). 또 당해 사업자에 대하여 매출액 3%를 초과하지 않는 범위 안에서 과징금을 부과할 수 있다(공정 제6조 본문).

그리고 본죄의 위반의 정도가 명백하고 중대하여 경쟁 질서를 현저히 저해한다고 인정하는 경우 검찰총장에게 고발하여야 하며(공정 제71조 제2항), 고발이 있어야 공소를 제기할 수 있다(공정 제71조 제1항). 검찰총장은 고발요건에 해당하는 사실이 있음을 공정거래위원회에 통보하여 고발을 요청할 수 있다(동조 제3항). 공정거래위원회는 공소가 제기된 후에는 고발을 취소하지 못한다(동조 제4항).

본죄를 범한 자에게는 3년 이하의 징역 또는 2억원 이하의 벌금에 처한다(공정 제66조 제1항 제1호). 징역형과 벌금형은 이를 병과 할 수 있다(동조 제2항). 법인(법인격 없는 단체 포함)의 대표자나 법인 또는 개인의 대리인, 사용인, 그 밖의 종업원이 그 법인 또는 개인의 업무에 관하여 이에 해당하는 위반행위를 하면 그 행위자를 벌하는 외에 그 법인 또는 개인에게도 해당 벌금형을 과한다. 다만 법인 또는 개인이 그 위반행위를 방지하기 위하여 해당업무에 관하여 상당한 주의와 감독을 게을리 하지 아니한 경우에는 그러하지 아니하다(공정 제70조).

(2) 기업결합의 제한 위반죄(공정 제66조 제1항 제2호)

1) 의 의

기업결합이란 법적으로 독립한 여러 개의 기업들이 자본적, 인적, 혹은 조직적인 결합을 통해 단일한 경제적 관리체제로 통합되는 과정이나 그 결과이다.[1] 기업결합 수단으로서는 주식취득, 인원겸임, 합병, 영업양수, 신회사 설립참여 등의 다양한 방법이 있으나 주식취득에 의한 방법이 가장 많이 이용되고 있다. 기업결합은 기업구조조정이나, 규모경제의 실현, 대량해고 방지 등으로도 이용될 수 있으나, 시장독점화 초래, 소수 기업으로 경제력 집중, 부당한 경영권 방어, 건전한 기업의 허구화 등 폐해를 초래할 수 있다.

그러므로 공정거래법은 누구든지 직접 또는 대통령령이 정하는 특수한 관계에

---

1) 권오승, 165면; 정호열, 214면.

있는 자(이하 "특수관계인")를 통하여 독점규제 및 공정거래에 관한 법률 제7조 제1항 각호에 해당하는 기업결합행위로서 일정한 거래분야에서 경쟁을 실질적으로 제한하는 행위를 하여서는 아니 된다(공정 제7조 제1항 본문)고 규정하고 있다. 그리고 기업결합 제한규정의 적용을 면탈하려는 행위도 금지하며(공정 제15조 제1항), 그 구체적 유형 및 기준은 시행령에서 정할 수 있도록 하였다(동조 제2항). 기업결합의 금지는 사업자들이 합병 등의 수단을 통해 인위적으로 새로운 독점력을 형성하는 행위를 방지하기 위한 것이므로, 기존의 독점사업자가 그 지위를 남용하는 행태를 금지하는 시장 지배적 지위남용금지와 비교된다.

어떤 행위가 경쟁을 실질적으로 제한하는 행위인가에 대해서는 기업결합이 공정거래법 제7조 제4항의 각호에 해당할 경우에는 경쟁을 실질적으로 제한하는 것으로 추정한다. 이를 위반하여 본죄가 성립하면 3년 이하의 징역 또는 2억원 이하의 벌금에 처하며, 회사 또는 영업주에세는 해당 빌금을 과한다.

2) 객관적 구성요건

① 행위주체

본죄의 행위주체에 대하여 공정거래법 제7조는 "누구든지 직접 또는 대통령령이 정하는 특수 관계인"을 통하여 라고 규정하고 있다. "누구든지"라는 말은 사업자를 지칭하는 것이고, 회사든지, 법인격 없는 사단, 자연인, 외국회사 또는 사업자 모두를 포함한다. 즉, 사업자의 법적 형태와 규모는 불문한다. 다만 자산총액 또는 매출액의 규모(계열회사의 자산총액 또는 매출액을 합산한 규모를 말함)가 대통령령이 정하는 규모에 해당하는 회사 (대규모회사)외의 자가 제2호에 해당하는 행위를 하는 경우에는 그러하지 아니하다. 즉, 자산총액 또는 매출액 규모가 2조원 미만인 회사가 행하는 기업결합은 규제대상에서 제외되므로(령 제12조의2) 이 경우에는 위법성이 조각된다.

본죄의 행위주체는 기업결합을 하는 사업자이지만, 사업자의 행위를 실현하는 자는 법인(법인격 없는 단체 포함)의 대표자나 법인 또는 개인의 대리인, 사용인, 그 밖의 종업원이다. 법인의 대표자란 대표이사 또는 (대표)집행임원, 이사 등이다. 그리고 대통령령이 정하는 특수 관계인이다.[1]

---

1) 특수 관계인이란 사업자와 다음 어느 하나에 해당하는 자이다(령 제11조). ① 동일인, 즉, 당해 회사를 사실상 지배하고 있는 자, ② 동일인 관련자. 다만 시행령 제3조의2 제1항에 의하여 동일인 관련자로부터 분리된 자는 제외, ③ 경영권을 지배하려는 공동의 목적을 가지고 당해 기업결합에 참여하는 자.

② 행 위

본죄는 법정의 수단에 의한 기업결합이 있고, 이것이 일정한 거래분야에서 경쟁을 실질적으로 제한하게 되면 본죄가 성립한다.

첫째, 공정거래법 제7조 제1항 각호가 규정하는 기업결합 수단(행위유형)은 5종이 있다.

i) 다른 회사의 주식취득 또는 소유: 주식뿐만 아니라 각종회사(유한회사, 합명회사 등)의 지분을 포함하며, 소유의 형태는 누구의 명의로 하든지 계산의 주체가 되는 것이다. 취득방법에도 증권시장 내외의 특정승계, 공개매수는 물론이고 신주인수나 선의취득과 같은 원시취득, 기타 상속이나 증여 등의 경우도 포함되므로 제한이 없다.

ii) 임원겸임: 임원 또는 종업원에 의한 다른 회사의 임원지위의 겸임을 말한다. 자산총액 또는 매출액이 2조원 미만의 회사가 행하는 임원겸임과 파견에 대해서는 기업결합으로서 금지하지 아니하며(공정 제7조 단서), 이러한 경우 기업결합 신고의무도 면제 된다(공정 제12조 제1항 단서).

iii) 합병: 흡수합병, 신설합병, 분할합병(단순분할은 제외됨)이 포함된다. 합병이란 2개 이상의 회사가 법정절차에 따라 하나 이상의 회사가 소멸하고 소멸하는 회사의 영업과 사원은 해산절차를 거치지 아니하고 존속하거나 신설되는 회사로 포괄승계 되는 회사법상의 법률요건이다.

iv) 영업양수: 영업의 전부 또는 주요부분의 양수, 임대차, 경영의 수임, 다른 회사의 영업용 고정자산의 전부 혹은 주요부분의 양수 등이 포함된다.

v) 새로운 회사 설립참여: 새로운 회사설립이 경쟁제한을 위해 이루어지는 경우이다. 즉, 둘 이상의 회사가 출자하여 원재료의 공동구매나 제품의 공동판매, 혹은 기술의 공동개발 등을 위해 합작회사를 위해 설립하는 경우이다. 다만 특수 관계인(대통령령이 정하는 자 제외) 외의 자는 참여하지 아니하는 경우 또는 상법 제530조의2(회사의 분할·분할합병) 제1항의 규정에 의하여 분할에 의한 회사설립에 참여하는 경우는 제외한다.

둘째, 기업결합이 일정한 거래분야에서 경쟁을 실질적으로 제한해야 한다. "일정한 거래분야"라 함은 거래의 객체별, 단계별 또는 지역별로 경쟁관계에 있거나 경쟁관계가 성립될 수 있는 분야를 말한다(공정 제2조 제8호). "경쟁을 실질적으로 제한하는 행위"라 함은 일정한 거래 분야의 경쟁이 감소하여 특정사업자 또는 사업자 단체의 의사에 따라 어느 정도 자유로이 가격·수량·품질 기타 거래조건 등의 결정에 영향을 미치거나 미칠 우려가 있는 상태를 초래하는 행위를 말한다(공정 제2조 제8의2호).[1] 경쟁의 실질적 제한에 관한 증명책임은 당해 기업결합의 적법성을 부인하는 측에서 진다. 그러므로 형사처벌을 하기 위해서는 당연히 검사가 증명책임을 져야 할 것이다.

③ 위법성이 조각되는 경우

관련시장에서 경쟁을 실질적으로 제한하는 기업결합은 금지하지만, 공정거래위원회가 당해 기업결합으로 인하여 효율성 증대효과가 경쟁제한으로 인한 폐해보다 크다고 인정하는 경우 또는 회생이 불가능한 회사와의 결합으로서 대통령령이 정하는 요건에 해당하는 경우에는 이를 예외적으로 인정하므로(공정 제7조 제2항) 위법성이 조각되어 본죄가 성립하지 않는다. 이 경우 해당요건을 충족하는지에 대한 입증은 당해 사업자가 하여야 한다.

④ 경쟁제한성의 추정

공정거래법은 효율적인 법적용과 경쟁제한성에 관한 입증방법의 곤란성을 해결하기 위하여 경쟁제한성 추정제도를 도입하고 있다(공정 제7조 제4항 각호). 첫째, 기업결합의 당사회사의 시장 점유율의 합계가 시장지배적 사업자의 추정요건에 해당할 것, 당해 거래분야에서 제1위일 것, 제2위인 회사의 시장점유율과의 차이가 그 시장점유율의 합계의 100분의 25일 것의 요건을 갖추면 경쟁을 실질적으로 제한하는 것으로 추정한다(동항 제1호). 그리고 대규모 회사가 직접 또는 특수 관계인을 통하여 행한 기업결합이 중소기업기본법에 의한 중소기업의 시장점유율이 3분의 2 이상인 거래분야에서 기업결합일 것, 당해 기업결합으로 100분의 5 이상의 시장점유율을 가지게 될 것의 요건을 갖추게 되면 경쟁을 실질적으로 제한하는 것으로 추정한다(동항 제2호). 이상의 경우에는 사업자의 반대사실의 주장과 입증이 있으면 위법성이 조각된다.

3) 주관적 구성요건

본죄는 고의범이고 목적범이다. 따라서 행위주체가 시장지배를 목적으로 제7조 제1항 각호의 기업결합행위를 하는 고의 또는 인식이 있어야 본죄가 성립한다. 다만 동조 제4항의 요건이 충족되면 사업자가 반대사실을 주장하고 입증하여야 한다.

---

1) 공정위의결 2000.5.16, 2000-76(SK텔레콤 사건); 공정위의결 1999.4.7, 99-43(현대자동차사건); 공정위의결 2006.1.24, 2006-069(하이트와 진로의 기업결합 사건).

4) 처 벌

공정위는 법 제7조 제1항에 위반하거나 위반할 우려가 있는 행위가 있는 때에는 기업결합 당사회사 또는 위반행위자에 대하여 당해 행위의 중지, 주식의 전부 또는 일부의 처분, 임원의 사임, 영업의 양도, 시정명령을 받은 사실의 공표, 영업방식 또는 영업범위의 제한, 기타 필요한 조치를 명할 수 있다. 그리고 본죄를 범한 자에게는 3년 이하의 징역 또는 2억원 이하의 벌금에 처한다(공정 제66조 제1항 제2호). 징역형과 벌금형은 이를 병과 할 수 있다(동조 제2항). 고발, 공소 및 수형자에 대한 설명은 시장 지배적 지위의 남용금지를 위반한 죄와 같다.

법인(법인격 없는 단체 포함)의 대표자나 법인 또는 개인의 대리인, 사용인, 그 밖의 종업원이 그 법인 또는 개인의 업무에 관하여 이에 해당하는 위반행위를 하면 그 행위자를 벌하는 외에 그 법인 또는 개인에게도 해당 벌금형을 과한다. 다만 법인 또는 개인이 그 위반행위를 방지하기 위하여 해당업무에 관하여 상당한 주의와 감독을 게을리 하지 아니한 경우에는 그러하지 아니하다(공정 제70조).

(3) 지주회사 등의 행위제한 위반죄(공정 제66조 제1항 제3호)

1) 의 의

지주회사(holding company)란 다른 회사의 주식(지분소유 포함)의 소유를 통해 국내회사의 사업내용을 지배하는 것을 주된 사업으로 하는 회사로서 직전년도 종료일의 자산총액이 1000억원 이상인 회사(기준은 대통령령으로 정함)를 말한다. 지주회사의 지배를 받는 회사를 자회사라고 한다. 지주회사는 그 스스로의 사업을 영위하지 않고 다른 회사의 지배만을 사업내용으로 하는 순수지주회사와 스스로 독자사업을 영위하면서 동시에 주식소유를 통해 다른 회사의 사업내용을 지배하는 사업지주회사로 나눌 수 있다. 또 다단계적 구조가 전개되면 손자회사, 증손회사 등이 나타난다.

지주회사는 구조조정의 수단으로 이용되며, 그 자체로서는 경쟁제한성을 나타내는 것은 아니다. 그러나 많은 수의 대규모 사업 회사를 거느리는 지주회사는 영세자본으로 대규모 기업집단을 형성하게 되고 차입금에 의지하는 경우 처음부터 재무구조가 취약하게 되며, 강고한 지주회사 체제아래서는 부당한 이전거래나 분식회계 등을 통해 자회사 소수주주와 채권자의 이익을 해치게 된다. 그러므로 공정거래법은 소수주주와 채권자를 보호하고 기업의 재무구조를 건전하게 하기 위하여

지주회사의 설립과 행위를 제한하고 있다.[1)]

즉, 지주회사는 부채비율의 제한(공정 제8조의2 제2항 제1호), 자회사주식보유기준 제한(동항 제2호), 계열회사 이외의 국내회사 등의 주식보유제한(동항 제3호), 금융지주회사 및 일반지주회사의 주식소유제한(동항 제4호), 일반지주회사의 자회사에 의한 행위제한(동조 제3항), 일반지주회사의 손자회사의 주식소유 제한(동조 제4항), 일반지주회사의 증손회사의 주식소유 제한(동조 제5항) 등을 제한하고, 이를 위반한 경우 여러 가지 제재를 과한다. 특히 본죄가 성립하면 3년 이하의 징역 또는 2억원 이하의 벌금에 처한다(공정 제66조 제1항 제3호).

2) 객관적 구성요건

① 행위주체

본죄에서 행위주체는 지주회사(금융지주회사 포함), 자회사, 손자회사, 증손회사이다. 회사의 행위를 실현하는 자는 각 회사의 대표이사, 이사 또는 집행임원이며, 기타의 사용인, 종업원 등도 본 죄의 행위주체가 될 수 있다고 본다.

② 행 위

지주회사는 다음 어느 하나에 해당하는 행위를 하여서는 안 된다(공정 제8조의2 제2항 각호).

i) 부채비율의 제한

지주회사는 자본총액의 2배를 초과하는 부채액을 보유해서는 아니 된다. 자본총액이란 대차대조표상의 자산총액에서 부채액을 뺀 금액을 말한다. 지주회사의 재무건전성을 확보하고 공금융을 동원하여 무리하게 계열기업을 형성하거나 확장하는 것을 방지하기 위한 규제이다.[2)] 그러나 지주회사로 전환하거나 설립당시에 자본총액의 2배를 초과하는 부채액을 보유하고 있는 때에는 지주회사로 전환하거나 설립된 날로부터 2년간은 자본총액의 2배를 초과하는 부채액을 보유할 수 있다(동항 제1호). 따라서 이 경우에는 위법성이 조각되어 본죄가 성립하지 않는다.

ii) 자회사 주식보유기준 제한

자회사주식을 그 자회사 발행주식 총수의 100분의 40 미만으로 소유하는 행위는

1) 정호열, 281면.

2) 정호열, 286면.

금지된다. 다만 자회사가 자본시장법에 따른 주권상장법인, 공정위가 고시하는 국외상장법인, 공동출자법인 또는 벤처지주회사의 자회사인 경우에는 100분의 20으로 인하된다. 그러나 다음의 사유로 인하여 자회사 주식보유기준에 미달하게 된 자회사의 경우는 예외로 하므로(동항 제호 각목), 위법성이 조각되어 본죄가 성립하지 않는다.

a. 지주회사로 전환하거나 설립될 당시에 자회사의 주식을 자회사주식보유기준 미만으로 소유하고 있는 경우로서 지주회사로 전환하거나 설립된 날로부터 2년 이내의 경우

b. 상장법인 또는 국외상장법인이거나 공동출자법인이었던 자회사가 그에 해당하지 않게 되어 자회사 보유 주식기준에 미달하게 된 경우로써 그 해당하지 아니하게 된 날부터 1년 이내인 경우.

c. 벤처주식회사이었던 회사가 그에 해당하지 아니하게 되어 자회사주식 보유기준에 미달하게 된 경우로써 그 해당하지 아니하게 된 날부터 1년 이내인 경우.

d. 자회사가 주식을 모집하거나 매출하면서 자본시장 및 금융투자업에 관한 법률 제165조의7 (우리사주조합원에대한 우선배정)의 규정에 따라 우리사주조합에 우선배정하거나 당해 자회사가 상법 제513조(전환사채의 발행) 또는 제516조의2(신주인수권부사채의 발행)의 규정에 따라 발행한 전환사채 또는 신주인수권부 사채의 전환이 청구되거나 신주인수권이 행사되어 자회사주식 보유기준에 미달하게 된 경우로써 그 미달하게 된 날부터 1년 이내인 경우.

e. 자회사를 자회사에 해당하지 아니하게 하는 과정에서 자회사주식 보유기준에 미달하게 된 경우로써 그 미달하게 된 날부터 1년 이내인 경우.

f. 자회사가 다른 회사와 합병하여 자회사주식 보유기준에 미달하게 되는 경우로써 그 미달하게 된 날부터 1년 이내인 경우.

iii) 계열회사 이외의 국내회사 등의 주식보유 제한

지주회사는 계열회사가 아닌 국내회사(사회기반시설에 대한 민간투자법제4조(민간투자사업의 추진방식) 제1호부터 제4호까지의 규정에 정한 방식으로 민간투자 사업을 영위하는 회사를 제외한다)의 주식을 당해회사 발행주식 총수의 100분의 5를 초과하여 소유하는 행위(소유하고 있는 계열회사가 아닌 국내회사의 주식가액의 합계액이 자회사의 주식가액의 합계액의 100분의 15미만인 지주회사의 대하여는 적용하지 아니함), 또는 자회사 외의 국내계열회사의 주식을 소유하는 행위는 금지된다. 다만 다음 각 목의 1에 해당하는 사유로 인하여 주식을 소유하고 있는 계열회사가 아닌 국내회사나 국내계열회사의 경우에는 그러하지 아니하다. 따라서 이 경우에는 위법성이 조각되

어 본죄가 성립하지 않는다.

a. 지주회사를 전환하거나 설립될 당시에 위호 본문에서 규정하고 있는 행위에 해당하고 있는 경우로써 지주회사로 전환하거나 설립된 날로부터 2년 이내인 경우.

b. 계열회사가 아닌 회사를 자회사에 해당하게 하는 과정에서 위호 본문에서 규정하고 있는 행위에 해당하게 된 날부터 1년 이내인 경우.

c. 주식을 소유하고 있지 아니한 국내 계열회사를 자회사에 해당하게 하는 과정에서 그 국내 계열회사 주식을 소유하게 된 날부터 1년 이내인 경우.

d. 자회사를 자회사에 해당하지 아니하게 하는 과정에서 당해 자회사가 자회사에 해당하지 아니하게 된 날부터 1년 이내인 경우.

iv) 금융지주회사 및 일반지주회사의 주식소유 제한

금융업 또는 보험업을 영위하는 자회사의 주식을 소유하는 지주회사(이하 "금융지주회사")인 경우 금융업 또는 보험업을 영위하는 회사(금융업 또는 보험업과 밀접한 관련이 있는 등 대통령령이 정하는 기준에 해당하는 회사 포함)외의 국내회사의 주식을 소유하는 행위는 금지된다. 은행법이나 보험업법 등의 금융법규는 금융업과 비금융업의 겸영을 금지하며, 은행업에 대한 일반 산업자본의 진입을 엄격하게 제한하고 있다. 다만 금융지주회사로 전환하거나 설립될 당시에 금융업 또는 보험업을 영위하는 회사외의 국내회사 주식을 소유하고 있는 때에는 금융지주회사로 전환하거나 설립된 날부터 2년간은 그 국내회사의 주식을 소유할 수 있다(공정 제8조의2 제2항 제4호). 따라서 이 경우에는 위법성이 조각되어 본죄가 성립하지 않는다.

금융업 또는 보험업을 영위하는 회사란 다음의 사업을 영위하는 회사를 포함한다.

a. 금융회사 또는 보험회사에 대한 전산·정보처리 등의 역무의 제공

b. 금융회사 또는 보험회사가 보유한 부동산 기타 자산의 관리

c. 금융업 또는 보험업과 관련된 조사연구

d. 기타 금융회사 또는 보험회사의 고유 업무와 직접 관련되는 사업 등이다.

금융지주회사외의 지주회사(이하 "일반지주회사")인 경우 금융업 또는 보험업을 영위하는 국내회사의 주식을 소유하는 행위도 금지된다. 다만, 일반지주회사로 전환하거나 설립될 당시에 금융업 또는 보험업을 영위하는 국내회사의 주식을 소유하고 있는 때에는 일반지주회사로 전환하거나 설립된 날부터 2년간은 그 국내회사의 주식을 소유할 수 있다(동항 제5호). 따라서 이 경우에는 위법성이 조각되어 본죄가 성립하지 않는다.

v) 일반지주회사의 자회사에 의한 행위제한

일반지주회사의 자회사는 다음 각 호의 어느 하나에 해당하는 행위를 하여서는 안 된다.

a. 지주회사의 자회사는 손자회사의 주식을 그 손자회사 발행주식 총수 100분의 40(그 손자회사가 상장법인 또는 국외상장법인이거나 공동출자법인인 경우에는 100분의 20으로 한다. 이하 손자회사 주식보유기준이라 함) 미만으로 소유하는 행위. 다만 다음 각목의 어느 하나에 해당하는 사유로 인하여 손자회사 주식보유기준에 미달하게 되는 경우에는 그러하지 아니하다. 따라서 이 경우에는 위법성이 조각되어 본죄가 성립하지 않는다.

- 자회사가 될 당시에 손자회사의 주식을 손자회사주식보유기준 미만으로 소유하고 있는 경우로써 자회사에 해당하게 된 날부터 2년 이내인 경우.
- 상장법인 또는 국외상장법인이거나 공동출자법인이었던 손자회사가 그에 해당하지 아니하게 되어 손자회사주식보유기준에 미달하게 된 경우로써 그 해당하지 아니 하게 된 날부터 1년 이내인 경우.
- 손자회사가 주식을 모집 또는 매출하면서 자본시장 및 금융투자업에 관한 법률 제165조의7 (우리사주조합원에대한 우선배정)의 규정에 따라 우리사주조합에 우선배정하거나 당해 자회사가 상법 제513조(전환사채의 발행) 또는 제516조의2(신주인수권부사채의발행)의 규정에 따라 발행한 전환사채 또는 신주인수권부사채의 전환이 청구되거나 신주인수권이 행사되어 손자회사 주식보유기준에 미달하게 된 경우로써 그 미달하게 된 날부터 1년 이내인 경우.
- 손자회사가 아닌 회사가 손자회사에 해당하게 되고 손자회사 주식보유기준에는 미달하는 경우로써 당해 회사가 손자회사에 해당하게 된 날부터 1년 이내인 경우.
- 손자회사를 자회사에 해당하지 아니하게 하는 과정에서 손자회사 주식보유기준에 미달하게 된 경우로써 그 미달하게 된 날부터 1년 이내인 경우.
- 손자회사가 다른 회사와 합병하여 손자회사 주식보유기준에 미달하게 된 경우로써 그 미달하게 된 날부터 1년 이내인 경우.

b. 손자회사가 아닌 국내계열회사의 주식을 소유하는 행위. 다만 다음 각목의 어느 하나에 해당하는 사유로 인하여 주식을 소유하고 있는 국내 계열회사의 경우에는 그러하지 아니하다.

- 자회사가 될 당시에 주식을 소유하고 있는 국내계열회사의 경우로써 자회사에 해당하게 된 날부터 2년 이내인 경우.

- 계열회사가 아닌 회사를 손자회사에 해당하게 하는 과정에서 당해 회사가 계열회사에 해당하게 된 날부터 1년 이내인 경우.
- 주식을 소유하고 있지 아니한 국내계열회사를 손자회사에 해당하게 하는 과정에서 당해 계열회사의 주식을 소유하게 된 날부터 1년 이내인 경우.
- 손자회사를 손자회사에 해당하게 하지 아니하게 하는 과정에서 당해 손자회사가 손자회사에 해당하지 아니하게 된 날부터 1년 이내인 경우.
- 손자회사가 다른 자회사와 합병하여 그 다른 자회사의 주식을 소유하게 된 경우로써 주식을 소유한 날부터 1년 이내인 경우.
- 자기주식을 보유하고 있는 자회사가 회사 분할로 인하여 다른 국내계열회사의 주식을 소유하게 된 경우로써 주식을 소유한 날부터 1년 이내인 경우.

c. 금융업이나 보험업을 영위하는 회사를 손자회사로 지배하는 행위. 다만 일반지주회사의 자회사가 될 당시에 금융업이나 보험업을 영위하는 회사를 손자회사로 지배하고 있는 경우에는 자회사에 해당하게 된 날부터 2년간 손자회사를 지배할 수 있다.

vi) 일반지주회사의 손자회사의 주식소유 제한

일반지주회사의 손자회사는 국내계열회사의 주식을 소유하여서는 아니 된다. 다만 다음 각 호의 어느 하나에 해당하는 경우에는 그러하지 아니하다.

a. 손자회사가 될 당시에 주식을 소유하고 있는 국내계열회사의 경우로써 손자회사에 해당하게 된 날부터 2년 이내인 경우.

b. 주식을 소유하고 있는 계열회사가 아닌 국내회사가 계열회사에 해당하게 된 경우로써 당해 회사가 계열회사에 해당하게 된 날부터 1년 이내인 경우.

c. 자기주식을 소유하고 있는 손자회사가 회사분할로 인하여 다른 국내계열회사를 주식을 소유하게 된 경우로써 주식을 소유한 날부터 1년 이내인 경우.

d. 손자회사가 국내계열회사(금융업 또는 보험업을 영위하는 회사를 제외함) 발행주식 총수를 소유하고 있는 경우.

vii) 일반지주회사의 증손회사의 주식소유 제한

제4항 제4호에 따라 손자회사가 주식을 소유하고 있는 회사(이하 "증손회사")는 국내계열회사의 주식을 소유하여서는 아니 된다. 다만 다음 각 호의 어느 하나에 해당하는 경우에는 위법성이 조각되어 본죄가 성립하지 않는다.

a. 증손회사가 될 당시에 주식을 소유하고 있는 국내계열회사의 경우로써 증손회사에 해당하게 된 날부터 2년 이내인 경우.

b. 주식을 소유하고 있는 계열회사가 아닌 국내회사가 계열회사에 해당하게 된 경우로써 그 회사가 계열회사에 해당하게 된 날부터 1년 이내인 경우이다.

3) 주관적 구성요건

본죄는 고의범이므로 행위주체가 각 행위유형을 행함에 있어 지주회사 등의 행위제한을 위반한다는 고의 내지는 인식이 있어야 한다.

4) 처 벌

본죄를 범한 자에게는 3년 이하의 징역 또는 2억원 이하의 벌금에 처한다(공정 제66조 제1항 제3호). 징역형과 벌금형은 이를 병과 할 수 있다(동조 제2항). 고발, 공소 및 수형자에 대한 설명은 시장 지배적 지위의 남용금지를 위반한 죄와 같다.

법인(법인격 없는 단체 포함)의 대표자나 법인 또는 개인의 대리인, 사용인, 그 밖의 종업원이 그 법인 또는 개인의 업무에 관하여 이에 해당하는 위반행위를 하면 그 행위자를 벌하는 외에 그 법인 또는 개인에게도 해당 벌금형을 과한다. 다만 법인 또는 개인이 그 위반행위를 방지하기 위하여 해당업무에 관하여 상당한 주의와 감독을 게을리 하지 아니한 경우에는 그러하지 아니하다(공정 제70조).

(4) 설립제한에 위반한 지주회사 설립죄(공정 제66조 제1항 제4호)

1) 의 의

상호출자제한 기업집단 등의 지정규정(공정 제14조 제1항)에 따라 지정된 채무보증제한 기업집단에 속하는 회사를 지배하는 동일인 또는 당해 동일인의 특수 관계인이 지주회사를 설립하고자 하거나 지주회사로 전환하고자 하는 경우에는 제10조의2(계열회사에 대한 채무보증 금지)의 규정에 의한 채무보증으로서 다음 각 호의 1에 해당하는 채무보증을 해소하여야 한다(공정 제8조의3). 즉 ① 지주회사와 자회사간의 채무보증, ② 지주회사와 다른 국내계열회사간의 채무보증, ③ 자회사 상호간의 채무보증, ④ 자회사와 다른 국내계열회사간의 채무보증 등은 해소하여야 한다.

이 제한을 위반하여 지주회사를 설립한 경우에는 본죄가 성립하고(공정 제66조 제4호), 행위자는 3년 이하의 징역 또는 2억원 이하의 벌금에 처한다.

2) 객관적 구성요건

① 행위주체

본죄는 독점규제 및 공정거래법 제14조 제1항의 정한 바에 따라 공정거래위원회가 지정하는 채무보증제한 기업집단에 속하는 회사를 지배하는 동일인 또는 특수 관계인이 동법 제8조의 3에 해당하는 행위를 함으로써 성립한다. 따라서 행위주체는 채무보증제한 기업집단에 속하는 회사를 지배하는 동일인 또는 특수 관계인이다.

기업집단이란 동일인이 대통령령이 정하는 기준에 의하여 사실상 사업내용을 지배하는 회사의 집단을 말하며, 둘 이상의 회사가 동일한 기업집단에 속하는 경우 이들 회사는 서로 상대방의 계열회사이다. 동일인이 회사인 경우 그 동일인과 그 동일인이 지배하는 하나이상의 회사의 집단이며, 동일인이 회사가 아닌 경우 그 동일인이 지배하는 2이상의 회사의 집단이다.

특수 관계인이란 시행령 제3조에서 정하는 ① 배우자 6촌 이내의 혈족, 4촌 이내의 인척(이하 "친족"), ② 동일인이 직간접으로 설립한 비영리법인 또는 법인격 없는 사단 또는 재단, ③ 동일인이 직간접으로 지배적인 영향력을 행사하는 비영리법인 또는 단체, ④ 동일인이 사실상 사업내용을 지배하는 회사, ⑤ 동일인, 그리고 위의 단체와 회사의 피용자이다.

② 행 위

본죄의 행위유형은 독점규제 및 공정거래에 관한 법률 제8조의3 각 호에 규정된 것들이다. 그러므로 행위주체가 아래의 채무보증이 있는 상태에서 지주회사를 설립하거나 전환을 할 수 없다. 채무보증제한 기업집단에 속하는 회사를 지배하는 동일인 또는 특수 관계인이 지주회사의 설립 또는 전환의 신고를 하는 경우에는 채무보증의 해소실적을 함께 제출하여야 한다. 허위로 채무보증 해소실적을 제출하고 지주회사를 설립하거나 전환하게 되면 본죄가 성립한다.

i) 지주회사와 자회사간의 채무보증

ii) 지주회사와 다른 국내계열회사(당해 지주회사가 지배하는 자회사 제외)간의 채무보증

iii) 자회사 상호간의 채무보증

iv) 자회사와 다른 국내계열회사(당해 자회사를 지배하는 지주회사 및 당해 지주회사가 지배하는 다른 자회사 제외)간의 채무보증 등이다.

3) 주관적 구성요건

본죄는 고의범이다. 따라서 본죄를 범하는 자는 독점규제 및 공정거래에 관한 법률 제10조의2(계열회사에 대한 채무보증의 금지)에 위반하여 채무보증이 있는 상태에서 지주회사를 설립하거나 전환하는 자기의 행위에 대하여 고의 또는 인식이 있어야 한다. 허위로 채무보증 해소실적을 제출하고 지주회사를 설립하거나 전환한 경우에는 고의 또는 인식이 있다고 할 것이다.

4) 처 벌

본죄를 범한 자에게는 3년 이하의 징역 또는 2억원 이하의 벌금에 처한다(공정 제66조 제1항 제4호). 징역형과 벌금형은 이를 병과 할 수 있다(동조 제2항). 고발, 공소 및 수형자에 대한 설명은 시장 지배적 지위의 남용금지를 위반한 죄와 같다.

법인(법인격 없는 단체 포함)의 대표자나 법인 또는 개인의 대리인, 사용인, 그 밖의 종업원이 그 법인 또는 개인의 업무에 관하여 이에 해당하는 위반행위를 하면 그 행위자를 벌하는 외에 그 법인 또는 개인에게도 해당 벌금형을 과한다. 다만 법인 또는 개인이 그 위반행위를 방지하기 위하여 해당업무에 관하여 상당한 주의와 감독을 게을리 하지 아니한 경우에는 그러하지 아니하다(공정 제70조). 상당한 주의와 감독을 게을리 하지 아니 하였다는 증명은 벌금형을 피하고자 하는 법인 또는 개인이 부담하여야 한다.

(5) 상호출자의 금지 등 위반의 죄(공정 제66조 제1항 제5호)

1) 의 의

일정규모이상의 자산총액 등 대통령령이 정하는 기준에 해당되어 상호출자제한 기업집단으로 지정된 기업집단에 속하는 회사는 자기의 주식을 취득 또는 소유하고 있는 계열회사의 주식을 취득 또는 소유하여서는 아니 된다(공정 제9조 제항). 이에 위반하면 본죄가 성립한다. 공정거래법상 상호출자금지는 직접적인 상호출자의 경우에만 적용되며, 상법의 경우와 같은 간접적인 상호출자에 대해서는 규제가 없다. 상호출자를 하는 회사도 주식회사에 한정하지 않고 주식회사 이외의 경우에도 광범위하게 적용된다.[1] 상호출자 제한 기업집단 및 채무보증 제한 기업집단이란

1) 정호열, 298면.

2002년 동법 개정 시에는 자산규모 2조원 이상으로 하였으나 2008년에는 자산규모 5조원 이상으로 변경하였다.

다만 회사의 합병 또는 영업전부의 양수나 담보권의 실행 또는 대물변제의 수령의 경우에는 그러하지 아니하므로(동항 단서) 위법성이 조각되어 본죄가 성립하지 않는다. 그러나 회사는 당해 주식을 취득 또는 소유한 날부터 6월 이내에 이를 처분하여야 하므로(동조 제2항) 이를 위반하면 역시 본죄가 성립한다. 자기주식을 취득 또는 소유하고 있는 계열회사가 그 주식을 처분한 때는 그러하지 아니하다.

상호출자제한 기업집단에 속하는 회사로서 '중소기업창업지원법'에 의한 중소기업창업투자회사는 국내 계열회사주식을 취득 또는 소유하여서는 안된다(동조 제3항).

2) 객관적 구성요건

① 행위주체

본죄의 행위주체는 독점규제 및 공정거래에 관한 법률 제14조에 의하여 공정거래위원회가 상호출자제한 기업집단 및 채무보증제한 기업집단(이하 "상호출자제한 기업집단")으로 지정한 기업집단에 속하는 회사이다. 따라서 본죄를 실현하는 자는 위반행위를 하는 법인대표자나 법인의 대리인, 사용인, 그 밖의 종업원이다. 법인의 대표자란 대표이사 또는 (대표)집행임원, 이사 등이다.

② 행 위

상호출자제한 기업집단으로 지정된 기업집단에 속하는 회사가 자기의 주식을 취득 또는 소유하고 있는 계열회사의 주식을 취득 또는 소유하는 행위이다. 그리고 예외적으로 취득이 허용된 경우에도 당해 주식을 취득 또는 소유한 날부터 6월 이내에 이를 처분하지 않으면(동조 제2항) 역시 본죄가 성립한다.

그리고 상호출자제한 기업집단에 속하는 회사로서 중소기업창업지원법에 의한 중소기업창업투자회사가 국내 계열회사주식을 취득 또는 소유하는 경우에도 본죄가 성립한다.

상호출자는 실질적 자본투자 없이 가공자본창출, 지배구조 왜곡, 계열사 확장, 인위적 주가조작 등 불건전한 경제력 집중의 수단이 되므로 이를 방지하려는 제도이다.[1)]

---

1) 양동석, 146면; 정호열, 296면.

③ 주관적 구성요건

본죄는 고의범이다. 따라서 행위자가 자기의 주식을 취득 또는 소유하고 있는 계열회사의 주식을 취득 또는 소유하거나 예외적으로 취득 또는 소유하게 된 그 주식을 6월내에 처분하지 않은 경우에는, 법 제9조에 위반한다는 고의 내지 인식이 있어야 본죄가 성립한다. 그러나 회사의 손해나 투자자의 손해 등까지의 인식은 필요하지 않다고 본다.

④ 처 벌

본죄를 범한 자에게는 3년 이하의 징역 또는 2억원 이하의 벌금에 처한다(공정 제66조 제1항 제5호). 징역형과 벌금형은 이를 병과 할 수 있다(동조 제2항). 고발, 공소 및 수형자에 대한 설명은 시장 지배적 지위의 남용금지를 위반한 죄와 같다.

법인(법인격 없는 단체 포함)의 대표자나 법인 또는 개인의 대리인, 사용인, 그 밖의 종업원이 그 법인 또는 개인의 업무에 관하여 이에 해당하는 위반행위를 하면 그 행위자를 벌하는 외에 그 법인 또는 개인에게도 해당 벌금형을 과한다. 다만 법인 또는 개인이 그 위반행위를 방지하기 위하여 해당업무에 관하여 상당한 주의와 감독을 게을리 하지 아니한 경우에는 그러하지 아니하다(공정 제70조).

(6) 계열회사에 대한 채무보증금지 위반죄(공정 제66조 제1항 제6호)

1) 의 의

상호출자제한 기업집단으로 지정(공정 제14조)된 기업집단(채무보증제한 기업집단)에 속하는 회사(금융업, 보험업 영위회사 제외)는 국내 계열회사에 대하여 채무보증을 하여서는 안 된다(공정 제10조의2 제1항 본문). 이를 위반하여 채무보증을 하면 본죄가 성립한다.

그러나 다음의 경우에는 채무보증을 하더라도 위법성이 조각되어 본죄가 성립하지 않는다(동항 단서 각 호). 즉 ① 조세특례제한법에 의한 합리화 기준에 따라 인수되는 회사의 채무와 관련하여 행하는 보증, ② 기업의 국제경쟁력 강화를 위하여 필요한 경우 기타 대통령령이 정하는 경우의 채무에 대한 보증의 경우이다. ①과 관련하여 "인수되는 회사의 채무와 관련하여 행하는 보증"이란 주식양도 또는 합병 등으로 인수되는 회사의 인수시점의 채무나 인수하기로 예정된 채무에 대하여 인수하는 회사 또는 그 계열회사가 행하는 보증, 인수되는 회사의 채무를 분할인수함에 따라 인수하는 채무에 대하여 계열회사가 행하는 보증 등을 말한다(령 제17조의5 제1항). ②와 관련하여 국가경쟁력 강화를 위하여 필요한 경우란 령 제17조의5 제2항에서 정하는 8가지의 경우이다.

채무보증이란 다음 각 호의 1에 해당하는 국내금융기관의 여신과 관련하여 채무보증제한 기업집단에 속한 회사가 국내계열회사에 대하여 행하는 보증을 말한다(공정 제10조 제2항 각 호). 즉 ① 은행법에 의한 은행과 한국산업은행, 한국수출입은행, 장기신용은행 및 중소기업은행, ② 보험업법에 의한 보험회사, ③ 자본시장과 금융 투자업에 관한 법률에 따른 투자매매업자, 투자 중개업자 및 종합금융회사, ④ 기타 대통령령이 정하는 금융기관이다.

2) 객관적 구성요건

① 행위주체

본죄의 행위주체는 독점규제 및 공정거래에 관한 법률 제14조에 의하여 지정된 "채무보증제한 기업집단"에 속하는 회사(금융업, 보험업 영위회사 제외)이다. 채무보증제한 기업집단의 지정기준은 자산규모 5조원 이상으로서 상호출자제한 기업집단의 지정기준과 동일하다. 채무보증제한 기업집단에 속하는 회사가 아닌 영업형태가 있어서 이에 대하여 채무보증을 하더라도 본죄는 성립하지 않는다. 따라서 본죄를 실현하는 자는 위반행위를 하는 회사의 대표자인 대표이사, 이사 또는 (대표)집행임원이나 법인의 대리인, 사용인, 그 밖의 종업원이다.

② 행 위

본죄는 "채무보증제한 기업집단"에 속하는 회사(금융업, 보험업 영위회사 제외)가 국내 계열회사에 대하여 채무보증을 하는 행위를 함으로써 성립한다. 채무보증을 제한하는 이유는 경제력집중을 억제하고, 금융자원의 효율적 배분, 기업금융의 합리화, 지나친 차입경영 제어 및 금융산업의 불합리한 여신관행을 시정하기 위한 목적이다.[1)]

채무보증이란 국내금융기관의 여신과 관련하여 채무보증제한 기업집단에 속한 회사가 국내계열회사에 대하여 행하는 보증을 말한다(공정 제10조 제2항 각 호). 즉 ① 은행법에 의한 은행과 한국산업은행, 한국수출입은행, 장기신용은행 및 중소기업은행, ② 보험업법에 의한 보험회사, ③ 자본시장과 금융 투자업에 관한 법률에

1) 정호열, 301면.

따른 투자매매업자, 투자 중개업자 및 종합금융회사, ④ 기타 대통령령이 정하는 금융기관(자산총액 3천억원 이상인 여신전문금융회사와 상호저축은행 등)에 대하여 하는 보증행위이다.

3) 주관적 구성요건

본죄는 고의범이다. 따라서 행위를 실현하는 자가 국내 계열회사에 대한 보증행위에 대하여 고의 또는 인식이 있어야 한다. 보증행위로 인한 회사나 기업집단의 손해나 이익 등에 관한 인식은 요구되지 않는다.

4) 처 벌

본죄를 범한 자에게는 3년 이하의 징역 또는 2억원 이하의 벌금에 처한다(공정 제66조 제1항 제6호). 징역형과 벌금형은 이를 병과 할 수 있다(동조 제2항). 고발, 공소 및 수형자에 대한 설명은 시장 지배적 지위의 남용금지를 위반한 죄와 같다.

법인(법인격 없는 단체 포함)의 대표자나 법인 또는 개인의 대리인, 사용인, 그 밖의 종업원이 그 법인 또는 개인의 업무에 관하여 이에 해당하는 위반행위를 하면 그 행위자를 벌하는 외에 그 법인 또는 개인에게도 해당 벌금형을 과한다. 다만 법인 또는 개인이 그 위반행위를 방지하기 위하여 해당업무에 관하여 상당한 주의와 감독을 게을리 하지 아니한 경우에는 그러하지 아니하다(공정 제70조).

(7) 금융·보험회사의 의결권제한 위반죄

1) 의 의

상호출자제한 기업집단에 속하는 회사로서 금융업 또는 보험업을 영위하는 회사는 취득 또는 소유하고 있는 국내계열회사 주식에 대하여 의결권을 행사할 수 없다(공정 제11조 본문). 이를 위반하는 경우에는 본죄가 성립한다. 대규모 기업집단의 경우 금융·보험회사를 통해 계열회사를 확장·지배함으로써 고객자산으로 경제력 집중을 도모할 개연성이 높기 때문에 이를 방지하기 위해서 설치한 제도이다. 즉, 금융이나 보험회사의 경우에는 고객으로부터 수령한 예탁금을 운용하여 수익을 얻기 위하여 주식 등의 증권투자를 하지만, 여기에 의결권을 인정하게 되면 고객자산으로 계열회사를 지배하는 결과를 초래할 것이므로 법은 의결권을 제한하는 것이다.

상호출자제한 기업집단에 속하는 회사로서 금융업 또는 보험업을 영위하는 회사는 다른 계열사의 주식을 취득 또는 소유할 수 있으나 의결권 행사만 제한된다. 따라서 의결권 이외의 다른 주주권은 인정된다. 그리고 상호출자제한 기업집단이 아닌 다른 기업집단에 속하는 금융보험사는 자신이 소유하는 다른 계열사의 주식에 대해 의결권 행사가 제한되지 않는다.

다만 동조 단서의 경우에는 의결권을 행사할 수 있으므로 위법성이 조각되어 본죄가 성립하지 아니 한다. 상세한 것은 본죄의 행위에 관한 항에서 설명한다.

2) 객관적 구성요건

① 행위주체

본죄의 행위주체는 상호출자제한 기업집단에 속하는 회사로서 금융업 또는 보험업을 영위하는 회사이다. 따라서 본죄를 실현하는 자는 위반행위를 하는 회사의 대표자인 대표이사, 이사 또는 (대표)집행임원이나 법인의 대리인, 사용인, 그 밖의 종업원이다.

② 행 위

본죄는 상호출자제한 기업집단에 속하는 금융업 또는 보험업을 영위하는 회사의 대표자인 대표이사, 이사 또는 (대표)집행임원이나 법인의 대리인, 사용인, 그 밖의 종업원이 취득 또는 소유하고 있는 국내계열회사의 주식에 대하여 의결권을 행사함으로써 성립한다.

그러나 다만 다음의 경우에는 의결권을 행사할 수 있으므로 위법성이 조각되어 본죄가 성립하지 아니 한다(동조 단서). ① 금융업 또는 보험업을 영위하기 위하여 주식을 취득 또는 소유하는 경우 ② 보험자산의 효율적인 운용·관리를 위하여 보험업법 등에 의한 승인 등을 얻어 주식을 취득 또는 소유하는 경우 ③ 당해 국내계열회사(상장법인에 한함)의 주주총회에서 다음 어느 하나에 해당하는 사항을 결의하는 경우. 이 경우 그 계열회사의 주식 중 의결권을 행사할 수 있는 주식의 수는 그 계열회사에 대하여 특수 관계인중 대통령령이 정하는 자를 제외한 자가 행사할 수 있는 주식수를 합하여 100분의 15를 초과할 수 없다. i) 임원의 선임 또는 해임, ii) 정관변경 또는 계열회사의 다른 회사로의 합병·영업의 전부 또는 주요부분의 다른 회사로의 양도의 경우이다.

3) 주관적 구성요건

본죄는 고의범이다. 따라서 행위를 실현하는 자에게 계열회사를 확장 또는 지배하기 위하여 의결권을 행사하는 고의 또는 인식이 있어야 한다. 의결권 행사로 인한 회사의 손해 등에 관한 인식은 요구되지 않는다.

4) 처 벌

본죄를 범한 자에게는 3년 이하의 징역 또는 2억원 이하의 벌금에 처한다(공정 제66조 제1항 제7호). 징역형과 벌금형은 이를 병과 할 수 있다(동조 제2항). 고발, 공소 및 수형자에 대한 설명은 시장 지배적 지위의 남용금지를 위반한 죄와 같다.

법인(법인격 없는 단체 포함)의 대표자나 법인 또는 개인의 대리인, 사용인, 그 밖의 종업원이 그 법인 또는 개인의 업무에 관하여 이에 해당하는 위반행위를 하면 그 행위자를 벌하는 외에 그 법인 또는 개인에게도 해당 벌금형을 과한다. 다만 법인 또는 개인이 그 위반행위를 방지하기 위하여 해당업무에 관하여 상당한 주의와 감독을 게을리 하지 아니한 경우에는 그러하지 아니하다(공정 제70조).

(8) 시정조치의 이행확보에 위반하여 의결권을 행사한 죄(공정 제66조 제7호)

1) 의 의

독점규제 및 공정거래에 관한 법률 제16조(시정조치 등) 제1항에 따른 주식처분명령을 받은 자는 그 명령을 받은 날부터 당해 주식에 대하여 그 의결권을 행사할 수 없다(공정 제18조 제1항). 그리고 동법 제9조 상호출자의 금지규정을 위반하여 상호출자를 한 주식에 대하여는 그 시정조치의 명령을 받은 날부터 그 위반 상태가 해소될 때까지 당해주식전부에 대하여 의결권을 행사할 수 없다(동조 제2항). 이 규정에 위반하여 의결권을 행사한 자는 3년 이하의 징역 또는 2억원 이하의 벌금에 처한다(공정 제66조 제1항 제7호).

공정거래위원회는 기업결합의 제한, 지주회사 등의 행위제한, 채무보증제한 기업집단의 지주회사 설립제한, 상호출자의 금지, 계열회사에 대한 채무보증의 금지, 금융회사 또는 보험회사의 의결권 제한, 대규모내부거래의 이사회 의결 및 공시, 기업집단현황 등에 관한 공시, 탈법행위의 금지에 위반하거나 위반할 우려가 있는 행위가 있는 때에는 당해 사업자 또는 위반 행위자에 대하여 시정조치를 명할 수 있다(공정 제16조 제1항).

시정조치는 당해행위의 중지, 주식의 전부 또는 일부의 처분, 임원의 사임, 영업의 양도, 채무보증의 취소, 시정명령을 받은 사실의 공표, 경쟁제한의 폐해방지를 위한 영업방식 또는 영업범위 제한, 공시의무의 이행 또는 공시내용 정정, 기타 법위반상태 시정을 위한 조치 등이다(동항 각호). 이 가운데서 주식처분명령을 받은 자는 그 명령을 받은 날부터 당해 주식에 대하여 그 의결권을 행사할 수 없고, 이를 위반하면 본죄가 성립한다.

2) 객관적 구성요건

① 행위주체

공정거래법 제18조 제1항 위반의 행위주체는 상호출자제한 기업집단에 속하는 회사로서 제16조 제1항 제2호에 의한 시정조치로서 "주식의 전부 또는 일부의 처분명령"을 받은 회사이다. 그리고 동조 제2항의 행위주체는 상호출자제한 기업집단에 속하는 회사로서 동법 제9조에 위반하여 "주식의 전부 또는 일부의 처분명령"을 받은 회사이다.

따라서 본죄를 실현하는 자는 위반행위를 하는 회사의 대표자인 대표이사, 이사 또는 (대표)집행임원이나 법인의 대리인, 사용인, 그 밖의 종업원이다.

② 행 위

본죄는 공정거래위원회로부터 제16조 제1항과 제9조의 위반을 이유로 인한 주식의 전부 또는 일부의 처분명령을 받고 법위반상태가 해소되기 이전에 의결권을 행사함으로써 성립하는 것이다. 공정거래법은 기업집단의 형성자체를 금지하는 것이 아니고 계열회사 사이의 주식 상호보유를 금지하는 것이다. 따라서 상호보유가 발생한 회사의 일방이 다른 계열회사에 대하여 보유하는 주식의 의결권만 행사할 수 없을 것이고,[1] 이를 위반하면 본죄가 성립한다.

독점규제 및 공정거래에 관한 법률은 각종의 금지나 제한을 위반하거나 위반할 염려가 있는 사업자나 행위자에 대하여 여러 가지의 시정명령을 하고 이를 확보하기 위하여 벌칙규정을 두고 있다. 시정조치는 당해행위의 중지, 주식의 전부 또는 일부의 처분, 임원의 사임, 영업의 양도, 채무보증의 취소, 시정명령을 받은 사실의 공표, 경쟁제한의 폐해방지를 위한 영업방식 또는 영업범위 제한, 공시의무의 이행

---

1) 정호열, 300면.

또는 공시내용 정정, 기타 법 위반상태 시정을 위한 조치 등이다(동항 각호). 주식의 전부 또는 일부의 처분명령 위반만이 본죄를 구성하며, 다른 시정조치의 위반에 대해서는 별도의 벌칙을 규정한다(공정 제67조 제6호).

3) 주관적 구성요건

본죄는 고의범으로서 주관적으로는 객관적 구성요건에 관한 고의 또는 인식이 있어야 한다. 즉 본죄가 성립하기 위해서는 주식의 처분명령이 있다는 것과 의결권을 행사가 금지되었음에도 불구하고 의결권을 행사한다는 고의 또는 인식이 있어야 한다.

4) 처 벌

본죄를 범한 자에게는 3년 이하의 징역 또는 2억원 이하의 벌금에 처한다(공정 제66조 제1항 제7호). 징역형과 벌금형은 이를 병과 할 수 있다(동조 제2항). 고발, 공소 및 수형자에 대한 설명은 시장 지배적 지위의 남용금지를 위반한 죄와 같다.

법인(법인격 없는 단체 포함)의 대표자나 법인 또는 개인의 대리인, 사용인, 그 밖의 종업원이 그 법인 또는 개인의 업무에 관하여 이에 해당하는 위반행위를 하면 그 행위자를 벌하는 외에 그 법인 또는 개인에게도 해당 벌금형을 과한다. 다만 법인 또는 개인이 그 위반행위를 방지하기 위하여 해당업무에 관하여 상당한 주의와 감독을 게을리 하지 아니한 경우에는 그러하지 아니하다(공정 제70조).

(9) 탈법행위 금지에 위반한 죄(공정 제66조 제1항 제8호)

1) 의 의

누구든지 제7조 제1항 기업결합의 제한, 제8조의2 제2항부터 제5항까지 지주회사 등의 행위제한, 제8조의3 채무보증제한 기업집단의 지주회사 설립제한, 제9조 상호출자의 금지 등, 제10조의2 제1항 계열회사에 대한 채무보증의 금지, 또는 제11조 금융회사 또는 보험회사의 의결권 제한의 규정의 적용을 면탈하려는 행위를 해서는 안 된다(공정 제15조 제1항). 탈법행위의 유형 및 기준은 대통령령으로 정한다(동조 제2항). 이를 위반하면 본죄가 성립하여 행위자는 3년 이하의 징역 또는 2억원 이하의 벌금에 처한다(공정 제66조 제1항 제8호).

2) 객관적 구성요건

① 행위주체

제7조 제1항 기업결합의 제한을 위반하는 행위의 주체는 제한이 없으므로 누구든지 될 수 있고, 제8조의2 제2항부터 제5항까지 지주회사 등의 행위제한을 위반하는 행위주체는 지주회사, 일반지주회사의 자회사, 손자회사 및 증손회사이다. 그리고 제8조의3 채무보증제한 기업집단의 지주회사 설립제한을 위반하는 행위주체는 채무보증제한 기업집단에 속하는 회사를 지배하는 동일인 또는 당해 동일인의 특수 관계인이다. 제9조 상호출자의 금지 등에 위반하는 행위주체와 제10조의2 제1항 계열회사에 대한 채무보증의 금지를 위반하는 행위주체는 제14조 제1항의 규정에 따라 지정된 상호출자제한 기업집단에 속하는 회사이다. 또 제11조에 의하여 의결권 제한을 위반하는 행위의 주체는 상호출자제한 기업집단에 속하는 회사로서 금융업 또는 보험업을 영위하는 회사이다.

행위주체가 회사이므로 본죄는 회사의 대표자인 대표이사, 이사 또는 (대표)집행임원이나 법인의 대리인, 사용인, 그 밖의 종업원에 의하여 실현된다.

② 행 위

본죄는 행위주체가 독점규제 및 공정거래에 관한 법률상의 금지 또는 제한에 관한 규정을 면탈하는 행위를 함으로써 성립한다. 탈법행위의 유형 및 기준은 대통령령으로 정한다(공정 제15조 제2항).

채무보증제한 기업집단에 속하는 회사가 a. 법 제10조의2(계열회사에 대한 채무보증의 금지) 제2항의 규정에 의한 국내금융기관에 대한 자기계열회사의 기존의 채무를 면하게 함이 없이 동일한 내용의 채무를 부담하는 행위 또는 b. 다른 회사로 하여금 자기의 계열회사에 대하여 채무보증을 하게 하는 대신 그 다른 회사 또는 그 계열회사에 대하여 채무보증을 하는 행위를 하면 법 제15조 제1항이 금지하는 탈법행위가 된다(령 제21조의4 제1항 제2호).

상호출자제한 기업집단에 속하는 회사가 a. 자본시장과 금융투자업에 관한 법률 시행령 제103조(신탁의 종류) 제1호에 따른 특정 금전신탁을 이용하여 신탁업자로 하여금 자기의 주식을 취득하거나 소유하고 있는 계열회사의 주식을 취득하거나 소유하도록 신탁업자와의 계약 등을 통하여 해당 주식에 대한 의결권을 사실상 행사하는 행위 또는 b. 자기주식을 취득하거나 소유하고 있는 계열회사의 주식을 타인의 이용하여 자기의 계산으로 취득하거나 소유하는 행위를 하면 법 제9조가 금지하는 상호출자 금지의 탈법행위가 된다(령 제21조의4 제1항 제2호의2).

그 밖에도 제2호 또는 제2호의2의 행위에 준하는 행위로서 공정거래위원회가 정하여 고시하는 행위도 탈법행위가 된다(령 제21조의4 제1항 제3호).

3) 주관적 구성요건

본죄가 성립하기 위하여 주관적 구성요건으로 탈법행위의 고의가 있어야 한다. 즉 행위자는 위에서 설명한 독점규제 및 공정거래에 관한 법률상의 금지 또는 제한과 이를 면탈하기 위하여 탈법행위를 하는 것에 관하여 고의 또는 인식이 있어야 한다.

4) 처 벌

본죄를 범한 자에게는 3년 이하의 징역 또는 2억원 이하의 벌금에 처한다(공정 제66조 제1항 제8호). 징역형과 벌금형은 이를 병과 할 수 있다(동조 제2항). 고발, 공소 및 수형자에 대한 설명은 시장 지배적 지위의 남용금지를 위반한 죄와 같다.

법인(법인격 없는 단체 포함)의 대표자나 법인 또는 개인의 대리인, 사용인, 그 밖의 종업원이 그 법인 또는 개인의 업무에 관하여 이에 해당하는 위반행위를 하면 그 행위자를 벌하는 외에 그 법인 또는 개인에게도 해당 벌금형을 과한다. 다만 법인 또는 개인이 그 위반행위를 방지하기 위하여 해당업무에 관하여 상당한 주의와 감독을 게을리 하지 아니한 경우에는 그러하지 아니하다(공정 제70조).

(10) 부당한 공동행위를 한 죄 또는 이를 행하도록 한 죄 (공정 제66조 제1항 제9호)

1) 의 의

부당한 공동행위란 사업자가 다른 사업자와 공동으로 부당하게 경쟁을 제한하는 계약·협정·결의 기타의 방법으로 공정거래법 제19조 제1항 각 호의 어느 하나에 해당하는 행위를 할 것을 합의하거나 다른 사업자로 하여금 이를 행하도록 하는 것이다.

부당한 공동행위를 카르텔 행위 또는 담합행위라고 한다. 카르텔은 경제적으로 독립한 사업자들 사이의 협정체제이므로 그 주체는 둘 이상의 사업자이다. 그러나 당해 시장에 참여하는 모든 사업자 또는 대다수의 사업자이어야 할 필요는 없다.[1] 협정체제의 근거나 형태는 제한이 없으며, 다른 사업자와 공동으로 경쟁을 제한하는 계약·협정·결의 기타의 모든 방법이 이에 해당한다.

부당한 공동행위를 금지하기 위하여 본죄가 성립하면 공정거래법 제66조 제1항 제9호에 의하여 3년 이하의 징역 또는 2억원 이하의 벌금에 처한다.

2) 객관적 구성요건

① 행위주체

본죄의 행위주체는 사업자이며, 사업자이면 제한이 없다. 사업자가 법인이든 법인이 아닌 단체(조합 등)이든 개인이든 불문한다. 다만 법인이나 단체인 경우에는 대표자, 대리인 또는 그 종업원에 의하여 그 행위를 실현하게 될 것이다. 그리고 본죄는 사업자가 공동으로 부당하게 경쟁을 제한하는 것이므로 둘 이상의 사업자가 필요적 공범관계에 있다.

② 행 위

본죄는 계약·협정·결의 기타의 방법으로 다른 사업자와 공동으로 부당하게 경쟁을 제한하는 행위를 하거나 다른 사업자로 하여금 이를 행하도록 하는 것이다. 행위의 태양은 다음과 같다(공정 제19조 제1항 각 호).

i) 가격을 결정·유지 또는 변경하는 행위

ii) 상품 또는 용역의 거래조건이나 그 대금 또는 대가의 지급조건을 정하는 행위

iii) 상품의 생산·출고·수송 또는 거래의 제한이나 용역의 거래를 제한하는 행위

iv) 거래지역 또는 거래상대방을 제한하는 행위

v) 생산 또는 용역의 거래를 위한 설비의 신설 또는 증설이나 장비의 도입을 방해하거나 제한하는 행위

vi) 상품 또는 용역의 생산·거래 시에 그 상품 또는 용역의 종류·규격을 제한하는 행위

vii) 영업의 주요부분을 공동으로 수행·관리하거나 수행·관리하기 위한 회사 등을 설립하는 행위

viii) 입찰 또는 경매에 있어 낙찰자, 경락자, 투찰가격, 낙찰가격 또는 경락가격, 그 밖에 대통령령으로 정하는 사항을 결정하는 행위

---

1) 대판 1999.2.23, 98두15849.

ix) 제1호부터 제8호까지 외의 행위로서 다른 사업자(그 행위를 한 사업자 포함)의 사업활동 또는 사업내용을 방해하거나 제한함으로써 일정한 거래분야에서 경쟁을 실질적으로 제한하는 행위 등이다.

그러나 부당한 공동행위가 다음에 해당하는 목적을 위하여 행하여지는 경우로서 대통령령이 정하는 요건에 해당하고 공정거래위원회의 인가를 받은 경우에는 이를 적용하지 않는다. 따라서 위법성이 조각되어 본죄는 성립되지 않는다(공정 제19조 제2항 각호). 즉 i) 산업합리화, ii) 연구·기술개발, iii) 불황의 극복, iv) 산업구조의 조정, v) 거래조건의 합리화, ⑥ 중소기업의 경쟁력 향상 등의 경우이다. 인가의 기준·방법·절차 및 인가사항변경 등에 관하여 필요한 사항은 대통령령으로 정한다(동조 제3항).

③ 부당한 공동행위의 요건

종래는 사업자들이 상호간의 경쟁을 제한하기 위하여 일정한 합의를 하고, 이 합의에 따라 경쟁을 실질적으로 제한하는 공동행위를 실현할 것을 요구하였다. 그러나 1992년 개정법에 의하여 경쟁제한을 위한 합의는 그 자체가 부당한 공동행위를 구성하도록 되었기 때문에, 합의에 따르는 실행행위가 없거나 공동행위로 인한 이득이 없더라도 부당한 공동행위가 성립할 수 있다. 따라서 본죄는 실행행위는 물론 실행의 착수마저 없는 상태에서도 본죄를 구성하며 처벌의 대상이 된다.[1)]

부당한 공동행위를 위한 합의는 동일한 시장에 속하는 사업자들 사이의 수평적 합의를 의미하는지, 거래단계를 달리하는 수직적 합의도 포함하는지 의문이 있다. 그러나 동일한 시장에 속하는 사업자들 사이의 수평적 합의만을 의미한다고 본다. 왜냐하면, 법 제19조가 수직적 거래제한을 포함한다면 시장 지배적 지위 남용금지나 불공정거래행위, 재판매가격유지행위 등과 규범의 중복현상이 발생하기 때문이다.

합의는 원칙적으로 협정체제를 구성하는 사업자 전체를 구속할 수 있는 힘이 있어야 하지만, 합의를 시행하는 시점이나 준수의 정도 등에 차이가 있더라도 무방하다. 당사자 중 하나가 처음부터 합의를 지키지 아니할 의도로써 담합을 하였더라도 그것을 지킬 것이라고 기대한 다른 사업자들이 담합에 따랐으므로 본죄의 성립에는 영향을 미치지 않을 것이다.

④ 합의의 추정

부당한 공동행위는 중대한 범죄를 구성하기 때문에 행위자들은 이 사실을 은닉

---

1) 정호열, 327면.

하거나 증거를 인멸하게 된다. 그러므로 당국의 증명책임을 완화하면서 효율적인 법 집행을 하기 위하여 공정거래법 제19조 제5항은 부당공동행위에 대한 추정조항을 두고 있다. 즉, 2 이상의 사업자가 제1항 각 호의 어느 하나에 해당하는 행위를 하는 경우로서 해당 거래분야 또는 상품·용역의 특성, 해당행위의 경제적 이유 및 파급효과, 사업자 간 접촉의 횟수·양태 등 제반사정에 비추어 그 행위를 그 사업자들이 공동으로 한 것으로 볼 수 있는 상당한 개연성이 있는 때에는 그 사업자들 사이에 공동으로 제1항 각 호의의 어느 하나에 해당하는 행위를 할 것을 합의한 것으로 추정한다.

따라서 추정이 일어나기 위한 요건은 첫째, 복수의 사업자들 사이에 행위의 외형적 일치가 있어야 하고 둘째, 해당 거래분야나 상품·용역의 특성, 해당행위의 경제적 이유 및 파급효과, 사업자 간 접촉의 횟수·양태 등 제반사정에 비추어 그 행위를 그 사업자들이 공동으로 한 것으로 볼 수 있는 상당한 개연성이 있어야 한다. 이 추정의 성격은 증명책임의 전환을 가져오는 법률상의 추정이므로,[1] 원고는 이 두 간접사실을 증명하면 된다.

그러므로 사업자들은 반증을 들지 못하면 부당한 공동행위가 있는 것으로 추정될 것이고 본죄가 성립하게 된다. 이에 관한 서울고법 판결은[2] 사업자가 추정을 복멸 시킬 수 있는 경우로서 다음 3가지를 든다. ① 외부적으로 드러난 동일 또는 유사한 행위가 합의에 따른 것이 아니라 각자의 독자적 경영판단에 따른 결과임에도 불구하고 마침 우연한 일치를 보게 되는 경우, ② 경쟁관계에 있는 사업자와 공통적으로 관련된 외부적 요인이 각자의 가격결정 판단에 영향을 미쳐 부득이 동일 유사한 시기에 동일 유사한 행동을 할 수 밖에 없었던 경우, ③ 가격선도 업체가 독자적 판단에 따라 가격결정을 하자 후발업체가 이에 동조하여 일방적으로 선도업체의 가격을 단순히 모방한 경우이다.

3) 주관적 구성요건

본죄가 성립하기 위하여 행위주체에게 경쟁제한을 도모하는 합의에 대하여 고의가 있어야 한다. 그 결과 합의에 기초한 실행행위에 나가지 않더라도 부당공동행위가 성립할 수 있고, 공동행위의 결과 이득을 얻지 않았더라도 본죄는 성립한다. 따라서 고의로 부당하게 경쟁을 제한하는 합의뿐만 아니라 부당하게 경쟁을 제한할 가능성이 있는 합의를 고의적으로 하거나 그 행위나 결과의 인식 아래서

---

1) 대판 2002.3.15, 99두6514, 6521.

2) 서울고판 2000.12.12, 98누12293.

한다면 본죄가 성립하는 것이다.

합의는 광범한 사업자들 사이의 주관적 행태를 지칭하는 것이며, 경쟁제한과 관련된 의사의 연락 또는 이에 대한 공동인식이 사업자들 사이에 명시적 혹은 묵시적으로 존재하면 본죄는 성립한다. 법문은 합의의 태양에 관하여 계약·협정·결의 기타의 방법을 들고 있다.

사업자들 사이에 합의가 전혀 없는 경우인 인식 있는 병행행위에[1] 대해서는 합의의 추정이 유지된다고[2] 하더라도 곧 본죄가 성립한다고 볼 수는 없다.

4) 처 벌

본죄를 범한 자에게는 3년 이하의 징역 또는 2억원 이하의 벌금에 처한다(공정 제66조 제1항 제9호). 징역형과 벌금형은 이를 병과 할 수 있다(동조 제2항). 고발, 공소 및 수형자에 대한 설명은 시장 지배적 지위의 남용금지를 위반한 죄와 같다.

법인(법인격 없는 단체 포함)의 대표자나 법인 또는 개인의 대리인, 사용인, 그 밖의 종업원이 그 법인 또는 개인의 업무에 관하여 이에 해당하는 위반행위를 하면 그 행위자를 벌하는 외에 그 법인 또는 개인에게도 해당 벌금형을 과한다. 다만 법인 또는 개인이 그 위반행위를 방지하기 위하여 해당업무에 관하여 상당한 주의와 감독을 게을리 하지 아니한 경우에는 그러하지 아니하다(공정 제70조).

(11) 사업자단체가 부당한 공동행위 금지에 위반한 죄 (공정 제66조 제1항 제10호)

1) 의 의

사업자단체가 공정거래법 제19조 제1항 각호에서 정하는 부당한 공동행위에 의하여 부당하게 경쟁을 제한하는 행위(제1호)를 하면 본죄가 성립한다(공정 제26조 제1항 제1호). 구성사업자들의 공동의 이익을 위해 존재하는 사업자단체는 반경쟁적인 활동을 하기가 쉽다. 특히 과당경쟁방지의 명목 하에 가격담합을 주도하고, 시장분할 등을 하게 되며 감독관청 등과 조율을 통해 신규진입을 방해하기 쉽기 때

1) 인식 있는 병행행위란 미국법상의 이론으로서, 다른 사업자가 자기의 영업행태를 따를 것을 예측하여 일정한 행태를 보이면 다른 사업자들도 그 후 병행적인 영업행태(의식 있는 평행행위, 의식적 동조행위)를 보일 수 있다. 주로 과점기업인들 사이에서 가격선도자와 다른 기업의 모방이 문제된다.

2) 대판 2002.5.28, 2000두1386.

문에 각종의 경쟁제한행위를 방지하기 위하여 둔 규정 중의 하나이다.

앞에서 설명한 사업자의 부당한 공동행위는 행위주체가 사업자이지만, 여기에서는 사업자 단체가 행위주체이며, 본죄가 행위유형과 처벌은 사업자의 부당한 공동행위를 한 죄 및 이를 행하도록 한 죄의 경우와 같다.

2) 객관적 구성요건

① 행위주체

본죄의 행위주체는 사업자단체이다. 사업자단체란 그 형태여하를 불문하고 2 이상의 사업자가 공동의 이익을 증진할 목적으로 조직한 결합체 또는 그 연합체를 말한다(공정 제2조 제2호). 사업자단체는 복수의 사업자로 구성되어야 하며 보험협회 등과 같이 동종의 사업에 종사하거나 중소기업연합회와 전국경제인연합회같이 다양한 업종의 사업자로 구성되는 단체도 이에 해당한다. 동일한 지리적 권역에 있거나 전국적인 망을 가지고 있어도 되며, 사업의 규모도 문제되지 않는다.

사업자단체는 공동의 이익증진을 그 목적으로 하여야 한다. 공동의 이익이란 사업상 혹은 경제상의 이익을 말하며 공동의 이익증진을 위한 것인지의 판단은 실질적·구체적으로 할 것이고 정관이나 규약에 의하는 것이 아니다. 그리고 법정단체이든 임의단체이든 불문하며, 법인이든 법인격 없는 사단이든 조합이든 상관없으며, 사단, 조합, 회사 등 명칭여하에도 상관없다.

사업자의 이익을 위하여 행위를 하는 임원·종업원·대리인 기타의 자는 사업자단체에 관한 규정의 적용에 있어서는 이를 사업자로 본다(동조 제1호). 이들을 의제사업자라고 한다.

② 행 위

개별 사업자가 아닌 사업자단체가 계약·협정·결의 기타 어떠한 방법으로도 다른 사업자와 공동으로 부당하게 경쟁을 제한하는 다음 각 호의 어느 하나에 해당하는 행위를 할 것을 합의(이하 "부당한 공동행위")하거나 다른 사업자로 하여금 이를 행하도록 하여서는 아니 된다(공정 제19조 제1항 제1호). 행위의 태양은 다음과 같다(공정 제19조 제1항 각 호).

i) 가격을 결정·유지 또는 변경하는 행위

ii) 상품 또는 용역의 거래조건이나 그 대금 또는 대가의 지급조건을 정하는 행위

iii) 상품의 생산·출고·수송 또는 거래의 제한이나 용역의 거래를 제한하는 행위

ⅳ) 거래지역 또는 거래상대방을 제한하는 행위

ⅴ) 생산 또는 용역의 거래를 위한 설비의 신설 또는 증설이나 장비의 도입을 방해하거나 제한하는 행위

ⅵ) 상품 또는 용역의 생산·거래 시에 그 상품 또는 용역의 종류·규격을 제한하는 행위

ⅶ) 영업의 주요부분을 공동으로 수행·관리하거나 수행·관리하기 위한 회사 등을 설립하는 행위

ⅷ) 입찰 또는 경매에 있어 낙찰자, 경락자, 투찰가격, 낙찰가격 또는 경락가격, 그 밖에 대통령령으로 정하는 사항을 결정하는 행위

ⅸ) 제1호부터 제8호까지 외의 행위로서 다른 사업자(그 행위를 한 사업자 포함)의 사업활동 또는 사업내용을 방해하거나 제한함으로써 일정한 거래분야에서 경쟁을 실질적으로 제한하는 행위 등이다.

그러나 부당한 공동행위가 다음에 해당하는 목적을 위하여 행하여지는 경우로서 대통령령이 정하는 요건에 해당하고 공정거래위원회의 인가를 받은 경우에는 이를 적용하지 않는다. 따라서 위법성이 조각되어 본죄는 성립되지 않는다(공정 제19조 제2항 각호). 즉 ⅰ) 산업합리화, ⅱ) 연구·기술개발, ⅲ) 불황의 극복, ⅳ) 산업구조의 조정, ⅴ) 거래조건의 합리화, ⑥ 중소기업의 경쟁력 향상 등의 경우이다. 인가의 기준·방법·절차 및 인가사항변경 등에 관하여 필요한 사항은 대통령령으로 정한다(동조 제3항).

3) 주관적 구성요건

본죄가 성립하기 위하여 사업자단체는 부당하게 경쟁을 제한하는 행위 등을 함에 있어서 고의 또는 인식이 있어야 본죄가 성립한다.

4) 처 벌

본죄를 범한 자에게는 3년 이하의 징역 또는 2억원 이하의 벌금에 처한다(공정 제66조 제1항 제10호). 징역형과 벌금형은 이를 병과 할 수 있다(동조 제2항). 고발, 공소 및 수형자에 대한 설명은 시장 지배적 지위의 남용금지를 위반한 죄와 같다.

법인(법인격 없는 단체 포함)의 대표자나 법인 또는 개인의 대리인, 사용인, 그 밖의 종업원이 그 법인 또는 개인의 업무에 관하여 이에 해당하는 위반행위를 하면 그 행위자를 벌하는 외에 그 법인 또는 개인에게도 해당 벌금형을 과한다. 다만

법인 또는 개인이 그 위반행위를 방지하기 위하여 해당업무에 관하여 상당한 주의와 감독을 게을리 하지 아니한 경우에는 그러하지 아니하다(공정 제70조).

2. 독점규제 및 공정거래에 관한 법률 제67조 상의 범죄

(1) 불공정거래행위의 금지를 위반한 죄(공정 제67조 제2호)

1) 의 의

사업자는 공정거래법 제23조 제1항 각 호의 어느 하나에 해당하는 행위로서 공정한 거래를 저해할 우려가 있는 행위(이하 "불공정거래행위")를 하거나, 계열회사 또는 다른 사업자로 하여금 이를 행하도록 하여서는 아니 된다. 불공정거래행위란 공정한 거래를 저해할 우려가 있는 행위를 말하며, 사업자가 이 행위를 직접 하거나 계열회사나 다른 사업자로 하여금 이를 행하도록 하면 본죄가 성립한다.

공정거래법은 불공정거래행위의 기본유형을 7가지로 한정하고(공정 제23조 제1항), 그 세분화 및 기준을 시행령에 위임하며(동조 제2항), 시행령 제36조 제1항은 중간유형 9개, 세부유형 29개를 규정한다. 이는 모든 시장, 모든 사업자에게 공통적으로 적용된다.

2) 객관적 구성요건

① 행위주체

본죄의 행위주체는 모든 시장의 모든 사업자이다. 사업자는 누구든지 불공정거래행위를 직접 하거나 계열회사 또는 다른 사업자로 하여금 이를 하게 함으로써 본죄가 성립하기 때문이다. 따라서 사업자는 회사(법인)든 회사가 아닌 권리능력 없는 사단이나 민법상의 조합이든 불문하며, 개인사업자이든 불문한다. 또 회사라고 할지라도 그 종류나 규모 등을 불문한다. 다만 사업자가 법이나 조합 등의 단체인 경우에는 대표자, 대리인 또는 그 종업원에 의하여 그 행위를 실현하게 될 것이다.

② 행 위

본죄는 사업자가 "공정한 거래를 저해할 우려가 있는 행위", 즉 불공정거래행위를 하거나 하게 함으로써 성립한다. 그러나 동법 제23조 제1항 각호에서 열거하는 행위유형에서는 "부당하게"라는 요건을 규정하고 있다. 이들이 별개의 개념이라고 볼 것이 아니라 공정거래저해성은 경쟁수단의 경쟁제한성과 거래내용의 불공정성, 소비자의 오인을 유발하는 남용성 등을 모두 포함하는 개념으로 보아야 할 것이다.[1]

특정한 거래 또는 영업형태의 부당성 여부를 궁극적으로 판단할 때는 당해 행위의 목적과 동기, 내용, 당해 행위가 시장과 경쟁에 미치는 영향, 행위시점 등 포괄적 고려가 있어야 하며, 당해 행위로 인한 경쟁 제한적 효과와 효율성 제고의 비교형량이 필요하다.[2]

③ 행위유형(공정 제23조 제1항, 시행령 제36조 제1항)

공정거래법 제23조 제1항에서 한정적으로 열거하는 불공정거래행위의 기본유형은 7가지이며, 시행령에서 정하는 중간유형은 9개이고 세부기준은 29개이다.

ⅰ) 부당하게 거래를 거절하거나 거래 상대방을 차별하여 취급하는 행위이다(제1호). 시행령은 거래거절로서 공동의 거래거절, 기타의 거래거절을 들고 있으며, 차별적 취급으로서 가격차별, 거래조건차별, 계열회사를 위한 차별, 집단적 차별을 들고 있다.

공동거래의 거절이란 "정당한 이유 없이" 동일시장의 다수 사업자들이 특정 사업자를 표적으로 삼아 거래의 개시, 계속적 거래관계의 중단, 거래하는 상품 또는 용역의 수량이나 내용을 현저하게 제한하여 왕따를 시키는 행위이다. 따라서 거절하는 사업자가 다수가 아니고 단일 사업자이거나, 상대방 사업자의 시장 지배력 남용에 대항하는 등 정당한 이유가 있으면 위법성이 조각되어 본죄는 성립하지 않을 것이다.

기타의 거래거절은 부당하게 특정 사업자를 표적으로 삼아 거래의 개시, 계속적 거래관계의 중단, 거래하는 상품 또는 용역의 수량이나 내용을 현저하게 제한하는 행위이다. 이는 어느 사업자가 행하는 단독의 거래거절을 말한다. 단독거래의 거절이 위법성을 갖기 위해서는 경쟁제한적인 위법한 목적달성을 위한 경우나 독점적 지위남용 등 당해 행위를 위법하게 하는 사정이 있어야 할 것이다.[3]

가격차별이란 부당하게 거래지역 또는 상대방에 따라 현저하게 유리하거나 불리한 가격으로 거래하는 행위이며, 거래조건별 차별이란 부당하게 특정 사업자에 대하여 수량, 품질 등의 거래조건이나 거래내용에 관하여 현저하게 유리하거나 불리한 취급을 하는 행위이다. 그리고 계열회사를 위한 차별이란 정당한 이유 없이

---

1) 정호열, 392면

2) 정호열, 393면

3) 정호열, 400면; 권오승 외, 심결례백선, 219면; 대판 2007.3.30, 2004두8514.

자기의 계열회사를 유리하게 하기 위하여 가격·수량·품질 등의 거래조건이나 거래내용에 관하여 현저하게 유리하거나 불리하게 하는 행위를 의미한다. 계열회사란 상호출자제한 기업집단, 출자총액제한 기업집단 소속의 회사뿐만 아니라 복수의 사업체가 단일한 지휘관리 체제아래 있을 때 이에 속한 회사들은 계열회사에 속한다. 또 집단적 차별이란 특정 사업자를 부당하게 집단적으로 차별 취급하여 그 사업 활동을 현저하게 유리하게 하거나 불리하게 하는 행위이다. 공동거래거절의 주체는 동일시장에 속하는 사업자들이지만, 집단적 차별은 단계를 달리하는 사업자 또는 다른 시장에 속하는 사업자들이 집단을 구성하는 점이 다르다.[1)]

ii) 부당하게 경쟁자를 배제하는 행위이다(제2호). 시행령은 부당염매, 부당고가매입을 들고 있다.

부당염매란 정당한 이유 없이 그 공급에 소요되는 비용보다 현저히 낮은 대가로 계속하여 공급하거나, 기타 부당하게 낮은 대가로 공급함으로써 자기 또는 계열회사의 경쟁사업자를 배제시킬 우려가 있는 행위이다. 부당한 고가매입이란 부당하게 상품 또는 용역을 통상 거래가격에 비하여 높은 대가로 구입하여 자기 또는 계열회사의 경쟁사업자를 배제시킬 우려가 있는 행위이다. 현실적으로 경쟁사업자를 배제할 필요는 없고 배제의 우려 내지 위험이 존재하면 본죄는 성립한다.

iii) 부당하게 경쟁자의 고객을 자기와 거래하도록 유인하거나 강제하는 행위이다(제3호). 시행령은 이에 대하여 부당한 이익에 의한 고객유인, 위계에 의한 고객유인, 기타 부당한 고객유인이 있으며, 거래강제 행위로서 끼워팔기, 사원판매, 기타의 거래강제를 들고 있다.

부당한 이익에 의한 고객유인이란 정상적인 거래관행에 비추어 부당하거나 과대한 이익을 제공 또는 제공할 제의를 하여 경쟁사업자의 고객을 자기와 거래하도록 하는 행위이다. 이익제공 또는 제의를 접수하는 상대방은 반드시 거래 당사자이거나 고객 자신이어야 하는 것은 아니다.

위계에 의한 고객유인이란 자기가 공급하는 상품 또는 용역의 내용이나 거래조건 기타 거래에 관한 사항에 관하여 실제보다 또는 경쟁사업자의 것보다 현저히 우량 또는 유리한 것으로 고객을 오인 시키거나 경쟁사업자의 것이 실제보다 또는 자기의 것보다 현저히 불량 또는 불리한 것으로 고객을 오인시켜 경쟁사업자의 고객을 자기와 거래하도록 유인하는 행위이다. 고객유인의 결과가 발생해야 하는 것은 아니고 오인의 추상적 위험이 있는 것으로 충분하다. 고객유인의 표적이 되는

---

1) 정호열, 405면.

자는 경쟁사업자의 기존의 고객뿐만 아니라 장래 고객이 될 가능성이 있는 자도 포함한다.

기타의 부당한 고객유인이란 계약체결의 방해, 계약불이행의 유인 등의 방법으로 경쟁사업자와 그 고객 사이의 거래관계를 부당하게 방해함으로써 경쟁사업자의 고객을 자기 앞으로 유인하는 행위이다. 체약과정에서의 방해, 다른 회사와의 사이에 이미 성립한 계약의 파기나 취소의 유도 등이 해당한다.

끼워팔기란 자기의 상품 또는 용역을 공급하면서 정상적인 거래관행에 비추어 부당하게 다른 상품 또는 용역을 자기 또는 자기가 지정하는 사업자로부터 구입하도록 하는 행위이다. 즉, 상대방이 원하지 않는 상품이 주된 상품에 끼워져서 구입이 강제되는 경우이다. 사원판매란 부당하게 자기 또는 계열회사의 임직원으로 하여금 자기 또는 계열회사의 상품이나 용역을 구입하거나 판매하도록 강제하는 행위이다. 임직원에 대한 고용관계 또는 신분관계를 배경으로 하는 거래강제이다. 기타의 거래강제란 정상적인 거래관행에 비추어 부당한 조건 등 불이익을 거래상대방에게 제시하여 자기 또는 자기가 지정하는 자와 거래하도록 강제하는 행위이다.

ⅳ) 자기의 거래상의 지위를 부당하게 이용하여 상대방과 거래하는 행위이다. 거래상의 지위라 함은 시장 지배적 지위에까지 이르지 않았지만, 시장의 구조나 수급관계상 상대방의 의사에 반하여 거래를 강제하거나 기타 영업활동을 방해할 수 있는 정도의 경제상의 우월한 지위를 광범위 하게 포함하는 개념이다.[1) 시행령은 거래상의 지위남용에 대하여 구입강제, 이익제공강요, 판매목표 강제, 불이익제공, 경영간섭을 들고 있다.

구입강제란 단일거래에 있어서 거래상대방의 의사에 반하여 상품이나 용역을 구입하도록 강제하는 것이며, 이익제공강요란 거래상대방에게 자기를 위하여 금전, 물품, 용역 기타 경제상의 이익을 제공하도록 강요하는 행위이다. 판매목표 강제란 거래상대방의 거래에 관한 목표를 제시하고 이를 달성하지 못하면, 특약관계, 대리점 관계, 외상공급, 인센티브 제공 등을 중단하는 방법으로 목표달성을 강제하는 행위이다.

불이익제공이란 일방 당사자가 자기의 거래상의 지위를 부당하게 이용하여 거래상대방에게 불이익이 되도록 거래조건을 설정 또는 변경하거나 그 이행과정에서 불이익을 주는 행위이며,[2) 경영간섭이란 거래상대방의 임직원 선임, 해임에 있어서 자기의 지시나 승인을 얻게 하거나 상대방의 생산품목·시설규모·생산량 및 거

1) 대판 2003.12.26, 2001두9646.

2) 대판 2002.5.31, 2000두6213.

래내용에 관하여 제한을 가함으로써 경영활동을 간섭하는 행위이다.

v) 거래의 상대방의 사업 활동을 부당하게 구속하는 조건으로 거래하거나 당사자의 사업 활동을 방해하는 행위이다. 구속조건부거래라 함은 거래의 상대방의 사업 활동을 부당하게 구속하는 조건으로 거래하는 행위를 말한다. 모든 거래 또는 계약관계는 당연히 계약조항에 따르는 구속관계를 발생시키는 것이지만, 거래상대방의 영업활동을 부당하게 구속함으로써 공정한 거래를 저해할 우려가 있을 때는 불공정 거래로써 규제대상이 되는 것이다. 시행령은 구속조건부 거래로써 배타조건부거래, 거래지역 또는 거래상대방 제한을 들고 있으며 사업 활동 방해로써는 기술의 부당이용, 인력부당유인 채용, 거래처 이전 방해, 기타의 사업 활동의 방해를 들고 있다.

배타조건부거래란 부당하게 거래상대방이 자기 또는 계열회사의 경쟁사업자와 거래하지 아니하는 조건으로 그 거래상대방과 거래하는 행위이다. 당해 배타조건으로 인하여 상대방이 부당하게 구속되는 것에 위법성이 있는 것이다. 거래지역 또는 거래상대방의 제한이란 상품이나 용역을 거래함에 있어서 거래지역 또는 거래상대방을 부당하게 구속하는 조건으로 거래하는 행위이다.

vi) 부당하게 특수 관계인 또는 다른 회사에 대해 가지급금, 대여금, 인력, 부동산, 유가증권, 무채재산권을 제공하거나 현저히 유리한 조건으로 거래하여 특수 관계인 또는 다른 회사를 지원하는 행위이다. 시행령은 부당한 자금, 자산, 인력의 지원으로써 부당한 자금지원, 부당한 자산·상품 등 지원, 부당한 인력지원을 들고 있다.

부당한 자금지원행위란 부당하게 특수 관계인 또는 다른 회사에 대하여 가지급금·대여금 등 자금을 지원하는 행위이다. 그리고 부당한 자산·상품 등의 지원이란 부당하게 특수 관계인 또는 다른 회사에 대하여 부동산·유가증권·자산·상품·무채재산권 등 자산을 지원하는 행위이다. 또 부당한 인력지원이란 부당하게 특수 관계인 또는 다른 회사에 대하여 인력을 지원하는 행위이다. 이 지원행위는 현저히 낮거나 높은 대가로 제공 또는 거래하거나 현저한 규모로 제공 또는 거래하여 과다한 경제상의 이익을 특수 관계인 또는 다른 회사에게 제공하는 행위이다.

vii) 제1호 내지 제7호 이외의 행위로써 공정한 거래를 저해할 우려가 있는 행위이다. 시행령은 이에 대하여 중간유형 및 세부유형을 정하지 않고 있다.

3) 주관적 구성요건

본죄가 성립하기 위해서 행위자가 공정한 거래를 저해할 우려가 있는 행위(시행령에서 정하는 행위유형에 해당하는 행위)를 함에 있어서 고의 또는 인식이 있어야 한다. 따라서 행위의 결과 공정한 거래가 침해되었는지 등의 결과발생은 요구되지 않는다.

4) 처 벌

본죄를 범한 자에게는 2년 이하의 징역 또는 1억5천만원 이하의 벌금에 처한다. 법인(법인격 없는 단체 포함)의 대표자나 법인 또는 개인의 대리인, 사용인, 그 밖의 종업원이 그 법인 또는 개인의 업무에 관하여 이에 해당하는 위반행위를 하면 그 행위자를 벌하는 외에 그 법인 또는 개인에게도 해당 벌금형을 과한다. 다만 법인 또는 개인이 그 위반행위를 방지하기 위하여 해당업무에 관하여 상당한 주의와 감독을 게을리 하지 아니한 경우에는 그러하지 아니하다(공정 제70조).

고발, 공소 및 수형자에 대한 설명은 시장 지배적 지위의 남용금지를 위반한 죄와 같다.

(2) 사업자단체의 금지행위를 위반한 죄(공정 제67조 제3호)

1) 의 의

사업자 단체 구성사업자들의 공동의 이익을 위해 존재하는 사업자단체는 반경쟁적인 활동을 하기가 쉽다. 특히 과당경쟁방지의 명목 하에 가격담합을 주도하고, 시장분할 등을 하게 되며 감독관청 등과 조율을 통해 신규진입을 방해하기 쉽기 때문에 각종의 경쟁제한행위를 방지하기 위하여 둔 규정 중의 하나이다.

사업자단체가 제26조 제1항 제1호의 부당한 공동행위를 한 경우에는 전술한 공정거래법 제66조 제1항 제10호의 범죄를 구성하지만, 제26조 제1항 제2호부터 제4호의 행위를 한 경우에는 공정거래법 제67조 제3호에 의하여 본죄를 구성하게 된다. 제26조 제1항 제2호부터 제4호의 행위는 다음과 같다. 즉, 일정한 거래분야에 있어서 현재 또는 장래의 사업자 수를 제한하는 행위(제2호), 구성사업자(사업자단체의 구성원인 사업자를 말함)의 사업내용 또는 활동을 부당하게 제한하는 행위(제3호), 사업자에게 제23조(불공정거래행위의 금지) 제1항 각 호의 1의 규정에 의한 불공정거래행위 또는 제29조(재판매가격유지행위의 제한)의 규정에 의한 재판매가격유지행위를 하게 하거나 이를 방조하는 행위 등이다.

2) 객관적 구성요건

① 행위주체

본죄의 행위주체는 사업자단체이다. 사업자단체란 그 형태여하를 불문하고 2이상의 사업자가 공동의 이익을 증진할 목적으로 조직한 결합체 또는 그 연합체를 말한다(공정 제2조 제2호). 상세한 내용은 사업자단체의 부당한 공동행위금지에 위반한 죄에서 설명한 바와 같다. 사업자 단체가 법인이나 법인격 없는 단체일 경우에는 그 대표자, 법인이 아닐 경우에는 개인이 본 범죄행위를 실현하는 자이고, 그들의 대리인, 사용인, 그 밖의 종업원도 범죄행위를 실현하거나 실현행위에 가담할 수 있을 것이다.

② 행 위

i) 사업자 수의 제한: 사업자단체는 일정한 거래분야에 있어서 현재 또는 장래의 사업자 수를 제한하는 행위(제2호)를 해서는 안 된다. 사업자단체가 구성원들의 기득권을 보호하기 위해 신규진입을 방해하거나 사업자 수를 인위적으로 줄이거나 그 수가 늘어나는 것을 통제해서는 안 된다. 법문은 "부당하게" 또는 "정당한 사유 없이"라는 문언을 쓰지 않는다.

ii) 구성사업자의 사업내용 또는 활동의 부당한 제한: 사업자단체는 구성사업자(사업자단체의 구성원인 사업자를 말함)의 사업내용 또는 활동을 부당하게 제한하는 행위(제3호)를 해서는 안 된다. 사업자단체는 단체의 목적달성을 위하여 필요하고 합리적인 범위 내에서는 제한할 수 있지만 과도하게 제한하여 공정한 경쟁을 저해하는 것은 금지된다.[1)]

iii) 사업자에게 불공정거래행위 및 재판매가격유지행위를 하게 하는 행위: 사업자단체는 사업자에게 제23조(불공정거래행위의 금지) 제1항 각 호의 1의 규정에 의한 불공정거래행위 또는 제29조(재판매가격유지행위의 제한)의 규정에 의한 재판매가격유지행위를 하게 하거나 이를 방조하는 행위를 해서는 안 된다. 사업자단체는 구성원인 사업자는 물론이고 구성원이 아닌 자에게도 이상의 행위를 할 수 없다.

불공정거래 등의 행위는 부탁, 권고, 교사 등의 임의적 위법행위뿐만 아니라, 폭력이나 협박 등의 강제수단을 통한 위법행위도 포함된다. 그리고 방조행위란 사업자들의 위법행위를 직접·간접적으로 돕는 일체의 행위이다.

---

1) 대판 2003.2.20, 2001두5347(부당한 제한행위).

사업자단체가 사업자들에게 불공정거래행위나 재판매가격유지행위를 하게 하면 공정거래법 제26조가 적용되지만, 사업자단체가 직접 불공정거래행위나 재판매가격유지행위를 하면 제23조와 제29조를 각각 적용한다.

3) 주관적 구성요건

본죄가 성립하기 위하여 사업자단체는 현재 또는 장래 사업자의 수를 제한하는 행위, 구성사업자의 사업내용 또는 활동의 부당한 제한, 사업자에게 불공정한 거래행위 및 재판매가격유지행위를 하게 하는 행위 등을 함에 있어서 고의가 있거나 위의 행위를 함에 있어서 인식이 있어야 한다.

4) 처 벌

본죄를 범한 자에게는 2년 이하의 징역 또는 1억5천만원 이하의 벌금에 처한다. 법인(법인격 없는 단체 포함)의 대표자나 법인 또는 개인의 대리인, 사용인, 그 밖의 종업원이 그 법인 또는 개인의 업무에 관하여 이에 해당하는 위반행위를 하면 그 행위자를 벌하는 외에 그 법인 또는 개인에게도 해당 벌금형을 과한다. 다만 법인 또는 개인이 그 위반행위를 방지하기 위하여 해당업무에 관하여 상당한 주의와 감독을 게을리 하지 아니한 경우에는 그러하지 아니하다(공정 제70조).

(3) 재판매가격유지행위의 제한을 위반한 죄(공정 제67조 제4호)

1) 의 의

재판매가격유지행위라 함은 사업자가 상품 또는 용역을 거래함에 있어서 거래상대방인 사업자 또는 그 다음 거래단계별 사업자에 대하여 거래가격을 정하여 그 가격대로 판매 또는 제공할 것을 강제하거나 이를 위하여 규약 기타 구속조건을 붙여 거래하는 행위를 말한다(공정 제2조 제6호). 예컨대, 도매가격, 소매가격 등을 미리 정하여 그 가격으로 판매할 것을 강제하는 행위 등을 말하며, 제조업자, 유통업자, 판매업자도 재판매가격유지행위의 주체가 될 수 있다.

재판매가격유지행위는 기본적으로 유통단계에서 브랜드 내의 경쟁, 특히 가격경쟁을 제한하며, 유통사업자의 영업활동의 자유를 침해하기 때문에 이를 보호하기 위한 제도이다. 그래서 공정거래법 제29조 제1항은 "사업자는 재판매가격유지행위를 하여서는 아니 된다."고 규정함으로써 재판매가격유지행위를 당연위법으로 규정하고 있다.

다만, 상품이나 용역을 일정한 가격이상으로 거래하지 못하도록 하는 최고가격유지행위로서 정당한 이유가 있는 경우에는 그러하지 아니하다(공정 제29조 제1항 단서). 그리고 대통령령으로 정하는 저작물과 공정거래법 제29조 제2항에서 정하는 요건을 갖춘 상품으로서 재판매가격유지행위를 할 수 있도록 공정거래위원회로부터 지정을 받은 경우에는 위법성이 조각되므로 본죄가 성립하지 않는다.

2) 객관적 성립요건

① 행위주체

재판매가격유지의 행위주체는 별개의 독립된 사업자이다. 제조업자는 물론이고 도매업자 등의 유통사업자도 그 주체가 될 수 있다. 법인(법인격 없는 단체 포함)의 대표자나 법인 또는 개인의 대리인, 사용인, 그 밖의 종업원 등이 범죄행위를 실현하게 된다. 도매업자와 소매업자 사이에도 재판매가격유지행위가 가능하지만, 하위단계의 사업자를 거느리지 않는 소매업자는 이 행위의 능동적 주체가 될 수 없다. 왜냐하면 재판매가격유지행위는 재화의 유통을 전제로 가격체제를 고안하여 통용시키는 사업자와 이를 수용하고 따르는 사업자를 필요로 하기 때문이다.[1]

사업자가 위탁매매인이나 대리상을 이용하여 상품을 매각할 경우, 이들은 상법상 지정가액 준수의무(상 제106조)를 지므로 재판매가격유지행위가 성립할 수 있는가 문제가 있다. 이들은 원칙적으로 재판매가격유지행위의 타방당사자로서의 적격성을 갖추지 못하였다고 할 수 있지만, 우리나라 유통시장에서 나타나는 대리점, 특약점 등은 전형적인 재판매사업자이므로 당연히 재판매가격유지행위의 금지규정의 적용대상이 된다.[2]

방문판매법상의 방문판매원은 일반적으로 판매조직의 구성원이며 사업자의 대리인 또는 판매보조원일 것이나, 경우에 따라서는 독립한 재판매사업자가 될 수도 있을 것이다. 이에 비하여 다단계조직의 판매원은 일반적으로 독립한 사업자의 지위를 갖기 때문에 재판매사업자이지만, 판매보조자에 지나지 않는 경우도 있을 것이다.

② 행 위

본죄는 사업자가 재판매가격유지행위를 함으로써 성립한다. 재판매가격유지행위란 사업자가 상품 또는 용역을 거래함에 있어서 거래상대방인 사업자 또는 그 다음

---

1) 정호열, 475면.

2) 공정위의결 1996.8.21, 96-193(대하패션 대리점 사건).

거래단계별 사업자에 대하여 거래가격을 정하여 그 가격대로 판매 또는 제공할 것을 강제하거나 이를 위하여 규약 기타 구속조건을 붙여 거래하는 행위를 말한다.

재판매가격유지행위는 여러 가지 기준에 의하여 분류될 수 있다. 즉, 재판매가격유지의 근거를 기준으로 하여 직접적 강제와 간접적 강제, 재판매가격의 구체적 모습을 기준으로 하여 최저가격제와 지정가격제 및 최고가격제 등으로 나눌 수 있으며, 이상의 어떠한 형태이든 법 적용에 있어서 차이가 있는 것은 아니다. 다만, 최고가격은 긍정적인 면이 있기 때문에 그것이 은폐된 최저가격이고 경쟁사업자에 대한 약탈성이 있는 경우에는 경쟁제한성이 있으므로, 정당한 이유가 없는 최고가격에 대해서는 규제가 따른다(공정 제29조 제1항 단서). 따라서 최고가격에 대한 위법성의 판단은 정당한 이유 없음을 입증해야 한다.

③ 위법성조각

공정거래법 제29조 제2항은 대통령령이 정하는 저작물과 동항에서 정하는 요건을 갖춘 상품으로서 사업자가 당해 상품에 대하여 재판매가격유지행위를 할 수 있도록 공정거래위원회로부터 미리 지정을 받은 경우에는 이를 적용하지 않는다고 규정하고 있다.

i) 대통령령이 정하는 저작물: 저작물에 대한 저작권의 정당한 행사라고 인정되는 행위에 대해서는 공정거래법이 적용되지 않지만(공정 제59조), 재판매가격유지행위는 원칙적으로 금지의 대상이 된다. 다만 공정거래위원회가 정하는 출판된 저작물에 대해서는 재판매가격유지행위를 허용한다(공정 제29조 제2항 전단). 공정거래위원회가 고시하는 재판가격유지행위가 허용되는 저작물의 범위는 실용도서(ISBN의 부가기호 제1행이 <1>인 간행물), 학습참고서Ⅱ(ISBN의 부가기호 제1행이 <6>인 간행물)를 제외한 모든 간행물 중 발행일로부터 18개월 이내인 간행물이다(공정위 고시 2009-52).

ii) 공정거래위원회가 미리 지정한 상품: 공정거래위원회로부터 미리 지정받은 경우 사업자는 당해 상품에 대하여 재판매가격유지행위를 할 수 있다. 지정을 위해서 다음 3요건을 구비하여야 한다(공정 제29조 제2항).

첫째, 당해 상품의 품질이 동일하다는 것을 용이하게 식별할 수 있을 것
둘째, 당해 상품이 일반소비자에 의하여 일상 사용되는 것일 것
셋째, 당해 상품에 대하여 자유로운 경쟁이 행하여지고 있을 것 등이다.

iii) 법령에 의한 가격표시: 법령이 공산품, 의약품 등의 용기나 포장에 공장도가격, 최종 소비자가격 등의 표시를 요구하는 경우가 종래 있었다. 이는 재판매사

업자에 대하여 당해 상품의 판매가격을 구속하는 사실상의 힘을 가지더라도 법령에 의한 정당한 행위로서 본죄가 성립되지 않는다.

3) 주관적 구성요건

본죄는 고의범이다. 따라서 본죄가 성립하기 위해서는 행위주체의 재판매가격유지행위에 대한 고의 또는 인식이 필요하다.

4) 처 벌

본죄를 범한 자에게는 2년 이하의 징역 또는 1억 5천만원 이하의 벌금에 처한다(공정 제67조 제4호). 법인(법인격 없는 단체 포함)의 대표자나 법인 또는 개인의 대리인, 사용인, 그 밖의 종업원이 그 법인 또는 개인의 업무에 관하여 이에 해당하는 위반행위를 하면 그 행위자를 벌하는 외에 그 법인 또는 개인에게도 해당 벌금형을 과한다. 다만 법인 또는 개인이 그 위반행위를 방지하기 위하여 해당업무에 관하여 상당한 주의와 감독을 게을리 하지 아니한 경우에는 그러하지 아니하다(공정 제70조).

(4) 부당한 국제계약을 체결한 죄(공정 제67조 제5호)

1) 의 의

사업자 또는 사업자단체는 부당한 공동행위, 불공정거래행위 및 재판매가격유지행위에 해당하는 사항을 내용으로 하는 것으로서 대통령령이 정하는 국제적 청약이나 계약(이하 국제계약)을 체결하여서는 아니 된다. 다만, 당해 국제계약의 내용이 일정한 거래분야에 있어서 경쟁에 미치는 영향이 경미하거나 기타 부득이한 사유가 있다고 공정거래위원회가 인정하는 경우에는 그러하지 아니 하다(공정 제32조 제1항). 이에 따라 공정거래법 시행령 제47조는 7가지 유형의 국제적 계약을 한정적으로 열거하므로 이를 위반하면 본죄가 성립한다.

공정거래법 제32조의 국제계약은 내국의 사업자가 외국사업자와 체결하는 계약을 말하며, 외국사업자란 외국법에 의해서 설립된 회사나 기타의 법인 그리고 자연인으로서 자신의 계산으로 경제적 경쟁에 개입하는 자를 의미한다. 그러므로 외국회사의 국내 현지법인, 외국사업자의 한국 내 점포 또는 영업의 일부로서 우리나라 법률에 의하여 회사로 등기된 자는 내국사업자이다.

이 제도는 내국사업자가 각종 산업재산권이나 기술 등을 외국으로부터 도입하면서 기술이나 노-하우를 가진 외국사업자의 반경쟁적 혹은 부당한 거래를 용인할 경우 이들 내국사업자를 규제하는 것을 목적으로 한다.

2) 객관적 구성요건

① 행위주체

본죄의 행위주체는 사업자 또는 사업자단체이다. 당연히 내국 사업자와 내국 사업자 단체가 해당되지만, 외국의 사업자나 사업자 단체가 포함되는가에 대하여 이론이 있다.[1] 그러나 국내에서 사업활동을 하는 외국 사업자나 사업자 단체에 대해서는 공정거래법상의 사업자로서 직접 제19조(부당한 공동행위 금지)나 제23조(불공정거래행위 금지)를 적용해야 하므로 제32조(부당한 국제계약의 체결 제한)가 적용될 사안이 아니라고 본다.[2] 법인(법인격 없는 단체 포함)의 대표자나 법인 또는 개인의 대리인, 사용인, 그 밖의 종업원이 범죄행위를 실현하게 된다.

② 행 위

국내의 사업자 또는 사업자단체가 부당한 공동행위, 불공정거래행위 및 재판매가격유지행위에 해당하는 사항을 내용으로 하는 것으로서 공정거래법 시행령 제47조에서 정하는 7가지 유형의 국제계약을 체결하는 것이다. 다만, 부당국제계약에 대하여 당해 국제계약의 내용이 일정한 거래분야에서 경쟁을 제한하는 효과가 경미하거나 기타 부득이한 사정을 공정위가 인정하는 경우에는 예외로 한다(공정 제32조 제1항 예외).

시행령 제47조에서 규정하는 부당한 국제계약은 다음과 같다. 그 내용은 내국사업자가 외국으로부터 산업기술이나 노-하우 등을 도입하는 거래에 한정된 것이고, 반대로 우리나라의 기업이 외국으로 기술을 반출하는 국제거래는 규제의 대상이 아니다.

즉 ⅰ) 산업재산권 도입계약: 특허권·실용신안권·의장권·상표권과 같은 산업재산권의 실시권 또는 사용권을 도입하는 계약, ⅱ) 저작권 도입계약: 서적·음반·영상 또는 컴퓨터 프로그램 등의 저작권을 도입하는 계약, ⅲ) 노-하우 도입계약: 영업비밀 기타 이와 유사한 기술에 관한 권리의 실시권 또는 사용권을 도입하는 계약, ⅳ) 프랜차이즈 도입계약: 가맹사업의 형태로 가맹본부의 영업표지를 사용하여

---

1) 윤세리, "독점금지법의 역외적용", 「공정거래법강의」, 법문사, 1996, 441면.

2) 정호열, 484-485면.

상품·용역의 제공 또는 사업경영의 지도를 목적으로 가맹사업의 실시권 또는 사용권을 도입하는 계약, ⅴ) 공동연구개발협정, ⅵ) 수입대리점계약: 상품의 수입이나 용역의 도입에 관하여 계속적인 거래를 목적으로 하는 수입대리점(물품매도확약서발행업의 경우는 제외)계약으로서 계약기간이 1년 이상인 계약, ⅶ) 합작투자계약이다.

③ 행위유형

공정거래위원회는 금지되는 부당한 공동행위, 불공정거래행위 및 재판매가격유지행위의 유형 및 기준을 정하여 고시할 수 있다(공정 제32조 제2항). 이에 따라 공정위 고시 제1997-23호(1997.4.21.)로서 "국제계약상의 불공정거래행위 등의 유형 및 기준"이라는 고시를 제정하여 운영하고 있다. 그 내용은 다음과 같다.

ⅰ) 산업재산권도입계약상 불공정거래행위 등: 원재료부품 제조설비 구입처 제한 등 15종, ⅱ) 프랜차이즈 도입계약상 불공정거래행위 등: 거래수량제한 등 7종, ⅲ) 공동연구개발협정상 불공정거래행위 등: 정당한 이유가 없는 공동연구개발의 실시제한 등 3종, ⅳ) 수입대리점 계약상 불공정거래행위 등: 부품 등의 구입처 제한 등 8종, ⅴ) 합작투자계약상 불공정거래행위 등: 부품 등의 구입처를 외국투자가 또는 그가 지정하는 자로부터 구입하도록 제한하는 경우 등 4종이 있다.

3) 주관적 구성요건

본죄는 고의범이다. 따라서 본죄가 성립하기 위해서는 행위주체가 부당한 공동행위, 불공정거래행위 및 재판매가격유지행위에 해당하는 사항을 내용으로 하는 시행령이 정하는 국제협정이나 계약을 체결함에 있어서 고의 또는 인식이 있어야 한다.

4) 처 벌

본죄를 범한 자에게는 2년 이하의 징역 또는 1억 5천만원 이하의 벌금에 처한다(공정 제67조 제5호). 법인(법인격 없는 단체 포함)의 대표자나 법인 또는 개인의 대리인, 사용인, 그 밖의 종업원이 그 법인 또는 개인의 업무에 관하여 이에 해당하는 위반행위를 하면 그 행위자를 벌하는 외에 그 법인 또는 개인에게도 해당 벌금형을 과한다. 다만 법인 또는 개인이 그 위반행위를 방지하기 위하여 해당업무에 관하여 상당한 주의와 감독을 게을리 하지 아니한 경우에는 그러하지 아니하다(공정 제70조).

(5) 시정조치 또는 금지명령에 응하지 않은 죄(공정 제67조 제6호)

1) 의 의

본죄는 공정거래법 제5조, 제16조 제1항, 제21조, 제24조, 제27조, 제30조, 제31조의 시정조치나 금지명령에 응하지 아니함으로써 성립하는 범죄이다.

제5조에 의하면, 공정거래위원회는 시장지배적지위의 남용금지(공정 제3조의2)의 규정에 위반하는 행위가 있을 때에는 당해 시장지배적 사업자에 대하여 가격의 인하, 당해 행위의 중지, 시정명령을 받은 사실의 공표 기타 시정을 위하여 필요한 조치를 명할 수 있다. 이에 응하지 않으면 본죄가 성립한다. 시정조치에는 시정명령과 시정권고가 있으며, 이들 조치는 당해 사업자를 수범자로 하는 것으로서 회사의 기관이나 임직원 등 자연인에 대해서 하는 것이 아니다.

제16조 제1항에 의하면, 공정거래위원회는 기업결합의 제한(공정 제7조 제1항), 지주회사 등의 행위제한 등(제8조의2 제2항부터 제5항까지), 채무보증제한 기업집단의 지주회사 설립제한(제8조의3), 상호출자의 금지 등(제9조), 계열회사에 대한 채무보증의 금지(제10조의2 제1항), 금융회사 또는 보험회사의 의결권제한(제11조), 대규모내부거래의 이사회 의결 및 공시(제11조의2)부터 기업집단현황 등에 관한 공시(제11조의4)까지 또는 탈법행위금지(제15조)의 규정에 위반하거나 위반할 우려가 있는 행위가 있는 때에는 당해 사업자(제7조 제1항을 위반한 경우에는 기업결합 당사회사-기업결합 당사회사에 대한 시정조치만으로는 경쟁제한으로 인한 폐해를 시정하기 어렵거나 기업결합 당사회사의 특수 관계인이 사업을 영위하는 거래 분야의 경쟁제한으로 인한 피해를 시정할 필요가 있는 경우에는 그 특수 관계인을 포함-를 말한다) 또는 위반행위자에 대하여 다음 각 호의 시정을 명할 수 있다.

그 시정의 내용은 당해 행위의 중지, 주식의 전부 또는 일부의 처분, 임원의 사임, 영업의 양도, 채무보증의 취소, 시정명령을 받은 사실의 공표, 기업결합에 따른 경쟁제한의 폐해를 방지할 수 있는 영업방식 또는 영업범위의 제한, 공시의무의 이행 또는 공시내용의 정정, 기타 법위반상태를 시정하기 위하여 필요한 조치 등이다(공정 제16조 제1항 각 호). 이에 응하지 않으면 본죄가 성립한다.

제21조에 의하면 공정거래위원회는 부당한 공동행위의 금지(제19조 제1항)의 규정에 위반하는 행위가 있을 때에는 당해 사업자에 대하여 당해 행위의 중지, 시정명령을 받은 사실의 공표 기타 시정을 위한 필요한 조치를 명할 수 있고, 이 조치에 응하지 않으면 본죄가 성립한다.

제24조에 의하면 공정거래위원회는 불공정거래행위의 금지(공정 제23조 제1항)의 규정에 위반하는 행위가 있을 때에는 당해 사업자에 대하여 당해 불공정행위의 중지, 계약조항의 삭제, 시정명령을 받은 사실의 공표 기타 시정을 위한 필요한 조치를 명할 수 있고, 이에 응하지 않으면 본죄가 성립한다

제27조에 의하면 공정거래위원회는 사업자단체의 금지행위(제26조)의 규정에 위반하는 행위가 있을 때에는 당해 사업자단체(필요한 경우 관련구성사업자 포함)에 대하여 당해 행위의 중지, 시정명령을 받은 사실의 공표 기타 시정을 위한 필요한 조치를 명할 수 있으며, 이에 응하지 않을 경우 본죄가 성립한다.

제30조에 의하면 공정거래위원회는 재판매가격 유지행위의 제한(공정 제29조 제4항)의 규정에 의하여 공정거래위원회가 지정·고시한 상품을 생산 또는 판매하는 사업자가 당해 상품의 재판매가격을 결정하고 유지하기 위하여 체결한 계약이 소비자의 이익을 현저히 저해할 우려가 있는 경우에는 계약내용의 수정을 명할 수 있으며, 이에 응하지 않는 경우에는 본죄가 성립한다. 그리고 제31조에 의하면 공정거래위원회는 재판매가격유지행위의 제한(제29조 제1항)의 규정에 위반하는 행위가 있는 때에는 당해 사업자에 대하여 당해 행위의 중지, 시정명령을 받은 사실의 공표 기타 시정을 위한 필요한 조치를 명할 수 있다. 이에 응하지 않으면 본죄가 성립한다.

2) 객관적 구성요건

① 행위주체

공정거래법상 제한이나 금지규정이 다양하게 존재하므로 공정거래위원회로부터 시정명령을 받은 원인도 매우 다양하며, 시정명령에 응하여야 할 수범자도 일의적으로 정리할 수 없고 다양하게 존재한다.

제5조에 의한 시정조치의 경우에는 시장지배적 사업자이며, 제16조에 의한 시정조치의 경우에는 기업결합제한의 경우는 사업자 또는 특수 관계인 누구든지 행위주체가 될 수 있으며, 지주회사 등의 행위제한의 경우는 지주회사이고, 채무보증제한 기업집단의 지주회사 설립제한의 경우는 채무보증제한 기업집단에 속한 회사를 지배하는 동일인 또는 당해 동일인의 특수 관계인이다. 그리고 상호출자의 금지 등의 경우에는 상호출자제한 기업집단에 속한 회사, 계열회사에 대한 채무보증의 금지의 경우에는 채무보증제한 기업집단에 속하는 회사(금융업 또는 보험업을 영위하는 회사는 제외), 금융회사 또는 보험회사의 의결권제한의 경우에는 상호출자제한 기업집단에 속하는 회사로서 금융업 또는 보험업을 영위하는 회사, 대규모 내부거래의 이사회 의결 및 공시 등의 경우에는 일정규모 이상의 자산총액 등 대통령령

이 정하는 기준에 해당하는 기업집단에 속하는 회사, 탈법행위 금지의 경우에는 누구든지 각각 본죄의 행위주체가 된다.

그러나 범죄행위의 실현자는 법인(법인격 없는 단체 포함)의 대표자나 법인 또는 개인의 대리인, 사용인, 그 밖의 종업원이다.

② 행 위

본죄는 행위주체가 공정거래위원회로부터 시정명령을 받고 이에 응하지 않음으로써 성립하는 부작위범이다. 공정거래위원회가 취하는 시정조치는 각종의 제한이나 금지마다 다르다. 제5조에 의하면 가격의 인하, 당해 행위의 중지, 시정명령을 받은 사실의 공표 기타 시정을 위하여 필요한 조치이며, 제16조에 의하면 당해 행위의 중지, 주식의 전부 또는 일부의 처분, 임원의 사임, 영업의 양도, 채무보증의 취소, 시정명령을 받은 사실의 공표, 기업결합에 따른 경쟁제한의 폐해를 방지할 수 있는 영업방식 또는 영업범위의 제한, 공시의무의 이행 또는 공시내용의 정정, 기타 법위반상태를 시정하기 위하여 필요한 조치이다.

그리고 제21조, 제24조, 제27조, 제30조, 제31조에 의하면 당해 행위의 중지, 시정명령을 받은 사실의 공표 기타 시정을 위한 필요한 조치이거나 경우에 따라 계약조항의 삭제, 계약내용의 수정 등이 추가되기도 한다.

3) 처 벌

본죄를 범한 자에게는 2년 이하의 징역 또는 1억 5천만원 이하의 벌금에 처한다(공정 제67조 제6호). 법인(법인격 없는 단체 포함)의 대표자나 법인 또는 개인의 대리인, 사용인, 그 밖의 종업원이 그 법인 또는 개인의 업무에 관하여 이에 해당하는 위반행위를 하면 그 행위자를 벌하는 외에 그 법인 또는 개인에게도 해당 벌금형을 과한다. 다만 법인 또는 개인이 그 위반행위를 방지하기 위하여 해당업무에 관하여 상당한 주의와 감독을 게을리 하지 아니한 경우에는 그러하지 아니하다(공정 제70조).

(6) 상호출자제한 기업집단 소속회사가 공인회계사의 회계감사를 받지 아니한 죄(공정 제67조 제7호)

1) 의 의

상호출자제한 기업집단 등에 속하는 회사(직전 사업연도 말의 자산총액이 대통령령이 정하는 금액 미만인 회사로서 청산 중에 있거나 1년 이상 휴업중인 회사는 제외함)는 공인회계사의 회계감사를 받아야 하며, 공정거래위원회는 공인회계사의 감사의견에 따라 수정한 대차대조표를 사용하여야 한다(공정 제14조 제5항). 이에 위반하여 공인회계사의 감사를 받지 않은 경우에 본죄가 성립한다(공정 제67조 제7호).

2) 객관적 구성요건

① 행위주체

본죄의 행위주체는 상호출자제한 기업집단에 속하는 회사이다. 상호출자제한 기업집단에 대해서는 전술한 바 있지만, 공정거래법은 경제력 집중의 억제수단으로서 대규모기업집단의 지정제도를 채택하고, 상호출자제한 기업집단은 당해 기업집단에 속하는 국내 회사들의 지정 직전 사업연도의 대차대조표상의 자산총액의 합계액이 5조원 이상인 기업집단이다. 법인의 대표자나 그의 대리인, 사용인, 그 밖의 종업원이 공인회계사의 감사를 받지 않은 경우에 본죄가 성립한다(공정 제67조 제7호).

다만 금융업 또는 보험업만을 영위하는 기업집단, 회사정리절차가 진행 중이거나 부실징후기업의 관리절차가 진행 중인 회사의 자산총액의 합계액이 기업집단 전체 자산총액의 50% 이상인 기업집단 등은 제외된다(령 제17조 제1항).

② 행 위

본죄는 상호출자제한 기업집단에 속하는 회사가 공인회계사의 감사를 받지 않음으로써 성립하는 부작위범이다. 다만, 직전 사업연도 말의 자산총액이 100억원 미만인 회사로서(령 제21조 제4항) 청산 중에 있거나 1년 이상 휴업 중인 회사는 공인회계사의 감사를 받지 않아도 되므로 위법성이 조각된다.

3) 처 벌

본죄를 범한 자에게는 2년 이하의 징역 또는 1억 5천만원 이하의 벌금에 처한다(공정 제67조 제7호). 법인의 대표자나 그의 대리인, 사용인, 그 밖의 종업원이 그 법인의 업무에 관하여 이에 해당하는 위반행위를 하면 그 행위자를 벌하는 외에 그 법인에게도 해당 벌금형을 과한다. 다만 법인이 그 위반행위를 방지하기 위하여 해당업무에 관하여 상당한 주의와 감독을 게을리 하지 아니한 경우에는 그러하지 아니하다(공정 제70조).

3. 독점규제 및 공정거래에 관한 법률 제68조상의 범죄

(1) 지주회사설립·전환신고 의무를 위반한 죄(공정 제68조 제1호)

1) 의 의

지주회사를 설립하거나 지주회사로 전환하는 자는 대통령령이 정하는 바에 의하여 공정거래위원회에 신고하여야 하며(공정 제8조), 이를 위반하여 신고하지 않거나 허위신고를 하면 본죄가 성립한다(공정 제68조 제1호).

지주회사설립 시에는 설립등기일로부터 30일 이내, 합병이나 회사분할에 의해 지주회사로 전환한 경우는 합병등기 또는 분할등기일로부터 30일 이내, 그리고 주식취득이나 자산의 증감을 통해 지주회사로 전환하는 경우에는 당해 사업연도 종료일로부터 4개월 이내에 서면으로 신고하여야 한다(령 제15조 제1항). 신고서에는 신고인의 성명, 지주회사와 자회사, 손자회사와 증손회사의 명칭, 자산과 부채, 주주의 주식소유현황, 사업내용을 기재하여야 하며, 지주회사의 설립참여자가 2 이상인 경우에는 공동으로 신고하여야 하고 대리하여 신고할 수도 있다(령 제15조 제1항, 제3항). 이 신고는 사후신고이다.

2) 객관적 구성요건

① 행위주체

본죄의 행위주체는 지주회사를 설립하거나 전환하는 모든 자이다. 지주회사를 설립 또는 전환하는 방법은 회사분할방식이 가장 많고, 현물출자, 주식이전, 주식취득 등의 방법이 있다. 본 행위를 실현하는 자는 법인(법인격 없는 단체 포함)의 대표자나 법인 또는 개인의 대리인, 사용인, 그 밖의 종업원이다.

회사의 분할이란 합병의 반대현상으로서 하나의 회사를 두 개 이상의 회사로 분리하는 것이다. 피분할회사의 재산의 일부가 분할 후 회사로 포괄승계 되고, 재산을 넘겨받은 회사가 그 반대급부로 지분을 발행하여 교부한다. 상법은 주식회사에 대해서만 분할을 인정하고, 이러한 분할을 통하여 1개 또는 수개의 회사를 설립하거나(단순분할), 1개 또는 수개의 존립 중의 회사와 합병(분할합병)할 수 있으며 단순분할과 분할합병을 겸할 수도 있다(상 제530조 각항).

② 행 위

본죄는 지주회사를 설립 또는 전환한 자가 공정거래위원회에 신고하지 않거나 허위신고를 함으로써 성립한다. 신고의 내용과 절차는 독점규제 및 공정거래에 관한 법률 시행령 제15조에서 규정하고 있다. 이에 따라 신고하지 않은 부작위가 있거나 사실과 다른 내용을 신고(허위신고)하면 본죄를 성립하게 된다.

3) 처 벌

본죄를 범한 자에게는 1억원 이하의 벌금에 처한다. 법인(법인격 없는 단체 포함)의 대표자나 법인 또는 개인의 대리인, 사용인, 그 밖의 종업원이 그 법인 또는 개인의 업무에 관하여 이에 해당하는 위반행위를 하면 그 행위자를 벌하는 외에 그 법인 또는 개인에게도 해당 벌금형을 과한다. 다만 법인 또는 개인이 그 위반행위를 방지하기 위하여 해당업무에 관하여 상당한 주의와 감독을 게을리 하지 아니한 경우에는 그러하지 아니하다(공정 제70조).

(2) 지주회사 등의 사업내용 보고의무를 위반한 죄(공정 제68조 제2호)

1) 의 의

지주회사는 대통령령이 정하는 바에 의하여 당해 지주회사·자회사·손회사 및 증손회사(이하 "지주회사" 등)의 주식소유현황·재무현황 등 사업내용에 관한 보고서를 공정거래위원회에 제출하여야 한다(공정 제8조의2 제7항). 지주회사가 위의 지주회사 등의 사업내용에 관한 보고를 하지 아니하거나 허위의 보고를 하면 본죄가 성립한다(공정 제68조 제2호).

독점규제 및 공정거래에 관한 법률 시행령 제15조의6에 의하면, 지주회사는 당해 사업연도 종료 후 4개월 이내에 지주회사 등의 명칭이나 소재지 등의 일반현황, 주주 및 주식소유현황, 자본총액과 부채총액 그리고 자산 등 재무현황 등을 보고하여야 하며, 재무제표와 주주명부, 영업보고서 등의 증빙서류를 첨부하여야 한다. 공정위는 제출된 보고서 및 첨부서류가 미비된 경우에는 기간을 정하여 당해 서류의 보정을 명할 수 있다.

2) 객관적 구성요건

① 행위주체

본죄의 행위주체는 지주회사이다. 지주회사에 관해서는 전술한 지주회사 등의 행위제한에서 상세히 설명하였다. 본죄를 실현하는 자는 지주회사의 대표자나 그의 대리인, 사용인, 그 밖의 종업원이다.

② 행 위

지주회사가 법 제8조의2와 시행령 제15조의6에서 정하는 내용을 당해 사업연도 종료 후 4개월 이내에 공정거래위원회에 보고하지 않거나(부작위), 사실과 다른 허위보고를 함으로써 본죄가 성립한다.

3) 처 벌

본죄를 범한 자에게는 1억원 이하의 벌금에 처한다. 지주회사의 대표자나 그의 대리인, 사용인, 그 밖의 종업원이 이에 해당하는 위반행위를 하면 그 행위자를 벌하는 외에 그 법인(지주회사)에게도 해당 벌금형을 과한다. 다만, 법인이 그 위반행위를 방지하기 위하여 해당업무에 관하여 상당한 주의와 감독을 게을리 하지 아니한 경우에는 그러하지 아니하다(공정 제70조).

(3) 주식보유현황 등의 신고의무를 위반한 죄(공정 제68조 제3호)

1) 의 의

상호출자제한 기업집단 또는 채무보증제한 기업집단에 속하는 회사는 대통령령이 정하는 바에 의하여 당해 회사의 주주의 주식소유현황·재무현황 및 다른 국내회사주식의 소유현황을 공정거래위원회에 신고하여야 한다(공정 제13조 제1항). 그리고 국내계열회사에 대한 채무보증현황을 국내금융기관의 확인을 받아 공정거래위원회에 신고하여야 한다(동조 제2항). 이 신고는 채무보증제한의 사전조치로 그 현황을 파악하기 위한 것이다. 이상의 신고를 하지 아니하거나 허위의 신고를 하면 본죄가 성립한다(공정 제68조 제3호).

이상의 신고를 하고자 하는 자는 매년 4월 말까지 다음 사항을 기재한 신고서를 공정거래위원회에 제출하여야 한다. 다만, 새로 지정된 기업집단에 속하는 회사의 경우 지정된 당해 연도에 있어서는 통지를 받은 날부터 30일 이내에 신고서를 제출하여야 한다(령 제20조 제1항). 신고서에 기재해야 할 사항은 ① 당해 회사의 명칭, 자본금, 자산총액 등 회사의 개요, ② 계열회사 및 특수 관계인이 소유하고 있는 당해 회사의 주식 수, ③ 해당회사의 국내회사 주식소유현황, ④ 당해회사의 채무보증금액 등이다.

그리고 신고서에는 다음의 서류를 첨부하여야 한다(령 동조 제2항). 즉 ① 당해회사 소유주식 명세서, ② 계열회사와의 상호출자 현황표, ③ 당해회사의 직전사업연도의 감사보고서, ④ 당해회사의 계열회사에 대한 채무보증명세서 및 직전 1년간의 채무보증변동내역, ⑤ 당해회사가 계열회사로부터 받은 채무보증명세서 및 직전 1년간의 채무보증변동내역, ⑥ 국내금융기관이 공정거래위원회가 정한 서식에 따라 작성한 확인서 등이다.

또 주식취득 등으로 소속회사의 변동사유가 발생한 경우에는 다음 각 호의 구분에 따른 날부터 30일 이내에 그 변동내용을 기재한 신고서를 공정거래위원회에 제출하여야 한다(령 동조 제3항). 즉 ① 주식소유 또는 소유비율증가의 경우 : 제18조 제8항 제1호 각 목에 따른 날, ② 임원선임의 경우 : 임원선임이 의결된 날, ③ 새로운 회사설립에 참여하는 경우 : 회사설립등기일, ④ 제1호부터 제3호까지 해당되지 아니하는 경우 : 주요주주와 계약·합의 등에 의하여 해당 소속회사의 경영에 대하여 지배적인 영향력을 행사할 수 있게 된 날 등이다.

2) 객관적 구성요건

① 행위주체

본죄의 행위주체는 상호출자제한 기업집단과 채무보증제한 기업집단에 속하는 회사이다. 본 행위는 상호출자제한과 상호보증제한 기업집단에 속하는 법인의 대표자나 그의 대리인, 사용인, 그 밖의 종업원이 실현하며, 상호출자제한 기업집단과 채무보증제한 기업집단에 관해서는 이들의 행위제한을 위반한 죄에서 이미 상세히 설명하였다.

② 행 위

상호출자제한 기업집단과 채무보증제한 기업집단에 속한 회사는 대통령령이 정하는 바에 의하여 당해 회사의 주주의 주식소유현황·재무현황 및 다른 국내회사 주식의 소유현황을 공정거래위원회에 신고하여야 할 의무(공정 제13조 제1항)가 있고, 국내계열회사에 대한 채무보증현황을 국내금융기관의 확인을 받아 공정거래위원회에 신고하여야 할 의무(동조 제2항)가 있다. 이들이 이 의무를 위반하여 신고하지 않거나(부작위범), 신고기간을 어긴 경우 또는 허위의 신고를 함으로써 본죄가 성립한다.

3) 처 벌

본죄를 범한 자에게는 1억원 이하의 벌금에 처한다. 법인의 대표자나 그의 대리인, 사용인, 그 밖의 종업원이 그 법인의 업무에 관하여 이에 해당하는 위반행위를 하면 그 행위자를 벌하는 외에 그 법인에게도 해당 벌금형을 과한다. 다만 법인이 그 위반행위를 방지하기 위하여 해당업무에 관하여 상당한 주의와 감독을 게을리하지 아니한 경우에는 그러하지 아니하다(공정 제70조).

(4) 상호출자제한 기업집단지정에 따른 자료제출거부의 죄 (공정 제68조 제4호)

1) 의 의

공정거래위원회는 회사 또는 당해 회사의 특수 관계인에 대하여 상호출자제한 기업집단 또는 채무보증제한 기업집단의 지정(공정 제14조 제1항)을 위하여 필요한 자료의 제출을 요청할 수 있다(공정 제14조 제4항). 따라서 본 요청을 받은 회사 또는 특수 관계인이 정당한 이유 없이 자료제출을 거부하거나 허위의 자료를 제출한 경우에는 본죄가 성립한다(공정 제68조 제4호).

상호출자제한 기업집단 등의 지정은 공정거래위원회가 매년 1회 행하며, 매년 4월 1일(부득이한 경우에는 4월 15일)에 하고 있다(령 제21조 제1항). 공정거래위원회는 지정 또는 지정제외 시 즉시 그 사실을 당해 기업집단에 속하는 회사와 동일인에게 서면으로 통지하고, 지정 및 통지 후에 변동이 있는 경우 매월 1회 동일인과 당해 회사에 대해 변동사항을 통지한다(령 제21조 제2, 3항). 그리고 연도 중에는 신규추가지정은 허용되지 않으며, 지정제외의 경우는 연도 중 그 사유가 발생한 때에 이를 지정에서 제외할 수 있다(령 제21조 제7항).

2) 객관적 구성요건

① 행위주체

본죄의 행위주체는 상호출자제한 기업집단 또는 채무보증제한 기업집단의 지정

(공정 제14조 제1항)을 위하여 필요한 자료의 제출을 요청받은 회사 또는 그 회사의 특수 관계인이다. 특수 관계인은 시행령 제11조에서 규정하고 있으며 ⅰ) 동일인(당해 회사를 사실상 지배하고 있는 자), ⅱ) 동일인 관련자(령 제3조 제1호), ⅲ) 경영을 지배하려는 공동의 목적을 가지고 당해 기업결합에 참여하는 자이며, 이에 대하여 전술한 바와 같다.

본죄의 행위는 자료의 제출을 요청받은 회사 또는 그 회사의 특수 관계인의 법인(법인격 없는 단체 포함)의 대표자나 법인 또는 개인의 대리인, 사용인, 그 밖의 종업원이 요청받은 자료 제출을 거부하거나 허위의 자료를 제출함으로써 실현하게 된다.

② 행 위

공정거래위원회로부터 상호출자제한 기업집단 또는 채무보증제한 기업집단의 지정을 위하여 필요한 자료의 제출을 요청 받은 회사 또는 특수 관계인이 정당한 이유 없이 자료제출을 거부하거나 허위의 자료를 제출함으로써 본죄가 성립한다. 자료제출을 거부하는 것에는 적극적으로 거부의 의사표시를 하는 것은 물론이고, 자료를 기간 내에 제출하지 않은 부작위를 포함하는 개념이라고 본다. 자료를 제출하였지만 사실과 다른 자료를 제출하는 것은 허위의 자료를 제출하는 것이 되어 본죄가 성립한다.

3) 처 벌

본죄를 범한 자에게는 1억원 이하의 벌금에 처한다. 법인(법인격 없는 단체 포함)의 대표자나 법인 또는 개인의 대리인, 사용인, 그 밖의 종업원이 그 법인 또는 개인의 업무에 관하여 이에 해당하는 위반행위를 하면 그 행위자를 벌하는 외에 그 법인 또는 개인에게도 해당 벌금형을 과한다. 다만 법인 또는 개인이 그 위반행위를 방지하기 위하여 해당업무에 관하여 상당한 주의와 감독을 게을리 하지 아니한 경우에는 그러하지 아니하다(공정 제70조).

(5) 허위감정을 한 죄(공정 제68조 제5호)

1) 의 의

공정거래위원회는 독점규제 및 공정거래에 관한 법률의 시행을 위하여 필요하다고 인정할 때에는 대통령령이 정하는 바에 의하여 감정인의 지정 및 감정의 위촉을 할 수 있다(공정 제50조 제1항 제2호). 이 경우 감정인이 허위의 감정을 한 때에는 본죄가 성립한다(공정 제68조 제5호).

2) 객관적 구성요건

① 행위주체

본죄의 행위주체는 본법의 시행을 위하여 필요한 사항의 감정을 위하여 지정 또는 위촉을 받은 감정인이다. 감정인은 법인형태나 개인 감정인일 수 있으므로 법인(법인격 없는 단체 포함)의 대표자나 법인 또는 개인의 대리인, 사용인, 그 밖의 종업원이 본죄를 실현하게 된다.

② 행 위

지정 또는 위촉을 받은 감정인이 허위의 감정을 함으로써 성립한다. 허위의 감정인이란 감정의 대상에 대하여 사실과 다른 내용을 보고하는 것이며, 이는 고의범으로서 허위보고에 대하여 고의 또는 인식이 있어야 할 것이다.

3) 처 벌

본죄를 범한 자에게는 1억원 이하의 벌금에 처한다. 법인(법인격 없는 단체 포함)의 대표자나 법인 또는 개인의 대리인, 사용인, 그 밖의 종업원이 그 법인 또는 개인의 업무에 관하여 이에 해당하는 위반행위를 하면 그 행위자를 벌하는 외에 그 법인 또는 개인에게도 해당 벌금형을 과한다. 다만, 법인 또는 개인이 그 위반행위를 방지하기 위하여 해당업무에 관하여 상당한 주의와 감독을 게을리 하지 아니한 경우에는 그러하지 아니하다(공정 제70조).

4. 독점규제 및 공정거래에 관한 법률 제69조에 의한 범죄

(1) 위반행위의 조사 등과 관련한 범죄

1) 의 의

공정거래위원회는 공정거래법 제15조(탈법행위의 금지)를 위반하여 제9조(상호출자 금지 등) 제1항의 적용을 면탈하려는 행위를 한 상당한 혐의가 있는 자의 조사와 관련하여 금융거래 관련정보 또는 자료(이하 금융거래정보)에 의하지 아니하고는 그 탈법행위의 여부를 확인할 수 없다고 인정되는 경우기 있다. 또는 제23조(불공정거래행위의 금지) 제1항 제7호를 위반한 상당한 혐의가 있는 내부거래공시대상회사의 조사와 관련하여 금융거래정보에 의하지 아니 하고는 자금 등의 지원여부를 확인할 수 없다고 인정되는 경우도 있다. 이 경우에는 금융실명거래 및 비밀보장에 관한 법률 제4조의 규정에도 불구하고 제37조의3(전원회의 및 소회의 관장사항)에 규정된 회의의 의결을 거쳐 다음 각 호의 사항을 기재한 문서에 의하여 금융기관의 특정 점포의 장에게 금융거래정보의 제출을 요구할 수 있으며, 그 특정점포의 장은 이를 거부하지 못한다.

문서에 기재할 내용은 ① 거래자의 인적사항, ② 요구대상 거래기간, ③ 요구의 법적근거 ④ 사용목적, ⑤ 요구하는 금융거래정보의 내용(제9조의 적용을 면탈하려는 행위 또는 부당 지원행위와 관련된 혐의가 있다고 인정되는 자의 금융기관과 제9조의 적용을 면탈하려는 행위 또는 부당지원행위와 관련된 금융거래정보에 한함), ⑥ 요구하는 기관의 담당자 및 책임자의 성명과 직책 등 인적사항 등이다.

이상의 요건에 해당하지 아니함에도 불구하고 그 직권을 남용하여 금융기관의 특정점포의 장에게 금융거래정보의 제출을 요구한 자 또는 금융거래정보를 제공받은 자가 그 자료를 타인에게 제공 또는 누설하거나 그 목적 외의 용도로 이를 이용한 경우(제50조 제9항)에는 본죄가 성립한다. 이는 공정거래위원회에게 법률위반행위의 조사를 위하여 상당한 권한을 부여하지만, 반면에 그 권한을 남용하는 것을 억제하기 위하여 본죄를 두고 있다.

2) 객관적 구성요건

① 행위주체

본죄의 행위주체는 공정거래위원회의 권한을 행사하여 금융거래의 정보를 제공받는 자이다. 따라서 공정거래위원회 위원, 정보의 수집 또는 보관 등과 관련 업무를 취급하는 공무원이 본죄의 행위 주체가 될 것이다.

② 행 위

본죄를 성립하게 하는 행위는 제50조 제5항의 요건에 해당하지 아니함에도 불구하고 그 직권을 남용하여 금융기관의 특정점포의 장에게 금융거래정보의 제공을 요구하는 것이다. 즉 제9조(상호출자 금지 등) 제1항의 적용을 면탈하려는 행위를 한 상당한 혐의가 있는 자의 조사 또는 제23조(불공정거래행위의 금지) 제1항 7호를 위반한 상당한 혐의가 있는 내부거래공시대상회사의 조사와 관련하여 금융거래정보가 필요한 경우 정보제공을 요구할 수 있다.

이 경우에도 제37조의3(전원회의 및 소회의 관장사항)에 규정된 회의의 의결을 거쳐야 한다. 조사목적이 아닌 경우에는 금융거래정보를 요구할 수 없으며, 조사목적을 위하여 요구하는 경우더라도 공정거래위원회의 회의라는 절차를 거쳐야 한다는 것이 그리고 이상의 정보를 제공받은 자가 그 자료를 타인에게 제공 또는 누설하거나 그 목적 이외의 용도로 이용함으로써 본죄가 성립한다. 이는 조사목적을 위하여 제공받은 정보라 하더라도 조사목적 이외에는 이용할 수 없다는 것이다.

③ 처 벌

본죄를 범한 자는 5년 이하의 징역 또는 3천만원 이하의 벌금에 처한다(공정 제69조 제1항). 직권남용을 예방하기 위하여 공정거래법상의 범죄행위 가운데서 징역형을 가장 길게 규정하고 있다. 본죄에 대해서는 공정거래법 제66조나 제67조와 달리, 공정거래위원회의 고발 없이 수사 및 공소할 수 있다(공정 제71조 제1항 반대해석).

(2) 비밀준수 의무에 위반한 범죄

1) 의 의

독점규제 및 공정거래에 관한 법률에 의한 직무에 종사하였던 위원, 공무원 또는 협의회에서 분쟁조정업무를 담당하거나 담당하였던 자는 그 직무상 알게 된 사업자 또는 사업자 단체의 비밀을 누설하거나 이 법의 시행을 위한 목적 외에 이를 이용해서는 안 된다. 이를 위반하면 본죄가 성립한다. 직무상 알게 된 정보를 누설하여 사업자 또는 사업자 단체의 이익을 해치는 것을 방지하기 위하여 본죄를 설치한 것이다.

2) 객관적 구성요건

① 행위주체

본죄를 범하는 행위주체는 공정거래법에 의한 직무에 종사하였던 위원, 공무원 또는 협의회에서 분쟁조정업무를 담당하거나 담당하였던 자이다. 즉, 공정거래위원회의 위원 및 소속공무원뿐만 아니라 외부인으로서 각종 위원회의 위원으로 참석하여 직무상 사업자나 사업자 단체의 비밀을 알게 된 자는 그 비밀을 준수할 의무를 진다.

② 행 위

본죄의 행위는 직무상 알게 된 사업자 또는 사업자 단체의 비밀을 누설하거나 이 법의 시행을 위한 목적 외에 이를 이용하는 것이다. 기업이 자본시장 및 금융투자업에 관한 법률을 위반하는 것을 예방하거나 또는 시정하기 위하여, 공정거래위원회의 정보접근권을 강화하면서도 그 남용을 방지하기 위하여 본죄를 설치하고 있다.

사업자 또는 사업자 단체의 비밀이라 함은 기업조직 또는 사업에 관한 공지되지 아니한 정보로서 당해 기업이 배타적으로 관리할 수 있고, 그 기업 또는 제3자가 경제적 가치를 가지고 이용할 수 있는 것을 말한다.[1)]

직무상 알게 된 비밀에 대하여 이를 누설하거나 본법의 시행목적 외에 이를 이용함으로써 본죄는 성립하는 것이고, 행위자의 고의나 인식을 요구하지 않는다고 본다. 또한 정보의 누설이나 남용행위의 대가기 있어야 하거나 또는 이로 인한 기업의 손실이 있어야 하는 것도 아니며, 행위주체가 그 비밀을 누설하거나 남용하는 객관적 사실만 있으면 본죄가 성립한다고 본다.

3) 처 벌

본죄를 범한 자는 2년 이하의 징역 또는 200만원 이하의 벌금에 처한다(공정 제69조 제2항). 본죄에 대해서는 공정거래법 제66조나 제67조와 달리, 공정거래위원회의 고발 없이 수사 및 공소할 수 있다(공정 제71조 제1항 반대해석).

---

1) 부정경쟁방지 및 영업비밀에 관한 법률에서는 공연히 알려져 있지 아니하고, 독립된 경제적 가치를 가지는 것으로서 상당한 노력에 의하여 비밀로 유지된 생산방법, 판매방법 기타 영업활동에 유용한 기술상 또는 경영상의 기술을 말한다(부정 제2조 제2호).

제3장 자본시장 및 금융투자업에 관한 법률(자본시장법)상의 범죄

1. 자본시장법 제443조상의 범죄

(1) 상장법인의 업무등과 관련한 미공개중요정보 이용행위 금지 위반죄 (법 제443조 제1항 제1호 위반죄)

1) 의 의

자본시장법 제174조 제1항은 미공개중요정보의 이용행위를 금지하는 일반적 규정이다. 즉, 다음 각 호의 어느 하나에 해당하는 자(제1호부터 제5호까지의 어느 하나에 해당하지 아니하게 된 날부터 1년이 경과하지 아니한 자를 포함)는 상장법인(6개월 이내에 상장하는 법인 포함)의 업무 등과 관련된 미공개중요정보를 특정증권 등의 매매, 그 밖의 거래에 이용하거나 타인에게 이용하게 하여서는 아니 된다. 이를 위반한 자는 10년 이하의 징역 또는 5억원 이하의 벌금에 처한다. 다만, 그 위반행위로 얻은 이익 또는 회피한 손실액의 3배에 해당하는 금액이 5억원을 초과하는 경우에는 그 이익 또는 회피한 손실액의 3배에 상당하는 금액 이하의 벌금에 처한다(제443조 본문).

미공개중요정보란 투자자의 투자판단에 중대한 영향을 미칠 수 있는 정보로서 대통령령으로 정하는 방법에 따라 불특정 다수인이 알 수 있도록 공개되기 전의 것을 말한다.[1)] 상장법인(6개월 이내에 상장하는 법인 포함)이란 증권시장에 상장된 증권을 발행한 법인을 의미하며(법 제9조 제15항 1호) 비상장 법인(상장법인을 제외한 법인)의 경우에는 이에 해당하지 않는다.

내부자거래를 금지하는 이유는 내부자가 직무상 알게 된 미공개정보를 이용하

1) 자본시장과 금융투자업에 관한 법률 제174조 입법해석.

여 특정증권 등을 매매하게 되면, 일반투자자를 희생하여 부당한 이득을 얻게 되기 때문이다. 특정증권이란 법 제172조 제1항에서 정하는 그 법인이 발행한 증권(대통령령으로 정하는 증권 제외)(제1호), 이 증권과 관련된 증권예탁증권(제2호), 그 법인 이외의 자가 발행한 것으로서 제1호 또는 제2호의 증권과 교환을 청구할 수 있는 교환사채권(제3호), 제1호부터 제3호까지의 증권만을 기초자산으로 하는 금융투자상품(제4호), 즉 다른 법인이 발행하는 교환사채, DR, 주식옵션, 선물옵션 등을 말한다.

2) 객관적 구성요건

① 행위주체

미공개중요정보에 기한 모든 거래가 금지되는 것은 아니고, 미공개정보의 이용이 금지되는 자는 내부자(insider)이거나 정보수령자(tippee)뿐이며, 이들만이 공개 또는 회피의무를 진다.

i) 그 법인(그 계열회사 포함) 및 그 법인의 임직원, 대리인으로서 그 직무와 관련하여 미공개중요정보를 알게 된 자(법 제174조 제1항 제1호)

특히 해당법인과 그 계열회사의 금지위반행위가 처벌대상으로 되어 있다. 법 제448조는 「법인의 대표자나 법인 또는 개인의 대리인, 사용인, 그 밖의 종업원이 그 법인 또는 개인의 업무에 관하여 위반행위를 하면 그 행위자를 벌하는 외에 그 법인 또는 개인에게도 해당조문의 벌금형을 과한다」고 규정하고 있다. 따라서 회사의 임직원 또는 계열회사의 임직원이 미공개정보를 이용하여 자신의 이익을 위하여 자기의 계산으로 하거나 또는 타인(회사 포함)의 이익을 위하여 타인의 계산으로 하거나 모두 처벌 대상이 되는 동시에 법인(회사)도 처벌 대상이 된다. 계열회사란 독점규제 및 공정거래에 관한 법률에 따른 것으로서(공정 제2조 제3호), 2 이상의 회사가 동일한 기업집단에 속하는 회사의 임직원, 주요주주 등은 계열회사의 미공개중요정보를 이용해서는 안 된다.

법인의 임직원이란 신임의무를 지는 임원으로서 이사, 집행임원, 감사 등뿐만 아니라, 회사와 고용계약관계의 유무를 불문하고 하위직 직원, 임시직원, 파견근로자, 아르바이트 사원 등이 해당한다. 법인의 대리인이란 변호사, 회계사 등 법인의 업무에 관한 대리권을 갖는 자이다.

ii) 그 법인(그 계열회사 포함)의 주요주주로서 그 권리를 행사하는 과정에서 미공개정보를 알게 된 자(제2호)

주요주주란 누구의 명의로 하든지 자기의 계산으로 법인의 의결권 있는 발행주식 총수의 100분의 10 이상의 주식(그 주식과 관련된 증권예탁증권 포함)을 소유한 자, 임원의 임면 등의 방법으로 법인의 중요한 경영사항에 대하여 사실상의 영향력을 행사하는 주주를 말한다(법 제9조 제1항 제2호 가, 나). 주요주주는 임직원과 달리 직무라는 것이 없으므로, "그 권리를 행사하는 과정에서" 알게 된 미공개중요정보를 이용하는 경우에 내부자거래 규제의 대상이 된다. 그러므로 권리행사와 관련이 없이 알게 된 정보의 이용은 규제대상이 아니라고 해야 할 것이다. 이를 확대해석하는 것은 죄형법정주의의 명확성 원칙에 반한다고 본다.[1)]

iii) 그 법인에 대하여 법령에 따른 허가, 인가, 지도, 감독, 그 밖의 권한을 가진 자로서 그 권한을 행사하는 과정에서 미공개중요정보를 알게 된 자(제3호) 및 그 법인과 계약을 체결하고 있거나 체결을 교섭하고 있는 자로서 그 계약을 체결, 교섭 또는 이행하는 과정에서 미공개중요정보를 알게 된 자(제4호)이다.

이들은 내부자가 아니지만 해당 법인과 일정한 관계가 있는 자는 준 내부자로서 미공개정보의 이용이 금지되는 자이다. 경영자문계약을 체결한 자, 컨설팅 계약을 체결한 자, 외자유치 자문계약, 손실보전약정을 체결한 자, 자금대차계약을 체결한 자 등이다.

iv) 제2호부터 제4호까지의 어느 하나에 해당하는 자의 대리인(이에 해당하는 자가 법인인 경우에는 그 임직원 및 대리인 포함), 사용인, 그 밖의 종업원(제2호부터 제4호까지의 어느 하나에 해당하는 자가 법인인 경우에는 그 임직원 및 대리인 포함)으로서 그 직무와 관련하여 미공개중요정보를 알게 된 자(제5호)이다

v) 제1호부터 제5호까지의 어느 하나에 해당하는 자(제1호부터 제5호까지의 어느 하나에 해당하지 아니하게 된 날부터 1년이 경과하지 아니한 자를 포함)로부터 미공개중요정보를 받은 자(제6호)이다. 그러므로 주요주주나 임직원 등이 직무관련성이 없이 내부자로부터 정보를 제공받고(정보 수령자), 미공개정보라는 것을 알고 거래하면 이에 해당될 것이다. 내부자나 준 내부자가 현재의 지위에 있는 경우뿐만 아니라 이에 해당하지 않게 된 날부터 1년이 경과하지 아니한 자도 직무나 권한을 행사하는 과정에서 알게 된 미공개중요정보를 이용해서는 안 된다. 그러나 이들이 퇴임 후 알게 된 정보에 대해서는 이에 해당하지 않을 것이다.

---

1) 임재연, 자본시장법, 박영사, 2012, 812면: 이에 대하여 구체적 권리행사 외에도 주요주주라는 지위에서 정보를 지득할 수 있는 경우를 일반적으로 규제대상으로 보아야 한다는 의견이 있다. 안수현, "자본시장법 시행 이후 불공정거래 규제변화와 과제", BFL 제40호(2010), 서울대 금융법센터, 72면.

② 행 위

본죄를 구성하는 행위는 미공개중요정보를 특정증권 등의 매매, 그 밖의 거래에 이용하거나 타인에게 이용하게 하는 것이다. 특정증권에 대해서는 전술하였다. 정보를 이용하였더라도 매매 그 밖의 거래를 한 경우가 아니면 본죄를 구성하지 않는다. 매매란 매도 또는 매수를 말하며, 그 밖의 거래란 유상거래만을 의미하고 증여 등은 해당되지 않는다. 장외거래도 포함한다.

"타인에게 이용하게 하는 행위"란 타인에게 특정증권 등의 매매 그 밖의 거래에 이용하도록 미공개정보를 알려주는 것을 말한다.

3) 주관적 구성요건

본죄가 성립하기 위해서는 미공개중요정보를 자기 또는 타인이 이익을 얻거나 손실을 회피하기 위하여 특정증권을 매매, 그 밖의 거래에 이용하려는 고의 또는 이용하게 하려는 고의가 있어야 한다. 미공개중요정보란 일반인에게 공개되지 아니한 것으로서 투자자의 투지판단에 중대한 영향을 미칠 수 있는 정보를 말하며 행위자는 미공개중요정보라는 인식이 있어야 할 것이다. 미공개중요정보가 거래를 하게 된 유일한 요인일 필요는 없고 여러 요인 중의 하나이면 정보이용행위에 해당한다고 본다.[1] 그러나 내부자가 미공개중요정보를 알고 있는 경우에도 이를 이용하지 않았다는 반증을 들면 본죄는 성립하지 않는다.[2]

본죄는 매매 그 밖의 거래의 성립시점에 기수가 된다고 보아야 할 것이므로, 미공개중요정보를 이용하여 매도 또는 매수의 행위를 시도하였으나 거래가 성립하지 않았거나, 이 행위를 중지한 경우에는 형사처벌이 불가능하다고 할 것이다. 정보수령자도 내부자가 제공한 정보를 받고 특정증권의 매매 그 밖의 거래를 하였어야 본죄가 성립하며 그 정보를 이용한 거래를 하지 않은 경우에는 본죄가 성립하지 않는다.

미공개중요정보는 해당법인의 경영에 중대한 영향을 미칠 수 있는 사실로서 합리적인 투자자가 해당 유가증권을 매수 또는 계속 보유할 것인지, 또는 처분할 것인지 여부를 결정하는데 있어서 중요한 가치가 있는 정보, 유가증권의 가격에 중대한 영향을 미칠 수 있는 사실을 말한다.[3]

---

1) 임재연, 844면.

2) 서울중앙지판 2008.11.27, 2008고합236.

3) 대판 995.6.29, 95도467; 대판 2000.11.24, 2000도2827.

내부자거래를 규제하는 목적은 증권매매에 있어 정보면에서의 평등성 즉 공정한 입장에서 자유로운 경쟁에 의하여 공정한 거래를 하게 함으로써 증권시장의 거래에 참여하는 자로 하여금 가능한 동등한 입장과 동일한 가능성 위에서 증권거래를 할 수 있도록 투자자를 보호하고 증권시장의 공정성을 확립하여 투자자에게 신뢰감을 갖게 하는 것이다.[1]

4) 처 벌

본죄를 범한 자는 10년 이하의 징역 또는 5억원 이하의 벌금에 처한다. 다만, 그 위반행위로 얻은 이익 또는 회피한 손실액의 3배에 해당하는 금액이 5억원을 초과하는 경우에는 그 이익 또는 회피한 손실액의 3배에 상당하는 금액 이하의 벌금에 처한다(제443조 제1항). 그 위반행위로 얻은 이익 또는 회피한 손실액이 50억원 이상인 경우에는 무기 또는 5년 이상의 징역(동조 제2항 1호), 이익 또는 회피한 손실액이 5억원 이상 50억원 미만인 경우에는 3년 이상의 유기징역(동조 제2항 2호)에 처한다. 이익 또는 회피한 손실액에 따라 가중처벌을 규정한 것이다. 그리고 동조의 제1항과 제2항에 의하여 징역에 처하는 경우에는 10년 이하의 자격정지를 병과할 수 있다(동조 제3항).

징역과 벌금은 병과할 수 있으며(제447조 제1항), 제443조 제2항에 따라 가중처벌을 받은 자에게 징역과 벌금형을 병과하는 경우에는 그 위반행위로 얻은 이익 또는 회피손실액의 3배에 상당하는 금액 이하의 벌금에 처한다(동조 제2항).

법인(단체포함)의 대표자나 법인 또는 개인의 대리인, 사용인 그 밖의 종업원이 그 법인 또는 개인의 업무에 관하여 위반행위를 하면 그 행위자를 벌하는 외에 그 법인 또는 개인에게 해당 조문의 벌금형을 과한다. 다만, 법인 또는 개인이 그 위반행위를 방지하기 위하여 해당 업무에 관하여 상당한 주의와 감독을 게을리 하지 아니한 경우에는 그러하지 아니하다(법 제448조 양벌규정).[2]

(2) 공개매수의 실시 또는 중지에 관한 미공개중요정보 이용행위금지 위반죄(법 제443조 제1항 제2호 위반죄)

1) 의 의

다음 각 호의 어느 하나에 해당하는 자(제1호부터 제5호까지의 어느 하나에 해당하

---

1) 대판 1994.4.26, 93도695; 헌재결 1997.3.27, 94헌바24.

2) 이에 관하여 본서 "법인의 범죄능력" 참조.

지 아니하게 된 날부터 1년이 경과하지 아니한 자를 포함)는 주식 등에 대한 공개매수(법 제133조 제1항의 공개매수)의 실시 또는 중지에 관한 미공개정보(대통령령으로 정하는 방법에 따라 불특정 다수인이 알 수 있도록 공개되기 전의 것, 이에 대하여 행위주체에서 상술함)를 그 주식 등과 관련된 특정증권 등의 매매, 그 밖의 거래에 이용하거나 타인에게 이용하게 하여서는 아니 된다. 다만, 공개매수자가 공개매수를 목적으로 거래하는 경우에는 그러하지 아니하다(법 제174조 제2항 본문). 이를 위반하여 주식 등에 대한 공개매수의 실시 또는 중지에 관한 미공개정보를 그 주식 등과 관련된 특정증권의 매매, 그 밖의 거래에 이용하거나 타인에게 이용하게 하면 본죄가 성립하고 그 처벌은 제174조 제1항의 위반의 경우와 같다.

공개매수란 불특정 다수인에 대하여 의결권 있는 주식, 그 밖에 대통령령으로 정하는 증권의 매수(다른 증권과 교환포함)의 청약을 하거나 매도(다른 증권과 교환포함)의 청약을 권유하고 증권시장(이와 유사한 시장으로서 해외에 있는 시장포함) 밖에서 그 주식 등을 매수하는 것을 말한다(법 제133조 제1항).

2) 객관적 구성요건

① 행위주체

본죄의 행위주체는 법 제174조 제2항 각 호에서 정하는 자이다.

i) 공개매수자(그 계열회사 포함) 및 공개매수자의 임직원, 대리인으로서 그 직무와 관련하여 공개매수의 실시 또는 중지에 관한 미공개정보를 알게 된 자(1호)

ii) 공개매수자의 주요주주로서 그 권리를 행사하는 과정에서 공개매수의 실시 또는 중지에 관한 미공개정보를 알게 된 자(2호)

iii) 공개매수자에 대하여 법령에 따른 허가, 인가, 지도, 감독, 그 밖의 권한을 가진 자로서 그 권한을 행사하는 과정에서 공개매수의 실시 또는 중지에 관한 미공개중요정보를 알게 된 자(제3호)

iv) 공개매수자와 계약을 체결하고 있거나 체결을 교섭하고 있는 자로서 그 계약을 체결, 교섭 또는 이행하는 과정에서 공개매수의 실시 또는 중지에 관한 미공개중요정보를 알게 된 자(제4호)

v) 제2호부터 제4호까지의 어느 하나에 해당하는 자의 대리인(이에 해당하는 자가 법인인 경우에는 그 임직원 및 대리인 포함), 사용인, 그 밖의 종업원(제2호부터 제4호까지의 어느 하나에 해당하는 자가 법인인 경우에는 그 임직원 및 대리인 포함)으로서 그 직무와 관련하여 공개매수의 실시 또는 중지에 관한 미공개중요정보를 알게 된 자(제5호)이다

vi) 공개매수자 또는 제1호부터 제5호까지의 어느 하나에 해당하는 자(제1호부터 제5호까지의 어느 하나에 해당하지 아니하게 된 날부터 1년이 경과하지 아니한 자를 포함)로부터 공개매수의 실시 또는 중지에 관한 미공개중요정보를 받은 자(제6호)이다.

② 행 위

본죄는 이상의 행위주체가 주식 등에 대한 공개매수의 실시 또는 중지에 관한 미공개정보를 그 주식 등과 관련된 특정증권 등의 매매, 그 밖의 거래에 이용하거나 타인에게 이용하게 함으로써 성립한다. 다만, 공개매수자가 공개매수를 목적으로 거래하는 경우는 허용된다(법 제174조 제2항). 공개매수에 관한 미공개중요정보를 공개매수자 본인뿐만 아니라 타인에게 이용하게 하는 행위를 금지하고, 오직 공개매수를 목적으로 하는 거래의 경우에만 허용하고 있으므로 이 경우에는 미공개정보를 이용하더라도 위법성이 조각될 것이다.

공개매수는 기업의 지배권 획득이나 유지가 목적이므로 공개매수의 대상인 주식 등은 의결권 있는 주식을 전제로 할 것이다. 그러나 여기에서 "주식 등과 관련된 특정증권의 매매"란 이보다 더 넓은 의미로서 유가증권의 매매라고 보아 전술한 법 제174조 제1항의 경우와 같다고 보아야 할 것이다. 왜냐하면 미공개중요정보 이용을 금지하는 목적은 자기 또는 타인이 이익을 얻거나 손실을 회피할 목적으로 시장의 공정성이나 정보의 평등성을 보장할 목적이기 때문이다.

3) 주관적 요건

행위자에게 주식 등에 대한 공개매수의 실시 또는 중지에 관한 미공개정보를 그 주식 등과 관련된 특정증권 등의 매매, 그 밖의 거래에 이용하거나 타인에게 이용하게 하려는 고의가 있어야 하며, 미공개정보라는 사실에 대하여 인식이 있어야 한다. 상세한 설명은 법 제174조 제1항 위반죄의 경우와 동일하다.

4) 처 벌

처벌은 법 제443조 제1항에 의하여 법 제174조 제1항 미공개중요정보 이용행위 금지 위반죄의 경우와 동일하다.

(3) 주식 등의 대량취득·처분의 실시 또는 중지에 관한 미공개중요정보 이용행위금지 위반죄(법 제443조 제1항 제3호 위반죄)

1) 의 의

다음 각 호의 어느 하나에 해당하는 자(제1호부터 제5호까지의 어느 하나의 자에 해당하지 아니하게 된 날부터 1년이 경과하지 아니한 자 포함, 행위주체에서 상술함)는 주식 등의 대량취득, 처분(경영권에 영향을 줄 가능성 있는 대량취득, 처분으로서 대통령령으로 정하는 취득, 처분을 말함)의 실시 또는 중지에 관한 미공개정보(대통령령으로 정하는 방법에 따라 불특정 다수인이 알 수 있도록 공개되기 전의 것을 말함)를 그 주식 등과 관련된 특정증권 등의 매매, 그 밖의 거래에 이용하거나 타인에게 이용하게 하여서는 아니 된다. 다만, 대량취득, 처분을 하는 자가 대량취득, 처분을 목적으로 거래하는 경우에는 그러하지 아니하다(법 제174조 제3항). 이를 위반하여 주식 등의 대량취득, 처분의 실시 또는 중지에 관한 미공개정보를 그 주식 등과 관련된 특정증권 등의 매매, 그 밖의 거래에 이용하거나 타인에게 이용하게 한 자는 법 제174조 제1항 미공개중요정보 이용행위 금지 위반죄와 같이 처벌한다(법 제443조 제3항).

주권상장법인의 주식 등을 대량보유(본인과 그 특별관계자가 보유하게 되는 주식 등의 수의 합계가 그 주식 등의 총수의 100분의 5 이상인 경우)하게 된 자는 그날부터 5일 이내에 그 보유상황, 보유목적(발행인의 경영권에 영향을 주기 위한 목적여부), 그 보유주식 등에 관한 주요 계약내용, 그 밖에 대통령령으로 정하는 사항을 대통령령으로 정하는 방법에 따라 금융위원회와 거래소에 보고하여야 한다. 그리고 보유주식 등의 수의 합계가 그 주식 등의 총수의 100분의 1 이상 변동된 경우에도 위와 같이 보고하여야 한다. 다만, 그 보유목적이 발행인의 경영권에 영향을 주기 위한 것이 아닌 경우와 전문투자자 중 대통령령으로 정하는 자의 경우에는 보고내용 및 시기를 달리 정할 수 있다(법 제147조 제1항).

이 5% 룰은 경영진을 위해서는 경영권 방어책으로서의 기능을 하고, 경영권 경쟁자에게는 지분변동 상황의 파악을 위한 자료이며, 일반투자자 또는 소수주주에게는 투자전략 및 지분보유 결정을 위한 자료로 활용될 수 있다.[1] 또한 규제당국의 입장에서는 미공개중요정보이용 등과 같은 불공정거래를 감시하기 위한 수단으로서 기능을 한다.[2]

---

1) 김건식·정순섭, 「자본시장법」, 두성사, 2009, 228면.

2) 임재연, 전게서, 513면.

그러므로 주식 등의 대량취득, 처분의 실시 또는 중지에 관한 미공개정보를 그 주식 등과 관련된 특정증권 등의 매매, 그 밖의 거래에 이용하거나 타인에게 이용하게 하는 것은 경영권, 경영권 경쟁자, 일반투자자 및 소수주주를 해하게 된다.

2) 객관적 구성요건

① 행위주체

i) 대량취득, 처분을 하는 자(그 계열회사 포함) 및 대량취득, 처분을 하는 자의 임직원, 대리인으로서 그 직무와 관련하여 대량취득, 처분의 실시 또는 중지에 관한 미공개 정보를 알게 된 자(법 제174조 제3항 1호)

ii) 대량취득, 처분을 하는 자의 주요주주로서 그 권리를 행사하는 과정에서 대량취득, 처분의 실시 또는 중지에 관한 미공개 정보를 알게 된 자(2호)

iii) 대량취득, 처분을 하는 자에 대하여 법령에 따른 허가, 인가, 지도, 감독 그 밖의 권한을 가지는 자로서 그 권한을 행사하는 과정에서 대량취득, 처분의 실시 또는 중지에 관한 미공개 정보를 알게 된 자(3호)

iv) 대량취득, 처분을 하는 자와 계약을 체결하고 있거나 체결을 교섭하고 있는 자로서 그 계약을 체결, 교섭 또는 이행하는 과정에서 대량취득, 처분의 실시 또는 중지에 관한 미공개 정보를 알게 된 자(4호)

v) 제2호부터 제4호까지의 어느 하나에 해당하는 자의 대리인(법인인 경우에는 그 임직원 및 대리인 포함), 사용인 그 밖의 종업원으로서 직무와 관련하여 대량취득, 처분의 실시 또는 중지에 관한 미공개 정보를 알게 된 자(5호)

vi) 대량취득, 처분을 하는 자 또는 제1호부터 제5호까지의 어느 하나에 해당하는 자(제1호부터 제5호까지의 어느 하나에 해당하지 아니하게 된 날부터 1년이 경과하지 아니한 자를 포함)로부터 대량취득, 처분의 실시 또는 중지에 관한 미공개 정보를 알게 된 자(6호) 등이다.

② 행 위

이상의 행위주체가 주식 등의 대량취득, 처분의 실시 또는 중지에 관한 미공개정보를 그 주식 등과 관련된 특정증권 등의 매매, 그 밖의 거래에 이용하거나 타인에게 이용하게 하는 행위를 함으로써 본죄가 성립한다. 미공개정보, 특정증권의 매매, 그 밖의 거래, 타인에게 이용하게 하는 것 등에 관해서는 전술한 바와 같다.

3) 주관적 요건

행위자에게 주식 등의 대량취득, 처분의 실시 또는 중지에 관한 미공개정보를 그 주식 등과 관련된 특정증권 등의 매매, 그 밖의 거래에 이용하거나 타인에게 이용하게 하려는 고의가 있어야 하며, 미공개정보라는 사실에 대하여 인식이 있어야 한다. 상세한 설명은 법 제174조 제1항 위반죄의 경우와 동일하다.

4) 처 벌

처벌은 법 제443조 제1항에 의하여 법 제174조 제1항 미공개중요정보 이용행위 금지 위반죄의 경우와 동일하다.

(4) 상장증권 또는 장내파생상품의 매매가 성황을 이루고 있는 듯이 잘못 알게 하는 등의 죄(법 제443조 제1항 제4호 위반죄)

1) 의 의

누구든지 상장증권 또는 장내파생상품의 매매에 관하여 그 매매가 성황을 이루고 있는 듯이 잘못 알게 하거나, 그 밖에 타인에게 그릇된 판단을 하게 할 목적으로 다음 각 호의 어느 하나에 해당하는 행위를 하여서는 아니 된다(법 제176조 제1항). 이에 위반한 경우에는 법 제443조 제1항에 의하여 처벌된다(동 제4호).

규제대상 상품은 상장증권 또는 장내파생상품이다. 상장증권이란 상장법인이 발행한 모든 증권이 규제대상이 아니고 상장증권만이 규제대상이다. 장내파생상품이란 파생상품으로서 파생상품시장에서 거래되는 것 또는 해외파생상품시장에서 거래되는 것을 말한다(법 제5조 제2항). 장내파생상품을 대상으로 하므로 거래소시장에서의 시세조정행위만을 규제대상으로 한다고 보아야 할 것이다.[1] 파생상품시장은 파생상품의 매매를 위하여 한국 거래소가 개설하는 시장을 말하고(법 제9조 제14항), 해외파생상품시장은 파생상품시장과 유사한 시장으로서 해외에 있는 시장과 대통령령으로 정하는 해외 파생상품거래가 이루어지는 시장을 말한다(법 제5조 제2항).

---

1) 파생상품의 종류에 관해서는 법 제5조 제1항 각호 참조.

2) 객관적 구성요건

① 행위주체

본죄의 행위주체가 될 수 있는 자는 제한이 없으므로 누구든지 주체가 될 수 있다.

② 행 위

본죄가 성립하는 행위는 법 제176조 제1항 각 호에서 열거하고 있다. 이를 나누어 설명하면 다음과 같다.

ⅰ) 자기가 매도하는 것과 같은 시기에 그와 같은 가격 또는 약정수치로 타인이 그 증권 또는 장내파생상품을 매수할 것을 사전에 그 자와 서로 짠 후 매도하는 행위(1호)

ⅱ) 자기가 매수하는 것과 같은 시기에 그와 같은 가격 또는 약정수치로 타인이 그 증권 또는 장내파생상품을 매도할 것을 사전에 그 자와 서로 짠 후 매수하는 행위(2호)

이상의 ⅰ)과 ⅱ)는 통정매매로서 당사자 간에 미리 매매가격을 정하고 서로 매도 매수를 하는 것이다. 따라서 당사자들이 공모한 경우에 본죄가 성립한다. 공모는 공모자 상호간에 범죄의 공동실현에 관한 연락이 있으면 충분하고, 직접증거가 없더라도 정황사실과 경험법칙에 의하여 인정할 수 있을 것이다.[1] 그러나 다수의 관련자가 있다고 하더라도 사전에 모의(합의)한 것이 아니고 우연히 공통된 행위를 한 경우에는 공모라고 할 수 없다.[2] 통정매매는 같은 시기에 같은 가격으로 매매가 이루어질 것을 요건으로 한다. 같은 시간, 같은 가격이란 쌍방의 주문이 시장에서 대응하여 성립할 가능성이 있는 시간이면 통정매매가 성립한다.[3]

ⅲ) 그 증권 또는 장내파생상품을 매매를 함에 있어서 그 권리의 이전을 목적으로 하지 아니 하는 거짓으로 꾸민 매매를 하는 행위(3호)

이 형태는 가장매매로서 외관상 권리의 이전이 있는 매매로 보이지만 실제로는 권리의 이전을 목적으로 하지 않는 매매이다. 실제로 권리이전이 이루어지는 통정매매와 다르다. 당사자들의 공모에 의하여 본 행위가 이루어진다.

---

1) 대판 2004.3.26, 2002도7112.

2) 임재연, 전게서, 875면.

3) 대판 2004.7.9, 2003도5831.

iv) 제1호부터 제3호까지의 행위를 위탁하거나 수탁하는 행위(4호)

통정매매나 가장매매를 당사자가 직접 한 경우뿐만 아니라 이러한 매매를 증권회사에 위탁한 경우나 수탁하는 하는 경우에도 본죄가 성립한다. 매매를 수탁하는 투자중개업자의 직원은 통정매매나 가장매매에 관한 사실에 대하여 인식이 있어야 할 것이다. 위탁하거나 수탁하는 행위를 한 후 매매가 아직 성립되지 않는 경우에도 본죄가 성립하므로 통정매매나 가장매매를 미리 예방하기 위한 목적이다.

3) 주관적 요건

본죄가 성립하려면 행위자의 통정매매 또는 가장매매가 일반투자자로 하여금 그 매매가 성황을 이루고 있는 것처럼 잘못 알게 하거나 타인으로 하여금 잘못 판단을 하게 하려는 목적 하에 이루어져야 한다. 따라서 통정매매나 가장매매라고 할지라도 매매의 성황에 오인 또는 오판의 목적이 없다면 시세조종으로 볼 수 없고 본죄를 구성하는 것은 아니다.[1] 목적에 대한 인식정도는 적극적 의욕이나 확정적 인식임을 요하지 않으며, 매매유인목적, 투자자의 오해를 유발하였는지 여부나 타인에게 손해가 발생하였는지 여부 등은 필요로 하지 않는다.[2]

4) 처 벌

처벌은 법 제443조 제1항에 의하여 제174조 제1항 미공개중요정보 이용행위 금지 위반죄의 경우와 동일하다.

(5) 상장증권 또는 장내파생상품의 매매를 유인할 목적의 죄 (법 제443조 제1항 제5호 위반죄)

1) 의 의

누구든지 상장증권 또는 장내파생상품의 매매를 유인할 목적으로 법 제176조 제2항 각 호의 행위를 해서는 안 된다. 이를 위반하면 본죄가 성립하여 법 제443조 제1항에서 정한 처벌을 한다. 상장증권과 장내파생상품에 대해서는 전술한 바와 같다.

매매의 유인목적이란 투자자를 오인시켜 유가증권의 매매에 끌어드리려는 목적

1) 대판 2008.11.27, 2007도6558.

2) 대판 2010.6.24, 2007도9051; 대판 2009.4.9, 2009도675.

을 말한다. 일반적으로 인위적인 조작을 통하여 가격을 변동시키고 투자자가 그것을 신뢰하고 매매에 참여하게 된다.[1] 그러므로 주식을 매집하는 동기가 투자자를 유인할 목적 없이 경영권을 획득하기 위한 것이라면 일반투자자가 변동가격을 신뢰하고 매매에 참여하였더라도 매매의 유인행위는 되지 않을 것이므로 본죄는 성립하지 않는다.

2) 객관적 구성요건

① 행위주체

본죄의 행위주체가 될 수 있는 자는 제한이 없으므로 누구든지 될 수 있다.

② 행 위

본죄가 성립하는 행위의 태양은 법 제176조 제2항 각 호에서 규정하는 것들이다. 이를 분설하면 다음과 같다.

i) 그 증권 또는 장내파생상품의 매매가 성황을 이루고 있는 듯이 잘못 알게 하거나 그 시세(증권시장 또는 파생상품시장에서 형성된 시세, 전자증권중개회사가 상장주권의 매매를 중개함에 있어서 형성된 시세, 그 밖에 대통령령으로 정하는 시세)를 변동시키는 매매 또는 위탁이나 수탁을 하는 행위(1호)

규제대상 상품은 상장증권 또는 장내파생상품이다. 장내파생상품이란 파생상품으로서 파생상품시장에서 거래되는 것 또는 해외파생상품시장에서 거래되는 것만을 규제대상으로 한다고 보아야 할 것이다. 이에 대하여 전술한 바와 같다.

그 매매가 성황을 이루고 있는 것처럼 잘못 알게 하거나 타인으로 하여금 잘못 판단을 하게 하려는 목적 하에 이루어져야 한다. 그 시세를 변동시키는 매매 또는 그 위탁이나 수탁을 하는 행위라 함은 증권시장에서 수요 공급의 원칙에 의하여 형성되는 증권 또는 장내파생상품의 가격을 인위적으로 상승 또는 하락시켜 왜곡된 가격을 형성하는 매매 또는 그 위탁이나 수탁을 하는 행위를 말한다.[2] 매수 또는 매도주문량이 많은 것처럼 보이기 위하여 매매의사 없이 하는 허수주문 행위도 시세조종의 요건을 갖추면 시세를 변동시키는 매매 또는 그 위탁이나 수탁을 하는 행위에 해당한다.[3]

---

1) 임재연, 전게서, 870-871면.

2) 임재연, 전게서, 876면; 대판 1994.10.25, 93도2516.

3) 대판 2002.6.14, 2002도1256.

시세를 변동 시키는 행위란 시세변동의 다른 사정이 있다 하더라도 행위자의 행위가 시세변동의 주요원인이 되거나, 그 행위로 인하여 실제로 시세가 변동될 필요까지는 없고 일련의 행위가 이어진 경우 전체적으로 그 행위로 인하여 시세를 변동시킬 가능성이 있으면 충분하다.[1]

ii) 그 증권 또는 장래 파생상품의 시세가 자기 또는 타인의 시장조작에 의하여 변동한다는 말을 유포하는 행위(2호)

"상장증권 또는 장래 파생상품의 시세"란 거래소시장에서 형성되는 구체적인 가격을 말하고, "자기 또는 타인의 시장조작에 의하여 변동"한다는 말은 일반적인 풍문이 아니고 구체적인 내용을 요구한다. 즉 자기 또는 타인의 조작에 의하여 시세가 변동한다는 말을 유포하는 행위가 금지대상이 된다. "유포"는 인쇄물, 통신, 인터넷, ARS 및 개별접촉에 의한 구두전달행위도 포함된다.[2] 유포하는 행위만으로 본죄가 성립하고, 실제로 시장을 조작하는 행위의 유무나 그 내용이 진실인가 거짓인가, 또는 투자자가 신뢰하였는가 여부는 요구되지 않는다.

iii) 그 증권 또는 장래 파생상품의 매매를 함에 있어서 중요한 사실에 관하여 거짓의 표시 또는 오해를 유발시키는 표시를 하는 행위(3호)

"중요한 사실"이란 내부자거래에 있어서 투자자의 투자판단에 중대한 영향을 미칠 수 있는 정보와 같은 의미이고,[3] "거짓의 표시 또는 오해를 유발시키는 표시"란 사실과 다른 허위의 표시 또는 허위를 사실로 오해하도록 하는 표시를 의미한다.

3) 주관적 구성요건

본죄는 상장증권 또는 장내파생상품의 매매를 유인할 목적으로 법 제176조 제2항 각 호의 행위를 함으로써 성립하므로 매매를 유인하려는 목적이 있어야 성립한다(목적범). 명문규정으로 고의라는 내용은 없지만, 과실범에 대한 처벌을 규정하지 않기 때문에 행위자의 고의가 있어야 한다고 본다.

4) 처 벌

처벌은 법 제443조 제1항에 의하여 제174조 제1항 미공개중요정보 이용행위 금지 위반죄의 경우와 동일하다.

---

1) 대판 2008.12.11, 2006도2718.

2) 임재연, 전게서, 880면.

3) 대판 2009.7.9, 2009도1374.

(6) 상장증권 또는 장내파생상품의 시세고정 등의 금지위반죄 (법 제443조 제1항 제6호 위반죄)

1) 의 의

누구든지 상장증권 또는 장내파생상품의 시세를 고정시키거나 안정시킬 목적으로 그 증권 또는 장내파생상품에 관한 일련의 매매 또는 그 위탁이나 수탁을 하는 행위를 하여서는 아니 된다(법 제176조 제3항). 다만 다음 각 호의 어느 하나에 해당하는 경우에는 그러하지 아니하다(동항 각 호). 이를 위반하면 법 제443조 제1항에 의하여 처벌한다.

법 제176조 제1항 또는 제2항은 시세를 적극적으로 변동시키는 행위를 금지하지만, 동항에서는 시세를 고정시키거나 안정시키는 행위도 시세조종행위로서 금지하고 있다. 왜냐하면 시세를 고정시키거나 안정시키는 행위도 정상적인 수요공급을 왜곡시켜 정상적 거래와 가격에 영향을 미치기 때문이다. 다만, 동항 각 호에서는 안정조작과 시장조성을 위한 일련의 매매 또는 그 위탁이나 수탁을 할 수 있는 예외적인 경우를 정하고 있다(예외 허용근거).[1] 이를 분설하면 다음과 같다.

① 투자매매업자(모집 또는 매출되는 증권의 발행인 또는 소유자와 인수계약을 체결한 투자매매업자로서 대통령령으로 정하는 자에 한함)가 대통령령으로 정하는 방법에 따라 그 증권의 모집 또는 매출의 청약기간의 종료일 전 30일 범위에서 대통령령으로 정하는 날부터 그 청약기간의 종료일까지의 기간 동안 증권의 가격을 안정시킴으로서 증권의 모집 또는 매출을 원활하도록 하기 위한 매매거래(이하 안정조작이라 함)를 하는 경우

② 투자매매업자가 대통령령으로 정하는 방법에 따라 모집 또는 매출한 증권의 수요, 공급을 그 증권이 상장된 날부터 6개월 범위에서 대통령령으로 정하는 기간 동안 조성하는 매매거래(이하 시장조성이라 함)를 하는 경우

③ 모집 또는 매출되는 증권발행인의 임원 등 대통령령으로 정하는 자가 투자매매업자에게 안정조작을 위탁하는 경우

④ 투자매매업자가 제3호에 따라 안정조작을 수탁하는 경우

⑤ 모집 또는 매출되는 증권의 인수인이 투자매매업자에게 시장조성을 위탁하는 경우

---

1) 대판 2004.10.28, 2002도3131.

⑥ 투자매매업자가 제5호에 따라 시장조성을 수탁하는 경우이다.

2) 객관적 구성요건

① 행위주체

본죄의 행위주체는 누구든지 될 수 있다. 일반적으로 모집 또는 매출되는 증권의 발행인 또는 소유자와 인수계약을 체결한 투자매매업자로서 대통령령으로 정하는 자라고 하더라도 대통령령으로 정하는 방법이 아니거나 기간을 준수하지 않은 행위를 하면 본죄의 주체가 될 것이다.

② 행 위

본죄를 성립하는 행위는 시세를 고정시키거나 안정시킬 목적으로 그 증권 또는 장내파생상품에 관한 "일련의 매매 또는 그 위탁이나 수탁을 하는 행위"이고, 법 제176조 제3항 각 호의 경우에는 위법성을 조각하는 예외이다.

"일련의 매매"란 시세고정 또는 안정을 목적으로 하는 거래가 일정한 기간 동안 계속, 반복적으로 이루어지는 것을 의미한다고 볼 수 있다.[1)]

3) 주관적 구성요건

행위자에게 시세를 고정시키거나 안정시킬 목적으로 그 증권 또는 장내파생상품에 관한 일련의 매매 또는 그 위탁이나 수탁을 하는 행위이므로 시세를 고정시키거나 안정시킬 목적이 있어야 하며, 고의가 있어야 한다. 또 현재의 가격을 고정시키거나 안정시킬 목적뿐만 아니라 행위자가 일정한 가격을 형성하고 그 가격을 고정시키거나 안정시킬 목적도 포함된다.[2)]

4) 처 벌

처벌은 법 제443조 제1항에 의하여 제174조 제1항 미공개중요정보 이용행위 금지 위반죄의 경우와 동일하다.

---

1) 종래의 판례는 한 번의 매매거래도 증권거래법 제188조의4 제3항의 요건을 충족한다고 보았으나 자본시장법은 일련의 거래라고 규정함(대판 2004.10.28, 2002도3131).

2) 대판 2004.10.28, 2002도3131.

(7) 상장증권 또는 장내파생상품의 연계시세조종행위금지 위반죄 (법 제443조 제1항 제7호 위반죄)

1) 의 의

누구든지 상장증권 또는 장내파생상품의 매매와 관련하여 다음 각 호의 어느 하나에 해당하는 행위를 하여서는 아니 된다(법 제176조 제4항). 각호의 내용은 행위의 항에서 상술하겠지만, 제1호 및 제2호에서는 장내파생상품과 기초자산간의 연계시세조종행위, 제3호에서는 증권 간의 연계시세조종행위를 금지한다. 그러나 현행법상 파생상품 간의 연계시세조종에 대해서는 규제하는 명문이 없으므로 이에 해당하지 않는다. 이를 위반한 경우에는 법 제443조 제1항에서 정한 처벌을 받는다. 연계시세조종행위는 가격조작상품과 이익획득상품이 별개의 것이지만 이들 사이에 가격의 연계성이 있다는 특징이 있다.[1)]

파생상품이란 기초자산이나 기초자산의 가격, 이자율, 지표, 단위 또는 이를 기초로 하는 지수 등에 의하여 산출된 금전 등을 장래 특정시점에서 인도할 것을 약정하는 계약상의 권리를 말한다(법 제5조 제1항). 그리고 장내파생상품이란 파생상품으로서 파생상품시장에서 거래되는 것 또는 해외파생상품시장에서 거래되는 것을 말한다(동조 제2항).

2) 객관적 구성요건

① 행위주체

행위주체에는 제한이 없으므로 누구든지 주체가 될 수 있다.

② 행 위

ⅰ) 장내파생상품의 매매에서 부당한 이익을 얻거나 제3자에게 부당한 이익을 얻게 할 목적으로 그 장내파생상품의 기초자산의 시세를 변동 또는 고정시키는 행위(법 제176조 제4항 1호): 선물, 옵션 등의 매매에서 부당한 이익을 얻거나 제3자에게 얻게 할 목적으로 증권이나 상품 등 기초자산의 시세를 변동 또는 고정 시키는 행위를 규제의 대상으로 한다.

---

1) 임재연, 전게서, 889면.

ii) 장내파생상품의 기초자산의 매매에서 부당한 이익을 얻거나 제3자에게 부당한 이익을 얻게 할 목적으로 그 장내파생상품의 시세를 변동 또는 고정시키는 행위(2호) : 증권이나 상품 등 기초자산의 매매에서 부당한 이익을 얻거나 제3자에게 얻게 할 목적으로 선물, 옵션 등 장내파생상품의 시세를 변동 또는 고정시키는 행위를 규제한다. 그러나 파생상품은 증권에 비하여 시세를 변동시키기 어렵고 선물시장에서 시세를 변동시켜 현물시장에서 이익을 얻으려면 비용이 너무 크기 때문에 실익이 없을 것이므로 이 행위의 실현 가능성은 희박하다.[1]

iii) 증권의 매매에서 부당한 이익을 얻거나 제3자에게 부당한 이익을 얻게 할 목적으로 그 증권과 연계된 증권으로서 대통령령으로 정하는 증권의 시세를 변동 또는 고정시키는 행위(3호)이다.

3) 주관적 구성요건

장내파생상품의 매매, 장내파생상품의 기초자산의 매매, 증권의 매매에서 부당한 이익을 얻거나 제3자에게 부당한 이익을 얻게 하려는 목적이 있어야 한다. 목적의 실현을 위한 고의가 있어야 할 것이다. 과실범의 처벌에 관한 규정은 없다.

4) 처 벌

처벌은 법 제443조 제1항에 의하여 제174조 제1항 미공개중요정보 이용행위 금지 위반죄의 경우와 동일하다.

(8) 부정거래행위 등의 금지 위반죄(법 제443조 제1항 제7호 위반죄)

1) 의 의

누구든지 금융투자상품의 매매(증권의 경우 모집, 사모, 매출을 포함함), 그 밖의 거래와 관련하여 법 제178조 제1항 각호에서 정하는 행위를 하여서는 아니 된다. 이에 위반한 경우에는 법 제443조 제1항에 의하여 제174조 제1항 미공개중요정보 이용행위 금지 위반죄의 경우와 동일하게 처벌한다. 법 제178조 제1항 각 호는 행위의 항에서 상술한다.

법 제178조는 포괄적인 사기금지에 관한 규정이다. 그리고 증권의 경우 모집, 사모, 매출을 포함함으로써 발행시장을 포함하고 있다. 전술한 법 제176조 시세조종

---

1) 임재연, 전게서, 891면.

에 관한 규정은 상장증권 또는 장내파생상품을 적용대상으로 하지만, 제178조는 "금융투자상품"이라고 함으로써 거래소 시장 또는 코스닥 시장의 상장여부나 장내·외, 대면거래를 불문한 모든 금융상품을 적용대상으로 한다.[1]

이와 같이 사기적 부정거래행위를 금지하는 것은 증권거래에 관한 사기적 부정거래가 다수인에게 영향을 미치고 증권시장 전체를 불건전하게 할 수 있기 때문에 증권거래에 참가하는 개개의 투자자의 이익을 보호함과 함께 투자자 일반의 증권시장에 대한 신뢰를 보호하여 증권시장이 국민경제의 발전에 기여할 수 있도록 함에 그 목적이 있다. 그러므로 금융투자상품의 매매, 그 밖의 거래와 관련한 행위인지 여부나 허위의 여부 및 부당한 이득 또는 경제적 이익의 취득도모 여부 등은 그 행위자의 지위, 발행회사의 경영 상태와 그 주가의 동향, 행위전후의 제반사정 등을 종합적으로 고려하여 판단하여야 한다.[2]

금융투자상품이란 이익을 얻거나 손실을 회피할 목적으로 현재 또는 장래의 특정 시점에 금전, 그 밖의 재산적 가치가 있는 것(이하 금전 등이라 함)을 지급하기로 약정함으로써 취득하는 권리로서, 그 권리를 취득하기 위하여 지급하였거나 지급하여야 할 금전 등의 총액(판매수수료 등 대통령령으로 정하는 금액은 제외)이 그 권리로부터 회수하였거나 회수할 수 있는 금전 등의 총액(해지수수료 등 대통령령으로 정하는 금액 포함)을 초과하게 될 위험(이하 투자성이라 함)이 있는 것을 말한다(법 제3조 제1항).

다만 원화로 표시된 양도성 예금증서(1호), 수탁자에게 신탁재산의 처분권한이 부여되지 아니한 신탁의 수익권(2호)은 금융투자상품에서 제외한다. 그리고 금융투자상품은 증권, 파생상품(장내파생상품, 장외파생상품)으로 구분한다(법 제3조 제3항). 증권은 채무증권, 지분증권, 수익증권, 투자계약증권, 파생결합증권, 증권예탁증권으로 구분한다(법 제4조 제2항). 파생상품에 대해서는 전술한 바와 같다. 투자계약증권은 내부자거래, 시세조종 관련규정 적용에는 증권으로 보지 않고, 부정거래행위 관련규정에서는 증권으로 본다.[3]

2) 객관적 구성요건

① 행위주체

본죄를 범하는 행위주체는 제한이 없으므로 누구든지 될 수 있다.

---

1) 대판 2006.4.14, 2003도6759.

2) 대판 2003.11.14, 2003도686.

3) 임재연, 전게서, 909면.

② 행 위

누구든지 금융투자상품의 매매(증권의 경우 모집, 사모, 매출을 포함함), 그 밖의 거래와 관련하여 다음 행위가 금지된다(법 제178조 제1항).

i) 부정한 수단, 계획 또는 기교를 사용하는 행위(1호) : 본 규정에서는 "부정한 수단"이라는 다소 추상적인 용어를 사용하고 있지만, 이 의미는 일반적 포괄적 규정이므로 불공정거래에 관한 다른 규정(예컨대, 미공개중요정보 이용행위나 시세조종행위 등)의 적용이 쉽지 않은 경우에도 적용될 수 있다. 부정한 수단이란 유가증권의 거래에 한하는 것으로서 사회통념상 부정하다고 인정되는 일체의 수단을 말하는 것이고 기망행위를 요하지 않는다.[1)]

"수단, 계획 또는 기교"는 법 제178조 제1항 제2호, 제3호 및 제2항에서 구체화되는 것이므로, 명확히 구별하여 적용할 필요는 없다. 부정거래행위를 금지하는 것은 사회적 법익을 보호하기 위한 것이고, 법익의 침해를 기다리지 않고 침해의 위험만 있으면 본죄가 성립하는 위험범이다.[2)] 그러나 민사책임을 묻기 위해서는 손해가 발생하여야 함은 당연하다.

ii) 중요사항에 관하여 거짓의 기재 또는 표시를 하거나 타인에게 오해를 유발시키지 아니하기 위하여 필요한 중요사항의 기재 또는 표시가 누락된 문서, 그 밖의 기재 또는 표시를 사용하여 금전, 그 밖의 재산상의 이익을 얻고자 하는 행위(동항 제2호)

iii) 금융투자상품의 매매, 그 밖의 거래를 유인할 목적으로 거짓의 시세를 이용하는 행위(동항 제3호)이다. "그 밖의 거래"란 담보설정계약, 합병계약, 교환계약 등을 포함한다.

3) 주관적 구성요건

모든 객관적 구성요건에 대한 고의가 있어야 하고 행위자가 부정한 수단, 계획 또는 기교를 사용한다는 인식이 있어야 할 것이지만, 법 제176조의 시세조종행위와는 달리 "목적"을 요구하지 않는다.

4) 처 벌

처벌은 법 제443조 제1항에 의하여 제174조 제1항 미공개중요정보 이용행위 금

---

1) 대판 201.10.27, 2011도8109.

2) 임재연, 전게서, 913면.

지 위반죄의 경우와 동일하다.

(9) 부정거래행위 등의 금지 위반죄(법 제443조 제1항 제9호 위반죄)

1) 의 의

누구든지 금융투자상품의 매매, 그 밖의 거래를 할 목적이나 그 시세의 변동을 도모할 목적으로 풍문의 유포, 위계의 사용, 폭행 또는 협박을 하여서는 아니 된다(법 제178조 제2항). 이를 위반하면 법 제443조 제1항에 의하여 제174조 제1항 미공개중요정보 이용행위 금지 위반죄의 경우와 동일하게 처벌한다(법 제443조 제1항 제9호).

"금융투자상품"이라고 함으로써 거래소 시장 또는 코스닥 시장의 상장여부나 장내·외, 대면거래를 불문한 모든 금융상품을 적용대상으로 한다.[1] 금융투자상품과 금융투자상품의 매매, 그 밖의 거래와 관련해서는 전항에서 설명한 바와 같다.

2) 객관적 구성요건

① 행위주체

본죄의 행위주체는 제한이 없으므로 누구든지 될 수 있다.

② 행 위

본죄를 구성하는 행위는 금융투자상품의 매매, 그 밖의 거래를 할 목적이나 그 시세의 변동을 도모할 목적으로 "풍문의 유포, 위계의 사용, 폭행 또는 협박"을 하는 것이다. 이를 분설하면 다음과 같다.

ⅰ) 풍문의 유포: 풍문이란 진위여부가 불확실한 소문이 떠돌아다니는 것이다. 유포대상에 대해서는 특정인 또는 불특정 다수인을 불문하며, 유포방법에 대해서는 인터넷, 휴대폰 문자, 이메일 등 모든 방법을 포함한다.

ⅱ) 위계의 사용: 위계란 거래상대방이나 불특정 투자자를 기망 또는 유혹하거나 착각 또는 오인하게 하여 일정한 행위를 유인할 목적의 수단, 계획, 기교 등을 말하는 것이고, 기망이라 함은 객관적 사실과 다른 내용의 허위 사실을 내세우는 등의 방법으로 타인을 속이는 것을 의미한다.[2]

ⅲ) 폭행 또는 협박: 이는 형법상의 폭행과 협박의 내용으로서, 본죄가 성립하

---

1) 대판 2006.4.14, 2003도6759.

2) 대판 2010.12.9, 2009도6411; 대판 2011.7.14, 2011도3180; 대판 2011.3.10, 2008도6335.

지 않더라도 형법상 폭행죄나 협박죄가 성립할 수 있을 것이다. 폭행이란 일반적으로 사람의 신체에 대하여 유형력을 행사하는 것이고 협박이란 해악을 고지하여 상대방에게 공포심을 일으키는 것이다. 폭행을 가하면서 협박을 한 때는 협박은 불가벌적 수행행위로서 폭행에 흡수된다[1)]

3) 주관적 구성요건

종래의 증권거래법상의 "고의"라는 문구가 삭제되었지만, 금융투자상품의 매매, 그 밖의 거래를 할 목적이나 그 시세의 변동을 도모할 목적이 있어야 하므로 당연히 고의가 있어야 할 것이다. 과실범의 처벌에 관한 규정은 없다.

4) 처 벌

처벌은 법 제443조 제1항에 의하여 제174조 제1항 미공개중요정보 이용행위 금지 위반죄의 경우와 동일하다.

2. 자본시장법 제444조상의 범죄

자본시장법 제444조 각 호의 죄를 범한 자는 5년 이하의 징역 또는 2억원 이하의 벌금에 처한다(법 제444조 제1호). 징역과 벌금형을 병과 할 수 있다(법 제447조 제1항). 법인(단체포함)의 대표자나 법인 또는 개인의 대리인, 사용인 그 밖의 종업원이 그 법인 또는 개인의 업무에 관하여 위반행위를 하면 그 행위자를 벌하는 외에 그 법인 또는 개인에게 해당 조문의 벌금형을 과한다. 다만 법인 또는 개인이 그 위반행위를 방지하기 위하여 해당 업무에 관하여 상당한 주의와 감독을 게을리 하지 아니한 경우에는 그러하지 아니하다(법 제448조 양벌규정).

(1) 인가 없이 금융투자업을 영위한 죄(법 제444조 제1항 제1호)

1) 의 의

법 제11조에서는 누구든지 이 법에 따른 금융투자업인가(변경인가 포함)를 받지 아니하고는 금융투자업(투자자문업 및 투자일임업 제외)을 영위하여서는 아니 된다고

1) 이재상, 전게서, 63면.

규정하고 있다. 금융투자업자(투자자문업자 및 투자일임업자 제외)가 발행한 주식을 취득하여 일정범위의 대주주가 되고자 하는 자는 미리 금융위원회의 승인(변경인가)을 받아야 한다. 이를 위반한 자는 5년 이하의 징역 또는 2억원 이하의 벌금에 처한다(법 제444조 제1호).

금융투자업이란 이익을 얻을 목적으로 계속적이거나 반복적인 방법으로 행하는 행위로서 투자매매업, 투자중개업, 집합투자업, 투자자문업, 투자일임업, 신탁업이 해당한다(법 제6조 제1항). 투자매매업이란 누구의 명의로 하든지 자기의 계산으로 금융투자상품의 매도, 매수, 증권의 발행, 인수 또는 그 청약의 권유, 청약, 청약의 승낙을 영업으로 하는 것(동조 제2항)이고, 투자중개업이란 누구의 명의로 하든지 타인의 계산으로 금융투자상품의 매도, 매수, 그 청약의 권유, 청약, 청약의 승낙 또는 증권의 발행, 인수에 대한 청약의 권유, 청약, 청약의 승낙을 영업으로 하는 것(동조 제3호)을 말한다. 집합투자란 2인 이상에게 투자권유를 하여 모은 금전 또는 국가재정법 제81조에 따른 여유자금을 투자자 또는 각 기금관리주체로부터 일상적인 운용지시를 받지 아니하면서 재산적 가치가 있는 투자대상자산을 취득, 처분 그 밖의 방법으로 운용하고 그 결과를 투자자 또는 각 기금관리주체에게 배분하여 귀속시키는 것을 말하며, 집합투자업이란 집합투자를 영업으로 하는 것이다(동조 제4항, 제5항).

투자자문업이란 금융투자상품의 가치 또는 금융투자상품에 대한 투자판단(종류, 종목, 취득·처분, 취득·처분의 방법·수량·가격 및 시기 등에 대한 판단)에 관한 자문에 응하는 것을 영업으로 하는 것이다(동조 제6항). 그리고 투자일임업이란 투자자로부터 금융투자상품에 대한 투자판단의 전부 또는 일부를 일임 받아 투자자별로 구분하여 금융투자상품을 취득·처분, 그 밖의 방법으로 운용하는 것을 영업으로 하는 것이다(동조 제7항). 또 신탁업이란 신탁을 영업으로 하는 것이다.

이상의 금융투자업을 영위하려는 자는 금융투자업의 종류, 금융투자상품의 범위, 투자자의 유형 등을 구성요소로 하여 대통령령으로 정하는 업무단위의 전부나 일부를 선택하여 금융위원회로부터 하나의 금융투자업 인가를 받아야 한다(법 제12조 제1항). 자본시장법은 무인가(법 제444조 제1호) 및 무등록(법 제445조 제1호) 영업행위를 금지하고 있다. 이 인가를 받은 금융투자업자가 금융투자업을 영위하는 경우에는 형법상의 도박죄(법 제10조 제2항) 등으로 처벌되지 않으며, 민사책임도 지지 않는다.

본죄는 일반투자자를 보호하고 국민경제발전에 기여하기 위하여 증권업자의 인적·물적·재산적 요건을 심사하고 재무건전성과 건전한 영업질서의 준수 여부를

감독하기 위한 것이다.[1)]

2) 객관적 구성요건

① 행위주체

본죄의 주체가 될 수 있는 사람은 제한이 없으므로 누구든지 주체가 될 수 있다.

② 행 위

금융투자업 인가(변경인가 포함)를 받지 아니하고 "금융투자업을 영위"함으로써 본죄가 성립한다. 금융투자업이란 이익을 얻을 목적으로 계속적이거나 반복적인 방법으로 행하는 행위로서 투자매매업, 투자중개업, 집합투자업, 투자자문업, 투자일임업, 신탁업이 해당한다(법 제6조 제1항). 그러나 본죄의 구성에는 투자자문업 및 투자일임업을 영위하는 것은 제외된다(법 제11조).

3) 주관적 구성요건

행위자가 금융투자업 인가 없이 금융투자업을 영위한다는 인식만 있으면 본죄가 성립할 것이므로 고의를 필요로 한다. 과실에 의한 범죄성립이 인정될 수 없고, 부정한 목적 등이 요구되지도 않는다.

(2) 거짓 그 밖의 부정한 방법으로 금융투자업의 인가를 받은 죄 (법 제444조 제2호)

1) 의 의

금융투자업을 영위하려는 자는 법 제12조 제1항 각 호의 금융투자업의 종류, 금융투자상품의 범위, 투자자의 유형 등을 구성요소로 하여 대통령령으로 정하는 업무단위의 전부나 일부를 선택하여 금융위원회로부터 하나의 금융투자업 인가를 받아야 한다(법 제12조 제1항). 만약 거짓, 그 밖의 부정한 방법으로 그 인가(변경인가 포함)를 받게 되면 본죄가 성립하여 법 제444조 제1항에서 정한 처벌을 받는다.

법 제12조 제1항 각 호에서 정하는 구성요소를 분설하면 다음과 같다. 즉 ① 금융투자업의 종류(투자매매업, 투자중개업, 집합투자업 및 신탁업, 투자매매업 중 인수업 포함), ② 금융투자상품(집합투자의 경우에는 법 제229조에 따른 집합투자기구의 종류, 신

---

1) 대판 2002.6,11, 2000도357.

탁업의 경우에는 제103조 제1항 각 호의 신탁재산)의 범위(증권, 장내파생상품 및 장외파생상품을 말하되, 증권 중 국채증권, 사채권 그 밖에 대통령령으로 정하는 것 포함), ③ 투자자의 유형(전문투자자 및 일반투자자를 말함) 등이다.

2) 객관적 구성요건

① 행위주체

본죄의 행위주체가 될 수 있는 자에는 제한이 없으므로 누구든지 주체가 될 수 있다.

② 행 위

금융투자업 인가를 받으려는 자는 법 제12조 제2항에서 정하는 요건을 갖추어야 하고, 대통령령에서 정하는 기재사항과 첨부서류를 갖춘 신청서를 제출하여야 한다(법 제13조 제1항). 그 요건과 신청서에 대하여 거짓 그 밖의 부정한 방법을 사용하여 인가를 받게 되면 본죄가 성립한다. 거짓 그 밖의 부정한 방법으로 인가신청을 한 때는 본죄의 미수가 되겠지만 미수범 처벌규정이 없으므로 인가를 받은 때 기수가 되고 본죄가 성립한다고 보아야 할 것이다.

법 제12조 제2항에서 요구하는 요건은 다음과 같다.

i) 다음 각 목의 어느 하나에 해당하는 자일 것. 다만 투자중개업 중 제78조에 따른 전자증권중개업무를 하고자 하는 자의 경우에는 상법에 따른 주식회사로서 거래소의 회원이어야 한다.

가. 상법에 따른 주식회사이거나 대통령령으로 정하는 금융기관

나. 외국금융투자업자(외국법령에 따라 외국에서 금융투자업에 상당하는 영업을 영위하는 자를 말한다)로서 외국에서 영위하고 있는 영업에 상당하는 금융투자업, 수행에 필요한 지점, 그 밖의 영업소를 설치한 자

ii) 인가업무 단위별로 5억원 이상으로서 대통령령으로 정하는 금액 이상의 자기자본을 갖출 것

iii) 사업계획이 타당하고 건전할 것.

iv) 투자자의 보호가 가능하고 그 영위하고자 하는 금융투자업을 수행하기에 충분한 인력과 전산설비, 그 밖의 물적 설비를 갖출 것.

v) 임원이 제24조 각 호의 어느 하나에 해당하지 아니할 것.

vi) 대주주나 외국금융투자업자가 다음 각 목의 구분에 따른 요건을 갖출 것.

가. 제1호 가목의 경우 대주주(최대 주주의 특수관계인인 주주를 포함하며, 최대 주주

가 법인인 경우 그 법인의 중요한 경영사항에 대하여 사실상 영향력을 행사하고 있는 자로서 대통령령으로 정하는 자 포함)가 충분한 출자능력, 건전한 재무상태 및 사회적 신용을 갖출 것.

나. 제1호 나목의 경우 외국 금융투자업자가 충분한 출자능력, 건전한 재무상태 및 사회적 신용을 갖출 것.

vii) 금융투자업자와 투자자 간, 특정 투자자와 다른 투자자 간의 이해상충을 방지하기 위한 체계를 갖출 것 등이다.

시행령 제17조 제1항에서 정하는 금융투자업인가신청서의 기재사항은 다음과 같다.

① 상호, ② 본점과 지점, 그 밖의 영업소의 소재지, ③ 임원에 관한 사항 ④ 경영하려는 인가업무단위에 관한 사항, ⑤ 자기자본 등 재무에 관한 사항, ⑥ 사업계획에 관한 사항, ⑦ 인력과 전산설비 등의 물적 설비에 관한 사항, ⑧ 대주주나 외국금융 투자업자에 관한 사항, ⑨ 이해상충 방지체계에 관한 사항, ⑩ 그 밖의 인가요건에 심사에 필요한 사항으로서 금융위원회가 정하여 고시하는 사항 등이다.

시행령 제17조 제2항에서 정하는 금융투자업인가신청서의 첨부서류는 다음과 같다.

① 정관, ② 발기인 총회, 창립총회 또는 이사회의 의사록 등 설립이나 인가신청의 의사결정을 증명하는 서류, ③ 본점과 지점, 그 밖의 영업소의 위치와 명칭을 기재한 서류, ④ 임원의 이력서와 경력증명서, ⑤ 인가업무 단위의 종류와 업무방법을 기재한 서류, ⑥ 최근 3개 사업연도의 재무제표와 그 부속명세서, ⑦ 업무개시 후 3개 사업연도의 사업계획서 및 예상 수지계산서, ⑧ 인력, 물적 설비 등의 현황을 확인할 수 있는 서류, ⑨ 인가신청일 현재 발행주식 총수의 1%이상을 소유한 주주의 성명 또는 명칭과 그 소유주식수를 기재한 서류, ⑩ 대주주나 외국금융투자업자가 자본시장법 제12조 제2항 제6호 각 목의 요건을 갖추었음을 확인할 수 있는 서류, ⑪ 이해상충 방지체계를 갖추었는지를 확인할 수 있는 서류, ⑫ 그 밖의 인가요건의 심사에 필요한 서류로서 금융위원회가 정하여 고시하는 서류 등이다.

3) 주관적 구성요건

본죄는 거짓 그 밖의 부정한 방법으로 인가신청을 하거나 인가를 받는다는 행위자의 인식이 있어야 한다. 허위의 사실이나 정당하지 못한 방법으로 인가신청을 하는 것에 대한 인식이 있으면 고의가 있다고 해야 할 것이다. 과실로 사실과 다른 내용을 기재할 수는 있겠지만 과실범에 대한 처벌규정은 없다. 거래질서를 해하거나 부당한 이득을 얻으려는 목적 또는 인가를 얻은 후 거래를 했는지 여부 등도 요구하지 않는다.

(3) 대주주와의 거래 등의 제한을 위반한 죄(법 제444조 제3호)

1) 의 의

금융투자업자(겸영금융투자업자는 제외)는 법 제34조 제1항 각 호에서 정하는 행위를 하여서는 아니 된다. 즉, 그 금융투자업자의 대주주가 발행한 증권을 소유하는 행위(제1호), 그 금융투자업자의 특수 관계인 중 대통령령으로 정하는 자가 발행한 주식, 채권 및 약속어음을 소유하는 행위, 다만, 대통령령으로 정하는 비율의 범위에서 소유하는 경우를 제외한다(제2호). 이에 위반하면 본죄가 성립하여 법 제444조 제1항에서 정한 처벌을 받는다.

그러나 예외적으로 담보권의 실행 등 권리행사에 필요한 경우, 제176조 제3항 제1호에 따른 안정조작 또는 같은 항 제2호에 따른 시장조성을 하는 경우, 그 밖의 금융투자업자의 건전성을 해치지 아니하는 범위에서 금융투자업의 효율적 수행을 위하여 대통령령으로 정하는 경우에는 그러하지 아니하며, 이 경우 금융위원회는 다음 각 호(행위)별로 그 소유기한 등을 정하여 고시할 수 있다.

금융투자업자가 거래를 할 수 없는 상대방은 해당 금융투자업자의 대주주와 계열회사이다. 대주주란 최대주주와 주요주주를 말한다(법 제9조 제1항). 의결권 있는 발행주식 총수를 기준으로 하여 본인 및 그의 특수 관계인이 누구의 명의로 하든지 자기의 계산으로 소유하는 주식을 합하여 그 수가 가장 많은 경우의 그 본인을 최대주주라 한다(동항 제1호). 그리고 특수 관계인의 범위에 관해서는 동법 시행령 제8조에서 본인이 개인인 경우와 법인인 경우로 나누어 정하고 있다.[1)]

---

1) (1) 본인이 개인인 경우 : ① 배우자(사실상의 혼인관계 있는 자 포함), ② 6촌 이내의 부계혈족과 4촌 이내의 부계혈족의 처, ③ 3촌 이내의 부계혈족의 남편, ④ 3촌 이내의 모계혈족과 그 배우자 및 자녀, ⑤ 배우자의 2촌 이내의 부계혈족과 그 배우자, ⑥ 양자의 생가의 직계존속, ⑦ 양자 및 그 배우자와 양가의 직계비속, ⑧ 혼인 외의 출생자의 생모, ⑨ 본인의 금전, 그 밖의 재산에 의하여 생계를 유지하는 자 및 본인과 생계를 함께하는 자, ⑩ 본인이 단독으로 또는 그와 ①부터 ⑨까지 관계있는 자와 합하여 법인이나 단체 30%이상을 출자하거나, 그 밖의 임원의 임면 등 법인이나 단체의 중요한 경영사항에 대하여 사실상의 영향력을 행사하고 있는 경우에는 해당 법인이나 단체와 그 임원 ⑪ 본인이 단독으로 또는 그와 ①부터 ⑩까지의 관계있는 자와 합하여 법인이나 단체에 30%이상을 출자하거나 그 밖의 임원의 임면 등 법인이나 단체의 중요한 경영상에 대하여 사실상의 영향력을 행사하고 있는 경우에는 해당 법인이나 단체나 임원
(2) 본인이 법인이나 단체인 경우 : ① 임원, ② 독점규정 및 법률에 따른 계열회사 및 그 임원,

그리고 주요주주는 ① 누구의 명의로 하든지 자기의 계산으로 법인의 의결권 있는 발행주식 총수의 10% 이상의 주식(그 주식과 관련된 증권예탁증권 포함)을 소유한 자, ② 임원의 임면 등의 방법으로 법인의 중요한 경영사항에 대하여 사실상의 영향력을 행사하는 주주로서 대통령령으로 정하는 자 등을 말한다(법 제9조 제1항 제2호). 사실상의 영향력을 행사하는 주주는 ① 단독으로 또는 다른 주주와의 합의, 계약 등에 따라 대표이사 또는 이사의 과반수를 선임한 주주, ② 경영전략, 조직변경 등 주요 의사결정이나 업무집행에 지배적인 영향력을 행사한다고 인정되는 자로서 금융위원회가 정하여 고시하는 주주 등이다(령 제9조).

계열회사란 2개 이상의 회사가 동일한 기업집단에 속하는 경우에 이들 회사는 서로 상대방의 계열회사이다. 기업집단이란 동일인이 대통령령이 정하는 기준에 의하여 사실상 그 사업내용을 지배하는 회사의 집단을 말한다(공정 제2조 제1항 제2호, 제3호).

2) 객관적 구성요건

① 행위주체

본죄의 행위주체는 금융투자업자이다. 금융투자업자란 법 제6조 제1항 각 호(투자매매업 등)의 금융투자업에 대하여 금융위원회의 인가를 받거나 금융위원회에 등록하여 이를 영위하는 법인을 말한다(법 제8조 제1항). 대주주가 있는 것을 전제로 하고 있기 때문에 법인의 경우에만 이에 해당한다. 법인의 업무는 이사, 집행임원, 이들의 대리인 등의 자연인에 의하여 행해질 것이므로 본죄의 주체는 당연히 이들 자연인이다.

② 행 위

본죄를 구성하는 행위는 법 제34조 제1항의 제1호와 제2호의 행위를 하는 것이다.

ⅰ) 금융투자업자가 그의 대주주가 발행한 증권을 소유하는 행위(제1호)

ⅱ) 그 금융투자업자의 특수관계인(금융투자업자의 대주주 제외) 중 대통령령으로 정하는 자가 발행한 주식, 채권 및 약속어음(기업이 사업에 필요한 자금을 조달하기 위

---

③ 단독으로 또는 제1호 각 목의 관계있는 자와 합하여 본인에게 30%이상을 출자하거나, 그 밖의 임원의 임면 등 본인의 중요한 경영상에 대하여 사실상의 영향력을 행사하고 있는 개인 또는 법인, 단체와 그 임원, ④ 본인이 단독으로 또는 본인과 ①부터 ③까지 관계있는 자와 합하여 법인이나 단체에 30%이상을 출자하거나, 그 밖의 임원의 임면 등 법인이나 단체의 중요한 경영상에 대하여 사실상의 영향력을 행사하고 있는 경우에는 해당 법인, 단체와 그 임원.

하여 발행한 것에 한함)을 소유하는 행위, 다만, 대통령령으로 정하는 비율의 범위(자기자본의 8%, 령 제37조 제3항)에서 소유하는 경우를 제외 한다.

다만 담보권의 실행 등 권리행사에 필요한 경우, 안정조작 또는 시장조성을 하는 경우, 그 밖에 금융투자업자의 건전성을 해치지 아니하는 범위에서 금융투자업의 효율적 수행을 위한 다음과 같은 경우(령 제37조 제1항)에는 위와 같은 거래가 제한되지 않는다(법 제34조 제1항 단서). 이 경우 금융위원회는 다음 각 호(행위)별로 그 소유기한 등을 정하여 고시할 수 있다.

거래가 제한되지 않고 위법성이 조각되는 경우는 다음과 같다.

1. 그 금융투자업자의 대주주가 발행한 증권을 소유하는 경우(1호)

① 대주주가 변경됨에 따라 이미 가지고 있는 증권이 대주주가 발행한 증권으로 되는 경우

② 인수와 관련하여 해당증권을 취득하는 경우

③ 관련 법령에 따라 사채보증업무를 할 수 있는 금융기관 등이 원리금의 지급을 보증하는 사채권을 취득하는 경우

④ 특수채증권을 취득하는 경우

⑤ 그 밖에 금융투자업자의 경영건전성을 해치지 아니하는 경우로서 금융위원회가 정하여 고시하는 경우

2. 그 금융투자업자의 특수관계인(금융투자업자의 대주주 제외)이 발행한 주식, 채권 및 약속어음(기업이 사업에 필요한 자금을 조달하기 위하여 발행한 것에 한함)을 소유하는 경우(2호)

① 특수관계인이 변경됨에 따라 이미 소유하고 있는 주식, 채권 및 기업이 사업에 필요한 자금을 조달하기 위하여 발행한 약속어음이 특수관계인이 발행한 주식, 채권 및 약속어음으로 되는 경우

② 위 1의 ②부터 ⑤까지 어느 하나에 해당하는 경우

③ 경영권 참여를 목적으로 지분을 취득하는 경우 등 금융위원회가 정하여 고시하는 출자로 주식을 취득하는 경우

④ 차익거래나 투자위험을 회피하기 위한 거래로서 금융위원회가 정하여 고시하는 거래를 목적으로 주식, 채권 및 약속어음을 소유하는 경우

⑤ 자기자본의 변동이나 특수관계인이 발행한 주식, 채권 및 약속어음의 가격변동으로 인하여 자기자본의 8%를 초과하는 경우

⑥ 해외집합투자기구를 설립하기 위하여 자기자본의 30%의 범위에서 금융위원회의 확인을 받아 주식을 취득하는 경우

⑦ 그 밖에 금융투자업자의 경영건전성을 해치지 아니하는 경우로서 금융위원회가 정하여 고시하는 경우이다.

3) 주관적 구성요건

본죄는 금융투자업자의 이사, 집행임원 등이 그 금융투자업자의 대주주가 발행한 증권을 소유하는 행위(제1호), 그 금융투자업자의 특수 관계인 중 대통령령으로 정하는 자가 발행한 주식, 채권 및 약속어음을 소유하는 행위를 한다는 고의가 있어야 할 것이다. 고의란 법 제34조 제1항에서 금지하는 행위에 대한 인식만으로 충분하다고 본다. 과실에 의한 행위도 가능할 수 있지만 과실범의 처벌규정은 없다. 회사의 업무담당자간의 공범의 성립도 가능할 것이다.

(4) 대주주에게 신용공여금지 등을 위반한 죄(법 제444조 제4호)

1) 의 의

금융투자업자는 대주주(그의 특수관계인을 포함)에 대하여 신용공여(금전, 증권 등 경제적 가치가 있는 재산의 대여, 채무이행의 보증, 자금지원적 성격의 증권매입, 그 밖에 거래상의 신용위험을 수반하는 직접적· 간접적 거래로서 대통령령으로 정하는 거래를 말함)를 하여서는 아니 되며, 대주주는 그 금융투자업자로부터 신용공여를 받아서는 아니 된다. 다만, 금융투자업자의 건전성을 해할 우려가 없는 신용공여로서 대통령령으로 정하는 신용공여의 경우에는 이를 할 수 있다(법 제34조 제2항). 이를 위반할 경우에는 본죄가 성립하여 법 제444조에서 정하는 처벌을 받는다(동조 제4호).

신용공여란 금전, 증권 등 경제적 가치가 있는 재산의 대여, 채무이행의 보증, 자금지원적 성격의 증권매입, 그 밖에 거래상의 신용위험을 수반하는 직접적·간접적 거래이다. 동법 시행령에서 정하는 거래는 다음과 같다(령 제38조 제1항).

① 대주주(그 특수관계인 포함)를 위하여 담보를 제공하는 거래

② 대주주를 위하여 어음을 배서(무담보배서 제외)하는 거래

③ 대주주를 위하여 출자의 이행을 약정하는 거래

④ 대주주에 대한 금전, 증권 등 경제적 가치가 있는 재산의 대여, 채무의 보증, 자금지원적 성격의 증권매입, 제1호부터 제3호까지의 어느 하나에 해당하는 거래의 제한을 회피할 목적으로 하는 거래로서 다음 중 어느 하나에 해당하는 거래

a. 제3자와의 계약 또는 담합 등에 의하여 서로 교차하는 방법으로 하는 거래

b. 장외파생상품거래, 신탁계약, 연계거래 등을 이용하는 거래

⑤ 그 밖에 채무인수 등 신용위험을 수반하는 거래로서 금융위원회가 정하여 고시하는 거래 등이다.

2) 객관적 구성요건

① 행위주체

금융투자업자는 대주주(특수관계인 포함)에게 신용공여를 할 수 없고, 대주주(특수관계인 포함)는 금융투자업자로부터 신용공여를 받을 수도 없다. 그러므로 본죄의 행위주체는 금융투자업자와 대주주(특수관계인 포함)이다. 금융투자업자란 대주주가 있는 것을 전제로 하기 때문에 법인일 것이 당연히 요구되지만, 대주주는 법인 또는 개인일 수 있다. 법인일 경우 법인의 업무는 이사, 집행임원, 이들의 대리인 등의 자연인에 의하여 행해질 것이므로 본죄의 주체는 당연히 이들 자연인이다.

② 행 위

본죄는 금융투자업자가 대주주(그의 특수관계인을 포함)에 대하여 신용을 공여하거나 또는 대주주가 그 금융투자업자로부터 신용공여를 받음으로써 성립한다. 신용을 공여하거나 받는 행위를 모두 처벌하는 필요적 공범관계이다.

다만 금융투자업자의 건전성을 해할 우려가 없는 신용공여로서 대통령령으로 정하는 신용공여는 할 수 있다(법 제34조 제2항). 본법 시행령에서 정하는 신용을 공여할 수 있는 경우는 다음과 같다(령 제38조 제2항).

i) 임원에 대하여 연간 급여액(근속기간 중에 그 금융투자업자로부터 지급된 소득세 과세대상이 되는 급여액)과 1억원 중 적은 금액의 범위에서 하는 신용공여

ii) 금융위원회가 정하여 고시하는 해외 현지법인에 대한 채무보증

iii) 다음 중 어느 하나의 경우가 자본시장법 제34조 제2항 본문에 따른 신용공여에 해당하는 경우 그 신용공여

a. 담보권의 실행 등 권리행사를 위하여 필요한 경우로서 자본시장법 제34조 제1항 각 호의 행위를 하는 경우
b. 자본시장법 제176조 제3항 제1호에 따른 안정조작이나 제3항 제2호에 따른 시장조성을 하는 경우로서 자본시장법 제34조 제1항 각 호의 행위를 하는 경우
c. 자본시장법 제37조 제1항 각 호의 경우
d. 자본시장법 제38조 제3항에 따른 비율의 범위에서 주식, 채권 및 약속어음을 소유하는 경우

3) 주관적 구성요건

본죄는 금융투자업자의 이사, 집행임원, 그 대리인 등이 그 금융투자업자의 대주주에게 신용을 공여한다는 고의가 있어야 하며, 대주주(그 특수관계인 포함)도 금융투자업자로부터 신용을 공여 받는다는 고의가 있어야 할 것이다. 고의란 법 제34조 제2항에서 금지하는 행위에 대한 인식만으로 충분하다고 본다. 과실에 의한 행위도 가능할 수 있지만 과실범의 처벌규정은 없다. 회사의 업무담당자와 대주주간의 공범의 성립뿐만 아니라 업무담당자간에도 공범성립이 가능할 것이다.

(5) 대주주의 부당한 영향력행사금지 위반죄(법 제444조 제5호)

1) 의 의

금융투자업자의 대주주(그의 특수관계인 포함)는 금융투자업자의 이익에 반하여 대주주 자신의 이익을 얻을 목적으로 공개되지 않은 자료 또는 정보의 제공 요구 등 자본시장법 제35조 각 호의 어느 하나에 해당하는 행위를 하여서는 아니 된다(제350조에서 준용하는 경우 포함). 이를 위반한 경우 본죄가 성립하여 처벌된다(법 제444조 제5호).

본죄는 대주주나 그의 특수관계인이 "자신의 이익을 얻을 목적"으로 위법행위를 함으로써 성립하는 목적범이다. 대주주에는 특수관계인이 포함되지만 "자신의 이익"이란 제3자의 이익을 포함한다고 본다. "금융투자업자의 이익에 반하여"란 반드시 금융투자업자의 이익을 해치는 것을 의미하지 않을 것이다.

2) 객관적 구성요건

① 행위주체

본죄의 주체가 될 수 있는 자는 금융투자업자의 대주주와 그의 특수관계인이다. 이에 대해서는 앞에서 상세히 설명하였다.

② 행 위

본죄를 구성하는 행위는 금융투자업자의 대주주 또는 그 특수관계인이 법 제35조 각 호에서 정한 행위와 이에 준하는 것으로서 동법 시행령 제41조에서 정하는 것을 행하는 것이다.

ⅰ) 부당한 영향력을 행사하기 위하여 금융투자업자에 대하여 외부에 공개되지 아니한 자료 또는 정보의 제공을 요구하는 행위(다만 회계장부 열람권의 행사에 해당하는 경우는 제외)

ⅱ) 경제적 이익 등 반대급부의 제공을 조건으로 다른 주주와 담합하여 금융투자업자의 인사 또는 경영에 부당한 영향력을 행사하는 행위

ⅲ) 금융투자업자로 하여금 위법행위를 하도록 요구하는 행위

ⅳ) 금리, 수수료, 담보 등에 있어서 통상적인 거래조건과 다른 조건으로 대주주 자신이나 제3자와의 거래를 요구하는 행위

ⅴ) 조사분석자료(법 제71조 제2호)의 작성과정에서 영향력을 행사하는 행위이다.

3) 주관적 구성요건

금융투자업자의 대주주(그의 특수관계인 포함)는 금융투자업자의 이익에 반하여 대주주 자신의 이익을 얻을 목적으로 법 제35조 각 호에서 정한 행위와 동법 시행령 제41조에서 정하는 행위를 하는 것이다. 따라서 대주주(특수관계인 포함)의 행위에는 자신의 이익을 얻을 목적이 요구되며, 이 목적이 인정되면 고의가 있다고 할 것이다.

(6) 업무수탁자의 직무관련정보이용금지 등의 위반죄(법 제444조 제6호)

1) 의 의

금융투자업자는 그의 고유업무(금융투자업), 금융업무(법 제40조 각 호), 부수업무(법 제41조 제1항) 등과 관련하여 그 영위하는 업무의 일부를 제3자에게 위탁할 수 있다. 다만 투자자 보호 또는 건전한 거래질서를 해할 우려가 있는 것으로서 대통령령으로 정하는 업무를 제3자에게 위탁하여서는 아니 된다(법 제42조 제1항). 업무를 위탁받은 자가 그 위탁업무를 영위하는 경우 법 제54조(직무관련 정보의 이용금지)와 제55조(손실보전 등의 금지), 금융실명거래 및 비밀보장에 관한 법률 제4조(금융거래의 비밀보장)가 준용된다(법 제42조 제10항). 제42조 제10항, 제52조 제6항 및 제304조에서 준용하는 금융실명거래 및 비밀보장에 관한 법률 제4조 제1항 또는 제3항부터 제5항까지의 규정을 위반하여 거래정보 등을 제삼자에게 제공하거나 누설한 자와 이를 요구한 자는 본죄가 성립되어 처벌된다(법 제444조 제6호).

자본시장법 제54조는 "금융투자업자는 직무상 알게 된 정보로서 외부에 공개되지 아니한 정보를 정당한 사유 없이 자기 또는 제3자의 이익을 위하여 이용하여서

는 아니 된다."고 규정하고 있다. 그리고 동법 제55조는 "금융투자업자는 금융투자상품의 매매, 그 밖의 거래와 관련하여 제103조 제3항에 따라 손실의 보전 또는 이익의 보장을 하는 경우, 그 밖에 건전한 거래질서를 해할 우려가 없는 경우로서 정당한 사유가 있는 경우를 제외하고는 다음 각 호의 어느 하나에 해당하는 행위를 하여서는 아니 된다. 금융투자업자의 임직원이 자기의 계산으로 하는 경우에도 또한 같다.

① 투자자가 입을 손실의 전부 또는 일부를 보전하여 줄 것을 사전에 약속하는 행위

② 투자자가 입은 손실의 전부 또는 일부를 사후에 보전하여 주는 행위

③ 투자자에게 일정한 이익을 보장할 것을 사전에 약속하는 행위

④ 투자자에게 일정한 이익을 사후에 제공하는 행위"라고 규정하고 있다.

금융투자업자는 제3자에게 업무를 위탁하는 경우에는 ① 위탁하는 업무의 범위, ② 수탁자의 행위제한에 관한 사항, ③ 위탁하는 업무의 처리에 대한 기록유지에 관한 사항, ④ 그 밖에 투자자 보호 또는 건전한 거래질서를 위하여 필요한 사항으로서 대통령령으로 정하는 사항 등을 포함하는 위탁계약을 체결하여야 한다.[1]

2) 객관적 구성요건

① 행위주체

본죄의 행위주체는 금융투자업자로부터 업무를 위탁받은 자(수탁자) 또는 위탁받은 자의 임직원이다. 위탁받은 업무가 본질적인 업무인 경우 그 업무를 위탁받은 자는 그 업무수행에 필요한 인가를 받거나 등록한 자이어야 한다. 본질적 업무란 해당 금융투자업자가 인가를 받거나 등록을 한 업무와 직접적으로 관련된 필수업무로서 대통령령으로 정하는 업무를 말한다(법 제42조 제4항).

업무를 위탁받은 자는 위탁업무를 제3자에게 재위탁하지 못한다. 다만 투자자 보호를 해하지 아니하는 범위에서 금융투자업의 원활한 수행을 위하여 필요한 경우로서 대통령령으로 정하는 경우에는 위탁자의 동의를 받아 제3자에게 재위탁할 수 있다(동조 제5항). 이 경우에는 재위탁을 받은 자와 그 임직원이 본죄의 주체가 된다.

② 행 위

본죄는 금융투자업자로부터 업무를 위탁받은 자(수탁자) 또는 그 임직원이 직무

---

1) 대통령령으로 정하는 사항(령 제46조 제2항).

상 알게 된 정보로서 외부에 공개되지 아니한 정보를 정당한 사유 없이 자기 또는 제3자의 이익을 위하여 이용하거나(법 제54조 준용), 금융투자상품의 매매, 그 밖의 거래와 관련하여 ⅰ) 투자자가 입을 손실의 전부 또는 일부를 보전하여 줄 것을 사전에 약속하는 행위, ⅱ) 투자자가 입은 손실의 전부 또는 일부를 사후에 보전하여 주는 행위, ⅲ) 투자자에게 일정한 이익을 보장할 것을 사전에 약속하는 행위, ⅳ) 투자자에게 일정한 이익을 사후에 제공하는 행위 중 어느 하나에 해당하는 행위(법 제55조 준용)를 함으로써 성립한다. 또 금융실명거래 및 비밀보장에 관한 법률 제4조(금융거래의 비밀보장)를 위반하는 행위를 함으로써 성립한다.

미수범 처벌에 관한 규정은 없으며, 결과발생(자기 또는 제3자가 실제로 이익을 얻었는지 또는 투자자가 실제로 손실을 보전 받았거나 일정한 이익을 얻었는지 여부 등)과 관계없이 법정행위가 행해지면 본죄가 성립한다.

3) 주관적 구성요건

금융투자업자로부터 업무를 위탁받은 자(수탁자) 또는 그 임직원이 범죄행위를 함에 있어서 고의가 있어야 한다. "자기 또는 제3자의 이익을 위하여"는 공개되지 아니한 정보를 이용하는 목적이므로 이 목적이 인정되면 당연히 고의가 있다고 보아야 할 것이다. 또 금융투자상품의 매매, 그 밖의 거래와 관련하여 손실의 보전이나 일정한 이익을 보장한다는 행위자의 인식이 있으면 고의가 있다고 보아야 할 것이다. 과실범 처벌에 관한 규정은 없으며, 공범관계가 성립할 수 있다.

(7) 임의매매 금지 위반죄(법 제444조 제7호)

1) 의 의

투자매매업자 또는 투자중개업자는 투자자나 그 대리인으로부터 금융투자상품의 매매주문을 받지 아니하고는 투자자로부터 예탁 받은 재산으로 금융투자상품의 매매를 하여서는 아니 된다(법 제70조). 이를 위반하면 본죄가 성립하여 법 제444조에서 정하는 처벌을 받는다(동조 제7호).

임의매매(무단매매)란 투자자나 그 대리인으로부터 금융투자상품의 매매에 관한 청약 또는 주문을 받지 아니하고 투자자로부터 예탁 받은 재산으로 금융투자상품의 매매를 하는 것을 말하며, 일임매매란 투자매매업자나 투자중개업자가 투자자로부터 금융투자상품에 대한 투자판단의 전부 또는 일부를 일임 받아 투자자별로 구분하여 금융투자상품을 취득, 처분, 그 밖의 방법으로 운용하는 것이다. 이와 같이 두 개념의 구별이 쉽지 않으므로 구체적 사안에 따라 결정하여야 한다. 투자매매업자나 투자중개업자가 임의매매를 하면 본 죄가 성립한다.

투자매매업자나 투자중개업자가 임의매매를 한 경우 이와 같이 형사처벌을 받지만, 증권시장에서의 매매가 무효로 되는 것은 아니다. 그러나 투자자가 그 거래를 추인하지 않는 이상 투자자에게 그 매매의 결과를 귀속시킬 수 없다. 투자자가 종전의 임의매매를 추인한 경우 그 임의매매는 적법하고 유효인 것이 될 것이므로 그 매매의 결과는 당연히 투자자에게 귀속되고 투자자는 그로 인한 손해배상도 청구할 수 없게 될 것이다.[1] 그리고 임의매매를 한 투자매매업자나 투자중개업자를 형사처벌 할 수도 없을 것이다.

2) 객관적 구성요건

① 행위주체

본죄의 행위주체는 투자매매업자나 투자중개업자이다. 투자매매업이란 전술한 바와 같이 누구의 명의로 하든지 자기의 계산으로 금융투자상품의 매도, 매수, 증권의 발행, 인수 또는 그 청약의 권유, 청약, 청약의 승낙을 영업으로 하는 것이다(법 제6조 제2항). 이익을 얻을 목적으로 계속적이거나 반복적인 방법으로 이 매매업을 영위하는 자가 투자매매업자이다(법 제8조 제2항).

투자중개업이란 누구의 명의로 하든지 타인의 계산으로 금융투자상품의 매도, 매수, 그 청약의 권유, 청약, 청약의 승낙 또는 증권의 발행, 인수에 대한 청약의 권유, 청약, 청약의 승낙을 영업으로 하는 것이다(법 제6조 제3항). 이익을 얻을 목적으로 계속적이거나 반복적인 방법으로 투자중개업을 영위하는 자가 투자중개업자이다(법 제8조 제2항).

② 행 위

투자매매업자나 투자중개업자가 투자자나 그 대리인으로부터 청약 또는 주문을 받지 아니하고 투자자로부터 예탁 받은 재산으로 금융투자상품의 매매를 하는 것이다. 본죄는 투자자에게 손해를 끼쳤는지 여부를 불문하고 매매를 함으로써 성립한다. 다만, 투자자의 추인이 있는 경우에는 본죄가 성립하지 않는다고 보아야 할 것이다. 금융투자상품이란 전술한 바와 같다.

---

1) 임재연, 전게서, 202면.

3) 주관적 구성요건

본죄는 행위자가 투자자나 그 대리인으로부터 청약 또는 주문을 받지 아니하고 투자자로부터 예탁 받은 재산으로 금융투자상품의 매매를 하는 것에 대한 인식을 함으로써 성립하는 고의범이다. 투자자의 이익 또는 손해나 투자매매업자 또는 투자중개업자의 이익 또는 손해에 대한 인식은 요구되지 않는다고 보아야 할 것이다.

(8) 불건전한 영업행위 등의 금지를 위반한 죄(법 제444조 제8호)

1) 의 의

① 투자매매업자 또는 투자중개업자가 다음 각 호에 해당하는 행위를 하여서는 아니 된다. 다만 투자자 보호 및 건전한 거래질서를 해할 우려가 없는 경우로서 대통령령으로 정하는 경우에는 이를 할 수 있다(법 제71조). 이를 위반하면 본죄가 성립하여 법 제444조에서 정하는 처벌을 받는다(동조 제8호).

1. 투자자로부터 금융투자상품의 가격에 중대한 영향을 미칠 수 있는 매수 또는 매도 주문을 받거나 받게 될 가능성이 큰 경우 이를 체결시키기 전에 그 금융투자상품을 자기의 계산으로 매수 또는 매도하거나 제3자에게 매수 또는 매도를 권유하는 행위(선행매매 금지, 동조 제1호)

2. 특정 금융투자상품의 가치에 대한 주장이나 예측을 담고 있는 자료(이하 조사분석자료라고 함)를 투자자에게 공표함에 있어서 그 조사분석자료의 내용이 사실상 확정된 때부터 공표 후 24시간이 경과하기 전까지 그 조사분석자료의 대상이 된 금융투자상품을 자기의 계산으로 매매하는 행위(조사분석자료 공표 전 매매거래의 금지, 동조 제2호)

3. 조사분석자료 작성을 담당하는 자에 대하여 대통령령으로 정하는 기업금융업무와 연동된 성과보수를 지급하는 행위(조사분석자료 담당자에 대한 성과보수 지급 금지, 동조 제3호)

4. 주권, 대통령령으로 정하는 주권관련 사채권, 이들과 관련된 증권예탁증권의 어느 하나에 해당하는 증권의 모집 또는 매출과 관련한 계약을 체결한 날부터 그 증권이 증권시장에 최초로 상장된 후 대통령령으로 정하는 기간 이내에 그 증권에 대한 조사분석자료를 공표하거나 특정인에게 제공하는 행위(증권인수업무와 관련한 조사분석자료의 공표, 제공 금지, 동조 제4호)

5. 투자권유 대행인 및 투자권유 자문인력이 아닌 자에게 투자권유를 하게 하는

행위(부적격자에 의한 투자권유대행 금지, 동조 제5호)

6. 투자자로부터 금융투자상품에 대한 투자판단의 전부 또는 일부를 위임 받아 투자자별로 구분하여 금융투자상품을 취득, 처분, 그 밖의 방법으로 운용하는 행위. 다만, 투자일임업으로 행하는 경우와 제7조 제4항에 해당하는 경우에는 이를 할 수 없다(일임매매 금지, 동조 제6호).

② 집합투자업자는 다음 각 호의 어느 하나에 해당하는 행위를 하여서는 아니 된다. 다만 투자자 보호 및 건전한 거래질서를 해할 우려가 없는 경우로서 대통령령으로 정하는 경우에는 이를 할 수 있다(법 제85조).

1. 집합투자대상을 운용함에 있어서 금융투자상품, 그 밖의 투자대상자산의 가격에 중대한 영향을 미칠 수 있는 매수 또는 매도 의사를 결정한 후 이를 실행하기 전에 그 금융투자상품, 그 밖의 투자대상자산을 집합투자업자 자기의 계산으로 매수 또는 매도하거나 제3자에게 매수 또는 매도를 권유하는 행위(제1호)

2. 자기 또는 대통령령으로 정하는 관계인수인이 인수한 증권을 집합투자재산으로 매수하는 행위(제2호)

3. 자기 또는 관계인수인이 대통령령으로 정하는 인수업무를 담당한 법인의 특정증권 등에 대하여 인위적인 시세를 형성하기 위하여 집합투자재산으로 그 특정증권 등을 매매하는 행위(제3호): 특정증권이란 법 제172조 제1항의 특정증권을 말하며, 인위적인 시세란 그 증권 또는 장내파생상품의 매매가 성황을 이루고 있는 듯이 잘못 알게 하거나 그 시세(증권시장 또는 파생상품시장에서 형성된 시세, 전자증권중개회사가 상장주권의 매매를 중개함에 있어서 형성된 시세, 그 밖에 대통령령으로 정하는 시세)를 변동시키는 매매 또는 위탁이나 수탁을 하는 행위(법 제176조 제2항 제1호)의 시세를 말한다.

4. 특정집합투자기구의 이익을 해하면서 자기 또는 제3자의 이익을 도모하는 행위(제4호)

5. 특정 집합투자재산을 집합투자업자의 고유재산 또는 그 집합투자업자가 운용하는 다른 집합투자재산, 투자일임재산 또는 신탁재산과 거래하는 행위(제5호): 투자일임재산이란 투자자로부터 투자판단을 일임받아 운용하는 재산을 말한다.

6. 제3자와의 계약 또는 담합 등에 의하여 집합투자재산으로 특정 자산에 교차하여 투자하는 행위(제6호)

7. 투자운용인력이 아닌 자에게 집합투자재산을 운용하게 하는 행위(제7호)

③ 투자자문업자 또는 투자일임업자는 다음 각 호의 어느 하나에 해당하는 행위를 하여서는 아니 된다. 다만 투자자 보호 및 건전한 거래질서를 해할 우려가 없

는 경우로서 대통령령으로 정하는 경우에는 이를 할 수 있다(법 제98조 제1항). 이를 위반하면 본죄가 성립하여 법 제444조에서 정하는 처벌을 받는다(동조 제8호).

1. 투자자로부터 금전, 증권, 그 밖의 재산의 보관, 예탁을 받는 행위(제98조 제1항 제1호)

2. 투자자에게 금전, 증권 그 밖의 재산을 대여하거나 투자자에 대한 제3자의 금전, 증권 그 밖의 재산의 대여를 중개, 주선 또는 대리하는 행위(제2항 제2호)

3. 투자권유자문인력 또는 투자운용인력이 아닌 자에게 투자자문업 또는 투자일임업을 수행하게 하는 행위(제1항 제3호)

4. 계약으로 정한 수수료 외의 대가를 추가로 받는 행위(제1항 제4호)

그리고 투자일임업자는 투자일임재산을 운용함에 있어서 다음 각 호의 어느 하나에 해당하는 행위를 하여서는 아니 된다. 다만 투자자 보호 및 건전한 거래질서를 해할 우려가 없는 경우로서 대통령령으로 정하는 경우에는 이를 할 수 있다(법 제98조 제2항).

1. 투자일임재산을 운용함에 있어서 금융투자상품, 그 밖의 투자대상 자산의 가격에 중대한 영향을 미칠 수 있는 그 금융투자상품, 그 밖의 투자대상 자산을 자기의 계산으로 매수 또는 매도하거나 제 3자에게 매수 또는 매도를 권유하는 행위(제1호)

2. 자기 또는 관계인수인이 인수한 증권을 투자일임재산으로 매수하는 행위(제2호)

3. 자기 또는 관계인수인이 대통령령으로 정하는 인수업무를 담당한 법인의 특정 증권에 대하여 인위적인 시세를 형성하기 위하여 투자일임재산으로 그 특정 증권 등을 매매하는 행위(제3호)

4. 특정 투주자 이익을 해하면서 자기 또는 제삼자의 이익을 도모하는 행위(제4호)

5. 투자일임재산으로 자기가 운용하는 다른 투자 일임재산. 집합투자재산 또는 신탁재산과 거래하는 행위(제5호)

6. 투자일임재산으로 투자일임업자 또는 그 이해관계인의 고유재산과 거래하는 행위(제6호)

7. 투자자의 동의 없이 투자일임재산으로 투자일임업자 또는 그 이해관계인이 발행한 증권에 투자하는 행위(제7호)

8. 투자일임재산을 각각의 투자자 별로 운용하지 않고 여러 투자자의 자산을 집합하여 운용하는 행위(제8호)

9. 투자자로부터 다음 각 목의 행위를 위임받는 행위(제9호)

가. 투자일임재산을 예탁하는 투자매매업자, 투자중개업자, 그 밖의 금융기관을 지정하거나 변경하는 행위

나. 투자일임재산을 예탁하거나 인출하는 행위

다. 투자일임재산에 속하는 증권의 의결권, 그 밖의 권리를 행사하는 행위

10. 그 밖에 투자자 보호 또는 건전한 거래질서를 해할 우려가 있는 행위로서 대통령령으로 정하는 행위(제10호)

④ 신탁업자는 다음 각 호의 어느 하나에 해당하는 행위를 하여서는 아니 된다. 다만 수익자 보호 및 건전한 거래질서를 해할 우려가 없는 경우로서 대통령령으로 정하는 경우에는 이를 할 수 있다(법 제108조).

1. 신탁재산을 운용함에 있어서 금융투자상품, 그 밖의 투자대상자산의 가격에 중대한 영향을 미칠 수 있는 매수 또는 매도 의사를 결정한 후 이를 실행하기 전에 그 금융투자상품, 그 밖의 투자대상자산을 자기의 계산으로 매수 또는 매도하거나 제3자에게 매수 또는 매도를 권유하는 행위(제1호)

2. 자기 또는 관계인수인이 인수한 증권을 신탁재산으로 매수하는 행위(제2호)

3. 자기 또는 관계인수인이 대통령령으로 정하는 인수업무를 담당한 법인의 특정 증권등에 대하여 인위적인 시세를 형성시키기 위하여 신탁재산으로 그 특정 증권 등을 매매하는 행위(제3호)

4. 특정 신탁재산의 이익을 해하면서 자기 또는 제 3자의 이익을 도모하는 행위(제4호)

5. 신탁 재산으로 그 신탁업자가 운용하는 다른 신탁재산, 집합투자재산 또는 투자 일임재산과 거래하는 행위(제5호)

6. 신탁재산으로 신탁업자 또는 그 이해관계인의 고유재산과 거래하는 행위(제6호)

7. 수익자의 동의 없이 신탁재산으로 신탁업자 또는 그 이해관계인이 발행한 증권에 투자하는 행위(제7호)

8. 투자운용 인력이 아닌 자에게 신탁재산을 운용하게 하는 행위(제8호)

이상의 각 해당 조항의 각 호의 어느 하나에 해당하는 불건전 영업행위를 한 자는 본 죄가 성립하여 5년 이하의 징역 또는 2억원 이하의 벌금에 처한다(법 제444조 제8호).

2) 객관적 구성요건

① 행위주체

본죄의 행위주체는 금융투자업을 하는 자로서 법 제71조에서는 투자매매업자 또는 투자중개업자이고, 법 제85조에서는 집합투자업자, 법 제98조에서는 투자자

문업자 또는 투자일임업자, 법 제108조에서는 신탁업자이다. 이들에 대해서는 전술한 바와 같다(법 제6조 제1항부터 제8항).

② 행 위

이상의 행위주체가 각 해당 조항의 각 호의 어느 하나에 해당하는 불건전 영업행위를 함으로써 본죄가 성립한다.

3) 주관적 구성요건

금융투자업을 하는 행위주체가 고의로 각 해당 조항의 각 호의 어느 하나에 해당하는 불건전 영업행위를 하여야 한다. 고의란 각 행위를 하는 인식만으로써 충분하다.

(8의2) 신용공여를 한 죄(제444조 제8호의2)

종합금융투자사업자가 제3항 제1호 또는 제72조 제1항 본문에 따라 신용공여를 하는 경우에는 신용공여의 총 합계액이 자기자본의 100분의 100을 초과하여서는 아니 된다. 다만, 종합금융투자사업자 업무의 특성, 해당 신용공여가 종합금융투자사업자의 건전성에 미치는 영향 등을 고려하여 대통령령으로 정하는 경우에는 그러하지 아니하다(제77조의3 제4항).

그리고 종합금융투자사업자가 제3항 제1호에 따라 신용공여를 하는 경우 동일한 법인 및 그 법인과 대통령령으로 정하는 신용위험을 공유하는 자에 대하여 그 종합금융투자사업자의 자기자본의 100분의 25의 범위에서 대통령령으로 정하는 비율에 해당하는 금액을 초과하는 신용공여를 할 수 없다(동조 제5항).

이에 위반하여 (제77조의3 제6항에 해당하는 경우는 제외한다) 신용공여를 한 자는 본죄가 성립한다. 본죄의 주체는 종합금융투자사업자이며 전술한 바와 같고, 그 처벌은 동법 제444조에서 정한 바와 같다.

(8의3) 1년 이내에 한도를 적합하도록 하지 아니한 죄(제444조 제8호의3)

종합금융투자사업자가 추가로 신용공여를 하지 아니하였음에도 불구하고 자기자본의 변동, 동일차주 구성의 변동 등으로 인하여 제4항 및 제5항의 한도를 초과하게 되는 경우에는 그 한도를 초과하게 된 날부터 1년 이내에 그 한도에 적합하도록 하여야 한다(법 제77조의3 제6항). 이를 위반하여 이 기간 이내에 한도에 적합하도록 하지 아니한 자는 본죄가 성립하여 제444조상의 처벌을 받는다. 본죄의 행위주체는 종합금융투자사업자이다.

(9) 집합투자업자가 자산운용제한을 위반한 죄(법 제444조 제9호)

1) 의 의

집합투자업자는 집합투자재산을 운용함에 있어서 법 제81조 각 호에 해당하는 행위를 하여서는 아니 된다. 다만 투자자 보호 및 집합투자재산의 안정적 운용을 해할 우려가 없는 경우로서 대통령령으로 정하는 경우에는 이를 할 수 있다(법 제81조 본문). 투자자 보호 및 집합투자재산의 안정적 운용을 보장하기 위한 것으로서 이를 위반하면 본죄가 성립하여 법 제444조에 의하여 처벌된다. 집합투자재산을 증권(집합투자증권, 그 밖에 대통령령으로 정하는 증권을 제외하며, 대통령령으로 정하는 투자대상자산을 포함) 또는 파생상품을 운용함에 있어서 법 제81조 제1항 각 목에 해당하는 행위를 하여서는 아니 된다(제1호).

2) 객관적 구성요건

① 행위주체

본죄의 행위주체는 집합투자업자이다. 집합투자업자란 금융투자업자 중 집합투자업을 영위하는 자를 말한다(법 제8조 제4항). 집합투자업이란 2인 이상에게 투자권유를 하여 모은 금전 또는 국가재정법 제81조에 따른 여유자금을 투자자 또는 각 기금관리주체로부터 일상적인 운용지시를 받지 아니하면서 그 재산적 가치가 있는 투자대상자산을 취득, 처분, 그 밖의 방법으로 운용하고 그 결과를 투자자 또는 각 기금관리주체에게 배분하여 귀속시키는 것을 말한다(법 제6조 제5항).

집합투자업자(집합투자기구)는 법적 구조에 따라 투자신탁, 투자회사(상법에 따른 주식회사 형태), 투자유한회사, 투자합자회사, 투자유한책임회사, 투자합자조합, 투자익명조합, 사모투자전문회사의 형태가 가능하다. 집합투자기구는 그 상호 또는 명칭 중에 종류를 표시하는 문자(증권, 부동산, 특별자산, 혼합자산 및 단기금융 등)를 사용하여야 한다(법 제183조 제1항). 그리고 자본시장법에 따른 집합투자자가 아닌 경우에는 집합투자, 간접투자신탁, 투자회사, 투자유한회사, 투자합자회사, 사모투자전문회사, 투자조합, 투자익명조합 그 밖에 이와 유사한 명칭을 사용하여서는 아니 된다(동조 제2항).

② 행 위

이상의 행위주체가 법 제81조 제1항 각 목에 해당하는 행위를 함으로써 본죄가 성립한다(제1호). 각 목에 해당하는 행위는 다음과 같다.

1. 각 집합투자기구 자산총액의 100분의 10 이내의 범위에서 대통령령으로 정하는 비율을 초과하여 동일종목의 증권에 투자하는 행위. 이 경우 동일법인 등이 발행한 증권 중 지분증권(그 법인 등이 발행한 지분증권과 관련된 증권예탁증권 포함)과 지분증권을 제외한 증권은 각각 동일종목으로 본다.
2. 각 집합투자업자가 운용하는 전체 집합투자기구 자산총액으로 동일 법인 등이 발행한 지분증권 총수의 100분의 20을 초과하여 투자하는 행위
3. 각 집합투자기구 자산총액으로 동일법인 등이 발행한 지분증권 총수의 100분의 10을 초과하여 투자하는 행위
4. 대통령령으로 정하는 적격요건을 갖추지 못한 자와 장외파생상품을 매매하는 행위
5. 파생상품의 매매와 관련하여 기초자산 중 동일법인 등이 발행한 증권(그 법인 등이 발행한 증권과 관련된 증권예탁증권 포함)의 가격변동으로 인한 위험평가액이 각 집합투자기구 자산총액의 100분의 10을 초과하여 투자하는 행위
6. 같은 거래 상대방과의 장외 파생상품 매매에 따른 거래 상대방 위험평가액이 각 집합투자기구 자산총액의 100분의 10을 초과하여 투자하는 행위 등이다.

3) 주관적 구성요건

본죄가 성립하기 위해서는 금융투자업을 하는 집합투자업자(행위주체)가 고의로 각 해당 조항의 각 호의 어느 하나에 해당하는 행위를 하여야 한다. 고의란 각 행위를 하는 인식만으로써 충분하다.

(10) 집합투자업자가 이해관계인과의 거래제한 등을 위반한 죄(법 제444조 제10호)

1) 의 의

집합투자업자는 집합투자재산을 운용함에 있어서 대통령령으로 정하는 이해관계인과 거래행위를 하여서는 아니 된다. 다만 집합투자기구와 이해가 상충될 우려가 없는 거래로서 다음 각 호의 어느 하나에 해당하는 거래의 경우에는 이를 할

수 있다(법 제84조 제1항). 이를 위반하면 본죄가 성립한다(법 제444조 제10호). 허용되는 이해관계인과 거래를 한 경우 또는 이해관계인의 변경이 있는 경우에는 그 내용을 해당 집합투자재산을 보관, 관리하는 신탁업자에게 즉시 통보하여야 한다(법 제84조 제2항).

법 제84조 제1항 단서가 허용하는 예외적인 경우는 다음과 같다.

1. 이해관계인이 되기 6개월 이전에 체결한 계약에 따른 거래
2. 증권시장 등 불특정 다수인이 참여하는 공개시장을 통한 거래
3. 일반적인 거래조건에 비추어 집합투자기구에 유리한 거래
4. 그 밖에 대통령령으로 정하는 거래 등이다.

대통령령으로 허용하는 예외적인 거래는 다음과 같다(령 제85조).

1. 이해관계인의 중개, 주선 또는 대리를 통하여 금융위원회가 정하여 고시하는 방법에 따라 이해관계인이 아닌 자와 행하는 투자대상자산의 매매

2. 이해관계인의 매매중개(금융위원회가 정하여 고시하는 매매형식의 중개)를 통하여 그 이해관계인과 행하는 다음과 같은 투자대상자산의 매매

가. 채무증권 나. 원화로 표시된 양도성 예금증서 다. 어음(기업어음증권은 제외)

3. 각 집합투자기구 자산총액의 10% 이내에서 이해관계인(집합투자업의 대주주나 계열회사는 제외)과 집합투자재산을 다음과 같은 방법으로 운용하는 거래

가. 대통령령으로 정하는 금융기관에 대한 30일 이내의 단기대출

나. 환매조건부매수(증권을 일정기간 후에 환매도할 것을 조건으로 매수하는 경우)

4. 이해관계인인 금융기관(령 제83조①1에 따른 금융기관과 이에 준하는 외국금융기관만 해당)에의 예치, 이 경우 집합투자업자가 운용하는 전체 집합투자재산 중 이해관계인인 금융기관에 예치한 금액은 전체 금융기관에 예치한 금액의 10%를 초과하여서는 아니된다.

5. 이해관계인인 신탁업자와의 외국환 거래법에 따른 외국통화의 매매(환위험을 회피하기 위한 선물환 거래를 포함)

6. 이해관계인(전담 중개업무를 제공하는 집합투자업자가 운용하는 전체 집합투자기구의 집합투자증권을 100분의 30 이상 판매, 위탁판매한 투자매매업자, 투자중개업자 및 집합투자업자가 운용하는 전체 집합투자기구의 집합투자재산(국가재정법 제81조에 따라 여유자금을 통합하여 운용하는 집합투자기구의 집합투자재산은 제외)의 100분의 30 이상을 보관, 관리하고 있는 신탁업자만 해당)과 전담중개업무로써 하는 거래

7. 그 밖의 거래의 형태·조건·방법 등을 고려하여 집합투자기구와 이해가 상충될 염려가 없다고 금융위원회의 확인을 받은 거래

이해관계인은 다음의 어느 하나에 해당하는 자이다(령 제84조).

1. 집합투자업자의 임직원과 그 배우자
2. 집합투자업자의 대주주와 그 배우자
3. 집합투자업자의 계열회사, 계열회사의 임직원과 그 배우자
4. 집합투자업자가 운용하는 전체 집합투자기구의 집합투자증권을 30% 이상 판매, 위탁판매한 투자매매업자, 투자중개업자
5. 집합투자업자가 운용하는 전체집합투자기구의 집합투자재산(국가재정법 제81조에 따라 여유자금을 통합하여 운용하는 집합투자기구의 집합투자재산은 제외함)의 30% 이상을 보관, 관리하고 있는 신탁업자
6. 집합투자업자가 법인이사인 투자회사의 감독이사 등이다.

2) 객관적 구성요건

① 행위주체

본죄의 행위주체는 집합투자업자이며, 이에 관해서는 전술한 바와 같다.

② 행 위

본죄를 구성하는 행위는 집합투자업자가 앞에서 설명한 이해관계인(대통령령 제84조)과 거래를 하는 것이다.

3) 주관적 구성요건

본죄가 성립하기 위해서는 금융투자업을 하는 집합투자업자(행위주체)가 고의로 이해관계인과 거래행위를 하여야 한다. 고의는 이해관계인과 거래행위를 하는 인식만으로써 충분하다.

(11) 집합투자업자 및 신탁업자의 의결권행사제한을 위반한 죄 (법 제444조 제11호)

1) 의 의

① 집합투자업자의 의결권행사 제한

집합투자업자(투자신탁이나 투자익명조합의 집합투자업자에 한함)는 집합투자재산에

속하는 주식의 의결권을 행사함에 있어서 다음 각 호의 어느 하나에 해당하는 경우에는 집합투자재산에 속하는 주식을 발행한 법인의 주주총회에 참석한 주주가 소유하는 주식 수에서 집합투자재산에 속하는 주식수를 뺀 주식수의 결의 내용에 영향을 미치지 아니 하도록 의결권을 행사하여야 한다. 다만, 집합투자재산에 속하는 주식을 발행한 법인의 합병, 영업의 양도· 양수, 임원의 임면, 정관변경, 그 밖에 이에 준하는 사항으로서 집합투자재산에 손실을 초래할 것이 명백하게 예상되는 경우에는 그러하지 아니하다(법 제87조 제1항 본문).

ⅰ) 다음 각 목의 어느 하나에 해당하는 자가 그 집합투자재산에 속하는 주식을 발행한 법인을 계열회사로 편입하기 위한 경우(제1항 제1호)

가. 그 집합투자업자 및 대통령령으로 정하는 이해관계가 있는 자 : 그 집합투자업자 및 그와 특수관계인 및 공동보유자(령 제89조 제1항), 그 집합투자업자에 대하여 사실상의 지배력을 행사하는 자로서 a. 관계투자매매업자, 투자중개업자와 그 계열회사, 또는 b. 집합투자업자(투자신탁, 투자익명조합에 한함)의 대주주 및 최대주주의 특수관계인인 주주(령 제89조 제2항)

나. 그 집합투자업자에 대하여 사실상의 지배력을 행사하는 자로서 대통령령으로 정하는 자

ⅱ) 그 집합투자재산에 속하는 주식을 발행한 법인이 그 집합투자업자와 다음 각 목의 어느 하나에 해당하는 관계가 있는 경우(제1항 제2호)

가. 계열회사의 관계가 있는 경우

나. 그 집합투자자에 대하여 사실상의 지배력을 행사하는 관계로서 대통령령으로 정하는 관계가 있는 경우 : ⅰ) 관계투자매매업자, 투자중개업자와 및 그 계열회사, 또는 ⅱ) 집합투자업자(투자신탁, 투자익명조합에 한함)의 대주주 및 최대주주의 특수관계인인 주주가 되는 관계(령 제89조 제3항)가 있는 경우

ⅲ) 그 밖에 투자자 보호 또는 집합투자재산의 적정한 운용을 해할 우려가 있는 경우로서 대통령령으로 정하는 경우(제1항 제3호)

그러나 집합투자재산에 속하는 주식을 발행한 법인의 합병, 영업의 양도·양수, 임원의 임면, 정관변경, 그 밖에 이에 준하는 사항으로서 집합투자재산에 손실을 초래할 것이 명백하게 예상되는 경우에는 그러하지 아니하다(법 제87조 제1항 단서). 그러나 이 단서규정은 공정거래법 제9조 제1항에 따른 상호출자제한 기업집단에 속하는 집합투자업자에게는 적용하지 않는다. 다만 상호출자제한 기업집단에 속하는 집합투자업자가 집합투자재산으로 그와 계열회사의 관계가 있는 주권상장법인

이 발행한 주식을 소유하고 있는 경우로서 a. 그 법인의 다른 법인과의 합병, 그 법인의 영업의 전부 또는 주요부분의 다른 법인으로의 양도, b. 그 법인의 임원의 임면, c. 그 법인의 정관변경 등의 사항에 대하여 앞의 제1항에 따른 의결권을 행사(shadow voting)하면 그 집합투자재산에 손실을 초래할 것이 명백하게 예상되는 경우에는 제1항 각 호 외의 부분 단서에 따라 의결권을 행사할 수 있다. 이 경우 의결권을 행사할 수 있는 주식의 수는 그 법인의 특수관계인(공정거래법에 의한 특수관계인을 말함)이 행사할 수 있는 주식의 수를 합하여 그 법인의 발행주식 총수의 100분의 15를 초과할 수 없다(법 제87조 제2항).

제2항의 규정에도 불구하고, 상호출자제한 기업집단에 속하는 집합투자업자가 집합투자재산으로 그와 계열회사의 관계가 있는 법인이 발행한 주식을 소유하고 있는 경우에는 제81조 제1항 각 호 외의 부분 단서에 따라 같은 조 제1항 제1호 가목의 투자한도를 초과하여 취득한 주식은 그 주식을 발행한 법인의 주주총회에 참석한 주주가 소유한 주식수에서 집합투자재산인 주식수를 뺀 주식수의 결의내용에 영향을 미치지 아니하도록 의결권을 행사하여야 한다(법 제87조 제3항).

집합투자업자는 제81조 제1항(자산운용제한) 및 제84조 제4항(계열회사가 발행한 증권의 취득)에 따른 투자한도를 초과하여 취득한 주식에 대하여는 그 주식의 의결권을 행사할 수 없다(법 제87조 제4항). 그리고 집합투자업자는 제3자와의 계약에 의하여 의결권을 교차하여 행사하는 등 제1항부터 제4항까지의 규정의 적용을 면하기 위한 행위를 하여서는 아니된다(법 제87조 제5항).

② 신탁업자의 의결권행사 제한

신탁재산으로 취득한 주식에 대한 권리는 신탁업자가 행사한다(법 제112조 제1항). 그 가운데 의결권 행사에 관해서는 다음과 같은 제한이 있다.

i) 신탁업자는 신탁재산에 속하는 주식의 의결권을 행사함에 있어서 다음 각 호의 어느 하나에 해당하는 경우에는 제1항에 불구하고 신탁재산에 속하는 주식을 발행한 법인의 주주총회의 참석 주식수에서 신탁재산에 속하는 주식수를 뺀 주식수의 결의내용에 영향을 미치지 아니하도록 의결권을 행사하여야 한다. 다만, 신탁재산에 속하는 주식을 발행한 법인의 합병, 영업양도 · 양수, 임원의 선임, 그 밖에 이에 준하는 사항으로서 신탁재산에 손실을 초래할 것이 명백하게 예상되는 경우에는 그러하지 아니하다(동조 제2항).

1. 다음 각 목의 어느 하나에 해당하는 자가 그 신탁재산에 속하는 주식을 발행한 법인을 계열회사로 편입하기 위한 경우

가. 신탁업자 또는 그와 대통령령으로 정하는 특수관계에 있는 자
나. 신탁업자에 대하여 사실상의 지배력을 행사하는 자로서 대통령령으로 정하는 자

2. 신탁재산에 속하는 주식을 발행한 법인이 그 신탁업자와 다음 각 목의 어느 하나에 해당하는 관계에 있는 경우
가. 계열회사의 관계에 있는 경우
나. 신탁업자에 대하여 사실상의 지배력을 행사하는 관계로서 대통령령으로 정하는 관계에 있는 경우

3. 그 밖에 수익자의 보호 또는 신탁재산의 적정한 운용을 해할 우려가 있는 경우로서 대통령령으로 정하는 경우

ii) 신탁업자는 신탁재산에 속하는 주식이 다음 각 호의 어느 하나에 해당하는 경우에는 그 주식의 의결권을 행사할 수 없다(동조 제3항).

1. 동일 법인이 발행한 주식 총수의 100분의 15를 초과하여 주식을 취득한 경우 그 초과하는 주식
2. 신탁재산에 속하는 주식을 발행한 법인이 자기주식을 확보하기 위하여 신탁계약에 따라 신탁업자에게 취득하게 한 그 법인의 주식

iii) 신탁업자는 제3자와의 계약 등에 의하여 의결권을 교차하여 행사하는 등 제2항 및 제3항의 적용을 면하기 위한 행위를 하여서는 아니 된다(동조 제4항).

iv) 제2항 각 호 외의 부분 단서는 상호출자제한 기업집단에 속하는 신탁업자에게는 적용하지 아니 한다(동조 제5항).

이상의 규정을 위반하여 의결권을 행사한 자는 본죄가 성립하여 법 제444조에서 정하는 처벌을 받는다.

2) 객관적 구성요건

① 행위주체

본죄의 행위주체는 집합투자업자와 신탁업자이다. 이에 관해서는 앞에서 상세히 설명하였다.

② 행 위

본죄를 구성하는 행위는 집합투자업자와 신탁업자가 의결권 행사에 관한 방법,

범위 등 법 제87조 제1항부터 제5항까지,[1] 법 제112조 제2항부터 제5항까지를 위반하여 집합투자재산에 속하는 주식 또는 신탁재산에 속하는 주식을 발행한 법인의 주주총회에서 의결권을 행사함으로써 성립한다.[2]

---

1) 제87조(의결권 등) ① 집합투자업자(투자신탁이나 투자익명조합의 집합투자업자에 한한다. 이하 이 조에서 같다)는 투자자의 이익을 보호하기 위하여 집합투자재산에 속하는 주식의 의결권을 충실하게 행사하여야 한다.

1 내지 3 삭제 <2013.5.28.>

② 제1항에도 불구하고 집합투자업자는 다음 각 호의 어느 하나에 해당하는 경우에는 집합투자재산에 속하는 주식을 발행한 법인의 주주총회에 참석한 주주가 소유하는 주식수에서 집합투자재산에 속하는 주식수를 뺀 주식수의 결의내용에 영향을 미치지 아니하도록 의결권을 행사하여야 한다.

1. 다음 각 목의 어느 하나에 해당하는 자가 그 집합투자재산에 속하는 주식을 발행한 법인을 계열회사로 편입하기 위한 경우
   가. 그 집합투자업자 및 그와 대통령령으로 정하는 이해관계가 있는 자
   나. 그 집합투자업자에 대하여 사실상의 지배력을 행사하는 자로서 대통령령으로 정하는 자
2. 그 집합투자재산에 속하는 주식을 발행한 법인이 그 집합투자업자와 다음 각 목의 어느 하나에 해당하는 관계가 있는 경우
   가. 계열회사의 관계가 있는 경우
   나. 그 집합투자업자에 대하여 사실상의 지배력을 행사하는 관계로서 대통령령으로 정하는 관계가 있는 경우
3. 그 밖에 투자자 보호 또는 집합투자재산의 적정한 운용을 해할 우려가 있는 경우로서 대통령령으로 정하는 경우

③ 제2항에도 불구하고 집합투자업자는 법인의 합병, 영업의 양도·양수, 임원의 임면, 정관변경, 그 밖에 이에 준하는 사항으로서 투자자의 이익에 명백한 영향을 미치는 사항(이하 이 조에서 "주요의결사항"이라 한다)에 대하여 제2항의 방법에 따라 의결권을 행사하는 경우 집합투자재산에 손실을 초래할 것이 명백하게 예상되는 때에는 제1항에 따라 의결권을 행사할 수 있다. 다만, 「독점규제 및 공정거래에 관한 법률」 제9조 제1항에 따른 상호출자제한기업집단(이하 "상호출자제한기업집단"이라 한다)에 속하는 집합투자업자는 집합투자재산으로 그와 계열회사의 관계에 있는 주권상장법인이 발행한 주식을 소유하고 있는 경우에는 다음 각 호의 요건을 모두 충족하는 방법으로만 의결권을 행사할 수 있다.

1. 그 주권상장법인의 특수관계인(「독점규제 및 공정거래에 관한 법률」 제7조 제1항제5호가목에 따른 특수관계인을 말한다)이 의결권을 행사할 수 있는 주식의 수를 합하여 그 법인의 발행주식총수의 100분의 15를 초과하지 아니하도록 의결권을 행사할 것
2. 집합투자업자가 제81조 제1항 각 호 외의 부분 단서에 따라 같은 항 제1호가목의 투자한도를 초과하여 취득한 주식은 그 주식을 발행한 법인의 주주총회에 참석한 주주가 소유한 주식수에서 집합투자재산인 주식수를 뺀 주식수의 결의내용에 영향을 미치지 아니하도록 의결권을 행사할 것

④ 집합투자업자는 제81조 제1항 및 제84조 제4항에 따른 투자한도를 초과하여 취득한 주식에 대하여는 그 주식의 의결권을 행사할 수 없다.

⑤ 집합투자업자는 제삼자와의 계약에 의하여 의결권을 교차하여 행사하는 등 제2항부터 제4항까지의 규정의 적용을 면하기 위한 행위를 하여서는 아니 된다. <개정 2013.5.28.>

2) 제112조(의결권 등)

② 신탁업자는 신탁재산에 속하는 주식의 의결권을 행사함에 있어서 다음 각 호의 어느 하나에 해당하는 경우에는 제1항에 불구하고 신탁재산에 속하는 주식을 발행한 법인의 주주총회의 참석 주식수에서 신탁재산에 속하는 주식수를 뺀 주식수의 결의내용에 영향을 미치지 아니하도록 의결권을 행사하여야 한다. 다만, 신탁재산에 속하는 주식을 발행한 법인의 합병, 영업의 양도·

3) 주관적 구성요건

본죄가 성립하기 위해서는 금융투자업을 하는 집합투자업자(행위주체)가 고의로 이해관계인과 거래행위를 하여야 한다. 고의는 이해관계인과 거래행위를 하는 인식만으로써 충분하다.

(12) 모집 또는 매출신고를 위반한 죄(법 제444조 제12호)

1) 의 의

① 증권의 모집 또는 매출(대통령령으로 정하는 방법에 따라 산정한 모집가액 또는 매출가액 각각의 총액이 대통령령으로 정하는 금액이상인 경우에 한함)은 발행인이 그 모집 또는 매출에 관한 신고서를 금융위원회에 제출하여 수리되지 않으면 이를 할 수 없다(법 제119조 제1항). 이와 같이 증권신고서를 요구하는 것은 상법상의 청약서만으로는 투자자에 대한 공시자료로 부족하기 때문에 투자자를 보호하기 위한 방안이다.[1)]

양수, 임원의 선임, 그 밖에 이에 준하는 사항으로서 신탁재산에 손실을 초래할 것이 명백하게 예상되는 경우에는 그러하지 아니하다.

1. 다음 각 목의 어느 하나에 해당하는 자가 그 신탁재산에 속하는 주식을 발행한 법인을 계열회사로 편입하기 위한 경우
   가. 신탁업자 또는 그와 대통령령으로 정하는 특수관계에 있는 자
   나. 신탁업자에 대하여 사실상의 지배력을 행사하는 자로서 대통령령으로 정하는 자
2. 신탁재산에 속하는 주식을 발행한 법인이 그 신탁업자와 다음 각 목의 어느 하나에 해당하는 관계에 있는 경우
   가. 계열회사의 관계에 있는 경우
   나. 신탁업자에 대하여 사실상의 지배력을 행사하는 관계로서 대통령령으로 정하는 관계에 있는 경우
3. 그 밖에 수익자의 보호 또는 신탁재산의 적정한 운용을 해할 우려가 있는 경우로서 대통령령으로 정하는 경우

③ 신탁업자는 신탁재산에 속하는 주식이 다음 각 호의 어느 하나에 해당하는 경우에는 그 주식의 의결권을 행사할 수 없다.

1. 동일법인이 발행한 주식 총수의 100분의 15를 초과하여 주식을 취득한 경우 그 초과하는 주식
2. 신탁재산에 속하는 주식을 발행한 법인이 자기주식을 확보하기 위하여 신탁계약에 따라 신탁업자에게 취득하게 한 그 법인의 주식

④ 신탁업자는 제삼자와의 계약 등에 의하여 의결권을 교차하여 행사하는 등 제2항 및 제3항의 적용을 면하기 위한 행위를 하여서는 아니된다.

⑤ 제2항 각 호 외의 부분 단서는 상호출자제한기업집단에 속하는 신탁업자에게는 적용하지 아니한다.

1) 임재연, 전게서, 324면.

자본시장법상 공모는 모집과 매출이 있다. 모집이란 대통령령으로 정하는 방법에 따라 산출한 50인 이상 투자자에게 새로 발행되는 증권의 취득의 청약을 권유하는 것이고(법 제9조 제7항), 매출은 대통령령으로 정하는 방법에 따라 산출한 50인 이상의 투자자에게 이미 발행된 증권의 매도청약을 하거나 매수의 청약을 권유하는 것을 말한다(동조 제9항). 모집은 신규로 발행되는 증권을 대상으로 한 개념이고, 매출은 이미 발행된 증권을 대상으로 하는 개념이다.

청약의 권유란 권유받은 자에게 증권을 취득하도록 하기 위하여 신문, 방송, 잡지 등을 통한 광고, 안내문, 홍보전단 등 인쇄물의 배포, 투자설명회의 개최, 전자통신 등의 방법으로 증권취득 청약의 권유 또는 증권 매도청약이나 매수청약의 권유 등 증권을 발행 또는 매도한다는 사실을 알리거나 취득의 절차를 안내하는 활동이다(령 제2조 제2호). 따라서 서면뿐만 아니라 구두에 의하여 청약을 권유하는 것도 자본시장법상 청약의 권유에 해당한다. 다만 단순히 그 사실을 알리거나 안내하는 경우는 제외한다(령 제2조 제2호 단서).

② 제1항에도 불구하고, 증권의 종류, 발행예정기간, 발행횟수, 발행인의 요건 등을 고려하여 대통령령으로 정하는 기준과 방법에 따라 일정기간 동안 모집하거나 매출할 증권의 총액을 일괄하여 기재한 신고서(일괄신고서)를 금융위원회에 제출하여 수리된 경우에는 그 기간 중에 그 증권을 모집하거나 매출할 때마다 제출하여야 하는 신고서를 따로 제출하지 아니하고 그 증권을 모집하거나 매출할 수 있다. 이 경우 그 증권(집합투자증권 중 대통령령으로 정하는 것은 제외)을 모집하거나 매출할 때마다 대통령령으로 정하는 일괄신고와 관련된 서류(일괄신고 추가서류)를 제출하여야 한다(동조 제2항).

일괄신고서를 제출할 수 있는 증권은 주권, 전환사채권·신주인수권부사채권·교환사채권(주권·전환사채권 또는 신주인수권부사채권과 교환을 청구할 수 있는 교환사채권만 해당)·이익참가부사채권·일반사채권, 파생결합증권, 개방형 결합투자증권(집합투자증권과 외국집합투자증권)이다(령 제121조 제1항).

발행예정기간은 일괄신고서에 의하여 모집 또는 매출할 수 있는 기간을 말하며, 일괄신고서의 효력발생일부터 2개월 이상 1년 이내의 기간으로 한다. 다만, 개방형 집합투자증권인 경우에는 해당 집합투자규약에서 정한 존속기간을 발행예정기간으로 하고 집합투자규약에서 존속기간을 정하지 아니한 경우에는 무기한으로 한다(령 제121조 제2항).

일괄신고서를 제출한 자는 발행예정기간 중 3회 이상 그 증권을 발행하여야 한다(령 제121조 제3항). 발행인 요건으로서 대통령령 제121조 제7항의 요건을 모두 충족한 자는 "잘 알려진 기업"으로서 발행예정기간이나 발행횟수의 제한에 대하여 예외가 인정될 수 있다(령 동조 제6호).

③ 발행인은 제1항의 신고서와 제2항의 일괄신고서(이하 증권신고서)에 발행인(투자신탁의 수익증권 및 투자익명조합의 지분증권의 경우에는 그 투자신탁 및 투자익명조합)의 미래의 재무상태나 영업실적 등에 대한 예측 또는 전망에 관한 사항으로서 다음 각 호의 사항(이하 예측정보)을 기재 또는 표시할 수 있다. 이 경우 예측정보의 기재 또는 표시는 제125조 제2항 제1호, 제2호 및 제4호의 방법에 따라야 한다(법 제119조 제3항).

1. 대출규모·이익규모 등 발행인의 영업실적, 그 밖의 경영성과에 대한 예측 또는 전망에 관한 사항
2. 자본금규모·자금흐름 등 발행인의 재무상태에 대한 예측 또는 전망에 관한 사항
3. 특정한 사실의 발생 또는 특정한 계획의 수립으로 인한 발행인의 경영성과 또는 재무상태의 변동 및 일정 시점에서의 목표수준에 관한 사항
4. 그 밖에 발행인의 미래에 대한 예측 또는 전망에 관한 사항으로써 대통령령으로써 정하는 사항

④ 증권신고서를 제출하는 경우 증권신고서에 기재해야 할 사항이나 그 첨부서류에 이미 제출된 것과 같은 부분인 있는 때에는 그 부분을 적시하여 이를 참조하라는 뜻을 기재한 서면으로 갈음할 수 있다(동조 제4호).

2) 객관적 구성요건

① 행위주체

본죄의 행위주체는 자본시장법상 발행인이다. 발행인이란 증권을 발행하였거나 발행하고자 하는 자를 말한다. 다만, 증권예탁증권을 발행함에 있어서는 그 기초가 되는 증권을 발행하였거나 발행하고자 하는 자이다(법 제9조 제10항). 설립중의 회사의 발기인이 증권을 모집하는 경우에는 발기인이 이에 해당된다. 증권의 모집뿐만 아니라 매출의 경우에도 발행인이 신고하게 한 것은 공시가 요구되는 기업에 관한 정보에 대하여는 발행인이 준비하는 것이 적절하고 정확하기 때문이다.[1] 모집의 경우에는 모집주체와 신고의무자가 일치하지만, 매출의 경우에는 매출주체(소유주주)와 신고의무자(발행인)가 다르게 될 수 있다.

---

1) 임재연, 전게서, 334면.

증권발행인으로서 외국인은 외국정부, 외국 지방자치단체, 외국 공공단체, 외국 법령에 따라 설립된 외국기업, 조약에 따라 설립된 국제기구, 그 밖에 외국에 있는 법인 등으로서 대통령령으로 정하는 자 등이다(법 제9조 16항).

② 행 위

본죄를 구성하는 행위는 법 제119조 각 항을 위반하여 모집 또는 매출하는 것이다(법 제444조 제12호). 앞에서 설명한 바와 같이 모집이란 대통령령으로 정하는 방법에 따라 산출한 50인 이상 투자자에게 새로 발행되는 증권의 취득의 청약을 권유하는 것이고(법 제9조 제7항), 매출은 대통령령으로 정하는 방법에 따라 산출한 50인 이상의 투자자에게 이미 발행된 증권의 매도청약을 하거나 매수의 청약을 권유하는 것을 말한다(동조 제9항).

3) 주관적 구성요건

행위주체는 법 제119조 각 항에 위반하여 모집 또는 매출한다는 인식이 있어야 한다. 인식만 있으면 고의가 인정될 것이다.

(13) 신고서 등의 부실표시 및 누락 등에 관한 죄(법 제444조 제13호)

1) 의 의

다음 각 목의 어느 하나에 해당하는 서류 중 중요사항에 관하여 거짓의 기재 또는 표시를 하거나 중요사항을 기재 또는 표시하지 아니한 자 및 그 중요사항에 관하여 거짓의 기재 또는 표시가 있거나 중요사항의 기재 또는 표시가 누락되어 있는 사실을 알고도 제119조 제5항 또는 159조 제7항에 따른 서명을 한 자와 그 사실을 알고도 이를 진실 또는 정확하다고 증명하여 그 뜻을 기재한 공인회계사, 감정인 또는 신용평가를 전문으로 하는 자이다(법 제444조 제13호).

대상이 되는 서류는 ① 제119조에 따른 증권신고서 또는 일괄신고추가서류, ② 정정신고서(제122조), ③ 투자설명서(제123조, 집합투자증권의 경우 제124조 제2항 제3호에 따른 간이투자설명서 포함), ④ 사업보고서(제159조), ⑤ 반기보고서 또는 분기보고서(제160조), ⑥ 주요사항보고서(제161조), ⑦ 정정명령에 따라 제출하는 사업보고서 등(제164조 제2항)이다.

“중요한 사항”이란 투자자의 합리적인 투자판단 또는 해당 금융투자상품의 가치에 중대한 영향을 미칠 수 있는 사항(법 제47조 제3항)을 말한다. “부실표시 또는 누락"이란 거짓의 기재 또는 표시(허위기재)를 하거나 중요사항을 기재 또는 표시하지 아니한 것(누락)이며, 그 중요사항에 관하여 거짓의 기재 또는 표시가 있거나 중요사항의 기재 또는 표시가 누락되어 있는 사실을 알고도 이를 진실 또는 정확하다고 증명하는 행위이다. 당연히 투자자에게 오해를 불러일으키는 표시의 유무도 부실표시에 포함된다.

증권신고서의 기재사항은 다음과 같다(령 제125조 제1항). 그리고 집합투자증권 및 유동화 증권 외의 증권에 대한 증권신고서에는 별도의 첨부서류가 있으나 그 설명은 생략한다(령 제125조 제2항).

① 대표이사 및 신고업무를 담당하는 이사의 법 제124조 각 호의 사항에 대한 서명

② 모집 또는 매출에 관한 다음과 같은 사항

i) 모집 또는 매출에 관한 일반사항

ii) 모집 또는 매출되는 증권의 권리내용

iii) 모집 또는 매출되는 증권의 취득에 따른 투자위험요소

iv) 모집 또는 매출되는 증권의 기초자산에 관한 사항(파생결합증권의 경우만 해당)

v) 모집 또는 매출되는 증권에 대한 인수인의 의견(인수인이 있는 경우만 해당)

vi) 주권비상장법인(설립 중인 법인 포함)이 인수인의 인수 없이 지분증권(지분증권과 관련된 증권예탁증권 포함)의 모집 또는 매출(직접공모)에 관한 신고서를 제출하는 경우에는 금융위원회가 정하여 고시하는 요건을 갖춘 분석기관(증권분석기관)의 평가의견, 다만, 금융위원회가 정하여 고시하는 경우에는 이를 생략할 수 있다.

vii) 자금의 사용목적

viii) 그 밖에 투자자를 보호하기 위하여 필요한 사항으로서 금융위원회가 정하여 고시하는 사항

③ 발행인에 관한 다음과 같은 사항(설립 중인 법인의 경우에는 금융위원회가 정하여 고시하는 사항)

i) 회사의 개요

ii) 사업의 내용

iii) 재무에 관한 사항

iv) 회계감사인의 감사의견

v) 이사회 등 회사의 기관 및 계열회사에 관한 사항

vi) 주주에 관한 사항

vii) 임원 및 직원에 관한 사항
viii) 이해관계자와의 거래내용
ix) 그 밖에 투자자 보호하기 위하여 필요한 사항으로서 금융위원회가 정하여 고시하는 사항

민사상의 손해배상을 청구하기 위해서는 원고가 증권신고서 등의 부실표시(허위의 기재나 누락)에 대한 입증책임을 지겠지만, 형사처벌을 하기 위해서는 검사가 부실표시에 대하여 입증책임을 져야 할 것이다. 부실표시는 신고서 작성시가 아니라 제출시를 기준으로 판단하여야 하며, 정정신고서 제출기한이 청약일 전일이므로 최종 판단시점은 청약일 전일을 기준으로 판단하여야 할 것이다.

2) 객관적 구성요건

① 행위주체

증권신고서 또는 일괄신고추가서류(제119조), 정정신고서(제122조), 투자설명서(제123조)의 경우에는 행위주체가 발행인이고, 사업보고서(제159조), 반기보고서 또는 분기보고서(제160조), 주요사항보고서(제161조), 정정명령에 따라 제출하는 사업보고서 등(제164조 제2항)의 경우에는 주권상장법인 및 대통령령으로 정하는 법인(사업보고서 제출대상법인)이다.

이와 같이 법인이 행위주체가 되는 동시에, 신고 당시 해당 발행인의 대표이사 및 신고업무를 담당하는 이사(대표이사 및 신고업무를 담당하는 이사가 없는 경우에는 이에 준하는 자)가 대통령령으로 정하는 사항을 확인, 검토하고 서명하여야 하므로 본죄의 주체가 된다. 또 허위사실의 기재나 누락사실을 알고도 이를 진실 또는 정확하다고 증명하여 그 뜻을 기재한 공인회계사, 감정인 또는 신용평가를 전문으로 하는 자도 본죄의 주체가 될 수 있다.

② 행 위

본죄가 되는 행위는 발행인, 주권상장법인 및 대통령령으로 정하는 사업보고서 제출대상법인이 증권신고서 등에 거짓의 기재 또는 표시를 하거나 중요사항을 기재 또는 표시하지 아니함으로써 성립한다. 그리고 신고 당시 해당 발행인의 대표이사 및 신고업무를 담당하는 이사(대표이사 및 신고업무를 담당하는 이사가 없는 경우에는 이에 준하는 자)가 대통령령으로 정하는 사항을 확인, 검토하고 허위기재나 누락된 사실을 알고도 서명함으로써 본죄가 성립한다. 또 허위기재나 누락사실을 알

면서도 공인회계사, 감정인 또는 신용평가를 전문으로 하는 자가 이를 진실 또는 정확하다고 증명함으로써 본죄가 성립한다.

이와 같은 서류가 금융위원회에 제출되고 정정기간 내에 정정되지 않음으로써 본죄의 기수가 될 것이다. 따라서 작성되었으나 제출되지 않은 서류나, 제출되었으나 기간 내에 정정된 경우에는 본죄는 성립하지 않는다. 미수범 처벌에 관한 규정이 없기 때문이다.

3) 주관적 구성요건

본죄가 성립하기 위해서는 부실표시 및 누락 등에 대한 고의가 필요하다. 발행인은 중요사실에 대하여 거짓사실을 기재하거나 누락한다는 인식이 있으면 본죄의 고의가 성립할 것이고, 대표이사 및 신고업무를 담당하는 이사, 공인회계사, 감정인 또는 신용평가를 전문으로 하는 자 등은 허위기재나 누락된 사실을 알고도 서명하거나 증명하면 고의가 성립한다고 할 것이다. 고의의 성립에 어떤 목적이나 그로 인한 이득의 취득 등은 요건으로 하지 않는다. 또한 과실범의 처벌에 관한 별도의 규정은 없다.

(14) 정정신고서를 제출하지 않은 죄(법 제444조 제14호)

1) 의 의

증권신고서를 제출한 자는 그 증권신고서의 기재사항을 정정하고자 하는 경우(임의정정)에는 그 증권신고서에 기재된 증권의 취득 또는 매수의 청약일 전일까지 정정신고서를 제출할 수 있다. 이 경우 대통령령으로 정하는 중요한 사항을 정정하고자 하는 경우 또는 투자자 보호를 위하여 그 증권신고서에 기재된 내용을 정정할 필요가 있는 경우(의무정정)로서 대통령령으로 정하는 경우에는 반드시 정정신고서를 제출하여야 한다(법 제122조 제3항). 이를 위반할 경우에는 본죄가 성립한다(법 제444조 제14호).

발행인의 의사에 의한 정정(임의정정)은 그 사유에 제한이 없으며, 발행인의 민형사상 책임을 면하기 위하여 인정된다. 의무정정으로서 대통령령으로 정하는 중요사항은 다음과 같다(령 제130조 제1항)

① 집합투자증권을 제외한 증권인 경우에는 다음 사항

ⅰ) 모집가액 또는 매출가액, 발행이율 등 발행조건

ii) 배정기준일, 청약기간 또는 납입기일

iii) 자금의 사용목적

iv) 그 밖에 투자자의 합리적인 투자판단이나 해당증권의 가치에 중대한 영향을 미칠 수 있는 사항으로서 금융위원회가 정하여 고시하는 사항

② 집합투자증권인 경우에는 다음과 같은 사항

i) 모집가액 또는 매출가액, 발행예정기간, 발행예정금액 등 발행조건

ii) 인수인(있는 경우에만 해당)

iii) 자본시장법 제182조 제1항에 따라 등록한 사항을 변경하는 경우

iv) 그 밖에 투자자의 합리적인 투자판단이나 해당 집합투자증권의 가치에 중대한 영향을 미칠 수 있는 사항으로서 금융위원회가 정하여 고시하는 사항

의무정정으로서 투자자 보호를 위하여 그 증권신고서에 기재된 내용을 정정할 필요가 있는 경우는 다음과 같다(령 제130조 제2항).

① 증권신고서의 기재나 표시내용이 불분명하여 그 증권신고서를 이용하는 자로 하여금 중대한 오해를 일으킬 수 있는 내용이 있는 경우

② 발행인(투자신탁의 수익증권이나 투자익명조합의 지분증권인 경우에는 그 투자신탁이나 투자익명조합)에게 불리한 정보를 생략하거나 유리한 정보만을 강조하는 등 과장되게 표현된 경우

③ 집합투자증권을 제외한 증권인 경우에는 다음과 같은 사실이 발생한 때

i) 최근 사업연도의 재무제표 또는 반기보고서, 분기보고서가 확정된 때

ii) 발행인의 사업목적이 변경된 때

iii) 영업의 양도, 양수 또는 합병계약이 체결된 때

iv) 발행인의 경영이나 재산 등에 중대한 영향을 미치는 소송의 당사자가 된 때

v) 발행한 어음이나 수표가 부도로 되거나 은행과의 당좌거래가 정지되거나 금지된 때

vi) 영업활동의 전부나 중요한 일부가 정지된 때

vii) 채무자 회생 및 파산에 관한 법률에 따른 회생절차개시의 신청이 있는 때

viii) 자본시장법, 상법 그 밖의 법률에 따른 해산사유가 발생한 때

④ 집합투자증권인 경우에는 다음과 같은 사실이 발생한 때

i) 최근 결산기의 재무제표가 확정된 때

ii) 집합투자기구간의 합병계약이 체결된 때

iii) 집합투자재산 등에 중대한 영향을 미치는 소송이 제기된 때이다.

2) 객관적 구성요건

① 행위주체

본죄의 행위주체는 증권신고서를 제출한 발행인이다.

② 행 위

본죄를 구성하는 행위는 증권신고서를 제출한 후 정정할 필요가 있음에도 불구하고 정정하지 않는 것이다. 따라서 작위의무를 이행하지 않은 부작위로 인하여 본죄가 성립한다.

3) 주관적 구성요건

행위자는 정정할 작위의무가 있음에도 불구하고 정정하지 않는다는 인식만으로써 고의가 성립하는 것으로 부작위의 목적 등은 요구되지 않으므로 부작위에 대한 확정적 인식으로 본죄가 성립한다. 또한 정정사유는 임의정정 사유인지 또는 의무정정 사유인지에 대한 여부는 불문하고, 부작위의 목적 등은 요구되지 않으며, 과실범이나 미수범은 인정되지 않는다.

(15) 공개매수 공고 또는 신고서의 부실기재 죄(법 제444조 제15호)

1) 의 의

법 제134조상의 공개매수공고 또는 공개매수신고서, 제136조상의 정정신고 또는 공고, 제137조상의 공개매수설명서의 어느 하나에 해당하는 공고 또는 서류 중 중요사항에 관하여 거짓의 기재 또는 표시를 하거나 중요한 사항을 기재 또는 표시하지 아니한 자는 본죄가 성립하여 법 제444조에 의한 처벌을 받는다(법 제444조 제15호).

① 공개매수 공고 및 신고서

"공개매수"란 불특정 다수인에 대하여 의결권 있는 주식, 그 밖에 대통령령으로 정하는 증권(주식 등)의 매수(다른 증권과의 교환 포함)의 청약을 하거나 매도(다른 증권과의 교환 포함)의 청약을 권유하고 증권시장(이와 유사한 시장으로 해외에 있는 시장 포함) 밖에서 그 주식 등을 매수하는 것을 말한다. 불공정한 주식매수나 부당한 방어를 예방하고 주주들을 보호하기 위하여 다양한 규제를 하고 있다. 특히 공개매수를 하고자 하는 자는 일반일간신문 또는 경제 분야의 특수일간신문 중 전국을 보급지역으로 하는 둘 이상의 신문에(령 제 145조 제1항) 다음 사항을 공고하여야 한다(법 제134조 제1항).

i) 공개매수를 하고자 하는 자
ii) 공개매수 할 주식 등의 발행인
iii) 공개매수의 목적
iv) 공개매수 할 주식 등의 종류 및 수
v) 공개매수 기간·가격·결제일 등 공개매수조건
vi) 매수자금의 명세, 그 밖에 투자자 보호를 위하여 필요한 사항으로서 대통령령으로 정하는 사항

공개매수자는 공개매수 공고에 기재된 내용과 다른 내용을 표시하거나 그 기재사항이 누락되지 않도록(령 제146조 제1항) 다음과 같은 사항을 기재한 공개매수 신고서를 공개매수 공고일에 금융위원회와 거래소에 제출하여야 한다. 다만, 공개매수 공고일이 공휴일이거나 금융위원회가 정하여 고시하는 날에 해당되는 경우에는 그 다음 날에 제출할 수 있다. 신고서 기재사항은 필수적 기재사항(법 제134조 제2항, 령 제146조 제2항)과 예측정보에 관한 임의적 기재사항(법 제134조 제4항)이 있다.

(필요적 기재사항)

1. 공개매수자 및 그 특별관계자에 관한 사항
2. 공개매수 할 주식 등의 발행인
3. 공개매수의 목적
4. 공개매수 할 주식 등의 종류 및 수
5. 공개매수 기간, 가격, 결제일 등 공개매수조건
6. 공개매수 공고일 이후에 공개매수에 의하지 아니하고 주식 등의 매수 등을 하는 계약이 있는 경우에는 그 계약의 내용
7. 매수자금의 명세, 그 밖에 투자자 보호를 위하여 필요한 사항으로서 대통령령으로 정하는 사항

(임의적 기재사항)

공개매수자는 공개매수 신고서에 그 주식 등의 발행인의 예측정보를 기재 또는 표시할 수 있다(법 제134조 제4항). 예측정보의 기재 또는 표시는 법 제125조 제2항 각 호에서 규정 한다.

② 정정신고서

금융위원회는 공개매수 신고서의 형식을 제대로 갖추지 아니한 경우 또는 그 공개매수 신고서 중 중요사항에 관하여 거짓의 기재 또는 표시가 있거나 중요한 사항이 기재 또는 표시되지 아니한 경우에는 공개매수기간이 종료하는 날까지 그 이유를 제시하고 그 공개매수신고서의 기재내용을 정정한 신고서(정정신고서)의 제출을 요구할 수 있다(법 제136조 제1항). 「중요한 사항」이란 투자자의 투자판단에 중대한 영향을 미칠 수 있는 정보라고 보아야 할 것이다. 이에 관하여 앞에서 상세히 설명하였다.

금융위원회의 정정요구사유는 증권신고서의 정정요구사유와 거의 동일하다. 금융위원회의 요구가 있는 경우에는 그 공개매수 신고서는 그 요구를 한 날부터 제출되지 아니한 것으로 본다(법 제136조 제2항).

③ 공개매수 설명서

공개매수자(공개매수 사무취급자 포함)는 공개매수를 하고자 하는 경우에는 대통령령으로 정하는 방법에 따라 공개매수 설명서를 작성하여 공개매수 공고일에 금융위원회와 거래소에 제출하여야 이를 총리령으로 정하는 장소(공개매수 사무취급자의 본점과 지점, 그 밖에 영업소, 금융위원회, 거래소 등)에 비치하고 일반인이 열람할 수 있도록 하여야 한다(법 제137조 제1항).

공개매수 설명서에는 공개매수 신고서에 기재된 내용과 다른 내용을 표시하거나 그 기재사항을 누락하여서는 아니 된다(법 제137조 제2항). 이를 위반한 경우에는 금융위원회는 공개매수를 정지하거나 금지하는 등의 조치를 내릴 수 있으며(법 제146조 제2항), 본죄가 성립하여 형사처벌을 받는다.

2) 객관적 구성요건

① 행위주체

본죄의 행위주체가 되는 자는 누구든지 공개매수를 하고자 하는 자나 또는 공개매수 사무취급자이다. 공개매수는 회사가 발행한 주식을 단기간에 대량으로 매수하여 지배권을 획득하는 것이므로 공개매수자가 불공정하게 주주들로부터 주식을 매수하거나 대상회사 경영진의 부당한 방어로 주주들의 이익을 해치게 될 수 있다. 그러므로 주주들에게 충분한 정보를 제공할 수 있도록 하기 위하여 공개매수 공고 및 신고서 제출, 정정신고서 제출, 설명서 제출 및 비치 등을 규정하고 있는 것이다. 공개매수를 하고자 하는 자에는 제한이 없고 누구든지 주체가 될 수 있다.

공개매수 사무취급자란 공개매수를 하고자 하는 자를 대리하여 매수, 교환, 입찰 그 밖의 유상취득(매수 등)을 할 주식 등의 보관, 공개매수에 필요한 자금 또는 교환대상 증권의 지급, 그 밖의 공개매수 관련 사무를 취급하는 자를 말한다(법 제133조 제2항).

② 행 위

행위주체가 공개매수공고 또는 신고서, 정정신고서 또는 공고, 공개매수설명서의 어느 하나에 해당하는 공고 또는 서류 중 중요사항에 관하여 거짓의 기재 또는 표시를 하거나(허위표시) 중요한 사항을 기재 또는 표시하지 아니한 행위(누락)로 본죄가 성립한다. "중요한 사항"이나 "허위표시 또는 누락"에 대해서는 앞에서 상세히 설명하였다.

3) 주관적 구성요건

본죄가 성립하기 위해서는 고의가 필요하다. 공개매수를 하고자 하는 자나 공개매수 사무취급자는 중요사실에 대하여 거짓사실을 기재하거나 누락한다는 인식이 있으면 고의가 성립 할 것이다. 고의의 성립에 어떤 목적이나 그로 인한 이득의 취득 등은 요건으로 하지 않는다. 또한 미수범이나 과실범의 처벌에 관한 별도의 규정은 없다.

(16) 공개매수공고 또는 정정신고서 공고를 하지 아니한 죄(법 제444조 제16호)

1) 의 의

공개매수를 하고자 하는 자는 대통령령으로 정하는 방법에 따라 앞에서 설명한 법 제134조 제1항에서 정하는 각 호의 사항을 공고(공개매수 공고) 하여야 한다(제134조 제1항).

공개매수자는 공개매수 신고서의 기재내용을 정정한 신고서(정정신고서, 제136조 제1항, 제3항)에 따라 정정신고서를 제출한 경우에는 지체 없이 그 사실과 정정한 내용(공개매수 공고에 포함된 사항에 한함)을 공고하여야 한다. 이 경우 공고의 방법은 제134조 제1항에 따른다(법 제136조 제5항).

이에 위반하여 공고를 하지 아니한 자(법 제444조 제16호)는 본죄에 해당하여 법

제444조에 의하여 처벌을 받는다.

2) 객관적 구성요건

① 행위주체

본죄의 행위주체는 누구든지 공개매수를 하고자 하는 자 또는 공개매수자, 공개매수 사무취급자이다. 이에 대하여 앞에서 설명하였다.

② 행 위

본죄를 구성하는 행위는 공개매수를 하고자 하는 자가 공개매수 공고를 하지 않거나, 공개매수자가 정정신고서를 제출하고도 이를 공고하지 않음으로써 성립하는 부작위범이다

3) 주관적 구성요건

공개매수를 하고자 하는 자 또는 공개매수자, 공개매수 사무취급자가 공고를 하지 않는다는 것에 대한 인식만으로 성립하는 고의범이다. 고의의 성립에 어떤 목적이나 그로 인한 이득의 취득 등은 요건으로 하지 않는다. 또한 미수범이나 과실범의 처벌에 관한 별도의 규정은 없다.

(17) 공개매수신고서를 제출하지 아니한 죄(법 제444조 제17호)

1) 의 의

공개매수공고를 한 자(공개매수자)는 대통령령으로 정하는 방법에 따라 법 제134조 제2항 각 호의 사항(공개매수신고서 필요적 기재사항에서 설명하였음)을 기재한 신고서(공개매수신고서)를 그 공개매수공고를 한 날(공개매수 공고일)에 금융위원회와 거래소에 제출하여야 한다. 다만, 공개매수공고일이 공휴일, 그 밖에 금융위원회가 정하여 고시하는 날에 해당되는 경우에는 그 다음 날에 제출할 수 있다(법 제134조 제2항). 이를 위반하면 본죄가 성립한다(법 제444조 제17호).

2) 객관적 구성요건

① 행위주체

본죄의 행위주체는 공개매수공고를 한 자(공개매수자)와 공개매수 사무취급자이

다. 이에 대하여 앞에서 설명하였다.

② 행 위

공개매수공고를 한 자(공개매수자)가 공개매수신고서를 그 공개매수공고를 한 날(공개매수 공고일)에 금융위원회와 거래소에 제출하지 않음으로써 본죄가 성립하는 부작위범이다.

3) 주관적 구성요건

공개매수공고를 한 자(공개매수자)가 공개매수신고서를 금융위원회와 거래소에 제출하지 않는 것에 대한 인식이 있음으로 성립하는 고의범이다. 고의의 성립에 어떤 목적이나 그로 인한 이득의 취득 등을 요건으로 하지 않는다. 또한 미수범이나 과실범의 처벌에 관한 별도의 규정은 없다.

(18) 보고서 부실기재 죄(법 제444조 제18호)

1) 의 의

① 주식 등 대량보유 등의 보고서

주권상장법인의 주식 등을 대량보유(본인과 특별관계자가 보유하게 되는 주식 등의 수의 합계가 그 주식 등의 총수의 100분의 5 이상인 경우를 말함)하게 된 자는 그 날부터 5일(대통령령으로 정하는 날은 산입하지 않음) 이내에 그 보유상황, 보유목적(발행인의 경영권에 영향을 주기 위한 목적여부를 말함), 그 보유 주식 등에 관한 주요계약내용, 그 밖에 대통령령으로 정하는 사항을 대통령령으로 정하는 방법에 따라 금융위원회와 거래소에 보고하여야 하며, 그 보유주식 등의 수의 합계가 그 주식 등의 총수의 100분의 1 이상 변동된 경우(그 보유주식 등의 수가 변동되지 아니한 경우, 그 밖에 대통령령으로 정한 경우를 제외함)에는 그 변동된 날로부터 5일 이내에 그 변동된 내용을 대통령령으로 정하는 방법에 따라 금융위원회와 거래소에 보고하여야 한다. 이 경우 그 보유목적이 발행인의 경영권에 영향을 주기 위한 것(임원의 선임, 해임 또는 직무의 정지, 이사회 등 회사의 기관과 관련된 정관의 변경 등 대통령령으로 정한 것)이 아닌 경우와 전문투자자 중 대통령령으로 정하는 자의 경우에는 그 보고내용 및 보고시기 등을 대통령령으로 달리 정할 수 있다(법 제147조).

"주식 등"이란 공개매수규제의 대상증권(령 제139조)과 같다. 일정비율 이상의 주식취득과 변동을 신속하게 공시하여 음성적 매집으로부터 경영권에 대한 불공정한 침탈을 방지하고, 일반투자자에게는 투자전략과 지분보유여부의 결정을 통하여 참고할 수 있는 정보를 제공하고 보호하기 위한 제도이다. 이를 "5% 룰"이라고도 한다.

② 정정 보고서

금융위원회는 제출된 "주식 등 대량보유 등의 보고서"의 형식을 제대로 갖추지 아니한 경우 또는 그 보고서 중 중요사항에 관하여 거짓의 기재 또는 표시가 있거나 중요사항의 기재 또는 표시가 누락된 경우에는 그 이유를 제시하고 그 보고서의 정정을 명할 수 있으며, 필요한 때에는 거래를 정지 또는 금지하거나 대통령령으로 정하는 조치를 할 수 있다(법 제151조 제2항).

이상의 보고서 또는 정정보고서 중 대통령령으로 정하는 중요한 사항에 관하여 거짓의 기재 또는 표시를 하거나 중요한 사항을 기재 또는 표시하지 아니한 자는 법 제444조에 의한 처벌을 받는다.

2) 객관적 구성요건

① 행위주체

대량보유 보고의무는 주권상장법인의 일정지분에 대한 "소유에 준하는 보유"를 요건으로 하므로 행위주체는 누구든지 소유에 준하는 보유를 하게 된 자이다. 이 때 취득한 장소가 장내인지 장외인지 불문한다. 공개매수에 있어서 보유개념에 관한 시행령 제142조를 대량보유보고의무에도 적용하므로 다음의 경우가 소유에 준하는 보유가 된다.

i) 누구의 명의로 하든지 자기의 계산으로 주식 등을 소유하는 경우

ii) 법률의 규정이나 매매, 그 밖에 계약에 따라 주식 등의 인도청구권을 가지는 경우

iii) 법률의 규정이나 금전의 신탁계약, 담보계약, 그 밖의 계약에 따라 주식 등의 의결권(의결권 행사를 지시할 수 있는 권한을 포함)을 가지는 경우

iv) 법률의 규정이나 금전의 신탁계약, 담보계약, 투자일임계약, 그 밖의 계약에 따라 해당 주식 등의 취득이나 처분의 권한을 가지는 경우

v) 주식 등의 매매의 일방예약을 하고 해당 매매를 완결할 권리를 취득하는 경우로서 그 권리행사에 의하여 매수인으로서의 지위를 가지는 경우

vi) 주식 등을 기초자산으로 하는 자본시장법 제5조 제1항 제2호(옵션)에 따른 계약상의 권리를 가지는 경우로서 그 권리의 행사에 의하여 매수인으로서의 지위를 가지는 경우

vii) 주식매수선택권을 부여받은 경우로서 그 권리의 행사에 의하여 매수인으로서의 지위를 가지는 경우이다.

제1호의 경우는 차명으로 주식 등을 보유하는 실질소유자의 보고의무를 규정한 것이다. 그리고 제2호부터 제7호는 장래 주식소유가 예상되거나, 소유하지는 않지만 의결권을 갖거나 의결권 행사를 지시할 수 있는 권한을 가지는 경우를 "보유"로 규정하고 동 의무를 부과한다.

보고의무 요건인 5%를 산정할 때 본인과 특별관계자의 보유분을 합산한다. 특별관계자는 시행령 제8조의 특수관계인과 시행령 제141조 제2항에 의한 공동보유자를 말한다. 즉 「공동보유자」는 본인과 합의나 계약 등에 따라 다음의 어느 하나에 해당하는 행위를 할 것을 합의하는 자이다. 합의나 계약은 명시적인 것뿐만 아니라 묵시적 것도 포함한다. 공동보유자는 1인이 아닌 복수의 투자자로 구성된 집단이 적대적 M&A에 관여하는 것을 예방하기 위하여 특별관계자 속에 포함시키고 있다.

i) 주식 등을 공동으로 취득하거나 처분하는 행위

ii) 주식 등을 공동 또는 단독으로 취득한 후 그 취득한 주식을 상호양도하거나 양수하는 행위

iii) 의결권과 의결권 행사를 지시할 수 있는 권한을 공동으로 행사하는 행위

본인과 특별관계자가 모두 보고의무자로서 본죄의 주체가 되지만, 업무가 복잡해지는 것을 방지하기 위하여 본인과 특별관계자가 함께 보고하는 경우에는 보유주식 등의 수가 가장 많은 자를 대표자로 선정하여 연명으로 보고하는 방법이 허용된다(령 제153조 제4항). 최다주식보유자가 변경된 경우에는 대표자를 변경하여 다시 연명으로 보고하여야 한다. 이 경우에는 대표자 또는 변경된 대표자가 본죄의 행위주체가 될 것이다.

② 행 위

본죄를 구성하는 행위는 행위주체가 주식 등 대량보유 등의 보고서나 정정 보고서에 대통령령으로 정하는 중요한 사항에 관하여 거짓의 기재 또는 표시(허위사실의 기재)를 하거나 중요한 사항을 기재 또는 표시하지 아니함(누락)으로써 성립한다. 허위기재나 누락에 대해서는 앞에서 상세히 설명하였다.

3) 주관적 구성요건

본죄가 성립하기 위해서는 고의가 필요하다. 5% 이상 대량보유자(특별관계자 포

함)는 중요사실에 대하여 거짓사실을 기재하거나 누락한다는 인식이 있으면 고의가 성립 할 것이다. 고의의 성립에 어떤 목적이나 그로 인한 이득의 취득 등은 요건으로 하지 않는다. 또한 미수범이나 과실범의 처벌에 관한 별도의 규정은 없다.

(19) 의결권 위임장 용지 및 참고서류에 부실기재를 한 죄 (법 제444조 제19호)

1) 의 의

의결권 권유자는 위임장 용지 및 참고서류 중 의결권 피권유자의 의결권 위임여부 판단에 중대한 영향을 미칠 수 있는 사항(의결권 위임관련 중요사항이라 함)에 관하여 거짓의 기재 또는 표시를 하거나 의결권 위임관련 중요사항의 기재 또는 표시를 누락하여서는 아니 된다(법 제154조).

금융위원회는 위임장용지 및 참고서류의 형식을 제대로 갖추지 아니한 경우 또는 위임장 용지 및 참고서류 중 의결권 위임관련 중요사항에 관하여 거짓의 기재 또는 표시가 있거나 의결권 위임관련 중요사항이 기재 또는 표시되지 아니한 경우에는 그 이유를 제시하고 위임장 용지 및 참고서류를 정정하여 제출할 것을 요구할 수 있다(법 제156조).

이를 위반하여 위임장 용지 및 참고서류 또는 정정서류 중 의결권 피권유자의 의결권 위임여부 판단에 중대한 영향을 미칠 수 있는 사항에 관하여 거짓의 기재 또는 표시를 하거나 의결권 위임관련 중요사항을 기재 또는 표시하지 않은 자는 법 제444조 제19호에 위반하여 본죄가 성립한다.

주주가 주주총회에 참석할 수 없는 경우에는 대리인으로 하여금 의결권을 대리행사하게 할 수 있다. 의결권 대리행사 권유란 회사의 경영진 또는 주주 등이 총회에서 다수의 의결권을 확보하기 위하여 주주들에게 위임장 용지를 송부하여 의결권 행사의 위임을 권유하는 행위이다. 상장주권(증권예탁증권 포함)의 의결권 대리행사 권유를 하고자 하는 자는 의결권 피권유자에게 대통령령으로 정하는 방법에 따라 위임장 용지 및 참고서류를 교부하여야 한다(법 제152조 제1항).

2) 객관적 구성요건

① 행위주체

의결권 대리행사 권유를 하고자 하는 자에는 제한이 없다. 다만, 국가기간산업

등 국민경제상 중요한 산업을 영위하는 법인으로서 대통령령으로 정하는 상장법인(공공적 법인)의 경우에는 그 공공적 법인만이 그 주식의 의결권 대리행사 권유를 할 수 있다(법 제152조 제3항).

주권상장법인 자신이 회사를 대리인으로 하여 의결권 대리행사 권유를 할 수 없지만, 회사가 자연인을 대리인으로 하여 의결권 대리행사를 권유할 수 있다고 본다. 대리인의 자격에는 제한이 없다. 또 회사가 보유하는 자기주식은 의결권이 없으므로 대리행사 권유의 대상이 되지 않는다.

② 행 위

의결권 대리행사 권유를 하고자 하는 자가 위임장 용지 및 참고서류, 금융위원회가 정정을 요청한 위임장 용지 및 참고서류에 의결권 피권유자의 의결권 위임여부 판단에 중대한 영향을 미칠 수 있는 사항(의결권 위임관련 중요사항이라 함)에 관하여 거짓의 기재 또는 표시를 하거나 의결권 위임관련 중요사항의 기재 또는 표시를 누락하는 행위를 함으로써 본죄가 성립한다.

3) 주관적 구성요건

의결권 대리행사 권유를 하고자 하는 자가 위임장 용지 및 참고서류, 금융위원회가 정정을 요청한 위임장 용지 및 참고 서류의 중요사항에 관하여 거짓의 기재 또는 표시를 하거나 의결권 위임관련 중요사항의 기재 또는 표시를 누락하는 행위를 인식함으로써 성립하는 고의범이다. 미수범이나 과실범의 처벌에 관한 별도의 규정은 없다.

(19의 2) 신탁업자의 업무제한 위반죄(법 제444조 제19호의2)

1) 의 의

집합투자재산을 보관, 관리하는 신탁업자는 자신이 보관, 관리하는 집합투자재산을 자신의 고유재산, 다른 집합투자재산 또는 제3자로부터 보관을 위탁받은 재산과 거래하여서는 아니 된다. 다만, 집합투자재산을 효율적으로 운용하기 위하여 필요한 경우로서 대통령령으로 정하는 경우에는 그러하지 아니하다(법 제246조 제5항). 집합투자재산을 보관, 관리하는 신탁업자는 자신이 보관, 관리하는 집합투자재산을 그 이해관계인의 고유재산과 거래하여서는 아니 된다(동조 제6항). 신탁업자가 이를 위반하여 거래하면 본죄가 성립하여 법 제444조에 의한 처벌을 받는다(법 제

444조 제19호의2).

2) 객관적 구성요건

① 행위주체

본죄의 행위주체는 신탁업자이다. 앞에서 설명하였다.

② 행 위

집합투자재산을 보관, 관리하는 신탁업자는 자신이 보관, 관리하는 집합투자재산을 자신의 고유재산, 다른 집합투자재산 또는 제3자로부터 보관을 위탁받은 재산과 거래함으로써 본죄가 성립한다. 또 신탁업자가 자신이 보관, 관리하는 집합투자재산을 그 이해관계인의 고유재산과 거래함으로써 성립한다. 이와 같이 제한된 거래를 하는 것이 본죄의 성립요건이다.

집합투자재산이란 집합투자기구의 재산으로서 투자신탁재산, 투자회사재산, 투자유한회사재산, 투자합자회사재산, 투자조합재산 및 투자익명조합재산을 말한다(법 제9조 제20항).

3) 주관적 구성요건

신탁업자는 자신이 보관, 관리하는 집합투자재산을 자신의 고유재산, 다른 집합투자재산 또는 제3자로부터 보관을 위탁받은 재산과 거래하거나 자신이 보관, 관리하는 집합투자재산을 그 이해관계인의 고유재산과 거래한다는 인식만 있으면 고의가 된다. 미수범이나 과실범의 처벌에 관한 별도의 규정은 없다.

(20) 은행 또는 보험회사가 인가 없이 집합투자업을 영위한 죄 (법 제444조 제20호)

1) 의 의

① 은행으로서 법 제12조에 따라 집합투자업에 관한 금융투자업 인가를 받은 자(집합투자업 겸영은행)는 인가받은 범위에서 투자신탁의 설정, 해지 및 투자신탁재산의 운용업무를 영위할 수 있다(법 제250조 제1항). 그러므로 은행으로서 인가 없이 또는 인가 범위를 벗어나서 집합투자업을 영위하게 되면 본죄가 성립한다.

② 보험회사로서 법 제12조에 따라 집합투자업에 관한 금융투자업 인가를 받은

자(집합투자업 겸영보험회사)는 인가받은 범위에서 투자신탁의 설정, 해지 및 투자신탁재산의 운용업무를 영위할 수 있다. 이 경우 투자신탁의 설정, 해지 및 투자신탁재산의 운용 업무는 보험업법 제108조 제1항 제3호에 따른 특별개정(특별개정내에 각각의 신탁계약에 의하여 설정된 다수의 투자신탁이 있는 경우 각각의 투자신탁을 말함)에 한하며, 그 특별개정은 이 법에 따른 투자신탁으로 본다(법 제251조 제1항).

금융투자업을 영위하려는 자는 다음 각 호의 사항을 구성요소로 하여 대통령령으로 정하는 업무단위의 전부나 일부를 선택하여 금융위원회로부터 하나의 금융투자업의 인가를 받아야 한다(법 제12조 제1항).

1. 금융투자업의 종류(투자매매업, 투자중개업, 집합투자업 및 신탁업을 말하되 투자매매업 중 인수업을 말함)

2. 금융투자상품(집합투자업의 경우에는 제229조에 따른 집합투자기구의 종류를 말하며, 신탁업의 경우에는 제 103조 제 1항의 각 호의 신탁재산을 말함)의 범위(증권, 장내파생상품 및 장외파생상품을 말하되 증권 중 국채증권, 사채증권, 그 밖에 대통령령으로 정하는 것을 포함하고 파생상품중 주권을 기초자산으로 하는 파생상품, 그 밖의 대통령령으로 정하는 것을 포함함)

3. 투자자의 유형(전문투자자 및 일반투자자를 말함)

이 규정을 위반하여 은행이나 보험회사가 집합투자업에 관한 금융투자업 인가를 받지 않고 집합투자업을 영위하면 본죄가 성립하여 법 제444조에 의한 처벌을 받는다(동조 제20호).

2) 객관적 구성요건

① 행위주체

본죄의 행위주체는 은행 또는 보험회사이다.

② 행 위

은행이나 보험회사가 집합투자업에 관한 금융투자업 인가를 받지 않고 집합투자업을 영위함으로써 본죄가 성립한다.

3) 주관적 구성요건

행위주체가 금융투자업 인가 없이 집합투자업을 영위한다는 인식만으로써 고의가 되어 본죄가 성립하는 고의범이다. 미수범이나 과실범의 처벌에 관한 별도의 규정은 없다.

(21) 외국 집합투자증권의 국내 판매제한 위반죄(법 제444조 제21호)

1) 의 의

외국 투자신탁이나 외국 투자익명조합의 외국 집합투자업자 또는 외국 투자회사 등은 외국 투자증권을 국내에서 판매하는 경우에는 투자매매업자 또는 투자중개업자를 통하여 판매하여야 한다(법 제280조 제1항). 이를 위반하면 본죄가 성립하여 법 제444조사의 처벌을 받는다(동조 제21호).

외국 투자신탁이란 투자신탁과 유사한 것으로서 외국 법령에 따라 설정된 투자신탁을 말하고, 외국 투자익명조합은 투자익명조합과 유사한 것으로서 외국의 법령에 따라 설립된 투자익명조합을 말한다. 외국 집합투자업자는 외국법령에 따라 집합투자업에 상당하는 영업을 영위하는 자이다. 외국 투자회사 등은 외국 법령에 따라 설립된 투자회사이다. 외국집합투자증권은 집합투자증권과 유사한 것으로서 외국의 법령에 따라 외국에서 발행된 것이다(법 제279조 제1항).

2) 객관적 구성요건

① 행위주체

본죄의 행위주체는 외국 투자신탁이나 외국 투자익명조합의 외국 집합투자업자 또는 외국 투자회사 등이다. 외국 집합투자업자는 외국법령에 따라 집합투자업에 상당하는 영업을 영위하는 자이다. 외국 투자회사 등은 외국 법령에 따라 설립된 투자회사이다.

② 행 위

외국의 집합투자업자나 외국투자회사가 외국투자증권을 투자매매업자 또는 투자중개업자를 통하지 않고 판매함으로써 본죄가 성립한다.

3) 주관적 구성요건

외국의 집합투자업자나 외국투자회사가 외국투자증권을 투자매매업자 또는 투자중개업자를 통하지 않고 판매한다는 인식이 있으면 고의가 인정될 것이다. 본죄는 고의범이며 미수나 과실범에 관한 규정은 없다.

(21의2) 무인가 청산영업행위 금지 위반죄(법 제444조 제21호의22)

누구든지 이 법에 따른 금융투자상품거래청산업 인가(변경인가를 포함한다)를 받지 아니하고는 금융투자상품거래청산업을 영위하여서는 아니 된다(법 제323조의2). 이를 위반하여 금융투자상품거래청산업인가(변경인가를 포함한다)를 받지 아니하고 금융투자상품거래청산업무를 영위한 자는 본죄가 성립하여 법 제444조에서 정한 처벌을 받는다(법 제444조 제21호의2).

(21의3) 금융투자상품거래청산업의 인가 위반죄(법 제444조 제21호의3)

① 금융투자상품거래청산업을 영위하려는 자는 청산대상거래 및 청산대상업자를 구성요소로 하여 대통령령으로 정하는 업무 단위(이하 "청산업 인가업무 단위"라 한다)의 전부나 일부를 선택하여 금융위원회로부터 하나의 금융투자상품거래청

② 제1항에 따라 금융투자상품거래청산업인가를 받으려는 자는 다음 각 호의 요건을 모두 갖추어야 한다(동조 제2항).

1. 상법에 따른 주식회사일 것
2. 청산업 인가업무 단위별로 200억원 이상으로서 대통령령으로 정하는 금액 이상의 자기자본을 갖출 것
3. 사업계획이 타당하고 건전할 것
4. 투자자의 보호가 가능하고 그 영위하려는 금융투자상품거래청산업을 수행하기에 충분한 인력과 전산설비, 그 밖의 물적 설비를 갖출 것
5. 정관 및 청산업무규정이 법령에 적합하고 금융투자상품거래청산업을 수행하기에 충분할 것
6. 임원이 제24조에 적합할 것
7. 대주주(제12조 제2항 제6호 가목의 대주주를 말한다)가 충분한 출자능력, 건전한 재무상태 및 사회적 신용을 갖출 것
8. 대통령령으로 정하는 사회적 신용을 갖출 것
9. 이해상충방지체계를 구축하고 있을 것

③ 제2항의 인가요건에 관하여 필요한 사항은 대통령령으로 정한다.

거짓, 그 밖의 부정한 방법으로 제323조의3에 따른 금융투자상품거래청산업인가(변경인가를 포함한다)를 받은 자는 본죄가 성립되어 법 제444조에서 규정한 처벌을 받는다.

(22) 무인가 증권금융업무 금지위반죄(제444조 제22호)

누구든지 이 법에 따른 인가를 받지 아니하고는 증권금융업무(제326조 제1항에 따른 업무를 말한다. 이하 같다)를 영위하여서는 아니 된다. 다만, 투자자 보호 및 건전한 거래질서를 해할 우려가 없는 경우로서 대통령령으로 정하는 경우는 제외한다(법 제323조의21). 그 외에도 신용평가업(법 제335조의2), 자금중개업(법 제355조 제1항), 단기금융업(법 제360조 제1항)의 경우에도 인가를 받아야 한다.

누구든지 이를 위반하여 인가를 받지 아니하고 해당 업무를 영위한 자는 본죄가 성립하여 법 제444조에서 규정한 처벌을 받는다(법 제444조 제22호).

(23) 거짓 그 밖의 부정한 방법으로 금융업무 등 인가를 받은 죄 (법 제444조 제23호)

1) 의 의

① 법 제326조 제1항에 따른 증권금융업무를 영위하려는 자는 금융위원회의 인가를 받아야 한다(법 제324조 제1항). 이 인가를 받으려는 자는 다음 각 호의 요건을 모두 갖추어야 한다(동조 제2항).

1. 상법에 따른 주식회사일 것
2. 20억원 이상으로서 대통령령으로 정하는 금액 이상의 자기자본을 갖출 것
3. 사업계획이 타당하고 건전할 것
4. 투자자를 보호하고 영위하고자 하는 업무를 수행하기에 충분한 인력 및 전산설비, 그 밖의 물적설비를 갖출 것
5. 임원이 제24조 각 호의 어느 하나에 해당하지 아니할 것
6. 대주주가 충분한 출자능력, 건전한 재무상태 및 사회적 신용을 갖출 것
7. 이해상충 방지체계를 구축하고 있을 것

② 대통령령으로 정하는 금융기관 등 간 자금거래의 중개업무를 영위하려는 자는 금융위원회의 인가를 받아야 한다(법 제355조 제1항). 이 인가를 받으려는 자는 다음 각 호의 요건을 모두 갖추어야 한다(동조 제2항).

1. 상법에 따른 주식회사일 것
2. 10억원 이상으로서 대통령령으로 정하는 금액 이상의 자기자본을 갖출 것

3. 사업계획이 타당하고 건전할 것
4. 투자자를 보호하고 영위하고자 하는 업무를 수행하기에 충분한 인력 및 전산설비, 그 밖의 물적설비를 갖출 것
5. 임원이 제24조 각 호(임원의 자격)의 어느 하나에 해당하지 아니할 것
6. 대주주가 충분한 출자능력, 건전한 재무상태 및 사회적 신용을 갖출 것
7. 이해상충 방지체계를 구축하고 있을 것

③ 1년 이내에서 대통령령으로 정하는 기간 이내에 만기가 도래하는 어음의 발행, 할인, 매매, 중개, 인수 및 보증업무와 그 부대업무로서 대통령령으로 정하는 업무(이하 단기금융업무)를 영위하려는 자는 금융위원회의 인가를 받아야 한다(법 제360조 제1항). 이 인가를 받으려는 자는 다음 각 호의 요건을 모두 갖추어야 한다(동조 제2항).

1. 은행, 그 밖에 대통령령으로 정하는 금융기관일 것
2. 200억원 이상으로서 대통령령으로 정하는 금액 이상의 자기자본을 갖출 것
3. 사업계획이 타당하고 건전할 것
4. 투자자를 보호하고 영위하고자 하는 업무를 수행하기에 충분한 인력 및 전산설비, 그 밖의 물적설비를 갖출 것
5. 임원이 제24조 각 호의 어느 하나에 해당하지 아니할 것
6. 대주주가 충분한 출자능력, 건전한 재무상태 및 사회적 신용을 갖출 것

거짓, 그 밖의 부정한 방법으로 법 제324조 제1항(증권금융업무), 법 제355조 제1항(자금중개회사), 법 제360조 제1항(금융기간의 단기금융업무)에 따른 인가를 받게 되면 본죄가 성립하여 법 제444조에 의한 처벌을 받는다(동조 제23호).

2) 객관적 구성요건

① 행위주체

본죄의 행위주체가 될 수 있는 자는 증권금융업무를 영위하려는 자, 금융기관 등 간 자금거래의 중개업무를 영위하려는 자, 단기금융업무를 영위하려는 자이다.

증권금융업무는 다음 각 호와 같다(법 제326조 제1항).

1. 금융투자상품의 매도·매수, 증권의 발행·인수 또는 그 청약의 권유·청약·청약의 승낙과 관련하여 투자매매업자 또는 투자중개업자에 대하여 필요한 자금 또는 증권을 대여하는 업무
2. 증권시장 및 파생상품시장에서의 매매거래에 필요한 자금 또는 증권을 제378

조 제1항에 따른 청산기관 인 거래소를 통하여 대여하는 업무

3. 증권을 담보로 하는 대출업무

4. 그 밖에 금융위원회의 승인을 받은 업무

자금중개회사는 금융투자업은 할 수 없으며(법 제375조 제1항), 다만, 자금거래의 중개업무와 경제적 실질이 유사한 것으로서 대통령령으로 정하는 금융투자업(령 제346조 제1항)은 영위할 수 있다. 자금중개회사가 자금중개를 할 경우에는 단순중개(자금중개회사가 일정한 수수료만 받고 자금대여자와 자금차입자간의 거래를 연결해 주는 것)를 하여야 한다. 다만 콜거래의 중개의 경우에는 원활한 거래를 위하여 금융위원회가 정하여 고시하는 최소한의 범위에서 자기계산으로 거래에 직접참여(매매중개) 할 수 있다(령 제346조 제3항).

② 행 위

거짓, 그 밖의 부정한 방법으로 법 제324조 제1항(증권금융업무), 법 제355조 제1항(자금중개회사), 법 제360조 제1항(금융기간의 단기금융업무)에 따른 인가를 받게 되면 본죄가 성립하여 법 제444조에 의한 처벌을 받는다(동조 제23호). 본죄를 구성하는 행위는 허위의 사실이나 정당하지 못한 방법으로써 금융위원회의 인가를 받게 되는 것으로 본다.

3) 주관적 구성요건

증권금융업무를 영위하려는 자, 금융기관 등 간 자금거래의 중개업무를 영위하려는 자, 단기금융업무를 영위하려는 자가 고의로 거짓사실이나 부정한 방법을 써서 금융위원회로부터 인가를 받는 것이다. 그러므로 인가를 받기 위하여 거짓사실이나 부정한 방법을 사용한다는 인식이 있고 이어서 금융위원회로부터 인가를 받았다면 본죄가 성립하게 된다. 미수나 과실범의 처벌에 관한 규정은 없다.

(24) 인가취소 후 업무를 영위한 죄(법 제444조 제24호)

1) 의 의

① 금융위원회는 증권금융회사가 다음 각 호의 어느 하나에 해당하는 경우에는 법 제324조 제1항에 따른 인가를 취소할 수 있다(법 제335조 제1항).

1. 거짓, 그 밖의 부정한 방법으로 제324조 제1항에 따른 인가를 받은 경우

2. 인가조건을 위반한 경우
3. 제324조 제9항에 따른 인가요건 유지의무를 위반한 경우
4. 업무의 정지기간 중에 업무를 한 경우
5. 금융위원회의 시정명령 또는 중지명령을 이행하지 아니한 경우
6. 별표9 각 호의 어느 하나에 해당하는 경우로서 대통령령으로 정하는 경우
7. 대통령령으로 정하는 금융관련 법령 등을 위반한 경우로서 대통령령으로 정하는 경우
8. 그 밖에 투자자의 이익을 현저히 해할 우려가 있거나 해당업무를 영위하기 곤란하다고 인정되는 경우로서 대통령령으로 정하는 경우

② 금융위원회는 종합금융회사가 다음 각 호의 어느 하나에 해당하는 경우에는 종합금융회사의 인가를 취소할 수 있다(법 제354조 제1항).
1. 인가조건을 위반한 경우
2. 업무의 정지기간 중에 업무를 한 경우
3. 금융위원회의 시정명령 또는 중지명령을 이행하지 아니한 경우
4. 별표10 각 호의 어느 하나에 해당하는 경우로서 대통령령으로 정하는 경우
5. 대통령령으로 정하는 금융관련 법령 등을 위반한 경우로서 대통령령으로 정하는 경우
6. 그 밖에 투자자의 이익을 현저히 해할 우려가 있거나 해당업무를 영위하기 곤란하다고 인정되는 경우로서 대통령령으로 정하는 경우

③ 금융위원회는 자금중개회사가 다음 각 호의 어느 하나에 해당하는 경우에는 제355조 제1항에 따른 인가를 취소할 수 있다(법 제359조 제1항).
1. 거짓, 그 밖의 부정한 방법으로 제355조 제1항에 따른 인가를 받은 경우
2. 인가조건을 위반한 경우
3. 제355조 제9항에 따른 인가요건 유지의무를 위반한 경우
4. 업무의 정지기간 중에 업무를 한 경우
5. 금융위원회의 시정명령 또는 중지명령을 이행하지 아니한 경우
6. 별표11 각 호의 어느 하나에 해당하는 경우로서 대통령령으로 정하는 경우
7. 대통령령으로 정하는 금융관련 법령 등을 위반한 경우로서 대통령령으로 정하는 경우
8. 그 밖에 투자자의 이익을 현저히 해할 우려가 있거나 해당업무를 영위하기 곤란하다고 인정되는 경우로서 대통령령으로 정하는 경우

④ 금융위원회는 단기금융회사가 다음 각 호의 어느 하나에 해당하는 경우에는 제360조 제1항에 따른 인가를 취소할 수 있다(법 제364조 제1항).

1. 거짓, 그 밖의 부정한 방법으로 제360조 제1항에 따른 인가를 받은 경우
2. 인가조건을 위반한 경우
3. 제360조 제9항에 따른 인가요건 유지의무를 위반한 경우
4. 업무의 정지기간 중에 업무를 한 경우
5. 금융위원회의 시정명령 또는 중지명령을 이행하지 아니한 경우
6. 별표12 각 호의 어느 하나에 해당하는 경우로서 대통령령으로 정하는 경우
7. 대통령령으로 정하는 금융관련 법령 등을 위반한 경우로서 대통령령으로 정하는 경우
8. 그 밖에 투자자의 이익을 현저히 해할 우려가 있거나 해당업무를 영위하기 곤란하다고 인정되는 경우로서 대통령령으로 정하는 경우

이상의 증권금융회사, 종합금융회사, 자금중개회사, 단기금융회사가 금융위원회로부터 인가의 취소를 받고도 취소된 업무를 영위하면 본죄가 성립하여 법 제444조에서 정하는 형으로 처벌을 받는다(동조 제24호).

2) 객관적 구성요건

① 행위주체

본죄의 행위주체는 금융위원회로부터 인가를 받았다가 그 인가가 취소된 증권금융회사, 종합금융회사, 자금중개회사, 단기금융회사이다. 그러므로 처음부터 인가를 받지 않았거나, 다른 업무를 영위하기 위하여 인가를 받았던 경우에는 본죄에 해당하지 않는다.

② 행 위

증권금융회사, 종합금융회사, 자금중개회사, 단기금융회사가 금융위원회로부터 인가가 취소된 후 그 취소된 업무를 영위함으로써 본죄가 성립한다. 그러므로 취소된 업무 이외의 영업활동을 하는 것은 본죄에 해당하지 않는다.

3) 주관적 구성요건

증권금융회사, 종합금융회사, 자금중개회사, 단기금융회사가 금융위원회로부터

인가가 취소된 후 그 취소된 업무를 영위한다는 인식만 있으면 고의가 되고 본죄가 성립한다. 미수범이나 과실범에 대한 규정은 없다.

(25) 대주주와 거래제한을 위반한 죄(법 제444조 제25호)

1) 의 의

종합금융회사는 그의 대주주(그의 특수관계인 포함)에게 신용공여를 함에 있어서 자기자본의 100분의 25의 범위에서 대통령령으로 정하는 한도를 초과하여서는 아니 되며, 대주주는 그 종합금융회사로부터 그 한도를 초과하여 신용공여를 받아서는 아니 된다(법 제343조 제1항). 종합금융회사는 그의 대주주에게 대통령령으로 정하는 금액 이상의 신용공여(모집 또는 매출의 방법으로 대주주가 발행하는 사채권을 취득하는 거래 포함)를 하거나 대주주가 발행한 주식을 대통령령으로 정하는 금액 이상으로 취득하려는 경우에는 미리 이사회의 결의를 거쳐야 한다. 이 경우 이사회는 재적이사 전원의 찬성으로 결의한다(법 제343조 제2항). 이를 위반하여 신용공여를 한 종합금융회사와 그로부터 신용공여를 받은 자는 법 제444조에 의하여 처벌된다(동조 제25호).

2) 객관적 구성요건

① 행위주체

본죄의 행위주체는 신용공여를 한 종합금융회사와 그로부터 신용공여를 받은 자(대주주)이다. 종합금융회사(종래의 종합금융회사에 관한 법률에 따라 금융위원회 인가를 받은 자, 자본시장법에서는 신규설립에 관한 규정을 두지 않음)의 업무는 다음과 같다(법 제336조 제1항).

1. 1년 이내에 만기가 도래하는 어음의 발행, 할인, 매매, 중개, 인수 및 보증(단기금융)
2. 설비 또는 운전자금의 투융자
3. 증권의 인수·매출 또는 모집·매출의 중개·주선·대리
4. 외자도입·해외투자·그 밖의 국제금융의 주선과 외자의 차입 및 전대
5. 채권의 발행
6. 기업의 경영상담과 기업인수 또는 합병 등에 관한 용역
7. 지급보증

8. 제1호부터 제7호까지의 업무에 부수되는 업무로서 대통령령으로 정하는 업무(령 제325조 제2항에서 규정하고 있음)

대주주란 최대주주와 주요주주를 말한다. 최대주주란 법인의 의결권 있는 발행주식 총수를 기준으로 본인 및 그와 특수관계인이 누구의 명의로 하든지 자기의 계산으로 소유하는 주식을 합하여 그 수가 가장 많은 경우의 그 본인을 최대주주라고 한다(법 제9조 제1항 제1호). 그리고 주요주주란 a. 누구의 명의로 하든지 자기의 계산으로 법인의 의결권 있는 발행주식 총수의 100분의 10 이상의 주식(그 주식과 관련된 증권예탁증권 포함)을 소유한 자, b. 임원의 임면 등의 방법으로 법인의 중요한 경영사항에 대하여 사실상 영향력을 행사하는 주주로서 대통령령으로 정하는 자이다(법 제9조 제1항 제2호).

② 행 위

종합금융회사가 그의 대주주(그의 특수관계인 포함)에게 자기자본의 100분의 25의 범위에서 대통령령으로 정하는 한도를 초과하여 신용을 공여하거나 대주주가 그 종합금융회사로부터 그 한도를 초과하여 신용공여를 받는 행위를 함으로써 본죄가 성립한다. 신용을 공여한 종합금융회사 뿐만 아니라 이를 받는 대주주에게도 본죄가 성립하므로 이들은 필요적 공범관계에 있게 된다.

3) 주관적 구성요건

종합금융회사와 그의 대주주가 자기자본의 100분의 25의 범위에서 대통령령으로 정하는 한도를 초과하여 신용을 공여하고 이를 받는다는 인식만 있으면 고의가 성립한다. 이에 대하여 과실범이나 미수범에 대한 처벌규정은 없다.

(26) 자금중개회사의 행위규제 위반죄(법 제444조 제26호)

1) 의 의

자금중개회사는 금융투자업(제355조 제1항에 따른 자금거래의 중개업무와 경제적 실질이 유사한 것으로서 대통령령으로 정하는 금융투자업 제외)을 영위하여서는 아니 된다(법 제357조 제1항). 앞에서 설명한 자금중개회사가 투자매매업, 투자중개업, 집합투자업, 투자자문업, 투자일임업, 신탁업 등 금융투자업을 영위하면 본죄가 성립하여 법 제444조상의 처벌을 받는다(동조 제26호). 금융투자업에 대하여 앞에서 설명하였다. 그러나 자금거래의 중개업무와 경제적 실질이 유사한 것으로서 대통령령으로 정하는 금융투자업은 할 수 있다.

2) 객관적 구성요건

① 행위주체

본죄의 주체는 자금중개회사이다. 이에 대해서는 앞에서 설명하였다.

② 행 위

본죄를 구성하는 행위는 자금중개회사가 투자매매업, 투자중개업, 집합투자업, 투자자문업, 투자일임업, 신탁업 등 금융투자업을 영위하는 것이다.

3) 주관적 구성요건

본죄는 고의범이며, 자금중개회사가 투자매매업, 투자중개업, 집합투자업, 투자자문업, 투자일임업, 신탁업 등 금융투자업을 영위하는 것에 대하여 인식함으로써 고의가 성립한다. 미수범, 과실범에 관한 규정은 없다.

(27) 거래소 외의 시장개설금지위반 죄(법 제444조 제27호)

1) 의 의

거래소가 개설하는 금융투자상품 거래시장은 유가증권시장, 코스닥시장, 파생상품시장이 있다(법 제386조 제1항). 거래소가 아닌 자는 위의 시장 또는 이와 유사한 시설을 개설하거나 유사한 시설을 이용하여 증권 또는 장내파생상품의 매매거래를 하여서는 아니 된다(동조 제2항). 이를 위반하여 시장 또는 유사한 시설을 개설하거나 유사한 시설을 이용하여 증권 또는 장내파생상품의 매매거래를 한 자는 본죄가 성립되어 법 제444조에 의한 처벌을 받는다(동조 제27호).

2) 객관적 구성요건

① 행위주체

본죄의 행위주체에는 제한이 없으므로 거래소 외에는 누구든지 본죄를 범할 수 있다.

② 행 위

거래소가 아닌 행위자가 거래시장 또는 이와 유사한 시설을 개설하거나 유사한 시설을 이용하여 증권 또는 장내파생상품의 매매거래를 함으로써 본죄가 성립한다. 증권 또는 장내파생상품에 관해서는 앞에서 설명하였다.

3) 주관적 구성요건

본죄는 고의가 있어야 성립하는 범죄이며, 거래소 아닌 행위자가 거래시장 또는 이와 유사한 시설을 개설하거나 유사한 시설을 이용하여 증권 또는 장내파생상품의 매매거래를 한다는 인식만 있으면 고의가 성립한다. 미수범, 과실범에 관한 규정은 없다.

(27의2) 거짓, 그 밖의 부정한 방법으로 거래소허가(변경허가)를 받은 죄 (법 제444조 제27의2)

① 금융투자상품시장을 개설하거나 운영하려는 자는 다음 각 호의 사항을 구성요소로 하여 대통령령으로 정하는 시장개설 단위의 전부나 일부를 선택하여 금융위원회로부터 하나의 거래소허가를 받아야 한다(제373조의2 제1항).

1. 매매의 대상이 되는 금융투자상품의 범위(증권 및 장내파생상품을 말하되, 증권 중 주권, 그 밖에 대통령령으로 정하는 것을 포함한다)

2. 회원(거래소시장에서의 거래에 참가할 수 있는 자로서 제387조 제1항의 회원관리규정에 따른 자를 말한다. 이하 같다)이 되는 자의 범위

② 제1항에 따라 거래소허가를 받으려는 자는 다음 각 호의 요건을 모두 갖추어야 한다.

1. 상법에 따른 주식회사일 것

2. 거래소허가 단위별로 1천억원 이상으로서 대통령령으로 정하는 금액 이상의 자기자본을 갖출 것

3. 사업계획이 타당하고 건전할 것

4. 투자자의 보호가 가능하고 금융투자상품시장을 개설·운영하기에 충분한 인력과 전산설비, 그 밖의 물적 설비를 갖출 것

5. 정관, 회원관리규정·증권시장업무규정·파생상품시장업무규정·상장규정·공시규정·시장감시규정·분쟁조정규정, 그 밖의 업무에 관한 규정(이하 이 호 및 제373

조의7에서 "정관등"이라 한다)이 법령에 적합하고, 증권 및 장내파생상품의 공정한 가격 형성과 매매 그 밖의 거래의 안정성 및 효율성을 도모하며 투자자의 보호를 위하여 충분할 것

6. 임원이 제24조에 적합할 것

7. 대주주(제12조 제2항 제6호 가목의 대주주를 말한다)가 충분한 출자능력, 건전한 재무상태 및 사회적 신용을 갖출 것

8. 대통령령으로 정하는 사회적 신용을 갖출 것

9. 이해상충방지체계를 구축하고 있을 것

③ 제2항의 허가요건에 관하여 필요한 세부사항은 대통령령으로 정한다.

누구든지 거짓, 그 밖의 부정한 방법으로 제373조의2에 따른 거래소허가(변경허가를 포함한다)를 받은 자는 본죄가 성립되어 법 제444조에서 규정한 처벌을 받는다.

(28) 금융투자업 인가취소 후 업무영위 죄(법 제444조 28호)

1) 의 의

금융위원회는 금융투자업자가 다음 각 호의 어느 하나에 해당하는 경우에는 금융투자업자의 인가 또는 금융투자업 등록을 취소할 수 있다(법 제420조 제1항).

1. 거짓, 그 밖의 부정한 방법으로 금융투자업의 인가를 받거나 등록한 경우

2. 인가조건을 위반한 경우

3. 제15조에 따른 인가요건 또는 제20조에 따른 등록요건의 유지의무를 위반한 경우

4. 업무의 정지기간 중에 업무를 한 경우

5. 금융위원회의 시정명령 또는 중지명령을 이행하지 아니한 경우

6. 별표1 각 호의 어느 하나에 해당하는 경우로서 대통령령으로 정하는 경우

7. 대통령령으로 정하는 금융관련 법령 등을 위반한 경우로서 대통령령으로 정하는 경우

8. 그 밖에 투자자의 이익을 현저히 해할 우려가 있거나 해당 금융투자업을 영위하기 곤란하다고 인정되는 경우로서 대통령령으로 정하는 경우

금융투자업의 인가가 취소된 후 그 취소된 업무를 영위한 자는 본죄가 성립하여 법 제444조에서 정한 처벌을 받는다(동조 제28호).

2) 객관적 구성요건

① 행위주체

본죄의 행위주체는 종래 금융투자업의 인가를 받고 등록한 금융투자업자였으나 현재는 그 인가 또는 등록이 취소되어 있는 자이다.

② 행 위

인가 또는 등록이 취소된 금융투자업자가 그 취소된 업무(투자매매업, 투자중개업 등 법 제6조 제1항 각 호에서 정한 업무)를 함으로써 본죄가 성립한다.

3) 주관적 구성요건

본죄는 고의가 있어야 성립하는 범죄이며, 인가 또는 등록이 취소된 금융투자업자가 그 취소된 업무(투자매매업, 투자중개업 등 법 제6조 제1항 각 호에서 정한 업무)를 한다는 인식만 있으면 고의가 성립한다. 미수범, 과실범에 관한 규정은 없다.

(29) 신고자 등의 신분누설죄(법 제444조 제29호)

1) 의 의

누구든지 불공정거래행위, 그 밖에 이 법의 위반행위를 알게 되었거나 이를 강요 또는 제의받은 경우에는 금융위원회(또는 증권선물위원회)에 신고 또는 제보할 수 있다(법 제435조 제1항). 이 신고 또는 제보를 받은 경우 신고자 등의 신분 등에 관한 비밀을 유지하여야 하며(동조 제4항), 이를 위반하여 신고자 등의 신분 등에 관하여 누설하면 본죄가 성립하여 법 제444조에 의한 처벌을 받는다(법 제444조 제29호).

불공정거래란 법 제4편에서 규정하는 내부자 거래, 미공개중요정보이용행위, 시세조종행위, 부정거래행위 등으로서 과징금부과대상이 아니고 형사처벌을 목적으로 검찰고발 또는 통보를 전제로 하는 규정들이다.

금융위원회는 금융정책, 외국환업무취급기관의 건전성 감독 및 금융감독에 관한 업무를 수행하기 위하여 국무총리 소속하에 두는 중앙행정기관이다. 그리고 증권선물위원회는 금융위원회에 두고 자본시장의 불공정 거래조사, 자본시장의 관리, 감독 등(금융위원회 설치 등에 관한 법률 제19조)의 업무를 수행한다.

2) 객관적 구성요건

① 행위주체

본죄의 행위주체는 금융위원회와 증권선물위원회 관계자로서 불공정거래행위 그 밖에 이 법의 위반행위에 대하여 신고 또는 제보를 받았거나 업무상 그 신고 또는 제보를 알게 된 자이다.

② 행 위

금융위원회와 증권선물위원회 관계자로서 불공정거래행위 그 밖에 이 법의 위반행위에 대하여 신고 또는 제보를 받았거나 업무상 그 신고 또는 제보를 알게 된 자가 신고자 등의 신분 등에 관한 비밀을 유지하지 않고 누설함으로써 성립한다.

3) 주관적 구성요건

본죄는 고의가 있어야 성립하는 범죄이며, 신고 또는 제보를 받았거나 업무상 그 신고 또는 제보를 알게 된 자가 신고 또는 제보자의 신분 등에 관한 비밀을 누설한다는 인식만 있으면 고의가 성립한다. 비밀누설의 목적 등은 요건이 아니며 미수범, 과실범에 관한 규정은 없다.

3. 자본시장법 제445조상의 범죄

자본시장법 제445조 각 호의 죄를 범한 자는 3년 이하의 징역 또는 1억원 이하의 벌금에 처한다(법 제445조). 징역과 벌금형을 병과 할 수 있다(법 제447조 제1항). 법인(단체포함)의 대표자나 법인 또는 개인의 대리인, 사용인 그 밖의 종업원이 그 법인 또는 개인의 업무에 관하여 위반행위를 하면 그 행위자를 벌하는 외에 그 법인 또는 개인에게 해당 조문의 벌금형을 과한다. 다만, 법인 또는 개인이 그 위반행위를 방지하기 위하여 해당 업무에 관하여 상당한 주의와 감독을 게을리 하지 아니한 경우에는 그러하지 아니하다(법 제448조 양벌규정).

각 호의 범죄는 고의범이며, 각 호의 행위에 대한 인식만으로써 고의가 성립한다. 그리고 과실범과 미수범에 관한 규정은 별도로 두지 않는다.

(1) 금융투자업 등록을 하지 아니하고 투자자문업, 투자일임업을 영위한 죄 (제1호)

1) 의 의

누구든지 자본시장과 금융투자업에 관한 법률에 따른 금융투자업등록(변경등록 포함)을 하지 아니하고는 투자자문업 또는 투자일임업을 영위하여서는 아니 된다(법 제17조). 투자자문업 또는 투자일임업을 영위하려는 자는 다음 각 호의 사항을 구성요소로 하여 대통령령으로 정하는 업무단위(등록업무단위)의 전부나 일부를 선택하여 금융위원회에 하나의 금융투자업 등록을 하여야 한다(법 제18조 제1항).

1. 투자자문업 또는 투자일임업
2. 금융투자상품의 범위(증권, 장내파생상품 및 장외파생상품을 말함)
3. 투자자의 유형

이를 위반하여 금융투자업등록(변경등록 포함)을 하지 아니하고 투자자문업 또는 투자일임업을 영위한 자는 법 제445조에 의하여 처벌을 받는다(동법 제1호). 자본시장법 제444조 제1호는 무인가 영업행위를 형사처벌 대상으로 하고, 제445조 제1호는 무등록 영업행위를 형사처벌 대상으로 한다. 일반투자자를 보호하고 국민경제 발전에 기여하기 위하여 증권업자의 인적, 물적, 재산적 요건을 심사하고 재무건전성과 건전한 영업질서의 준수여부를 감독하기 위한 것이다.[1]

2) 객관적 구성요건

① 행위주체

누구든지 금융투자업등록(변경등록 포함)을 하지 아니하고 투자자문업 또는 투자일임업을 영위한 자는 본죄를 구성하는 행위의 주체가 된다. 금융투자업에 대해서는 앞에서 설명하였다.

② 행 위

금융투자업등록(변경등록 포함)을 하지 아니하고 투자자문업 또는 투자일임업을 영위함으로써 본죄가 성립한다. 투자자문업이란 금융투자상품의 가치 또는 금융투자상품에 대한 투자판단(종류, 종목, 취득·처분, 취득·처분의 방법·수량·가격 및 시기

1) 대판 2002.6.11, 2000도357.

등에 대한 판단을 말함)에 관한 자문에 응하는 것을 영업으로 하는 것이다(법 제6조 제6항). 그리고 투자일임업이란 투자자로부터 금융투자상품에 대한 투자판단의 전부 또는 일부를 일임 받아 투자자별로 구분하여 금융투자상품을 취득·처분, 그 밖의 방법으로 운용하는 것을 영업으로 하는 것을 말한다(법 제6조 제7호).

(2) 거짓, 그 밖의 부정한 방법으로 금융투자업등록(변경등록 포함)을 한 죄 (제2호)

1) 의 의

금융투자업의 등록을 하려는 자는 다음 각 호의 요건을 모두 갖추어야 한다(법 제18조 제2항).

1. 다음 각 목의 어느 하나에 해당하는 자일 것. 다만, 외국투자자문업자 또는 외국투자일임업자가 외국에서 국내거주자를 상대로 직접 영업을 하거나 통신수단을 이용하여 투자자문업 또는 투자일임업을 영위하는 경우에는 적용하지 아니 한다.

가. 상법에 따른 주식회사

나. 외국 투자자문업자로서 투자자문업의 수행에 필요한 지점, 그 밖의 영업소를 설치한 자

다. 외국 투자일임업자로서 투자일임업의 수행에 필요한 지점, 그 밖의 영업소를 설치한 자

2. 등록업무 단위별로 1억원 이상으로서 대통령령으로 정하는 금액 이상의 자기자본을 갖출 것

3. 다음 각 목의 구분에 따른 투자권유자문인력 또는 투자운용인력을 갖출 것. 제1호 단서의 경우에는 해당국가에서 투자권유자문인력 또는 투자운용인력에 상당하는 자를 다음 각 목의 수 이상 확보하고 있는 경우에는 해당 요건을 갖춘 것으로 본다.

가. 투자자문업의 경우에는 투자권유자문인력을 대통령령으로 정하는 수 이상 갖출 것

나. 투자일임업의 경우에는 투자운용인력을 대통령령으로 정하는 수 이상 갖출 것

4. 임원이 제24조 각 호의 어느 하나에 해당하지 아니 할 것. 다음 각 호의 어느 하나에 해당하는 자는 금융투자업자의 임원이 될 수 없으며, 임원이 된 후에 해당하게 된 경우에는 그 직을 상실한다(법 제24호).

가. 미성년자, 금치산자 또는 한정치산자

나. 파산선고를 받은 자로서 복권되지 아니한 자
다. 금고 이상의 실형의 선고를 받거나 이 법, 대통령령으로 정하는 금융관련 법령 또는 외국 금융관련 법령에 따라 벌금 이상의 형을 선고받고 그 집행이 종료되거나 집행이 면제된 날부터 5년이 경과되지 아니한 자
라. 금고 이상의 형의 집행유예의 선고를 받고 그 유예기간 중에 있는 자
마. 이 법, 금융관련법령 또는 외국금융관련 법령에 따라 영업의 허가·인가·등록 등이 취소된 법인 또는 회사의 임직원이었던 자로서 그 법인 또는 회사에 대한 취소가 있는 날부터 5년이 경과되지 아니한 자
바. 이 법, 금융관련법령 또는 외국금융관련 법령에 따라 해임되거나 면직된 날부터 5년이 경과되지 아니한 자
사. 재임 또는 재직 중이었더라면 이 법 또는 금융관련 법령에 따라 해임요구 또는 면직요구의 소치를 받았을 것으로 통보된 퇴임한 임원 또는 퇴직한 직원으로서 그 통보된 날부터 5년이 경과되지 아니한 자
아. 그 밖에 투자자 보호 및 건전한 거래질서를 해할 우려가 있는 자로서 대통령령으로 정하는 자

5. 대주주나 외국투자자문업자 또는 외국투자일임업자가 다음 각 목의 구분에 따른 요건을 갖출 것

가. 제1호 가 목의 경우 대주주가 대통령령으로 정하는 사회적 신용을 갖출 것
나. 제1호 각 목 외의 부분 단서 및 같은 호 나목, 다목의 경우 외국투자자문업자 또는 외국투자일임업자가 대통령령으로 정하는 사회적 신용을 갖출 것

6. 금융투자업자와 투자자 간, 특정 투자자와 다른 투자자 간의 이해 상충을 방지하기 위한 체계로서 대통령령으로 정하는 요건을 갖출 것

이상의 요건에 대하여 거짓, 그 밖의 부정한 방법으로 금융투자업자의 등록(변경등록 포함)을 한 자는 본죄가 성립하여 법 제445조에 의한 처벌을 받는다(동조 제2호).

2) 객관적 구성요건

① 행위주체

본죄를 범하는 행위주체에는 제한이 없으므로 누구든지 거짓, 그 밖의 부정한 방법으로 금융투자업자의 등록(변경등록 포함)을 한 자는 본죄의 주체가 될 수 있다.

② 행 위

누구든지 거짓, 그 밖의 부정한 방법으로 금융투자업자의 등록(변경등록 포함) 행위를 하면 본죄가 성립한다. "거짓, 그 밖의 부정한 방법"이란 허위의 사실을 기재하거나 진실한 사실을 누락하는 방법 외에도 사실을 오해하거나 오판할 수 있는 모든 방법을 의미한다고 본다.

(3) 명의대여 금지위반 죄(제3호)

1) 의 의

금융투자업자는 자기의 명의를 대여하거나 타인에게 금융투자업을 영위하게 하여서는 아니 된다(법 제39조). 이를 위반하여 자기의 명의를 대여하여 타인에게 금융투자업을 영위하게 한 자는 본죄가 성립하여 법 제445조에 의한 처벌을 받는다(동조 제3호). 상법상의 일반적인 경우에는 명의대여자체를 금지하지 않고 다만 명의대여자의 연대책임을 규정하지만, 자본시장법 아래서는 명의대여를 금지하고 형사책임까지 규정하고 있다.

2) 객관적 구성요건

① 행위주체

본죄를 구성하는 행위주체는 금융투자업자로서의 인가와 등록을 마친 금융투자업자이다.

② 행 위

금융투자업자가 자기의 명의를 대여하여 타인이 금융투자업을 영위함으로써 본죄가 성립한다. 미수나 과실에 의한 본죄의 성립은 인정되지 않으며, 이 행위를 인식함으로써 고의가 성립한다고 보아야 할 것이다.

(4) 정보교류차단을 위반한 죄(제4호)

1) 의 의

금융투자업자는 그 영위하는 금융투자업(고유재산 운용업무 포함) 간에 이해상충이 발생할 가능성이 큰 경우로서 대통령령으로 정하는 경우에는 다음 각 호의 어느 하나에 해당하는 행위를 하여서는 아니 된다(법 제45조 제1항).

1. 금융투자상품의 매매에 관한 정보, 그 밖에 대통령령으로 정하는 정보를 제공하는 행위
2. 임원(대표이사, 감사 및 사외이사가 아닌 감사위원회 제외) 및 직원을 겸직하게 하는 행위
3. 사무공간 또는 전산설비를 대통령령으로 정하는 방법으로 공동으로 이용하는 행위
4. 그 밖에 이해상충이 발생할 가능성이 있는 행위로서 대통령령으로 정하는 행위

이해상충이 발생할 가능성이 큰 경우로서 대통령령으로 정하는 경우는 다음과 같다(령 제50조 제1항).

1. 고유재산운용업무·투자매매업·투자중개업과 집합투자업·신탁업
2. 기업금융업무와 고유재산운용업무·금융투자업 간의 경우
3. 전담중개업무와 고유재산운용업무·금융투자업 간의 경우
4. 기업금융업무와 전담중개업무 간의 경우

이를 위반하여 법 제45조 제1항 각 호의 어느 하나에 해당하는 행위를 한 자는 법 제444조 제4호에 의하여 처벌된다(동조 제4호).

2) 객관적 구성요건

① 행위주체

본죄의 행위주체는 금융투자업자이다. 이에 관해서는 앞에서 설명하였다.

② 행 위

본죄는 금융투자업자가 앞에서 설명한 법 제45조 제2항 각호의 행위를 함으로써 성립한다.

(5) 이해상충 방지를 위반한 죄(제5호)

1) 의 의

금융투자업자는 금융투자업의 영위와 관련하여 계열회사, 그 밖에 대통령령으로

정하는 회사와 이해상충이 발생할 가능성이 큰 경우로서 대통령령으로 정하는 경우에는 다음 각 호의 어느 하나에 해당하는 행위를 하여서는 아니 된다(법 제45조 제2항). 이를 위반하여 법 제45조 제2항 각 호의 어느 하나에 해당하는 행위를 한 자는 법 제444조 제5호에 의하여 처벌된다(동조 제5호).

1. 금융투자상품의 매매에 관한 정보, 그 밖에 대통령령으로 정하는 정보를 제공하는 행위
2. 임원(비상근감사 제외) 및 직원을 겸직하게 하거나 파견하여 근무하게 하는 행위
3. 사무공간 또는 전산설비를 대통령령으로 정하는 방법으로 공동으로 이용하는 행위
4. 그 밖에 이해상충이 발생할 가능성이 있는 행위로서 대통령령으로 정하는 행위

정보교류가 금지되는 대상회사의 범위는 다음과 같다(령 제51조 제1항 제2호).

1. 금융투자업자와 계열회사간
2. 집합투자업자와 집합투자증권판매회사간[1)]
3. 외국 금융투자업자의 지점, 그 밖의 영업소인 금융투자업자와 그 외국 금융투자업자 간

2) 객관적 구성요건

① 행위주체

본죄의 행위주체는 금융투자업자이다. 이에 관해서는 앞에서 설명하였다.

② 행 위

본죄는 금융투자업자가 앞에서 설명한 법 제45조 제2항 각호의 행위를 함으로써 성립한다. 다만, 계열회사, 그 밖에 대통령령으로 정하는 회사와 이해상충이 발생할 가능성이 크지 않아서 대통령령으로 정하는 경우가 아닌 경우에는 그 행위를 할 수 있을 것이다.

(6) 부당권유금지 위반죄(제6호)

1) 의 의

금융투자업자는 투자권유를 함에 있어서 다음 각 호의 어느 하나에 해당하는 행

1) "집합투자증권 판매회사"란 금융투자업자가 집합투자업을 경영하는 경우 그 금융투자업자가 운용하는 집합투자기구의 집합투자증권을 판매하는 투자매매업자, 투자중개업자를 말한다(령 제51조 제1항 제1호).

위를 하여서는 아니 된다(법 제49조 1, 2호)(제52조제6항에서 준용하는 경우 포함).

1. 거짓내용을 알리는 행위

2. 불확실한 사항에 대하여 단정적 판단을 제공하거나 확실하다고 오인하게 할 소지가 있는 내용을 알리는 행위

이를 위반하면 본죄가 성립한다(법 제445조 제6호). 그 외에도 부당한 권유행위가 있지만(법 제49조 3, 4, 5호), 이들 위반에 대해서는 과태료만 부과하고 형사처벌은 하지 않는다. 투자자에게 부당권유를 금지하는 것은 투자자를 보호하기 위해서이다. 따라서 이익보장 여부에 대하여 적극적 기망행위가 없더라도 투자자에게 거래행위에 수반되는 위험성에 관한 인식형성을 방해하거나 과대한 위험성을 수반하는 거래를 적극적으로 권유하는 경우에는 투자자 보호 의무를 위반한 행위로 평가되어 본죄가 성립할 수 있을 것이다.

2) 객관적 구성요건

본죄의 행위주체는 금융투자업자이고, 투자자에게 거짓내용을 알리는 행위, 불확실한 사항에 대하여 단정적 판단을 제공하거나 확실하다고 오인하게 할 소지가 있는 내용을 알리는 행위를 함으로써 본죄가 성립한다.

(7) 투자권유대행인의 등록 전 투자권유 금지 위반죄(제7호)

1) 의 의

금융투자업자는 요건을 갖춘 자(법인이 아니고 개인에 한함)에게 투자권유를 위탁할 수 있다(법 제51조 제1항). 투자권유를 받은 자는 법 제51조 제3항에 따른 등록 전에는 투자권유를 하여서는 아니 된다(동조 제2항). 이에 위반하여 등록 전에 투자권유를 한 자는 법 제445조 제7호에 의하여 처벌된다.

2) 객관적 구성요건

본죄를 구성하는 행위주체는 금융투자업자로부터 투자권유를 받은 자(투자권유대행인)로서 아직 등록하기 전인 개인이다. 투자중개업자는 주식회사만이 될 수 있으나 투자권유 대행인은 개인만이 될 수 있고 법인은 될 수 없다. 이와 같이 등록 이전에 투자자를 대상으로 하여 투자권유행위를 하면 본죄가 성립한다.

(8) 투자권유대행인 외의 자에게 투자권유대행을 하게 한 죄(제8호)

1) 의 의

금융투자업자는 투자권유대행인 외의 자에게 투자권유를 대행하게 하여서는 아니 된다(법 제52조 제1항). 투자권유대행인은 투자권유를 대행함에 있어서 투자자에게 다음과 같은 사항을 미리 알려야 하며, 자신이 투자권유 대행인이라는 사실을 나타내는 표지를 게시하거나 증표를 투자자에게 내보여야 한다(동조 제3항).

1. 투자권유를 위탁한 금융투자업자의 명칭
2. 투자권유를 위탁한 금융투자업자를 대리하여 계약을 체결할 권한이 없다는 사실
3. 투자권유 대행인은 투자자로부터 금전, 증권, 그 밖의 재산을 수취하지 못하며 금융투자업자가 이를 직접 수취한다는 사실
4. 그 밖의 투자자 보호 또는 건전한 거래질서를 위하여 필요한 사항으로서 대통령령으로 정하는 사항

이를 위반하여 투자권유대행인 외의 자에게 투자권유를 대행하게 한 금융투자업자는 본죄가 성립하여 법 제445조 제8호에 의하여 처벌된다.

2) 객관적 구성요건

본죄의 행위주체는 금융투자업자이며, 행위는 투자권유대행인 외의 자에게 투자권유를 대행하게 함으로써 본죄가 성립한다.

(9) 직무관련정보의 이용금지 위반죄(제9호)

1) 의 의

금융투자업자는 직무상 알게 된 정보로서 외부에 공개되지 아니한 정보를 정당한 사유 없이 자기 또는 제3자의 이익을 위하여 이용하여서는 아니 된다(법 제54조). 본조는 금융투자업자의 업무위탁의 경우(제42조 제10항), 투자권유대행인의 경우(제52조 제6항), 투자회사 감독이사의 경우(제199조 제5항), 집합투자기구의 일반사무관리회사의 경우(제255조), 집합투자회사 평가회사의 경우(제260조), 채권평가회사의 경우

(제265조), 한국금융투자협회의 경우(제289조), 한국예탁결제원의 경우(제304조), 증권금융회사의 경우(제328조), 명의개서 대행회사의 경우(제367조)의 경우에도 준용된다. 이를 위반하여 직무상 알게 된 정보로서 외부에 공개되지 아니한 정보를 자기 또는 제3자이 이익을 위하여 이용한 자는 법 제445조 제9호에 의하여 처벌된다.

2) 객관적 구성요건

① 행위주체

본죄의 행위주체는 금융투자업자이며, 그 외에도 업무위탁의 경우 수탁자, 투자권유대행인, 투자회사 감독이사, 집합투자기구의 일반사무관리 회사, 집합투자회사 평가회사, 채권평가회사, 한국금융투자협회, 한국예탁결제원, 증권금융회사, 명의개서 대행회사도 행위주체가 된다. 행위주체가 법인인 경우에는 법인(단체포함)의 대표자나 법인 또는 개인의 대리인, 사용인 그 밖의 종업원이 그 법인 또는 개인의 업무에 관하여 위반행위를 하면 그 행위자를 벌하는 외에 그 법인 또는 개인에게 해당 조문의 벌금형을 과한다(법 제448조).

② 행 위

본죄는 금융투자업자 등의 행위주체가 자기 또는 제3자의 이익을 위하여 직무상 알게 된 공개되지 않은 정보를 이용함으로써 성립한다. 따라서 자기 또는 제3자의 이익을 목적으로 이용하는 것이므로 목적범이다. 따라서 직무상 알게 된 미공개정보의 이용이 있다고 할지라도 자기 또는 제3자의 이익을 목적으로 이용한 것이 아니면 본죄가 성립하지 않을 것이다. 그러나 자기 또는 제3자가 실제로 이익을 얻었는지 여부는 본죄의 성립에 영향을 미치는 것이 아니다.

(10) 손실보전 등의 금지 위반죄(제10호)

1) 의 의

금융투자업자는 금융투자상품의 매매, 그 밖의 거래와 관련하여 제103조 제3항에 따라 손실의 보전 또는 이익의 보장을 하는 경우, 그 밖에 건전한 거래질서를 해할 우려가 없는 경우로서 정당한 사유가 있는 경우를 제외하고 다음 각 호의 어느 하나에 해당하는 행위를 하여서는 아니 된다. 금융투자업자의 임직원이 자기의 계산으로 하는 경우에도 또한 같다(법 제55조).

1. 투자자가 입을 손실의 전부 또는 일부를 보전하여 줄 것을 사전에 약속하는 행위
2. 투자자가 입은 손실의 전부 또는 일부를 사후에 보전하여 주는 행위
3. 투자자에게 일정한 이익을 보장할 것을 사전에 약속하는 행위
4. 투자자에게 일정한 이익을 사후에 제공하는 행위

이를 위반하여 각 호의 행위를 한 자는 법 제445조 제10에 의하여 처벌된다. 그리고 금융투자업자의 업무위탁에 따른 수탁자(제42조 제10항), 투자권유 대행인(제52조 제6항)의 경우에도 이를 준용한다(제445조 제10호). 공정한 증권거래질서의 확보를 위하여 금융투자업자에게 손실보전이나 이익보장 약정을 금지하는 강행법규로서 이에 위반한 경우의 사법상 효력이 무효일 뿐만 아니라 형사처벌의 대상으로 하고 있다. 사법상 효력이 무효가 되더라도 부당권유행위로 인한 손해배상책임은 별도로 보아야 할 것이다.

2) 객관적 구성요건

① 행위주체

본죄의 행위주체는 금융투자업자, 금융투자업자의 업무위탁에 따른 수탁자(제42조 제10항), 투자권유 대행인(제52조 제6항), 그 밖에 금융투자업자의 임직원 등이다.

② 행 위

이상의 행위주체가 제55조 각 호에서 정하는 어느 하나의 행위를 함으로써 본죄가 성립한다. 다만 정당한 사유가 있는 경우에는 그러하지 아니 한다.

(11) 자료를 기록·유지하지 아니한 죄(제11호)

1) 의 의

금융투자업자는 금융투자업 영위와 관련한 자료를 대통령령으로 정하는 자료의 종류별로 대통령령으로 정하는 기간 동안 기록·유지하여야 한다(제60조 제1항, 제187조 제1항). 이는 집합투자기구의 일반사무관리 회사의 경우(제255조), 집합투자회사 평가회사의 경우(제260조), 채권평가회사의 경우(제265조)에 준용한다. 이를 위반하여 자료를 기록·유지하지 아니한 자는 제445조 제11호에 의하여 처벌된다. 금융

투자업자는 기록, 유지하여야 하는 자료가 멸실되거나 위조, 변조가 되지 아니 하도록 적절한 대책을 수립, 시행하여야 한다(제60조 제2항).

대통령령으로 정하는 자료의 종류별 기록, 유지기간은 다음과 같다(령 제62조 제2항).

1. 영업에 관한 자료

가. 투자권유관련자료 10년

나. 주문기록, 매매명세 등 투자자의 금융투자상품의 매매, 그 밖의 거래관련 자료 10년

다. 집합투자재산, 투자일임재산, 신탁재산 등 투자재산의 운용관련자료 10년

라. 매매계좌설정, 약정 등 투자자와 체결한 계약관련자료 10년

마. 업무위탁관련자료 5년

바. 부수업무관련자료 5년

사. 그 밖의 영업 관련자료 5년

2. 재무에 관한 자료 10년

3. 업무에 관한 자료

가. 주주총회 또는 이사회 결의관련자료 10년

나. 자본시장법 제161조에 따른 주요사항 보고서에 기재하여야 하는 사항에 관한 자료 5년

다. 고유재산 운용관련 자료 3년

라. 자산구입, 처분 등, 그 밖의 업무에 관한 자료 3년

4. 내부통제에 관한 자료

가. 내부통제기준, 위험관리 등 준법감시 관련자료 5년

나. 임원, 대주주, 전문 인력의 자격, 이해관계자 등과의 거래내역 관련자료 5년

다. 그 밖의 내부통제 관련자료 3년

5. 그 밖에 법령에서 작성, 비치하도록 되어 있는 장부·서류: 해당 법령에서 정하는 기간(해당 법령에서 정하는 기간이 없는 경우에는 위의 보존기간을 고려하여 금융위원회가 정하여 고시하는 기간)

2) 객관적 구성요건

① 행위주체

본죄의 행위주체는 금융투자업자이며, 집합투자기구의 일반사무관리 회사(제255조), 집합투자회사 평가회사(제260조), 채권평가회사(제265조)도 제60조가 준용되는

경우에 행위주체가 된다.

② 행 위

행위주체는 대통령령으로 정하는 종류의 자료를 대통령령으로 정하는 기간 동안 기록, 유지해야 할 의무가 있음에도 불구하고 이를 이행하지 않음으로써 성립하는 부작위범이다. 자료를 기록하였으나 소정의 기간 동안 유지(보관)하지 않았거나, 보관하였으나 기록하지 않았다면 본죄가 성립하는 것으로 보아야 할 것이다.

(12) 임직원의 자기매매제한 위반죄(제12호)

1) 의 의

금융투자업자의 임직원(겸영금융투자업자 중 대통령령으로 정하는 금융투자업자의 경우에는 금융투자업자의 직무를 수행하는 임직원에 한함)은 자기의 계산으로 대통령령으로 정하는 금융투자상품을 매매하는 경우에는 다음 각 호의 방법에 따라야 한다(제63조 제1항).

1. 자기의 명의로 매매할 것
2. 투자중개업자 중 하나의 회사(투자중개업자의 임직원의 경우에는 그가 소속된 투자중개업자에 한하되, 그 투자중개업자가 그 임직원이 매매하려는 금융투자상품을 취급하지 아니하는 경우에는 다른 투자중개업자를 이용할 수 있음)를 선택하여 하나의 계좌를 통하여 매매할 것. 다만, 금융투자상품의 종류, 계좌의 성격 등을 고려하여 대통령령으로 정하는 경우에는 둘 이상의 회사 또는 둘 이상의 계좌를 통하여 매매할 수 있다.
3. 매매명세를 분기별(투자권유자문인력, 제286조 제1항 제3호 나목의 조사분석인력 및 투자운용인력의 경우에는 월별로 함)로 소속 금융투자업자에게 통지할 것
4. 그 밖에 불공정행위의 방지 또는 투자자와의 이해상충의 방지를 위하여 대통령령으로 정하는 방법 및 절차를 준수할 것

위 제63조 제1항은 한국금융투자협회의 경우(제289조), 한국예탁결제원의 경우(제304조), 증권금융회사의 경우(제328조), 명의개서대행회사의 경우(제367조), 한국거래소의 경우(제383조 제3항), 금융위원회 위원 및 소속 공무원, 증권선물위원회의 위원, 금융감독원장, 부원장, 부원장 보, 감사 및 소속 직원의 경우(제441조)에도 준용된다. 위의 각 경우는 그 임직원의 자기계산에 의한 금융투자상품매매와 관련하여 불공정행위의 방지 또는 투자자와의 이해상충의 방지를 기하기 위한 것이다.

이를 위반하여 같은 호에 규정된 방법에 따르지 아니하고 금융투자상품을 매매한 자는 본죄가 성립하여 제445조에서 정한 처벌을 받는다.

2) 객관적 구성요건

① 행위주체

본죄의 행위주체는 금융투자업자의 임직원이지만, 제63조가 준용되는 경우에는 한국금융투자협회의 임직원(제289조), 한국예탁결제원의 임직원(제304조), 증권금융회사의 임직원(제328조), 명의개서대행회사의 임직원(제367조), 한국거래소의 임직원(제383조 제3항), 금융위원회 위원 및 소속 공무원, 증권선물위원회의 위원, 금융감독원장, 부원장, 부원장 보, 감사 및 소속 직원(제441조)도 행위주체가 된다.

② 행 위

행위주체가 자기의 계산으로 대통령령으로 정하는 금융투자상품을 매매하는 경우 법 제63조 제1항 각 호의 방법에 따르지 않고 행함으로써 본죄가 성립한다. 대통령령으로 정하는 금융투자상품은 다음과 같다.

1. 증권시장에 상장된 지분증권(장외거래 방법에 의하여 매매가 이루어지는 주권을 포함하며, 투자회사의 주권과 투자유한회사, 투자합자회사, 투자조합, 투자익명조합의 지분증권 제외함)
2. 증권시장에 상장된 증권예탁증권(제1호에 따른 지분증권과 관련된 증권예탁 증권)
3. 자본시장법 제71조 제4호 나목에 따른 주권관련 사채권으로서 제1호에 따른 지분증권이나 제2호에 따른 증권예탁증권과 관련된 것
4. 제1호에 따른 지분증권, 제2호에 따른 증권예탁증권이나 이들을 기초로 하는 지수의 변동과 연계된 파생결합증권
5. 장내파생상품
6. 제1호에 따른 지분증권, 제2호에 따른 증권예탁증권이나 이들을 기초로 하는 지수의 변동과 연계된 장외파생상품

(13) 집합투자증권 판매 등에 관한 특례 위반죄(제13호)

1) 의 의

투자매매업자 또는 투자중개업자는 집합투자기구가 제182조에 따라 등록되기

전에는 해당 집합투자증권을 판매하거나 판매를 위한 광고를 하여서는 아니 된다. 다만, 투자자의 이익을 해할 우려가 없는 경우로서 대통령령으로 정하는 경우에는 판매를 위한 광고를 할 수 있다(제76조 제3항). 집합투자기구의 등록에 관해서는 앞에서 설명하였다. 이를 위반하여 집합투자증권을 판매하거나 판매를 위한 광고를 한 자는 본죄가 성립하여 제445조 제13항에 의하여 처벌된다.

2) 객관적 구성요건

① 행위주체

본죄의 행위주체는 투자매매업자 또는 투자중개업자이며, 이에 대해서는 앞에서 설명하였다.

② 행 위

본죄는 투자매매업자 또는 투자중개업자가 등록되기 전에 투자증권을 판매하거나 판매를 위한 광고를 함으로써 성립한다. 투자증권 판매에 대해서는 앞에서 설명한 바와 같다. 다만, 투자자의 이익을 해할 우려가 없는 경우로서 대통령령으로 정하는 경우에는 판매를 위한 광고를 할 수 있다.

(13의2) 거짓 그 밖의 부정한 방법으로 종합금융투자사업자의 지정을 받은 죄(제13의2호)

① 금융위원회는 투자매매업자 또는 투자중개업자로서 다음 각 호의 기준을 모두 충족하는 자를 종합금융투자사업자로 지정할 수 있다(법 제77조의 2 제1항).

1. 상법에 따른 주식회사일 것
2. 증권에 관한 인수업을 영위할 것
3. 3조원 이상으로서 대통령령으로 정하는 금액 이상의 자기자본을 갖출 것
4. 그 밖에 해당 투자매매업자 또는 투자중개업자의 신용공여 업무수행에 따른 위험관리 능력 등을 고려하여 대통령령으로 정하는 기준

② 투자매매업자 또는 투자중개업자로서 종합금융투자사업자로 지정받고자 하는 자는 금융위원회에 신청하여야 한다(동조 제2항).

③ 금융위원회는 제1항에 따른 종합금융투자사업자의 지정을 위하여 필요한 경우에는 자료의 제출을 요청할 수 있다(동조 제3항).

④ 금융위원회는 종합금융투자사업자가 다음 각 호의 어느 하나에 해당하는 경우에는 제1항에 따른 지정을 취소할 수 있다(동조 제4항).

1. 거짓, 그 밖의 부정한 방법으로 지정받은 경우
2. 제1항 각 호의 기준을 충족하지 못하는 경우

⑤ 제1항 및 제4항에 따른 지정 및 지정취소 절차 등에 관한 세부적인 사항은 대통령령으로 정한다(동조 제5항).

⑥ 제1항 제3호에 따른 자기자본의 구체적인 세부기준은 금융위원회가 정하여 고시한다(동조 제6항).

누구든지 거짓, 그 밖의 부정한 방법으로 제77조의2 제1항에 따른 종합금융투자사업자의 지정을 받은 자는 본죄가 성립하여 법 제445조 규정상의 처벌을 받는다(법 제445조 제13의2호).

(13의3) 종합금융투자사업자의 지정을 받지 아니하고 전담중개업무 또는 제77조의3 제3항 각 호의 어느 하나에 해당하는 업무를 영위한 죄(제13의3호)

종합금융투자사업자가 아니고는 전담중개업무를 영위할 수 없다(법 제77조의3 제1항). 종합금융투자사업자는 이 법 또는 다른 금융관련 법령에도 불구하고 다음 각 호의 업무를 영위할 수 있다(동조 제3항).

1. 기업에 대한 신용공여 업무
2. 그 밖에 해당 종합금융투자사업자의 건전성, 해당 업무의 효율적 수행에 이바지할 가능성 등을 고려하여 종합금융투자사업자에만 허용하는 것이 적합한 업무로서 대통령령으로 정하는 것

그러나 누구든지 금융위원회로부터 종합금융투자사업자의 지정을 받지 아니하고 전담중개업무 또는 제77조의3 제3항 각 호의 어느 하나에 해당하는 업무를 영위한 자는 본죄가 성립되어 법 제445조 규정에 따른 처벌을 받는다(법 제445조 제13의 3호).

(14) 자산배분 명세서에 따른 배분을 하지 않은 죄(제14호)

1) 의 의

집합투자업자는 투자신탁재산의 효율적 운용을 위하여 불가피한 경우로서 대통령령으로 정하는 경우에는 자신의 명의로 직접 투자대상자산의 취득·처분 등을 할

수 있다(제80조 제1항 단서). 투자신탁의 경우에는 법인격이 없으므로 집합투자업자가 신탁업자에게 운용지시를 하고 신탁업자는 이러한 지시에 따라 신탁업자의 명의로 투자대상 자산의 취득, 처분 등을 하는 것이 원칙이다. 그러나 이러한 상황에서는 수시로 가격이 변동하는 자산을 거래하는 경우 적시에 거래하지 못하고 실기할 수도 있다. 따라서 자본시장법은 투자신탁재산의 효율적 운용을 위하여 위의 단서규정을 두고 있다.

이 경우 집합투자업자는 투자신탁재산별로 미리 정하여진 자산배분명세서에 따라 취득, 처분 등의 결과를 공정하게 배분하여야 한다. 이 경우 집합투자업자는 자산배분명세서, 취득·처분 등의 결과, 배분결과 등에 관한 장부 및 서류를 총리령으로 정하는 방법에 따라 작성하고 이를 유지, 관리하여야 한다(제80조 제3항). 이를 위반하여 집합투자업자가 투자신탁재산별로 미리 정하여진 자산배분명세서에 따라 취득, 처분 등의 결과를 배분하지 않은 자는 본죄를 범하게 되어 제445조 14항에 의하여 처벌된다.

2) 객관적 구성요건

① 행위주체

본죄의 행위주체는 집합투자업자이다. 이에 대하여 앞에서 설명하였다.

② 행 위

본죄는 집합투자업자가 투자신탁재산별로 미리 정하여진 자산배분명세서에 따라 취득, 처분 등의 결과를 배분하지 않음으로써 성립한다.

(15) 금융위원회의 주식처분명령을 위반한 죄(제15호)

1) 의 의

금융위원회는 집합투자업자가 법 제87조 제1항부터 제5항까지의 규정을 위반하여 집합투자재산에 속하는 주식의 의결권을 행사한 경우에는 6개월 이내의 기간을 정하여 그 주식의 처분을 명할 수 있다(동조 제6항). 이 규정은 제186조 제2항(자기집합투자증권의 취득제한 등)에 준용된다. 이 처분명령을 위반하여 주식을 처분하지 아니한 자는 본죄가 성립되어 법 제445조 제15호에 의한 처벌을 받는다.

의결권행사방법의 제한은 다음과 같다.

① 집합투자업자(투자신탁이나 투자익명조합의 집합투자업자에 한함)는 집합투자재산에 속하는 주식의 의결권을 행사함에 있어서 다음과 같은 경우에는 집합투자재산에 속하는 주식을 발행한 법인의 주주총회에 참석한 주주가 소유하는 주식수에서 집합투자재산에 속하는 주식수를 뺀 주식수의 결의내용에 영향을 미치지 아니하도록 의결권을 행사하여야 한다. 다만 집합투자재산에 속하는 주식을 발행한 법인의 합병, 영업양도·양수, 임원의 임면, 정관변경, 그 밖에 이에 준하는 사항으로서 집합투자재산에 손실을 초래할 것이 명백하게 예상되는 경우에는 그러하지 아니하다(제87조 제1항 본문). shadow voting(그림자 투표)을 이용하여 주주총회의 정족수 확보에 기여하면서 실질주주들의 의사를 반영하기 위한 규정이다.

1. 다음 어느 하나에 해당하는 자가 그 집합투자재산에 속하는 주식을 발행한 법인을 계열회사로 편입하기 위한 경우
   가. 그 집합투자업자 및 그와 대통령령으로 정하는 이해관계가 있는 자
   나. 그 집합투자업자에 대하여 사실상의 지배력을 행사하는 자로서 대통령령으로 정하는 자
2. 그 집합투자재산에 속하는 주식을 발행한 법인이 그 집합투자업자와 다음 어느 하나에 해당하는 관계가 있는 경우
   가. 계열회사의 관계가 있는 경우
   나. 그 집합투자업자에 대하여 사실상의 지배력을 행사하는 관계로서 대통령령으로 정하는 관계가 있는 경우
3. 그 밖에 투자자 보호 또는 집합투자재산의 적정한 운영을 해할 우려가 있는 경우로서 대통령령으로 정하는 경우

② 제1항 단서규정은 독점규제 및 공정거래에 관한 법률 제9조 제1항에 따른 상호출자제한 기업집단에 속하는 집합투자업자에게는 적용하지 않는다. 이에 대해서도 예외적으로 의결권을 행사할 수 있는 경우와 그 범위가 규정되어 있다(동조 제2항 참조).

③ 상호출자제한 기업집단에 속하는 집합투자업자가 제81조 제1항의 투자한도를 초과하여 취득한 주식은 그 주식을 발행한 법인의 주주총회에 참석한 주주가 소유한 주식수에서 집합투자재산인 주식수를 뺀 주식수의 결의내용에 영향을 미치지 아니 하도록 의결권을 행사하여야 한다(동조 제3항).

④ 집합투자업자는 제81조 제1항 및 제84조 제4항에 따른 투자한도를 초과하여 취득한 주식에 대하여는 그 주식의 의결권을 행사할 수 없다(제4항).

⑤ 집합투자업자는 제3자와의 계약에 의하여 의결권을 교차하여 행사하는 등 제1항부터 제4항까지의 규정의 적용을 면하기 위한 행위를 하여서는 아니 된다(제5항).

2) 객관적 구성요건

① 행위주체

본죄의 행위주체는 집합투자업자이다. 그리고 제186조에 준용되는 경우에는 집합투자회사이다.

② 행 위

본죄를 구성하는 행위는 집합투자업자가 금융위원회로부터 주식의 처분명령을 받고도 이에 위반하여 주식을 처분하지 아니함으로써 본죄가 성립하는 것이다.

(16) 신탁재산 취득죄(제16호)

1) 의 의

신탁법 제31조 제1항 단서는 신탁업자에게는 적용하지 아니한다(자본 제104조 제1항). 즉, 수탁자는 누구의 명의로 하든지 신탁재산을 고유의 재산으로 하거나 이에 관하여 권리를 취득하지 못한다. 단, 수익자에게 이익이 되는 것이 명백하거나 기타 정당한 이유가 있는 경우에는 법원의 허가를 얻어 신탁재산을 고유재산으로 할 수 있다(신탁 제31조 제1항). 그러나 신탁업자는 다음 각 호의 어느 하나에 해당하는 경우 신탁계약이 정하는 바에 따라 신탁재산을 고유재산으로 취득할 수 있다(자본 제104조 제2항).

1. 신탁행위에 따라 수익자에 대하여 부담하는 채무를 이행하기 위하여 필요한 경우(금전신탁재산의 운용으로 취득한 자산이 증권시장, 파생상품시장 또는 이와 유사한 시장으로서 해외에 있는 시장에서 시세가 있는 경우에 한함)
2. 신탁계약의 해지, 그 밖에 수익자 보호를 위하여 불가피한 경우로서 대통령령으로 정하는 경우(제103조 제3항에 따라 손실이 보전되거나 이익이 보장되는 신탁계약에 한함)

이를 위반하여 신탁업자가 신탁재산을 고유재산으로 취득하면 본죄가 성립하여 법 제445조 제16호에 의하여 처벌된다.

2) 객관적 구성요건

본죄의 행위주체는 신탁업자이며, 본죄를 구성하는 행위는 신탁업자가 법 제104조 제2항에서 정하는 경우에 해당하지 않음에도 불구하고 신탁재산을 고유재산으로 취득하는 경우에 성립한다.

(17) 회계감사를 받지 아니한 죄(제18호)

1) 의 의

신탁업자는 신탁재산에 대하여 그 신탁업자의 매 회계연도 종료 후 2개월 이내에 주식회사의 외부감사에 관한 법률 제3조 제1항에 따른 감사인의 회계감사를 받아야 한다. 다만 수익자의 이익을 해할 우려가 없는 경우로서 대통령령으로 정하는 경우에는 회계감사를 받지 아니할 수 있다(제114조 제3항). 수익자의 이익을 해할 우려가 없는 경우로서 다음과 같은 경우에는 회계감사를 받지 아니할 수 있다(령 제117조).

1. 다음 중 어느 하나에 해당하는 금전신탁의 경우

가. 특정금전신탁

나. 이익을 보장하는 금전신탁(손실만을 보전하는 금전신탁은 제외)

다. 회계감사 기준일 현재 수탁원본이 300억원 미만인 금전신탁

2. 자본시장법 제103조 제1항 제2호부터 제7호까지의 재산의 신탁인 경우

그리고 투자신탁이나 투자익명조합의 집합투자업자 또는 투자회사 등은 집합투자재산에 대하여 회계기간의 말일 및 다음 각 호의 날부터 2개월 이내에 회계감사인의 회계감사를 받아야 한다. 다만 투자자의 이익을 해할 우려가 없는 경우로서 대통령령으로 정하는 경우에는 그러하지 아니하다(제240조 제3항).

1. 계약기간 종료 또는 해지의 경우 : 그 종료일 또는 해지일
2. 존속기간 만료 또는 해산의 경우 : 그 만료일 또는 해산일

이를 위반하여 회계감사를 받지 아니한 자는 본죄를 범하여 법 제445조 제18호에 의하여 처벌된다.

2) 객관적 구성요건

본죄의 행위주체는 신탁업자이며, 투자신탁이나 투자익명조합의 집합투자업자 또는 투자회사 등이다. 이들이 신탁재산이나 집합투자재산에 대하여 매 회계연도 종료 후 2개월 이내에 주식회사의 외부감사에 관한 법률 제3조 제1항에 따른 감사인의 회계감사를 받지 않음으로써 본죄가 성립한다(부작위범). 다만 수익자나 투자자의 이익을 해할 우려가 없는 경우로서 대통령령으로 정하는 경우에는 그러하지 아니하다.

(18) 공개매수에 의하지 아니하고 주식 등을 매수한 죄(제19호)

1) 의 의

주식 등을 대통령령으로 정하는 기간 동안 증권시장 밖에서 대통령령으로 정하는 수 이상의 자로부터 매수 등을 하고자 하는 자는 그 매수 등을 한 후에 본인과 그 특별관계자(대통령령으로 정하는 특별한 관계가 있는 자)가 보유(소유, 그 밖에 이에 준하는 경우로서 대통령령으로 정하는 경우 포함)하게 되는 주식 등의 수의 합계가 그 주식 등의 총수의 100분의 5 이상이 되는 경우(본인과 그 특별관계자가 보유하는 주식 등의 매수 등을 하는 경우 포함)에는 공개매수를 하여야 한다. 다만 매수 등의 목적, 유형, 그 밖에 다른 주주의 권익침해 가능성 등을 고려하여 대통령령으로 정하는 매수 등의 경우에는 공개매수 외의 방법으로 매수 등을 할 수 있다(제133조 제3항).

공개매수자(그 특별관계자 및 공개매수 사무취급자 포함)는 공개매수 공고일부터 그 매수기간이 종료하는 날까지 그 주식 등을 공개매수에 의하지 아니하고는 매수 등을 하지 못한다. 다만, 공개매수에 의하지 아니하고 그 주식 등의 매수 등을 하더라도 다른 주주의 권익침해가 없는 경우로서 대통령령으로 정하는 경우에는 공개매수에 의하지 아니하고 매수 등을 할 수 있다(제140조).

이와 같이 공개매수가 강제되는 경우에 이를 위반하여 공개매수에 의하지 아니하고 주식 등의 매수 등을 하는 자는 본죄가 성립되어 법 제445조 제19호에 의하여 처벌된다.

2) 객관적 구성요건

① 행위주체

행위주체에는 제한이 없으므로 누구든지 "공개매수강제"에 해당되는 자가 공개매수를 하고자 할 때 행위주체가 된다. 공개매수자에는 그 특별관계자 및 공개매수 사무취급자를 포함한다. 공개매수강제가 요구되는 요건은 i) 매수 등을 한 후에 본인 및 그 특별관계자가 보유하게 되는 주식 등의 수의 합계가 그 주식 등 총수의 5% 이상이 되는 경우(법 제133조 제3항), ii) 취득방법이 "매수·교환·입찰, 그 밖의 유상취득"인 경우(법 제133조 제2항), iii) 해당주식 등의 매수 등을 하는 날부터 과거 6개월간에 하는 매수 등일 경우(령 제140조), iv) 매수가 증권시장 밖에서 이루어질 경우, v) 주식 등의 매수 등을 하는 상대방의 수와 6개월 동안 그 주식 등의 매수 등을 한 상대방의 수의 합계가 10인 이상일 경우이다. 이에 대하여 처음에 10인 이상의 자를 상대로 매수청약이나 매도청약을 했다면 실제로 매도한 주주가 10인 미만인 경우에도 공개매수 강제가 적용된다는 유력한 견해가 있다.[1]

② 행 위

공개매수자에게 공개매수강제가 적용되는 경우에 이를 위반하여 공개매수에 의하지 아니하고 주식 등의 매수 등을 하면 본죄가 성립한다. 공개매수가 강제되는 취득방법인 「매수 등」은 「매수, 교환, 입찰, 그 밖의 유상취득」을 말한다(동조 제2항). 그러므로 상속, 증여, 무상양수 등의 방법에 의한 주식 등을 취득하는 경우에는 공개매수 강제요건인 매수 등이 아니다. 또 이미 발행된 주식만을 대상으로 하므로 신주발행에 의한 주식인수도 공개매수에 포함되지 않으며, 주식의 소유관계 이전을 목적으로 하지 않은 권리(의결권을 지시할 수 있는 권리 등)의 취득도 공개매수 대상이 아니다.

(19) 주식 등의 대량보유 등의 보고를 하지 아니한 죄(제20호)

1) 의 의

주권상장법인의 주식 등을 대량보유(본인과 그 특별관계자가 보유하게 되는 주식 등의 수의 합계가 그 주식 등의 총수의 100분의 5 이상인 경우)하게 된 자는 그 날부터 5일(대통령령으로 정하는 날은 산입하지 않음) 이내에 그 보유상황, 보유목적(발행인의 경영권에 영향을 주기 위한 목적 여부를 말함), 그 보유주식 등에 관한 주요계약내용, 그 밖에 대통령령으로 정하는 사항을 대통령령으로 정하는 방법에 따라 금융위원회와 거래소에 보고하여야 하며, 그 보유 주식 등의 수의 합계가 그 주식 등의 총

---

1) 임재연, 전게서, 469면.

수의 100분의 1 이상 변동된 경우(그 주식 등의 수가 변동되지 아니한 경우, 그 밖에 대통령령으로 정하는 경우 제외)에는 그 변동된 날부터 5일 이내에 그 변동내용을 대통령령으로 정하는 방법에 따라 금융위원회와 거래소에 보고하여야 한다. 이 경우 보유목적이 발행인의 경영권에 영향을 주기 위한 것(임원의 선임 · 해임 또는 직무의 정지, 이사회 등 회사의 기관과 관련된 정관의 변경 등 대통령령으로 정하는 것을 말함)이 아닌 경우와 전문투자자 중 대통령령으로 정하는 자의 경우에는 그 보고내용 및 보고시기 등을 대통령령으로 달리 정할 수 있다(법 제147조 제1항).

제1항에 따라 주식 등의 대량보유상황·보유목적 또는 그 변동내용을 보고하는 날 전일까지 새로 변동내용을 보고하여야 할 사유가 발생한 경우 새로 보고하여야 하는 변동내용은 당초의 대량보유상황, 보유목적 또는 그 변동내용을 보고할 때 이를 함께 보고하여야 한다(동조 제3항).

제1항에 따라 보고한 자는 그 보유목적이나 그 보유 주식 등에 관한 주요계약내용 등 대통령령으로 정하는 중요한 사항의 변경이 있는 경우에는 5일 이내에 금융위원회와 거래소에 보고하여야 한다(동조 제4항).

주식 등의 대량보유 등의 보고제도에 관해서는 앞에서 상세히 설명하였다. 이상의 제147조 제1항, 제3항, 제4항을 위반하여 보고를 하지 아니한 자는 본죄가 성립되어 제145조 제20호에 의하여 처벌된다.

2) 객관적 구성요건

① 행위주체

누구든지 주권상장법인의 주식 등을 대량보유(본인과 그 특별관계자가 보유하게 되는 주식 등의 수의 합계가 그 주식 등의 총수의 100분의 5 이상인 경우)하게 된 자이면 보고의무를 지게 된다.

② 행 위

본죄는 주권상장법인의 주식 등을 대량보유(본인과 그 특별관계자가 보유하게 되는 주식 등의 수의 합계가 그 주식 등의 총수의 100분의 5 이상인 경우)하게 된 자가 5일(대통령령으로 정하는 날은 산입하지 않음) 이내에 그 보유상황, 보유목적(발행인의 경영권에 영향을 주기 위한 목적 여부를 말함), 그 보유주식 등에 관한 주요계약내용, 그 밖에 대통령령으로 정하는 사항을 대통령령으로 정하는 방법에 따라 금융위원회와 거래소에 보고하지 않음으로써 성립한다.

그리고 그 보유 주식 등의 수의 합계가 그 주식 등의 총수의 100분의 1 이상 변동된 경우(그 주식 등의 수가 변동되지 아니한 경우, 그 밖에 대통령령으로 정하는 경우 제외)에는 그 변동된 날부터 5일 이내에 그 변동내용을 대통령령으로 정하는 방법에 따라 금융위원회와 거래소에 보고하지 않음으로써 성립한다.

또 대량보유상황·보유목적 또는 그 변동내용을 보고하는 날 전일까지 새로 변동내용을 보고하여야 할 사유가 발생한 경우 및 제1항에 따라 보고한 자는 그 보유목적이나 그 보유 주식 등에 관한 주요계약내용 등 대통령령으로 정하는 중요한 사항의 변경이 있는 경우에도 이를 보고하지 않음으로써 본죄가 성립한다.

(20) 의결권 대리행사 권유제한을 위반한 죄(제21호)

1) 의 의

상장주권(그 상장주권과 관련된 증권예탁증권 포함)의 의결권 대리행사의 권유를 하고자 하는 자(의결권 권유자)는 그 권유에 있어서 그 상대방(의결권 피권유자)에게 대통령령으로 정하는 방법에 따라 위임장 용지 및 참고서류를 교부하여야 한다(제152조 제1항). 국가 기간산업 등 국민경제상 중요한 산업을 영위하는 법인으로서 대통령령으로 정하는 상장법인(이하 공공적 법인)의 경우에는 그 공공적 법인만이 그 주식의 의결권 대리행사를 권유할 수 있다(동조 제3항).

의결권 대리행사는 주주의 대리인으로 하여금 의결권을 행사할 수 있게 하는 것으로서, 주주총회에 무관심한 소수주주의 의견을 총회결의에 반영시켜 대주주나 임원들의 자의적 경영으로부터 주주를 보호하고 쉽게 정족수를 갖추게 하여 주주총회를 활성화하는 방안이다. 회사의 경영진 또는 주주가 다수의 주주들에게 위임장 용지를 송부하여 의결권 행사의 위임을 권유하는 행위이다. 이에 대하여 앞에서도 설명하였다.

2) 객관적 구성요건

① 행위주체

본죄의 행위주체는 누구든지 상장주권(그 상장주권과 관련된 증권예탁증권 포함)의 의결권 대리행사의 권유를 하고자 하는 자(의결권 권유자)이다. 다만, 대통령령으로 정하는 상장법인(공공적 법인)의 경우에는 그 공공적 법인만이 주체가 될 수 있다.

② 행 위

의결권 대리행사의 권유를 하고자 하는 자(의결권 권유자)가 그 권유에 있어서 그 상대방(의결권 피권유자)에게 대통령령으로 정하는 방법에 따라 위임장 용지 및 참고서류를 교부하지 않음으로써 본죄가 성립한다. 그리고 대통령령으로 정하는 상장법인(공공적 법인)의 경우, 그 공공적 법인이 아닌 자가 의결권 대리행사를 권유하거나 그 공공적 법인이 권유하더라도 대통령령으로 정하는 방법에 따라 위임장 용지 및 참고서류를 교부하지 않음으로써 본죄가 성립한다.

(21) 회계감사를 받지 아니한 죄(제22호)

1) 의 의

자본시장법 제3편에 따라 금융위원회와 거래소에 재무에 관한 서류를 제출하는 자 중 대통령령으로 정하는 자는 주식회사 외부감사에 관한 법률에 따라 회계감사를 받아야 한다. 다만 기업경영 등 비밀유지 및 기업부담과 투자자 보호와의 형평 등을 고려하여 대통령령으로 정하는 사항에 대하여는 그러하지 아니하다(제169조 제1항).

대통령령으로 정하는 자란 다음과 같다(령 제189조 제1항).

1. 사업보고서 제출대상법인
2. 비상장법인으로서 시행령 제167조 제1항 제2호에 해당하는 증권에 대하여 증권신고서를 제출하지 아니하고 모집 또는 매출을 한 법인

회계감사를 받지 않아도 되는 대통령령으로 정하는 사항은 다음과 같다(령 제189조 제2항).

1. 재무에 관한 서류 중 제131조 제5항 각 호의 어느 하나에 해당하는 사항이 기재된 부분
2. 반기보고서와 분기보고서 중 재무에 관한 서류. 다만, 반기보고서와 제170조 제1항 제2호 단서에 해당하는 법인이 제출하는 분기보고서의 경우에는 회계감사인의 확인과 의견표시가 있는 것만 해당한다.

2) 객관적 구성요건

본죄의 행위주체는 주식회사 외부감사에 관한 법률에 따라 회계감사를 받아야 할 자로서 금융위원회와 거래소에 재무에 관한 서류를 제출하는 자 중 대통령령(령 제189조 제1항)으로 정하는 자이다. 행위주체가 이를 위반하여 회계감사를 받지

아니함으로써(부작위) 본죄가 성립하여 제445조 제1항에 의한 처벌을 받는다. 다만, 기업경영 등 비밀유지 및 기업부담과 투자자 보호와의 형평 등을 고려하여 대통령령(제189조 제2항)으로 정하는 사항에 대하여는 그러하지 아니하다.

(22) 장내파생상품에 관한 정보 누설 및 부정이용 등의 죄(제22의2호)

1) 의 의

다음과 같은 자로서 파생상품시장에서 시세에 영향을 미칠 수 있는 정보를 업무와 관련하여 알게 된 자와 그 자로부터 그 정보를 전달받은 자는 그 정보를 누설하거나, 장내파생상품 및 그 기초자산의 매매나 그 밖의 거래에 이용하거나 타인으로 하여금 이용하게 하지 못한다(법 제173조의2 제2항).

1. 장내파생상품의 시세에 영향을 미칠 수 있는 정책을 입안·수립 또는 집행하는 자
2. 장내파생상품의 시세에 영향을 미칠 수 있는 정보를 생성·관리하는 자
3. 장내파생상품의 기초자산의 중개·유통 또는 검사와 관련된 업무에 종사하는 자

장내파생상품이란 파생상품으로서 파생상품시장에서 거래되는 것 또는 해외 파생상품시장에서 거래되는 것을 말하며(제5조 제2항), 파생상품(제5조 제1항 각 호)에 관해서는 앞에서 설명하였다.

제173조의2 제2항을 위반하여 파생상품시장에서의 시세에 영향을 미칠 수 있는 정보를 누설하거나, 장내파생상품 및 그 기초자산의 매매나 그 밖의 거래에 이용하거나, 타인으로 하여금 이용하게 한 자는 제445조 제22호의2에 의하여 처벌된다.

2) 객관적 구성요건

본죄의 행위주체는 제173조의2 제2항 각 호에서 정하는 장내파생상품의 시세에 영향을 미칠 수 있는 정책을 입안·수립 또는 집행하는 자, 장내파생상품의 시세에 영향을 미칠 수 있는 정보를 생성·관리하는 자, 장내파생상품의 기초자산의 중개·유통 또는 검사와 관련된 업무에 종사하는 자이다. 본죄는 행위주체가 파생상품시장에서의 시세에 영향을 미칠 수 있는 정보를 누설하거나, 장내파생상품 및 그 기초자산의 매매나 그 밖의 거래에 이용하거나, 타인으로 하여금 이용하게 함으로써 성립한다.

(23) 집합투자기구를 등록하지 않은 죄(제23호)

1) 의 의

투자신탁이나 투자익명조합의 집합투자업자 또는 투자회사·투자유한회사·투자합자회사 및 투자조합은 집합투자기구가 설정·설립된 경우 그 집합투자기구를 금융위원회에 등록하여야 한다(제182조 제1항). 이를 위반하여 집합투자기구를 등록하지 않은 자는 제445조 제23호에 의하여 처벌된다.

2) 객관적 구성요건

본죄의 행위주체는 투자신탁이나 투자익명조합의 집합투자업자 또는 투자회사·투자유한회사·투자합자회사 및 투자조합 등 집합투자기구이다. 이에 대하여는 앞에서 설명하였다. 집합투자기구는 제182조 제2항의 요건을 갖추어 금융위원회에 등록하여야 하며, 이를 등록하지 않음으로써 본죄가 성립한다(제445조 제23호).

(24) 거짓, 그 밖의 부정한 방법으로 등록·변경등록을 한 죄(제24호)

1) 의 의

투자신탁이나 투자익명조합의 집합투자업자 또는 투자회사·투자유한회사·투자합자회사 및 투자조합은 집합투자기구가 설정·설립된 경우 그 집합투자기구를 금융위원회에 등록하여야 한다(제182조 제1항). 그리고 투자신탁이나 투자익명조합의 집합투자업자 또는 투자회사 등은 제1항에 따라 등록된 사항이 변경된 경우에는 투자자 보호를 해할 우려가 없는 경우로서 대통령령으로 정하는 경우를 제외하고는 2주 이내에 그 내용을 금융위원회에 변경 등록하여야 한다(동조 제8항). 위의 등록 및 변경등록에 관한 규정은 외국 집합투자기구에 준용한다(제279조 제1항 및 제3항).

거짓, 그 밖의 부정한 방법으로 등록이나 변경등록을 한 자는 본죄가 성립되어 제445조 제24호에 의하여 처벌된다.

2) 객관적 구성요건

본죄의 행위주체는 투자신탁이나 투자익명조합의 집합투자업자 또는 투자회사·투자유한회사·투자합자회사 및 투자조합 등 집합투자기구와 외국의 투자신탁이나 투자익명조합의 집합투자업자 또는 투자회사·투자유한회사·투자합자회사 및 투자조합 등 집합투자기구이다. 본죄를 성립하게 하는 행위는 행위주체가 거짓, 그 밖의 부정한 방법으로 등록이나 변경등록을 하는 것이다.

(24의2) 집합투자재산에 관한 정보 이용죄(제24호의2)

집합투자재산을 보관·관리하는 신탁업자는 그 집합투자기구의 집합투자재산에 관한 정보를 자기의 고유재산의 운용, 자기가 운용하는 집합투자재산의 운용 또는 자기가 판매하는 집합투자증권의 판매를 위하여 이용하여서는 아니 된다. 신탁업자가 이를 위반하여 정보를 이용한 경우에는 본죄가 성립하여 법 제445조 규정에 의한 처벌을 받는다(법 제445조 제24호의2).

(25) 철회·변경 또는 시정을 요구하지 아니한 죄(제25호)

1) 의 의

집합투자재산(투자회사 재산을 제외)을 보관·관리하는 신탁업자는 그 집합투자재산을 운용하는 집합투자업자의 운용지시 또는 그 운용행위가 법령, 집합투자규약 또는 투자설명서(예비투자설명서 및 간이투자설명서를 포함) 등을 위반하는지 여부에 대하여 대통령령으로 정하는 기준 및 방법에 따라 확인하고 위반사항이 있는 경우에는 그 집합투자업자에 대하여 그 운용지시 또는 운용행위의 철회·변경 또는 시정을 요구하여야 한다(제247조 제1항). 이를 위반한 자는 본죄가 성립하여 제445조 제25호에 의하여 처벌된다.

2) 객관적 구성요건

본죄의 행위주체는 집합투자재산(투자회사 재산을 제외)을 보관·관리하는 신탁업자이다. 이들 신탁업자가 집합투자업자의 운용지시 또는 그 운용행위가 법령, 집합투자규약 또는 투자설명서(예비투자설명서 및 간이투자설명서를 포함) 등이 대통령령으로 정하는 기준 및 방법에 위반사항이 있음에도 불구하고 그 집합투자업자에 대하여 그 운용지시 또는 운용행위의 철회·변경 또는 시정을 요구하지 않음으로써 본죄가 성립한다.

(26) 집합투자업겸영은행에 대한 금지행위 위반죄(제26호)

1) 의 의

집합투자업겸영은행은 투자신탁재산의 운용과 관련하여 다음 각 호의 어느 하나에 해당하는 행위를 하여서는 아니 된다(제250조 제3항).

1. 자기가 발행한 투자신탁의 수익증권을 자기의 고유재산으로 취득하는 행위
2. 자기가 운용하는 투자신탁의 투자신탁 재산에 관한 정보를 다른 집합투자증권의 판매에 이용하는 행위
3. 자기가 운용하는 투자신탁의 수익증권을 다른 은행을 통하여 판매하는 행위
4. 제229조 제5호의 단기금융집합투자기구를 설정하는 행위: 단기금융집합투자기구란 집합투자재산 전부를 대통령령으로 정하는 단기금융상품에 투자하는 집합투자기구로서 대통령령으로 정하는 방법으로 운용되는 집합투자기구를 말한다(제229조 제5호).

제2호는 집합투자겸영보험회사(보험회사로서 제12조에 따라 집합투자업에 관한 금융투자업 인가를 받은 자)에 준용되며(제251조 제2항), 제1호 및 제2호는 종합금융회사에 준용(제341조 제1항)된다. 이를 위반하여 각 호의 어느 하나에 해당하는 행위를 한 자는 본죄가 성립하여 제445조 제26호에 의하여 처벌된다.

2) 객관적 구성요건

본죄의 행위주체는 집합투자업겸영은행이고, 집합투자업겸영보험회사 및 종합금융회사도 주체가 될 수 있다. 본죄를 구성하는 행위는 집합투자업겸영은행이 제250조 제3항 각 호의 어느 하나에 해당하는 행위를 하거나, 집합투자업겸영보험회사가 제호의 행위 또는 종합금융회사가 제1호 및 제2호의 행위를 하는 것이다.

(27) 은행의 정보부당이용금지를 위반한 죄(제27호)

1) 의 의

집합투자재산의 보관·관리업무를 영위하는 은행은 그 집합투자기구의 집합투자재산에 관한 정보를 자기가 운용하는 투자신탁재산의 운용 또는 자기가 판매하는 집합투자증권의 판매를 위하여 이용하여서는 아니 된다(제250조 제4항). 이는 집합

투자업겸영보험회사에 준용한다(제251조 제2항). 그리고 일반사무관리회사의 업무를 영위하는 은행은 해당집합투자기구의 집합투자재산에 관한 정보를 자기가 운용하는 투자신탁재산의 운용 또는 자기가 판매하는 집합투자증권의 판매를 위하여 이용하여서는 아니 된다(제250조 제5항). 이는 집합투자업겸영보험회사 및 종합금융회사에 준용한다(제251조 제2항, 제341조 제1항).

이를 위반하여 집합투자재산에 관한 정보를 자기가 운용하는 투자신탁재산의 운용 또는 자기가 판매하는 집합투자증권의 판매를 위하여 이용한 자는 본죄가 성립하여 제445조 제27호에 의하여 처벌된다.

2) 객관적 구성요건

본죄의 행위주체는 집합투자업겸영은행이고, 집합투자업겸영보험회사 및 종합금융회사도 주체가 될 수 있다. 본죄를 구성하는 행위는 행위주체가 그 집합투자기구의 집합투자재산에 관한 정보를 자기가 운용하는 투자신탁재산의 운용 또는 자기가 판매하는 집합투자증권의 판매를 위하여 이용하는 것이다. 집합투자업겸영은행이고, 집합투자업겸영보험회사 및 종합금융회사 등 행위주체가 이 정보를 이용하여 이익을 취득하였는지 여부는 본죄의 성립요건이 아니다.

(28) 집합투자증권 판매은행의 금지행위 위반죄(제28호)

1) 의 의

투자매매업 또는 투자중개업 인가를 받아 집합투자증권의 판매를 영위하는 은행은 다음 각 호의 어느 하나에 해당하는 행위를 하여서는 아니 된다(제250조 제6항). 이는 집합투자업겸영보험회사 및 종합금융회사에 준용한다(제251조 제2항, 제341조 제1항).

1. 자기가 판매하는 집합투자증권의 집합투자재산에 관한 정보를 자기가 운용하는 투자신탁재산의 운용 또는 자기가 운용하는 투자신탁의 수익증권의 판매를 위하여 이용하는 행위

2. 집합투자증권의 판매업무와 「은행법」에 따른 업무를 연계하여 정당한 사유 없이 고객을 차별하는 행위

이를 위반하여 각 호의 어느 하나에 해당하는 행위를 한 자는 제445조 제28호에 의하여 처벌된다.

2) 객관적 구성요건

본죄의 행위주체는 투자매매업 또는 투자중개업 인가를 받아 집합투자증권의 판매를 영위하는 은행, 집합투자업겸영보험회사 및 종합금융회사이다. 본죄를 구성하는 행위는 행위주체가 제250조 제6항 각 호의 어느 하나에 해당하는 행위를 하는 것이다.

(29) 집합투자기구 등록취소 후 취소된 업무를 영위한 죄(제29호)

1) 의 의

금융위원회는 다음 각 호의 어느 하나에 해당하는 경우에는 집합투자기구의 등록을 취소할 수 있다. 다만 제3호의 경우에는 등록을 취소하여야 한다(제253조 제1항).

1. 거짓, 그 밖의 부정한 방법으로 제182조 제1항 또는 제8항에 따른 등록이나 변경등록을 한 경우
2. 제182조 제2항 각 호에 따른 등록요건을 갖추지 못하게 된 경우
3. 집합투자기구가 해지 또는 해산한 경우
4. 투자회사의 순자산액이 3개월 이상 계속하여 제194조 제2항 제7호에 따른 최저순자산액에 미달하는 경우
5. 제182조 제8항에 따른 변경등록을 하지 아니한 경우
6. 금융위원회의 시정명령 또는 중지명령을 이행하지 아니한 경우
7. 별표2 각 호의 어느 하나에 해당하는 경우로서 대통령령으로 정하는 경우
8. 대통령령으로 정하는 금융관련 법령 등을 위반한 경우로서 대통령령으로 정하는 경우
9. 그 밖에 투자자의 이익을 현저히 해할 우려가 있거나 집합투자기구로서 존속하기 곤란하다고 인정되는 경우로서 대통령령으로 정하는 경우

이에 따라 등록이 취소된 후 그 취소된 업무를 영위한 자는 본죄가 성립되어 제445조 제29호에 의하여 처벌된다.

2) 객관적 구성요건

본죄의 행위주체는 금융위원회에 등록하여야 하는 집합투자기구이다. 즉, 투자신탁이나 투자익명조합의 집합투자업자, 투자회사, 투자유한회사, 투자합자회사 및

투자조합 등이다. 이들 주체가 제253조 제1항 각 호의 어느 하나에 해당하여 등록이 취소된 상태임에도 불구하고 그 취소된 업무를 영위함으로써 본죄가 성립한다. 취소된 업무를 영위하는 목적이나 이로 인하여 이익을 취득하였는지 여부는 본죄의 성립요건이 아니다.

(30) 등록을 하지 않고 해당업무를 영위한 죄(제30호)

1) 의 의

투자회사는 다음 각 호의 업무를 일반사무관리회사에 위탁하여야 한다(제184조 제6항).

1. 투자회사 주식의 발행 및 명의개서
2. 투자회사 재산의 계산
3. 법령 또는 정관에 의한 통지 및 공고
4. 이사회 및 주주총회의 소집·개최·의사록 작성 등에 관한 업무
5. 그 밖에 투자회사의 사무를 처리하기 위하여 필요한 업무로서 대통령령으로 정하는 업무

투자회사의 위탁을 받아 이 업무(제184조 제6항)를 영위하려는 자는 금융위원회에 등록하여야 한다(제254조 제1항). 이를 위반하여 등록을 하지 아니하고 해당업무를 영위한 자는 본죄가 성립하여 제445조 제30호에 의하여 처벌된다.

2) 객관적 구성요건

본죄의 행위주체는 금융위원회에 등록을 하지 않은 일반사무관리회사이다. 본죄를 구성하는 행위는 금융위원회에 등록을 하지 않은 일반사무관리회사가 투자회사의 위탁을 받고 제184조 제6항 각 호의 어느 하나를 영위하는 것이다.

(31) 거짓, 그 밖의 부정한 방법으로 등록을 한 죄(제31호)

1) 의 의

투자회사의 위탁을 받아 이 업무(제184조 제6항)를 영위하려는 자가 금융위원회에 등록(제254조 제1항)하기 위해서는 다음 각 호의 요건을 모두 갖추어야 한다(제254조 제2항).

1 .다음 각 목의 어느 하나에 해당할 것
가. 상법에 따른 주식회사
나. 명의개서 대행회사(예탁결제원 포함)
다. 그 밖에 대통령령으로 정하는 이해상충방지체계를 구성하고 있을 것(대통령령으로 정하는 금융업을 영위하고 있는 경우에 한함)
2. 5억원 이상으로서 대통령령으로 정하는 금액 이상의 자기자본을 갖출 것
3. 상근 임직원 중 대통령령으로 정하는 기준의 전문인력을 보유할 것
4. 전산설비 등 대통령령으로 정하는 물적설비를 갖출 것
5. 임원이 제24조 각 호의 어느 하나에 해당하지 아니할 것
6. 대통령이 정하는 이해상충방지체계를 구축하고 있을 것(대통령령으로 정하는 금융업을 영위하고 있는 경우에 한함)

제1항에 따른 등록을 하려는 자는 금융위원회에 등록신청서를 제출하여야 한다(제254조 제3항). 제2항의 요건 및 제3항의 신청서 등에 거짓, 그 밖의 부정한 방법으로 등록을 한 자는 본죄가 성립하여 제445조 제31호에 의하여 처벌된다.

2) 객관적 구성요건

본죄의 행위주체는 투자회사의 위탁을 받아 제184조 제6항의 업무를 영위하려는 자이다. 이 자는 상법에 따른 주식회사이거나, 명의개서 대행회사(예탁결제원 포함) 또는 그 밖에 대통령령으로 정하는 금융업을 영위하고 있는 경우에 한한다. 대통령령으로 정하는 금융업이란 은행법에 따른 은행업, 보험업법에 따른 보험업, 금융투자업, 종합금융회사 업무이다(령 제276조 제6항). 본죄를 구성하는 행위란 거짓 그 밖의 부정한 방법으로 제254조 제2항의 요건이나 동조 제3항의 신청서에 거짓 또는 그 밖의 부정한 방법으로 금융위원회에 등록함으로써 본죄가 성립한다.

(32) 일반사무관리회사가 등록이 취소된 후 그 취소된 업무를 영위한 죄 (제32호)

1) 의 의

금융위원회는 일반사무관리회사가 별표3 각 호의 어느 하나에 해당하는 경우에는 제254조 제1항에 따른 등록을 취소할 수 있다(제257조 제1항). 일반사무관리회사가 등록이 취소된 후 그 취소된 업무를 영위하면 본죄가 성립되어 제445조 제32호

에 의하여 처벌된다.

2) 객관적 구성요건

본죄의 행위주체는 투자회사의 위탁을 받아 제184조 제6항의 업무를 영위하려는 자이다. 이 자는 상법에 따른 주식회사이거나, 명의개서 대행회사(예탁결제원 포함) 또는 그 밖에 대통령령으로 정하는 금융업을 영위하고 있는 경우에 한한다. 대통령령으로 정하는 금융업이란 은행법에 따른 은행업, 보험업법에 따른 보험업, 금융투자업, 종합금융회사 업무이다(령 제276조 제6항). 본죄를 구성하는 행위란 등록이 취소된 후 일반사무관리회사가 그 취소된 업무를 영위하는 것이다.

(32의2) 사모투자전문회사 업무집행사원이 등록을 하지 않고 업무를 영위한 죄(제32호의2)

사모투자전문회사의 업무집행사원으로서 사모투자전문회사재산의 운용업무를 영위하려는 자는 다음 각 호의 요건을 갖추어 금융위원회에 등록하여야 한다(법 제272조의2 제1항).

1. 1억원 이상으로서 대통령령으로 정하는 금액 이상의 자기자본을 갖출 것
2. 임원(합자회사의 업무집행사원 등 대통령령으로 정하는 자를 포함한다)이 제24조에 적합할 것
3. 운용인력을 대통령령으로 정하는 수 이상 갖출 것
4. 제44조에 따라 이해상충이 발생할 가능성을 파악·평가·관리할 수 있는 적절한 내부통제기준을 갖출 것

제1항에 따른 등록을 하려는 자는 금융위원회에 등록신청서를 제출하여야 한다(동조 제1항).

누구든지 이에 위반하여 등록을 하지 아니하고 해당 업무를 영위한 자는 본죄가 성립하여 법 제445조 제32호의2에 의하여 처벌된다.

(32의3) 거짓, 그 밖의 부정한 방법으로 등록을 한 죄(제32호의3)

사모투자전문회사의 업무집행사원으로서 거짓, 그 밖의 부정한 방법으로 제272조의 2제1항에 따른 등록을 한 자는 본죄가 성립하여 법 제445조 제32호의3의 규정에서 정하는 처벌을 받는다.

(33) 등록을 하지 않고 외국 집합투자증권을 판매한 죄(제33호)

1) 의 의

외국투자신탁(투자신탁과 유사한 것으로서 외국법령에 따라 설정된 투자신탁)이나 외국투자익명조합(투자익명조합과 유사한 것으로서 외국법령에 따라 설립된 투자익명조합)의 외국집합투자업자(외국법령에 따라 집합투자업에 상당하는 영업을 영위하는 자) 또는 외국투자회사 등(외국법령에 따라 설립된 투자회사 등)은 외국 집합투자증권(집합투자증권과 유사한 것으로서 외국 법령에 따라 외국에서 발행된 것)을 국내에서 판매하고자 하는 경우에는 해당 외국 집합투자기구(집합투자기구와 유사한 것으로서 외국 법령에 따라 설정·설립된 것)를 금융위원회에 등록하여야 한다(제279조 제1항).

이 등록을 하지 않고 외국집합투자증권을 판매한 자는 본죄가 성립하여 제445조 제33호에 의하여 처벌된다.

2) 객관적 구성요건

본죄의 행위주체는 외국투자신탁, 외국투자익명조합의 외국집합투자업자 또는 외국투자회사 등이다. 본죄를 구성하는 행위는 이들 주체가 금융위원회에 등록하지 않고 외국 집합투자증권(집합투자증권과 유사한 것으로서 외국 법령에 따라 외국에서 발행된 것)을 국내에서 판매하는 행위이다.

(34) 외국 집합투자기구가 등록이 취소된 후 외국 집합투자증권을 판매한 죄(제34호)

1) 의 의

금융위원회는 다음 각 호의 어느 하나에 해당하는 경우에는 외국집합투자기구의 등록을 취소할 수 있다(제282조 제1항).

1. 거짓, 그 밖의 부정한 방법으로 등록(제279조 제1항)을 하거나 변경등록(제182조 제8항)을 한 경우
2. 집합투자기구의 등록요건(제182조 제2항)을 갖추지 못하게 된 경우
3. 변경등록(제182조 제8항)을 하지 아니한 경우
4. 외국집합투자업자 적격요건 또는 외국 집합투자증권 판매적격요건(제279조 제

2항)을 갖추지 못하게 된 경우[1)]

5. 제280조를 위반한 경우

6. 제281조 제1항에 따른 명령을 위반한 경우

7. 그 밖에 투자자의 이익을 현저히 해할 우려가 있거나 외국집합투자기구로서 존속하기 곤란하다고 인정되는 경우로서 대통령령으로 정하는 경우

외국 투자기구가 등록이 취소된 후에도 외국투자증권을 판매한 경우에는 본죄가 성립되어 제445조 제34호에 의하여 처벌된다.

2) 객관적 구성요건

본죄의 행위주체는 외국투자신탁, 외국투자익명조합의 외국집합투자업자 또는 외국투자회사 등 외국 투자기구이다. 본죄를 구성하는 행위는 이들 주체가 금융위원회의 등록이 취소된 후에도 외국 집합투자증권을 국내에서 판매하는 행위이다.

(35) 예탁업무 영위 등의 금지 위반죄(제35호)

1) 의 의

예탁결제원이 아닌 자는 증권 등을 예탁 받아 그 증권 등의 수수를 갈음하여 계

---

1) 대통령령으로 정하는 외국집합투자업자 적격요건 또는 외국 집합투자증권 판매적격요건(령 제301조 제1항)

① 외국 집합투자업자 적격요건

가. 최근 사업연도 말 현재 운용자산규모가 1조원 이상일 것. 이 경우 외국집합투자업자가 그 운용자산의 운용업무 전부를 다른 외국 집합투자업자에 위탁한 경우에는 위탁받은 외국 집합투자업자의 운용자산규모가 1조원 이상이어야 한다.

나. 국내에서 판매하려는 외국 집합투자기구의 종류(법 제229조)에 따라 별표1에 따른 집합투자업 인가업무 단위별 최저자기자본(80억원)이상일 것

다. 최근 3년간 금융업에 상당하는 영업과 관련하여 본국이나 국내의 감독기관으로부터 업무정지 이상에 해당하는 행정처분을 받거나 벌금형 이상에 상당하는 형사처벌을 받은 사실이 없을 것

라. 투자자를 보호하기 위하여 금융위원회가 정하여 고시하는 요건에 해당하는 연락책임자를 국내에 둘 것

② 외국 집합투자증권 판매적격 요건

가. 경제협력 개발기구(OECD)에 가입되어 있는 국가 또는 홍콩, 싱가포르의 법률에 따라 발행되었거나 발행이 예정되어 있을 것

나. 보수, 수수료 등 투자자가 부담하는 비용에 관한 사항이 명확히 규정되어 있고 국제관례에 비추어 지나치게 높은 금액으로 설정되어 있지 아니할 것

다. 투자자의 요구에 따라 직접적, 간접적으로 환매 등의 방법으로 투자금액의 회수가 가능할 것

라. 그 밖에 투자자를 보호하기 위하여 필요한 요건으로서 금융위원회가 정하여 고시하는 요건을 충족할 것

좌 간의 대체로 결제하는 업무를 영위하여서는 아니 된다(제298조 제1항). 예탁결제원이 아닌 자는 국내에서 증권예탁증권을 발행하는 업무를 영위하여서는 아니 된다(동조 제2항). 이를 위반하여 계좌 간의 대체로 결제하는 업무를 영위하거나 국내에서 증권예탁증권을 발행하는 업무를 영위한 자는 본죄가 성립되어 제445조 제35호에 의하여 처벌된다.

우리나라는 증권(증권, 그 밖에 대통령령으로 정하는 것)의 집중예탁과 계좌 간 대체, 매매거래에 따른 결제업무 및 유통의 원활을 위하여 법인으로 하는 한국예탁결제원을 설립한다(법 제294조).

2) 객관적 구성요건

본죄의 행위주체는 예탁결제원이 아닌 자는 누구든지 될 수 있다. 예탁결제원이 아닌 자가 계좌 간의 대체로 결제하는 업무를 영위하거나 국내에서 증권예탁증권을 발행하는 업무를 영위하면 본죄가 성립한다. "결제업무"란 매매거래에 따른 증권인도 및 대금지급업무를 말한다(제297조).

(36) 예탁결제원 등의 임원의 금융투자업자와 이해관계 금지의무 위반죄(제36호)

1) 의 의

예탁결제원의 상근 임직원은 금융투자업자 및 다른 금융투자업 관계기관과 자금의 공여, 손익의 분배, 그 밖에 영업에 관하여 대통령령으로 정하는 특별한 이해관계를 가져서는 아니 된다(제301조 제5항, 제323조의9 제3항 준용). 그리고 증권금융회사의 상근 임직원은 금융투자업자 및 다른 금융투자업 관계기관과 자금의 공여, 손익의 분배, 그 밖에 영업에 관하여 대통령령으로 정하는 특별한 이해관계를 가져서는 아니 된다(제327조 제3항). 한국 거래소의 상근 임직원은 상근 임직원은 금융투자업자 및 다른 금융투자업 관계기관과 자금의 공여, 손익의 분배, 그 밖에 영업에 관하여 대통령령으로 정하는 특별한 이해관계를 가져서는 아니 된다(제383조 제2항).

예탁결제원의 상근 임직원, 증권금융회사의 상근 임직원, 한국 거래소의 상근 임직원이 이를 위반하여 자금의 공여, 손익의 분배, 그 밖에 영업에 관여하여 특별한 이해관계를 가진 자는 본죄가 성립되어 제445조 제36호에 의하여 처벌된다.

2) 객관적 구성요건

본죄의 행위주체는 예탁결제원의 상근 임직원, 증권금융회사의 상근 임직원, 한국 거래소의 상근 임직원이다. 3기관의 임직원의 신분이 요구되므로 신분범이다. 이들 행위주체가 금융투자업자 및 다른 금융투자업 관계기관과 자금의 공여, 손익의 분배, 그 밖에 영업에 관하여 대통령령으로 정하는 특별한 이해관계를 갖게 됨으로써 본죄가 성립한다.

(37) 증권금융회사 등이 업무의 정지기간 중 업무를 영위한 죄(제37호)

1) 의 의

① 금융위원회는 증권금융회사가 제1항 각 호(제6호 제외)의 어느 하나에 해당하거나 별표9 각 호의 어느 하나에 해당하는 경우에는 다음 각 호의 어느 하나에 해당하는 조치를 할 수 있다(제335조 제2항). 제1항 각 호에 대해서는 인가취소의 항에서 설명하였다.

1. 6개월 이내의 업무의 전부 또는 일부의 정지
2. 계약의 인계명령
3. 위법행위의 시정명령 또는 중지명령
4. 위법행위를 받았다는 사실의 공표명령 또는 게시명령
5. 기관경고
6. 기관주의
7. 그 밖의 위법행위를 시정하거나 방지하기 위하여 필요한 조치로서 대통령령으로 정하는 조치

② 금융위원회는 종합금융회사가 제1항 각 호(제4호 제외)의 어느 하나에 해당하거나 별표10 각 호의 어느 하나에 해당하는 경우에는 다음 각 호의 어느 하나에 해당하는 조치를 할 수 있다(제354조 제2항). 각 호의 내용은 위 제335조 제2항의 경우와 동일하다.

③ 금융위원회는 자금중개회사가 제1항 각 호(제6호 제외)의 어느 하나에 해당하거나 별표11 각 호의 어느 하나에 해당하는 경우에는 다음 각 호의 어느 하나에 해당하는 조치를 할 수 있다(제354조 제2항). 각 호의 내용은 위 제335조 제2항의 경우와 동일하다. 그 외에도 제359조 제2항 또는 제364조 제2항의 위반의 경우에도

동일하다.

증권금융회사, 종합금융회사, 자금중개회사가 업무의 정지기간 중 업무를 영위한 자는 본죄가 성립되어 제445조 제37호에 의하여 처벌된다.

2) 객관적 구성요건

본죄의 행위주체는 증권금융회사, 종합금융회사, 자금중개회사이며, 이들이 금융위원회로부터 업무의 전부 또는 일부의 정지 처분을 받았음에도 불구하고 정지기간 중에 업무를 영위하면 본죄가 성립한다. 업무정지처분의 실효를 확보하기 위하여 본죄를 규정하고 있다.

(37의2) 직무상 알게 된 요청인 비밀누설죄(제37호의2)

신용평가회사의 임직원이나 임직원이었던 자는 직무상 알게 된 요청인의 비밀을 누설하거나 이용하여서는 아니 된다. 다만, 다음 각 호의 어느 하나에 해당하는 경우에는 그러하지 아니하다(법 제335조의11 제6항).

1. 요청인이 제공·이용에 동의한 목적으로 이용하는 경우
2. 법원의 제출명령 또는 법관이 발부한 영장에 따라 제공되는 경우
3. 그 밖에 법률에 따라 제공되는 경우

신용평가회사의 임직원이나 임직원이었던 자가 본조를 위반하여 직무상 알게 된 요청인의 비밀을 누설하거나 이용한 자는 본죄가 성립하여 법 제445조 제37호의2에 의하여 처벌받는다.

(37의3) 특수관계인의 신용평가를 한 죄(제37호의3)

신용평가회사는 신용평가회사와 일정한 비율 이상의 출자관계에 있는 등 특수한 관계에 있는 자로서 대통령령으로 정하는 자와 관련된 신용평가를 하는 행위를 해서는 안 된다(법 제335조의11 제7항 제1호). 신용평가회사가 이를 위반하여 신용평가회사와 특수한 관계에 있는 자와 관련된 신용평가를 한 자는 본죄가 성립하여 법 제445조 제37호의3에 의하여 처벌받는다.

(37의4) 신용평가회사의 강요행위금지 위반죄(제37호의4)

신용평가회사는 신용평가 과정에서 신용평가회사 또는 그 계열회사의 상품이나

서비스를 구매하거나 이용하도록 강요하는 행위를 하여서는 안 된다(법 제335조의 11 제7항 제2호).

신용평가회사가 이를 위반하여 신용평가 과정에서 신용평가회사 또는 그 계열회사의 상품이나 서비스를 구매하거나 이용하도록 강요한 자는 본죄가 성립하여 법 제445조 제37호의4에 의하여 처벌받는다.

(38) 인가를 받지 아니하고 업무폐지 또는 해산한 죄(제38호)

1) 의 의

종합금융회사는 제336조 제1항에 따른 업무를 폐지하거나 해산하고자 하는 경우에는 금융위원회의 인가를 받아야 한다(제339조 제1항). 종합금융회사의 업무는 다음과 같다(제336조 제1항).

1. 1년 이내에서 대통령령으로 정하는 기간 이내에 만기가 도래하는 어음의 발행, 할인, 매매, 중개, 인수 및 보증
2. 설비 또는 운전자금의 투융자
3. 증권의 인수, 매출 또는 모집, 매출의 중개, 주선, 대리
4. 외자도입, 해외투자, 그 밖의 국제금융의 주선과 외자의 차입 및 전대
5. 채권의 발행
6. 기업의 경영 상담과 기업인수 또는 합병 등에 관한 용역
7. 지급보증
8. 제1호부터 제7호까지 업무에 부수되는 업무로서 대통령령으로 정하는 업무

제339조 제1항은 제357조 자금중개회사, 제361조 단기금융회사에 준용한다. 이를 위반하여 인가를 받지 아니하고 업무를 폐지하거나 해산한 자는 본죄가 성립되어 제445조 제38호에 의하여 처벌된다.

2) 객관적 구성요건

본 죄의 행위주체는 종합금융회사, 자금중개회사, 단기금융회사이며 이들이 금융위원회의 인가를 받지 아니하고 업무를 폐지하거나 해산함으로써 본죄가 성립한다.

(39) 명의개서대행회사가 등록을 하지 아니하고 업무를 영위한 죄(제39호)

1) 의 의

증권의 명의개서를 대행하는 업무를 영위하려는 자는 금융위원회에 등록하여야 한다(제365조 제1항). 이를 위반하여 등록을 하지 아니하고 해당 업무를 영위한 자는 본죄가 성립하여 제445조 제39호에 의하여 처벌된다.

2) 객관적 구성요건

본죄의 행위 주체는 누구든지 증권의 명의개서를 대행하는 업무를 영위하려는 자이며 본죄를 구성하는 행위는 이들이 등록을 하지 아니하고 해당업무를 영위하는 것이다.

(40) 거짓, 그 밖의 부정한 방법으로 명의개서 대행회사의 등록을 한 죄(제40호)

1) 의 의

증권의 명의개서를 대행하는 업무를 영위하려는 자는 금융위원회에 등록하여야 한다(제365조 제1항).

등록을 하려는 자는 다음 각 호의 요건을 갖추어야 한다(동조 제2항).

1. 예탁결제원 또는 전국적인 점포망을 갖춘 은행일 것
2. 전산설비 등 대통령령으로 정하는 물적 설비를 갖출 것
3. 대통령령으로 정하는 이에 상충 방지체계를 구축하고 있을 것

제1항에 따른 등록을 하려는 자는 금융위원회에 등록신청서를 제출하여야 한다(동조 제3항).

이상의 요건과 신청서에 관하여 거짓, 그 밖의 부정한 방법으로 등록을 한 자는 본죄가 성립되어 제445조 제40호에 의하여 처벌된다.

2) 객관적 구성요건

본죄의 행위주체는 누구든지 증권의 명의개서를 대행하는 업무를 영위하려는 자이며, 본죄를 구성하는 행위는 요건과 신청서에 관하여 거짓. 그 밖의 부정한 방

법으로 등록을 하는 것이다.

(41) 등록이 취소된 후 그 취소된 업무를 영위한 죄(제41호)

1) 의 의

발행회사가 명의개서 업무를 하는 것이지만, 대량주식이 발행되고 그 분산도가 높은 경우 명의개서에 관한 발행회사의 업무가 과중하게 되어 이를 전문으로 하는 업자에게 맡길 필요가 있고 이에 따라 명의개서 대행회사는 발행회사와 계약에 의하여 명의개서 관련업무를 대행해 주는 기능을 한다. 주권상장법인은 상장이 계속되는 한 명의개서대행회사와 명의개서 대행계약을 체결하여야 하며, 이를 변경하거나 갱신한 경우에는 동 계약서 사본을 거래소에 지체 없이 제출하여야 한다(유가증권 상장규정 제58조). 명의개서 대행회사는 고유업무인 명의개서 대행업무, 부수업무로서 증권의 배당, 이자 및 상환금의 지급을 대행하는 업무와 증권의 발행을 대행하는 업무를 영위할 수 있다(제366조).

금융위원회는 명의개서대행회사가 다음 각 호의 어느 하나에 해당하는 경우에는 제365조 제1항에 따른 등록을 취소할 수 있다(제369조 제1항).

1. 거짓. 그 밖의 부정한 방법으로 제365조 제1항에 따른 등록을 한 경우
2. 제365조 제8항에 따른 등록요건 유지의무를 위반한 경우
3. 업무의 정지기간 중에 업무를 한 경우
4. 금융위원회의 시정명령 또는 중지명령을 이행하지 아니한 경우
5. 별표13 각 호의 어느 하나에 해당하는 경우로서 대통령령으로 정하는 경우
6. 대통령령으로 정하는 금융관련 법령 등을 위반한 경우로서 대통령령으로 정하는 경우
7. 그 밖에 투자자의 이익을 현저히 해할 우려가 있거나 해당 업무를 영위하기 곤란하다고 인정되는 경우로서 대통령령으로 정하는 경우

등록이 취소된 후 그 취소된 업무를 영위한 자는 본죄가 성립되어 제445조 제41호에 의하여 처벌된다.

2) 객관적 구성요건

본죄의 행위주체는 명의개서대행회사이며, 명의개서 대행회사가 제369조 제1항에 따라 등록이 취소되었음에도 불구하고 그 취소된 업무를 영위하면 본죄가 성립한다.

(42) 거래소 임직원의 정보이용금지 위반죄(제42호)

1) 의 의

거래소의 임직원 및 임직원이었던 자는 그 직무에 관하여 알게 된 비밀을 누설 또는 이용하여서는 아니 된다(제383조 제1항, 제78조 제6항, 제323조의17에 준용함). 본조는 금융위원회의 위원 및 소속 공무원, 증권선물위원회의 위원, 금융감독원의 원장·부원장·부원장보·감사 및 소속직원(제441조)의 경우에 준용한다. 이상에서 열거한 자들이 이를 위반하여 그 직무에 관하여 알게 된 비밀을 누설 또는 이용한 자는 본죄가 성립하여 제445조 제42호에 의하여 처벌된다.

2) 객관적 구성요건

본죄의 행위주체는 한국 거래소의 임직원 및 임직원이었던 자, 금융위원회의 위원 및 소속 공무원, 증권선물위원회의 위원, 금융감독원의 원장·부원장·부원장보·감사 및 소속직원이다. 임원 및 직원을 망라하여 본죄의 행위주체가 될 수 있다. 본죄를 구성하는 행위는 그 직무에 관하여 알게 된 비밀을 누설 또는 이용하는 것이다. 그러므로 직무에 관하여 알게 된 비밀이 아닐 경우에는 이에 해당하지 않으며, 비밀을 누설 또는 이용하는 목적은 불문한다.

(43) 손해배상 공동기금을 적립하지 아니한 죄(제43호)

1) 의 의

거래소는 회원관리를 위하여 회원관리규정을 정하고(제387조 제1항), 거래소 결제회원, 매매전문회원, 그 밖에 대통령령으로 정하는 회원으로 구분한다(동조 제2항). 거래소 회원이 아닌 자는 증권시장 및 파생상품시장에서 매매거래를 하지 못한다(제388조 제1항).

거래소 시장의 회원은 증권시장 또는 파생상품 시장에서의 매매거래에 따른 채무의 불이행으로 인하여 발생하는 손해를 배상하기 위하여 거래소에 손해배상공동기금(공동기금)을 적립하여야 한다. 다만, 증권시장 또는 파생상품 시장에서의 매매거래에 대한 결제이행의 책임을 부담하지 아니하는 회원 등 거래소가 정하는 회원은 공동기금을 적립하지 아니 할 수 있다(제394조 제1항). 이를 위반하여 공동기금을 적립하지 아니한 자는 본죄가 성립하여 제445조 제43호에 의하여 처벌된다.

회원은 공동기금의 범위 내에서 회원의 증권시장 또는 파생상품 시장에서의 매매거래에 따른 채무의 불이행으로 인하여 발생하는 손해배상에 관하여 연대책임을 진다(제394조 제3항). 공동기금의 적립규모, 회원별 적립률, 적립방법, 사용, 관리, 환급 그 밖의 그 운용에 관한 사항은 대통령령으로 정한다(제394조 제4항).

2) 객관적 구성요건

본죄의 행위주체는 거래소가 정하는 회원이며, 본죄를 구성하는 행위는 회원으로서 공동기금을 적립하지 아니함으로써 성립하는 부작위범이다. 그러나 증권시장 또는 파생상품 시장에서의 매매거래에 대한 결제이행의 책임을 부담하지 아니하는 회원 등 거래소가 정하는 회원은 공동기금을 적립하지 아니 할 수 있다(제394조 제1항).

(44) 시장 감시위원회 위원의 비밀누설 또는 이용 죄(제44호)

1) 의 의

거래소에는 다음 업무를 수행하기 위하여 시장 감시위원회를 둔다(제402조 제1항).

1. 시장 감시, 이상거래의 심리 및 회원에 대한 감리
2. 유가증권시장·코스닥시장 및 파생상품시장 간의 연계감시
3. 이상거래의 심리, 회원에 대한 감리, 유가증권시장·코스닥시장 및 파생시장 간의 연계감시의 결과에 따른 회원에 대한 징계 또는 관련 임직원에 대한 징계요구의 결정
4. 제377조 제10호에 따른 분쟁의 자율조정에 관한 업무
5. 제403조에 따른 시장 감시규정 및 제405조 제1항에 따른 분쟁조정규정의 제정·변경 및 폐지
6. 그 밖에 제1호부터 제5호까지의 업무에 부수하는 업무

시장 감시위원회 위원 및 그 직에 있었던 자는 그 직무에 관하여 알게 된 비밀을 누설 또는 이용하여서는 아니 된다(제402조 제7항). 이를 위반하여 비밀을 누설하거나 이용한 자는 본죄가 성립되어 제445조 제44호에 의하여 처벌된다.

2) 객관적 구성요건

본죄의 행위주체는 시장 감시위원회 위원 및 그 직에 있었던 자이다. 그리고 본

죄를 구성하는 행위는 행위주체가 그 직무에 관하여 알게 된 비밀을 누설 또는 이용하는 것이다. 비밀의 누설 또는 이용하는 목적이 무엇이든지 불문하며, 이로 인하여 이익을 얻었는지 여부도 불문한다고 본다.

(45) 금융투자업자가 금융위원회의 승인 없이 업무를 한 죄(제45호)

1) 의 의

금융투자업자는 다음 각 호의 어느 하나에 해당하는 행위(겸영금융투자업자의 경우에는 제4호부터 제7호까지에 한한다)를 하고자 하는 경우에는 금융위원회의 승인을 받아야 한다(제417조 제1항, 제335조의14 준용하는 경우도 포함).

1. 합병, 분할 또는 분할합병
2. 주식의 포괄적 교환 또는 이전
3. 해산
4. 제6조 제1항 제1호부터 제3호까지 및 제6호의 어느 하나에 해당하는 금융투자업 전부(이에 준하는 경우 포함)의 양도 또는 양수
5. 제6조 제1항 제4호 및 제5호의 어느 하나에 해당하는 금융투자업 전부(이에 준하는 경우 포함)의 양도 또는 양수
6. 제6조 제1항 제1호부터 제3호까지 및 제6호의 어느 하나에 해당하는 금융투자업 전부(이에 준하는 경우 포함)의 폐지
7. 제6조 제1항 제4호 및 제5호의 어느 하나에 해당하는 금융투자업 전부(이에 준하는 경우 포함)의 폐지
8. 그 밖에 투자자 보호 또는 채권자 보호 등을 위하여 필요한 사항으로서 대통령령으로 정하는 행위

금융투자업자가 이를 위반하여 승인을 받지 아니하고 각 호의 어느 하나에 해당하는 행위를 한 자는 본죄가 성립하여 제445조 제45호에 의하여 처벌된다.

2) 객관적 구성요건

본죄의 행위주체는 금융투자업자이고, 제4호부터 제7호까지의 경우에는 겸영금융투자업자이다. 본죄를 구성하는 행위는 금융위원회의 승인을 받지 아니 하고 제417조 제1항 각 호의 어느 하나에 해당하는 행위를 하는 것이다.

(46) 금융투자업자의 등록이 취소된 후 그 취소된 업무를 영위한 죄(제46호)

1) 의 의

금융위원회는 금융투자업자가 다음 각 호의 어느 하나에 해당하는 경우에는 제12조에 따른 금융투자업 인가 또는 제18조에 따른 금융투자업 등록을 취소할 수 있다(제420조 제1항).

1. 거짓, 그 밖의 부정한 방법으로 금융투자업의 인가를 받거나 등록한 경우
2. 인가조건을 위반한 경우
3. 제15조에 따른 인가요건 또는 제20조에 따른 등록 요건의 유지 의무를 위반한 경우
4. 업무의 정지기간중에 업무를 한 경우
5. 금융위원의 시정명령 또는 중지명령을 이행하지 아니한 경우
6. 별표1 각 호의 어느 하나에 해당하는 경우로써 대통령령으로 정하는 경우
7. 대통령령으로 정하는 금융관련 법령 등을 위반한 경우로써 대통령령으로 정하는 경우
8. 그 밖에 투자자의 이익을 현저히 해할 우려가 있거나 해당 금융투자업을 영위하기 곤란하다고 인정되는 경우로써 대통령령으로 정하는 경우

제421조 제1항에 따라 금융투자업 등록이 취소된 후 그 취소된 업무를 영위한 자는 본죄가 성립되어 제445조 제46호에 의하여 처벌된다.

2) 객관적 구성요건

본죄의 행위 주체는 금융투자업자이고, 본죄를 구성하는 행위는 금융투자업자가 인가 또는 등록이 취소된 후 그 취소된 업무를 영위하는 것이다. 업무 영위의 결과 이익을 취득하였는지 여부는 불문한다.

(47) 정지기간중 그 정지된 업무를 영위한 죄(제47호)

1) 의 의

금융위원회는 금융투자업자가 제1항 각 호(제6호 제외)의 어느 하나에 해당하거나 별표1 각 호의 어느 하나에 해당하는 경우에는 다음 각 호에 어느 하나에 해당

하는 조치를 할 수 있다(제420조 제3항).

1. 6개월 이내의 업무 전부 또는 일부 정지
2. 신탁계약, 그 밖의 계약의 인계명령
3. 위법행위의 시정명령 또는 중지명령
4. 위법행위로 인한 조치를 받았다는 사실의 공포명령 또는 게시명령
5. 기관 경고
6. 기관 주의
7. 그 밖의 위법행위를 시정하거나 방지하기 위하여 필요한 조치로써 대통령령으로 정하는 조치

금융투자업자가 제420조 제3항에 따른 금융투자업 등록이 취소된 후 그 취소된 업무를 영위한 자는 본죄가 성립되어 제445조 제47호에 의하여 처벌된다.

2) 객관적 구성요건

본죄의 행위 주체는 금융투자업자이며 행위 주체가 인가받은 업무의 정지기간 중에 그 정지된 업무를 영위함으로써 본죄가 성립한다.

(48) 금융위원회의 요구에 불응한 죄(제48호)

1) 의 의

금융위원회는 자본시장법 또는 자본시장법에 따른 명령이나 처분을 위반한 사항이 있거나 투자자 보호 또는 건전한 거래질서를 위하여 필요하다가 인정되는 경우에는 관계자에게 참고가 될 보고 또는 자료의 제출을 명하거나 금융감독원장에게 장부·서류, 그 밖의 물건을 조사하게 할 수 있다(제426조 제1항). 금융위원회는 이에 따른 조사를 위하여 관계자에게 다음 각 호의 사항을 요구할 수 있다(동조 제2항).

1. 조사 사항에 관한 사실과 상황에 대한 진술서의 제출
2. 조사 사항에 관한 증언을 위한 출석
3. 조사에 필요한 장부·서류, 그 밖의 물건의 제출

제426조 제2항에 따른 금융위원회(제172조부터 제174조까지, 제176조, 제178조 및 제180조를 위반한 사항인 경우에는 증권선물위원회를 말한다)의 요구에 불응한 자는 본죄가 성립되어 제445조 제48호에 의하여 처벌된다.

2) 객관적 구성요건

본죄의 행위주체는 자본시장법을 위반한 모든 금융투자업자이다. 이를 조사하기 위하여 관계자에게 금융위원회 또는 증권선물위원회가 진술서 제출, 증언을 위한 출석 또는 장부나 서류, 그 밖의 물건의 제출 등을 요구하였음에도 불구하고 이에 응하지 않음으로써 본죄가 성립한다.

4. 자본시장법 제446조상의 범죄

(1) 처 벌

자본시장법 제446조 각 호의 죄를 범한 자는 1년 이하의 징역 또는 3천만원 이하의 벌금에 처한다(법 제446조). 징역과 벌금형을 병과 할 수 있다(법 제447조 제1항). 법인(단체포함)의 대표자나 법인 또는 개인의 대리인, 사용인 그 밖의 종업원이 그 법인 또는 개인의 업무에 관하여 위반행위를 하면 그 행위자를 벌하는 외에 그 법인 또는 개인에게 해당 조문의 벌금형을 과한다. 다만, 법인 또는 개인이 그 위반행위를 방지하기 위하여 해당 업무에 관하여 상당한 주의와 감독을 게을리 하지 아니한 경우에는 그러하지 아니하다(법 제448조 양벌규정).

각 호의 범죄는 고의범이며, 각 호의 행위에 대한 인식만으로써 고의가 성립한다. 그리고 과실범과 미수범에 관한 규정은 별도로 두지 않는다.

(2) 제446조 각 호의 범죄

1. 제23조 제1항(대주주의 변경승인 등)(제335조의8 제1항 및 제350조에서 준용하는 경우를 포함)을 위반하여 승인을 받지 아니하고 주식을 취득하여 대주주가 된 자

2. 제23조 제2항(대주주의 변경승인 등)(제335조의8 제1항 및 제350조에서 준용하는 경우 포함)에 따른 처분명령을 위반하여 주식을 처분하지 아니한 자

3. 제38조(상호)를 위반하여 상호 중에 금융투자, 증권, 파생, 선물, 집합투자, 투자신탁, 자산운용, 투자자문, 투자일임 또는 신탁이라는 문자를 사용한 자.

4. 제42조 제1항(금융투자업자의 업무위탁) 단서(제255조에서 준용하는 경우를 포함)를 위반하여 업무를 위탁하거나, 같은 조 제5항(제255조에서 준용하는 경우를 포함)을 위

반하여 업무를 재위탁한 자

5. 제43조 제2항(검사 및 처분)에 따른 위탁계약의 취소명령 또는 변경명령을 위반한 자

6. 제52조 제2항을 위반하여 같은 항 각 호의 어느 하나에 해당하는 행위를 한 자

7. 제53조 제2항(검사 및 조치)에 따라 투자권유 대행인 등록이 취소된 후 투자권유대행업무를 영위하거나, 같은 조 같은 항에 따른 투자권유 대행업무의 정지기간 중 투자권유대행업무를 영위한 자

8. 제57조(투자광고) 제1항부터 제4항까지를 위반하여 투자광고를 한 자

9. 제65조(외국 금융투자업자의 특례) 제2항을 위반하여 자산을 국내에 두지 아니한 자

10. 제65조(외국 금융투자업자의 특례) 제3항을 위반하여 자산을 국내에 주소나 거소가 있는 자에 대한 채무 변제에 우선 충당하지 아니한 자

11. 제66조(매매형태의 명시)를 위반하여 사전에 자기가 투자매매업자인지 투자중개업자인지를 밝히지 아니하고 금융투자 상품의 매매에 관한 주문을 받은 자

12. 제67조(자기계약의 금지)를 위반하여 금융투자 상품을 매매한 자

13. 삭제 (2013. 5. 28.)

14. 제88조(자산운용보고서의 교부) 또는 제280조(외국집합투자증권의 국내판매) 제2항을 위반하여 자산운용보고서를 제공하지 아니한 자, 또는 거짓으로 작성하거나 그 기재상을 누락하고 작성하여 제공한 자

15. 제89조(수시공시)(제186조 제2항에서 준용하는 경우 포함)를 위반하여 공시를 하지 아니하거나 거짓으로 공시한 자

16. 제91조(장부·서류의 열람 및 공시 등) 제1항(제186조 제2항에서 준용하는 경우 포함)·제113조 제1항 또는 제280조 제3항을 열람이나 교부청구를 거절한 자

17. 제95조(청산) 제2항(제117조에서 준용하는 경우 포함) 또는 제116조 제3항에 따른 명령을 위반한 자

18. 제103조(신탁재산의 제한 등) 제1항 또는 제4항을 위반하여 재산을 수탁한 자

19. 제105조(신탁재산 등 운용의 제한) 제1항부터 제3항의 규정을 위반하여 신탁재산에 속하는 금전을 운용한 자

20. 제121조(거래의 제한)를 위반하여 증권에 관한 취득 또는 매수의 청약에 대한 승낙을 한 자

21. 제123조(투자설명서의 작성·공시) 제1항, 제137조 제1항 또는 제153조를 위반하여 투자설명서(집합투자증권의 경우 제124조 제2항 제3호에 따른 간이투자설명서 포

함), 공개매수설명서 또는 위임장 용지 및 참고서류를 제출하지 아니한 자

22. 제124조(정당한 투자설명서의 사용) 제1항을 위반하여 투자설명서(집합투자증권의 경우 제124조 제2항 제3호에 따른 간이투자설명서 포함)를 미리 교부하지 아니하고 증권을 취득하게 하거나 매도한 자

23. 제124조(정당한 투자설명서의 사용) 제2항을 위반하여 같은 항 각 호의 어느 하나에 해당하는 방법에 따르지 아니하고 청약의 권유 등을 한 자

24. 제132조(위원회의 조치), 제146조(조사 및 조치) 제2항, 제151조(조사 및 정정요구 등) 제2항, 제158조(조사 및 조치) 제2항 또는 제164조(조사 및 조치) 제2항에 따른 금융위원회의 처분을 위반한 자

25. 제137조(공개매수설명서의 작성·공시) 제3항을 위반하여 공개매수설명서를 미리 교부하지 아니하고 주식 등을 매수한 자

26. 제145조(의결권 제한 등), 제150조(위반주식 등의 의결권행사 제한 등) 제1항·제3항, 제167조(공공적 법인이 발행한 주식의 소유제한) 제3항 또는 제168조(외국인의 증권 또는 장래 파생상품 거래의 제한) 제3항에 따른 처분명령 또는 시정명령을 위반한 자

27. 제156조(정정요구 등) 제3항 후단을 위반하여 정정서류를 제출하지 아니한 자

28. 제159조(사업보고서 등의 제출), 제160조(반기·분기보고서의 제출) 또는 제161조(주요 사항 보고서의 제출) 제1항을 위반하여 사업보고서·반기보고서·분기보고서나 주요사항 보고서를 제출하지 아니한 자

29. 제167조(공공적 법인이 발행한 주식소유 제한) 제1항을 위반하여 주식을 소유한 자

30. 제169조(회계감사인에 의한 감사증명) 제2항(같은 조 제3항 후단에서 준용하는 경우 포함) 따른 자료의 제출 또는 보고명령이나 조치를 위반한 자

31. 제173조(위문 등의 특정증권 등 소유상황 보고) 제1항을 위반하여 보고를 하지 아니하거나 거짓으로 보고한 자

32. 제192조(투자신탁의 해지) 제1항을 위반하여 승인을 받지 아니하고 투자신탁을 해지한 자

33. 거짓, 그밖의 부정한 방법으로 제192조 제1항에 따른 승인을 받은 자

34. 제192조 제2항, 제202조 제1항(제211조 제2항, 제216조 제3항, 제217조의6 제2항에서 준용하는 경우 포함), 제221조 제1항(제227조 제3항에서 준용하는 경우 포함)을 위반하여 투자신탁을 해지하지 아니하거나 투자회사 등을 해산하지 아니한 자

35. 제235조(환매청구 및 방법 등) 제4항 또는 제5항을 위반하여 환매대금을 지급하거나 지급하지 아니한 자

36. 제238조(집합투자 재산의 평가 및 기준가격의 산정 등) 제7항 또는 제280조(외국

집합투자증권의 국내판매) 제4항을 위반하여 기준가격을 공고·게시하지 아니하거나 거짓으로 공고·게시한 자

37. 제246조(신탁업자의 업무제한 등) 제2항을 위반하여 집합투자증권을 구분하여 관리하지 아니한 자

38. 제246조 제3항을 위반하여 예탁하지 아니한 자

39. 제246조 제4항을 위반하여 집합투자업자의 지시를 각각의 집합투자 기구별로 이행하지 아니한 자

40. 제248조(자산보관·관리보고서의 교부) 제1항을 위반하여 자산보관·관리보고서를 투자자에게 제공하지 아니하거나 거짓으로 작성하여 제공한 자

41. 제249조(사모집합투자기구에 대한 특례) 제2항을 위반하여 집합투자증권을 타인에게 양도한 자

41의2. 제249조의 2 제6항 또는 제7항을 위반하여 보고를 하지 아니하거나 거짓으로 보고한 자

42. 제253조(집합투자기구의 등록 취소 등) 제2항, 제257조(일반사무관리 회사에 대한 처분) 제2항 또는 제369조(명의개서 대행회사에 대한 조치) 제2항에 따른 업무의 정지기간 중 업무를 영위한 자

43. 제268조(사모투자 전문회사 설립 및 등록) 제3항을 위반하여 등록하지 아니하고 해당업무를 영위한 자

44. 거짓, 그 밖의 부정한 방법으로 제268조에 따른 등록(변경등록 포함)을 한 자

45. 제270조(사모투자 전문회사 재산의 운용방법) 제3항·제4항(제271조 제5항에서 준용하는 경우 포함) 또는 제5항 또는 제278조의3 제2항·제6항을 위반하여 운용한 자, 또는 지분증권을 소유하지 아니하거나 처분한 자

46. 제270조 제6항(제271조 제5항에 준용하는 경우 포함)을 위반하여 이미 취득한 다른 회사의 지분증권 전부를 처분하지 아니한 자

46의2. 제270조 제6항 및 제9항을 위반하여 보고를 하지 아니하거나 거짓으로 보고한 자

47. 제272조(업무집행 사원 등) 제6항을 위반하여 같은 항 제1호부터 제3호까지의 어느 하나에 해당하는 행위를 한 자

48. 제273조(지분양도 등) 제1항을 위반하여 출자한 지분을 타인에게 양도한 자

49. 제274조(상호출자제한 기업집단 계열 사모투자전문회사 등에 대한 제한) 제1항(제271조 제5항에서 준용하는 경우 포함)을 위반하여 지분증권을 처분하지 아니하거나, 같은 조 제2항(제271조(투자목적회사) 제5항에서 준용하는 경우 포함)을 위반하여 지분

증권을 취득한 자

50. 삭제 (2009. 6. 9.)

51. 제276조(지주회사 규제의 특례) 제2항을 위반하여 보고를 하지 아니하거나 거짓으로 보고한 자

52. 제278조(사모투자전문회사에 대한 조치) 제1항에 따라 등록이 취소된 후 그 취소된 업무를 영위한 자

53. 제309조(예탁결제원에의 예탁 등) 제3항 또는 제310조(투자자의 예탁자에의 예탁 등) 제1항을 위반하여 예탁자계좌부 또는 투자자 계좌부를 작성·비치하지 아니하거나 거짓으로 작성한 자

53의2. 제323조의16 제1항을 위반하여 거래정보를 보관·관리하지 아니한 자

53의3. 제323의16 제2항을 위반하여 거래정보를 보고하지 아니하거나 거짓으로 보고한 자

54. 제338조(종합금융회사 유사명칭의 사용금지) 또는 제356조(자금중개회사 유사명칭 사용금지)를 위반하여 종합금융회사, 자금중개회사 또는 이와 유사한 명칭을 사용한 자

55. 제342조(동일차주 등에 대한 신용공여 한도 등) 제1항부터 제4항(제361조에서 준용하는 경우 포함)까지 또는 제345조 제3항을 위반하여 신용공여를 한 자

56. 제344조(증권의 투자한도)를 위반하여 증권에 투자한 자

57. 제345조(자금지원 관련 금지행위) 제1항을 위반하여 같은 항 각 호의 어느 하나에 해당하는 행위를 한 자

58. 제345조 제2항을 위반하여 의결권을 행사한 자

59. 제345조 제4항에 따른 조치를 이행하지 아니한 자

60. 제346조(지급준비 자산의 보유)를 위반하여 지급준비자산을 보유하지 아니한 자

61. 제347조(부동산 취득의 제한) 제1항 또는 제2항을 위반하여 부동산을 취득하거나 소유한 자

62. 제347조 제3항을 위반하여 부동산을 처분하지 아니한 자

63. 제420조(금융투자업자에 대한 조치) 제3항에 따른 등록된 업무의 정지 기간 중 그 정지된 업무를 영위한 자

제4장 경제법상의 범죄

1. 소비자기본법상의 범죄

(1) 수거파기, 시정조치 등의 명령을 위반한 죄(소비 제84조 제1항 제1호)

1) 의 의

중앙행정기관의 장은 사업자가 제공한 물품 등의 결함으로 인하여 소비자의 생명·신체 또는 재산에 위해를 끼치거나 끼칠 우려가 있다고 인정되는 경우에는 대통령령이 정하는 절차에 따라 그 물품 등의 수거·파기·수리·교환·환급을 명하거나 제조·수입·판매 또는 제공의 금지를 명할 수 있고, 그 물품 등과 관련된 시설의 개수 그 밖의 필요한 조치를 명할 수 있다. 다만, 소비자의 생명·신체 또는 재산에 긴급하고 현저한 위해를 끼치거나 끼칠 우려가 있다고 인정되는 경우로서 그 위해의 발생 또는 확산을 방지하기 위하여 불가피하다고 인정되는 경우에는 그 절차를 생략할 수 있다(소비 제50조 제1항).

그리고 중앙행정기관의 장은 사업자가 제20조의 규정(소비자의 권익증진 관련기준의 준수)을 위반하는 행위를 한 경우에는 그 사업자에게 그 행위의 중지 등 시정에 필요한 조치를 명할 수 있고(소비 제80조 제1항), 사업자에게 이상의 시정명령을 받은 사실을 공표하도록 명할 수 있다(동조 제2항).[1)]

이상의 명령에 위반한 경우에는 본죄가 성립한다(소비 제84조 제1항 제1호).

---

1) 소비자기본법 제20조(소비자의 권익증진 관련기준의 준수) ① 사업자는 제8조 제1항의 규정에 따라 국가가 정한 기준에 위반되는 물품등을 제조·수입·판매하거나 제공하여서는 아니 된다.
② 사업자는 제10조의 규정에 따라 국가가 정한 표시기준을 위반하여서는 아니 된다.
③ 사업자는 제11조의 규정에 따라 국가가 정한 광고기준을 위반하여서는 아니 된다.
④ 사업자는 제12조 제2항의 규정에 따라 국가가 지정·고시한 행위를 하여서는 아니 된다.
⑤ 사업자는 제15조 제2항의 규정에 따라 국가가 정한 개인정보의 보호기준을 위반하여서는 아니 된다.

2) 객관적 구성요건

① 행위주체

본죄의 행위주체는 모든 사업자이다. 사업자라 함은 물품을 제조(가공 또는 포장을 포함)·수입·판매하거나 용역을 제공하는 자를 말한다(소비 제2조 제3항). 사업자의 형태는 법인, 조합 기타 권리능력 없는 단체이거나 개인사업자 등을 불문한다.

법인의 대표자나 법인 또는 개인의 대리인, 사용인, 그 밖의 종업원이 그 법인 또는 개인의 업무에 관하여 본죄를 범하면 그 행위자를 벌하며, 그 법인 또는 개인에게도 해당 조문의 벌금형을 과한다.

② 행 위

중앙행정기관의 장이 사업자에게 그가 제공한 물품 등의 수거·파기·수리·교환·환급을 명하거나 제조·수입·판매 또는 제공의 금지를 명하거나, 그 물품 등과 관련된 시설의 개수 그 밖의 필요한 조치를 명하였으나(소비 제50조) 이 명령을 따르지 않음으로써 본죄가 성립한다. 또 중앙행정기관의 장은 사업자가 소비자의 권익증진 관련기준을 위반하는 행위를 한 경우에는 그 사업자에게 그 행위의 중지 등 시정에 필요한 조치를 명하거나(소비 제80조 제1항), 사업자에게 이상의 시정명령을 받은 사실을 공표하도록 명하였으나 사업자가 이 명령에 따르지 않음으로써 본죄가 성립한다.

이는 소비자 기본법의 목적달성을 위하여 중앙행정기관이 사업자에게 하는 명령을 사업자가 준수하지 않음으로써 성립하는 부작위범이다.

3) 처 벌

본죄를 범한 자에게는 3년 이하의 징역 또는 5천만원 이하의 벌금에 처할 수 있다(소비 제84조 제1항). 이 경우 징역형과 벌금형은 병과 할 수 있다(동조 제3항). 법인의 대표자나 법인 또는 개인의 대리인, 사용인, 그 밖의 종업원이 그 법인 또는 개인의 업무에 관하여 본죄를 범하면 그 행위자를 벌하는 외에 그 법인 또는 개인에게도 해당 조문의 벌금형을 과한다. 다만 법인 또는 개인이 그 위반행위를 방지하기 위하여 해당 업무에 관하여 상당한 주의와 감독을 게을리 하지 아니한 경우에는 그러하지 아니하다(소비 제85조).

(2) 공무원의 정보남용 죄(제2호)

1) 의 의

중앙행정기관의 장은 소비자에게 정보제공(소비 제13조), 소비자의 불만 및 피해처리(소비 제16조), 이 법의 위반여부 확인 등을 위하여, 소속 공무원으로 하여금 사업자의 물품·시설 및 제조공정 그 밖의 물건을 검사하게 하거나 그 사업자에게 그 업무에 관한 보고 또는 관계 물품·서류 등의 제출을 명할 수 있다(소비 제77조 제1항). 그리고 중앙행정기관의 장은 물품 등의 안정성을 의심할 만한 정당한 이유가 있는 경우로서 대통령령이 정하는 사유가 있는 때에는 소속 공무원으로 하여금 사업자의 영업장소, 제조장소, 창고 등 저장소, 사무소 그 밖의 이와 유사한 장소에 출입하여 검사 등을 할 수 있다(동조 제2항).

이 법에 따른 직무에 종사하는 공무원은 위의 규정에 따른 검사나 제출된 물품 또는 서류 등으로 알게 된 내용을 이 법의 시행을 위한 목적 아닌 용도로 사용하여서는 아니 된다(동조 제4항). 중앙행정기관의 장으로부터 검사 등의 권한을 위탁받은 한국소비자원의 직원으로서 그 검사 등의 권한을 행하는 직원에게도 이를 준용한다(소비 제83조 제3항).

중앙행정기관의 장으로부터 명을 받은 소속 공무원이나, 검사 등의 권한을 위탁받은 한국 소비자원 직원이 검사 등으로 알게 된 내용을 이 법의 시행을 위한 목적이 아닌 용도로 사용하면 본죄가 성립한다(소비 제84조 제1항 제2호).

2) 객관적 구성요건

① 행위주체

본죄의 행위주체는 중앙행정기관의 장으로부터 검사 등의 명을 받은 소속 공무원과 그 권한을 위탁받은 한국 소비자원 직원이다. 이들이 직무상 알게 된 비밀을 준수하게 하여 관련자들의 이익이 침해되는 것을 방지하기 위하여 본죄를 설치한 것이다.

② 행 위

행위주체가 사업자의 물품·시설 및 제조공정 그 밖의 물건을 검사하거나 그 사업자에게 그 업무에 관한 보고 또는 관계 물품·서류 등의 제출을 명하여 알게 된 내용, 또는 사업자의 영업장소, 제조장소, 창고 등 저장소, 사무소 그 밖의 이와 유사한 장소에 출입하여 검사 등을 함으로써 알게 된 내용을 이 법의 시행을 위한 목적이 아닌 용도로 사용하면 본죄가 성립한다. 법령에 의하여 취득한 정보는 취득목적에 따라 사용하여야 하며, 그 외의 용도로 남용하면 본죄가 성립하는 것이다.

본죄는 고의범으로서, 정보를 취득한 목적 외에 사용한다는 인식이 있으면 고의가 성립한다고 보아야 할 것이다. 행위자의 정보이용으로 인한 피해자의 손해나 이용자의 이익 등은 불문한다.

③ 처 벌

본죄를 범한 자에게는 3년 이하의 징역 또는 5천만원 이하의 벌금에 처할 수 있다(소비 제84조 제1항). 이 경우 징역형과 벌금형은 병과 할 수 있다(동조 제3항). 법인의 대표자나 법인 또는 개인의 대리인, 사용인, 그 밖의 종업원이 그 법인 또는 개인의 업무에 관하여 본죄를 범하면 그 행위자를 벌하는 외에 그 법인 또는 개인에게도 해당 조문의 벌금형을 과한다. 다만 법인 또는 개인이 그 위반행위를 방지하기 위하여 해당 업무에 관하여 상당한 주의와 감독을 게을리 하지 아니한 경우에는 그러하지 아니하다(소비 제85조).

(3) 소비자단체 및 한국소비자원의 정보남용 죄(제3호)

1) 의 의

소비자단체 및 한국소비자원은 그 업무를 추진함에 있어서 필요한 자료 및 정보의 제공을 사업자 또는 사업자단체에 요청할 수 있다(소비 제78조 제1항). 자료 및 정보를 요청할 수 있는 소비자단체의 요건과 자료 및 정보의 범위 등에 관한 사항은 대통령령으로 정한다(동조 제4항), 그 자료 등의 사용목적·사용절차 등은 미리 사업자 또는 사업자단체에 알려야 하고(동조 제3항), 그 목적 외의 용도나 사용절차가 아닌 방법으로 사용해서는 안 된다(동조 제5항).

이를 위반하여 제공된 자료 및 정보를 사용목적이 아닌 용도 또는 사용절차가 아닌 방법으로 사용하면 본죄가 성립한다(소비 제84조 제1항 제3호). 본죄의 성립 외에도 사업자 또는 사업자단체에 손해를 끼친 때에는 그 손해에 대하여 배상책임을 진다(제28조 제5항).

2) 객관적 구성요건

① 행위주체

본죄의 행위주체는 소비자단체 및 한국소비자원이다. 소비자단체란 소비자의 권익을 증진하기 위하여 소비자가 조직한 단체이며(소비 제2조 제3호), 소비자의 권익과 관련된 시책에 대한 건의, 거래조건이나 거래방법에 관한 조사·분석, 소비자문제 조사·연구, 소비자의 교육, 소비자 보호 등을 위한 상담·정보제공 및 당사자 사이의 합의의 권고 등의 업무를 행한다(소비 제28조 제1항).

한국소비자원은 소비자의 권익증진 시책의 효과적 추진을 위하여 설립된 법인이며, 공정거래위원회의 승인을 얻어 그 지부를 설치할 수 있다(소비 제33조). 한국소비자원은 소비자의 권익과 관련된 제도·정책의 연구 및 건의, 물품 등의 규격·품질·안전성·환경성에 관한 시험·검사 및 가격 등을 포함한 거래조건이나 거래방법에 대한 조사·분석 등 소비자기본법 제35조에서 규정하는 업무를 행한다.

따라서 본죄를 실현하는 자는 법인이나 단체의 장, 그의 대리인, 사용인, 종업원 등이다.

② 행 위

소비자단체 또는 한국소비자원이 업무를 추진함에 있어서 필요한 자료 및 정보의 제공을 사업자 또는 사업자단체에 요청하고, 이로 인하여 제공된 자료 및 정보를 사용목적이 아닌 용도 또는 사용절차가 아닌 방법으로 사용하면 본죄가 성립한다(소비 제84조 제1항 제3호). 자료 및 정보를 요청할 때의 절차(소비자정보요청 협의회의 협의·조정)나 그것의 사용목적 및 사용절차(미리 사업자 또는 사업자단체에 고지할 것 등)에 관해서는 소비자기본법 제78조 및 제79조에서 상세히 규정하고 있다. 해당 사업자나 사업자단체에 손해를 끼칠 고의 또는 손해에 대한 인식이 없더라도 본죄가 성립할 것이다.

3) 처 벌

본죄를 범한 자에게는 3년 이하의 징역 또는 5천만원 이하의 벌금에 처할 수 있다(소비 제84조 제1항). 이 경우 징역형과 벌금형은 병과 할 수 있다(동조 제3항). 법인의 대표자나 법인 또는 개인의 대리인, 사용인, 그 밖의 종업원이 그 법인 또는 개인의 업무에 관하여 본죄를 범하면 그 행위자를 벌하는 외에 그 법인 또는 개인에게도 해당 조문의 벌금형을 과한다. 다만 법인 또는 개인이 그 위반행위를 방지하기 위하여 해당 업무에 관하여 상당한 주의와 감독을 게을리 하지 아니한 경우에는 그러하지 아니하다(소비 제85조).

(4) 위해정보의 수집 및 처리에 관한 죄(소비 제84조 제2항)

1) 의 의

소비자안전시책을 지원하기 위하여 한국소비자원에 소비자안전센터를 둔다(소비 제51조). 소비자안전센터는 물품 등으로 인하여 소비자의 생명·신체 또는 재산에 위해가 발생하였거나 발생할 우려가 있는 사안에 대한 정보(이하 위해정보)를 수집할 수 있다(소비 제52조 제1항). 소비자안전센터의 소장은 위의 위해정보를 분석하여 그 결과를 원장에게 보고하여야 하고, 원장은 그 정보의 분석 결과에 따라 필요한 경우에는 위해방지 및 사고예방을 위한 소비자 안전경보의 발령 등 소비자기본법 제52조 제2항에서 규정하는 조치를 할 수 있다.

위의 위해정보를 수집·처리하는 자는 물품 등의 위해성이 판명되어 공표되기 전까지 사업자명·상품명·피해정도·사건경위에 관한 사항을 누설하여서는 아니 된다(동조 제3항). 이 규정을 위반하여 위해정보에 관한 사항을 누설하면 본죄가 성립한다(소비 제84조 제2항).

2) 객관적 구성요건

① 행위주체

본죄의 행위주체는 소비자 안전센터나 한국소비자원에서 위해정보를 수집 또는 처리하는 자이다.

② 행 위

본죄는 소비자 안전센터나 한국소비자원에서 위해정보를 수집 또는 처리하는 자가 물품 등의 위해성이 판명되어 공표되기 전에 사업자명·상품명·피해정도·사건경위에 관한 사항을 누설함으로써 본죄가 성립한다(소비 제84조 제2항). 따라서 위의 기관에서 위해정보를 수집하거나 처리하는 자에게는 물품 등의 위해성이 판명되어 공표되기 전까지는 그 위해정보에 관하여 정보를 누설하지 않아야 할 부작위 의무가 있다.

본죄는 정보관련 회사에게 손해를 끼치거나 다른 회사에 이익을 주는 의사와 관계없이, 또는 이러한 인식이 없다고 하더라도, 그 위해정보에 관한 정보를 누설하는 객관적 사실만으로 본죄가 성립한다고 본다.

그러나 물품 등의 위해성이 판명되어 공표되면 당연히 사업자명·상품명·피해정도·사건경위에 관한 사항이 공표될 것이므로, 이때부터는 위법성이 조각되어 부작위 의무가 소멸하게 된다.

③ 행위의 대상

법문에서는 위해성이 판명되어 공표되기 전에는 사업자명, 상품명, 피해정도, 사건경위에 관한 사항에 대하여 누설하는 것을 명문으로 금지하고 있으나, 그 외에도 당해 사업자에게 손해를 끼치게 되거나 경쟁 사업자에게 반사적 이익을 줄 수 있는 모든 사항에 관하여 정보를 누설하면 본죄가 성립한다고 볼 것이다.

3) 처 벌

본죄를 범하게 되면 행위자는 1년 이하의 징역 또는 3천만원 이하의 벌금에 처한다(소비 제84조 제2항). 본죄의 처벌에는 징역형과 벌금형을 병과 할 수 있다는 규정(동조 제3항)이 준용되지 않는다. 법인의 대표자나 법인 또는 개인의 대리인, 사용인, 그 밖의 종업원이 그 법인 또는 개인의 업무에 관하여 본죄를 범하면 그 행위자를 벌하는 외에 그 법인 또는 개인에게도 해당 조문의 벌금형을 과한다. 다만 법인 또는 개인이 그 위반행위를 방지하기 위하여 해당 업무에 관하여 상당한 주의와 감독을 게을리 하지 아니한 경우에는 그러하지 아니하다(소비 제85조).

2. 약관의 규제에 관한 법률상의 범죄: 약관시정명령 불이행 죄 (약관 제32조)

(1) 의 의

공정거래위원회는 불공정한 약관조항을 계약의 내용으로 하여 약관의 규제에 관한 법률 제17조를 위반한 사업자가 동법 제17조의2 제2항 각호에 해당하는 경우에는 사업자에게 해당 불공정약관조항의 삭제·수정 등 시정에 필요한 조치를 권고할 수 있다.

약관이란 그 명칭이나 형태 또는 범위에 상관없이 계약의 한쪽 당사자가 여러 명의 상대방과 계약을 체결하기 위하여 일정한 형식으로 미리 마련한 계약의 내용을 말한다(약관 제2조 제1호). 따라서 「계약」, 「규정」 등 다른 명칭을 사용하더라도 약관규제법의 적용을 받으며, 법원이나 공정거래위원회가 약관으로 인정한 사례로는 대리점 계약서, 상가·아파트 분양계약서, 사립대학 입시요강 중 등록금 반환에 관한 조항, 체육시설업체의 회칙 및 세칙, 지방자치단체와 건설업체간의 택지공급계약에 관한 운영규정, 백화점 임대차계약서, 텔레비전 방송사의 방송각본 집필위촉 계약서 등이 있다.[1)]

약관규제법은 불공정한 약관조항을 무효로 규정하고 불공정성을 통제하고 있다(약관 제17조). 공정거래위원회는 제17조를 위반한 사업자가 약관규제법 제17조의2 제2항 각호의 어느 하나에 해당하는 경우에는 사업자에게 해당 불공정약관조항의 삭제·수정 등 약관을 시정하기 위하여 필요한 조치를 명할 수 있다(약관 제17조의2 제2항). 그리고 이에 따른 명령을 이행하지 아니하면 본죄가 성립한다(약관 제32조).

(2) 불공정약관

약관규제법은 불공정약관을 무효로 규정하여 약관내용을 통제한다. 이를 불공정성 통제 또는 효력통제라고 한다. 그러므로 불공정한 약관은 법률에 의하여 당연히 무효이며, 법원의 판결이나 공정거래위원회의 의결에 의하여 비로소 무효가 되는 것이 아니다. 법원의 판결이나 공정거래위원회의 의결은 무효를 확인하는 것에 불과하다.

1) 신의성실의 원칙

신의성실의 원칙을 위반하여 공정성을 잃은 약관의 조항은 무효이다(약관 제6조 제1항). 약관작성자인 사업자는 반드시 계약상대방의 정당한 이익과 합리적인 기대에 반하지 않고 형평에 맞게 약관조항을 작성하여야 한다는 행위원칙이다.[2)] 그러나 신의성실의 원칙은 매우 추상적인 것이므로 약관규제법은 대표적인 것을 구체화·유형화 하여 다음에 해당하는 것은 신의성실의 원칙에 반하는 것으로 추정한다(약관 제6조 제2항 각호).

즉 ① 고객에 대하여 부당하게 불리한 조항, ② 고객이 계약의 거래형태 등 관련

---

1) 정호열, 경제법, 573면.

2) 대판 1994.12.9, 93다43873.

된 모든 사정에 비추어 예상하기 어려운 조항, ③ 계약의 목적을 달성할 수 없을 정도로 계약에 따르는 본질적인 권리를 제한하는 조항 등이다.

일반원칙으로서 신의성실의 원칙은 개별적 무효사유를 판단하는 보충적 역할을 한다.

어음거래의 약정서 중 변제충당에 관한 조항이 채권자에게 무제한의 포괄적 충당권을 부여하면서도 그 순서와 방법의 기준 등을 전혀 규정하지 않아서 채권자로 하여금 수시로 자의적으로 충당할 채무를 정하도록 하였을 뿐만 아니라, 채무자 또는 담보제공권자로서는 충당되는 채무를 알 수도 없게 되어 있고 채무자에게는 이의를 할 여지도 없게 하였다면 신의성실에 반하여 공정을 잃은 조항이라고 본다.[1)]

2) 개별적 무효사유

개별적 무효사유는 약관규제법이 정하는 요건에 해당하면 바로 무효가 되는 절대적 무효조항(당연무효조항)과 원칙적으로 무효지만 상당한 이유가 있거나 부당성이 없으면 유효가 되는 상대적 무효조항으로 나눌 수 있다.

① 면책조항의 금지(약관 제7조 각호)

계약 당사자의 책임에 관하여 정하고 있는 약관의 내용 중 다음 각 호의 어느 하나에 해당하는 내용을 정하고 있는 조항은 무효로 한다. ⅰ) 사업자, 이행보조자 또는 피고용자의 고의 또는 중대한 과실로 인한 법률상의 책임을 배제하는 조항, ⅱ) 상당한 이유 없이 사업자의 손해배상범위를 제한하거나 사업자가 부담하여야 할 위험을 고객에게 떠넘기는 조항, ⅲ) 상당한 이유 없이 사업자의 담보책임을 배제 또는 제한하거나 그 담보책임에 따르는 고객의 권리행사의 요건을 가중하는 조항, ⅳ) 상당한 이유 없이 계약목적물에 관하여 견본이 제시되거나 품질·성능 등에 관한 표시가 있는 경우 그 보장된 내용에 대한 책임을 배제 또는 제한하는 조항 등이다.

이상의 면책조항 중 ⅰ)의 법률상의 책임을 배제하는 조항은 절대적 무효조항에 해당하므로 언제나 무효이다. 그러나 ⅱ), ⅲ), ⅳ)의 경우는 상대적 무효조항에 해당하므로 제반사정을 고려하여 상당한 이유가 존재하지 않는 때에 한하여 무효가 된다. 상대적 무효조항은 법문에서 “상당한 이유 없이” 또는 “부당하게”라는 문언이 사용된다.

---

1) 대판 1999.12.28, 90다25938.

② **손해배상액의 예정**(약관 제8조)

고객에게 부당하게 과중한 지연 손해금 등의 손해배상 의무를 부담시키는 약관 조항은 무효로 한다. 손해배상액의 예정이란 장래에 발생할 수 있는 채무불이행으로 인한 지연손해의 배상, 전보배상, 위약금, 불법행위로 인한 손해배상금 등 명칭 여하에 불구하고 손해배상금의 성질을 갖는 모든 것을 포함한다. 손해배상액의 예정이 부당하게 과중하여 무효가 된 경우에는 당해 약관조항 자체가 무효로 된다.

③ **계약의 해제·해지**(약관 제9조)

계약의 해제·해지에 관하여 정하고 있는 약관의 내용 중 다음에 해당하는 내용을 정하는 약관조항은 이를 무효로 한다(공정 제9조 각호).

1. 법률에 따른 고객의 해제권 또는 해지권을 배제하거나 그 행사를 제한하는 조항
2. 사업자에게 법률에서 규정하고 있지 아니하는 해제권 또는 해지권을 부여하여 고객에게 부당하게 불이익을 줄 우려가 있는 조항
3. 법률에 따른 사업자의 해제권 또는 해지권의 행사요건을 완화하여 고객에게 부당하게 불이익을 줄 우려가 있는 조항
4. 계약의 해제 또는 해지로 인한 원상회복의무를 상당한 이유 없이 고객에게 과중하게 부담시키거나 고객의 원상회복청구권을 부당하게 포기하도록 하는 조항
5. 계약의 해제 또는 해지로 인한 사업자의 원상회복의무나 손해배상의무를 부당하게 경감하는 조항
6. 계속적인 채권관계의 발생을 목적으로 하는 계약에서 그 존속기간을 부당하게 단기 또는 장기로 하거나 묵시적인 기간의 연장 또는 갱신이 가능하도록 정하여 고객에게 부당하게 불이익을 줄 우려가 있는 조항 등이다.

이 가운데서 제1호인 고객의 법률상 해제·해지권 제한은 절대적 무효조항이고, 그 밖의 것들은 상대적 무료조항이다.

④ **채무의 이행**(약관 제10조)

채무의 이행에 관하여 정하고 있는 약관의 내용 중 다음 각 호의 어느 하나에 해당하는 내용을 정하고 있는 조항은 무효로 한다.

상당한 이유 없이 급부의 내용을 사업자가 일방적으로 결정하거나 변경할 수 있도록 권한을 부여하는 조항, 상당한 이유 없이 사업자가 이행하여야 할 급부를

일방적으로 중지할 수 있게 하거나 제3자에게 대행할 수 있게 하는 조항 등이다.

⑤ **고객의 권익보호**(약관 제11조)

고객의 권익에 관하여 정하고 있는 약관의 내용 중 다음 각 호의 어느 하나에 해당하는 내용을 정하고 있는 조항은 무효로 한다. 권익이란 법적 권리 외에도 보호가치가 있는 모든 이익을 의미한다고 본다.

1. 법률에 따른 고객의 항변권, 상계권 등의 권리를 상당한 이유 없이 배제하거나 제한하는 조항
2. 고객에게 주어진 기한의 이익을 상당한 이유 없이 박탈하는 조항
3. 고객이 제3자와 계약을 체결하는 것을 부당하게 제한하는 조항
4. 사업자가 업무상 알게 된 고객의 비밀을 정당한 이유 없이 누설하는 것을 허용하는 조항 등이다.

이에 대하여 법원은 주택공급계약에서 예상건축공정에 따라 3개월 또는 4개월 단위로 정기의 중도금 지급기일을 지정한 조항이 신의성실의 원칙에 비추어 공정을 잃은 것이라거나 고객에 대하여 부당하게 불리한 것이라거나 고객의 항변권, 상계권 등을 상당한 이유 없이 배제 또는 제한하거나 기한의 이익을 박탈하는 것이라고 판단되지 아니하므로 무효라고 볼 수 없다는 판례가 있다.[1]

⑥ **의사표시의 의제**(약관 제12조)

의사표시에 관하여 정하고 있는 약관의 내용 중 다음 각 호의 어느 하나에 해당하는 내용을 정하고 있는 조항은 무효로 한다.

1. 일정한 작위 또는 부작위가 있을 경우 고객의 의사표시가 표명되거나 표명되지 아니한 것으로 보는 조항. 다만 고객에게 상당한 기한 내에 의사표시를 하지 아니하면 의사표시가 표명되거나 표명되지 아니한 것으로 본다는 뜻을 명확하게 따로 고지한 경우이거나 부득이한 사유로 그러한 고지를 할 수 없는 경우에는 그러하지 아니하다.
2. 고객의 의표시의 형식이나 요건에 대하여 부당하게 엄격한 제한을 두는 조항
3. 고객의 이익에 중대한 영향을 미치는 사업자의 의사표시가 상당한 이유 없이 고객에게 도달된 것으로 보는 조항
4. 고객의 이익에 중대한 영향을 미치는 사업자의 의사표시 기한을 부당하게 길게 정하거나 불확정하게 정하는 조항 등이다.

---

1) 대판 2002.11.26, 2000다52042.

⑦ 대리인의 책임가중(약관 제13조)

고객의 대리인에 의하여 계약이 체결된 경우 고객이 그 의무를 이행하지 아니하는 경우에는 대리인에게 그 의무의 전부 또는 일부를 이행할 책임을 지우는 내용의 약관조항은 무효로 한다. 대리인은 단순히 본인을 위하여 계약체결을 대리하는 민법상 및 상법상의 대리인을 뜻한다. 따라서 단순히 계약체결의 대리인이 아니라 계약이행자로서의 지위도 겸하고 있으면 본조의 대리인에 해당하지 않는다.[1)]

⑧ 소송제기의 금지(제14조)

소송제기 등과 관련된 약관의 내용 중 다음 각 호의 어느 하나에 해당하는 조항은 무효로 한다.

1. 고객에게 부당하게 불리한 소송제기 금지조항 또는 재판관할의 합의조항
2. 상당한 이유 없이 고객에게 입증책임을 부담 시키는 약관조항 등이다.

계약서상에 "서울 민사지방법원으로 한다."는 관할합의 조항은 민사소송법상의 관할법원 규정보다 원거리에 사는 경제적 약자인 고객에게 불리한 것이므로 무효로 본다.[2)]

(3) 객관적 구성요건

1) 행위주체

공정거래위원회는 상기의 불공정거래약관조항의 사용금지를 위반하는 사업자가 약관의 규제에 관한 법률 제17조의2 제2항 각호에 해당하면 그 불공정약관의 삭제·수정 등 시정에 필요한 조치를 명하고, 그 명령을 이행하지 않으면 본죄가 성립한다(약관 제32조). 그러므로 본죄의 주체는 사업자이며, 본죄는 법인(법인이 아닌 단체 포함)의 대표자나 법인 또는 개인의 대리인 사용인 그 밖의 종업원이 본죄를 실행하는 행위자이다.

약관의 규제에 관한 법률 제17조의2 제2항 각호에 해당하는 경우는 다음과 같다.

① 사업자가 독점규제 및 공정거래에 관한 법률 제2조 제7호의 시장지배적 사업자인 경우

② 사업자가 자기의 거래상의 지위를 부당하게 이용하여 계약을 체결하는 경우

---

1) 대판 1999.6.29, 98두17494.

2) 대판 1998.6.29, 98마863.

③ 사업자가 일반 공중에게 물품·용역을 공급하는 계약으로서 계약체결의 긴급성·신속성으로 인하여 고객이 계약을 체결할 때에 약관조항의 내용을 변경하기 곤란한 경우

④ 사업자가 계약 당사자로서의 지위가 현저하게 우월하거나 고객이 다른 사업자를 선택할 범위가 제한되어 있어 약관을 계약내용으로 하는 것이 사실상 강제되는 경우

⑤ 계약의 성질상 또는 목적상 계약의 취소·해제 또는 해지가 불가능하거나 계약을 취소·해제 또는 해지하면 고객에게 현저한 재산상의 손해가 발생하는 경우

⑥ 사업자가 제1항에 따른 권고를 정당한 사유 없이 따르지 아니하여 여러 고객에게 피해가 발생하거나 발생할 우려가 현저한 경우 등이다.

2) 행 위

본죄를 구성하는 행위는 불공정거래약관조항을 사용한 사업자가 공정거래위원회로부터 그 불공정거래약관의 삭제·수정 등 시정에 필요한 조치를 명받고도, 그 명령을 이행하지 않음으로써 성립한다. 따라서 본죄는 부작위범이다. 본죄는 동법 제17조(불공정약관조항의 사용금지)에 의한 필요조치를 명받고, 사업자(법인의 대표자나 법인 또는 개인의 대리인 사용인 그 밖의 종업원)가 삭제 또는 수정 없이 종래대로 불공정거래약관조항을 사용한다면 고의가 성립되어 본죄가 성립한다.

(4) 처 벌

본죄를 범한 자는 2년 이하의 징역 또는 1억원 이하의 벌금에 처한다. 법인(법인 아닌 단체 포함)의 대표자나 법인 또는 개인의 대리인 사용인 그 밖의 종업원이 그 법인 또는 개인의 업무에 관하여 제32조의 위반행위를 하면 그 행위자를 벌하는 외에 그 법인 또는 개인에게도 해당 조문의 벌금형을 과한다. 다만, 법인 또는 개인이 그 위반행위를 방지하기 위하여 해당 업무에 관하여 상당한 주의와 감독을 게을리 하지 아니한 경우에는 그러하지 아니하다. 따라서 법인 또는 개인이 병과되는 벌금형을 면하기 위해서는 그 위반행위를 방지하기 위하여 상당한 주의를 다 했거나 또는 감독을 게을리 하지 않았음을 입증해야 할 것이다.

3. 할부거래에 관한 법률상의 범죄

(1) 영업의 등록 등(법 제48조)을 위반한 죄

1) 의 의

다음 각 호의 어느 하나에 해당하는 자는 3년 이하의 징역 또는 1억원 이하의 벌금에 처한다. 이 경우 다음 각 호의 어느 하나에 해당하는 자가 법 위반행위와 관련하여 판매 또는 거래한 대금 총액의 3배에 상당하는 금액이 1억원을 초과하는 때에는 3년 이하의 징역 또는 판매하거나 거래한 대금 총액의 3배에 상당하는 금액 이하의 벌금에 처한다.

1. 제18조 제1항을 위반하여 등록을 하지 아니하고(제40조 제2항에 따라 등록이 취소된 경우 포함) 선불식 할부거래업을 하는 자
2. 거짓이나 그 밖의 부정한 방법으로 제18조 제1항에 따른 등록을 하고 선불식 할부 거래업을 하는 자(제34조 제7호의 금지행위를 한 자를 포함)
3. 제39조 제1항에 따른 시정조치 명령에 응하지 아니 한 자
4. 제40조 제1항에 따른 영업정지명령을 위반하여 영업을 한 자이다.

선불식 할부거래업이란 상조업과 같이 소비자가 발생시기가 불확정한 장래의 경조사 서비스를 받기 위해 그 대금을 미리 할부금의 형태로 분할 납부한다는 점에서 사회복지, 보험 내지는 금융유사업의 요소를 갖는 영업행위이다. 할부거래법은 선불식 할부거래업을 하는 사업자의 법적형태에 대한 제한(반드시 상법상의 회사일 것-회사 종류에 대한 제한은 없음), 최저자본금은 3억원 이상, 진입규제로서 등록제 도입, 고객이 납부한 선수금 보전제도 강제, 공정위의 시정명령 또는 영업정지명령, 과징금 제도 등으로써 규제를 강화하고 있다.

2) 객관적 구성요건

① 행위주체

본 죄의 행위주체는 선불식 할부거래업을 하는 자 중에서 할부거래에 관한 법률 제18조 제1항을 위반하여 등록을 하지 않았거나, 거짓이나 그 밖의 부정한 방법으로 등록을 한자 또는 공정거래 위원회가 시정을 위한 조치 및 영업정지 등을 명하

였으나 이에 응하지 아니 한 자이다. 선불식 할부거래업은 회사(회사종류 불문)만이 할 수 있으므로 이 범죄행위는 법인의 대표자나 법인의 대리인 사용인 그 밖의 종업원이 실현하게 된다.

② 행 위

본죄의 행위는 동법 제18조 제1항에 의한 등록을 하지 않았거나, 거짓이나 그 밖의 부정한 방법으로 등록하고 선불식 할부거래업을 하는 것이다. 그리고 선불식 할부거래업을 하는 자가 공정거래위원회의 시정명령이나 영업정지 명령 등에 대하여 응하지 않고 선불식 할부거래업을 계속하는 행위이다.

할부거래에 관한 법률 제18조 제1항은 선불식 할부 거래업자는 대통령령으로 정하는 바에 따라 각 호의 서류를 갖추어 특별시장·광역시장·도지사 또는 특별자치도지사에게 등록하여야 한다. 등록신청에 필요한 서류는 다음과 같다.

1. 상호, 주소, 전화번호, 전자우편주소, 대표자 이름, 주민등록번호, 주소 등
2. 자본금이 3억원 이상임을 증명하는 서류
3. 제27조에 따른 소비자 피해보상보험계약 등의 체결증명서류
4. 그 밖에 선불식 할부거래업자의 신원을 확인하기 위하여 필요한 사항으로서 총리령으로 정하는 서류 등이다.

공정위는 선불식 할부거래업자의 위법행위에 대하여 시정을 위해 필요한 조치를 명할 수 있다(법 제39조). 시, 도지사나 시장, 군수 등은 시정조치를 명할 수 없다. 시정조치는 당해 위법행위의 중지, 법정의무의 이행, 시정조치를 받은 사실의 공표, 소비자 피해예방 및 구제에 필요한 조치, 기타 시정을 위해 필요한 조치 등이다.

시정조치의 사유는 다음과 같다.

1. 영업등록, 최저자본금, 등록결격사유, 지위승계, 체약 전 정보제공 및 계약서 교부, 청약철회와 계약해제, 선수금 보전, 휴업기간 중의 청약철회업무, 거래기록 등의 열람과 관련된 법규위반행위
2. 법 제34조 소정의 금지행위를 행한 경우
3. 할부거래법에 따른 사업자의 의무를 이행하지 아니한 경우 등이다.

공정위는 선불식 할부거래업자에 대하여 1년 이내의 기간을 정하여 영업의 전부 또는 일부의 정지를 명할 수 있다(법 제40조 제1항). 그리고 시, 도지사는 선불식 할부거래업자의 등록을 취소할 수 있다(동조 제2항).

3) 처 벌

본 죄에 해당하는 자는 3년 이하의 징역 또는 1억원 이하의 벌금에 처한다. 그리고 본 죄에 해당하는 자가 법 위반행위와 관련하여 판매 또는 거래한 대금 총액의 3배에 상당하는 금액이 1억원을 초과하는 때에는 3년 이하의 징역 또는 판매하거나 거래한 대금 총액의 3배에 상당하는 금액 이하의 벌금에 처한다. 징역과 벌금은 병과 할 수 있다. 선불식 할부거래에 관련된 기본적인 규제의 준수를 확보하기 위한 방안이다.

법인의 대표자나 법인 또는 개인의 대리인, 사용인, 그 밖의 종업원이 그 법인 또는 개인의 업무에 관하여 본 죄를 범하게 되면, 그 행위자를 벌하는 외에 그 법인 또는 개인에게도 해당조문의 벌금형을 과한다. 다만, 법인 또는 개인이 그 위반행위를 방지하기 위하여 해당 업무에 관하여 상당한 주의와 감독을 게을리 하지 아니한 경우에는 그러하지 아니하다(법 제52조).

(2) 비밀엄수의무(법 제49조)를 위반한 죄

1) 의 의

할부거래에 관한 법률에 따른 직무에 종사하거나 종사하였던 공정거래위원회의 위원 또는 공무원에 대하여는 공정거래법 제62조를 준용한다(법 제47조 제4항). 공정거래법 제62조는 "이 법에 의한 직무에 종사하거나 종사하였던 위원, 공무원 또는 협의회에서 분쟁조정업무를 담당하거나 담당하였던 자는 그 직무상 알게 된 사업자 또는 사업자 단체의 비밀을 누설하거나 이 법의 시행을 위한 목적 외에 이를 이용하여서는 아니 된다."고 규정하고 있다.

그러므로 할부거래에 관한 법률에 따른 직무에 종사하거나 종사하였던 공정거래위원회의 위원 또는 공무원이 그 직무상 알게 된 사업자 또는 사업자 단체의 비밀을 누설하거나 이 법의 시행을 위한 목적 외에 이를 이용할 경우에는 본 죄가 성립하므로 행위자는 2년 이하의 징역 또는 200만원 이하의 벌금에 처한다.

2) 객관적 구성요건

① 행위주체

본죄의 행위주체는 할부거래에 관한 법률에 따른 직무에 종사하거나 종사하였던 공정거래위원회의 위원 또는 공무원이다.

② 행 위

본죄는 행위주체가 그 직무상 알게 된 사업자 또는 사업자 단체의 비밀을 누설하거나 이 법의 시행을 위한 목적 외에 이를 이용할 경우에 성립한다.

3) 처 벌

본 죄가 성립할 경우 행위자는 2년 이하의 징역 또는 200만원 이하의 벌금에 처한다.

(3) 소비자피해보상보험계약, 금지행위(법 제27조 제9항, 제34조) 위반죄 (법 제50조)

1) 의 의

법 제27조 제9항을 위반하여 소비자피해보상보험계약 등을 체결 또는 유지함에 있어 거짓으로 선수금 등의 자료를 제출한 자, 또는 제34조 제1호부터 제3호까지, 제8호, 제11호 및 제13호에 해당하는 금지행위를 한 자는 1년 이하의 징역 또는 3천만원 이하의 벌금에 처한다(법 제50조).

선불식 할부거래업자가 법 제18조에 따라 등록할 경우 소비자로부터 선불식 할부계약과 관련되는 재화 등의 대금으로서 미리 수령한 금액(선수금)을 보전하기 위하여 소비자 피해보상보험계약을 체결하여야 한다(법 제27조 제1항). 그리고 소비자의 피해를 방지하기 위하여 선불식 할부거래업자에게 요구되는 금지행위가 있다(법 제34조). 이를 위반한 경우 본죄가 성립한다.

2) 객관적 구성요건

① 행위주체

본죄의 행위주체는 소비자피해보상보험계약 등을 체결 또는 유지함에 있어 거짓으로 선수금 등의 자료를 제출한 선불식 할부거래업자와 법 제34조에 의한 각종의 금지행위를 위반한 선불식 할부거래업자이다. 법인(법인 아닌 단체 포함)의 대표자나 법인 또는 개인의 대리인 사용인 그 밖의 종업원이 행위를 실현하게 된다.

② 행 위

법 제27조 제9항에 위반하는 행위는 선불식 할부거래업자가 소비자피해보상보험계약 등을 체결 또는 유지함에 있어 거짓으로 선수금 등의 자료를 제출한 경우에는 본죄가 성립한다(법 제50조 제1항 제1호).

그리고 법 제34조에 위반하는 행위는 다음과 같다.

1. 계약청약을 강요하거나 청약의 철회 또는 계약의 해제를 방해할 목적으로 상대방을 위협하는 행위

2. 거짓·과장된 사실을 알리거나 기만적 방법을 사용하여 상대방과의 거래를 유도하거나 청약의 철회 또는 계약의 해제를 방해하는 행위

3. 청약의 철회 또는 계약의 해제를 방해할 목적으로 주소·전화번호 등을 변경하는 행위

4. 소비자피해보상보험계약 등을 체결하지 아니하였음에도 소비자피해보상보험계약 등을 체결한 사실을 나타내는 표지나 이와 유사한 표지를 제작 또는 사용하는 행위

5. 청약의 철회 또는 계약의 해제와 관련하여 분쟁이 발생한 경우 대금을 지급받기 위하여 소비자에게 위계를 사용하거나 위력을 가하는 행위

6. 다른 사람에게 자기의 명의 또는 상호를 사용하여 선불식 할부거래업을 하게 하거나 선불식 할부거래업 등록증을 대여하는 행위를 함으로써 본죄가 성립한다.

3) 처 벌

본죄가 성립하면 행위자는 1년 이하의 징역 또는 3천만원 이하의 벌금에 처하며(법 제50조 제1항), 징역과 벌금형은 병과 할 수 있다(동조 제2항).

법인의 대표자나 법인 또는 개인의 대리인, 사용인, 그 밖의 종업원이 그 법인 또는 개인의 업무에 관하여 본 죄를 범하게 되면, 그 행위자를 벌하는 외에 그 법인 또는 개인에게도 해당조문의 벌금형을 과한다. 다만, 법인 또는 개인이 그 위반행위를 방지하기 위하여 해당 업무에 관하여 상당한 주의와 감독을 게을리 하지 아니한 경우에는 그러하지 아니하다(법 제52조).

(4) 벌금에 처하는 금지행위 위반죄

1) 의 의

상대방의 청약이 없음에도 재화 등의 대금을 청구하는 행위를 하거나(법 제34조 제5호), 소비자가 계약을 해제하였음에도 불구하고 정당한 사유 없이 이에 따른 조치를 지연하거나 거부하는 행위(동조 제10호)를 할 경우에는 행위자는 1천만원 이하의 벌금에 처한다(법 제51조).

2) 객관적 구성요건

① 행위주체

본죄의 행위주체는 선불식 할부거래업을 하는 자이다. 본죄의 행위는 법인의 대표자나 법인 또는 개인의 대리인 사용인 그 밖의 종업원이 실현하게 된다.

② 행 위

본죄를 구성하는 행위는 선불식 할부거래업을 하는 자가 상대방의 청약이 없음에도 재화 등의 대금을 청구하는 행위를 하거나(법 제34조 제5호), 소비자가 계약을 해제하였음에도 불구하고 정당한 사유 없이 이에 따른 조치를 지연하거나 거부하는 행위(동조 제10호)를 하는 것이다. 이상의 행위는 그 결과를 기다리지 않고 행위와 동시에 곧 본죄가 성립한다.

3) 처 벌

본죄를 범한 행위자는 1천만원 이하의 벌금에 처한다(법 제51조). 법인의 대표자나 법인 또는 개인의 대리인, 사용인, 그 밖의 종업원이 그 법인 또는 개인의 업무에 관하여 본 죄를 범하게 되면, 그 행위자를 벌하는 외에 그 법인 또는 개인에게도 해당조문의 벌금형을 과한다. 다만, 법인 또는 개인이 그 위반행위를 방지하기 위하여 해당 업무에 관하여 상당한 주의와 감독을 게을리 하지 아니한 경우에는 그러하지 아니하다(법 제52조).

4. 방문판매 등에 관한 법률상의 범죄

(1) 다단계판매업자의 등록 등에 위반한 죄

1) 의 의

다단계판매업자는 대통령령으로 정하는 바에 따라 방문판매 등에 관한 법률 제13조 제1항 각 호의 서류를 갖추어 공정거래위원회 또는 특별시장, 광역시장, 특별자치시장, 도지사, 특별자치도지사에게 등록하여야 한다(법 제13조 제1항). 이 등록을 하지 않고(법 제49조 제5항에 의한 등록취소 포함) 또는 거짓이나 그 밖의 부정한 방법으로 등록을 하고 다단계판매조직이나 후원방문판매조직을 개설, 관리 또는 운영하게 되면 본죄가 성립한다.

그리고 다단계판매업자 및 후원방문판매업자는 소비자피해보상보험계약을 체결하여야 하므로 이를 체결하지 아니하고 영업을 하거나(법 제23조 제1항 제8호), 법 제24조에서 규정하는 금지행위를 하여 영업을 해서는 안 된다. 이를 위반할 경우에도 본죄가 성립한다.

본죄가 성립하면 행위자는 7년 이하의 징역 또는 2억원 이하의 벌금에 처한다. 그리고 이 법의 위반행위와 관련하여 판매하거나 거래한 대금 총액의 3배에 해당하는 금액이 2억원을 초과할 때는 7년 이하의 징역 또는 판매하거나 거래한 대금 총액의 3배에 해당하는 금액 이하의 벌금에 처한다(법 제58조 제1항).

2) 객관적 구성요건

① 행위주체

본죄의 행위주체는 다단계판매업자와 후원방문판매업자이다. 다단계판매란 다단계판매조직을 통하여 재화 등을 판매하는 것이며, 건강보조식품, 식품, 화장품, 주방용품 등이 많이 거래되는 상품이다. 다단계판매의 특징은 ⅰ) 판매원이 특정인을 해당 판매원의 하위 판매원으로 가입하도록 권유하는 모집방식이 있으며, ⅱ) 판매원의 가입이 3단계 이상 단계적으로 이루어지고, ⅲ) 판매업자가 판매원에게 동법 제2조 제9호 나목 또는 다목에 해당하는 후원수당을 지급하는 방식이어야 한다. 다단계판매업자란 다단계판매를 업으로 하기 위하여 다단계판매조직을 개설하거나 관리, 운영하는 자이다.

후원방문판매란 방판법 제2조 제1호 및 제5호의 요건에 해당하되, 대통령령으로 정하는 바에 따라 특정판매원의 구매, 판매 등의 실적이 그 직근 상위판매원 1인의 후원수당에만 영향을 미치는 후원수당지급방식을 가진 경우를 말한다. 이 경우 제1호의 방문판매 및 제5호의 다단계판매에 해당하지 아니하는 것으로 한다(법 제2조 제7호). 후원방문판매업자란 후원방문판매를 업으로 하기 위한 조직을 개설하거나 관리, 운영하는 자이다(법 제2조 제8호).

본죄의 행위는 법인(법인 아닌 단체 포함)의 대표자나 법인 또는 개인의 대리인 사용인 그 밖의 종업원이 실현한다.

② 행 위

방문판매 등에 관한 법률 제59조는 본죄가 성립하기 위하여 4개의 행위를 규정하고 있다.

1. 동법 제13조 제1항에 따른 등록을 하지 아니하고(등록취소 포함) 다단계판매조직이나 후원방문판매조직을 개설, 관리 또는 운영하는 행위(동조 제1호)

2. 거짓이나 그 밖의 부정한 방법으로 동법 제13조 제1항에 따른 등록을 하고 다단계판매조직이나 후원방문판매조직을 개설, 관리 또는 운영하는 행위(동조 제2호)

3. 동법 제37조에 따른 소비자피해보상보험계약 등을 체결하지 아니하고 영업하는 행위(동조 제3호)

4. 동법 제24조 제1항과 제2항의 금지행위(사행적 판매원 확장행위 등의 금지)를 하는 경우에는 본죄가 성립한다.[1)]

---

1) 방판법 제24조 (사행적 판매원 확장행위 등의 금지) ① 누구든지 다단계판매조직 또는 이와 비슷하게 단계적으로 가입한 자로 구성된 조직을 이용하여 다음 각 호의 어느 하나에 해당하는 행위를 하여서는 아니 된다.
   1. 재화등의 거래 없이 금전거래를 하거나 재화등의 거래를 가장하여 사실상 금전거래만을 하는 행위로서 다음 각 목의 어느 하나에 해당하는 행위
      가. 판매원에게 재화등을 그 취득가격이나 시장가격보다 10배 이상과 같이 현저히 높은 가격으로 판매하면서 후원수당을 지급하는 행위
      나. 판매원과 재화등의 판매계약을 체결한 후 그에 상당하는 재화등을 정당한 사유 없이 공급하지 아니하면서 후원수당을 지급하는 행위
      다. 그 밖에 판매업자의 재화등의 공급능력, 소비자에 대한 재화등의 공급실적, 판매업자와 소비자 사이의 재화등의 공급계약이나 판매계약, 후원수당의 지급조건 등에 비추어 그 거래의 실질이 사실상 금전거래인 행위
   2. 판매원 또는 판매원이 되려는 자에게 하위판매원 모집 자체에 대하여 경제적 이익을 지급하거나 정당한 사유 없이 후원수당 외의 경제적 이익을 지급하는 행위
   3. 제20조 제3항(제29조 제3항에 따라 준용되는 경우를 포함한다)에 위반되는 후원수당의 지급을 약속하여 판매원을 모집하거나 가입을 권유하는 행위
   4. 판매원 또는 판매원이 되려는 자에게 가입비, 판매 보조 물품, 개인 할당 판매액, 교육비 등 그 명칭이나 형태와 상관없이 10만원 이하로서 대통령령으로 정하는 수준을 초과한 비용 또

3) 처 벌

본죄가 성립하면 행위자는 7년 이하의 징역 또는 2억원 이하의 벌금에 처한다. 행위의 결과에 관계없이 처벌한다. 그리고 이 법의 위반행위와 관련하여 판매하거나 거래한 대금 총액의 3배에 해당하는 금액이 2억원을 초과할 때는 7년 이하의 징역 또는 판매하거나 거래한 대금 총액의 3배에 해당하는 금액 이하의 벌금에 처한다(법 제58조 제1항). 행위의 결과에 따라 처벌이 달라진다. 이상의 징역형과 벌금형은 병과 할 수 있다(동조 제2항).

법인의 대표자나 법인 또는 개인의 대리인, 사용인, 그 밖의 종업원이 그 법인 또는 개인의 업무에 관하여 본 죄를 범하게 되면, 그 행위자를 벌하는 외에 그 법인 또는 개인에게도 해당조문의 벌금형을 과한다. 다만, 법인 또는 개인이 그 위반행위를 방지하기 위하여 해당 업무에 관하여 상당한 주의와 감독을 게을리 하지 아니한 경우에는 그러하지 아니하다(법 제65조 제1항). 본죄를 범한 자 또는 위의 제1항에 따라 벌금형이 부과되는 법인 또는 개인이 이미 공정거래위원회 또는 시, 도지사의 처분을 받거나 소비자의 피해를 보상한 경우에는 형을 감경하거나 면제할 수 있다(동조 제2항).

는 그 밖의 금품을 징수하는 등 의무를 부과하는 행위

5. 판매원에 대하여 상품권[그 명칭이나 형태와 상관없이 발행자가 일정한 금액이나 재화등의 수량이 기재된 무기명증표를 발행하고 그 소지자가 발행자 또는 발행자가 지정하는 자(이하 이 조에서 "발행자등"이라 한다)에게 이를 제시 또는 교부하거나 그 밖의 방법으로 사용함으로써 그 증표에 기재된 내용에 따라 발행자등으로부터 재화등을 제공받을 수 있는 유가증권을 말한다. 이하 이 조에서 같다]을 판매하는 행위로서 다음 각 목의 어느 하나에 해당하는 행위
   가. 판매업자가 소비자에게 판매한 상품권을 다시 매입하거나 다른 자로 하여금 매입하도록 하는 행위
   나. 발행자등의 재화등의 공급능력, 소비자에 대한 재화등의 공급실적, 상품권의 발행규모 등에 비추어 그 실질이 재화등의 거래를 위한 것으로 볼 수 없는 수준의 후원수당을 지급하는 행위
6. 사회적인 관계 등을 이용하여 다른 사람에게 판매원으로 등록하도록 강요하거나 재화등을 구매하도록 강요하는 행위
7. 판매원 또는 판매원이 되려는 사람에게 본인의 의사에 반하여 교육·합숙 등을 강요하는 행위
8. 판매원을 모집하기 위한 것이라는 목적을 명확하게 밝히지 아니하고 취업·부업 알선, 설명회, 교육회 등을 거짓 명목으로 내세워 유인하는 행위

② 다단계판매업자는 다단계판매원으로 하여금 제1항의 금지행위를 하도록 교사하거나 방조하여서는 아니 된다.

(2) 법 제59조상의 다단계판매자의 금지행위 등에 위반한 죄

1) 의 의

다단계판매자는 다단계판매원에게 일정한 수의 판매원을 모집하도록 의무를 지게 하거나 특정인을 그의 동의 없이 자신의 하위판매원으로 등록하여서는 안 된다(법 제22조 제2항), 그리고 다단계판매자는 재화 등의 판매에 관한 계약의 체결을 강요하거나 청약철회 등 또는 계약해지를 방해할 목적으로 상대방을 위협하는 행위(법 제23조 제1항 제1호), 거짓 또는 과장된 사실을 알리거나 기만적 방법을 사용하여 상대방과의 거래를 유도하거나 청약철회 등 또는 계약해지를 방해하는 행위 또는 재화 등의 가격, 품질 등에 대하여 거짓 사실을 알리거나 실제가격보다 현저히 우량하거나 유리한 것으로 오인 시킬 수 있는 행위(법 제23조 제1항 제2호)를 하여서는 아니 된다.

또 후원방문판매자는 후원방문판매원에게 판매한 자신의 직근 하위판매원이 아닌 다른 후원판매원의 구매, 판매 등의 실적과 관련하여 후원수당을 지급하거나 이러한 지급을 약속하여 후원방문판매원을 모집하는 행위를 하여서는 안 된다(법 제29조 제1항).

이상의 어느 하나에 해당하는 금지행위를 하면 본죄가 성립하고, 행위자는 5년 이하의 징역 또는 1억5천만원 이하의 벌금에 처한다. 다만 본법 제29조 제3항에 따라 준용되는 경우에는 3년 이하의 징역 또는 1억원 이하의 벌금에 처한다.

2) 객관적 구성요건

① 행위주체

본죄의 행위주체는 다단계판매자와 후원방문판매자이다. 다단계판매자는 전술한 다단계판매업자 외에도 다단계판매조직에 판매원으로 가입한 자를 포함하며, 후원방문판매자는 전술한 후원방문판매업자 외에도 후원방문판매조직에 판매원으로 가입한 자를 포함한다.

② 행 위

본죄는 다음의 행위 가운데 어느 한 행위를 함으로써 성립한다. i) 다단계판매자가 다단계판매원에게 일정한 수의 판매원을 모집하도록 의무를 지게 하거나 특정인을 그의 동의 없이 자신의 하위판매원으로 등록하는 행위, ii) 다단계판매자가 재화 등의 판매에 관한 계약의 체결을 강요하거나 청약철회 등 또는 계약해지를 방해할 목적으로 상대방을 위협하는 행위(법 제23조 제1항 제1호), iii) 다단계판매자가 거짓 또는 과장된 사실을 알리거나 기만적 방법을 사용하여 상대방과의 거래를 유도하거나 청약철회 등 또는 계약해지를 방해하는 행위 또는 재화 등의 가격, 품질 등에 대하여 거짓 사실을 알리거나 실제가격보다 현저히 우량하거나 유리한 것으로 오인 시킬 수 있는 행위(법 제23조 제1항 제2호), iv) 후원방문판매자가 후원방문판매원에게 판매한 자신의 직근 하위판매원이 아닌 다른 후원판매원의 구매, 판매 등의 실적과 관련하여 후원수당을 지급하거나 이러한 지급을 약속하여 후원방문판매원을 모집하는 행위(법 제29조 제1항)이다.

3) 처 벌

본죄가 성립하면 행위자는 5년 이하의 징역 또는 1억 5천만원 이하의 벌금에 처한다. 다만 본법 제29조 제3항에 따라 준용되는 경우에는 3년 이하의 징역 또는 1억원 이하의 벌금에 처한다(법 제59조 제1항). 이상의 징역형과 벌금형은 병과 할 수 있다(동조 제2항).

법인의 대표자나 법인 또는 개인의 대리인, 사용인, 그 밖의 종업원이 그 법인 또는 개인의 업무에 관하여 본 죄를 범하게 되면, 그 행위자를 벌하는 외에 그 법인 또는 개인에게도 해당조문의 벌금형을 과한다. 다만, 법인 또는 개인이 그 위반행위를 방지하기 위하여 해당 업무에 관하여 상당한 주의와 감독을 게을리 하지 아니한 경우에는 그러하지 아니하다(법 제65조 제1항). 본죄를 범한 자 또는 위의 제1항에 따라 벌금형이 부과되는 법인 또는 개인이 이미 공정거래위원회 또는 시, 도지사의 처분을 받거나 소비자의 피해를 보상한 경우에는 형을 감경하거나 면제할 수 있다(동조 제2항).

(3) 법 제60조 제1항 각 호에 의한 범죄

1) 의 의

① 다단계판매업자는 방문판매에 관한 법률 제13조 제1항에 따라 등록한 사항 중 동항 제1호부터 제4호까지의 사항이 변경된 경우에는 대통령령으로 정하는 바에 따라 신고하여야 하며(제2항), 휴업 또는 폐업을 하거나 휴업 후 영업을 다시 시작할 때는 대통령령으로 정하는 바에 따라 이를 신고하여야 한다(제3항).

② 다단계판매업자는 법 제15조 제1항에 따라 등록한 다단계판매원에게 i) 후원수당의 산정 및 지급기준, ii) 하위판매원의 모집 및 후원에 관한 사항, iii) 재화 등의 반환 및 다단계판매원의 탈퇴에 관한 사항, iv) 다단계판매원이 지켜야 할 사항, v) 그 밖에 총리령으로 정하는 사항 등의 사항을 확인할 수 있는 다단계판매원 수첩을 발급하여야 한다(동조 제5항).

③ 다단계판매자는 재화 등을 반환받은 날부터 3영업일 이내에 이미 지급받은 재화 등의 대금을 환급하여야 한다(법 제18조 제2항).

④ 다단계판매업자가 다단계판매원에게 후원수당으로 지급할 수 있는 총액은 다단계판매업자가 다단계판매원에게 공급한 재화 등의 가격 합계액의 100분의 35에 해당하는 금액을 초과하여서는 아니 되며(법 제20조 제3항), 다단계판매업자는 일정 수의 하위판매원을 모집하거나 후원하는 것을 조건으로 하위판매원 또는 그 하위판매원의 판매실적에 관계없이 후원수당을 차등하여 지급하여서는 아니 된다(동조 제5항).

⑤ 다단계판매업자는 다단계판매원이 되려는 사람 또는 다단계판매원에게 다단계판매원이 받게 될 후원수당이나 소매이익에 관하여 거짓 또는 과장된 정보를 제공하여서는 안 되며(법 제21조 제1항), 다단계조직의 운영 방식 또는 활동내용에 관하여 거짓 또는 과장된 사실을 유포하여서는 아니 된다(동조 제3항).

⑥ 다단계판매업자는 다단계판매원이 되려는 사람 또는 다단계판매원에게 등록, 자격유지 또는 유리한 후원수당 지급기준의 적용을 조건으로 과다한 재화 등의 구입 등 대통령령으로 정하는 수준을 초과한 부담을 지게 하여서는 아니 되며(법 제22조 제1항), 다단계판매원은 언제든지 다단계판매업자에게 탈퇴의사를 표시하고 탈퇴할 수 있으며, 다단계판매업자는 그 탈퇴에 조건을 붙여서는 아니 된다(동조 제4항).

⑦ 다단계판매자는 청약철회 등이나 계약해지를 방해할 목적으로 주소, 전화번호 등을 변경하는 행위(법 제23조 제1항 제3호), 상대방의 청약이 없는데도 일방적으로 재화 등을 공급하고 재화 등의 대금을 청구하는 등 상대방에게 재화 등을 강제로 판매하거나 하위판매원에게 재화 등을 판매하는 행위(제5호), 다단계판매업자에게 고용되지 아니한 다단계판매원을 다단계판매업자에게 고용된 사람으로 오인하게 하거나 다단계판매원으로 등록하지 아니한 사람을 다단계판매원으로 활동하게 하는 행위(제7호), 다단계판매조직 및 다단계판매원의 지위를 양도, 양수하는 행위(다만 다단계판매원의 지위를 상속하는 경우 또는 사업의 양도, 양수, 합병의 경우는 제외)(제11호)를 하여서는 아니 된다.

⑧ 소비자피해보상보험계약 등을 체결 또는 유지하는 다단계판매업자와 후원방

문판매업자는 매출액 등의 자료를 제출할 때 거짓 자료를 제출하여서는 안 된다(법 제37조 제5항).

⑨ 소비자피해보상보험계약 등을 체결하지 아니 한 자는 소비자피해보상보험계약 등을 체결한 자가 사용하는 표지(법 제37조 제6항)를 사용하거나 이와 비슷한 표지를 제작 또는 사용하여서는 아니 된다(법 제37조 제7항).

⑩ 공정거래위원회는 사업자가 법 제49조 제1항 각 호의 어느 하나에 해당하는 행위를 하거나 이 법에 따른 의무를 이행하지 않은 경우 해당 사업자 등에 대하여 그 시정을 위한 조치를 명할 수 있다(법 제49조 제1항).

⑪ 공정거래위원회는 사업자가 법 제49조 제4항 각 호의 어느 하나에 해당하는 경우에는 대통령령으로 정하는 바에 따라 1년 이내의 기간을 정하여 그 영업의 전부 또는 일부의 정지를 명할 수 있다(법 제49조 제4항).

이상의 어느 하나에 해당하여 법이 요구하는 행위를 하지 않거나, 금지행위를 하거나 또는 시정명령이나 영업정지명령을 위반하여 영업을 한 경우에는 본죄가 성립한다. 행위자는 3년 이하의 징역 또는 1억원 이하의 벌금에 처한다. 다만 후원방문판매자에게 다단계판매자에 관한 규정을 준용할 경우(법 제29조 제3항)에는 2년 이하의 징역 또는 5천만원 이하의 벌금에 처한다(법 제60조).

2) 객관적 구성요건

① 행위주체

본죄의 행위주체는 ⅰ)부터 ⅶ)까지는 다단계판매업자 또는 다단계판매자이다. ⅷ)과 ⅸ)의 경우에는 다단계판매업자와 후원방문판매업자이며, ⅹ)과 ⅹⅰ)의 경우에는 방문판매업자, 방문판매원, 다단계판매업자와 후원방문판매업자이다. 행위주체가 회사(법인 아닌 단체)일 경우에는 법인의 대표자나 법인 또는 개인의 대리인 사용인 그 밖의 종업원이 본죄를 실행하게 된다.

다단계판매업자와 후원방문판매업자에 대해서는 전술한 바와 같고, 방문판매자란 방문판매업을 업으로 하기 위하여 방문판매조직을 개설하거나 관리, 운영하는 자(방문판매업자)와 방문판매업자를 대신하여 방문판매업무를 수행하는 자(방문판매원)를 말한다(법 제2조 제2호).

② 행 위

ⅰ) 다단계판매업자는 법 제13조 제1항에 따라 등록한 사항 중 동항 제1호부터 제4호까지의 사항이 변경된 경우에는 대통령령으로 정하는 바에 따라 신고하여야

하며(제2항), 휴업 또는 폐업을 하거나 휴업 후 영업을 다시 시작할 때는 대통령령으로 정하는 바에 따라 이를 신고하여야 한다(제3항). 그러므로 본죄를 구성하는 행위는 제13조 제1항에 따라 등록한 사항 중 동항 제1호부터 제4호까지의 사항이 변경되었음에도 불구하고 대통령령으로 정하는 바에 따라 이를 신고하지 않거나, 휴업 또는 폐업을 하거나 휴업 후 영업을 다시 시작할 때 대통령령으로 정하는 바에 따라 이를 신고하지 않음으로써 성립하는 부작위범이다(제60조 제1항 제1호).

ii) 본죄를 구성하는 행위는 다단계판매업자가 법 제15조 제1항에 따라 등록한 다단계판매원에게 다단계판매원 수첩을 발급하여야 함에도 불구하고 이를 발급하지 않음으로써 성립하는 부작위범이다(동항 제2호).

iii) 본죄를 구성하는 행위는 다단계판매자가 재화 등을 반환받은 날부터 3영업일 이내에 이미 지급받은 재화 등의 대금을 환급하여야 함에도 불구하고 환급하지 않음으로써 성립하는 부작위범이다(동항 제3호).

iv) 다단계판매업자가 다단계판매원에게 후원수당으로 지급할 수 있는 총액은 다단계판매업자가 다단계판매원에게 공급한 재화 등의 가격 합계액의 100분의 35에 해당하는 금액을 초과하여서는 아니 되지만, 이를 초과하여 지급함으로써 본죄가 성립한다. 그리고 다단계판매업자는 일정 수의 하위판매원을 모집하거나 후원하는 것을 조건으로 하위판매원 또는 그 하위판매원의 판매실적에 관계없이 후원수당을 차등하여 지급하여서는 아니 되지만 이를 차등지급함으로써 본죄가 성립한다(동항 제4호).

v) 다단계판매업자는 다단계판매원이 되려는 사람 또는 다단계판매원에게 다단계판매원이 받게 될 후원수당이나 소매이익에 관하여 거짓 또는 과장된 정보를 제공함으로써 본죄가 성립하며, 다단계조직의 운영 방식 또는 활동내용에 관하여 거짓 또는 과장된 사실을 유포함으로써 본죄가 성립한다(동항 제5호).

vi) 다단계판매업자는 다단계판매원이 되려는 사람 또는 다단계판매원에게 등록, 자격유지 또는 유리한 후원수당 지급기준의 적용을 조건으로 과다한 재화 등의 구입 등 대통령령으로 정하는 수준을 초과한 부담을 지게 함으로써 본죄가 성립하며, 다단계판매원의 탈퇴에 조건을 붙임으로써 본죄가 성립한다(동항 제6호).

vii) 다단계판매자는 청약철회 등이나 계약해지를 방해할 목적으로 주소, 전화번호 등을 변경하는 행위(법 제23조 제1항 제3호), 상대방의 청약이 없는데도 일방적으로 재화 등을 공급하고 재화 등의 대금을 청구하는 등 상대방에게 재화 등을 강제로 판매하거나 하위판매원에게 재화 등을 판매하는 행위(제5호), 다단계판매업자에게 고용되지 아니한 다단계판매원을 다단계판매업자에게 고용된 사람으로 오인하게 하거나 다단계판매원으로 등록하지 아니한 사람을 다단계판매원으로 활동하게 하는 행위(제7호), 다단계판매조직 및 다단계판매원의 지위를 양도, 양수하는 행위(다만 다단계판매원의 지위를 상속하는 경우 또는 사업의 양도, 양수, 합병의 경우는 제외)(제11호)를 함으로써 본죄가 성립한다(동항 제7호).

viii) 소비자피해보상보험계약 등을 체결 또는 유지하는 다단계판매업자와 후원방문판매업자는 매출액 등의 자료를 제출할 때 거짓 자료를 제출함으로써 본죄가 성립한다(동항 제8호).

ix) 소비자피해보상보험계약 등을 체결하지 아니 한 자가 소비자피해보상보험계약 등을 체결한 자가 사용하는 표지(법 제37조 제6항)를 사용하거나 이와 비슷한 표지를 제작 또는 사용함으로써 본죄가 성립한다(동항 제9호).

x) 공정거래위원회는 사업자가 법 제49조 제1항 각 호의 어느 하나에 해당하는 행위를 하거나 이 법에 따른 의무를 이행하지 않은 경우 해당 사업자 등에 대하여 그 시정을 위한 조치를 명하였으나 사업자가 이에 응하지 않으면 본죄가 성립한다(동항 제10호).

xi) 공정거래위원회는 사업자가 법 제49조 제4항 각 호의 어느 하나에 해당하는 경우에는 대통령령으로 정하는 바에 따라 1년 이내의 기간을 정하여 그 영업의 전부 또는 일부의 정지를 명하였으나 사업자가 이에 응하지 않으면 본죄가 성립한다(동항 제11호).

3) 처 벌

본죄가 성립하면 행위자는 3년 이하의 징역 또는 1억원 이하의 벌금에 처한다. 다만, 제29조 제3항에 따라 준용되는 경우에는 2년 이하의 징역 또는 5천만원원 이하의 벌금에 처한다(제60조 제1항 본문). 이상의 징역과 벌금형은 병과 할 수 있다(동조 제2항).

법인의 대표자나 법인 또는 개인의 대리인, 사용인, 그 밖의 종업원이 그 법인 또는 개인의 업무에 관하여 본 죄를 범하게 되면, 그 행위자를 벌하는 외에 그 법인 또는 개인에게도 해당조문의 벌금형을 과한다. 다만, 법인 또는 개인이 그 위반행위를 방지하기 위하여 해당 업무에 관하여 상당한 주의와 감독을 게을리 하지 아니한 경우에는 그러하지 아니하다(법 제65조 제1항). 본죄를 범한 자 또는 위의 제1항에 따라 벌금형이 부과되는 법인 또는 개인이 이미 공정거래위원회 또는 시, 도지사의 처분을 받거나 소비자의 피해를 보상한 경우에는 형을 감경하거나 면제할 수 있다(동조 제2항).

(4) 법 제61조에 의한 범죄

1) 의 의

방문판매자 등은 재화 등의 판매에 관한 계약의 체결을 강요하거나 청약철회 등 또는 계약해지를 방해할 목적으로 소비자를 위협하는 행위(법 제11조 제1항 제1호), 거짓 또는 과장된 사실을 알리거나 기만적 방법을 사용하여 소비자를 유인 또는 거래하거나 청약철회 등 또는 계약해지를 방해하는 행위(동항 제2호), 청약철회 등이나 계약해지를 방해할 목적으로 주소, 전화번호 등을 변경하는 행위(동항 제5호)를 하여서는 아니 된다.

그리고 계속거래업자 등은 계속거래 등의 계약을 체결하게 하거나 계약의 해지 또는 해제를 방해하기 위하여 소비자를 위협하는 행위(법 제34조 제1항 제1호), 계속거래 등에 필요한 재화 등을 통상적인 거래가격보다 현저히 비싼 가격으로 구입하게 하는 행위(동항 제3호), 계약해지 또는 해제를 방해할 목적으로 주소, 전화번호 등을 변경하는 행위(동항 제5호)를 하여서는 아니 된다.

방문판매업자 등이나 계속거래업자 등이 위 금지행위 중 어느 하나를 위반하면 본죄가 성립하여 2년 이하의 징역 또는 5천만원 이하의 벌금에 처한다(법 제61조 제1항).

2) 객관적 구성요건

① 행위주체

본죄의 행위주체는 방문판매자와 계속거래업자이다. 방문판매자란 전술한 바와 같이 방문판매업자와 방문판매원을 포함한다. 계속거래란 1개월 이상에 걸쳐 계속적으로 또는 부정기적으로 재화 등을 공급하는 계약으로서 중도에 해지할 경우 대금환급의 제한 또는 위약금에 관한 약정이 있는 거래를 말한다. 따라서 계속거래업자는 계속거래를 업으로 하기 위하여 거래조직을 개설하거나 관리, 운영하는 자이다.

본죄의 행위는 법인(법인 아닌 단체)의 대표자나 법인 또는 개인의 대리인 사용인 그 밖의 종업원이 실행하게 된다.

② 행 위

본죄는 방문판매자 등이 재화 등의 판매에 관한 계약의 체결을 강요하거나 청약철회 등 또는 계약해지를 방해할 목적으로 소비자를 위협하는 행위(법 제11조 제1항 제1호), 거짓 또는 과장된 사실을 알리거나 기만적 방법을 사용하여 소비자를 유인 또는 거래하거나 청약철회 등 또는 계약해지를 방해하는 행위(동항 제2호), 청약철회 등이나 계약해지를 방해할 목적으로 주소, 전화번호 등을 변경하는 행위(동항 제5호) 등의 금지된 행위를 함으로써 성립한다.

또 계속거래업자 등이 계속거래 등의 계약을 체결하게 하거나 계약의 해지 또는 해제를 방해하기 위하여 소비자를 위협하는 행위(법 제34조 제1항 제1호), 계속거래 등에 필요한 재화 등을 통상적인 거래가격보다 현저히 비싼 가격으로 구입하게 하는 행위(동항 제3호), 계약해지 또는 해제를 방해할 목적으로 주소, 전화번호 등을 변경하는 행위(동항 제5호) 등의 금지된 행위를 함으로써 성립한다.

3) 처 벌

위의 어느 하나에 해당하는 행위를 함으로써 본죄가 성립하면, 행위자는 2년 이하의 징역 또는 5천만원 이하의 벌금에 처한다(법 제61조 제1항). 이상의 징역과 벌금형은 병과 할 수 있다(동조 제2항).

법인의 대표자나 법인 또는 개인의 대리인, 사용인, 그 밖의 종업원이 그 법인 또는 개인의 업무에 관하여 본 죄를 범하게 되면, 그 행위자를 벌하는 외에 그 법인 또는 개인에게도 해당조문의 벌금형을 과한다. 다만 법인 또는 개인이 그 위반행위를 방지하기 위하여 해당 업무에 관하여 상당한 주의와 감독을 게을리 하지 아니한 경우에는 그러하지 아니하다(법 제65조 제1항). 본죄를 범한 자 또는 위의 제1항에 따라 벌금형이 부과되는 법인 또는 개인이 이미 공정거래위원회 또는 시, 도지사의 처분을 받거나 소비자의 피해를 보상한 경우에는 형을 감경하거나 면제할 수 있다(동조 제2항).

(5) 법 제62조상의 범죄

1) 의 의

① 방문판매업자 또는 전화권유판매업자는 대통령령으로 정하는 사항을 공정거래위원회 또는 특별자치시장, 특별자치도지사, 시장, 군수, 구청장에게 신고하여야 한다. 다만 소규모 방문판매업자등 대통령령으로 정하는 자, 제13조 제1항에 따라 등록한 다단계판매업자, 제29조 제3항에 따라 등록한 후원방문판매업자는 그러하

지 아니하다(법 제5조 제1항).

② 방문판매원등이 되기 위한 조건 또는 방문판매원등의 자격을 유지하기 위한 조건으로서 방문판매원등 또는 방문판매원등이 되려는 자에게 가입비, 판매보조물품, 개인 할당판매액, 교육비 등 그 명칭이나 형태와 상관없이 대통령령으로 정하는 수준을 초과한 비용 또는 그 밖의 금품을 징수하거나 재화등을 구매하게 하는 등 의무를 지게 하는 행위를 하여서는 아니 된다(법 제11조 제1항 제3호).

③ 방문판매자 등은 그 휴업기간 또는 영업정지기간 중에도 제8조 제1항 및 제3항에 따른 청약철회 등의 업무와 제9조 제1항부터 제9항까지의 규정에 따른 청약철회등에 따른 업무를 계속하여야 한다(제12조 제1항). 그리고 다단계판매업자는 그 휴업기간 또는 영업정지기간 중에도 제17조 제1항에 준용되는 제8조 제1항 및 제3항에 따른 청약철회등의 업무와 제18조 제1항부터 제8항까지의 규정에 따른 청약철회등에 따른 업무를 계속하여야 한다(제26조 제1항).

④ 공정거래위원회는 다단계판매업자에 대한 정보를 공개(법 제13조 제4항)하기 위하여 필요한 경우에는 다단계판매업자에게 관련 자료의 제출을 요구할 수 있다. 이 경우 다단계판매업자는 정당한 사유가 없으면 이에 따라야 한다(법 제13조 제5항).

⑤ 국가공무원, 지방공무원, 교육공무원 및 사립학교법에 따른 교원, 법인, 다단계판매업자의 지배주주 또는 임직원, 이 법을 위반하는 행위를 한 자로서 대통령령으로 정하는 자는 다단계판매원으로 등록할 수 없다(제15조 제1항).

⑥ 미성년자(법정대리인 동의를 받은 자 제외)를 다단계판매원으로 등록할 수 없다(제15조 제2항).

⑦ 다단계판매업자는 그가 관리, 운영하는 다단계판매조직에 가입한 다단계판매원에게 등록증을 발급하여야 하며(제15조 제3항), 이 때 거짓 사실을 적어서는 안된다(법 제62조 제1항 7호).

⑧ 다단계판매업자는 총리령으로 정하는 바에 따라 다단계판매원 등록부를 작성하고, 소비자 피해방지 또는 구제를 위하여 소비자가 요청하는 경우에는 소비자로 하여금 등록된 다단계판매원의 신원을 확인할 수 있도록 하여야 한다(제15조 제4항). 다단계판매원의 등록부에 거짓 사실을 적으면 본죄가 성립하다(법 제62조 제1항 8호).

⑨ 다단계판매업자는 상대방에게 판매하는 개별 재화등의 가격을 대통령령으로 정하는 금액을 초과하도록 정하여 판매해서는 안 된다(법 제23조 제1항 9호).

⑩ 계속거래업자 등은 대통령령으로 정하는 바에 따라 재화등의 거래기록 등을 언제든지 소비자가 열람할 수 있게 하여야 한다(법 제33조). 재화등의 거래기록 등을 거짓으로 작성하면 본죄가 성립한다.

이상의 각 호의 어느 하나에 해당하는 자는 1년 이하의 징역 또는 3천만원 이하의 벌금에 처한다(법 제62조 본문).

2) 객관적 구성요건

① 행위주체

본죄의 행위주체는 방문판매업자, 후원방문판매업자, 전화권유판매업자, 다단계판매업자, 계속거래업자 등이다. 다만 1)의 경우에는 소규모 방문판매업자 등 대통령령으로 정하는 자, 제13조 제1항에 따라 등록한 다단계판매업자, 제29조 제3항에 따라 등록한 후원방문판매업자는 그러하지 아니하다(법 제5조 제1항).

전화권유판매란 전화를 이용하여 소비자에게 권유하거나 전화회신을 유도하는 방법으로 재화 등을 판매하는 것이며, 전화권유판매업자란 전화권유판매를 업으로 하기 위하여 조직을 개설하거나 관리, 운영하는 자이다(법 제2조 제3호, 제4호). 다른 행위주체에 대해서는 전술하였다.

본죄의 행위는 법인(법인 아닌 단체)의 대표자나 법인 또는 개인의 대리인 사용인 그 밖의 종업원이 실행하게 된다.

② 행 위

i) 방문판매업자 또는 전화권유판매업자는 대통령령으로 정하는 사항을 공정거래위원회 또는 특별자치시장, 특별자치도지사, 시장, 군수, 구청장에게 신고하여야 한다(법 제5조 제1항). 이 경우 방문판매업자 또는 전화권유판매업자가 대통령령으로 정하는 사항을 위반하여 신고하지 아니하거나 거짓으로 신고함으로써 본죄가 성립한다(법 제62조 제1호).

ii) 방문판매원등이 되기 위한 조건 또는 방문판매원등의 자격을 유지하기 위한 조건으로서 방문판매원등 또는 방문판매원등이 되려는 자에게 가입비, 판매보조물품, 개인 할당판매액, 교육비 등 그 명칭이나 형태와 상관없이 대통령령으로 정하는 수준을 초과한 비용 또는 그 밖의 금품을 징수하거나 재화 등을 구매하게 하는 등 의무를 지게 하는 행위를 하여서는 아니 된다(법 제11조 제1항 제3호). 이 금지행위를 함으로써 본죄가 성립한다(동조 제2호).

iii) 방문판매자 등은 그 휴업기간 또는 영업정지기간 중에도 제8조 제1항 및 제3항에 따른 청약철회 등의 업무와 제9조 제1항부터 제9항까지의 규정에 따른 청약철회 등에 따른 업무를 계속하여야 한다(제12조 제1항). 그리고 다단계판매업자는 그 휴업기간 또는 영업정지기간 중에도 제17조 제1항에 준용되는 제8조 제1항 및 제3항에 따른 청약철회 등의 업무와 제18조 제1항부터 제8항까지의 규정에 따른 청약철회 등에 따른 업무를 계속하여야 한다(제26조 제1항). 이에 위반하여 휴업기간 또는 영업정지기간 중에 계속하여야 할 업무를 계속하지 아니한 경우에 본죄가 성립한다(동조 제3호).

iv) 공정거래위원회는 다단계판매업자에 대한 정보를 공개(법 제13조 제4항)하기 위하여 필요한 경우에는 다단계판매업자에게 관련 자료의 제출을 요구할 수 있다. 이 경우 다단계판매업자는 정당한 사유가 없으면 이에 따라야 한다(법 제13조 제5항). 이에 위반하여 다단계판매업자가 자료를 제출하지 아니 하거나 거짓 자료를 제출하면 본죄가 성립한다(동조 제4호).

v) a. 국가공무원, 지방공무원, 교육공무원 및 사립학교법에 따른 교원, b. 법인, (c) 다단계판매업자의 지배주주 또는 임직원, c. 이 법을 위반하는 행위를 한 자로서 대통령령으로 정하는 자는 다단계판매원으로 등록할 수 없다(제15조 제1항). 이를 위반하여 다단계판매원으로 등록하면 본죄가 성립한다(동조 제5호).

vi) 미성년자(법정대리인 동의를 받은 자 제외)를 다단계판매원으로 등록할 수 없다(제15조 제2항). 이를 위반하여 다단계판매업자가 미성년자를 다단계판매원으로 가입시킨 경우에는 본죄가 성립한다(동조 제6호).

vii) 다단계판매업자는 그가 관리, 운영하는 다단계판매조직에 가입한 다단계판매원에게 등록증을 발급하여야 하며(제15조 제3항), 이 때 다단계판매원 등록증에 거짓 사실을 적은 경우에는 본죄가 성립한다(동조 7호).

viii) 다단계판매업자는 총리령으로 정하는 바에 따라 다단계판매원 등록부를 작성하고, 소비자 피해방지 또는 구제를 위하여 소비자가 요청하는 경우에는 소비자로 하여금 등록된 다단계판매원의 신원을 확인할 수 있도록 하여야 한다(제15조 제4항). 다단계판매원의 등록부에 거짓 사실을 적으면 본죄가 성립하다(동조 8호).

ix) 다단계판매업자는 상대방에게 판매하는 개별 재화등의 가격을 대통령령으로 정하는 금액을 초과하도록 정하여 판매해서는 안 된다(법 제23조 제1항 9호). 이에 위반하여 금지행위를 한 경우에는 본죄가 성립한다(동조 제9호).

x) 계속거래업자 등은 대통령령으로 정하는 바에 따라 재화등의 거래기록 등을 언제든지 소비자가 열람할 수 있게 하여야 한다(법 제33조). 재화등의 거래기록 등을 거짓으로 작성하면 본죄가 성립한다(동조 제10호).

3) 처 벌

본죄가 성립하면 행위자(제29조 제3항에 따라 준용되는 경우 포함)는 1년 이하의 징역 또는 3천만원 이하의 벌금에 처한다(법 제62조 본문). 본 조에서는 징역과 벌금의 병과규정이 없다.

법인의 대표자나 법인 또는 개인의 대리인, 사용인, 그 밖의 종업원이 그 법인 또는 개인의 업무에 관하여 본 죄를 범하게 되면, 그 행위자를 벌하는 외에 그 법인 또는 개인에게도 해당조문의 벌금형을 과한다. 다만 법인 또는 개인이 그 위반행위를 방지하기 위하여 해당 업무에 관하여 상당한 주의와 감독을 게을리 하지 아니한 경우에는 그러하지 아니하다(법 제65조 제1항). 본죄를 범한 자 또는 위의 제1항에 따라 벌금형이 부과되는 법인 또는 개인이 이미 공정거래위원회 또는 시, 도지사의 처분을 받거나 소비자의 피해를 보상한 경우에는 형을 감경하거나 면제할 수 있다(동조 제2항).

(6) 법 제63조 상의 범죄

1) 의 의

① 방문판매자 또는 전화권유판매자가 재화등을 판매하려는 경우에는 소비자에게 미리 해당 방문 또는 전화가 판매를 권유하기 위한 것이라는 점과 방문판매자등의 성명 또는 명칭, 판매하는 재화등의 종류 및 내용을 밝혀야 한다(법 제6조 제3항). 이를 위반하여 성명등을 거짓으로 밝히면 본죄가 성립한다(법 제63조 제1호).

② 방문판매자등은 재화등의 판매에 관한 계약을 체결할 때에는 법 제7조 제1항 각 호의사항을 적은 계약서를 소비자에게 발급하여야 한다(법 제7조 제2항). 다단계판매의 방법으로 재화등의 판매에 관한 계약을 체결하는 경우에는 법 제7조를 준용하며(법 제16조), 계속거래업자등은 재화등의 판매에 관한 계약을 체결할 때에는 제30조 제1항 각 호의사항을 적은 계약서를 소비자에게 발급하여야 한다(법 제30조 제2항). 이와 같이 계약서를 발급할 때 거짓 내용이 적힌 계약서를 발급하면 본죄가 성립한다(법 제63조 제2호).

③ 방문판매자등은 방문판매원등에게 다른 방문판매원등을 모집할 의무를 지게 하는 행위(법 제11조 제1항 제4호), 소비자 청약 없이 일방적으로 재화등을 공급하고 재화등의 대금을 청구하는 행위(동항 제7호) 등을 하여서는 아니 된다. 이 금지의무를 위반하면 본죄가 성립한다(법 제63조 제3호).

④ 계속거래업자등은 계속거래등에 필요한 재화등을 통상적인 거래가격보다 현저히 비싼 가격으로 구입하게 하는 행위(법 제34조 제1항 3호), 소비자가 계속거래등의 계약을 해지 또는 해제하였는데도 정당한 사유 없이 이에 따른 조치를 지연하거나 거부하는 행위(동항 4호), 소비자의 청약이 없는데도 일방적으로 재화등을 공급하고 재화등의 대금을 청구하는 행위(동항 7호) 등을 하여서는 아니 된다. 이상의 금지행위를 하면 본죄가 성립한다.

위의 어느 하나에 해당하는 자는(제29조 제3항에 따라 준용되는 경우 포함) 1천만원 이하의 벌금에 처한다(법 제63조). 본죄에는 징역형이 없다.

2) 객관적 구성요건

① 행위주체

본죄의 행위주체는 위의 ①의 경우에는 방문판매자 또는 전화권유판매자이고, ②, ③의 경우에는 방문판매자등으로서 전화권유판매자, 다단계판매자, 후원방문판매자, 계속거래업자 등을 포함한다. ④의 경우는 계속거래업자 등으로서 방문판매자, 전화권유판매자, 다단계판매자, 후원방문판매자 등을 포함하는 넓은 개념이다.

② 행 위

본죄의 행위는 1)의 경우에는 법 제6조 제3항을 위반하여 성명 등을 거짓으로 밝히는 것이고, 소비자에게 계약서를 발급할 때 거짓 내용이 적힌 계약서를 발급하는 것이다. 그리고 3)의 경우에는 제11조 제1항 제4호, 제7호 등의 금지의무를 위반하는 것이고, 4)의 경우는 법 제34조 제1항 3호, 4호, 7호의 금지의무를 위반하여 행위를 하는 것이다.

3) 처 벌

이상의 어느 하나에 해당하는 행위를 하여 본죄가 성립하면 행위자(제29조 제3항에 따라 준용되는 경우 포함)는 1천만원 이하의 벌금에 처한다(법 제63조). 본죄에는 징역형이 없다.

법인의 대표자나 법인 또는 개인의 대리인, 사용인, 그 밖의 종업원이 그 법인 또는 개인의 업무에 관하여 본 죄를 범하게 되면, 그 행위자를 벌하는 외에 그 법인 또는 개인에게도 해당조문의 벌금형을 과한다. 다만 법인 또는 개인이 그 위반행위를 방지하기 위하여 해당 업무에 관하여 상당한 주의와 감독을 게을리 하지 아니한 경우에는 그러하지 아니하다(법 제65조 제1항). 본죄를 범한 자 또는 위의 제1항에 따라 벌금형이 부과되는 법인 또는 개인이 이미 공정거래위원회 또는 시, 도지사의 처분을 받거나 소비자의 피해를 보상한 경우에는 형을 감경하거나 면제할 수 있다(동조 제2항).

(7) 법 제64조상의 범죄

1) 의 의

방문판매 등에 관한 법률에 따른 직무에 종사하거나 종사하였던 공정거래위원회의 위원 또는 공무원에 대하여 독점규제 및 공정거래에 관한 법률 제62조를 준용한다. 공정거래법 제62조는 "이 법에 의한 직무에 종사하거나 종사하였던 위원, 공무원 또는 협의회에서 분쟁조정업무를 담당하거나 담당하였던 자는 그 직무상 알게 된 사업자 또는 사업자 단체의 비밀을 누설하거나 이 법의 시행을 위한 목적 외에 이를 이용하여서는 아니 된다."고 규정하고 있다.

그러므로 방문판매 등에 관한 법률에 따른 직무에 종사하거나 종사하였던 공정거래위원회의 위원 또는 공무원이 그 직무상 알게 된 사업자 또는 사업자 단체의 비밀을 누설하거나 이 법의 시행을 위한 목적 외에 이를 이용할 경우에는 본 죄가 성립하므로 행위자는 2년 이하의 징역 또는 200만원 이하의 벌금에 처한다.

2) 객관적 구성요건

① 행위주체

본죄의 행위주체는 방문판매 등에 관한 법률에 따른 직무에 종사하거나 종사하였던 공정거래위원회의 위원 또는 공무원이다.

② 행 위

본죄는 행위주체가 그 직무상 알게 된 사업자 또는 사업자 단체의 비밀을 누설하거나 이 법의 시행을 위한 목적 외에 이를 이용할 경우에 성립한다.

3) 처 벌

본 죄가 성립할 경우 행위자는 2년 이하의 징역 또는 200만원 이하의 벌금에 처한다(법 제64조). 이에 대하여 병과규정은 없다.

5. 전자상거래 등에서의 소비자보호에 관한 법률상의 범죄

(1) 법 제32조 제1항의 시정조치에 따르지 않은 죄

1) 의 의

공정거래위원회는 사업자가 전자상거래 등에서의 소비자보호에 관한 법률 제32조 제1항에서 정한 어느 하나의 행위를 하거나 법에 따른 의무를 이행하지 않은 경우, 또는 금지행위 중 어느 하나의 행위를 할 경우에는 해당 사업자에게 그 시정조치를 할 수 있다. 그럼에도 불구하고 사업자가 이에 따르지 않을 경우에는 본죄가 성립하여 3년 이하의 징역 또는 1억원 이하의 벌금에 처한다(법 제40조).

2) 객관적 구성요건

① 행위주체

본죄의 행위주체는 전자거래(전자거래기본법 제2조 제5호에 따른 전자거래)의 방법으로 물품을 제조(가공 또는 포장 포함)·수입·판매하거나 용역을 제공하는 사업자이다(법 제2조1호, 6호). 본죄의 행위는 법인(법인 아닌 단체)의 대표자나 법인 또는 개인의 대리인 사용인 그 밖의 종업원이 실행하게 된다.

② 행 위

본죄는 공정거래위원회로부터 시정조치를 받은 사업자가 이에 따르지 않음으로써 성립하는 부작위범이다. 사업자가 제32조 제1항 각호에 해당하는 행위를 하거나 또는 금지행위를 하면 공정거래위원회는 동조 제2항에서 정하는 해당행위의 중지, 의무의 이행, 시정조치를 받은 사실의 공표, 소비자 피해예방 및 구제에 필요한 조치, 그 밖에 위반행위의 시정을 위하여 필요한 조치 등을 명할 수 있다.

③ 처 벌

본죄를 범한 자는 3년 이하의 징역 또는 1억원 이하의 벌금에 처한다(법 제40조). 법인의 대표자나 법인 또는 개인의 대리인, 사용인, 그 밖의 종업원이 그 법인 또는 개인의 업무에 관하여 제440조에 위반하는 행위를 하면 그 행위자를 벌하는 외에 그 법인 또는 개인에게도 해당 벌금형을 과한다. 다만 법인 또는 개인이 그 위반행위를 방지하기 위하여 해당 업무에 관하여 상당한 주의와 감독을 게을리 하지 아니한 경우에는 그러하지 아니하다(법 제44조). 위반행위를 방지하기 위하여 법인이나 개인에게 상당한 주의와 감독을 유도하기 위한 규정이다.

(2) 법 제32조 제4항의 영업정지명령을 위반한 죄

1) 의 의

공정거래위원회는 ① 법 제32조 제1항에 따른 시정조치명령에도 불구하고 위반행위가 반복되는 경우, ② 시정조치 명령에 따른 이행을 하지 아니한 경우, ③ 시정조치만으로는 소비자피해의 방지가 현저히 곤란하다고 판단되는 경우 중 어느 하나에 해당하는 경우에는 대통령령으로 정하는 바에 따라 1년 이내의 기간을 정하여 그 영업의 전부 또는 일부의 정지를 명할 수 있다(법 제32조 제4항). 영업정지명령에 위반하여 영업을 한 자는 본죄가 성립하여 2년 이하의 징역 또는 5천만원 이하의 벌금에 처한다(법 제41조).

2) 객관적 구성요건

① 행위주체

본죄의 행위주체는 전자거래(전자거래기본법 제2조 제5호에 따른 전자거래)의 방법으로 물품을 제조(가공 또는 포장 포함)·수입·판매하거나 용역을 제공하는 사업자이다(법 제2조 제1호, 제6호). 본죄의 행위는 법인의 대표자나 법인 또는 개인의 대리인 사용인 그 밖의 종업원이 실행하게 된다.

② 행 위

공정거래위원회로부터 영업의 전부 또는 일부에 대한 영업정지명령을 받고도 이에 따르지 않고 영업을 하면 본죄가 성립한다. 사업자의 이익이나 소비자의 피해여부는 불문한다.

3) 처 벌

본죄를 범한 자는 2년 이하의 징역 또는 5천만원 이하의 벌금에 처한다(법 제41조). 법인의 대표자나 법인 또는 개인의 대리인, 사용인, 그 밖의 종업원이 그 법인 또는 개인의 업무에 관하여 제41조에 위반하는 행위를 하면 그 행위자를 벌하는 외에 그 법인 또는 개인에게도 해당 벌금형을 과한다. 다만 법인 또는 개인이 그 위반행위를 방지하기 위하여 해당 업무에 관하여 상당한 주의와 감독을 게을리 하지 아니한 경우에는 그러하지 아니하다(법 제44조). 위반행위를 방지하기 위하여 법인이나 개인에게 상당한 주의와 감독을 유도하기 위한 규정이다.

(3) 법 제42조에 의한 범죄

1) 의 의

① 통신판매업자는 대통령령으로 정하는 바에 따라 제12조 제1항 각호(상호 등)의 사항을 공정거래위원회 또는 특별자치도지사, 시장, 군수, 구청장에게 신고하여야 한다. 다만, 통신판매의 거래횟수, 거래규모 등이 공정거래위원회가 고시로 정하는 기준 이하인 경우에는 그러하지 아니하다. 따라서 이를 신고하지 아니 하거나 거짓으로 신고하면 본죄가 성립한다(제42조 제1호).

② 소비자피해보상보험계약등을 체결한 사업자는 그 사실을 나타내는 표지를 사용할 수 있으나, 소비자피해보상보험계약등을 체결하지 아니한 사업자는 그 표지를 사용하거나 이와 유사한 표지를 제작 또는 사용하여서는 아니 된다(법 제24조 제8항). 결제대금예치의 이용에 관하여 위의 제8항을 준용한다(동조 제9항). 이에 위반하여 소비자피해보상보험계약등을 체결하는 사실 또는 결제대금예치를 이용하도록 하는 사실을 나타내는 표지를 사용하거나 이와 유사한 표지를 제작하거나 사용하면 본죄가 성립한다(제42조 제2호).

이상의 어느 하나에 해당하면 본죄가 성립하여 행위자는 3천만원 이하의 벌금에 처한다(제42조 본문).

2) 객관적 구성요건

① 행위주체

본죄의 행위주체는 위의 ①의 경우에는 통신판매업자이고, ②의 경우에는 본법에 의한 사업자이다. 사업자에 관해서는 전술하였다. 본죄의 행위는 법인(법인 아닌 단체)의 대표자나 법인 또는 개인의 대리인 사용인 그 밖의 종업원이 실행하게 된다.

통신판매란 우편, 전기통신, 그 밖에 총리령으로 정하는 방법으로 재화 또는 용역(일정한 시설이용, 용역을 제공 받을 수 있는 권리 포함)의 판매에 관한 정보를 제공하고 소비자의 청약을 받아 재화 또는 용역을 판매하는 것이다. 다만 방문판매 등에 관한 법률 제2조 제3호에 따른 전화권유판매는 통신판매의 범위에서 제외한다(법 제2조 제2호). 통신판매업자란 이상의 통신판매를 업으로 하는 자 또는 그와의 약정에 따라 통신판매업무를 수행하는 자이다(제2조 제3호).

② 행 위

본죄는 ①의 경우에는 통신판매업자가 제12조 제1항에 따라 신고하지 아니 하거나 거짓으로 신고함으로써 성립하고 ②의 경우에는 사업자가 소비자 피해보상보험계약 등을 체결하는 사실 또는 결제대금예치를 이용하도록 하는 사실을 나타내는 표지를 사용하거나 이와 유사한 표지를 제작하거나 사용하는 행위를 하면 본죄가 성립한다.

3) 처 벌

본죄가 성립하면, 행위자는 3천만원 이하의 벌금에 처한다(법 제42조 본문). 본죄에는 징역형이 없다. 법인의 대표자나 법인 또는 개인의 대리인, 사용인, 그 밖의 종업원이 그 법인 또는 개인의 업무에 관하여 제42조에 위반하는 행위를 하면 그 행위자를 벌하는 외에 그 법인 또는 개인에게도 해당 벌금형을 과한다.

다만 법인 또는 개인이 그 위반행위를 방지하기 위하여 해당 업무에 관하여 상당한 주의와 감독을 게을리 하지 아니한 경우에는 그러하지 아니하다(법 제44조). 위반행위를 사전에 방지하기 위하여 법인이나 개인에게 상당한 주의와 감독을 유도하기 위한 규정이다.

(4) 법 제43조에 의한 범죄

1) 의 의

① 통신판매업자가 재화 등의 거래에 관한 청약을 받을 목적으로 표시, 광고를 할 때에는 그 표시, 광고 등에 제13조 제1항 각호(상호 및 대표자 성명 등)에서 정하는 사항을 포함하여야 한다(제13조 제1항). 또 ② 통신판매업자는 소비자가 계약체결 전에 재화 등의 거래조건을 정확하게 이해하고 실수나 착오가 없이 거래할 수 있도록 제13조 제2항 각호의 사항을 적절한 방법으로 표시, 광고하여야 한다. 그리고 계약이 체결되면 계약자에게 제13조 제2항 각호의 사항이 기재된 계약내용에 관한

서면을 재화 등을 공급할 때까지 교부하여야 한다. 다만 계약자의 권리를 침해하지 아니하는 범위에서 대통령령으로 정하는 사유가 있는 경우에는 계약자를 갈음하여 재화 등을 공급받는 자에게 그 서면을 교부할 수 있다(제13조 제2항).

본죄는 ①의 경우에 사업자의 신원정보에 관하여 거짓으로 정보를 제공한 경우 ②의 경우에는 거래조건에 관하여 거짓으로 정보를 제공한 경우에 성립하며, 행위자는 1천만원 이하의 벌금에 처한다(제43조 본문).

2) 객관적 구성요건

① 행위주체

본죄의 행위주체는 통신판매업자이다. 통신판매업자란 통신판매를 업으로 하는 자 또는 그와의 약정에 따라 통신판매업무를 수행하는 자로서 전 항에서 이미 설명하였다. 본죄의 행위는 법인의 대표자나 법인 또는 개인의 대리인 사용인 그 밖의 종업원이 실행할 것이다.

② 행 위

본죄는 통신판매업자가 사업자의 신원정보에 관하여 거짓으로 정보를 제공하거나 거래조건에 관하여 거짓으로 정보를 제공하는 행위를 함으로써 성립한다. 본법은 소비자를 보호하기 위하여 통신판매업자에 관한 정확한 정보를 제공할 것을 목적으로 하기 때문에 허위의 정보를 제공하면 곧 본죄가 성립할 것이다. 통신판매업자가 거짓 정보를 제공하고 이를 신뢰한 소비자에게 손해가 발생하였는지에 대해서는 본죄의 성립요건으로 하지 않는다. 다만, 통신판매업자가 소비자를 기망하려는 고의가 있어야 한다고 본다.

③ 처 벌

본죄가 성립하면 행위자는 1천만원 이하의 벌금에 처한다(제43조 본문). 본죄에는 징역형이 없다. 법인의 대표자나 법인 또는 개인의 대리인, 사용인, 그 밖의 종업원이 그 법인 또는 개인의 업무에 관하여 제43조에 위반하는 행위를 하면 그 행위자를 벌하는 외에 그 법인 또는 개인에게도 해당 벌금형을 과한다.

다만 법인 또는 개인이 그 위반행위를 방지하기 위하여 해당 업무에 관하여 상당한 주의와 상당한 주의와 감독을 게을리 하지 아니한 경우에는 그러하지 아니하다(법 제44조). 위반행위를 사전에 방지하기 위하여 법인이나 개인에게 상당한 주의와 감독을 유도하기 위한 규정이다.

부　　록

◈ 상　　법
◈ 독점규제 및 공정거래에 관한 법률
◈ 자본시장과 금융투자업에 관한 법률

상 법

[시행 2014.5.20.] [법률 제12591호, 2014.5.20. 일부개정]

제3편 회 사

제1장 통 칙

제169조(회사의 의의) 이 법에서 "회사"란 상행위나 그 밖의 영리를 목적으로 하여 설립한 법인을 말한다.
[전문개정 2011.4.14.]

제170조(회사의 종류) 회사는 합명회사, 합자회사, 유한책임회사, 주식회사와 유한회사의 5종으로 한다.
[전문개정 2011.4.14.]

제171조(회사의 주소) 회사의 주소는 본점소재지에 있는 것으로 한다.
[전문개정 2011.4.14.]

제172조(회사의 성립) 회사는 본점소재지에서 설립등기를 함으로써 성립한다.

제173조(권리능력의 제한) 회사는 다른 회사의 무한책임사원이 되지 못한다.

제174조(회사의 합병) ① 회사는 합병을 할 수 있다.
② 합병을 하는 회사의 일방 또는 쌍방이 주식회사, 유한회사 또는 유한책임회사인 경우에는 합병 후 존속하는 회사나 합병으로 설립되는 회사는 주식회사, 유한회사 또는 유한책임회사이어야 한다. [개정 2011.4.14.]
③ 해산후의 회사는 존립 중의 회사를 존속하는 회사로 하는 경우에 한하여 합병을 할 수 있다.

제175조(동전-설립위원) ① 회사의 합병으로 인하여 신회사를 설립하는 경우에는 정관의 작성 기타 설립에 관한 행위는 각 회사에서 선임한 설립위원이 공동으로 하여야 한다.
② 제230조, 제434조와 제585조의 규정은 전항의 선임에 준용한다.

제176조(회사의 해산명령) ① 법원은 다음의 사유가 있는 경우에는 이해관계인이나 검사의 청구에 의하여 또는 직권으로 회사의 해산을 명할 수 있다.
1. 회사의 설립목적이 불법한 것인 때
2. 회사가 정당한 사유없이 설립후 1년내에 영업을 개시하지 아니하거나 1년 이상 영업을 휴지하는 때
3. 이사 또는 회사의 업무를 집행하는 사원이 법령 또는 정관에 위반하여 회사의 존속을 허용할 수 없는 행위를 한 때

② 전항의 청구가 있는 때에는 법원은 해산을 명하기 전일지라도 이해관계인이나 검사의 청구에 의하여 또는 직권으로 관리인의 선임 기타 회사재산의 보전에 필요한 처분을 할 수 있다.
③ 이해관계인이 제1항의 청구를 한 때에는 법원은 회사의 청구에 의하여 상당한 담보를 제공할 것을 명할 수 있다.
④ 회사가 전항의 청구를 함에는 이해관계인의 청구가 악의임을 소명하여야 한다.

제177조(등기기간의 기산점) 본편의 규정에 의하여 등기할 사항으로서 관청의 허가 또는 인가를 요하는 것에 관하여는 그 서류가 도달한 날로부터 등기기간을 기산한다.

제2장 합명회사

제1절 설 립

제178조(정관의 작성) 합명회사의 설립에는 2인 이상의 사원이 공동으로 정관을 작성하여야 한다.

제179조(정관의 절대적 기재사항) 정관에는 다음의 사항을 기재하고 총사원이 기명날인 또는 서명하여야 한다. [개정 1995.12.29.]
1. 목적
2. 상호
3. 사원의 성명·주민등록번호 및 주소
4. 사원의 출자의 목적과 가격 또는 그 평가의 표준
5. 본점의 소재지
6. 정관의 작성년월일

제180조(설립의 등기) 합명회사의 설립등기에 있어서는 다음의 사항을 등기하여야 한다. [개정 1995.12.29, 2011.4.14.]
1. 제179조 제1호 내지 제3호 및 제5호의 사항과 지점을 둔 때에는 그 소재지. 다만, 회사를 대표할 사원을 정한 때에는 그 외의 사원의 주소를 제외한다.
2. 사원의 출자의 목적, 재산출자에는 그 가격과 이행한 부분
3. 존립기간 기타 해산사유를 정한 때에는 그

기간 또는 사유
4. 회사를 대표할 사원을 정한 경우에는 그 성명·주소 및 주민등록번호
5. 수인의 사원이 공동으로 회사를 대표할 것을 정한 때에는 그 규정

제181조(지점 설치의 등기) ① 회사의 설립과 동시에 지점을 설치하는 경우에는 설립등기를 한 후 2주 내에 지점소재지에서 제180조 제1호 본문(다른 지점의 소재지는 제외한다) 및 제3호부터 제5호까지의 사항을 등기하여야 한다. 다만, 회사를 대표할 사원을 정한 경우에는 그 외의 사원은 등기하지 아니한다.
② 회사의 성립 후에 지점을 설치하는 경우에는 본점소재지에서는 2주 내에 그 지점소재지와 설치 연월일을 등기하고, 그 지점소재지에서는 3주 내에 제180조 제1호 본문(다른 지점의 소재지는 제외한다) 및 제3호부터 제5호까지의 사항을 등기하여야 한다. 다만, 회사를 대표할 사원을 정한 경우에는 그 밖의 사원은 등기하지 아니한다.
[전문개정 2011.4.14.]

제182조(본점, 지점의 이전등기) ① 회사가 본점을 이전하는 경우에는 2주간내에 구소재지에서는 신소재지와 이전년월일을, 신소재지에서는 제180조 각호의 사항을 등기하여야 한다. [개정 1995.12.29.]
② 회사가 지점을 이전하는 경우에는 2주 내에 본점과 구지점소재지에서는 신지점소재지와 이전 연월일을 등기하고, 신지점소재지에서는 제180조 제1호 본문(다른 지점의 소재지는 제외한다) 및 제3호부터 제5호까지의 사항을 등기하여야 한다. 다만, 회사를 대표할 사원을 정한 경우에는 그 밖의 사원은 등기하지 아니한다. [개정 2011.4.14.]
③ 삭제 [1995.12.29.]

제183조(변경등기) 제180조에 게기한 사항에 변경이 있는 때에는 본점소재지에서는 2주간내, 지점소재지에서는 3주간 내에 변경등기를 하여야 한다.

제183조의2(업무집행정지가처분 등의 등기) 사원의 업무집행을 정지하거나 직무대행자를 선임하는 가처분을 하거나 그 가처분을 변경·취소하는 경우에는 본점 및 지점이 있는 곳의 등기소에서 이를 등기하여야 한다.
[본조신설 2001.12.29.]

제184조(설립무효, 취소의 소) ① 회사의 설립의 무효는 그 사원에 한하여, 설립의 취소는 그 취소권있는 자에 한하여 회사성립의 날로부터 2년내에 소만으로 이를 주장할 수 있다.
② 민법 제140조의 규정은 전항의 설립의 취소에 준용한다.

제185조(채권자에 의한 설립취소의 소) 사원이 그 채권자를 해할 것을 알고 회사를 설립한 때에는 채권자는 그 사원과 회사에 대한 소로 회사의 설립취소를 청구할 수 있다.

제186조(전속관할) 전2조의 소는 본점소재지의 지방법원의 관할에 전속한다.

제187조(소제기의 공고) 설립무효의 소 또는 설립취소의 소가 제기된 때에는 회사는 지체없이 공고하여야 한다.

제188조(소의 병합심리) 수개의 설립무효의 소 또는 설립취소의 소가 제기된 때에는 법원은 이를 병합심리하여야 한다.

제189조(하자의 보완 등과 청구의 기각) 설립무효의 소 또는 설립취소의 소가 그 심리중에 원인이 된 하자가 보완되고 회사의 현황과 제반사정을 참작하여 설립을 무효 또는 취소하는 것이 부적당하다고 인정한 때에는 법원은 그 청구를 기각할 수 있다.

제190조(판결의 효력) 설립무효의 판결 또는 설립취소의 판결은 제3자에 대하여도 그 효력이 있다. 그러나 판결확정전에 생긴 회사와 사원 및 제3자간의 권리의무에 영향을 미치지 아니한다.

제191조(패소원고의 책임) 설립무효의 소 또는 설립취소의 소를 제기한 자가 패소한 경우에 악의 또는 중대한 과실이 있는 때에는 회사에 대하여 연대하여 손해를 배상할 책임이 있다.

제192조(설립무효, 취소의 등기) 설립무효의 판결 또는 설립취소의 판결이 확정된 때에는 본점과 지점의 소재지에서 등기하여야 한다.

제193조(설립무효, 취소판결의 효과) ① 설립무효의 판결 또는 설립취소의 판결이 확정된 때에는 해산의 경우에 준하여 청산하여야 한다.
② 전항의 경우에는 법원은 사원 기타의 이해관계인의 청구에 의하여 청산인을 선임할 수 있다.

제194조(설립무효, 취소와 회사계속) ① 설립무효의 판결 또는 설립취소의 판결이 확정된 경우에 그 무효나 취소의 원인이 특정한 사원에 한한 것인 때에는 다른 사원전원의 동의로써 회사를 계속할 수 있다.
② 전항의 경우에는 그 무효 또는 취소의 원인이 있는 사원은 퇴사한 것으로 본다.
③ 제229조 제2항과 제3항의 규정은 전2항의 경우에 준용한다.

제 2 절 회사의 내부관계

제195조(준용법규) 합명회사의 내부관계에 관하여는 정관 또는 본법에 다른 규정이 없으면 조합에 관한 민법의 규정을 준용한다.

제196조(채권출자) 채권을 출자의 목적으로 한 사원은 그 채권이 변제기에 변제되지 아니한 때에는 그 채권액을 변제할 책임을 진다. 이 경우에는 이자를 지급하는 외에 이로 인하여 생긴 손해를 배상하여야 한다.

제197조(지분의 양도) 사원은 다른 사원의 동의

를 얻지 아니하면 그 지분의 전부 또는 일부를 타인에게 양도하지 못한다.

제198조(사원의 경업의 금지) ① 사원은 다른 사원의 동의가 없으면 자기 또는 제3자의 계산으로 회사의 영업부류에 속하는 거래를 하지 못하며 동종영업을 목적으로 하는 다른 회사의 무한책임사원 또는 이사가 되지 못한다.
② 사원이 전항의 규정에 위반하여 거래를 한 경우에 그 거래가 자기의 계산으로 한 것인 때에는 회사는 이를 회사의 계산으로 한 것으로 볼 수 있고 제3자의 계산으로 한것인 때에는 그 사원에 대하여 회사는 이로 인한 이득의 양도를 청구할 수 있다. [개정 1962.12.12.]
③ 전항의 규정은 회사의 그 사원에 대한 손해배상의 청구에 영향을 미치지 아니한다.
④ 제2항의 권리는 다른 사원 과반수의 결의에 의하여 행사하여야 하며 다른 사원의 1인이 그 거래를 안 날로부터 2주간을 경과하거나 그 거래가 있은 날로부터 1년을 경과하면 소멸한다.

제199조(사원의 자기거래) 사원은 다른 사원 과반수의 결의가 있는 때에 한하여 자기 또는 제삼자의 계산으로 회사와 거래를 할 수 있다. 이 경우에는 민법 제124조의 규정을 적용하지 아니한다.

제200조(업무집행의 권리의무) ① 각 사원은 정관에 다른 규정이 없는 때에는 회사의 업무를 집행할 권리와 의무가 있다.
② 각 사원의 업무집행에 관한 행위에 대하여 다른 사원의 이의가 있는 때에는 곧 행위를 중지하고 총사원과반수의 결의에 의하여야 한다.

제200조의2(직무대행자의 권한) ① 제183조의2의 직무대행자는 가처분명령에 다른 정함이 있는 경우 외에는 법인의 통상업무에 속하지 아니한 행위를 하지 못한다. 다만, 법원의 허가를 얻은 경우에는 그러하지 아니하다.
②직무대행자가 제1항의 규정에 위반한 행위를 한 경우에도 회사는 선의의 제3자에 대하여 책임을 진다. [본조신설 2001.12.29.]

제201조(업무집행사원) ① 정관으로 사원의 1인 또는 수인을 업무집행사원으로 정한 때에는 그 사원이 회사의 업무를 집행할 권리와 의무가 있다.
② 수인의 업무집행사원이 있는 경우에 그 각 사원의 업무집행에 관한 행위에 대하여 다른 업무집행사원의 이의가 있는 때에는 곧 그 행위를 중지하고 업무집행사원 과반수의 결의에 의하여야 한다.

제202조(공동업무집행사원) 정관으로 수인의 사원을 공동업무집행사원으로 정한 때에 그 전원의 동의가 없으면 업무집행에 관한 행위를 하지 못한다. 그러나 지체할 염려가 있는 때에는 그러하지 아니하다.

제203조(지배인의 선임과 해임) 지배인의 선임과 해임은 정관에 다른 정함이 없으면 업무집행사원이 있는 경우에도 총사원 과반수의 결의에 의하여야 한다.

제204조(정관의 변경) 정관을 변경함에는 총사원의 동의가 있어야 한다.

제205조(업무집행사원의 권한상실선고) ① 사원이 업무를 집행함에 현저하게 부적임하거나 중대한 의무에 위반한 행위가 있는 때에는 법원은 사원의 청구에 의하여 업무집행권한의 상실을 선고할 수 있다.
② 전항의 판결이 확정된 때에는 본점과 지점의 소재지에서 등기하여야 한다.

제206조(준용규정) 제186조의 규정은 전조의 소에 준용한다.

제 3 절 회사의 외부관계

제207조(회사대표) 정관으로 업무집행사원을 정하지 아니한 때에는 각 사원은 회사를 대표한다. 수인의 업무집행사원을 정한 경우에 각 업무집행사원은 회사를 대표한다. 그러나 정관 또는 총사원의 동의로 업무집행사원중 특히 회사를 대표할 자를 정할 수 있다.

제208조(공동대표) ① 회사는 정관 또는 총사원의 동의로 수인의 사원이 공동으로 회사를 대표할 것을 정할 수 있다.
② 전항의 경우에도 제삼자의 회사에 대한 의사표시는 공동대표의 권한 있는 사원 1인에 대하여 이를 함으로써 그 효력이 생긴다.

제209조(대표사원의 권한) ① 회사를 대표하는 사원은 회사의 영업에 관하여 재판상 또는 재판외의 모든 행위를 할 권한이 있다.
② 전항의 권한에 대한 제한은 선의의 제삼자에게 대항하지 못한다.

제210조(손해배상책임) 회사를 대표하는 사원이 그 업무집행으로 인하여 타인에게 손해를 가한 때에는 회사는 그 사원과 연대하여 배상할 책임이 있다.

제211조(회사와 사원간의 소에 관한 대표권) 회사가 사원에 대하여 또는 사원이 회사에 대하여 소를 제기하는 경우에 회사를 대표할 사원이 없을 때에는 다른 사원 과반수의 결의로 선정하여야 한다.

제212조(사원의 책임) ① 회사의 재산으로 회사의 채무를 완제할 수 없는 때에는 각 사원은 연대하여 변제할 책임이 있다.
② 회사재산에 대한 강제집행이 주효하지 못한 때에도 전항과 같다.
③ 전항의 규정은 사원이 회사에 변제의 자력이 있으며 집행이 용이한 것을 증명한 때에는 적용하지 아니한다.

제213조(신입사원의 책임) 회사성립후에 가입한 사원은 그 가입전에 생긴 회사채무에 대하여 다른 사원과 동일한 책임을 진다.

제214조(사원의 항변) ① 사원이 회사채무에 관하여 변제의 청구를 받은 때에는 회사가 주장할 수 있는 항변으로 그 채권자에게 대항할 수 있다.
② 회사가 그 채권자에 대하여 상계, 취소 또는 해제할 권리가 있는 경우에는 사원은 전항의 청구에 대하여 변제를 거부할 수 있다.

제215조(자칭사원의 책임) 사원이 아닌 자가 타인에게 자기를 사원이라고 오인시키는 행위를 하였을 때에는 오인으로 인하여 회사와 거래한 자에 대하여 사원과 동일한 책임을 진다.

제216조(준용규정) 제205조와 제206조의 규정은 회사의 대표사원에 준용한다.

제 4 절 사원의 퇴사

제217조(사원의 퇴사권) ① 정관으로 회사의 존립기간을 정하지 아니하거나 어느 사원의 종신까지 존속할 것을 정한 때에는 사원은 영업년도말에 한하여 퇴사할 수 있다. 그러나 6월전에 이를 예고하여야 한다.
② 사원이 부득이한 사유가 있을 때에는 언제든지 퇴사할 수 있다.

제218조(퇴사원인) 사원은 전조의 경우외에 다음의 사유로 인하여 퇴사한다.
1. 정관에 정한 사유의 발생
2. 총사원의 동의
3. 사망
4. 금치산
5. 파산
6. 제명

제219조(사원사망 시 권리승계의 통지) ① 정관으로 사원이 사망한 경우에 그 상속인이 회사에 대한 피상속인의 권리의무를 승계하여 사원이 될 수 있음을 정한 때에는 상속인은 상속의 개시를 안 날로부터 3월내에 회사에 대하여 승계 또는 포기의 통지를 발송하여야 한다.
② 상속인이 전항의 통지 없이 3월을 경과한 때에는 사원이 될 권리를 포기한 것으로 본다.

제220조(제명의 선고) ① 사원에게 다음의 사유가 있는 때에는 회사는 다른 사원 과반수의 결의에 의하여 그 사원의 제명의 선고를 법원에 청구할 수 있다.
1. 출자의 의무를 이행하지 아니한 때
2. 제198조 제1항의 규정에 위반한 행위가 있는 때
3. 회사의 업무집행 또는 대표에 관하여 부정한 행위가 있는 때, 권한없이 업무를 집행하거나 회사를 대표한 때
4. 기타 중요한 사유가 있는 때
② 제205조 제2항과 제206조의 규정은 전항의 경우에 준용한다.

제221조(제명사원과 회사간의 계산) 제명된 사원과 회사와의 계산은 제명의 소를 제기한 때의 회사재산의 상태에 따라서 하며 그 때부터 법정이자를 붙여야 한다.

제222조(지분의 환급) 퇴사한 사원은 노무 또는 신용으로 출자의 목적으로 한 경우에도 그 지분의 환급을 받을 수 있다. 그러나 정관에 다른 규정이 있는 때에는 그러하지 아니하다.

제223조(지분의 압류) 사원의 지분의 압류는 사원이 장래이익의 배당과 지분의 환급을 청구하는 권리에 대하여도 그 효력이 있다.

제224조(지분 압류채권자에 의한 퇴사청구) ① 사원의 지분을 압류한 채권자는 영업년도말에 그 사원을 퇴사시킬 수 있다. 그러나 회사와 그 사원에 대하여 6월전에 그 예고를 하여야 한다.
② 전항 단서의 예고는 사원이 변제를 하거나 상당한 담보를 제공한 때에는 그 효력을 잃는다.

제225조(퇴사원의 책임) ① 퇴사한 사원은 본점소재지에서 퇴사등기를 하기 전에 생긴 회사채무에 대하여는 등기후 2년내에는 다른 사원과 동일한 책임이 있다.
② 전항의 규정은 지분을 양도한 사원에 준용한다.

제226조(퇴사원의 상호변경청구권) 퇴사한 사원의 성명이 회사의 상호 중에 사용된 경우에는 그 사원은 회사에 대하여 그 사용의 폐지를 청구할 수 있다.

제 5 절 회사의 해산

제227조(해산원인) 회사는 다음의 사유로 인하여 해산한다.
1. 존립기간의 만료 기타 정관으로 정한 사유의 발생
2. 총사원의 동의
3. 사원이 1인으로 된 때
4. 합병
5. 파산
6. 법원의 명령 또는 판결

제228조(해산등기) 회사가 해산된 때에는 합병과 파산의 경우외에는 그 해산사유가 있은 날로부터 본점소재지에서는 2주간내, 지점소재지에서는 3주간내에 해산등기를 하여야 한다.

제229조(회사의 계속) ① 제227조 제1호와 제2호의 경우에는 사원의 전부 또는 일부의 동의로 회사를 계속할 수 있다. 그러나 동의를 하지 아니한 사원은 퇴사한 것으로 본다.
② 제227조 제3호의 경우에는 새로 사원을 가입시켜서 회사를 계속할 수 있다.
③ 전2항의 경우에 이미 회사의 해산등기를 하였을 때에는 본점소재지에서는 2주간내, 지점소재지에서는 3주간내에 회사의 계속등기를 하여야 한다.
④ 제213조의 규정은 제2항의 신입사원의 책

임에 준용한다.

제230조(합병의 결의) 회사가 합병을 함에는 총사원의 동의가 있어야 한다.

제231조 삭제 [1984.4.10.]

제232조(채권자의 이의) ① 회사는 합병의 결의가 있은 날부터 2주내에 회사채권자에 대하여 합병에 이의가 있으면 일정한 기간내에 이를 제출할 것을 공고하고 알고 있는 채권자에 대하여는 따로따로 이를 최고하여야 한다. 이 경우 그 기간은 1월 이상이어야 한다. [개정 1984.4.10, 1998.12.28.]
② 채권자가 제1항의 기간내에 이의를 제출하지 아니한 때에는 합병을 승인한 것으로 본다. [개정 1984.4.10.]
③ 이의를 제출한 채권자가 있는 때에는 회사는 그 채권자에 대하여 변제 또는 상당한 담보를 제공하거나 이를 목적으로 하여 상당한 재산을 신탁회사에 신탁하여야 한다.

제233조(합병의 등기) 회사가 합병을 한 때에는 본점소재지에서는 2주간 내, 지점소재지에서는 3주간 내에 합병후 존속하는 회사의 변경등기, 합병으로 인하여 소멸하는 회사의 해산등기, 합병으로 인하여 설립되는 회사의 설립등기를 하여야 한다.

제234조(합병의 효력발생) 회사의 합병은 합병후 존속하는 회사 또는 합병으로 인하여 설립되는 회사가 그 본점소재지에서 전조의 등기를 함으로써 그 효력이 생긴다.

제235조(합병의 효과) 합병후 존속한 회사 또는 합병으로 인하여 설립된 회사는 합병으로 인하여 소멸된 회사의 권리의무를 승계한다.

제236조(합병무효의 소의 제기) ① 회사의 합병의 무효는 각 회사의 사원, 청산인, 파산관재인 또는 합병을 승인하지 아니한 회사채권자에 한하여 소만으로 이를 주장할 수 있다.
② 전항의 소는 제233조의 등기가 있은 날로부터 6월내에 제기하여야 한다.

제237조(준용규정) 제176조 제3항과 제4항의 규정은 회사채권자가 전조의 소를 제기한 때에 준용한다.

제238조(합병무효의 등기) 합병을 무효로 한 판결이 확정된 때에는 본점과 지점의 소재지에서 합병후 존속한 회사의 변경등기, 합병으로 인하여 소멸된 회사의 회복등기, 합병으로 인하여 설립된 회사의 해산등기를 하여야 한다.

제239조(무효판결확정과 회사의 권리의무의 귀속) ① 합병을 무효로 한 판결이 확정된 때에는 합병을 한 회사는 합병후 존속한 회사 또는 합병으로 인하여 설립된 회사의 합병후 부담한 채무에 대하여 연대하여 변제할 책임이 있다.
② 합병후 존속한 회사 또는 합병으로 인하여 설립한 회사의 합병후 취득한 재산은 합병을 한 회사의 공유로 한다.
③ 전 2항의 경우에 각 회사의 협의로 그 부담부분 또는 지분을 정하지 못한 때에는 법원은 그 청구에 의하여 합병당시의 각 회사의 재산상태 기타의 사정을 참작하여 이를 정한다.

제240조(준용규정) 제186조 내지 제191조의 규정은 합병무효의 소에 준용한다.

제241조(사원에 의한 해산청구) ① 부득이한 사유가 있는 때에는 각 사원은 회사의 해산을 법원에 청구할 수 있다.
② 제186조와 제191조의 규정은 전항의 경우에 준용한다.

제242조(조직변경) ① 합명회사는 총사원의 동의로 일부사원을 유한책임사원으로 하거나 유한책임사원을 새로 가입시켜서 합자회사로 변경할 수 있다.
② 전항의 규정은 제229조 제2항의 규정에 의하여 회사를 계속하는 경우에 준용한다.

제243조(조직변경의 등기) 합명회사를 합자회사로 변경한 때에는 본점소재지에서는 2주간내, 지점소재지에서는 3주간내에 합명회사에 있어서는 해산등기, 합자회사에 있어서는 설립등기를 하여야 한다.

제244조(조직변경에 의하여 유한책임사원이 된 자의 책임) 합명회사사원으로서 제242조 제1항의 규정에 의하여 유한책임사원이 된 자는 전조의 규정에 의한 본점등기를 하기 전에 생긴 회사채무에 대하여는 등기 후 2년내에는 무한책임사원의 책임을 면하지 못한다.

제6절 청 산

제245조(청산 중의 회사) 회사는 해산된 후에도 청산의 목적범위내에서 존속하는 것으로 본다.

제246조(수인의 지분상속인이 있는 경우) 회사의 해산후 사원이 사망한 경우에 그 상속인이 수인인 때에는 청산에 관한 사원의 권리를 행사할 자 1인을 정하여야 한다. 이를 정하지 아니한 때에는 회사의 통지 또는 최고는 그 중의 1인에 대하여 하면 전원에 대하여 그 효력이 있다.

제247조(임의청산) ① 해산된 회사의 재산처분방법은 정관 또는 총사원의 동의로 이를 정할 수 있다. 이 경우에는 해산사유가 있는 날로부터 2주간내에 재산목록과 대차대조표를 작성하여야 한다.
② 전항의 규정은 회사가 제227조 제3호 또는 제6호의 사유로 인하여 해산한 경우에는 이를 적용하지 아니한다.
③ 제232조의 규정은 제1항의 경우에 준용한다.
④ 제1항의 경우에 사원의 지분을 압류한 자가 있는 때에는 그 동의를 얻어야 한다.
⑤ 제1항의 회사는 그 재산의 처분을 완료한 날부터 본점소재지에서는 2주간내에, 지점소재지에서는 3주간내에 청산종결의 등기를 하

여야 한다. [신설 1995.12.29.]

제248조(임의청산과 채권자보호) ① 회사가 전조 제3항의 규정에 위반하여 그 재산을 처분함으로써 회사채권자를 해한 때에는 회사채권자는 그 처분의 취소를 법원에 청구할 수 있다.

② 제186조와 민법제406조 제1항 단서, 제2항 및 제407조의 규정은 전항의 취소의 청구에 준용한다.

제249조(지분압류채권자의 보호) 회사가 제247조 제4항의 규정에 위반하여 그 재산을 처분한 때에는 사원의 지분을 압류한 자는 회사에 대하여 그 지분에 상당하는 금액의 지급을 청구할 수 있다. 이 경우에는 전조의 규정을 준용한다.

제250조(법정청산) 제247조 제1항의 규정에 의하여 회사재산의 처분방법을 정하지 아니한 때에는 합병과 파산의 경우를 제외하고 제251조 내지 제265조의 규정에 따라서 청산을 하여야 한다.

제251조(청산인) ① 회사가 해산된 때에는 총사원 과반수의 결의로 청산인을 선임한다.

② 청산인의 선임이 없는 때에는 업무집행사원이 청산인이 된다.

제252조(법원선임에 의한 청산인) 회사가 제227조 제3호 또는 제6호의 사유로 인하여 해산된 때에는 법원은 사원 기타의 이해관계인이나 검사의 청구에 의하여 또는 직권으로 청산인을 선임한다.

제253조(청산인의 등기) ① 청산인이 선임된 때에는 그 선임된 날로부터, 업무집행사원이 청산인이 된 때에는 해산된 날로부터 본점소재지에서는 2주간내, 지점소재지에서는 3주간내에 다음의 사항을 등기하여야 한다. [개정 1995.12.29.]

1. 청산인의 성명·주민등록번호 및 주소. 다만, 회사를 대표할 청산인을 정한 때에는 그 외의 청산인의 주소를 제외한다.
2. 회사를 대표할 청산인을 정한 때에는 그 성명
3. 수인의 청산인이 공동으로 회사를 대표할 것을 정한 때에는 그 규정

② 제183조의 규정은 제1항의 등기에 준용한다. [개정 1995.12.29.]

제254조(청산인의 직무권한) ① 청산인의 직무는 다음과 같다.

1. 현존사무의 종결
2. 채권의 추심과 채무의 변제
3. 재산의 환가처분
4. 잔여재산의 분배

② 청산인이 수인인 때에는 청산의 직무에 관한 행위는 그 과반수의 결의로 정한다.

③ 회사를 대표할 청산인은 제1항의 직무에 관하여 재판상 또는 재판외의 모든 행위를 할 권한이 있다.

④ 민법 제93조의 규정은 합명회사에 준용한다.

제255조(청산인의 회사대표) ① 업무집행사원이 청산인으로 된 경우에는 종전의 정함에 따라 회사를 대표한다.

② 법원이 수인의 청산인을 선임하는 경우에는 회사를 대표할 자를 정하거나 수인이 공동하여 회사를 대표할 것을 정할 수 있다.

제256조(청산인의 의무) ① 청산인은 취임한 후 지체없이 회사의 재산상태를 조사하고 재산목록과 대차대조표를 작성하여 각 사원에게 교부하여야 한다.

② 청산인은 사원의 청구가 있는 때에는 언제든지 청산의 상황을 보고하여야 한다.

제257조(영업의 양도) 청산인이 회사의 영업의 전부 또는 일부를 양도함에는 총사원 과반수의 결의가 있어야 한다.

제258조(채무완제불능과 출자청구) ① 회사의 현존재산이 그 채무를 변제함에 부족한 때에는 청산인은 변제기에 불구하고 각 사원에 대하여 출자를 청구할 수 있다.

② 전항의 출자액은 각 사원의 출자의 비율로 이를 정한다.

제259조(채무의 변제) ① 청산인은 변제기에 이르지 아니한 회사채무에 대하여도 이를 변제할 수 있다.

② 전항의 경우에 이자없는 채권에 관하여는 변제기에 이르기까지의 법정이자를 가산하여 그 채권액에 달할 금액을 변제하여야 한다.

③ 전항의 규정은 이자있는 채권으로서 그 이율이 법정이율에 달하지 못하는 것에 이를 준용한다.

④ 제1항의 경우에는 조건부채권, 존속기간이 불확정한 채권 기타 가액이 불확정한 채권에 대하여는 법원이 선임한 감정인의 평가에 의하여 변제하여야 한다.

제260조(잔여재산의 분배) 청산인은 회사의 채무를 완제한 후가 아니면 회사재산을 사원에게 분배하지 못한다. 그러나 다툼이 있는 채무에 대하여는 그 변제에 필요한 재산을 보류하고 잔여재산을 분배할 수 있다.

제261조(청산인의 해임) 사원이 선임한 청산인은 총사원 과반수의 결의로 해임할 수 있다.

제262조(동전) 청산인이 그 직무를 집행함에 현저하게 부적임하거나 중대한 임무에 위반한 행위가 있는 때에는 법원은 사원 기타의 이해관계인의 청구에 의하여 청산인을 해임할 수 있다.

제263조(청산인의 임무종료) ① 청산인은 그 임무가 종료한 때에는 지체없이 계산서를 작성하여 각 사원에게 교부하고 그 승인을 얻어야 한다.

② 전항의 계산서를 받은 사원이 1월내에 이의를 하지 아니한 때에는 그 계산을 승인한 것으로 본다. 그러나 청산인에게 부정행위가

있는 경우에는 그러하지 아니하다.

제264조(청산종결의 등기) 청산이 종결된 때에는 청산인은 전조의 규정에 의한 총사원의 승인이 있은 날로부터 본점소재지에서는 2주간내, 지점소재지에서는 3주간내에 청산종결의 등기를 하여야 한다.

제265조(준용규정) 제183조의2·제199조·제200조의2·제207조·제208조·제209조 제2항·제210조·제382조 제2항·제399조 및 제401조의 규정은 청산인에 준용한다.
[전문개정 2001.12.29.]

제266조(장부, 서류의 보존) ① 회사의 장부와 영업 및 청산에 관한 중요서류는 본점소재지에서 청산종결의 등기를 한 후 10년간 이를 보존하여야 한다. 다만, 전표 또는 이와 유사한 서류는 5년간 이를 보존하여야 한다. [개정 1995.12.29.]
② 제1항의 경우에는 총사원 과반수의 결의로 보존인과 보존방법을 정하여야 한다. [개정 1995.12.29.]

제267조(사원의 책임의 소멸시기) ① 제212조의 규정에 의한 사원의 책임은 본점소재지에서 해산등기를 한 후 5년을 경과하면 소멸한다.
② 전항의 기간경과후에도 분배하지 아니한 잔여재산이 있는 때에는 회사채권자는 이에 대하여 변제를 청구할 수 있다.

제 3 장 합자회사

제268조(회사의 조직) 합자회사는 무한책임사원과 유한책임사원으로 조직한다.

제269조(준용규정) 합자회사에는 본장에 다른 규정이 없는 사항은 합명회사에 관한 규정을 준용한다.

제270조(정관의 절대적 기재사항) 합자회사의 정관에는 제179조에 게기한 사항외에 각 사원의 무한책임 또는 유한책임인 것을 기재하여야 한다.

제271조(등기사항) ① 합자회사의 설립등기를 할 때에는 제180조 각 호의 사항 외에 각 사원의 무한책임 또는 유한책임인 것을 등기하여야 한다.
② 합자회사가 지점을 설치하거나 이전할 때에는 지점소재지 또는 신지점소재지에서 제180조 제1호 본문(다른 지점의 소재지는 제외한다) 및 제3호부터 제5호까지의 사항을 등기하여야 한다. 다만, 무한책임사원만을 등기하되, 회사를 대표할 사원을 정한 경우에는 다른 사원은 등기하지 아니한다.
[전문개정 2011.4.14.]

제272조(유한책임사원의 출자) 유한책임사원은 신용 또는 노무를 출자의 목적으로 하지 못한다.

제273조(업무집행의 권리의무) 무한책임사원은 정관에 다른 규정이 없는 때에는 각자가 회사의 업무를 집행할 권리와 의무가 있다.

제274조(지배인의 선임, 해임) 지배인의 선임과 해임은 업무집행사원이 있는 경우에도 무한책임사원 과반수의 결의에 의하여야 한다.

제275조(유한책임사원의 경업의 자유) 유한책임사원은 다른 사원의 동의없이 자기 또는 제삼자의 계산으로 회사의 영업부류에 속하는 거래를 할 수 있고 동종영업을 목적으로 하는 다른 회사의 무한책임사원 또는 이사가 될 수 있다.

제276조(유한책임사원의 지분양도) 유한책임사원은 무한책임사원 전원의 동의가 있으면 그 지분의 전부 또는 일부를 타인에게 양도할 수 있다. 지분의 양도에 따라 정관을 변경하여야 할 경우에도 같다.

제277조(유한책임사원의 감시권) ① 유한책임사원은 영업년도말에 있어서 영업시간 내에 한하여 회사의 회계장부·대차대조표 기타의 서류를 열람할 수 있고 회사의 업무와 재산상태를 검사할 수 있다. [개정 1984.4.10.]
② 중요한 사유가 있는 때에는 유한책임사원은 언제든지 법원의 허가를 얻어 제1항의 열람과 검사를 할 수 있다. [개정 1984.4.10.]

제278조(유한책임사원의 업무집행, 회사대표의 금지) 유한책임사원은 회사의 업무집행이나 대표행위를 하지 못한다.

제279조(유한책임사원의 책임) ① 유한책임사원은 그 출자가액에서 이미 이행한 부분을 공제한 가액을 한도로 하여 회사채무를 변제할 책임이 있다.
② 회사에 이익이 없음에도 불구하고 배당을 받은 금액은 변제책임을 정함에 있어서 이를 가산한다.

제280조(출자감소의 경우의 책임) 유한책임사원은 그 출자를 감소한 후에도 본점소재지에서 등기를 하기 전에 생긴 회사채무에 대하여는 등기후 2년내에는 전조의 책임을 면하지 못한다.

제281조(자칭 무한책임사원의 책임) ① 유한책임사원이 타인에게 자기를 무한책임사원이라고 오인시키는 행위를 한 때에는 오인으로 인하여 회사와 거래를 한 자에 대하여 무한책임사원과 동일한 책임이 있다.
② 전항의 규정은 유한책임사원이 그 책임의 한도를 오인시키는 행위를 한 경우에 준용한다.

제282조(책임을 변경한 사원의 책임) 제213조의 규정은 유한책임사원이 무한책임사원으로 된 경우에, 제225조의 규정은 무한책임사원이 유한책임사원으로 된 경우에 준용한다.

제283조(유한책임사원의 사망) ① 유한책임사원이 사망한 때에는 그 상속인이 그 지분을 승계하여 사원이 된다.

② 전항의 경우에 상속인이 수인인 때에는 사원의 권리를 행사할 자 1인을 정하여야 한다. 이를 정하지 아니한 때에는 회사의 통지 또는 최고는 그 중의 1인에 대하여 하면 전원에 대하여 그 효력이 있다.

제284조(유한책임사원의 금치산) 유한책임사원은 금치산의 선고를 받은 경우에도 퇴사되지 아니한다.

제285조(해산, 계속) ① 합자회사는 무한책임사원 또는 유한책임사원의 전원이 퇴사한 때에는 해산된다.

② 전항의 경우에 잔존한 무한책임사원 또는 유한책임사원은 전원의 동의로 새로 유한책임사원 또는 무한책임사원을 가입시켜서 회사를 계속할 수 있다.

③ 제213조와 제229조 제3항의 규정은 전항의 경우에 준용한다.

제286조(조직변경) ① 합자회사는 사원전원의 동의로 그 조직을 합명회사로 변경하여 계속할 수 있다.

② 유한책임사원전원이 퇴사한 경우에도 무한책임사원은 그 전원의 동의로 합명회사로 변경하여 계속할 수 있다.

③ 전 2항의 경우에는 본점소재지에서는 2주간내, 지점소재지에서는 3주간내에 합자회사에 있어서는 해산등기를, 합명회사에 있어서는 설립등기를 하여야 한다.

제287조(청산인) 합자회사의 청산인은 무한책임사원 과반수의 의결로 선임한다. 이를 선임하지 아니한 때에는 업무집행사원이 청산인이 된다.

제 3 장의2 유한책임회사

[신설 2011.4.14.]

제 1 절 설 립 [신설 2011.4.14.]

제287조의2(정관의 작성) 유한책임회사를 설립할 때에는 사원은 정관을 작성하여야 한다.
[본조신설 2011.4.14.]

제287조의3(정관의 기재사항) 정관에는 다음 각 호의 사항을 적고 각 사원이 기명날인하거나 서명하여야 한다.

1. 제179조 제1호부터 제3호까지, 제5호 및 제6호에서 정한 사항
2. 사원의 출자의 목적 및 가액
3. 자본금의 액
4. 업무집행자의 성명(법인인 경우에는 명칭) 및 주소

[본조신설 2011.4.14.]

제287조의4(설립 시의 출자의 이행) ① 사원은 신용이나 노무를 출자의 목적으로 하지 못한다.

② 사원은 정관의 작성 후 설립등기를 하는 때까지 금전이나 그 밖의 재산의 출자를 전부 이행하여야 한다.

③ 현물출자를 하는 사원은 납입기일에 지체 없이 유한책임회사에 출자의 목적인 재산을 인도하고, 등기, 등록, 그 밖의 권리의 설정 또는 이전이 필요한 경우에는 이에 관한 서류를 모두 갖추어 교부하여야 한다.
[본조신설 2011.4.14.]

제287조의5(설립의 등기 등) ① 유한책임회사는 본점의 소재지에서 다음 각 호의 사항을 등기함으로써 성립한다.

1. 제179조 제1호·제2호 및 제5호에서 정한 사항과 지점을 둔 경우에는 그 소재지
2. 제180조 제3호에서 정한 사항
3. 자본금의 액
4. 업무집행자의 성명, 주소 및 주민등록번호(법인인 경우에는 명칭, 주소 및 법인등록번호). 다만, 유한책임회사를 대표할 업무집행자를 정한 경우에는 그 외의 업무집행자의 주소는 제외한다.
5. 유한책임회사를 대표할 자를 정한 경우에는 그 성명 또는 명칭과 주소
6. 정관으로 공고방법을 정한 경우에는 그 공고방법
7. 둘 이상의 업무집행자가 공동으로 회사를 대표할 것을 정한 경우에는 그 규정

② 유한책임회사가 지점을 설치하는 경우에는 제181조를 준용한다.

③ 유한책임회사가 본점이나 지점을 이전하는 경우에는 제182조를 준용한다.

④ 제1항 각 호의 사항이 변경된 경우에는 본점소재지에서는 2주 내에 변경등기를 하고, 지점소재지에서는 3주 내에 변경등기를 하여야 한다.

⑤ 유한책임회사의 업무집행자의 업무집행을 정지하거나 직무대행자를 선임하는 가처분을 하거나 그 가처분을 변경 또는 취소하는 경우에는 본점 및 지점이 있는 곳의 등기소에서 등기하여야 한다.
[본조신설 2011.4.14.]

제287조의6(준용규정) 유한책임회사의 설립의 무효와 취소에 관하여는 제184조부터 제194조까지의 규정을 준용한다. 이 경우 제184조 중 "사원"은 "사원 및 업무집행자"로 본다.
[본조신설 2011.4.14.]

제 2 절 유한책임회사의 내부관계

[신설 2011.4.14.]

제287조의7(사원의 책임) 사원의 책임은 이 법에 다른 규정이 있는 경우 외에는 그 출자금액을 한도로 한다.
[본조신설 2011.4.14.]

제287조의8(지분의 양도) ① 사원은 다른 사원의 동의를 받지 아니하면 그 지분의 전부 또는 일부를 타인에게 양도하지 못한다.

② 제1항에도 불구하고 업무를 집행하지 아

니한 사원은 업무를 집행하는 사원 전원의 동의가 있으면 지분의 전부 또는 일부를 타인에게 양도할 수 있다. 다만, 업무를 집행하는 사원이 없는 경우에는 사원 전원의 동의를 받아야 한다.
③ 제1항과 제2항에도 불구하고 정관으로 그에 관한 사항을 달리 정할 수 있다.
[본조신설 2011.4.14.]

제287조의9(유한책임회사에 의한 지분양수의 금지) ① 유한책임회사는 그 지분의 전부 또는 일부를 양수할 수 없다.
② 유한책임회사가 지분을 취득하는 경우에 그 지분은 취득한 때에 소멸한다.
[본조신설 2011.4.14.]

제287조의10(업무집행자의 경업 금지) ① 업무집행자는 사원 전원의 동의를 받지 아니하고는 자기 또는 제3자의 계산으로 회사의 영업부류(營業部類)에 속한 거래를 하지 못하며, 같은 종류의 영업을 목적으로 하는 다른 회사의 업무집행자·이사 또는 집행임원이 되지 못한다.
② 업무집행자가 제1항을 위반하여 거래를 한 경우에는 제198조 제2항부터 제4항까지의 규정을 준용한다.
[본조신설 2011.4.14.]

제287조의11(업무집행자와 유한책임회사 간의 거래) 업무집행자는 다른 사원 과반수의 결의가 있는 경우에만 자기 또는 제3자의 계산으로 회사와 거래를 할 수 있다. 이 경우에는 민법 제124조를 적용하지 아니한다.
[본조신설 2011.4.14.]

제287조의12(업무의 집행) ① 유한책임회사는 정관으로 사원 또는 사원이 아닌 자를 업무집행자로 정하여야 한다.
② 1명 또는 둘 이상의 업무집행자를 정한 경우에는 업무집행자 각자가 회사의 업무를 집행할 권리와 의무가 있다. 이 경우에는 제201조 제2항을 준용한다.
③ 정관으로 둘 이상을 공동업무집행자로 정한 경우에는 그 전원의 동의가 없으면 업무집행에 관한 행위를 하지 못한다.
[본조신설 2011.4.14.]

제287조의13(직무대행자의 권한 등) 제287조의5 제5항에 따라 선임된 직무대행자의 권한에 대하여는 제200조의2를 준용한다.
[본조신설 2011.4.14.]

제287조의14(사원의 감시권) 업무집행자가 아닌 사원의 감시권에 대하여는 제277조를 준용한다. [본조신설 2011.4.14.]

제287조의15(법인이 업무집행자인 경우의 특칙) ① 법인이 업무집행자인 경우에는 그 법인은 해당 업무집행자의 직무를 행할 자를 선임하고, 그 자의 성명과 주소를 다른 사원에게 통지하여야 한다.
② 제1항에 따라 선임된 직무수행자에 대하여는 제287조의11과 제287조의12를 준용한다.
[본조신설 2011.4.14.]

제287조의16(정관의 변경) 정관에 다른 규정이 없는 경우 정관을 변경하려면 총사원의 동의가 있어야 한다.
[본조신설 2011.4.14.]

제287조의17(업무집행자 등의 권한상실 선고) ① 업무집행자의 업무집행권한의 상실에 관하여는 제205조를 준용한다.
② 제1항의 소(訴)는 본점소재지의 지방법원의 관할에 전속한다.
[본조신설 2011.4.14.]

제287조의18(준용규정) 유한책임회사의 내부관계에 관하여는 정관이나 이 법에 다른 규정이 없으면 합명회사에 관한 규정을 준용한다.
[본조신설 2011.4.14.]

제3절 유한책임회사의 외부관계
[신설 2011.4.14.]

제287조의19(유한책임회사의 대표) ① 업무집행자는 유한책임회사를 대표한다.
② 업무집행자가 둘 이상인 경우 정관 또는 총사원의 동의로 유한책임회사를 대표할 업무집행자를 정할 수 있다.
③ 유한책임회사는 정관 또는 총사원의 동의로 둘 이상의 업무집행자가 공동으로 회사를 대표할 것을 정할 수 있다.
④ 제3항의 경우에 제3자의 유한책임회사에 대한 의사표시는 공동대표의 권한이 있는 자 1인에 대하여 함으로써 그 효력이 생긴다.
⑤ 유한책임회사를 대표하는 업무집행자에 대하여는 제209조를 준용한다.
[본조신설 2011.4.14.]

제287조의20(손해배상책임) 유한책임회사를 대표하는 업무집행자가 그 업무집행으로 타인에게 손해를 입힌 경우에는 회사는 그 업무집행자와 연대하여 배상할 책임이 있다.
[본조신설 2011.4.14.]

제287조의21(유한책임회사와 사원 간의 소) 유한책임회사가 사원(사원이 아닌 업무집행자를 포함한다. 이하 이 조에서 같다)에 대하여 또는 사원이 유한책임회사에 대하여 소를 제기하는 경우에 유한책임회사를 대표할 사원이 없을 때에는 다른 사원 과반수의 결의로 대표할 사원을 선정하여야 한다.
[본조신설 2011.4.14.]

제287조의22(대표소송) ① 사원은 회사에 대하여 업무집행자의 책임을 추궁하는 소의 제기를 청구할 수 있다.
② 제1항의 소에 관하여는 제403조 제2항부터 제4항까지, 제6항, 제7항 및 제404조부터 제406조까지의 규정을 준용한다.
[본조신설 2011.4.14.]

제4절 사원의 가입 및 탈퇴
[신설 2011.4.14.]

제287조의23(사원의 가입) ① 유한책임회사는 정관을 변경함으로써 새로운 사원을 가입시킬 수 있다.
② 제1항에 따른 사원의 가입은 정관을 변경한 때에 효력이 발생한다. 다만, 정관을 변경한 때에 해당 사원이 출자에 관한 납입 또는 재산의 전부 또는 일부의 출자를 이행하지 아니한 경우에는 그 납입 또는 이행을 마친 때에 사원이 된다.
③ 사원 가입 시 현물출자를 하는 사원에 대하여는 제287조의4 제3항을 준용한다.
[본조신설 2011.4.14.]

제287조의24(사원의 퇴사권) 사원의 퇴사에 관하여는 정관으로 달리 정하지 아니하는 경우에는 제217조 제1항을 준용한다.
[본조신설 2011.4.14.]

제287조의25(퇴사 원인) 사원의 퇴사 원인에 관하여는 제218조를 준용한다.
[본조신설 2011.4.14.]

제287조의26(사원사망시 권리승계의 통지) 사원이 사망한 경우에는 제219조를 준용한다.
[본조신설 2011.4.14.]

제287조의27(제명의 선고) 사원의 제명에 관하여는 제220조를 준용한다. 다만, 사원의 제명에 필요한 결의는 정관으로 달리 정할 수 있다.
[본조신설 2011.4.14.]

제287조의28(퇴사 사원 지분의 환급) ① 퇴사 사원은 그 지분의 환급을 금전으로 받을 수 있다.
② 퇴사 사원에 대한 환급금액은 퇴사 시의 회사의 재산 상황에 따라 정한다.
③ 퇴사 사원의 지분 환급에 대하여는 정관으로 달리 정할 수 있다.
[본조신설 2011.4.14.]

제287조의29(지분압류채권자에 의한 퇴사) 사원의 지분을 압류한 채권자가 그 사원을 퇴사시키는 경우에는 제224조를 준용한다.
[본조신설 2011.4.14.]

제287조의30(퇴사 사원의 지분 환급과 채권자의 이의) ① 유한책임회사의 채권자는 퇴사하는 사원에게 환급하는 금액이 제287조의37에 따른 잉여금을 초과한 경우에는 그 환급에 대하여 회사에 이의를 제기할 수 있다.
② 제1항의 이의제기에 관하여는 제232조를 준용한다. 다만, 제232조 제3항은 지분을 환급하더라도 채권자에게 손해를 끼칠 우려가 없는 경우에는 준용하지 아니한다.
[본조신설 2011.4.14.]

제287조의31(퇴사 사원의 상호변경 청구권) 퇴사한 사원의 성명이 유한책임회사의 상호 중에 사용된 경우에는 그 사원은 유한책임회사에 대하여 그 사용의 폐지를 청구할 수 있다.
[본조신설 2011.4.14.]

제5절 회계 등 [신설 2011.4.14.]

제287조의32(회계 원칙) 유한책임회사의 회계는 이 법과 대통령령으로 규정한 것 외에는 일반적으로 공정하고 타당한 회계관행에 따른다.
[본조신설 2011.4.14.]

제287조의33(재무제표의 작성 및 보존) 업무집행자는 결산기마다 대차대조표, 손익계산서, 그 밖에 유한책임회사의 재무상태와 경영성과를 표시하는 것으로서 대통령령으로 정하는 서류를 작성하여야 한다.
[본조신설 2011.4.14.]

제287조의34(재무제표의 비치·공시) ① 업무집행자는 제287조의33에 규정된 서류를 본점에 5년간 갖추어 두어야 하고, 그 등본을 지점에 3년간 갖추어 두어야 한다.
② 사원과 유한책임회사의 채권자는 회사의 영업시간 내에는 언제든지 제287조의33에 따라 작성된 재무제표(財務諸表)의 열람과 등사를 청구할 수 있다.
[본조신설 2011.4.14.]

제287조의35(자본금의 액) 사원이 출자한 금전이나 그 밖의 재산의 가액을 유한책임회사의 자본금으로 한다.
[본조신설 2011.4.14.]

제287조의36(자본금의 감소) ① 유한책임회사는 정관 변경의 방법으로 자본금을 감소할 수 있다.
② 제1항의 경우에는 제232조를 준용한다. 다만, 감소 후의 자본금의 액이 순자산액 이상인 경우에는 그러하지 아니하다.
[본조신설 2011.4.14.]

제287조의37(잉여금의 분배) ① 유한책임회사는 대차대조표상의 순자산액으로부터 자본금의 액을 뺀 액(이하 이 조에서 "잉여금"이라 한다)을 한도로 하여 잉여금을 분배할 수 있다.
② 제1항을 위반하여 잉여금을 분배한 경우에는 유한책임회사의 채권자는 그 잉여금을 분배받은 자에 대하여 회사에 반환할 것을 청구할 수 있다.
③ 제2항의 청구에 관한 소는 본점소재지의 지방법원의 관할에 전속한다.
④ 잉여금은 정관에 다른 규정이 없으면 각 사원이 출자한 가액에 비례하여 분배한다.
⑤ 잉여금의 분배를 청구하는 방법이나 그 밖에 잉여금의 분배에 관한 사항은 정관으로 정할 수 있다.
⑥ 사원의 지분의 압류는 잉여금의 배당을 청구하는 권리에 대하여도 그 효력이 있다.
[본조신설 2011.4.14.]

제6절 해 산 [신설 2011.4.14.]

제287조의38(해산 원인) 유한책임회사는 다음 각 호의 어느 하나에 해당하는 사유로 해산한다.
1. 제227조 제1호·제2호 및 제4호부터 제6호까지에서 규정한 사항에 해당하는 경우
2. 사원이 없게 된 경우

[본조신설 2011.4.14.]

제287조의39(해산등기) 유한책임회사가 해산된 경우에는 합병과 파산의 경우 외에는 그 해산사유가 있었던 날부터 본점소재지에서는 2주 내에 해산등기를 하고, 지점소재지에서는 3주 내에 해산등기를 하여야 한다.
[본조신설 2011.4.14.]

제287조의40(유한책임회사의 계속) 제287조의38의 해산 원인 중 제227조 제1호 및 제2호의 경우에는 제229조 제1항 및 제3항을 준용한다.
[본조신설 2011.4.14.]

제287조의41(유한책임회사의 합병) 유한책임회사의 합병에 관하여는 제230조, 제232조부터 제240조까지의 규정을 준용한다.
[본조신설 2011.4.14.]

제287조의42(해산청구) 유한책임회사의 사원이 해산을 청구하는 경우에는 제241조를 준용한다.
[본조신설 2011.4.14.]

제7절 조직변경 [신설 2011.4.14.]

제287조의43(조직의 변경) ① 주식회사는 총회에서 총주주의 동의로 결의한 경우에는 그 조직을 변경하여 이 장에 따른 유한책임회사로 할 수 있다.
② 유한책임회사는 총사원의 동의에 의하여 주식회사로 변경할 수 있다.
[본조신설 2011.4.14.]

제287조의44(준용규정) 유한책임회사의 조직의 변경에 관하여는 제232조 및 제604조부터 제607조까지의 규정을 준용한다.
[본조신설 2011.4.14.]

제8절 청산 [신설 2011.4.14.]

제287조의45(청산) 유한책임회사의 청산(清算)에 관하여는 제245조, 제246조, 제251조부터 제257조까지 및 제259조부터 제267조까지의 규정을 준용한다.
[본조신설 2011.4.14.]

제4장 주식회사

제1절 설 립

제288조(발기인) 주식회사를 설립함에는 발기인이 정관을 작성하여야 한다.
[전문개정 2001.7.24.]

제289조(정관의 작성, 절대적 기재사항) ① 발기인은 정관을 작성하여 다음의 사항을 적고 각 발기인이 기명날인 또는 서명하여야 한다. [개정 1984.4.10, 1995.12.29, 2001.7.24, 2011.4.14.]
1. 목적
2. 상호
3. 회사가 발행할 주식의 총수
4. 액면주식을 발행하는 경우 1주의 금액
5. 회사의 설립 시에 발행하는 주식의 총수
6. 본점의 소재지
7. 회사가 공고를 하는 방법
8. 발기인의 성명·주민등록번호 및 주소
9. 삭제 [1984.4.10.]

② 삭제 [2011.4.14.]
③ 회사의 공고는 관보 또는 시사에 관한 사항을 게재하는 일간신문에 하여야 한다. 다만, 회사는 그 공고를 정관으로 정하는 바에 따라 전자적 방법으로 할 수 있다. [개정 2009.5.28.]
④ 회사는 제3항에 따라 전자적 방법으로 공고할 경우 대통령령으로 정하는 기간까지 계속 공고하고, 재무제표를 전자적 방법으로 공고할 경우에는 제450조에서 정한 기간까지 계속 공고하여야 한다. 다만, 공고기간 이후에도 누구나 그 내용을 열람할 수 있도록 하여야 한다. [신설 2009.5.28.]
⑤ 회사가 전자적 방법으로 공고를 할 경우에는 게시 기간과 게시 내용에 대하여 증명하여야 한다. [신설 2009.5.28.]
⑥ 회사의 전자적 방법으로 하는 공고에 관하여 필요한 사항은 대통령령으로 정한다. [신설 2009.5.28.]

제290조(변태설립사항) 다음의 사항은 정관에 기재함으로써 그 효력이 있다.
1. 발기인이 받을 특별이익과 이를 받을 자의 성명
2. 현물출자를 하는 자의 성명과 그 목적인 재산의 종류, 수량, 가격과 이에 대하여 부여할 주식의 종류와 수
3. 회사성립후에 양수할 것을 약정한 재산의 종류, 수량, 가격과 그 양도인의 성명
4. 회사가 부담할 설립비용과 발기인이 받을 보수액

제291조(설립 당시의 주식발행사항의 결정) 회사설립 시에 발행하는 주식에 관하여 다음의 사항은 정관으로 달리 정하지 아니하면 발기인 전원의 동의로 이를 정한다.
1. 주식의 종류와 수
2. 액면주식의 경우에 액면 이상의 주식을 발행할 때에는 그 수와 금액
3. 무액면주식을 발행하는 경우에는 주식의 발행가액과 주식의 발행가액 중 자본금으

로 계상하는 금액
[전문개정 2011.4.14.]

제292조(정관의 효력발생) 정관은 공증인의 인증을 받음으로써 효력이 생긴다. 다만, 자본금 총액이 10억원 미만인 회사를 제295조 제1항에 따라 발기설립(發起設立)하는 경우에는 제289조 제1항에 따라 각 발기인이 정관에 기명날인 또는 서명함으로써 효력이 생긴다.
[전문개정 2009.5.28.]

제293조(발기인의 주식인수) 각 발기인은 서면에 의하여 주식을 인수하여야 한다.

제294조 삭제 [1995.12.29.]

제295조(발기설립의 경우의 납입과 현물출자의 이행) ① 발기인이 회사의 설립 시에 발행하는 주식의 총수를 인수한 때에는 지체없이 각 주식에 대하여 그 인수가액의 전액을 납입하여야 한다. 이 경우 발기인은 납입을 맡을 은행 기타 금융기관과 납입장소를 지정하여야 한다. [개정 1995.12.29.]
② 현물출자를 하는 발기인은 납입기일에 지체없이 출자의 목적인 재산을 인도하고 등기, 등록 기타 권리의 설정 또는 이전을 요할 경우에는 이에 관한 서류를 완비하여 교부하여야 한다.

제296조(발기설립의 경우의 임원선임) ① 전조의 규정에 의한 납입과 현물출자의 이행이 완료된 때에는 발기인은 지체없이 의결권의 과반수로 이사와 감사를 선임하여야 한다.
② 발기인의 의결권은 그 인수주식의 1주에 대하여 1개로 한다.

제297조(발기인의 의사록작성) 발기인은 의사록을 작성하여 의사의 경과와 그 결과를 기재하고 기명날인 또는 서명하여야 한다. [개정 1995.12.29.]

제298조(이사·감사의 조사·보고와 검사인의 선임청구) ① 이사와 감사는 취임후 지체없이 회사의 설립에 관한 모든 사항이 법령 또는 정관의 규정에 위반되지 아니하는지의 여부를 조사하여 발기인에게 보고하여야 한다.
② 이사와 감사중 발기인이었던 자·현물출자자 또는 회사성립후 양수할 재산의 계약당사자인 자는 제1항의 조사·보고에 참가하지 못한다.
③ 이사와 감사의 전원이 제2항에 해당하는 때에는 이사는 공증인으로 하여금 제1항의 조사·보고를 하게 하여야 한다.
④ 정관으로 제290조 각호의 사항을 정한 때에는 이사는 이에 관한 조사를 하게 하기 위하여 검사인의 선임을 법원에 청구하여야 한다. 다만, 제299조의2의 경우에는 그러하지 아니하다.
[전문개정 1995.12.29.]

제299조(검사인의 조사, 보고) ① 검사인은 제290조 각 호의 사항과 제295조에 따른 현물출자의 이행을 조사하여 법원에 보고하여야 한다.
② 제1항은 다음 각 호의 어느 하나에 해당할 경우에는 적용하지 아니한다.
1. 제290조 제2호 및 제3호의 재산총액이 자본금의 5분의 1을 초과하지 아니하고 대통령령으로 정한 금액을 초과하지 아니하는 경우
2. 제290조 제2호 또는 제3호의 재산이 거래소에서 시세가 있는 유가증권인 경우로서 정관에 적힌 가격이 대통령령으로 정한 방법으로 산정된 시세를 초과하지 아니하는 경우
3. 그 밖에 제1호 및 제2호에 준하는 경우로서 대통령령으로 정하는 경우

③ 검사인은 제1항의 조사보고서를 작성한 후 지체 없이 그 등본을 각 발기인에게 교부하여야 한다.
④ 검사인의 조사보고서에 사실과 다른 사항이 있는 경우에는 발기인은 이에 대한 설명서를 법원에 제출할 수 있다.
[전문개정 2011.4.14.]

제299조의2(현물출자 등의 증명) 제290조 제1호 및 제4호에 기재한 사항에 관하여는 공증인의 조사·보고로, 제290조 제2호 및 제3호의 규정에 의한 사항과 제295조의 규정에 의한 현물출자의 이행에 관하여는 공인된 감정인의 감정으로 제299조 제1항의 규정에 의한 검사인의 조사에 갈음할 수 있다. 이 경우 공증인 또는 감정인은 조사 또는 감정결과를 법원에 보고하여야 한다. [개정 1998.12.28.]
[본조신설 1995.12.29.]

제300조(법원의 변경처분) ① 법원은 검사인 또는 공증인의 조사보고서 또는 감정인의 감정결과와 발기인의 설명서를 심사하여 제290조의 규정에 의한 사항을 부당하다고 인정한 때에는 이를 변경하여 각 발기인에게 통고할 수 있다. [개정 1998.12.28.]
② 제1항의 변경에 불복하는 발기인은 그 주식의 인수를 취소할 수 있다. 이 경우에는 정관을 변경하여 설립에 관한 절차를 속행할 수 있다. [개정 1998.12.28.]
③ 법원의 통고가 있은 후 2주내에 주식의 인수를 취소한 발기인이 없는 때에는 정관은 통고에 따라서 변경된 것으로 본다. [개정 1998.12.28.]

제301조(모집설립의 경우의 주식모집) 발기인이 회사의 설립시에 발행하는 주식의 총수를 인수하지 아니하는 때에는 주주를 모집하여야 한다.

제302조(주식인수의 청약, 주식청약서의 기재사항) ① 주식인수의 청약을 하고자 하는 자는 주식청약서 2통에 인수할 주식의 종류 및 수와 주소를 기재하고 기명날인 또는 서명하여야 한다. [개정 1995.12.29.]
② 주식청약서는 발기인이 작성하고 다음의 사항을 적어야 한다. [개정 1962.12.12, 1984.

4.10, 1995.12.29, 2011.4.14.]
1. 정관의 인증년월일과 공증인의 성명
2. 제289조 제1항과 제290조에 게기한 사항
3. 회사의 존립기간 또는 해산사유를 정한 때에는 그 규정
4. 각 발기인이 인수한 주식의 종류와 수
5. 제291조에 게기한 사항
5의2. 주식의 양도에 관하여 이사회의 승인을 얻도록 정한 때에는 그 규정
6. 삭제 [2011.4.14.]
7. 주주에게 배당할 이익으로 주식을 소각할 것을 정한 때에는 그 규정
8. 일정한 시기까지 창립총회를 종결하지 아니한 때에는 주식의 인수를 취소할 수 있다는 뜻
9. 납입을 맡을 은행 기타 금융기관과 납입장소
10. 명의개서대리인을 둔 때에는 그 성명·주소 및 영업소

③ 민법 제107조 제1항 단서의 규정은 주식인수의 청약에는 적용하지 아니한다.

제303조(주식인수인의 의무) 주식인수를 청약한 자는 발기인이 배정한 주식의 수에 따라서 인수가액을 납입할 의무를 부담한다.

제304조(주식인수인 등에 대한 통지, 최고) ① 주식인수인 또는 주식청약인에 대한 통지나 최고는 주식인수증 또는 주식청약서에 기재한 주소 또는 그 자로부터 회사에 통지한 주소로 하면 된다.
② 전항의 통지 또는 최고는 보통 그 도달할 시기에 도달한 것으로 본다.

제305조(주식에 대한 납입) ① 회사설립시에 발행하는 주식의 총수가 인수된 때에는 발기인은 지체없이 주식인수인에 대하여 각 주식에 대한 인수가액의 전액을 납입시켜야 한다.
② 전항의 납입은 주식청약서에 기재한 납입장소에서 하여야 한다.
③ 제295조 제2항의 규정은 제1항의 경우에 준용한다.

제306조(납입금의 보관자 등의 변경) 납입금의 보관자 또는 납입장소를 변경할 때에는 법원의 허가를 얻어야 한다.

제307조(주식인수인의 실권절차) ① 주식인수인이 제305조의 규정에 의한 납입을 하지 아니한 때에는 발기인은 일정한 기일을 정하여 그 기일내에 납입을 하지 아니하면 그 권리를 잃는다는 뜻을 기일의 2주간전에 그 주식인수인에게 통지하여야 한다.
② 전항의 통지를 받은 주식인수인이 그 기일내에 납입의 이행을 하지 아니한 때에는 그 권리를 잃는다. 이 경우에는 발기인은 다시 그 주식에 대한 주주를 모집할 수 있다.
③ 전 2항의 규정은 그 주식인수인에 대한 손해배상의 청구에 영향을 미치지 아니한다.

제308조(창립총회) ① 제305조의 규정에 의한 납입과 현물출자의 이행을 완료한 때에는 발기인은 지체없이 창립총회를 소집하여야 한다.
② 제363조 제1항·제2항, 제364조, 제368조 제2항·제3항, 제368조의2, 제369조 제1항, 제371조 제2항, 제372조, 제373조, 제376조 내지 제381조와 제435조의 규정은 창립총회에 준용한다. [개정 1984.4.10, 2014.5.20.]

제309조(창립총회의 결의) 창립총회의 결의는 출석한 주식인수인의 의결권의 3분의 2 이상이며 인수된 주식의 총수의 과반수에 해당하는 다수로 하여야 한다.

제310조(변태설립의 경우의 조사) ① 정관으로 제290조에 게기한 사항을 정한 때에는 발기인은 이에 관한 조사를 하게 하기 위하여 검사인의 선임을 법원에 청구하여야 한다.
② 전항의 검사인의 보고서는 이를 창립총회에 제출하여야 한다.
③ 제298조 제4항 단서 및 제299조의2의 규정은 제1항의 조사에 관하여 이를 준용한다. [신설 1995.12.29.]

제311조(발기인의 보고) ① 발기인은 회사의 창립에 관한 사항을 서면에 의하여 창립총회에 보고하여야 한다.
② 전항의 보고서에는 다음의 사항을 명확히 기재하여야 한다.
1. 주식인수와 납입에 관한 제반상황
2. 제290조에 게기한 사항에 관한 실태

제312조(임원의 선임) 창립총회에서는 이사와 감사를 선임하여야 한다.

제313조(이사, 감사의 조사, 보고) ① 이사와 감사는 취임후 지체없이 회사의 설립에 관한 모든 사항이 법령 또는 정관의 규정에 위반되지 아니하는지의 여부를 조사하여 창립총회에 보고하여야 한다. [개정 1962.12.12, 1995.12.29.]
② 제298조 제2항 및 제3항의 규정은 제1항의 조사와 보고에 관하여 이를 준용한다. [개정 1995.12.29.]
③ 삭제 [1995.12.29.]

제314조(변태설립사항의 변경) ① 창립총회에서는 제290조에 게기한 사항이 부당하다고 인정한 때에는 이를 변경할 수 있다.
② 제300조 제2항과 제3항의 규정은 전항의 경우에 준용한다.

제315조(발기인에 대한 손해배상청구) 전조의 규정은 발기인에 대한 손해배상의 청구에 영향을 미치지 아니한다.

제316조(정관변경, 설립폐지의 결의) ① 창립총회에서는 정관의 변경 또는 설립의 폐지를 결의할 수 있다.
② 전항의 결의는 소집통지서에 그 뜻의 기재가 없는 경우에도 이를 할 수 있다.

제317조(설립의 등기) ① 주식회사의 설립등기는 발기인이 회사설립시에 발행한 주식의 총

수를 인수한 경우에는 제299조와 제300조의 규정에 의한 절차가 종료한 날로부터, 발기인이 주주를 모집한 경우에는 창립총회가 종결한 날 또는 제314조의 규정에 의한 절차가 종료한 날로부터 2주간내에 이를 하여야 한다.
② 제1항의 설립등기에 있어서는 다음의 사항을 등기하여야 한다. [개정 1962.12.12, 1984.4.10, 1995.12.29, 1999.12.31, 2009.1.30, 2011.4.14.]

1. 제289조 제1항 제1호 내지 제4호, 제6호와 제7호에 게기한 사항
2. 자본금의 액
3. 발행주식의 총수, 그 종류와 각종주식의 내용과 수

3의2. 주식의 양도에 관하여 이사회의 승인을 얻도록 정한 때에는 그 규정
3의3. 주식매수선택권을 부여하도록 정한 때에는 그 규정
3의4. 지점의 소재지

4. 회사의 존립기간 또는 해산사유를 정한 때에는 그 기간 또는 사유
5. 삭제 [2011.4.14.]
6. 주주에게 배당할 이익으로 주식을 소각할 것을 정한 때에는 그 규정
7. 전환주식을 발행하는 경우에는 제347조에 게기한 사항
8. 사내이사, 사외이사, 그 밖에 상무에 종사하지 아니하는 이사, 감사 및 집행임원의 성명과 주민등록번호
9. 회사를 대표할 이사 또는 집행임원의 성명·주민등록번호 및 주소
10. 둘 이상의 대표이사 또는 대표집행임원이 공동으로 회사를 대표할 것을 정한 경우에는 그 규정
11. 명의개서대리인을 둔 때에는 그 상호 및 본점소재지
12. 감사위원회를 설치한 때에는 감사위원회 위원의 성명 및 주민등록번호

③ 주식회사의 지점 설치 및 이전 시 지점소재지 또는 신지점소재지에서 등기를 할 때에는 제289조 제1항 제1호·제2호·제6호 및 제7호와 이 조 제2항 제4호·제9호 및 제10호에 따른 사항을 등기하여야 한다. [개정 2011.4.14.]
④ 제181조 내지 제183조의 규정은 주식회사의 등기에 준용한다.

제318조(납입금 보관자의 증명과 책임) ① 납입금을 보관한 은행이나 그 밖의 금융기관은 발기인 또는 이사의 청구를 받으면 그 보관금액에 관하여 증명서를 발급하여야 한다.
② 제1항의 은행이나 그 밖의 금융기관은 증명한 보관금액에 대하여는 납입이 부실하거나 그 금액의 반환에 제한이 있다는 것을 이유로 회사에 대항하지 못한다.
③ 자본금 총액이 10억원 미만인 회사를 제295조 제1항에 따라 발기설립하는 경우에는 제1항의 증명서를 은행이나 그 밖의 금융기관의 잔고증명서로 대체할 수 있다.
[전문개정 2009.5.28.]

제319조(권리주의 양도) 주식의 인수로 인한 권리의 양도는 회사에 대하여 효력이 없다.

제320조(주식인수의 무효 주장, 취소의 제한) ① 회사성립후에는 주식을 인수한 자는 주식청약서의 요건의 흠결을 이유로 하여 그 인수의 무효를 주장하거나 사기, 강박 또는 착오를 이유로 하여 그 인수를 취소하지 못한다.
② 창립총회에 출석하여 그 권리를 행사한 자는 회사의 성립전에도 전항과 같다.

제321조(발기인의 인수, 납입담보책임) ① 회사설립시에 발행한 주식으로서 회사성립후에 아직 인수되지 아니한 주식이 있거나 주식인수의 청약이 취소된 때에는 발기인이 이를 공동으로 인수한 것으로 본다.
② 회사성립후 제295조 제1항 또는 제305조 제1항의 규정에 의한 납입을 완료하지 아니한 주식이 있는 때에는 발기인은 연대하여 그 납입을 하여야 한다.
③ 제315조의 규정은 전2항의 경우에 준용한다.

제322조(발기인의 손해배상책임) ① 발기인이 회사의 설립에 관하여 그 임무를 해태한 때에는 그 발기인은 회사에 대하여 연대하여 손해를 배상할 책임이 있다.
② 발기인이 악의 또는 중대한 과실로 인하여 그 임무를 해태한 때에는 그 발기인은 제삼자에 대하여도 연대하여 손해를 배상할 책임이 있다.

제323조(발기인, 임원의 연대책임) 이사 또는 감사가 제313조 제1항의 규정에 의한 임무를 해태하여 회사 또는 제삼자에 대하여 손해를 배상할 책임을 지는 경우에 발기인도 책임을 질때에는 그 이사, 감사와 발기인은 연대하여 손해를 배상할 책임이 있다.

제324조(발기인의 책임면제, 주주의 대표소송) 제400조와 제403조 내지 제406조의 규정은 발기인에 준용한다.

제325조(검사인의 손해배상책임) 법원이 선임한 검사인이 악의 또는 중대한 과실로 인하여 그 임무를 해태한 때에는 회사 또는 제삼자에 대하여 손해를 배상할 책임이 있다.

제326조(회사불성립의 경우의 발기인의 책임) ① 회사가 성립하지 못한 경우에는 발기인은 그 설립에 관한 행위에 대하여 연대하여 책임을 진다.
② 전항의 경우에 회사의 설립에 관하여 지급한 비용은 발기인이 부담한다.

제327조(유사발기인의 책임) 주식청약서 기타 주식모집에 관한 서면에 성명과 회사의 설립에 찬조하는 뜻을 기재할 것을 승낙한 자는 발기인과 동일한 책임이 있다.

제328조(설립무효의 소) ① 회사설립의 무효는 주주·이사 또는 감사에 한하여 회사성립의 날로부터 2년내에 소만으로 이를 주장할 수

있다. [개정 1984.4.10.]
② 제186조 내지 제193조의 규정은 제1항의 소에 준용한다. [개정 1984.4.10.]

제2절 주 식

제1관 주식과 주권 [신설 2001.7.24.]

제329조(자본금의 구성) ① 회사는 정관으로 정한 경우에는 주식의 전부를 무액면주식으로 발행할 수 있다. 다만, 무액면주식을 발행하는 경우에는 액면주식을 발행할 수 없다.
② 액면주식의 금액은 균일하여야 한다.
③ 액면주식 1주의 금액은 100원 이상으로 하여야 한다.
④ 회사는 정관으로 정하는 바에 따라 발행된 액면주식을 무액면주식으로 전환하거나 무액면주식을 액면주식으로 전환할 수 있다.
⑤ 제4항의 경우에는 제440조, 제441조 본문 및 제442조를 준용한다.
[전문개정 2011.4.14.]

제329조의2(주식의 분할) ① 회사는 제434조의 규정에 의한 주주총회의 결의로 주식을 분할할 수 있다.
② 제1항의 경우에 분할 후의 액면주식 1주의 금액은 제329조 제3항에 따른 금액 미만으로 하지 못한다. [개정 2011.4.14.]
③ 제440조부터 제443조까지의 규정은 제1항의 규정에 의한 주식분할의 경우에 이를 준용한다. [개정 2014.5.20.]
[본조신설 1998.12.28.]

제330조(액면미달발행의 제한) 주식은 액면미달의 가액으로 발행하지 못한다. 그러나 제417조의 경우에는 그러하지 아니하다.

제331조(주주의 책임) 주주의 책임은 그가 가진 주식의 인수가액을 한도로 한다.

제332조(가설인, 타인의 명의에 의한 인수인의 책임) ① 가설인의 명의로 주식을 인수하거나 타인의 승락없이 그 명의로 주식을 인수한 자는 주식인수인으로서의 책임이 있다.
② 타인의 승락을 얻어 그 명의로 주식을 인수한 자는 그 타인과 연대하여 납입할 책임이 있다.

제333조(주식의 공유) ① 수인이 공동으로 주식을 인수한 자는 연대하여 납입할 책임이 있다.
② 주식이 수인의 공유에 속하는 때에는 공유자는 주주의 권리를 행사할 자 1인을 정하여야 한다.
③ 주주의 권리를 행사할 자가 없는 때에는 공유자에 대한 통지나 최고는 그 1인에 대하여 하면 된다.

제334조 삭제 [2011.4.14.]

제335조(주식의 양도성) ① 주식은 타인에게 양도할 수 있다. 다만, 회사는 정관으로 정하는 바에 따라 그 발행하는 주식의 양도에 관하여 이사회의 승인을 받도록 할 수 있다. [개정 2011.4.14.]
② 제1항 단서의 규정에 위반하여 이사회의 승인을 얻지 아니한 주식의 양도는 회사에 대하여 효력이 없다. [신설 1995.12.29.]
③ 주권발행전에 한 주식의 양도는 회사에 대하여 효력이 없다. 그러나 회사성립후 또는 신주의 납입기일후 6월이 경과한 때에는 그러하지 아니하다. [개정 1984.4.10.]

제335조의2(양도승인의 청구) ① 주식의 양도에 관하여 이사회의 승인을 얻어야 하는 경우에는 주식을 양도하고자 하는 주주는 회사에 대하여 양도의 상대방 및 양도하고자 하는 주식의 종류와 수를 기재한 서면으로 양도의 승인을 청구할 수 있다.
② 회사는 제1항의 청구가 있는 날부터 1월 이내에 주주에게 그 승인여부를 서면으로 통지하여야 한다.
③ 회사가 제2항의 기간내에 주주에게 거부의 통지를 하지 아니한 때에는 주식의 양도에 관하여 이사회의 승인이 있는 것으로 본다.
④ 제2항의 양도승인거부의 통지를 받은 주주는 통지를 받은 날부터 20일내에 회사에 대하여 양도의 상대방의 지정 또는 그 주식의 매수를 청구할 수 있다.
[본조신설 1995.12.29.]

제335조의3(양도상대방의 지정청구) ① 주주가 양도의 상대방을 지정하여 줄 것을 청구한 경우에는 이사회는 이를 지정하고, 그 청구가 있은 날부터 2주간내에 주주 및 지정된 상대방에게 서면으로 이를 통지하여야 한다.
② 제1항의 기간내에 주주에게 상대방지정의 통지를 하지 아니한 때에는 주식의 양도에 관하여 이사회의 승인이 있는 것으로 본다.
[본조신설 1995.12.29.]

제335조의4(지정된 자의 매도청구권) ① 제335조의3 제1항의 규정에 의하여 상대방으로 지정된 자는 지정통지를 받은 날부터 10일 이내에 지정청구를 한 주주에 대하여 서면으로 그 주식을 자기에게 매도할 것을 청구할 수 있다.
② 제335조의3 제2항의 규정은 주식의 양도상대방으로 지정된 자가 제1항의 기간내에 매도의 청구를 하지 아니한 때에 이를 준용한다.
[본조신설 1995.12.29.] [제목개정 2001.7.24.]

제335조의5(매도가액의 결정) ① 제335조의4의 경우에 그 주식의 매도가액은 주주와 매도청구인간의 협의로 이를 결정한다. [개정 2001.7.24.]
② 제374조의2제4항 및 제5항의 규정은 제335조의4제1항의 규정에 의한 청구를 받은 날부터 30일 이내에 제1항의 규정에 의한 협의가 이루어지지 아니하는 경우에 이를 준용한다. [개정 2001.7.24.]

[본조신설 1995.12.29.] [제목개정 2001.7.24.]

제335조의6(주식의 매수청구) 제374조의2제2항 내지 제5항의 규정은 제335조의2제4항의 규정에 의하여 주주가 회사에 대하여 주식의 매수를 청구한 경우에 이를 준용한다. [개정 2001.7.24.] [본조신설 1995.12.29.]

제335조의7(주식의 양수인에 의한 승인청구) ① 주식의 양도에 관하여 이사회의 승인을 얻어야 하는 경우에 주식을 취득한 자는 회사에 대하여 그 주식의 종류와 수를 기재한 서면으로 그 취득의 승인을 청구할 수 있다.
② 제335조의2 제2항 내지 제4항, 제335조의3 내지 제335조의6의 규정은 제1항의 경우에 이를 준용한다.
[본조신설 1995.12.29.]

제336조(주식의 양도방법) ① 주식의 양도에 있어서는 주권을 교부하여야 한다.
② 주권의 점유자는 이를 적법한 소지인으로 추정한다. [전문개정 1984.4.10.]

제337조(주식의 이전의 대항요건) ① 주식의 이전은 취득자의 성명과 주소를 주주명부에 기재하지 아니하면 회사에 대항하지 못한다. [개정 2014.5.20.]
② 회사는 정관이 정하는 바에 의하여 명의개서대리인을 둘 수 있다. 이 경우 명의개서대리인이 취득자의 성명과 주소를 주주명부의 복본에 기재한 때에는 제1항의 명의개서가 있는 것으로 본다. [신설 1984.4.10.]
[제목개정 2014.5.20.]

제338조(주식의 입질) ① 주식을 질권의 목적으로 하는 때에는 주권을 질권자에게 교부하여야 한다. [개정 2014.5.20.]
② 질권자는 계속하여 주권을 점유하지 아니하면 그 질권으로써 제삼자에게 대항하지 못한다.
[제목개정 2014.5.20.]

제339조(질권의 물상대위) 주식의 소각, 병합, 분할 또는 전환이 있는 때에는 이로 인하여 종전의 주주가 받을 금전이나 주식에 대하여도 종전의 주식을 목적으로한 질권을 행사할 수 있다. [개정 1998.12.28.]

제340조(주식의 등록질) ① 주식을 질권(質權)의 목적으로 한 경우에 회사가 질권설정자의 청구에 따라 그 성명과 주소를 주주명부에 덧붙여 쓰고 그 성명을 주권(株券)에 적은 경우에는 질권자는 회사로부터 이익배당, 잔여재산의 분배 또는 제339조에 따른 금전의 지급을 받아 다른 채권자에 우선하여 자기채권의 변제에 충당할 수 있다. [개정 2011.4.14, 2014.5.20.]
② 민법 제353조 제3항의 규정은 전항의 경우에 준용한다.
③ 제1항의 질권자는 회사에 대하여 전조의 주식에 대한 주권의 교부를 청구할 수 있다.
[제목개정 2014.5.20.]

제340조의2(주식매수선택권) ① 회사는 정관으로 정하는 바에 따라 제434조의 주주총회의 결의로 회사의 설립·경영 및 기술혁신 등에 기여하거나 기여할 수 있는 회사의 이사, 집행임원, 감사 또는 피용자(被用者)에게 미리 정한 가액(이하 "주식매수선택권의 행사가액"이라 한다)으로 신주를 인수하거나 자기의 주식을 매수할 수 있는 권리(이하 "주식매수선택권"이라 한다)를 부여할 수 있다. 다만, 주식매수선택권의 행사가액이 주식의 실질가액보다 낮은 경우에 회사는 그 차액을 금전으로 지급하거나 그 차액에 상당하는 자기의 주식을 양도할 수 있다. 이 경우 주식의 실질가액은 주식매수선택권의 행사일을 기준으로 평가한다.

② 다음 각 호의 어느 하나에 해당하는 자에게는 제1항의 주식매수선택권을 부여할 수 없다.
1. 의결권 없는 주식을 제외한 발행주식총수의 100분의 10 이상의 주식을 가진 주주
2. 이사·집행임원·감사의 선임과 해임 등 회사의 주요 경영사항에 대하여 사실상 영향력을 행사하는 자
3. 제1호와 제2호에 규정된 자의 배우자와 직계존비속

③ 제1항에 따라 발행할 신주 또는 양도할 자기의 주식은 회사의 발행주식총수의 100분의 10을 초과할 수 없다.
④ 제1항의 주식매수선택권의 행사가액은 다음 각 호의 가액 이상이어야 한다.
1. 신주를 발행하는 경우에는 주식매수선택권의 부여일을 기준으로 한 주식의 실질가액과 주식의 권면액(券面額) 중 높은 금액. 다만, 무액면주식을 발행한 경우에는 자본으로 계상되는 금액 중 1주에 해당하는 금액을 권면액으로 본다.
2. 자기의 주식을 양도하는 경우에는 주식매수선택권의 부여일을 기준으로 한 주식의 실질가액

[전문개정 2011.4.14.]

제340조의3(주식매수선택권의 부여) ① 제340조의2 제1항의 주식매수선택권에 관한 정관의 규정에는 다음 각호의 사항을 기재하여야 한다.
1. 일정한 경우 주식매수선택권을 부여할 수 있다는 뜻
2. 주식매수선택권의 행사로 발행하거나 양도할 주식의 종류와 수
3. 주식매수선택권을 부여받을 자의 자격요건
4. 주식매수선택권의 행사기간
5. 일정한 경우 이사회결의로 주식매수선택권의 부여를 취소할 수 있다는 뜻

② 제340조의2 제1항의 주식매수선택권에 관한 주주총회의 결의에 있어서는 다음 각호의 사항을 정하여야 한다.
1. 주식매수선택권을 부여받을 자의 성명

2. 주식매수선택권의 부여방법
3. 주식매수선택권의 행사가액과 그 조정에 관한 사항
4. 주식매수선택권의 행사기간
5. 주식매수선택권을 부여받을 자 각각에 대하여 주식매수선택권의 행사로 발행하거나 양도할 주식의 종류와 수

③ 회사는 제2항의 주주총회결의에 의하여 주식매수선택권을 부여받은 자와 계약을 체결하고 상당한 기간내에 그에 관한 계약서를 작성하여야 한다.

④ 회사는 제3항의 계약서를 주식매수선택권의 행사기간이 종료할 때까지 본점에 비치하고 주주로 하여금 영업시간내에 이를 열람할 수 있도록 하여야 한다.

[본조신설 1999.12.31.]

제340조의4(주식매수선택권의 행사) ① 제340조의2 제1항의 주식매수선택권은 제340조의3 제2항 각호의 사항을 정하는 주주총회결의일부터 2년 이상 재임 또는 재직하여야 이를 행사할 수 있다.

② 제340조의2 제1항의 주식매수선택권은 이를 양도할 수 없다. 다만, 동조 제2항의 규정에 의하여 주식매수선택권을 행사할 수 있는 자가 사망한 경우에는 그 상속인이 이를 행사할 수 있다.

[본조신설 1999.12.31.]

제340조의5(준용규정) 제350조 제2항, 제350조 제3항 후단, 제351조, 제516조의9 제1항·제3항·제4항 및 제516조의10 전단은 주식매수선택권의 행사로 신주를 발행하는 경우에 이를 준용한다. [개정 2011.4.14.]

[본조신설 1999.12.31.]

제341조(자기주식의 취득) ① 회사는 다음의 방법에 따라 자기의 명의와 계산으로 자기의 주식을 취득할 수 있다. 다만, 그 취득가액의 총액은 직전 결산기의 대차대조표상의 순자산액에서 제462조 제1항 각 호의 금액을 뺀 금액을 초과하지 못한다.

1. 거래소에서 시세(時勢)가 있는 주식의 경우에는 거래소에서 취득하는 방법
2. 제345조 제1항의 주식의 상환에 관한 종류주식의 경우 외에 각 주주가 가진 주식 수에 따라 균등한 조건으로 취득하는 것으로서 대통령령으로 정하는 방법

② 제1항에 따라 자기주식을 취득하려는 회사는 미리 주주총회의 결의로 다음 각 호의 사항을 결정하여야 한다. 다만, 이사회의 결의로 이익배당을 할 수 있다고 정관으로 정하고 있는 경우에는 이사회의 결의로써 주주총회의 결의를 갈음할 수 있다.

1. 취득할 수 있는 주식의 종류 및 수
2. 취득가액의 총액의 한도
3. 1년을 초과하지 아니하는 범위에서 자기주식을 취득할 수 있는 기간

③ 회사는 해당 영업연도의 결산기에 대차대조표상의 순자산액이 제462조 제1항 각 호의 금액의 합계액에 미치지 못할 우려가 있는 경우에는 제1항에 따른 주식의 취득을 하여서는 아니 된다.

④ 해당 영업연도의 결산기에 대차대조표상의 순자산액이 제462조 제1항 각 호의 금액의 합계액에 미치지 못함에도 불구하고 회사가 제1항에 따라 주식을 취득한 경우 이사는 회사에 대하여 연대하여 그 미치지 못한 금액을 배상할 책임이 있다. 다만, 이사가 제3항의 우려가 없다고 판단하는 때에 주의를 게을리하지 아니하였음을 증명한 경우에는 그러하지 아니하다.

[전문개정 2011.4.14.]

제341조의2(특정목적에 의한 자기주식의 취득) 회사는 다음 각 호의 어느 하나에 해당하는 경우에는 제341조에도 불구하고 자기의 주식을 취득할 수 있다.

1. 회사의 합병 또는 다른 회사의 영업전부의 양수로 인한 경우
2. 회사의 권리를 실행함에 있어 그 목적을 달성하기 위하여 필요한 경우
3. 단주(端株)의 처리를 위하여 필요한 경우
4. 주주가 주식매수청구권을 행사한 경우

[전문개정 2011.4.14.]

제341조의3(자기주식의 질취) 회사는 발행주식총수의 20분의 1을 초과하여 자기의 주식을 질권의 목적으로 받지 못한다. 다만, 제341조의2 제1호 및 제2호의 경우에는 그 한도를 초과하여 질권의 목적으로 할 수 있다.

[전문개정 2011.4.14.]

제342조(자기주식의 처분) 회사가 보유하는 자기의 주식을 처분하는 경우에 다음 각 호의 사항으로서 정관에 규정이 없는 것은 이사회가 결정한다.

1. 처분할 주식의 종류와 수
2. 처분할 주식의 처분가액과 납입기일
3. 주식을 처분할 상대방 및 처분방법

[전문개정 2011.4.14.]

제342조의2(자회사에 의한 모회사주식의 취득) ① 다른 회사의 발행주식의 총수의 100분의 50을 초과하는 주식을 가진 회사(이하 "모회사"라 한다)의 주식은 다음의 경우를 제외하고는 그 다른 회사(이하 "자회사"라 한다)가 이를 취득할 수 없다. [개정 2001.7.24.]

1. 주식의 포괄적 교환, 주식의 포괄적 이전, 회사의 합병 또는 다른 회사의 영업전부의 양수로 인한 때
2. 회사의 권리를 실행함에 있어 그 목적을 달성하기 위하여 필요한 때

② 제1항 각호의 경우 자회사는 그 주식을 취득한 날로부터 6월 이내에 모회사의 주식을 처분하여야 한다.

③ 다른 회사의 발행주식의 총수의 100분의 50을 초과하는 주식을 모회사 및 자회사 또는 자회사가 가지고 있는 경우 그 다른 회사

는 이 법의 적용에 있어 그 모회사의 자회사로 본다. [개정 2001.7.24.]
[본조신설 1984.4.10.]

제342조의3(다른 회사의 주식취득) 회사가 다른 회사의 발행주식총수의 10분의 1을 초과하여 취득한 때에는 그 다른 회사에 대하여 지체 없이 이를 통지하여야 한다.
[본조신설 1995.12.29.]

제343조(주식의 소각) ① 주식은 자본금 감소에 관한 규정에 따라서만 소각(消却)할 수 있다. 다만, 이사회의 결의에 의하여 회사가 보유하는 자기주식을 소각하는 경우에는 그러하지 아니하다.
② 자본금감소에 관한 규정에 따라 주식을 소각하는 경우에는 제440조 및 제441조를 준용한다.
[전문개정 2011.4.14.]

제343조의2 삭제 [2011.4.14.]

제344조(종류주식) ① 회사는 이익의 배당, 잔여재산의 분배, 주주총회에서의 의결권의 행사, 상환 및 전환 등에 관하여 내용이 다른 종류의 주식(이하 "종류주식"이라 한다)을 발행할 수 있다.
② 제1항의 경우에는 정관으로 각 종류주식의 내용과 수를 정하여야 한다.
③ 회사가 종류주식을 발행하는 때에는 정관에 다른 정함이 없는 경우에도 주식의 종류에 따라 신주의 인수, 주식의 병합·분할·소각 또는 회사의 합병·분할로 인한 주식의 배정에 관하여 특수하게 정할 수 있다.
④ 종류주식 주주의 종류주주총회의 결의에 관하여는 제435조 제2항을 준용한다.
[전문개정 2011.4.14.]

제344조의2(이익배당, 잔여재산분배에 관한 종류주식) ① 회사가 이익의 배당에 관하여 내용이 다른 종류주식을 발행하는 경우에는 정관에 그 종류주식의 주주에게 교부하는 배당재산의 종류, 배당재산의 가액의 결정방법, 이익을 배당하는 조건 등 이익배당에 관한 내용을 정하여야 한다.
② 회사가 잔여재산의 분배에 관하여 내용이 다른 종류주식을 발행하는 경우에는 정관에 잔여재산의 종류, 잔여재산의 가액의 결정방법, 그 밖에 잔여재산분배에 관한 내용을 정하여야 한다.
[본조신설 2011.4.14.]

제344조의3(의결권의 배제·제한에 관한 종류주식) ① 회사가 의결권이 없는 종류주식이나 의결권이 제한되는 종류주식을 발행하는 경우에는 정관에 의결권을 행사할 수 없는 사항과, 의결권행사 또는 부활의 조건을 정한 경우에는 그 조건 등을 정하여야 한다.
② 제1항에 따른 종류주식의 총수는 발행주식총수의 4분의 1을 초과하지 못한다. 이 경우 의결권이 없거나 제한되는 종류주식이 발행주식총수의 4분의 1을 초과하여 발행된 경우에는 회사는 지체 없이 그 제한을 초과하지 아니하도록 하기 위하여 필요한 조치를 하여야 한다.
[본조신설 2011.4.14.]

제345조(주식의 상환에 관한 종류주식) ① 회사는 정관으로 정하는 바에 따라 회사의 이익으로써 소각할 수 있는 종류주식을 발행할 수 있다. 이 경우 회사는 정관에 상환가액, 상환기간, 상환의 방법과 상환할 주식의 수를 정하여야 한다.
② 제1항의 경우 회사는 상환대상인 주식의 취득일부터 2주 전에 그 사실을 그 주식의 주주 및 주주명부에 적힌 권리자에게 따로 통지하여야 한다. 다만, 통지는 공고로 갈음할 수 있다.
③ 회사는 정관으로 정하는 바에 따라 주주가 회사에 대하여 상환을 청구할 수 있는 종류주식을 발행할 수 있다. 이 경우 회사는 정관에 주주가 회사에 대하여 상환을 청구할 수 있다는 뜻, 상환가액, 상환청구기간, 상환의 방법을 정하여야 한다.
④ 제1항 및 제3항의 경우 회사는 주식의 취득의 대가로 현금 외에 유가증권(다른 종류주식은 제외한다)이나 그 밖의 자산을 교부할 수 있다. 다만, 이 경우에는 그 자산의 장부가액이 제462조에 따른 배당가능이익을 초과하여서는 아니 된다.
⑤ 제1항과 제3항에서 규정한 주식은 종류주식(상환과 전환에 관한 것은 제외한다)에 한정하여 발행할 수 있다.
[전문개정 2011.4.14.]

제346조(주식의 전환에 관한 종류주식) ① 회사가 종류주식을 발행하는 경우에는 정관으로 정하는 바에 따라 주주는 인수한 주식을 다른 종류주식으로 전환할 것을 청구할 수 있다. 이 경우 전환의 조건, 전환의 청구기간, 전환으로 인하여 발행할 주식의 수와 내용을 정하여야 한다.
② 회사가 종류주식을 발행하는 경우에는 정관에 일정한 사유가 발생할 때 회사가 주주의 인수 주식을 다른 종류주식으로 전환할 수 있음을 정할 수 있다. 이 경우 회사는 전환의 사유, 전환의 조건, 전환의 기간, 전환으로 인하여 발행할 주식의 수와 내용을 정하여야 한다.
③ 제2항의 경우에 이사회는 다음 각 호의 사항을 그 주식의 주주 및 주주명부에 적힌 권리자에게 따로 통지하여야 한다. 다만, 통지는 공고로 갈음할 수 있다.
1. 전환할 주식
2. 2주 이상의 일정한 기간 내에 그 주권을 회사에 제출하여야 한다는 뜻
3. 그 기간 내에 주권을 제출하지 아니할 때에는 그 주권이 무효로 된다는 뜻
④ 제344조 제2항에 따른 종류주식의 수 중

새로 발행할 주식의 수는 전환청구기간 또는 전환의 기간 내에는 그 발행을 유보(留保)하여야 한다.
[전문개정 2011.4.14.]

第347조(전환주식발행의 절차) 제346조의 경우에는 주식청약서 또는 신주인수권증서에 다음의 사항을 적어야 한다. [개정 1984.4.10, 2011.4.14.]
1. 주식을 다른 종류의 주식으로 전환할 수 있다는 뜻
2. 전환의 조건
3. 전환으로 인하여 발행할 주식의 내용
4. 전환청구기간 또는 전환의 기간

第348조(전환으로 인하여 발행하는 주식의 발행가액) 전환으로 인하여 신주식을 발행하는 경우에는 전환전의 주식의 발행가액을 신주식의 발행가액으로 한다.

第349조(전환의 청구) ① 주식의 전환을 청구하는 자는 청구서 2통에 주권을 첨부하여 회사에 제출하여야 한다.
② 제1항의 청구서에는 전환하고자 하는 주식의 종류, 수와 청구년월일을 기재하고 기명날인 또는 서명하여야 한다. [개정 1995.12.29.]
③ 삭제 [1995.12.29.]

第350조(전환의 효력발생) ① 주식의 전환은 주주가 전환을 청구한 경우에는 그 청구한 때에, 회사가 전환을 한 경우에는 제346조 제3항 제2호의 기간이 끝난 때에 그 효력이 발생한다. [개정 2011.4.14.]
② 제354조 제1항의 기간 중에 전환된 주식의 주주는 그 기간 중의 총회의 결의에 관하여는 의결권을 행사할 수 없다.
③ 전환에 의하여 발행된 주식의 이익배당에 관하여는 주주가 전환을 청구한 때 또는 제346조 제3항 제2호의 기간이 끝난 때가 속하는 영업연도 말에 전환된 것으로 본다. 이 경우 신주에 대한 이익배당에 관하여는 정관으로 정하는 바에 따라 그 청구를 한 때 또는 제346조 제3항 제2호의 기간이 끝난 때가 속하는 영업연도의 직전 영업연도 말에 전환된 것으로 할 수 있다. [개정 2011.4.14.]
[전문개정 1995.12.29.]

第351조(전환의 등기) 주식의 전환으로 인한 변경등기는 전환을 청구한 날 또는 제346조 제3항 제2호의 기간이 끝난 날이 속하는 달의 마지막 날부터 2주 내에 본점소재지에서 하여야 한다.
[전문개정 2011.4.14.]

第352조(주주명부의 기재사항) ① 주식을 발행한 때에는 주주명부에 다음의 사항을 기재하여야 한다. [개정 1984.4.10, 2014.5.20.]
1. 주주의 성명과 주소
2. 각 주주가 가진 주식의 종류와 그 수
2의2. 각 주주가 가진 주식의 주권을 발행한 때에는 그 주권의 번호
3. 각 주식의 취득년월일
② 제1항의 경우에 전환주식을 발행한 때에는 제347조에 게기한 사항도 주주명부에 기재하여야 한다. [개정 1984.4.10, 2014.5.20.]

第352조의2(전자주주명부) ① 회사는 정관으로 정하는 바에 따라 전자문서로 주주명부(이하 "전자주주명부"라 한다)를 작성할 수 있다.
② 전자주주명부에는 제352조 제1항의 기재사항 외에 전자우편주소를 적어야 한다.
③ 전자주주명부의 비치·공시 및 열람의 방법에 관하여 필요한 사항은 대통령령으로 정한다.
[본조신설 2009.5.28.]

第353조(주주명부의 효력) ① 주주 또는 질권자에 대한 회사의 통지 또는 최고는 주주명부에 기재한 주소 또는 그 자로부터 회사에 통지한 주소로 하면 된다.
② 제304조 제2항의 규정은 전항의 통지 또는 최고에 준용한다.

第354조(주주명부의 폐쇄, 기준일) ① 회사는 의결권을 행사하거나 배당을 받을 자 기타 주주 또는 질권자로서 권리를 행사할 자를 정하기 위하여 일정한 기간을 정하여 주주명부의 기재변경을 정지하거나 일정한 날에 주주명부에 기재된 주주 또는 질권자를 그 권리를 행사할 주주 또는 질권자로 볼 수 있다. [개정 1984.4.10.]
② 제1항의 기간은 3월을 초과하지 못한다. [개정 1984.4.10.]
③ 제1항의 날은 주주 또는 질권자로서 권리를 행사할 날에 앞선 3월내의 날로 정하여야 한다. [개정 1984.4.10.]
④ 회사가 제1항의 기간 또는 날을 정한 때에는 그 기간 또는 날의 2주간전에 이를 공고하여야 한다. 그러나 정관으로 그 기간 또는 날을 지정한 때에는 그러하지 아니하다.

第355조(주권발행의 시기) ① 회사는 성립후 또는 신주의 납입기일후 지체없이 주권을 발행하여야 한다.
② 주권은 회사의 성립후 또는 신주의 납입기일후가 아니면 발행하지 못한다.
③ 전항의 규정에 위반하여 발행한 주권은 무효로 한다. 그러나 발행한 자에 대한 손해배상의 청구에 영향을 미치지 아니한다.

第356조(주권의 기재사항) 주권에는 다음의 사항과 번호를 기재하고 대표이사가 기명날인 또는 서명하여야 한다. [개정 1995.12.29, 2011.4.14.]
1. 회사의 상호
2. 회사의 성립년월일
3. 회사가 발행할 주식의 총수
4. 액면주식을 발행하는 경우 1주의 금액
5. 회사의 성립후 발행된 주식에 관하여는 그 발행 연월일
6. 종류주식이 있는 경우에는 그 주식의 종류

와 내용
6의2. 주식의 양도에 관하여 이사회의 승인을 얻도록 정한 때에는 그 규정
7. 삭제 [2011.4.14.]
8. 삭제 [2011.4.14.]

제356조의2(주식의 전자등록) ① 회사는 주권을 발행하는 대신 정관으로 정하는 바에 따라 전자등록기관(유가증권 등의 전자등록 업무를 취급하는 것으로 지정된 기관을 말한다. 이하 같다)의 전자등록부에 주식을 등록할 수 있다.
② 전자등록부에 등록된 주식의 양도나 입질(入質)은 전자등록부에 등록하여야 효력이 발생한다.
③ 전자등록부에 주식을 등록한 자는 그 등록된 주식에 대한 권리를 적법하게 보유한 것으로 추정하며, 이러한 전자등록부를 선의(善意)로, 그리고 중대한 과실 없이 신뢰하고 제2항의 등록에 따라 권리를 취득한 자는 그 권리를 적법하게 취득한다.
④ 전자등록의 절차·방법 및 효과, 전자등록기관의 지정·감독 등 주식의 전자등록 등에 관하여 필요한 사항은 대통령령으로 정한다.
[본조신설 2011.4.14.]

제357조 삭제 [2014.5.20.]

제358조 삭제 [2014.5.20.]

제358조의2(주권의 불소지) ① 주주는 정관에 다른 정함이 있는 경우를 제외하고는 그 주식에 대하여 주권의 소지를 하지 아니하겠다는 뜻을 회사에 신고할 수 있다. [개정 2014.5.20.]
② 제1항의 신고가 있는 때에는 회사는 지체없이 주권을 발행하지 아니한다는 뜻을 주주명부와 그 복본에 기재하고, 그 사실을 주주에게 통지하여야 한다. 이 경우 회사는 그 주권을 발행할 수 없다.
③ 제1항의 경우 이미 발행된 주권이 있는 때에는 이를 회사에 제출하여야 하며, 회사는 제출된 주권을 무효로 하거나 명의개서대리인에게 임치하여야 한다.
④ 제1항 내지 제3항의 규정에 불구하고 주주는 언제든지 회사에 대하여 주권의 발행 또는 반환을 청구할 수 있다.
[전문개정 1995.12.29.]

제359조(주권의 선의취득) 수표법 제21조의 규정은 주권에 관하여 이를 준용한다.
[전문개정 1984.4.10.]

제360조(주권의 제권판결, 재발행) ① 주권은 공시최고의 절차에 의하여 이를 무효로 할 수 있다.
② 주권을 상실한 자는 제권판결을 얻지 아니하면 회사에 대하여 주권의 재발행을 청구하지 못하다.

제 2 관 주식의 포괄적 교환 [신설 2001.7.24.]

제360조의2(주식의 포괄적 교환에 의한 완전모회사의 설립) ① 회사는 이 관의 규정에 의한 주식의 포괄적 교환에 의하여 다른 회사의 발행주식의 총수를 소유하는 회사(이하 "완전모회사"라 한다)가 될 수 있다. 이 경우 그 다른 회사를 "완전자회사"라 한다.
② 주식의 포괄적 교환(이하 이 관에서 "주식교환"이라 한다)에 의하여 완전자회사가 되는 회사의 주주가 가지는 그 회사의 주식은 주식을 교환하는 날에 주식교환에 의하여 완전모회사가 되는 회사에 이전하고, 그 완전자회사가 되는 회사의 주주는 그 완전모회사가 되는 회사가 주식교환을 위하여 발행하는 신주의 배정을 받음으로써 그 회사의 주주가 된다.
[본조신설 2001.7.24.]

제360조의3(주식교환계약서의 작성과 주주총회의 승인) ① 주식교환을 하고자 하는 회사는 주식교환계약서를 작성하여 주주총회의 승인을 얻어야 한다.
② 제1항의 승인결의는 제434조의 규정에 의하여야 한다.
③ 주식교환계약서에는 다음 각호의 사항을 적어야 한다. [개정 2011.4.14.]
1. 완전모회사가 되는 회사가 주식교환으로 인하여 정관을 변경하는 경우에는 그 규정
2. 완전모회사가 되는 회사가 주식교환을 위하여 발행하는 신주의 총수·종류와 종류별 주식의 수 및 완전자회사가 되는 회사의 주주에 대한 신주의 배정에 관한 사항
3. 완전모회사가 되는 회사의 증가할 자본금과 자본준비금에 관한 사항
4. 완전자회사가 되는 회사의 주주에게 지급할 금액을 정한 때에는 그 규정
5. 각 회사가 제1항의 결의를 할 주주총회의 기일
6. 주식교환을 할 날
7. 각 회사가 주식교환을 할 날까지 이익배당을 할 때에는 그 한도액
8. 제360조의6의 규정에 의하여 회사가 자기의 주식을 이전하는 경우에는 이전할 주식의 총수·종류 및 종류별 주식의 수
9. 완전모회사가 되는 회사에 취임할 이사와 감사 또는 감사위원회의 위원을 정한 때에는 그 성명 및 주민등록번호

④ 회사는 제363조의 규정에 의한 통지에 다음 각호의 사항을 기재하여야 한다. [개정 2014.5.20.]
1. 주식교환계약서의 주요내용
2. 제360조의5 제1항의 규정에 의한 주식매수청구권의 내용 및 행사방법
3. 일방회사의 정관에 주식의 양도에 관하여 이사회의 승인을 요한다는 뜻의 규정이 있고 다른 회사의 정관에 그 규정이 없는

경우 그 뜻

⑤ 주식교환으로 인하여 주식교환에 관련되는 각 회사의 주주의 부담이 가중되는 경우에는 제1항 및 제436조의 결의 외에 그 주주 전원의 동의가 있어야 한다. [신설 2011.4.14.]

[본조신설 2001.7.24.]

제360조의4(주식교환계약서 등의 공시) ① 이사는 제360조의3 제1항의 주주총회의 회일의 2주전부터 주식교환의 날 이후 6월이 경과하는 날까지 다음 각호의 서류를 본점에 비치하여야 한다.

1. 주식교환계약서
2. 완전자회사가 되는 회사의 주주에 대한 주식의 배정에 관하여 그 이유를 기재한 서면
3. 제360조의3 제1항의 주주총회의 회일(제360조의9의 규정에 의한 간이주식교환의 경우에는 동조 제2항의 규정에 의하여 공고 또는 통지를 한 날)전 6월 이내의 날에 작성한 주식교환을 하는 각 회사의 최종 대차대조표 및 손익계산서

② 제1항의 서류에 관하여는 제391조의3 제3항의 규정을 준용한다.

[본조신설 2001.7.24.]

제360조의5(반대주주의 주식매수청구권) ① 제360조의3 제1항의 규정에 의한 승인사항에 관하여 이사회의 결의가 있는 때에 그 결의에 반대하는 주주는 주주총회전에 회사에 대하여 서면으로 그 결의에 반대하는 의사를 통지한 경우에는 그 총회의 결의일부터 20일 이내에 주식의 종류와 수를 기재한 서면으로 회사에 대하여 자기가 소유하고 있는 주식의 매수를 청구할 수 있다.

② 제360조의9 제2항의 공고 또는 통지를 한 날부터 2주내에 회사에 대하여 서면으로 주식교환에 반대하는 의사를 통지한 주주는 그 기간이 경과한 날부터 20일 이내에 주식의 종류와 수를 기재한 서면으로 회사에 대하여 자기가 소유하고 있는 주식의 매수를 청구할 수 있다.

③ 제1항 및 제2항의 매수청구에 관하여는 제374조의2 제2항 내지 제5항의 규정을 준용한다.

[본조신설 2001.7.24.]

제360조의6(신주발행에 갈음할 자기주식의 이전) 완전모회사가 되는 회사는 주식교환을 함에 있어서 신주발행에 갈음하여 회사가 소유하는 자기의 주식으로서 제342조의 규정에 의하여 상당한 시기에 처분하여야 할 주식을 완전자회사가 되는 회사의 주주에게 이전할 수 있다.

[본조신설 2001.7.24.]

제360조의7(완전모회사의 자본금 증가의 한도액) ① 완전모회사가 되는 회사의 자본금은 주식교환의 날에 완전자회사가 되는 회사에 현존하는 순자산액에서 다음 각호의 금액을 뺀 금액을 초과하여 증가시킬 수 없다. [개정 2011.4.14.]

1. 완전자회사가 되는 회사의 주주에게 지급할 금액
2. 제360조의6의 규정에 의하여 완전자회사가 되는 회사의 주주에게 이전하는 주식의 회계장부가액의 합계액

② 완전모회사가 되는 회사가 주식교환 이전에 완전자회사가 되는 회사의 주식을 이미 소유하고 있는 경우에는 완전모회사가 되는 회사의 자본금은 주식교환의 날에 완전자회사가 되는 회사에 현존하는 순자산액에 그 회사의 발행주식총수에 대한 주식교환으로 인하여 완전모회사가 되는 회사에 이전하는 주식의 수의 비율을 곱한 금액에서 제1항 각호의 금액을 뺀 금액의 한도를 초과하여 이를 증가시킬 수 없다. [개정 2011.4.14.]

[본조신설 2001.7.24.] [제목개정 2011.4.14.]

제360조의8(주권의 실효절차) ① 주식교환에 의하여 완전자회사가 되는 회사는 주주총회에서 제360조의3 제1항의 규정에 의한 승인을 한 때에는 다음 각호의 사항을 주식교환의 날 1월전에 공고하고, 주주명부에 기재된 주주와 질권자에 대하여 따로 따로 그 통지를 하여야 한다.

1. 제360조의3 제1항의 규정에 의한 승인을 한 뜻
2. 주식교환의 날의 전날까지 주권을 회사에 제출하여야 한다는 뜻
3. 주식교환의 날에 주권이 무효가 된다는 뜻

② 제442조의 규정은 제360조의3 제1항의 규정에 의한 승인을 한 경우에 이를 준용한다. [개정 2014.5.20.]

[본조신설 2001.7.24.]

제360조의9(간이주식교환) ① 완전자회사가 되는 회사의 총주주의 동의가 있거나 그 회사의 발행주식총수의 100분의 90 이상을 완전모회사가 되는 회사가 소유하고 있는 때에는 완전자회사가 되는 회사의 주주총회의 승인은 이를 이사회의 승인으로 갈음할 수 있다.

② 제1항의 경우에 완전자회사가 되는 회사는 주식교환계약서를 작성한 날부터 2주내에 주주총회의 승인을 얻지 아니하고 주식교환을 한다는 뜻을 공고하거나 주주에게 통지하여야 한다. 다만, 총주주의 동의가 있는 때에는 그러하지 아니하다.

[본조신설 2001.7.24.]

제360조의10(소규모 주식교환) ① 완전모회사가 되는 회사가 주식교환을 위하여 발행하는 신주의 총수가 그 회사의 발행주식총수의 100분의 5를 초과하지 아니하는 경우에는 그 회사에서의 제360조의3 제1항의 규정에 의한 주주총회의 승인은 이를 이사회의 승인으로 갈음할 수 있다. 다만, 완전자회사가 되는 회사의 주주에게 지급할 금액을 정한 경우에 그 금액이 제360조의4 제1항 제3호에서 규정한 최종 대차대조표에 의하여 완전모회사가

되는 회사에 현존하는 순자산액의 100분의 2를 초과하는 때에는 그러하지 아니하다.
② 제360조의6의 규정에 의하여 완전자회사가 되는 회사의 주주에게 이전하는 주식은 제1항의 규정을 적용함에 있어서 이를 주식교환을 위하여 발행하는 신주로 본다.
③ 제1항 본문의 경우에는 주식교환계약서에 완전모회사가 되는 회사에 관하여는 제360조의3 제1항의 규정에 의한 주주총회의 승인을 얻지 아니하고 주식교환을 할 수 있는 뜻을 기재하여야 하며, 동조 제3항 제1호의 사항은 이를 기재하지 못한다.
④ 완전모회사가 되는 회사는 주식교환계약서를 작성한 날부터 2주내에 완전자회사가 되는 회사의 상호와 본점, 주식교환을 할 날 및 제360조의3 제1항의 승인을 얻지 아니하고 주식교환을 한다는 뜻을 공고하거나 주주에게 통지하여야 한다.
⑤ 완전모회사가 되는 회사의 발행주식총수의 100분의 20 이상에 해당하는 주식을 가지는 주주가 제4항에 따른 공고 또는 통지를 한 날부터 2주 내에 회사에 대하여 서면으로 제1항 본문에 따른 주식교환에 반대하는 의사를 통지한 경우에는 이 조에 따른 주식교환을 할 수 없다. [개정 2011.4.14.]
⑥ 제1항 본문의 경우에 완전모회사가 되는 회사에 관하여 제360조의4제1항의 규정을 적용함에 있어서는 동조동항 각호외의 부분중 "제360조의3 제1항의 주주총회의 회일의 2주전" 및 동조 동항 제3호중 "제360조의3제1항의 주주총회의 회일"은 각각 "이 조 제4항의 규정에 의한 공고 또는 통지의 날"로 한다.
⑦ 제1항 본문의 경우에는 제360조의5의 규정은 이를 적용하지 아니한다.
[본조신설 2001.7.24.]

제360조의11(단주처리 등에 관한 규정의 준용) ① 제443조의 규정은 회사의 주식교환의 경우에 이를 준용한다.
② 제339조 및 제340조 제3항의 규정은 주식교환의 경우에 완전자회사가 되는 회사의 주식을 목적으로 하는 질권에 이를 준용한다.
[본조신설 2001.7.24.]

제360조의12(주식교환사항을 기재한 서면의 사후공시) ① 이사는 다음 각호의 사항을 기재한 서면을 주식교환의 날부터 6월간 본점에 비치하여야 한다.
1. 주식교환의 날
2. 주식교환의 날에 완전자회사가 되는 회사에 현존하는 순자산액
3. 주식교환으로 인하여 완전모회사에 이전한 완전자회사의 주식의 수
4. 그 밖의 주식교환에 관한 사항

② 제1항의 서면에 관하여는 제391조의3제3항의 규정을 준용한다.
[본조신설 2001.7.24.]

제360조의13(완전모회사의 이사·감사의 임기) 주식교환에 의하여 완전모회사가 되는 회사의 이사 및 감사로서 주식교환전에 취임한 자는 주식교환계약서에 다른 정함이 있는 경우를 제외하고는 주식교환후 최초로 도래하는 결산기에 관한 정기총회가 종료하는 때에 퇴임한다.
[본조신설 2001.7.24.]

제360조의14(주식교환무효의 소) ① 주식교환의 무효는 각 회사의 주주·이사·감사·감사위원회의 위원 또는 청산인에 한하여 주식교환의 날부터 6월내에 소만으로 이를 주장할 수 있다.
② 제1항의 소는 완전모회사가 되는 회사의 본점소재지의 지방법원의 관할에 전속한다.
③ 주식교환을 무효로 하는 판결이 확정된 때에는 완전모회사가 된 회사는 주식교환을 위하여 발행한 신주 또는 제360조의6의 규정에 의하여 이전한 주식의 주주에 대하여 그가 소유하였던 완전자회사가 된 회사의 주식을 이전하여야 한다.
④ 제187조 내지 제189조, 제190조 본문, 제191조, 제192조, 제377조 및 제431조의 규정은 제1항의 소에, 제339조 및 제340조 제3항의 규정은 제3항의 경우에 각각 이를 준용한다.
[본조신설 2001.7.24.]

제 3 관 주식의 포괄적 이전 [신설 2001.7.24.]

제360조의15(주식의 포괄적 이전에 의한 완전모회사의 설립) ① 회사는 이 관의 규정에 의한 주식의 포괄적 이전(이하 이 관에서 "주식이전"이라 한다)에 의하여 완전모회사를 설립하고 완전자회사가 될 수 있다.
② 주식이전에 의하여 완전자회사가 되는 회사의 주주가 소유하는 그 회사의 주식은 주식이전에 의하여 설립하는 완전모회사에 이전하고, 그 완전자회사가 되는 회사의 주주는 그 완전모회사가 주식이전을 위하여 발행하는 주식의 배정을 받음으로써 그 완전모회사의 주주가 된다.
[본조신설 2001.7.24.]

제360조의16(주주총회에 의한 주식이전의 승인) ① 주식이전을 하고자 하는 회사는 다음 각 호의 사항을 적은 주식이전계획서를 작성하여 주주총회의 승인을 받아야 한다. [개정 2011.4.14.]
1. 설립하는 완전모회사의 정관의 규정
2. 설립하는 완전모회사가 주식이전에 있어서 발행하는 주식의 종류와 수 및 완전자회사가 되는 회사의 주주에 대한 주식의 배정에 관한 사항
3. 설립하는 완전모회사의 자본금 및 자본준비금에 관한 사항
4. 완전자회사가 되는 회사의 주주에 대하여 지급할 금액을 정한 때에는 그 규정
5. 주식이전을 할 시기
6. 완전자회사가 되는 회사가 주식이전의 날까지 이익배당을 할 때에는 그 한도액

7. 설립하는 완전모회사의 이사와 감사 또는 감사위원회의 위원의 성명 및 주민등록번호
8. 회사가 공동으로 주식이전에 의하여 완전모회사를 설립하는 때에는 그 뜻

② 제1항의 승인결의는 제434조의 규정에 의하여야 한다.
③ 제360조의3 제4항의 규정은 제1항의 경우의 주주총회의 승인에 이를 준용한다.
④ 주식이전으로 인하여 주식이전에 관련되는 각 회사의 주주의 부담이 가중되는 경우에는 제1항 및 제436조의 결의 외에 그 주주 전원의 동의가 있어야 한다. [신설 2011.4.14.]
[본조신설 2001.7.24.]

제360조의17(주식이전계획서 등의 서류의 공시) ① 이사는 제360조의16 제1항의 규정에 의한 주주총회의 회일의 2주전부터 주식이전의 날 이후 6월을 경과하는 날까지 다음 각호의 서류를 본점에 비치하여야 한다.
1. 제360조의16 제1항의 규정에 의한 주식이전계획서
2. 완전자회사가 되는 회사의 주주에 대한 주식의 배정에 관하여 그 이유를 기재한 서면
3. 제360조의16 제1항의 주주총회의 회일전 6월 이내의 날에 작성한 완전자회사가 되는 회사의 최종 대차대조표 및 손익계산서

② 제1항의 서류에 관하여는 제391조의3 제3항의 규정을 준용한다.
[본조신설 2001.7.24.]

제360조의18(완전모회사의 자본금의 한도액) 설립하는 완전모회사의 자본금은 주식이전의 날에 완전자회사가 되는 회사에 현존하는 순자산액에서 그 회사의 주주에게 지급할 금액을 뺀 액을 초과하지 못한다. [개정 2011.4.14.]
[본조신설 2001.7.24.] [제목개정 2011.4.14.]

제360조의19(주권의 실효절차) ① 주식이전에 의하여 완전자회사가 되는 회사는 제360조의16 제1항의 규정에 의한 결의를 한 때에는 다음 각호의 사항을 공고하고, 주주명부에 기재된 주주와 질권자에 대하여 따로 따로 그 통지를 하여야 한다.
1. 제360조의16 제1항의 규정에 의한 결의를 한 뜻
2. 1월을 초과하여 정한 기간내에 주권을 회사에 제출하여야 한다는 뜻
3. 주식이전의 날에 주권이 무효가 된다는 뜻

② 제442조의 규정은 제360조의16 제1항의 규정에 의한 결의를 한 경우에 이를 준용한다. [개정 2014.5.20.]
[본조신설 2001.7.24.]

제360조의20(주식이전에 의한 등기) 주식이전을 한 때에는 설립한 완전모회사의 본점의 소재지에서는 2주내에, 지점의 소재지에서는 3주내에 제317조 제2항에서 정하는 사항을 등기하여야 한다.
[본조신설 2001.7.24.]

제360조의21(주식이전의 효력발생시기) 주식이전은 이로 인하여 설립한 완전모회사가 그 본점소재지에서 제360조의20의 규정에 의한 등기를 함으로써 그 효력이 발생한다.
[본조신설 2001.7.24.]

제360조의22(주식교환 규정의 준용) 제360조의5, 제360조의11 및 제360조의12의 규정은 주식이전의 경우에 이를 준용한다.
[본조신설 2001.7.24.]

제360조의23(주식이전무효의 소) ① 주식이전의 무효는 각 회사의 주주·이사·감사·감사위원회의 위원 또는 청산인에 한하여 주식이전의 날부터 6월내에 소만으로 이를 주장할 수 있다.
② 제1항의 소는 완전모회사가 되는 회사의 본점소재지의 지방법원의 관할에 전속한다.
③ 주식이전을 무효로 하는 판결이 확정된 때에는 완전모회사가 된 회사는 주식이전을 위하여 발행한 주식의 주주에 대하여 그가 소유하였던 완전자회사가 된 회사의 주식을 이전하여야 한다.
④ 제187조 내지 제193조 및 제377조의 규정은 제1항의 소에, 제339조 및 제340조 제3항의 규정은 제3항의 경우에 각각 이를 준용한다.
[본조신설 2001.7.24.]

제 4 관 지배주주에 의한 소수주식의 전부 취득 [신설 2011.4.14.]

제360조의24(지배주주의 매도청구권) ① 회사의 발행주식총수의 100분의 95 이상을 자기의 계산으로 보유하고 있는 주주(이하 이 관에서 "지배주주"라 한다)는 회사의 경영상 목적을 달성하기 위하여 필요한 경우에는 회사의 다른 주주(이하 이 관에서 "소수주주"라 한다)에게 그 보유하는 주식의 매도를 청구할 수 있다.
② 제1항의 보유주식의 수를 산정할 때에는 모회사와 자회사가 보유한 주식을 합산한다. 이 경우 회사가 아닌 주주가 발행주식총수의 100분의 50을 초과하는 주식을 가진 회사가 보유하는 주식도 그 주주가 보유하는 주식과 합산한다.
③ 제1항의 매도청구를 할 때에는 미리 주주총회의 승인을 받아야 한다.
④ 제3항의 주주총회의 소집을 통지할 때에는 다음 각 호에 관한 사항을 적어야 하고, 매도를 청구하는 지배주주는 주주총회에서 그 내용을 설명하여야 한다.
1. 지배주주의 회사 주식의 보유 현황
2. 매도청구의 목적
3. 매매가액의 산정 근거와 적정성에 관한 공인된 감정인의 평가
4. 매매가액의 지급보증

⑤ 지배주주는 매도청구의 날 1개월 전까지 다음 각 호의 사실을 공고하고, 주주명부에

적힌 주주와 질권자에게 따로 그 통지를 하여야 한다.

1. 소수주주는 매매가액의 수령과 동시에 주권을 지배주주에게 교부하여야 한다는 뜻
2. 교부하지 아니할 경우 매매가액을 수령하거나 지배주주가 매매가액을 공탁(供託)한 날에 주권은 무효가 된다는 뜻

⑥ 제1항의 매도청구를 받은 소수주주는 매도청구를 받은 날부터 2개월 내에 지배주주에게 그 주식을 매도하여야 한다.

⑦ 제6항의 경우 그 매매가액은 매도청구를 받은 소수주주와 매도를 청구한 지배주주 간의 협의로 결정한다.

⑧ 제1항의 매도청구를 받은 날부터 30일 내에 제7항의 매매가액에 대한 협의가 이루어지지 아니한 경우에는 매도청구를 받은 소수주주 또는 매도청구를 한 지배주주는 법원에 매매가액의 결정을 청구할 수 있다.

⑨ 법원이 제8항에 따라 주식의 매매가액을 결정하는 경우에는 회사의 재산상태와 그 밖의 사정을 고려하여 공정한 가액으로 산정하여야 한다.

[본조신설 2011.4.14.]

제360조의25(소수주주의 매수청구권) ① 지배주주가 있는 회사의 소수주주는 언제든지 지배주주에게 그 보유주식의 매수를 청구할 수 있다.

② 제1항의 매수청구를 받은 지배주주는 매수를 청구한 날을 기준으로 2개월 내에 매수를 청구한 주주로부터 그 주식을 매수하여야 한다.

③ 제2항의 경우 그 매매가액은 매수를 청구한 주주와 매수청구를 받은 지배주주 간의 협의로 결정한다.

④ 제2항의 매수청구를 받은 날부터 30일 내에 제3항의 매매가액에 대한 협의가 이루어지지 아니한 경우에는 매수청구를 받은 지배주주 또는 매수청구를 한 소수주주는 법원에 대하여 매매가액의 결정을 청구할 수 있다.

⑤ 법원이 제4항에 따라 주식의 매매가액을 결정하는 경우에는 회사의 재산상태와 그 밖의 사정을 고려하여 공정한 가액으로 산정하여야 한다.

[본조신설 2011.4.14.]

제360조의26(주식의 이전 등) ① 제360조의24와 제360조의25에 따라 주식을 취득하는 지배주주가 매매가액을 소수주주에게 지급한 때에 주식이 이전된 것으로 본다.

② 제1항의 매매가액을 지급할 소수주주를 알 수 없거나 소수주주가 수령을 거부할 경우에는 지배주주는 그 가액을 공탁할 수 있다. 이 경우 주식은 공탁한 날에 지배주주에게 이전된 것으로 본다.

[본조신설 2011.4.14.]

제3절 회사의 기관

제1관 주주총회

제361조(총회의 권한) 주주총회는 본법 또는 정관에 정하는 사항에 한하여 결의할 수 있다.

제362조(소집의 결정) 총회의 소집은 본법에 다른 규정이 있는 경우외에는 이사회가 이를 결정한다.

제363조(소집의 통지) ① 주주총회를 소집할 때에는 주주총회일의 2주 전에 각 주주에게 서면으로 통지를 발송하거나 각 주주의 동의를 받아 전자문서로 통지를 발송하여야 한다. 다만, 그 통지가 주주명부상 주주의 주소에 계속 3년간 도달하지 아니한 경우에는 회사는 해당 주주에게 총회의 소집을 통지하지 아니할 수 있다.

② 제1항의 통지서에는 회의의 목적사항을 적어야 한다.

③ 제1항에도 불구하고 자본금 총액이 10억원 미만인 회사가 주주총회를 소집하는 경우에는 주주총회일의 10일 전에 각 주주에게 서면으로 통지를 발송하거나 각 주주의 동의를 받아 전자문서로 통지를 발송할 수 있다. [개정 2014.5.20.]

④ 자본금 총액이 10억원 미만인 회사는 주주 전원의 동의가 있을 경우에는 소집절차 없이 주주총회를 개최할 수 있고, 서면에 의한 결의로써 주주총회의 결의를 갈음할 수 있다. 결의의 목적사항에 대하여 주주 전원이 서면으로 동의를 한 때에는 서면에 의한 결의가 있는 것으로 본다. [개정 2014.5.20.]

⑤ 제4항의 서면에 의한 결의는 주주총회의 결의와 같은 효력이 있다. [개정 2014.5.20.]

⑥ 서면에 의한 결의에 대하여는 주주총회에 관한 규정을 준용한다. [개정 2014.5.20.]

⑦ 제1항부터 제4항까지의 규정은 의결권 없는 주주에게는 적용하지 아니한다. [개정 2014.5.20.]

[전문개정 2009.5.28.] [제목개정 2014.5.20.]

제363조의2(주주제안권) ① 의결권없는 주식을 제외한 발행주식총수의 100분의 3 이상에 해당하는 주식을 가진 주주는 이사에게 주주총회일(정기주주총회의 경우 직전 연도의 정기주주총회일에 해당하는 그 해의 해당일. 이하 이 조에서 같다)의 6주 전에 서면 또는 전자문서로 일정한 사항을 주주총회의 목적사항으로 할 것을 제안(이하 "주주제안"이라 한다)할 수 있다. [개정 2009.1.30.]

② 제1항의 주주는 이사에게 주주총회일의 6주 전에 서면 또는 전자문서로 회의의 목적으로 할 사항에 추가하여 당해 주주가 제출하는 의안의 요령을 제363조에서 정하는 통지에 기재할 것을 청구할 수 있다. [개정 2009.1.30, 2014.5.20.]

③ 이사는 제1항에 의한 주주제안이 있는 경우에는 이를 이사회에 보고하고, 이사회는 주주제안의 내용이 법령 또는 정관을 위반하는 경우와 그 밖에 대통령령으로 정하는 경우를 제외하고는 이를 주주총회의 목적사항으로 하여야 한다. 이 경우 주주제안을 한 자의 청구가 있는 때에는 주주총회에서 당해 의안을 설명할 기회를 주어야 한다. [개정 2009.1.30.]
[본조신설 1998.12.28.]

第364조(소집지) 총회는 정관에 다른 정함이 없으면 본점소재지 또는 이에 인접한 지에 소집하여야 한다.

第365조(총회의 소집) ① 정기총회는 매년 1회 일정한 시기에 이를 소집하여야 한다.
② 연 2회 이상의 결산기를 정한 회사는 매기에 총회를 소집하여야 한다.
③ 임시총회는 필요있는 경우에 수시 이를 소집한다.

第366조(소수주주에 의한 소집청구) ① 발행주식총수의 100분의 3 이상에 해당하는 주식을 가진 주주는 회의의 목적사항과 소집의 이유를 적은 서면 또는 전자문서를 이사회에 제출하여 임시총회의 소집을 청구할 수 있다. [개정 2009.5.28.]
② 제1항의 청구가 있은 후 지체 없이 총회소집의 절차를 밟지 아니한 때에는 청구한 주주는 법원의 허가를 받아 총회를 소집할 수 있다. 이 경우 주주총회의 의장은 법원이 이해관계인의 청구나 직권으로 선임할 수 있다. [개정 2011.4.14.]
③ 제1항 및 제2항의 규정에 의한 총회는 회사의 업무와 재산상태를 조사하게 하기 위하여 검사인을 선임할 수 있다. [개정 1998.12.28.]

第366조의2(총회의 질서유지) ① 총회의 의장은 정관에서 정함이 없는 때에는 총회에서 선임한다.
② 총회의 의장은 총회의 질서를 유지하고 의사를 정리한다.
③ 총회의 의장은 고의로 의사진행을 방해하기 위한 발언·행동을 하는 등 현저히 질서를 문란하게 하는 자에 대하여 그 발언의 정지 또는 퇴장을 명할 수 있다.
[본조신설 1999.12.31.]

第367조(검사인의 선임) ① 총회는 이사가 제출한 서류와 감사의 보고서를 조사하게 하기 위하여 검사인(檢査人)을 선임할 수 있다.
② 회사 또는 발행주식총수의 100분의 1 이상에 해당하는 주식을 가진 주주는 총회의 소집절차나 결의방법의 적법성을 조사하기 위하여 총회 전에 법원에 검사인의 선임을 청구할 수 있다.
[전문개정 2011.4.14.]

第368조(총회의 결의방법과 의결권의 행사) ① 총회의 결의는 이 법 또는 정관에 다른 정함이 있는 경우를 제외하고는 출석한 주주의 의결권의 과반수와 발행주식총수의 4분의 1 이상의 수로써 하여야 한다. [개정 1995.12.29.]
② 주주는 대리인으로 하여금 그 의결권을 행사하게 할 수 있다. 이 경우에는 그 대리인은 대리권을 증명하는 서면을 총회에 제출하여야 한다. [개정 2014.5.20.]
③ 총회의 결의에 관하여 특별한 이해관계가 있는 자는 의결권을 행사하지 못한다. [개정 2014.5.20.]

第368조의2(의결권의 불통일행사) ① 주주가 2 이상의 의결권을 가지고 있는 때에는 이를 통일하지 아니하고 행사할 수 있다. 이 경우 주주총회일의 3일전에 회사에 대하여 서면 또는 전자문서로 그 뜻과 이유를 통지하여야 한다. [개정 2009.5.28.]
② 주주가 주식의 신탁을 인수하였거나 기타 타인을 위하여 주식을 가지고 있는 경우외에는 회사는 주주의 의결권의 불통일행사를 거부할 수 있다.
[본조신설 1984.4.10.]

第368조의3(서면에 의한 의결권의 행사) ① 주주는 정관이 정한 바에 따라 총회에 출석하지 아니하고 서면에 의하여 의결권을 행사할 수 있다.
② 회사는 총회의 소집통지서에 주주가 제1항의 규정에 의한 의결권을 행사하는데 필요한 서면과 참고자료를 첨부하여야 한다.
[본조신설 1999.12.31.]

第368조의4(전자적 방법에 의한 의결권의 행사)
① 회사는 이사회의 결의로 주주가 총회에 출석하지 아니하고 전자적 방법으로 의결권을 행사할 수 있음을 정할 수 있다.
② 회사는 제363조에 따라 소집통지를 할 때에는 주주가 제1항에 따른 방법으로 의결권을 행사할 수 있다는 내용을 통지하여야 한다. [개정 2014.5.20.]
③ 회사가 제1항에 따라 전자적 방법에 의한 의결권행사를 정한 경우에 주주는 주주 확인절차 등 대통령령으로 정하는 바에 따라 의결권을 행사하여야 한다. 이 경우 회사는 의결권행사에 필요한 양식과 참고자료를 주주에게 전자적 방법으로 제공하여야 한다.
④ 동일한 주식에 관하여 제1항 또는 제368조의3 제1항에 따라 의결권을 행사하는 경우 전자적 방법 또는 서면 중 어느 하나의 방법을 선택하여야 한다.
⑤ 회사는 의결권행사에 관한 전자적 기록을 총회가 끝난 날부터 3개월간 본점에 갖추어 두어 열람하게 하고 총회가 끝난 날부터 5년간 보존하여야 한다.
⑥ 주주 확인절차 등 전자적 방법에 의한 의결권행사의 절차와 그 밖에 필요한 사항은 대통령령으로 정한다.
[본조신설 2009.5.28.]

第369조(의결권) ① 의결권은 1주마다 1개로 한다.
② 회사가 가진 자기주식은 의결권이 없다.

③ 회사, 모회사 및 자회사 또는 자회사가 다른 회사의 발행주식의 총수의 10분의 1을 초과하는 주식을 가지고 있는 경우 그 다른 회사가 가지고 있는 회사 또는 모회사의 주식은 의결권이 없다. [신설 1984.4.10.]

제370조 삭제 [2011.4.14.]

제371조(정족수, 의결권수의 계산) ① 총회의 결의에 관하여는 제344조의3 제1항과 제369조 제2항 및 제3항의 의결권 없는 주식의 수는 발행주식총수에 산입하지 아니한다.

② 총회의 결의에 관하여는 제368조 제3항에 따라 행사할 수 없는 주식의 의결권 수와 제409조 제2항·제3항 및 제542조의12 제3항·제4항에 따라 그 비율을 초과하는 주식으로서 행사할 수 없는 주식의 의결권 수는 출석한 주주의 의결권의 수에 산입하지 아니한다. [개정 2014.5.20.]
[전문개정 2011.4.14.]

제372조(총회의 연기, 속행의 결의) ① 총회에서는 회의의 속행 또는 연기의 결의를 할 수 있다.
② 전항의 경우에는 제363조의 규정을 적용하지 아니한다.

제373조(총회의 의사록) ① 총회의 의사에는 의사록을 작성하여야 한다.
② 의사록에는 의사의 경과요령과 그 결과를 기재하고 의장과 출석한 이사가 기명날인 또는 서명하여야 한다. [개정 1995.12.29.]

제374조(영업양도, 양수, 임대등) ① 회사가 다음 각 호의 어느 하나에 해당하는 행위를 할 때에는 제434조에 따른 결의가 있어야 한다. [개정 2011.4.14.]
1. 영업의 전부 또는 중요한 일부의 양도
2. 영업 전부의 임대 또는 경영위임, 타인과 영업의 손익 전부를 같이 하는 계약, 그 밖에 이에 준하는 계약의 체결•변경 또는 해약
3. 회사의 영업에 중대한 영향을 미치는 다른 회사의 영업 전부 또는 일부의 양수

② 제1항의 행위에 관한 주주총회의 소집의 통지를 하는 때에는 제374조의2 제1항 및 제2항의 규정에 의한 주식매수청구권의 내용 및 행사방법을 명시하여야 한다. [신설 1995.12.29, 2014.5.20.]

제374조의2(반대주주의 주식매수청구권) ① 제374조의 규정에 의한 결의사항에 반대하는 주주는 주주총회전에 회사에 대하여 서면으로 그 결의에 반대하는 의사를 통지한 경우에는 그 총회의 결의일부터 20일내에 주식의 종류와 수를 기재한 서면으로 회사에 대하여 자기가 소유하고 있는 주식의 매수를 청구할 수 있다.
② 회사는 제1항의 청구를 받은 날부터 2월 이내에 그 주식을 매수하여야 한다.
③ 제2항의 규정에 의한 주식의 매수가액은 주주와 회사간의 협의에 의하여 결정한다. [개정 2001.7.24.]
④ 제1항의 청구를 받은 날부터 30일 이내에 제3항의 규정에 의한 협의가 이루어지지 아니한 경우에는 회사 또는 주식의 매수를 청구한 주주는 법원에 대하여 매수가액의 결정을 청구할 수 있다. [개정 2001.7.24.]
⑤ 법원이 제4항의 규정에 의하여 주식의 매수가액을 결정하는 경우에는 회사의 재산상태 그 밖의 사정을 참작하여 공정한 가액으로 이를 산정하여야 한다. [신설 2001.7.24.]
[본조신설 1995.12.29.]

제375조(사후설립) 회사가 그 성립 후 2년 내에 그 성립 전부터 존재하는 재산으로서 영업을 위하여 계속하여 사용하여야 할 것을 자본금의 100분의 5 이상에 해당하는 대가로 취득하는 계약을 하는 경우에는 제374조를 준용한다.
[전문개정 2011.4.14.]

제376조(결의취소의 소) ① 총회의 소집절차 또는 결의방법이 법령 또는 정관에 위반하거나 현저하게 불공정한 때 또는 그 결의의 내용이 정관에 위반한 때에는 주주·이사 또는 감사는 결의의 날로부터 2월내에 결의취소의 소를 제기할 수 있다. [개정 1984.4.10, 1995.12.29.]
② 제186조 내지 제188조, 제190조 본문과 제191조의 규정은 제1항의 소에 준용한다. [개정 1984.4.10, 1995.12.29.]

제377조(제소주주의 담보제공의무) ① 주주가 결의취소의 소를 제기한 때에는 법원은 회사의 청구에 의하여 상당한 담보를 제공할 것을 명할 수 있다. 그러나 그 주주가 이사 또는 감사인 때에는 그러하지 아니하다. [개정 1984.4.10.]
② 제176조 제4항의 규정은 제1항의 청구에 준용한다. [개정 1984.4.10.]

제378조(결의취소의 등기) 결의한 사항이 등기된 경우에 결의취소의 판결이 확정된 때에는 본점과 지점의 소재지에서 등기하여야 한다.

제379조(법원의 재량에 의한 청구기각) 결의취소의 소가 제기된 경우에 결의의 내용, 회사의 현황과 제반사정을 참작하여 그 취소가 부적당하다고 인정한 때에는 법원은 그 청구를 기각할 수 있다.

제380조(결의무효 및 부존재확인의 소) 제186조 내지 제188조, 제190조 본문, 제191조, 제377조와 제378조의 규정은 총회의 결의의 내용이 법령에 위반한 것을 이유로 하여 결의무효의 확인을 청구하는 소와 총회의 소집절차 또는 결의방법에 총회결의가 존재한다고 볼 수 없을 정도의 중대한 하자가 있는 것을 이유로 하여 결의부존재의 확인을 청구하는 소에 이를 준용한다. [개정 1984.4.10, 1995.12.29.]

제381조(부당결의의 취소, 변경의 소) ① 주주가

제368조 제3항의 규정에 의하여 의결권을 행사할 수 없었던 경우에 결의가 현저하게 부당하고 그 주주가 의결권을 행사하였더라면 이를 저지할 수 있었을 때에는 그 주주는 그 결의의 날로부터 2월내에 결의의 취소의 소 또는 변경의 소를 제기할 수 있다. [개정 2014.5.20.]
② 제186조 내지 제188조, 제190조 본문, 제191조, 제377조와 제378조의 규정은 제1항의 소에 준용한다. [개정 1998.12.28.]

제 2 관　이사와 이사회

제382조(이사의 선임, 회사와의 관계 및 사외이사) ① 이사는 주주총회에서 선임한다.
② 회사와 이사의 관계는 민법의 위임에 관한 규정을 준용한다.
③ 사외이사(社外理事)는 해당 회사의 상무(常務)에 종사하지 아니하는 이사로서 다음 각 호의 어느 하나에 해당하지 아니하는 자를 말한다. 사외이사가 다음 각 호의 어느 하나에 해당하는 경우에는 그 직을 상실한다. [개정 2011.4.14.]
1. 회사의 상무에 종사하는 이사·집행임원 및 피용자 또는 최근 2년 이내에 회사의 상무에 종사한 이사·감사·집행임원 및 피용자
2. 최대주주가 자연인인 경우 본인과 그 배우자 및 직계 존속·비속
3. 최대주주가 법인인 경우 그 법인의 이사·감사·집행임원 및 피용자
4. 이사·감사·집행임원의 배우자 및 직계 존속·비속
5. 회사의 모회사 또는 자회사의 이사·감사·집행임원 및 피용자
6. 회사와 거래관계 등 중요한 이해관계에 있는 법인의 이사·감사·집행임원 및 피용자
7. 회사의 이사·집행임원 및 피용자가 이사·집행임원으로 있는 다른 회사의 이사·감사·집행임원 및 피용자

[전문개정 2009.1.30.]

제382조의2(집중투표) ① 2인 이상의 이사의 선임을 목적으로 하는 총회의 소집이 있는 때에는 의결권없는 주식을 제외한 발행주식총수의 100분의 3 이상에 해당하는 주식을 가진 주주는 정관에서 달리 정하는 경우를 제외하고는 회사에 대하여 집중투표의 방법으로 이사를 선임할 것을 청구할 수 있다.
② 제1항의 청구는 주주총회일의 7일 전까지 서면 또는 전자문서로 하여야 한다. [개정 2009.5.28.]
③ 제1항의 청구가 있는 경우에 이사의 선임결의에 관하여 각 주주는 1주마다 선임할 이사의 수와 동일한 수의 의결권을 가지며, 그 의결권은 이사 후보자 1인 또는 수인에게 집중하여 투표하는 방법으로 행사할 수 있다.
④ 제3항의 규정에 의한 투표의 방법으로 이사를 선임하는 경우에는 투표의 최다수를 얻은 자부터 순차적으로 이사에 선임되는 것으로 한다.
⑤ 제1항의 청구가 있는 경우에는 의장은 의결에 앞서 그러한 청구가 있다는 취지를 알려야 한다.
⑥ 제2항의 서면은 총회가 종결될 때까지 이를 본점에 비치하고 주주로 하여금 영업시간내에 열람할 수 있게 하여야 한다.
[본조신설 1998.12.28.]

제382조의3(이사의 충실의무) 이사는 법령과 정관의 규정에 따라 회사를 위하여 그 직무를 충실하게 수행하여야 한다.
[본조신설 1998.12.28.]

제382조의4(이사의 비밀유지의무) 이사는 재임중 뿐만 아니라 퇴임후에도 직무상 알게된 회사의 영업상 비밀을 누설하여서는 아니된다.
[본조신설 2001.7.24.]

제383조(원수, 임기) ① 이사는 3명 이상이어야 한다. 다만, 자본금 총액이 10억원 미만인 회사는 1명 또는 2명으로 할 수 있다. [개정 2009.5.28.]
② 이사의 임기는 3년을 초과하지 못한다. [개정 1984.4.10.]
③ 제2항의 임기는 정관으로 그 임기 중의 최종의 결산기에 관한 정기주주총회의 종결에 이르기까지 연장할 수 있다. [개정 1984.4.10.]
④ 제1항 단서의 경우에는 제302조 제2항 제5호의2, 제317조 제2항 제3호의2, 제335조 제1항 단서 및 제2항, 제335조의2 제1항·제3항, 제335조의3 제1항·제2항, 제335조의7제1항, 제340조의3 제1항 제5호, 제356조 제6호의2, 제397조 제1항·제2항, 제397조의2 제1항, 제398조, 제416조 본문, 제451조 제2항, 제461조 제1항 본문 및 제3항, 제462조의3제1항, 제464조의2 제1항, 제469조, 제513조 제2항 본문 및 제516조의2 제2항 본문(준용되는 경우를 포함한다) 중 "이사회"는 각각 "주주총회"로 보며, 제360조의5 제1항 및 제522조의3 제1항 중 "이사회의 결의가 있는 때"는 "제363조 제1항에 따른 주주총회의 소집통지가 있는 때"로 본다. [개정 2009.5.28, 2011.4.14.]
⑤ 제1항 단서의 경우에는 제341조 제2항 단서, 제390조, 제391조, 제391조의2, 제391조의3, 제392조, 제393조 제2항부터 제4항까지, 제399조 제2항, 제408조의2 제3항·제4항, 제408조의3 제2항, 제408조의4 제2호, 제408조의5 제1항, 제408조의6, 제408조의7, 제412조의4, 제449조의2, 제462조 제2항 단서, 제526조 제3항, 제527조 제4항, 제527조의2, 제527조의3 제1항 및 제527조의5 제2항은 적용하지 아니한다. [개정 2009.5.28, 2011.4.14.]
⑥ 제1항 단서의 경우에는 각 이사(정관에 따라 대표이사를 정한 경우에는 그 대표이사를 말한다)가 회사를 대표하며 제343조 제1항 단서, 제346조 제3항, 제362조, 제363조의2 제3

항, 제366조 제1항, 제368조의4 제1항, 제393조 제1항, 제412조의3 제1항 및 제462조의3 제1항에 따른 이사회의 기능을 담당한다. [개정 2009.5.28, 2011.4.14.]

제384조 삭제 [1995.12.29.]

제385조(해임) ① 이사는 언제든지 제434조의 규정에 의한 주주총회의 결의로 이를 해임할 수 있다. 그러나 이사의 임기를 정한 경우에 정당한 이유없이 그 임기만료전에 이를 해임한 때에는 그 이사는 회사에 대하여 해임으로 인한 손해의 배상을 청구할 수 있다.
② 이사가 그 직무에 관하여 부정행위 또는 법령이나 정관에 위반한 중대한 사실이 있음에도 불구하고 주주총회에서 그 해임을 부결한 때에는 발행주식의 총수의 100분의 3 이상에 해당하는 주식을 가진 주주는 총회의 결의가 있은 날부터 1월내에 그 이사의 해임을 법원에 청구할 수 있다. [개정 1998.12.28.]
③ 제186조의 규정은 전항의 경우에 준용한다.

제386조(결원의 경우) ① 법률 또는 정관에 정한 이사의 원수를 결한 경우에는 임기의 만료 또는 사임으로 인하여 퇴임한 이사는 새로 선임된 이사가 취임할 때까지 이사의 권리의무가 있다.
② 제1항의 경우에 필요하다고 인정할 때에는 법원은 이사, 감사 기타의 이해관계인의 청구에 의하여 일시 이사의 직무를 행할 자를 선임할 수 있다. 이 경우에는 본점의 소재지에서 그 등기를 하여야 한다. [개정 1995.12.29.]

제387조(자격주) 정관으로 이사가 가질 주식의 수를 정한 경우에 다른 규정이 없는 때에는 이사는 그 수의 주권을 감사에게 공탁하여야 한다.

제388조(이사의 보수) 이사의 보수는 정관에 그 액을 정하지 아니한 때에는 주주총회의 결의로 이를 정한다.

제389조(대표이사) ① 회사는 이사회의 결의로 회사를 대표할 이사를 선정하여야 한다. 그러나 정관으로 주주총회에서 이를 선정할 것을 정할 수 있다.
② 전항의 경우에는 수인의 대표이사가 공동으로 회사를 대표할 것을 정할 수 있다.
③ 제208조 제2항, 제209조, 제210조와 제386조의 규정은 대표이사에 준용한다. [개정 1962.12.12.]

제390조(이사회의 소집) ① 이사회는 각 이사가 소집한다. 그러나 이사회의 결의로 소집할 이사를 정한 때에는 그러하지 아니하다.
② 제1항 단서의 규정에 의하여 소집권자로 지정되지 않은 다른 이사는 소집권자인 이사에게 이사회 소집을 요구할 수 있다. 소집권자인 이사가 정당한 이유없이 이사회 소집을 거절하는 경우에는 다른 이사가 이사회를 소집할 수 있다. [신설 2001.7.24.]
③ 이사회를 소집함에는 회일을 정하고 그 1주간전에 각 이사 및 감사에 대하여 통지를 발송하여야 한다. 그러나 그 기간은 정관으로 단축할 수 있다. [개정 1984.4.10.]
④ 이사회는 이사 및 감사 전원의 동의가 있는 때에는 제3항의 절차없이 언제든지 회의할 수 있다. [개정 1984.4.10, 2001.7.24.]

제391조(이사회의 결의방법) ① 이사회의 결의는 이사과반수의 출석과 출석이사의 과반수로 하여야 한다. 그러나 정관으로 그 비율을 높게 정할 수 있다.
② 정관에서 달리 정하는 경우를 제외하고 이사회는 이사의 전부 또는 일부가 직접 회의에 출석하지 아니하고 모든 이사가 음성을 동시에 송수신하는 원격통신수단에 의하여 결의에 참가하는 것을 허용할 수 있다. 이 경우 당해 이사는 이사회에 직접 출석한 것으로 본다. [신설 1999.12.31, 2011.4.14.]
③ 제368조 제3항 및 제371조 제2항의 규정은 제1항의 경우에 이를 준용한다. [개정 2014.5.20.]
[전문개정 1984.4.10.]

제391조의2(감사의 이사회출석·의견진술권) ① 감사는 이사회에 출석하여 의견을 진술할 수 있다.
② 감사는 이사가 법령 또는 정관에 위반한 행위를 하거나 그 행위를 할 염려가 있다고 인정한 때에는 이사회에 이를 보고하여야 한다.
[본조신설 1984.4.10.]

제391조의3(이사회의 의사록) ① 이사회의 의사에 관하여는 의사록을 작성하여야 한다.
② 의사록에는 의사의 안건, 경과요령, 그 결과, 반대하는 자와 그 반대이유를 기재하고 출석한 이사 및 감사가 기명날인 또는 서명하여야 한다. [개정 1995.12.29, 1999.12.31.]
③ 주주는 영업시간내에 이사회의사록의 열람 또는 등사를 청구할 수 있다. [신설 1999.12.31.]
④ 회사는 제3항의 청구에 대하여 이유를 붙여 이를 거절할 수 있다. 이 경우 주주는 법원의 허가를 얻어 이사회의사록을 열람 또는 등사할 수 있다. [신설 1999.12.31.]
[본조신설 1984.4.10.]

제392조(이사회의 연기·속행) 제372조의 규정은 이사회에 관하여 이를 준용한다.
[전문개정 1984.4.10.]

제393조(이사회의 권한) ① 중요한 자산의 처분 및 양도, 대규모 재산의 차입, 지배인의 선임 또는 해임과 지점의 설치·이전 또는 폐지 등 회사의 업무집행은 이사회의 결의로 한다. [개정 2001.7.24.]
② 이사회는 이사의 직무의 집행을 감독한다.
③ 이사는 대표이사로 하여금 다른 이사 또는 피용자의 업무에 관하여 이사회에 보고할 것을 요구할 수 있다. [신설 2001.7.24.]

④ 이사는 3월에 1회 이상 업무의 집행상황을 이사회에 보고하여야 한다. [신설 2001.7.24.]
[전문개정 1984.4.10.]

제393조의2(이사회내 위원회) ① 이사회는 정관이 정한 바에 따라 위원회를 설치할 수 있다.
② 이사회는 다음 각호의 사항을 제외하고는 그 권한을 위원회에 위임할 수 있다.
1. 주주총회의 승인을 요하는 사항의 제안
2. 대표이사의 선임 및 해임
3. 위원회의 설치와 그 위원의 선임 및 해임
4. 정관에서 정하는 사항
③ 위원회는 2인 이상의 이사로 구성한다.
④ 위원회는 결의된 사항을 각 이사에게 통지하여야 한다. 이 경우 이를 통지받은 각 이사는 이사회의 소집을 요구할 수 있으며, 이사회는 위원회가 결의한 사항에 대하여 다시 결의할 수 있다.
⑤ 제386조 제1항·제390조·제391조·제391조의3 및 제392조의 규정은 위원회에 관하여 이를 준용한다.
[본조신설 1999.12.31.]

제394조(이사와 회사간의 소에 관한 대표) ① 회사가 이사에 대하여 또는 이사가 회사에 대하여 소를 제기하는 경우에 감사는 그 소에 관하여 회사를 대표한다. 회사가 제403조 제1항의 청구를 받음에 있어서도 같다.
② 제415조의2의 규정에 의한 감사위원회의 위원이 소의 당사자인 경우에는 감사위원회 또는 이사는 법원에 회사를 대표할 자를 선임하여 줄 것을 신청하여야 한다. [신설 1999.12.31.]
[전문개정 1984.4.10.]

제395조(표현대표이사의 행위와 회사의 책임) 사장, 부사장, 전무, 상무 기타 회사를 대표할 권한이 있는 것으로 인정될 만한 명칭을 사용한 이사의 행위에 대하여는 그 이사가 회사를 대표할 권한이 없는 경우에도 회사는 선의의 제삼자에 대하여 그 책임을 진다.

제396조(정관 등의 비치, 공시의무) ① 이사는 회사의 정관, 주주총회의 의사록을 본점과 지점에, 주주명부, 사채원부를 본점에 비치하여야 한다. 이 경우 명의개서대리인을 둔 때에는 주주명부나 사채원부 또는 그 복본을 명의개서대리인의 영업소에 비치할 수 있다. [개정 1984.4.10, 1999.12.31.]
② 주주와 회사채권자는 영업시간 내에 언제든지 제1항의 서류의 열람 또는 등사를 청구할 수 있다. [개정 1984.4.10.]

제397조(경업금지) ① 이사는 이사회의 승인이 없으면 자기 또는 제삼자의 계산으로 회사의 영업부류에 속한 거래를 하거나 동종영업을 목적으로 하는 다른 회사의 무한책임사원이나 이사가 되지 못한다. [개정 1995.12.29.]
② 이사가 제1항의 규정에 위반하여 거래를 한 경우에 회사는 이사회의 결의로 그 이사의 거래가 자기의 계산으로 한 것인 때에는 이를 회사의 계산으로 한 것으로 볼 수 있고 제삼자의 계산으로 한 것인 때에는 그 이사에 대하여 이로 인한 이득의 양도를 청구할 수 있다. [개정 1962.12.12, 1995.12.29.]
③ 제2항의 권리는 거래가 있은 날로부터 1년을 경과하면 소멸한다. [개정 1995.12.29.]

제397조의2(회사의 기회 및 자산의 유용 금지) ① 이사는 이사회의 승인 없이 현재 또는 장래에 회사의 이익이 될 수 있는 다음 각 호의 어느 하나에 해당하는 회사의 사업기회를 자기 또는 제3자의 이익을 위하여 이용하여서는 아니 된다. 이 경우 이사회의 승인은 이사 3분의 2 이상의 수로써 하여야 한다.
1. 직무를 수행하는 과정에서 알게 되거나 회사의 정보를 이용한 사업기회
2. 회사가 수행하고 있거나 수행할 사업과 밀접한 관계가 있는 사업기회
② 제1항을 위반하여 회사에 손해를 발생시킨 이사 및 승인한 이사는 연대하여 손해를 배상할 책임이 있으며 이로 인하여 이사 또는 제3자가 얻은 이익은 손해로 추정한다.
[본조신설 2011.4.14.]

제398조(이사 등과 회사 간의 거래) 다음 각 호의 어느 하나에 해당하는 자가 자기 또는 제3자의 계산으로 회사와 거래를 하기 위하여는 미리 이사회에서 해당 거래에 관한 중요사실을 밝히고 이사회의 승인을 받아야 한다. 이 경우 이사회의 승인은 이사 3분의 2 이상의 수로써 하여야 하고, 그 거래의 내용과 절차는 공정하여야 한다.
1. 이사 또는 제542조의8제2항 제6호에 따른 주요주주
2. 제1호의 자의 배우자 및 직계존비속
3. 제1호의 자의 배우자의 직계존비속
4. 제1호부터 제3호까지의 자가 단독 또는 공동으로 의결권 있는 발행주식 총수의 100분의 50 이상을 가진 회사 및 그 자회사
5. 제1호부터 제3호까지의 자가 제4호의 회사와 합하여 의결권 있는 발행주식총수의 100분의 50 이상을 가진 회사
[전문개정 2011.4.14.]

제399조(회사에 대한 책임) ① 이사가 고의 또는 과실로 법령 또는 정관에 위반한 행위를 하거나 그 임무를 게을리한 경우에는 그 이사는 회사에 대하여 연대하여 손해를 배상할 책임이 있다. [개정 2011.4.14.]
② 전항의 행위가 이사회의 결의에 의한 것인 때에는 그 결의에 찬성한 이사도 전항의 책임이 있다.
③ 전항의 결의에 참가한 이사로서 이의를 한 기재가 의사록에 없는 자는 그 결의에 찬성한 것으로 추정한다.

제400조(회사에 대한 책임의 감면) ① 제399조에 따른 이사의 책임은 주주 전원의 동의로

면제할 수 있다.
② 회사는 정관으로 정하는 바에 따라 제399조에 따른 이사의 책임을 이사가 그 행위를 한 날 이전 최근 1년간의 보수액(상여금과 주식매수선택권의 행사로 인한 이익 등을 포함한다)의 6배(사외이사의 경우는 3배)를 초과하는 금액에 대하여 면제할 수 있다. 다만, 이사가 고의 또는 중대한 과실로 손해를 발생시킨 경우와 제397조 제397조의2 및 제398조에 해당하는 경우에는 그러하지 아니하다.
[전문개정 2011.4.14.]

제401조(제삼자에 대한 책임) ① 이사가 고의 또는 중대한 과실로 그 임무를 게을리한 때에는 그 이사는 제3자에 대하여 연대하여 손해를 배상할 책임이 있다. [개정 2011.4.14.]
② 제399조 제2항, 제3항의 규정은 전항의 경우에 준용한다.

제401조의2(업무집행지시자 등의 책임) ①다음 각호의 1에 해당하는 자는 그 지시하거나 집행한 업무에 관하여 제399조·제401조 및 제403조의 적용에 있어서 이를 이사로 본다.
1. 회사에 대한 자신의 영향력을 이용하여 이사에게 업무집행을 지시한 자
2. 이사의 이름으로 직접 업무를 집행한 자
3. 이사가 아니면서 명예회장·회장·사장·부사장·전무·상무·이사 기타 회사의 업무를 집행할 권한이 있는 것으로 인정될 만한 명칭을 사용하여 회사의 업무를 집행한 자

② 제1항의 경우에 회사 또는 제3자에 대하여 손해를 배상할 책임이 있는 이사는 제1항에 규정된 자와 연대하여 그 책임을 진다.
[본조신설 1998.12.28.]

제402조(유지청구권) 이사가 법령 또는 정관에 위반한 행위를 하여 이로 인하여 회사에 회복할 수 없는 손해가 생길 염려가 있는 경우에는 감사 또는 발행주식의 총수의 100분의 1 이상에 해당하는 주식을 가진 주주는 회사를 위하여 이사에 대하여 그 행위를 유지할 것을 청구할 수 있다. [개정 1984.4.10, 1998.12.28.]

제403조(주주의 대표소송) ① 발행주식의 총수의 100분의 1 이상에 해당하는 주식을 가진 주주는 회사에 대하여 이사의 책임을 추궁할 소의 제기를 청구할 수 있다. [개정 1998.12.28.]
② 제1항의 청구는 그 이유를 기재한 서면으로 하여야 한다. [개정 1998.12.28.]
③ 회사가 전항의 청구를 받은 날로부터 30일내에 소를 제기하지 아니한 때에는 제1항의 주주는 즉시 회사를 위하여 소를 제기할 수 있다.
④ 제3항의 기간의 경과로 인하여 회사에 회복할 수 없는 손해가 생길 염려가 있는 경우에는 전항의 규정에 불구하고 제1항의 주주는 즉시 소를 제기할 수 있다. [개정 1998.12.28.]
⑤ 제3항과 제4항의 소를 제기한 주주의 보유주식이 제소후 발행주식총수의 100분의 1 미만으로 감소한 경우(발행주식을 보유하지 아니하게 된 경우를 제외한다)에도 제소의 효력에는 영향이 없다. [신설 1998.12.28.]
⑥ 회사가 제1항의 청구에 따라 소를 제기하거나 주주가 제3항과 제4항의 소를 제기한 경우 당사자는 법원의 허가를 얻지 아니하고는 소의 취하, 청구의 포기·인락·화해를 할 수 없다. [신설 1998.12.28, 2011.4.14.]
⑦ 제176조 제3항, 제4항과 제186조의 규정은 본조의 소에 준용한다.

제404조(대표소송과 소송참가, 소송고지) ① 회사는 전조 제3항과 제4항의 소송에 참가할 수 있다.
② 전조 제3항과 제4항의 소를 제기한 주주는 소를 제기한 후 지체없이 회사에 대하여 그 소송의 고지를 하여야 한다.

제405조(제소주주의 권리의무) ① 제403조 제3항과 제4항의 규정에 의하여 소를 제기한 주주가 승소한 때에는 그 주주는 회사에 대하여 소송비용 및 그 밖에 소송으로 인하여 지출한 비용중 상당한 금액의 지급을 청구할 수 있다. 이 경우 소송비용을 지급한 회사는 이사 또는 감사에 대하여 구상권이 있다. [개정 1962.12.12, 2001.7.24.]
② 제403조 제3항과 제4항의 규정에 의하여 소를 제기한 주주가 패소한 때에는 악의인 경우외에는 회사에 대하여 손해를 배상할 책임이 없다.

제406조(대표소송과 재심의 소) ① 제403조의 소가 제기된 경우에 원고와 피고의 공모로 인하여 소송의 목적인 회사의 권리를 사해할 목적으로써 판결을 하게 한 때에는 회사 또는 주주는 확정한 종국판결에 대하여 재심의 소를 제기할 수 있다.
② 전조의 규정은 전항의 소에 준용한다.

제407조(직무집행정지, 직무대행자선임) ① 이사선임결의의 무효나 취소 또는 이사해임의 소가 제기된 경우에는 법원은 당사자의 신청에 의하여 가처분으로써 이사의 직무집행을 정지할 수 있고 또는 직무대행자를 선임할 수 있다. 급박한 사정이 있는 때에는 본안소송의 제기전에도 그 처분을 할 수 있다.
② 법원은 당사자의 신청에 의하여 전항의 가처분을 변경 또는 취소할 수 있다.
③ 전 2항의 처분이 있는 때에는 본점과 지점의 소재지에서 그 등기를 하여야 한다.

제408조(직무대행자의 권한) ① 전조의 직무대행자는 가처분명령에 다른 정함이 있는 경우외에는 회사의 상무에 속하지 아니한 행위를 하지 못한다. 그러나 법원의 허가를 얻은 경우에는 그러하지 아니하다.
② 직무대행자가 전항의 규정에 위반한 행위를 한 경우에도 회사는 선의의 제삼자에 대하여 책임을 진다.

제408조의2(집행임원 설치회사, 집행임원과 회사의 관계) ① 회사는 집행임원을 둘 수 있다. 이 경우 집행임원을 둔 회사(이하 "집행임원 설치회사"라 한다)는 대표이사를 두지 못한다.
② 집행임원 설치회사와 집행임원의 관계는 민법 중 위임에 관한 규정을 준용한다.
③ 집행임원 설치회사의 이사회는 다음의 권한을 갖는다.
1. 집행임원과 대표집행임원의 선임·해임
2. 집행임원의 업무집행 감독
3. 집행임원과 집행임원 설치회사의 소송에서 집행임원 설치회사를 대표할 자의 선임
4. 집행임원에게 업무집행에 관한 의사결정의 위임(이 법에서 이사회 권한사항으로 정한 경우는 제외한다)
5. 집행임원이 여러 명인 경우 집행임원의 직무 분담 및 지휘·명령관계, 그 밖에 집행임원의 상호관계에 관한 사항의 결정
6. 정관에 규정이 없거나 주주총회의 승인이 없는 경우 집행임원의 보수 결정

④ 집행임원 설치회사는 이사회의 회의를 주관하기 위하여 이사회 의장을 두어야 한다. 이 경우 이사회 의장은 정관의 규정이 없으면 이사회 결의로 선임한다.
[본조신설 2011.4.14.]

제408조의3(집행임원의 임기) ① 집행임원의 임기는 정관에 다른 규정이 없으면 2년을 초과하지 못한다.
② 제1항의 임기는 정관에 그 임기 중의 최종 결산기에 관한 정기주주총회가 종결한 후 가장 먼저 소집하는 이사회의 종결 시까지로 정할 수 있다.
[본조신설 2011.4.14.]

제408조의4(집행임원의 권한) 집행임원의 권한은 다음 각 호의 사항으로 한다.
1. 집행임원 설치회사의 업무집행
2. 정관이나 이사회의 결의에 의하여 위임받은 업무집행에 관한 의사결정

[본조신설 2011.4.14.]

제408조의5(대표집행임원) ① 2명 이상의 집행임원이 선임된 경우에는 이사회 결의로 집행임원 설치회사를 대표할 대표집행임원을 선임하여야 한다. 다만, 집행임원이 1명인 경우에는 그 집행임원이 대표집행임원이 된다.
② 대표집행임원에 관하여는 이 법에 다른 규정이 없으면 주식회사의 대표이사에 관한 규정을 준용한다.
③ 집행임원 설치회사에 대하여는 제395조를 준용한다.
[본조신설 2011.4.14.]

제408조의6(집행임원의 이사회에 대한 보고) ① 집행임원은 3개월에 1회 이상 업무의 집행상황을 이사회에 보고하여야 한다.
② 집행임원은 제1항의 경우 외에도 이사회의 요구가 있으면 언제든지 이사회에 출석하여 요구한 사항을 보고하여야 한다.
③ 이사는 대표집행임원으로 하여금 다른 집행임원 또는 피용자의 업무에 관하여 이사회에 보고할 것을 요구할 수 있다.
[본조신설 2011.4.14.]

제408조의7(집행임원의 이사회 소집 청구) ① 집행임원은 필요하면 회의의 목적사항과 소집이유를 적은 서면을 이사(소집권자가 있는 경우에는 소집권자를 말한다. 이하 이 조에서 같다)에게 제출하여 이사회 소집을 청구할 수 있다.
② 제1항의 청구를 한 후 이사가 지체 없이 이사회 소집의 절차를 밟지 아니하면 소집을 청구한 집행임원은 법원의 허가를 받아 이사회를 소집할 수 있다. 이 경우 이사회 의장은 법원이 이해관계자의 청구에 의하여 또는 직권으로 선임할 수 있다.
[본조신설 2011.4.14.]

제408조의8(집행임원의 책임) ① 집행임원이 고의 또는 과실로 법령이나 정관을 위반한 행위를 하거나 그 임무를 게을리한 경우에는 그 집행임원은 집행임원 설치회사에 손해를 배상할 책임이 있다.
② 집행임원이 고의 또는 중대한 과실로 그 임무를 게을리한 경우에는 그 집행임원은 제3자에게 손해를 배상할 책임이 있다.
③ 집행임원이 집행임원 설치회사 또는 제3자에게 손해를 배상할 책임이 있는 경우에 다른 집행임원·이사 또는 감사도 그 책임이 있으면 다른 집행임원·이사 또는 감사와 연대하여 배상할 책임이 있다.
[본조신설 2011.4.14.]

제408조의9(준용규정) 집행임원에 대하여는 제382조의3, 제382조의4, 제396조, 제397조, 제397조의2, 제398조, 제400조, 제401조의2, 제402조부터 제408조까지, 제412조 및 제412조의2를 준용한다.
[본조신설 2011.4.14.]

제 3 관 감사 및 감사위원회 [개정 1999.12.31.]

제409조(선임) ① 감사는 주주총회에서 선임한다.
② 의결권없는 주식을 제외한 발행주식의 총수의 100분의 3을 초과하는 수의 주식을 가진 주주는 그 초과하는 주식에 관하여 제1항의 감사의 선임에 있어서는 의결권을 행사하지 못한다. [개정 1984.4.10.]
③ 회사는 정관으로 제2항의 비율보다 낮은 비율을 정할 수 있다. [신설 1984.4.10.]
④ 제1항, 제296조 제1항 및 제312조에도 불구하고 자본금의 총액이 10억원 미만인 회사의 경우에는 감사를 선임하지 아니할 수 있다. [신설 2009.5.28.]
⑤ 제4항에 따라 감사를 선임하지 아니한 회사가 이사에 대하여 또는 이사가 그 회사에 대하여 소를 제기하는 경우에 회사, 이사 또

는 이해관계인은 법원에 회사를 대표할 자를 선임하여 줄 것을 신청하여야 한다. [신설 2009.5.28.]
⑥ 제4항에 따라 감사를 선임하지 아니한 경우에는 제412조, 제412조의2 및 제412조의5 제1항·제2항 중 "감사"는 각각 "주주총회"로 본다. [신설 2009.5.28, 2011.4.14.]

제409조의2(감사의 해임에 관한 의견진술의 권리) 감사는 주주총회에서 감사의 해임에 관하여 의견을 진술할 수 있다.
[본조신설 1995.12.29.]

제410조(임기) 감사의 임기는 취임후 3년내의 최종의 결산기에 관한 정기총회의 종결시까지로 한다. [개정 1995.12.29.]
[전문개정 1984.4.10.]

제411조(겸임금지) 감사는 회사 및 자회사의 이사 또는 지배인 기타의 사용인의 직무를 겸하지 못한다. [개정 1995.12.29.]

제412조(감사의 직무와 보고요구, 조사의 권한) ① 감사는 이사의 직무의 집행을 감사한다.
② 감사는 언제든지 이사에 대하여 영업에 관한 보고를 요구하거나 회사의 업무와 재산상태를 조사할 수 있다.
③ 감사는 회사의 비용으로 전문가의 도움을 구할 수 있다. [신설 2011.4.14.]
[전문개정 1984.4.10.]
[제목개정 2011.4.14.]

제412조의2(이사의 보고의무) 이사는 회사에 현저하게 손해를 미칠 염려가 있는 사실을 발견한 때에는 즉시 감사에게 이를 보고하여야 한다.
[본조신설 1995.12.29.]

제412조의3(총회의 소집청구) ① 감사는 회의의 목적사항과 소집의 이유를 기재한 서면을 이사회에 제출하여 임시총회의 소집을 청구할 수 있다.
② 제366조 제2항의 규정은 감사가 총회를 소집하는 경우에 이를 준용한다.
[본조신설 1995.12.29.]

제412조의4(감사의 이사회 소집 청구) ① 감사는 필요하면 회의의 목적사항과 소집이유를 서면에 적어 이사(소집권자가 있는 경우에는 소집권자를 말한다. 이하 이 조에서 같다)에게 제출하여 이사회 소집을 청구할 수 있다.
② 제1항의 청구를 하였는데도 이사가 지체 없이 이사회를 소집하지 아니하면 그 청구한 감사가 이사회를 소집할 수 있다.
[본조신설 2011.4.14.] [종전 제412조의4는 제412조의5로 이동 [2011.4.14.]]

제412조의5(자회사의 조사권) ① 모회사의 감사는 그 직무를 수행하기 위하여 필요한 때에는 자회사에 대하여 영업의 보고를 요구할 수 있다.
② 모회사의 감사는 제1항의 경우에 자회사가 지체없이 보고를 하지 아니할 때 또는 그 보고의 내용을 확인할 필요가 있는 때에는 자회사의 업무와 재산상태를 조사할 수 있다.
③ 자회사는 정당한 이유가 없는 한 제1항의 규정에 의한 보고 또는 제2항의 규정에 의한 조사를 거부하지 못한다.
[본조신설 1995.12.29.] [제412조의4에서 이동 [2011.4.14.]]

제413조(조사·보고의 의무) 감사는 이사가 주주총회에 제출할 의안 및 서류를 조사하여 법령 또는 정관에 위반하거나 현저하게 부당한 사항이 있는지의 여부에 관하여 주주총회에 그 의견을 진술하여야 한다.
[전문개정 1984.4.10.]

제413조의2(감사록의 작성) ① 감사는 감사에 관하여 감사록을 작성하여야 한다.
② 감사록에는 감사의 실시요령과 그 결과를 기재하고 감사를 실시한 감사가 기명날인 또는 서명하여야 한다. [개정 1995.12.29.]
[본조신설 1984.4.10.]

제414조(감사의 책임) ① 감사가 그 임무를 해태한 때에는 그 감사는 회사에 대하여 연대하여 손해를 배상할 책임이 있다.
② 감사가 악의 또는 중대한 과실로 인하여 그 임무를 해태한 때에는 그 감사는 제삼자에 대하여 연대하여 손해를 배상할 책임이 있다.
③ 감사가 회사 또는 제삼자에 대하여 손해를 배상할 책임이 있는 경우에 이사도 그 책임이 있는 때에는 그 감사와 이사는 연대하여 배상할 책임이 있다.

제415조(준용규정) 제382조 제2항, 제382조의4, 제385조, 제386조, 제388조, 제400조, 제401조와 제403조 내지 제407조의 규정은 감사에 준용한다. [개정 1984.4.10, 2001.7.24.]

제415조의2(감사위원회) ① 회사는 정관이 정한 바에 따라 감사에 갈음하여 제393조의2의 규정에 의한 위원회로서 감사위원회를 설치할 수 있다. 감사위원회를 설치한 경우에는 감사를 둘 수 없다.
② 감사위원회는 제393조의2제3항에도 불구하고 3명 이상의 이사로 구성한다. 다만, 사외이사가 위원의 3분의 2 이상이어야 한다. [개정 2009.1.30.]
③ 감사위원회의 위원의 해임에 관한 이사회의 결의는 이사 총수의 3분의 2 이상의 결의로 하여야 한다.
④ 감사위원회는 그 결의로 위원회를 대표할 자를 선정하여야 한다. 이 경우 수인의 위원이 공동으로 위원회를 대표할 것을 정할 수 있다.
⑤ 감사위원회는 회사의 비용으로 전문가의 조력을 구할 수 있다.
⑥ 감사위원회에 대하여는 제393조의2제4항 후단을 적용하지 아니 한다. [신설 2009.1.30.]
⑦ 제296조·제312조·제367조·제387조·제391조의2 제2항·제394조 제1항·제400조·제402

조 내지 제407조 · 제412조 내지 제414조 · 제447조의3 · 제447조의4 · 제450조 · 제527조의4 · 제530조의5 제1항 제9호 · 제530조의6 제1항 제10호 및 제534조의 규정은 감사위원회에 관하여 이를 준용한다. 이 경우 제530조의5 제1항 제9호 및 제530조의6 제1항 제10호중 "감사"는 "감사위원회 위원"으로 본다. [개정 2009.1.30.]
[본조신설 1999.12.31.]

제 4 절 신주의 발행

제416조(발행사항의 결정) 회사가 그 성립 후에 주식을 발행하는 경우에는 다음의 사항으로서 정관에 규정이 없는 것은 이사회가 결정한다. 다만, 이 법에 다른 규정이 있거나 정관으로 주주총회에서 결정하기로 정한 경우에는 그러하지 아니하다. [개정 1984.4.10, 2011.4.14.]
1. 신주의 종류와 수
2. 신주의 발행가액과 납입기일
2의2. 무액면주식의 경우에는 신주의 발행가액 중 자본금으로 계상하는 금액
3. 신주의 인수방법
4. 현물출자를 하는 자의 성명과 그 목적인 재산의 종류, 수량, 가액과 이에 대하여 부여할 주식의 종류와 수
5. 주주가 가지는 신주인수권을 양도할 수 있는 것에 관한 사항
6. 주주의 청구가 있는 때에만 신주인수권증서를 발행한다는 것과 그 청구기간

제417조(액면미달의 발행) ① 회사가 성립한 날로부터 2년을 경과한 후에 주식을 발행하는 경우에는 회사는 제434조의 규정에 의한 주주총회의 결의와 법원의 인가를 얻어서 주식을 액면미달의 가액으로 발행할 수 있다. [개정 1962.12.12.]
② 전항의 주주총회의 결의에서는 주식의 최저발행가액을 정하여야 한다.
③ 법원은 회사의 현황과 제반사정을 참작하여 최저발행가액을 변경하여 인가할 수 있다. 이 경우에 법원은 회사의 재산상태 기타 필요한 사항을 조사하게 하기 위하여 검사인을 선임할 수 있다.
④ 제1항의 주식은 법원의 인가를 얻은 날로부터 1월내에 발행하여야 한다. 법원은 이 기간을 연장하여 인가할 수 있다.

제418조(신주인수권의 내용 및 배정일의 지정·공고) ① 주주는 그가 가진 주식 수에 따라서 신주의 배정을 받을 권리가 있다. [개정 2001.7.24.]
② 회사는 제1항의 규정에 불구하고 정관에 정하는 바에 따라 주주 외의 자에게 신주를 배정할 수 있다. 다만, 이 경우에는 신기술의 도입, 재무구조의 개선 등 회사의 경영상 목적을 달성하기 위하여 필요한 경우에 한한다. [신설 2001.7.24.]
③ 회사는 일정한 날을 정하여 그 날에 주주명부에 기재된 주주가 제1항의 권리를 가진다는 뜻과 신주인수권을 양도할 수 있을 경우에는 그 뜻을 그 날의 2주간전에 공고하여야 한다. 그러나 그 날이 제354조 제1항의 기간 중인 때에는 그 기간의 초일의 2주간전에 이를 공고하여야 한다. [신설 1984.4.10.]
④ 제2항에 따라 주주 외의 자에게 신주를 배정하는 경우 회사는 제416조 제1호, 제2호, 제2호의2, 제3호 및 제4호에서 정하는 사항을 그 납입기일의 2주 전까지 주주에게 통지하거나 공고하여야 한다. [신설 2011.4.14.]

제419조(신주인수권자에 대한 최고) ① 회사는 신주의 인수권을 가진 자에 대하여 그 인수권을 가지는 주식의 종류 및 수와 일정한 기일까지 주식인수의 청약을 하지 아니하면 그 권리를 잃는다는 뜻을 통지하여야 한다. 이 경우 제416조 제5호 및 제6호에 규정한 사항의 정함이 있는 때에는 그 내용도 통지하여야 한다.
② 제1항의 통지는 제1항의 기일의 2주간전에 이를 하여야 한다. [개정 2014.5.20.]
③ 제1항의 통지에도 불구하고 그 기일까지 주식인수의 청약을 하지 아니한 때에는 신주의 인수권을 가진 자는 그 권리를 잃는다. [개정 2014.5.20.]
[전문개정 1984.4.10.]

제420조(주식청약서) 이사는 주식청약서를 작성하여 다음의 사항을 적어야 한다. [개정 1984.4.10, 2011.4.14.]
1. 제289조 제1항 제2호 내지 제4호에 게기한 사항
2. 제302조 제2항 제7호•제9호 및 제10호에 게기한 사항
3. 제416조 제1호 내지 제4호에 게기한 사항
4. 제417조에 따른 주식을 발행한 경우에는 그 발행조건과 미상각액(未償却額)
5. 주주에 대한 신주인수권의 제한에 관한 사항 또는 특정한 제삼자에게 이를 부여할 것을 정한 때에는 그 사항
6. 주식발행의 결의연월일

제420조의2(신주인수권증서의 발행) ① 제416조 제5호에 규정한 사항을 정한 경우에 회사는 동조 제6호의 정함이 있는 때에는 그 정함에 따라, 그 정함이 없는 때에는 제419조 제1항의 기일의 2주간전에 신주인수권증서를 발행하여야 한다.
② 신주인수권증서에는 다음 사항과 번호를 기재하고 이사가 기명날인 또는 서명하여야 한다. [개정 1995.12.29.]
1. 신주인수권증서라는 뜻의 표시
2. 제420조에 규정한 사항
3. 신주인수권의 목적인 주식의 종류와 수
4. 일정기일까지 주식의 청약을 하지 아니할 때에는 그 권리를 잃는다는 뜻

[본조신설 1984.4.10.]

제420조의3(신주인수권의 양도) ① 신주인수권의 양도는 신주인수권증서의 교부에 의하여서만 이를 행한다.

② 제336조 제2항 및 수표법 제21조의 규정은 신주인수권증서에 관하여 이를 준용한다.

[본조신설 1984.4.10.]

제420조의4(신주인수권의 전자등록) 회사는 신주인수권증서를 발행하는 대신 정관으로 정하는 바에 따라 전자등록기관의 전자등록부에 신주인수권을 등록할 수 있다. 이 경우 제356조의2 제2항부터 제4항까지의 규정을 준용한다.

[본조신설 2011.4.14.] [종전 제420조의4는 제420조의5로 이동 [2011.4.14.]]

제420조의5(신주인수권증서에 의한 청약) ① 신주인수권증서를 발행한 경우에는 신주인수권증서에 의하여 주식의 청약을 한다. 이 경우에는 제302조 제1항의 규정을 준용한다.

② 신주인수권증서를 상실한 자는 주식청약서에 의하여 주식의 청약을 할 수 있다. 그러나 그 청약은 신주인수권증서에 의한 청약이 있는 때에는 그 효력을 잃는다.

[본조신설 1984.4.10.] [제420조의4에서 이동 [2011.4.14.]]

제421조(주식에 대한 납입) ① 이사는 신주의 인수인으로 하여금 그 배정한 주수(株數)에 따라 납입기일에 그 인수한 주식에 대한 인수가액의 전액을 납입시켜야 한다.

② 신주의 인수인은 회사의 동의 없이 제1항의 납입채무와 주식회사에 대한 채권을 상계할 수 없다.

[전문개정 2011.4.14.]

제422조(현물출자의 검사) ① 현물출자를 하는 자가 있는 경우에는 이사는 제416조 제4호의 사항을 조사하게 하기 위하여 검사인의 선임을 법원에 청구하여야 한다. 이 경우 공인된 감정인의 감정으로 검사인의 조사에 갈음할 수 있다. [개정 1998.12.28.]

② 다음 각 호의 어느 하나에 해당할 경우에는 제1항을 적용하지 아니한다. [신설 2011.4.14.]

1. 제416조 제4호의 현물출자의 목적인 재산의 가액이 자본금의 5분의 1을 초과하지 아니하고 대통령령으로 정한 금액을 초과하지 아니하는 경우
2. 제416조 제4호의 현물출자의 목적인 재산이 거래소의 시세 있는 유가증권인 경우 제416조 본문에 따라 결정된 가격이 대통령령으로 정한 방법으로 산정된 시세를 초과하지 아니하는 경우
3. 변제기가 돌아온 회사에 대한 금전채권을 출자의 목적으로 하는 경우로서 그 가액이 회사장부에 적혀 있는 가액을 초과하지 아니하는 경우
4. 그 밖에 제1호부터 제3호까지의 규정에 준하는 경우로서 대통령령으로 정하는 경우

③ 법원은 검사인의 조사보고서 또는 감정인 감정결과를 심사하여 제1항의 사항을 부당하다고 인정한 때에는 이를 변경하여 이사와 현물출자를 한 자에게 통고할 수 있다. [개정 1998.12.28, 2011.4.14.]

④ 전항의 변경에 불복하는 현물출자를 한 자는 그 주식의 인수를 취소할 수 있다. [개정 2011.4.14.]

⑤ 법원의 통고가 있은 후 2주내에 주식의 인수를 취소한 현물출자를 한 자가 없는 때에는 제1항의 사항은 통고에 따라 변경된 것으로 본다. [개정 1998.12.28, 2011.4.14.]

제423조(주주가 되는 시기, 납입해태의 효과) ① 신주의 인수인은 납입 또는 현물출자의 이행을 한 때에는 납입기일의 다음 날로부터 주주의 권리의무가 있다. 이 경우 제350조 제3항 후단의 규정을 준용한다. [개정 1984.4.10, 1995.12.29.]

② 신주의 인수인이 납입기일에 납입 또는 현물출자의 이행을 하지 아니한 때에는 그 권리를 잃는다.

③ 제2항의 규정은 신주의 인수인에 대한 손해배상의 청구에 영향을 미치지 아니한다. [개정 1984.4.10.]

제424조(유지청구권) 회사가 법령 또는 정관에 위반하거나 현저하게 불공정한 방법에 의하여 주식을 발행함으로써 주주가 불이익을 받을 염려가 있는 경우에는 그 주주는 회사에 대하여 그 발행을 유지할 것을 청구할 수 있다.

제424조의2(불공정한 가액으로 주식을 인수한 자의 책임) ① 이사와 통모하여 현저하게 불공정한 발행가액으로 주식을 인수한 자는 회사에 대하여 공정한 발행가액과의 차액에 상당한 금액을 지급할 의무가 있다.

② 제403조 내지 제406조의 규정은 제1항의 지급을 청구하는 소에 관하여 이를 준용한다.

③ 제1항 및 제2항의 규정은 이사의 회사 또는 주주에 대한 손해배상의 책임에 영향을 미치지 아니한다.

[본조신설 1984.4.10.]

제425조(준용규정) ① 제302조 제1항, 제3항, 제303조, 제305조 제2항, 제3항, 제306조, 제318조와 제319조의 규정은 신주의 발행에 준용한다.

② 제305조 제2항의 규정은 신주인수권증서를 발행하는 경우에 이를 준용한다. [신설 1984.4.10.]

제426조(미상각액의 등기) 제417조에 따른 주식을 발행한 경우에 주식의 발행에 따른 변경등기에는 미상각액을 등기하여야 한다.

[전문개정 2011.4.14.]

제427조(인수의 무효주장, 취소의 제한) 신주의 발행으로 인한 변경등기를 한 날로부터 1년을 경과한 후에는 신주를 인수한 자는 주식청약서 또는 신주인수권증서의 요건의 흠결

을 이유로 하여 그 인수의 무효를 주장하거나 사기, 강박 또는 착오를 이유로 하여 그 인수를 취소하지 못한다. 그 주식에 대하여 주주의 권리를 행사한 때에도 같다. [개정 1962.12.12, 1984.4.10.]

제428조(이사의 인수담보책임) ① 신주의 발행으로 인한 변경등기가 있은 후에 아직 인수하지 아니한 주식이 있거나 주식인수의 청약이 취소된 때에는 이사가 이를 공동으로 인수한 것으로 본다.
② 전항의 규정은 이사에 대한 손해배상의 청구에 영향을 미치지 아니한다.

제429조(신주발행무효의 소) 신주발행의 무효는 주주·이사 또는 감사에 한하여 신주를 발행한 날로부터 6월내에 소만으로 이를 주장할 수 있다. [개정 1984.4.10.]

제430조(준용규정) 제186조 내지 제189조·제190조 본문·제191조·제192조 및 제377조의 규정은 제429조의 소에 관하여 이를 준용한다.
[전문개정 1995.12.29.]

제431조(신주발행무효판결의 효력) ① 신주발행무효의 판결이 확정된 때에는 신주는 장래에 대하여 그 효력을 잃는다.
② 전항의 경우에는 회사는 지체없이 그 뜻과 일정한 기간내에 신주의 주권을 회사에 제출할 것을 공고하고 주주명부에 기재된 주주와 질권자에 대하여는 각별로 그 통지를 하여야 한다. 그러나 그 기간은 3월 이상으로 하여야 한다.

제432조(무효판결과 주주에의 환급) ① 신주발행무효의 판결이 확정된 때에는 회사는 신주의 주주에 대하여 그 납입한 금액을 반환하여야 한다.
② 전항의 금액이 전조 제1항의 판결확정시의 회사의 재산상태에 비추어 현저하게 부당한 때에는 법원은 회사 또는 전항의 주주의 청구에 의하여 그 금액의 증감을 명할 수 있다.
③ 제339조와 제340조 제1항, 제2항의 규정은 제1항의 경우에 준용한다.

제 5 절 정관의 변경

제433조(정관변경의 방법) ① 정관의 변경은 주주총회의 결의에 의하여야 한다.
② 정관의 변경에 관한 의안의 요령은 제363조에 따른 통지에 기재하여야 한다. [개정 2014.5.20.]

제434조(정관변경의 특별결의) 제433조 제1항의 결의는 출석한 주주의 의결권의 3분의 2 이상의 수와 발행주식총수의 3분의 1 이상의 수로써 하여야 한다.
[전문개정 1995.12.29.]

제435조(종류주주총회) ① 회사가 종류주식을 발행한 경우에 정관을 변경함으로써 어느 종류주식의 주주에게 손해를 미치게 될 때에는 주주총회의 결의 외에 그 종류주식의 주주의 총회의 결의가 있어야 한다. [개정 2011.4.14.]
② 제1항의 결의는 출석한 주주의 의결권의 3분의 2 이상의 수와 그 종류의 발행주식총수의 3분의 1 이상의 수로써 하여야 한다. [개정 1995.12.29.]
③ 주주총회에 관한 규정은 의결권없는 종류의 주식에 관한 것을 제외하고 제1항의 총회에 준용한다.

제436조(준용규정) 제344조 제3항에 따라 주식의 종류에 따라 특수하게 정하는 경우와 회사의 분할 또는 분할합병, 주식교환, 주식이전 및 회사의 합병으로 인하여 어느 종류의 주주에게 손해를 미치게 될 경우에는 제435조를 준용한다.
[전문개정 2011.4.14.]

제437조 삭제 [1995.12.29.]

제 6 절 자본금의 감소 [개정 2011.4.14.]

제438조(자본금 감소의 결의) ① 자본금의 감소에는 제434조에 따른 결의가 있어야 한다.
② 제1항에도 불구하고 결손의 보전(補塡)을 위한 자본금의 감소는 제368조 제1항의 결의에 의한다.
③ 자본금의 감소에 관한 의안의 주요내용은 제363조에 따른 통지에 적어야 한다. [개정 2014.5.20.]
[전문개정 2011.4.14.]

제439조(자본금 감소의 방법, 절차) ① 자본금 감소의 결의에서는 그 감소의 방법을 정하여야 한다.
② 자본금 감소의 경우에는 제232조를 준용한다. 다만, 결손의 보전을 위하여 자본금을 감소하는 경우에는 그러하지 아니하다.
③ 사채권자가 이의를 제기하려면 사채권자집회의 결의가 있어야 한다. 이 경우에는 법원은 이해관계인의 청구에 의하여 사채권자를 위하여 이의 제기 기간을 연장할 수 있다.
[전문개정 2011.4.14.]

제440조(주식병합의 절차) 주식을 병합할 경우에는 회사는 1월 이상의 기간을 정하여 그 뜻과 그 기간 내에 주권을 회사에 제출할 것을 공고하고 주주명부에 기재된 주주와 질권자에 대하여는 각별로 그 통지를 하여야 한다. [개정 1995.12.29.]

제441조(동전) 주식의 병합은 전조의 기간이 만료한 때에 그 효력이 생긴다. 그러나 제232조의 규정에 의한 절차가 종료하지 아니한 때에는 그 종료한 때에 효력이 생긴다.

제442조(신주권의 교부) ① 주식을 병합하는 경우에 구주권을 회사에 제출할 수 없는 자가 있는 때에는 회사는 그 자의 청구에 의하여 3월 이상의 기간을 정하고 이해관계인에 대하여 그 주권에 대한 이의가 있으면 그 기간 내

에 제출할 뜻을 공고하고 그 기간이 경과한 후에 신주권을 청구자에게 교부할 수 있다.
② 전항의 공고의 비용은 청구자의 부담으로 한다.

제443조(단주의 처리) ① 병합에 적당하지 아니한 수의 주식이 있는 때에는 그 병합에 적당하지 아니한 부분에 대하여 발행한 신주를 경매하여 각 주수에 따라 그 대금을 종전의 주주에게 지급하여야 한다. 그러나 거래소의 시세있는 주식은 거래소를 통하여 매각하고, 거래소의 시세없는 주식은 법원의 허가를 받아 경매외의 방법으로 매각할 수 있다. [개정 1984.4.10.]
② 제442조의 규정은 제1항의 경우에 준용한다. [개정 1984.4.10.]

제444조 삭제 [2014.5.20.]

제445조(감자무효의 소) 자본금 감소의 무효는 주주·이사·감사·청산인·파산관재인 또는 자본금의 감소를 승인하지 아니한 채권자만이 자본금 감소로 인한 변경등기가 된 날부터 6개월 내에 소(訴)만으로 주장할 수 있다.
[전문개정 2011.4.14.]

제446조(준용규정) 제186조 내지 제189조·제190조 본문·제191조·제192조 및 제377조의 규정은 제445조의 소에 관하여 이를 준용한다.
[전문개정 1995.12.29.]

제 7 절 회사의 회계 [개정 2011.4.14.]

제446조의2(회계의 원칙) 회사의 회계는 이 법과 대통령령으로 규정한 것을 제외하고는 일반적으로 공정하고 타당한 회계관행에 따른다.
[본조신설 2011.4.14.]

제447조(재무제표의 작성) ① 이사는 결산기마다 다음 각 호의 서류와 그 부속명세서를 작성하여 이사회의 승인을 받아야 한다.
1. 대차대조표
2. 손익계산서
3. 그 밖에 회사의 재무상태와 경영성과를 표시하는 것으로서 대통령령으로 정하는 서류
② 대통령령으로 정하는 회사의 이사는 연결재무제표(聯結財務諸表)를 작성하여 이사회의 승인을 받아야 한다.
[전문개정 2011.4.14.]

제447조의2(영업보고서의 작성) ① 이사는 매결산기에 영업보고서를 작성하여 이사회의 승인을 얻어야 한다.
② 영업보고서에는 대통령령이 정하는 바에 의하여 영업에 관한 중요한 사항을 기재하여야 한다.
[본조신설 1984.4.10.]

제447조의3(재무제표등의 제출) 이사는 정기총회회일의 6주간전에 제447조 및 제447조의2의 서류를 감사에게 제출하여야 한다.
[본조신설 1984.4.10.]

제447조의4(감사보고서) ① 감사는 제447조의3의 서류를 받은 날부터 4주 내에 감사보고서를 이사에게 제출하여야 한다.
② 제1항의 감사보고서에는 다음 각 호의 사항을 적어야 한다.
1. 감사방법의 개요
2. 회계장부에 기재될 사항이 기재되지 아니하거나 부실기재된 경우 또는 대차대조표나 손익계산서의 기재 내용이 회계장부와 맞지 아니하는 경우에는 그 뜻
3. 대차대조표 및 손익계산서가 법령과 정관에 따라 회사의 재무상태와 경영성과를 적정하게 표시하고 있는 경우에는 그 뜻
4. 대차대조표 또는 손익계산서가 법령이나 정관을 위반하여 회사의 재무상태와 경영성과를 적정하게 표시하지 아니하는 경우에는 그 뜻과 이유
5. 대차대조표 또는 손익계산서의 작성에 관한 회계방침의 변경이 타당한지 여부와 그 이유
6. 영업보고서가 법령과 정관에 따라 회사의 상황을 적정하게 표시하고 있는지 여부
7. 이익잉여금의 처분 또는 결손금의 처리가 법령 또는 정관에 맞는지 여부
8. 이익잉여금의 처분 또는 결손금의 처리가 회사의 재무상태나 그 밖의 사정에 비추어 현저하게 부당한 경우에는 그 뜻
9. 제447조의 부속명세서에 기재할 사항이 기재되지 아니하거나 부실기재된 경우 또는 회계장부·대차대조표·손익계산서나 영업보고서의 기재 내용과 맞지 아니하게 기재된 경우에는 그 뜻
10. 이사의 직무수행에 관하여 부정한 행위 또는 법령이나 정관의 규정을 위반하는 중대한 사실이 있는 경우에는 그 사실
③ 감사가 감사를 하기 위하여 필요한 조사를 할 수 없었던 경우에는 감사보고서에 그 뜻과 이유를 적어야 한다.
[전문개정 2011.4.14.]

제448조(재무제표 등의 비치·공시) ① 이사는 정기총회회일의 1주간전부터 제447조 및 제447조의2의 서류와 감사보고서를 본점에 5년간, 그 등본을 지점에 3년간 비치하여야 한다. [개정 1962.12.12, 1984.4.10.]
② 주주와 회사채권자는 영업시간내에 언제든지 제1항의 비치서류를 열람할 수 있으며 회사가 정한 비용을 지급하고 그 서류의 등본이나 초본의 교부를 청구할 수 있다. [개정 1984.4.10.]

제449조(재무제표 등의 승인·공고) ① 이사는 제447조의 각 서류를 정기총회에 제출하여 그 승인을 요구하여야 한다. [개정 2011.4.14.]
② 이사는 제447조의2의 서류를 정기총회에 제출하여 그 내용을 보고하여야 한다. [신설 1984.4.10.]
③ 이사는 제1항의 서류에 대한 총회의 승인

을 얻은 때에는 지체없이 대차대조표를 공고하여야 한다. [개정 1984.4.10.]

제449조의2(재무제표 등의 승인에 대한 특칙) ① 제449조에도 불구하고 회사는 정관으로 정하는 바에 따라 제447조의 각 서류를 이사회의 결의로 승인할 수 있다. 다만, 이 경우에는 다음 각 호의 요건을 모두 충족하여야 한다.

1. 제447조의 각 서류가 법령 및 정관에 따라 회사의 재무상태 및 경영성과를 적정하게 표시하고 있다는 외부감사인의 의견이 있을 것
2. 감사(감사위원회 설치회사의 경우에는 감사위원을 말한다) 전원의 동의가 있을 것

② 제1항에 따라 이사회가 승인한 경우에는 이사는 제447조의 각 서류의 내용을 주주총회에 보고하여야 한다.

[본조신설 2011.4.14.]

제450조(이사, 감사의 책임해제) 정기총회에서 전조 제1항의 승인을 한 후 2년내에 다른 결의가 없으면 회사는 이사와 감사의 책임을 해제한 것으로 본다. 그러나 이사 또는 감사의 부정행위에 대하여는 그러하지 아니하다.

제451조(자본금) ① 회사의 자본금은 이 법에서 달리 규정한 경우 외에는 발행주식의 액면총액으로 한다.

② 회사가 무액면주식을 발행하는 경우 회사의 자본금은 주식 발행가액의 2분의 1 이상의 금액으로서 이사회(제416조 단서에서 정한 주식발행의 경우에는 주주총회를 말한다)에서 자본금으로 계상하기로 한 금액의 총액으로 한다. 이 경우 주식의 발행가액 중 자본금으로 계상하지 아니하는 금액은 자본준비금으로 계상하여야 한다.

③ 회사의 자본금은 액면주식을 무액면주식으로 전환하거나 무액면주식을 액면주식으로 전환함으로써 변경할 수 없다.

[전문개정 2011.4.14.]

제452조 삭제 [2011.4.14.]

제453조 삭제 [2011.4.14.]

제453조의2 삭제 [2011.4.14.]

제454조 삭제 [2011.4.14.]

제455조 삭제 [2011.4.14.]

제456조 삭제 [2011.4.14.]

제457조 삭제 [2011.4.14.]

제457조의2 삭제 [2011.4.14.]

제458조(이익준비금) 회사는 그 자본금의 2분의 1이 될 때까지 매 결산기 이익배당액의 10분의 1 이상을 이익준비금으로 적립하여야 한다. 다만, 주식배당의 경우에는 그러하지 아니하다.

[전문개정 2011.4.14.]

제459조(자본준비금) ① 회사는 자본거래에서 발생한 잉여금을 대통령령으로 정하는 바에 따라 자본준비금으로 적립하여야 한다.

② 합병이나 제530조의2에 따른 분할 또는 분할합병의 경우 소멸 또는 분할되는 회사의 이익준비금이나 그 밖의 법정준비금은 합병·분할·분할합병 후 존속되거나 새로 설립되는 회사가 승계할 수 있다.

[전문개정 2011.4.14.]

제460조(법정준비금의 사용) 제458조 및 제459조의 준비금은 자본금의 결손 보전에 충당하는 경우 외에는 처분하지 못한다.

[전문개정 2011.4.14.]

제461조(준비금의 자본금 전입) ① 회사는 이사회의 결의에 의하여 준비금의 전부 또는 일부를 자본금에 전입할 수 있다. 그러나 정관으로 주주총회에서 결정하기로 정한 경우에는 그러하지 아니하다. [개정 2011.4.14.]

② 제1항의 경우에는 주주에 대하여 그가 가진 주식의 수에 따라 주식을 발행하여야 한다. 이 경우 1주에 미달하는 단수에 대하여는 제443조 제1항의 규정을 준용한다.

③ 제1항의 이사회의 결의가 있은 때에는 회사는 일정한 날을 정하여 그 날에 주주명부에 기재된 주주가 제2항의 신주의 주주가 된다는 뜻을 그 날의 2주간전에 공고하여야 한다. 그러나 그 날이 제354조 제1항의 기간 중인 때에는 그 기간의 초일의 2주간전에 이를 공고하여야 한다.

④ 제1항 단서의 경우에 주주는 주주총회의 결의가 있은 때로부터 제2항의 신주의 주주가 된다.

⑤ 제3항 또는 제4항의 규정에 의하여 신주의 주주가 된 때에는 이사는 지체없이 신주를 받은 주주와 주주명부에 기재된 질권자에 대하여 그 주주가 받은 주식의 종류와 수를 통지하여야 한다. [개정 2014.5.20.]

⑥ 제350조 제3항 후단의 규정은 제1항의 경우에 이를 준용한다. [신설 1995.12.29.]

⑦ 제339조의 규정은 제2항의 규정에 의하여 주식의 발행이 있는 경우에 이를 준용한다.

[전문개정 1984.4.10.] [제목개정 2011.4.14.]

제461조의2(준비금의 감소) 회사는 적립된 자본준비금 및 이익준비금의 총액이 자본금의 1.5배를 초과하는 경우에 주주총회의 결의에 따라 그 초과한 금액 범위에서 자본준비금과 이익준비금을 감액할 수 있다.

[본조신설 2011.4.14.]

제462조(이익의 배당) ① 회사는 대차대조표의 순자산액으로부터 다음의 금액을 공제한 액을 한도로 하여 이익배당을 할 수 있다.

1. 자본금의 액
2. 그 결산기까지 적립된 자본준비금과 이익준비금의 합계액
3. 그 결산기에 적립하여야 할 이익준비금의 액
4. 대통령령으로 정하는 미실현이익

② 이익배당은 주주총회의 결의로 정한다. 다

만, 제449조의2제1항에 따라 재무제표를 이사회가 승인하는 경우에는 이사회의 결의로 정한다.
③ 제1항을 위반하여 이익을 배당한 경우에 회사채권자는 배당한 이익을 회사에 반환할 것을 청구할 수 있다.
④ 제3항의 청구에 관한 소에 대하여는 제186조를 준용한다.
[전문개정 2011.4.14.]

제462조의2(주식배당) ① 회사는 주주총회의 결의에 의하여 이익의 배당을 새로이 발행하는 주식으로써 할 수 있다. 그러나 주식에 의한 배당은 이익배당총액의 2분의 1에 상당하는 금액을 초과하지 못한다.
② 제1항의 배당은 주식의 권면액으로 하며, 회사가 종류주식을 발행한 때에는 각각 그와 같은 종류의 주식으로 할 수 있다. [개정 1995.12.29, 2011.4.14.]
③ 주식으로 배당할 이익의 금액중 주식의 권면액에 미달하는 단수가 있는 때에는 그 부분에 대하여는 제443조 제1항의 규정을 준용한다. [개정 1995.12.29.]
④ 주식으로 배당을 받은 주주는 제1항의 결의가 있는 주주총회가 종결한 때부터 신주의 주주가 된다. 이 경우 제350조 제3항 후단의 규정을 준용한다. [개정 1995.12.29.]
⑤ 이사는 제1항의 결의가 있는 때에는 지체없이 배당을 받을 주주와 주주명부에 기재된 질권자에게 그 주주가 받을 주식의 종류와 수를 통지하여야 한다. [개정 2014.5.20.]
⑥ 제340조 제1항의 질권자의 권리는 제1항의 규정에 의한 주주가 받을 주식에 미친다. 이 경우 제340조 제3항의 규정을 준용한다.
[본조신설 1984.4.10.]

제462조의3(중간배당) ① 년 1회의 결산기를 정한 회사는 영업년도중 1회에 한하여 이사회의 결의로 일정한 날을 정하여 그 날의 주주에 대하여 이익을 배당(이하 이 조에서 "중간배당"이라 한다)할 수 있음을 정관으로 정할 수 있다. [개정 2011.4.14.]
② 중간배당은 직전 결산기의 대차대조표상의 순자산액에서 다음 각호의 금액을 공제한 액을 한도로 한다. [개정 2001.7.24, 2011.4.14.]
1. 직전 결산기의 자본금의 액
2. 직전 결산기까지 적립된 자본준비금과 이익준비금의 합계액
3. 직전 결산기의 정기총회에서 이익으로 배당하거나 또는 지급하기로 정한 금액
4. 중간배당에 따라 당해 결산기에 적립하여야 할 이익준비금

③ 회사는 당해 결산기의 대차대조표상의 순자산액이 제462조 제1항 각호의 금액의 합계액에 미치지 못할 우려가 있는 때에는 중간배당을 하여서는 아니된다. [개정 2001.7.24.]
④ 당해 결산기 대차대조표상의 순자산액이 제462조 제1항 각호의 금액의 합계액에 미치지 못함에도 불구하고 중간배당을 한 경우 이사는 회사에 대하여 연대하여 그 차액(배당액이 그 차액보다 적을 경우에는 배당액)을 배상할 책임이 있다. 다만, 이사가 제3항의 우려가 없다고 판단함에 있어 주의를 게을리하지 아니하였음을 증명한 때에는 그러하지 아니하다. [개정 2001.7.24.]
⑤ 제340조 제1항, 제344조 제1항, 제350조 제3항(제423조 제1항, 제516조 제2항 및 제516조의10에서 준용하는 경우를 포함한다. 이하 이 항에서 같다), 제354조 제1항, 제458조, 제464조 및 제625조 제3호의 규정의 적용에 관하여는 중간배당을 제462조 제1항의 규정에 의한 이익의 배당으로, 제350조 제3항의 규정의 적용에 관하여는 제1항의 일정한 날을 영업년도말로본다. [개정 2011.4.14.]
⑥ 제399조 제2항•제3항 및 제400조의 규정은 제4항의 이사의 책임에 관하여, 제462조 제3항 및 제4항은 제3항의 규정에 위반하여 중간배당을 한 경우에 이를 준용한다. [개정 2011.4.14.]
[본조신설 1998.12.28.]

제462조의4(현물배당) ① 회사는 정관으로 금전 외의 재산으로 배당을 할 수 있음을 정할 수 있다.
② 제1항에 따라 배당을 결정한 회사는 다음 사항을 정할 수 있다.
1. 주주가 배당되는 금전 외의 재산 대신 금전의 지급을 회사에 청구할 수 있도록 한 경우에는 그 금액 및 청구할 수 있는 기간
2. 일정 수 미만의 주식을 보유한 주주에게 금전 외의 재산 대신 금전을 지급하기로 한 경우에는 그 일정 수 및 금액

[본조신설 2011.4.14.]

제463조 삭제 [2011.4.14.]

제464조(이익배당의 기준) 이익배당은 각 주주가 가진 주식의 수에 따라 한다. 다만, 제344조 제1항을 적용하는 경우에는 그러하지 아니하다.
[전문개정 2011.4.14.]

제464조의2(이익배당의 지급시기) ① 회사는 제464조에 따른 이익배당을 제462조 제2항의 주주총회나 이사회의 결의 또는 제462조의3 제1항의 결의를 한 날부터 1개월 내에 하여야 한다. 다만, 주주총회 또는 이사회에서 배당금의 지급시기를 따로 정한 경우에는 그러하지 아니하다. [개정 2011.4.14.]
② 제1항의 배당금의 지급청구권은 5년간 이를 행사하지 아니하면 소멸시효가 완성한다.
[본조신설 1984.4.10.] [제목개정 2011.4.14.]

제465조 삭제 [1984.4.10.]

제466조(주주의 회계장부열람권) ① 발행주식의 총수의 100분의 3 이상에 해당하는 주식을 가진 주주는 이유를 붙인 서면으로 회계의 장부와 서류의 열람 또는 등사를 청구할 수

있다. [개정 1998.12.28.]
② 회사는 제1항의 주주의 청구가 부당함을 증명하지 아니하면 이를 거부하지 못한다. [개정 1998.12.28.]

第467조(회사의 업무, 재산상태의 검사) ①회사의 업무집행에 관하여 부정행위 또는 법령이나 정관에 위반한 중대한 사실이 있음을 의심할 사유가 있는 때에는 발행주식의 총수의 100분의 3 이상에 해당하는 주식을 가진 주주는 회사의 업무와 재산상태를 조사하게 하기 위하여 법원에 검사인의 선임을 청구할 수 있다. [개정 1998.12.28.]
② 검사인은 그 조사의 결과를 법원에 보고하여야 한다.
③ 법원은 제2항의 보고에 의하여 필요하다고 인정한 때에는 대표이사에게 주주총회의 소집을 명할 수 있다. 제310조 제2항의 규정은 이 경우에 준용한다. [개정 1962.12.12, 1995.12.29.]
④ 이사와 감사는 지체없이 제3항의 규정에 의한 검사인의 보고서의 정확여부를 조사하여 이를 주주총회에 보고하여야 한다. [신설 1995.12.29.]

第467조의2(이익공여의 금지) ① 회사는 누구에게든지 주주의 권리행사와 관련하여 재산상의 이익을 공여할 수 없다.
② 회사가 특정의 주주에 대하여 무상으로 재산상의 이익을 공여한 경우에는 주주의 권리행사와 관련하여 이를 공여한 것으로 추정한다. 회사가 특정의 주주에 대하여 유상으로 재산상의 이익을 공여한 경우에 있어서 회사가 얻은 이익이 공여한 이익에 비하여 현저하게 적은 때에도 또한 같다.
③ 회사가 제1항의 규정에 위반하여 재산상의 이익을 공여한 때에는 그 이익을 공여받은 자는 이를 회사에 반환하여야 한다. 이 경우 회사에 대하여 대가를 지급한 것이 있는 때에는 그 반환을 받을 수 있다.
④ 제403조 내지 제406조의 규정은 제3항의 이익의 반환을 청구하는 소에 대하여 이를 준용한다.
[본조신설 1984.4.10.]

第468조(사용인의 우선변제권) 신원보증금의 반환을 받을 채권 기타 회사와 사용인간의 고용관계로 인한 채권이 있는 자는 회사의 총재산에 대하여 우선변제를 받을 권리가 있다. 그러나 질권·저당권이나 「동산·채권 등의 담보에 관한 법률」에 따른 담보권에 우선하지 못한다. [개정 2010.6.10.]

제8절 사 채

제1관 통 칙

第469조(사채의 발행) ① 회사는 이사회의 결의에 의하여 사채(社債)를 발행할 수 있다.
② 제1항의 사채에는 다음 각 호의 사채를 포함한다.
1. 이익배당에 참가할 수 있는 사채
2. 주식이나 그 밖의 다른 유가증권으로 교환 또는 상환할 수 있는 사채
3. 유가증권이나 통화 또는 그 밖에 대통령령으로 정하는 자산이나 지표 등의 변동과 연계하여 미리 정하여진 방법에 따라 상환 또는 지급금액이 결정되는 사채

③ 제2항에 따라 발행하는 사채의 내용 및 발행 방법 등 발행에 필요한 구체적인 사항은 대통령령으로 정한다.
④ 제1항에도 불구하고 정관으로 정하는 바에 따라 이사회는 대표이사에게 사채의 금액 및 종류를 정하여 1년을 초과하지 아니하는 기간 내에 사채를 발행할 것을 위임할 수 있다.
[전문개정 2011.4.14.]

第470조 삭제 [2011.4.14.]

第471조 삭제 [2011.4.14.]

第472조 삭제 [2011.4.14.]

第473조 삭제 [2011.4.14.]

第474조(공모발행, 사채청약서) ① 사채의 모집에 응하고자 하는 자는 사채청약서 2통에 그 인수할 사채의 수와 주소를 기재하고 기명날인 또는 서명하여야 한다. [개정 1995.12.29.]
② 사채청약서는 이사가 작성하고 다음의 사항을 적어야 한다. [개정 1984.4.10, 1995.12.29, 2011.4.14.]
1. 회사의 상호
2. 자본금과 준비금의 총액
3. 최종의 대차대조표에 의하여 회사에 현존하는 순재산액
4. 사채의 총액
5. 각 사채의 금액
6. 사채발행의 가액 또는 그 최저가액
7. 사채의 이율
8. 사채의 상환과 이자지급의 방법과 기한
9. 사채를 수회에 분납할 것을 정한 때에는 그 분납금액과 시기
10. 채권을 기명식 또는 무기명식에 한한 때에는 그 뜻
10의2. 채권을 발행하는 대신 전자등록기관의 전자등록부에 사채권자의 권리를 등록하는 때에는 그 뜻
11. 전에 모집한 사채가 있는 때에는 그 상환하지 아니한 금액
12. 삭제 [2011.4.14.]
13. 사채모집의 위탁을 받은 회사가 있는 때에는 그 상호와 주소
13의2. 사채관리회사가 있는 때에는 그 상호와 주소
13의3. 사채관리회사가 사채권자집회결의에 의하지 아니하고 제484조 제4항 제2호의 행위를 할 수 있도록 정한 때에는 그 뜻
14. 제13호의 위탁을 받은 회사가 그 모집액

이 총액에 달하지 못한 경우에 그 잔액을 인수할 것을 약정한 때에는 그 뜻
15. 명의개서대리인을 둔 때에는 그 성명·주소 및 영업소
③ 사채발행의 최저가액을 정한 경우에는 응모자는 사채청약서에 응모가액을 기재하여야 한다.

제475조(총액인수의 방법) 전조의 규정은 계약에 의하여 사채의 총액을 인수하는 경우에는 이를 적용하지 아니한다. 사채모집의 위탁을 받은 회사가 사채의 일부를 인수하는 경우에는 그 일부에 대하여도 같다.

제476조(납입) ① 사채의 모집이 완료한 때에는 이사는 지체없이 인수인에 대하여 각 사채의 전액 또는 제1회의 납입을 시켜야 한다.
② 사채모집의 위탁을 받은 회사는 그 명의로 위탁회사를 위하여 제474조 제2항과 전항의 행위를 할 수 있다.

제477조 삭제 [1984.4.10.]

제478조(채권의 발행) ① 채권은 사채전액의 납입이 완료한 후가 아니면 이를 발행하지 못한다.
② 채권에는 다음의 사항을 적고 대표이사가 기명날인 또는 서명하여야 한다. [개정 2011.4.14.]
1. 채권의 번호
2. 제474조 제2항 제1호·제4호·제5호·제7호·제8호·제10호·제13호·제13호의2 및 제13호의3에 규정된 사항
③ 회사는 제1항의 채권(債券)을 발행하는 대신 정관으로 정하는 바에 따라 전자등록기관의 전자등록부에 채권(債權)을 등록할 수 있다. 이 경우 제356조의2제2항부터 제4항까지의 규정을 준용한다. [신설 2011.4.14.]

제479조(기명사채의 이전) ① 기명사채의 이전은 취득자의 성명과 주소를 사채원부에 기재하고 그 성명을 채권에 기재하지 아니하면 회사 기타의 제3자에게 대항하지 못한다.
② 제337조 제2항의 규정은 기명사채의 이전에 대하여 이를 준용한다. [신설 1984.4.10.]

제480조(기명식, 무기명식간의 전환) 사채권자는 언제든지 기명식의 채권을 무기명식으로, 무기명식의 채권을 기명식으로 할 것을 회사에 청구할 수 있다. 그러나 채권을 기명식 또는 무기명식에 한할 것으로 정한 때에는 그러하지 아니하다.

제480조의2(사채관리회사의 지정·위탁) 회사는 사채를 발행하는 경우에 사채관리회사를 정하여 변제의 수령, 채권의 보전, 그 밖에 사채의 관리를 위탁할 수 있다.
[본조신설 2011.4.14.]

제480조의3(사채관리회사의 자격) ① 은행, 신탁회사, 그 밖에 대통령령으로 정하는 자가 아니면 사채관리회사가 될 수 없다.
② 사채의 인수인은 그 사채의 사채관리회사가 될 수 없다.
③ 사채를 발행한 회사와 특수한 이해관계가 있는 자로서 대통령령으로 정하는 자는 사채관리회사가 될 수 없다.
[본조신설 2011.4.14.]

제481조(사채관리회사의 사임) 사채관리회사는 사채를 발행한 회사와 사채권자집회의 동의를 받아 사임할 수 있다. 부득이한 사유가 있어 법원의 허가를 받은 경우에도 같다.
[전문개정 2011.4.14.]

제482조(사채관리회사의 해임) 사채관리회사가 그 사무를 처리하기에 적임이 아니거나 그 밖에 정당한 사유가 있을 때에는 법원은 사채를 발행하는 회사 또는 사채권자집회의 청구에 의하여 사채관리회사를 해임할 수 있다.
[전문개정 2011.4.14.]

제483조(사채관리회사의 사무승계자) ① 사채관리회사의 사임 또는 해임으로 인하여 사채관리회사가 없게 된 경우에는 사채를 발행한 회사는 그 사무를 승계할 사채관리회사를 정하여 사채권자를 위하여 사채 관리를 위탁하여야 한다. 이 경우 회사는 지체 없이 사채권자집회를 소집하여 동의를 받아야 한다. [개정 2011.4.14.]
② 부득이한 사유가 있는 때에는 이해관계인은 사무승계자의 선임을 법원에 청구할 수 있다.
[제목개정 2011.4.14.]

제484조(사채관리회사의 권한) ① 사채관리회사는 사채권자를 위하여 사채에 관한 채권을 변제받거나 채권의 실현을 보전하기 위하여 필요한 재판상 또는 재판 외의 모든 행위를 할 수 있다.
② 사채관리회사는 제1항의 변제를 받으면 지체 없이 그 뜻을 공고하고, 알고 있는 사채권자에게 통지하여야 한다.
③ 제2항의 경우에 사채권자는 사채관리회사에 사채 상환액 및 이자 지급을 청구할 수 있다. 이 경우 사채권이 발행된 때에는 사채권과 상환하여 상환액지급청구를 하고, 이권(利券)과 상환하여 이자지급청구를 하여야 한다.
④ 사채관리회사가 다음 각 호의 어느 하나에 해당하는 행위(사채에 관한 채권을 변제받거나 채권의 실현을 보전하기 위한 행위는 제외한다)를 하는 경우에는 사채권자집회의 결의에 의하여야 한다. 다만, 사채를 발행하는 회사는 제2호의 행위를 사채관리회사가 사채권자집회결의에 의하지 아니하고 할 수 있음을 정할 수 있다.
1. 해당 사채 전부에 대한 지급의 유예, 그 채무의 불이행으로 발생한 책임의 면제 또는 화해
2. 해당 사채 전부에 관한 소송행위 또는 채무자회생 및 파산에 관한 절차에 속하는 행위
⑤ 사채관리회사가 제4항 단서에 따라 사채

권자집회의 결의에 의하지 아니하고 제4항 제2호의 행위를 한 때에는 지체 없이 그 뜻을 공고하고, 알고 있는 사채권자에게는 따로 통지하여야 한다.
⑥ 제2항과 제5항의 공고는 사채를 발행한 회사가 하는 공고와 같은 방법으로 하여야 한다.
⑦ 사채관리회사는 그 관리를 위탁받은 사채에 관하여 제1항 또는 제4항 각 호에서 정한 행위를 위하여 필요하면 법원의 허가를 받아 사채를 발행한 회사의 업무와 재산상태를 조사할 수 있다.
[전문개정 2011.4.14.]

제484조의2(사채관리회사의 의무 및 책임) ① 사채관리회사는 사채권자를 위하여 공평하고 성실하게 사채를 관리하여야 한다.
② 사채관리회사는 사채권자에 대하여 선량한 관리자의 주의로 사채를 관리하여야 한다.
③ 사채관리회사가 이 법이나 사채권자집회 결의를 위반한 행위를 한 때에는 사채권자에 대하여 연대하여 이로 인하여 발생한 손해를 배상할 책임이 있다.
[본조신설 2011.4.14.]

제485조(둘 이상의 사채관리회사가 있는 경우의 권한과 의무) ① 사채관리회사가 둘 이상 있을 때에는 그 권한에 속하는 행위는 공동으로 하여야 한다.
② 제1항의 경우에 사채관리회사가 제484조 제1항의 변제를 받은 때에는 사채관리회사는 사채권자에 대하여 연대하여 변제액을 지급할 의무가 있다.
[전문개정 2011.4.14.]

제486조(이권흠결의 경우) ① 이권있는 무기명식의 사채를 상환하는 경우에 이권이 흠결된 때에는 그 이권에 상당한 금액을 상환액으로부터 공제한다.
② 전항의 이권소지인은 언제든지 그 이권과 상환하여 공제액의 지급을 청구할 수 있다.

제487조(원리청구권의 시효) ① 사채의 상환청구권은 10년간 행사하지 아니하면 소멸시효가 완성한다.
② 제484조 제3항의 청구권도 전항과 같다.
③ 사채의 이자와 전조 제2항의 청구권은 5년간 행사하지 아니하면 소멸시효가 완성한다.

제488조(사채원부) 회사는 사채원부를 작성하고 다음 각 호의 사항을 적어야 한다.
1. 사채권자(무기명식 채권이 발행되어 있는 사채의 사채권자는 제외한다)의 성명과 주소
2. 채권의 번호
3. 제474조 제2항 제4호, 제5호, 제7호부터 제9호까지, 제13호, 제13호의2 및 제13호의3에 규정된 사항
4. 각 사채의 납입금액과 납입연월일
5. 채권의 발행연월일 또는 채권을 발행하는 대신 전자등록기관의 전자등록부에 사채권자의 권리를 등록하는 때에는 그 뜻
6. 각 사채의 취득연월일
7. 무기명식 채권을 발행한 때에는 그 종류, 수, 번호와 발행연월일

[전문개정 2011.4.14.]

제489조(준용규정) ① 제353조의 규정은 사채응모자 또는 사채권자에 대한 통지와 최고에 준용한다.
② 제333조의 규정은 사채가 수인의 공유에 속하는 경우에 준용한다.

제 2 관 사채권자집회

제490조(결의사항) 사채권자집회는 이 법에서 규정하고 있는 사항 및 사채권자의 이해관계가 있는 사항에 관하여 결의를 할 수 있다.
[전문개정 2011.4.14.]

제491조(소집권자) ① 사채권자집회는 사채를 발행한 회사 또는 사채관리회사가 소집한다. [개정 2011.4.14.]
② 사채의 종류별로 해당 종류의 사채 총액(상환받은 액은 제외한다)의 10분의 1 이상에 해당하는 사채를 가진 사채권자는 회의 목적인 사항과 소집 이유를 적은 서면 또는 전자문서를 사채를 발행한 회사 또는 사채관리회사에 제출하여 사채권자집회의 소집을 청구할 수 있다. [개정 2011.4.14.]
③ 제366조 제2항의 규정은 전항의 경우에 준용한다.
④ 무기명식의 채권을 가진 자는 그 채권을 공탁하지 아니하면 전2항의 권리를 행사하지 못한다.

제491조의2(소집의 통지, 공고) ① 제363조 제1항 및 제2항은 사채권자집회를 소집할 경우에 이를 준용한다.
② 제1항에도 불구하고 회사가 무기명식의 채권을 발행한 경우에는 주주총회일의 3주(자본금 총액이 10억원 미만인 회사는 2주) 전에 사채권자집회를 소집하는 뜻과 회의의 목적사항을 공고하여야 한다.
[본조신설 2014.5.20.]

제492조(의결권) ① 각 사채권자는 그가 가지는 해당 종류의 사채 금액의 합계액(상환받은 액은 제외한다)에 따라 의결권을 가진다. [개정 2011.4.14.]
② 무기명식의 채권을 가진 자는 회일로부터 1주간전에 채권을 공탁하지 아니하면 그 의결권을 행사하지 못한다.

제493조(사채발행회사 또는 사채관리회사 대표자의 출석 등) ① 사채를 발행한 회사 또는 사채관리회사는 그 대표자를 사채권자집회에 출석하게 하거나 서면으로 의견을 제출할 수 있다. [개정 2011.4.14.]
② 사채권자집회의 소집은 전항의 회사에 통지하여야 한다.

③ 제363조 제1항과 제2항의 규정은 전항의 통지에 준용한다.
[제목개정 2011.4.14.]

제494조(사채발행회사의 대표자의 출석청구) 사채권자집회 또는 그 소집자는 필요있다고 인정하는 때에는 사채를 발행한 회사에 대하여 그 대표자의 출석을 청구할 수 있다.

제495조(결의의 방법) ① 제434조의 규정은 사채권자집회의 결의에 준용한다.
② 제481조부터 제483조까지 및 제494조의 동의 또는 청구는 제1항에도 불구하고 출석한 사채권자 의결권의 과반수로 결정할 수 있다. [개정 2011.4.14.]
③ 사채권자집회에 출석하지 아니한 사채권자는 서면에 의하여 의결권을 행사할 수 있다. [신설 2011.4.14.]
④ 서면에 의한 의결권행사는 의결권행사서면에 필요한 사항을 적어 사채권자집회 전일까지 의결권행사서면을 소집자에게 제출하여야 한다. [신설 2011.4.14.]
⑤ 제4항에 따라 서면에 의하여 행사한 의결권의 수는 출석한 의결권자의 의결권 수에 포함한다. [신설 2011.4.14.]
⑥ 사채권자집회에 대하여는 제368조의4를 준용한다. [신설 2011.4.14.]

제496조(결의의 인가의 청구) 사채권자집회의 소집자는 결의한 날로부터 1주간내에 결의의 인가를 법원에 청구하여야 한다.

제497조(결의의 불인가의 사유) ① 법원은 다음의 경우에는 사채권자집회의 결의를 인가하지 못한다.
1. 사채권자집회소집의 절차 또는 그 결의방법이 법령이나 사채모집의 계획서의 기재에 위반한 때
2. 결의가 부당한 방법에 의하여 성립하게 된 때
3. 결의가 현저하게 불공정한 때
4. 결의가 사채권자의 일반의 이익에 반하는 때

② 전항 제1호와 제2호의 경우에는 법원은 결의의 내용 기타 모든 사정을 참작하여 결의를 인가할 수 있다.

제498조(결의의 효력) ① 사채권자집회의 결의는 법원의 인가를 받음으로써 그 효력이 생긴다. 다만, 그 종류의 사채권자 전원이 동의한 결의는 법원의 인가가 필요하지 아니하다.
② 사채권자집회의 결의는 그 종류의 사채를 가진 모든 사채권자에게 그 효력이 있다.
[전문개정 2011.4.14.]

제499조(결의의 인가, 불인가의 공고) 사채권자집회의 결의에 대하여 인가 또는 불인가의 결정이 있은 때에는 사채를 발행한 회사는 지체없이 그 뜻을 공고하여야 한다.

제500조(사채권자집회의 대표자) ① 사채권자집회는 해당 종류의 사채 총액(상환받은 금액은 제외한다)의 500분의 1 이상을 가진 사채권자 중에서 1명 또는 여러 명의 대표자를 선임하여 그 결의할 사항의 결정을 위임할 수 있다. [개정 2011.4.14.]
② 대표자가 수인인 때에는 전항의 결정은 그 과반수로 한다.

제501조(결의의 집행) 사채권자집회의 결의는 사채관리회사가 집행하고, 사채관리회사가 없는 때에는 제500조의 대표자가 집행한다. 다만, 사채권자집회의 결의로써 따로 집행자를 정한 때에는 그러하지 아니하다.
[전문개정 2011.4.14.]

제502조(수인의 대표자, 집행자가 있는 경우) 제485조 제1항의 규정은 대표자나 집행자가 수인인 경우에 준용한다.

제503조(사채상환에 관한 결의의 집행) 제484조, 제485조 제2항과 제487조 제2항의 규정은 대표자나 집행자가 사채의 상환에 관한 결의를 집행하는 경우에 준용한다.

제504조(대표자, 집행자의 해임 등) 사채권자집회는 언제든지 대표자나 집행자를 해임하거나 위임한 사항을 변경할 수 있다.

제505조 삭제 [2011.4.14.]

제506조 삭제 [2011.4.14.]

제507조(사채관리회사 등의 보수, 비용) ① 사채관리회사, 대표자 또는 집행자에게 줄 보수와 그 사무 처리에 필요한 비용은 사채를 발행한 회사와의 계약에 약정된 경우 외에는 법원의 허가를 받아 사채를 발행한 회사로 하여금 부담하게 할 수 있다.
② 사채관리회사, 대표자 또는 집행자는 사채에 관한 채권을 변제받은 금액에서 사채권자보다 우선하여 제1항의 보수와 비용을 변제받을 수 있다.
[전문개정 2011.4.14.]

제508조(사채권자집회의 비용) ① 사채권자집회에 관한 비용은 사채를 발행한 회사가 부담한다.
② 제496조의 청구에 관한 비용은 회사가 부담한다. 그러나 법원은 이해관계인의 신청에 의하여 또는 직권으로 그 전부 또는 일부에 관하여 따로 부담자를 정할 수 있다.

제509조(수종의 사채있는 경우의 사채권자집회) 수종의 사채를 발행한 경우에는 사채권자집회는 각종의 사채에 관하여 이를 소집하여야 한다.

제510조(준용규정) ① 제368조 제2항·제3항, 제369조 제2항 및 제371조부터 제373조까지의 규정은 사채권자집회에 준용한다. [개정 2014.5.20.]
② 사채권자집회의 의사록은 사채를 발행한 회사가 그 본점에 비치하여야 한다.
③ 사채관리회사와 사채권자는 영업시간 내에 언제든지 제2항의 의사록 열람을 청구할 수 있다. [개정 2011.4.14.]

제511조(사채관리회사에 의한 취소의 소) ① 회

사가 어느 사채권자에게 한 변제, 화해, 그 밖의 행위가 현저하게 불공정한 때에는 사채관리회사는 소(訴)만으로 그 행위의 취소를 청구할 수 있다. [개정 2011.4.14.]
② 제1항의 소는 사채관리회사가 취소의 원인인 사실을 안 때부터 6개월, 행위가 있은 때부터 1년 내에 제기하여야 한다. [개정 2011.4.14.]
③ 제186조와 민법 제406조 제1항 단서 및 제407조의 규정은 제1항의 소에 준용한다.
[제목개정 2011.4.14.]

제512조(대표자등에 의한 취소의 소) 사채권자집회의 결의가 있는 때에는 대표자 또는 집행자도 전조 제1항의 소를 제기할 수 있다. 그러나 행위가 있은 때로부터 1년내에 한한다.

제 3 관 전환사채

제513조(전환사채의 발행) ① 회사는 전환사채를 발행할 수 있다.
② 제1항의 경우에 다음의 사항으로서 정관에 규정이 없는 것은 이사회가 이를 결정한다. 그러나 정관으로 주주총회에서 이를 결정하기로 정한 경우에는 그러하지 아니하다.
1. 전환사채의 총액
2. 전환의 조건
3. 전환으로 인하여 발행할 주식의 내용
4. 전환을 청구할 수 있는 기간
5. 주주에게 전환사채의 인수권을 준다는 뜻과 인수권의 목적인 전환사채의 액
6. 주주외의 자에게 전환사채를 발행하는 것과 이에 대하여 발행할 전환사채의 액

③ 주주외의 자에 대하여 전환사채를 발행하는 경우에 그 발행할 수 있는 전환사채의 액, 전환의 조건, 전환으로 인하여 발행할 주식의 내용과 전환을 청구할 수 있는 기간에 관하여 정관에 규정이 없으면 제434조의 결의로써 이를 정하여야 한다. 이 경우 제418조 제2항 단서의 규정을 준용한다. [개정 2001.7.24.]
④ 제3항의 결의에 있어서 전환사채의 발행에 관한 의안의 요령은 제363조의 규정에 의한 통지에 기재하여야 한다. [개정 2014.5.20.]
[전문개정 1984.4.10.]

제513조의2(전환사채의 인수권을 가진 주주의 권리) ① 전환사채의 인수권을 가진 주주는 그가 가진 주식의 수에 따라서 전환사채의 배정을 받을 권리가 있다. 그러나 각 전환사채의 금액중 최저액에 미달하는 단수에 대하여는 그러하지 아니하다.
② 제418조 제3항은 주주가 전환사채의 인수권을 가진 경우에 이를 준용한다. [개정 2011.4.14.]
[본조신설 1984.4.10.]

제513조의3(전환사채의 인수권을 가진 주주에 대한 최고) ① 주주가 전환사채의 인수권을 가진 경우에는 각 주주에 대하여 그 인수권을 가지는 전환사채의 액, 발행가액, 전환의 조건, 전환으로 인하여 발행할 주식의 내용, 전환을 청구할 수 있는 기간과 일정한 기일까지 전환사채의 청약을 하지 아니하면 그 권리를 잃는다는 뜻을 통지하여야 한다.
② 제419조 제2항 및 제3항의 규정은 제1항의 경우에 이를 준용한다. [개정 2014.5.20.]
[본조신설 1984.4.10.]

제514조(전환사채발행의 절차) ① 전환사채에 관하여는 사채청약서, 채권과 사채원부에 다음의 사항을 기재하여야 한다. [개정 1995.12.29.]
1. 사채를 주식으로 전환할 수 있다는 뜻
2. 전환의 조건
3. 전환으로 인하여 발행할 주식의 내용
4. 전환을 청구할 수 있는 기간
5. 주식의 양도에 관하여 이사회의 승인을 얻도록 정한 때에는 그 규정

② 삭제 [1984.4.10.]

제514조의2(전환사채의 등기) ① 회사가 전환사채를 발행한 때에는 제476조의 규정에 의한 납입이 완료된 날로부터 2주간내에 본점의 소재지에서 전환사채의 등기를 하여야 한다. [개정 1995.12.29.]
② 제1항의 규정에 의하여 등기할 사항은 다음 각호와 같다.
1. 전환사채의 총액
2. 각 전환사채의 금액
3. 각 전환사채의 납입금액
4. 제514조 제1호 내지 제4호에 정한 사항

③ 제183조의 규정은 제2항의 등기에 대하여 이를 준용한다.
④ 외국에서 전환사채를 모집한 경우에 등기할 사항이 외국에서 생긴 때에는 등기기간은 그 통지가 도달한 날로부터 기산한다.
[본조신설 1984.4.10.]

제515조(전환의 청구) ① 전환을 청구하는 자는 청구서 2통에 채권을 첨부하여 회사에 제출하여야 한다. 다만, 제478조 제3항에 따라 채권(債券)을 발행하는 대신 전자등록기관의 전자등록부에 채권(債權)을 등록한 경우에는 그 채권을 증명할 수 있는 자료를 첨부하여 회사에 제출하여야 한다. [개정 2011.4.14.]
② 제1항의 청구서에는 전환하고자 하는 사채와 청구의 연월일을 기재하고 기명날인 또는 서명하여야 한다. [개정 1995.12.29.]

제516조(준용규정) ① 제346조 제4항, 제424조 및 제424조의2의 규정은 전환사채의 발행의 경우에 이를 준용한다. [개정 2011.4.14.]
② 제339조, 제348조, 제350조 및 제351조의 규정은 사채의 전환의 경우에 이를 준용한다. [개정 1995.12.29.]
[전문개정 1984.4.10.]

제 4 관 신주인수권부사채

제516조의2(신주인수권부사채의 발행) ① 회사

는 신주인수권부사채를 발행할 수 있다.
② 제1항의 경우에 다음의 사항으로서 정관에 규정이 없는 것은 이사회가 이를 결정한다. 그러나 정관으로 주주총회에서 이를 결정하도록 정한 경우에는 그러하지 아니하다. [개정 2011.4.14.]
1. 신주인수권부사채의 총액
2. 각 신주인수권부사채에 부여된 신주인수권의 내용
3. 신주인수권을 행사할 수 있는 기간
4. 신주인수권만을 양도할 수 있는 것에 관한 사항
5. 신주인수권을 행사하려는 자의 청구가 있는 때에는 신주인수권부사채의 상환에 갈음하여 그 발행가액으로 제516조의9 제1항의 납입이 있는 것으로 본다는 뜻
6. 삭제 [1995.12.29.]
7. 주주에게 신주인수권부사채의 인수권을 준다는 뜻과 인수권의 목적인 신주인수권부사채의 액
8. 주주외의 자에게 신주인수권부사채를 발행하는 것과 이에 대하여 발행할 신주인수권부사채의 액

③ 각 신주인수권부사채에 부여된 신주인수권의 행사로 인하여 발행할 주식의 발행가액의 합계액은 각 신주인수권부사채의 금액을 초과할 수 없다.
④ 주주외의 자에 대하여 신주인수권부사채를 발행하는 경우에 그 발행할 수 있는 신주인수권부사채의 액, 신주인수권의 내용과 신주인수권을 행사할 수 있는 기간에 관하여 정관에 규정이 없으면 제434조의 결의로써 이를 정하여야 한다. 이 경우 제418조 제2항 단서의 규정을 준용한다. [개정 2001.7.24.]
⑤ 제513조 제4항의 규정은 제4항의 경우에 이를 준용한다.
[본조신설 1984.4.10.]

제516조의3(신주인수권부사채의 인수권을 가진 주주에 대한 최고) ① 주주가 신주인수권부사채의 인수권을 가진 경우에는 각 주주에 대하여 인수권을 가지는 신주인수권부사채의 액, 발행가액, 신주인수권의 내용, 신주인수권을 행사할 수 있는 기간과 일정한 기일까지 신주인수권부사채의 청약을 하지 아니하면 그 권리를 잃는다는 뜻을 통지하여야 한다. 이 경우 제516조의2 제2항 제4호 또는 제5호에 규정한 사항의 정함이 있는 때에는 그 내용도 통지하여야 한다.
② 제419조 제2항 및 제3항의 규정은 제1항의 경우에 이를 준용한다. [개정 2014.5.20.]
[본조신설 1984.4.10.]

제516조의4(사채청약서·채권·사채원부의 기재사항) 신주인수권부사채에 있어서는 사채청약서·채권 및 사채원부에 다음의 사항을 기재하여야 한다. 그러나 제516조의5제1항의 신주인수권증권을 발행할 때에는 채권에는 이를 기재하지 아니한다. [개정 1995.12.29, 2011.4.14.]
1. 신주인수권부사채라는 뜻
2. 제516조의2 제2항 제2호 내지 제5호에 정한 사항
3. 제516조의9에 따라 납입을 맡을 은행이나 그 밖의 금융기관 및 납입장소
4. 주식의 양도에 관하여 이사회의 승인을 얻도록 정한 때에는 그 규정

[본조신설 1984.4.10.]

제516조의5(신주인수권증권의 발행) ① 제516조의2 제2항 제4호에 규정한 사항을 정한 경우에는 회사는 채권과 함께 신주인수권증권을 발행하여야 한다.
② 신주인수권증권에는 다음의 사항과 번호를 기재하고 이사가 기명날인 또는 서명하여야 한다. [개정 1995.12.29.]
1. 신주인수권증권이라는 뜻의 표시
2. 회사의 상호
3. 제516조의2제2항 제2호·제3호 및 제5호에 정한 사항
4. 제516조의4제3호에 정한 사항
5. 주식의 양도에 관하여 이사회의 승인을 얻도록 정한 때에는 그 규정

[본조신설 1984.4.10.]

제516조의6(신주인수권의 양도) ① 신주인수권증권이 발행된 경우에 신주인수권의 양도는 신주인수권증권의 교부에 의하여서만 이를 행한다.
② 제336조 제2항, 제360조 및 수표법 제21조의 규정은 신주인수권증권에 관하여 이를 준용한다.
[본조신설 1984.4.10.]

제516조의7(신주인수권의 전자등록) 회사는 신주인수권증권을 발행하는 대신 정관으로 정하는 바에 따라 전자등록기관의 전자등록부에 신주인수권을 등록할 수 있다. 이 경우 제356조의2 제2항부터 제4항까지의 규정을 준용한다.
[본조신설 2011.4.14.] [종전 제516조의7은 제516조의8로 이동 [2011.4.14.]]

제516조의8(신주인수권부사채의 등기) ① 회사가 신주인수권부사채를 발행한 때에는 다음의 사항을 등기하여야 한다.
1. 신주인수권부사채라는 뜻
2. 신주인수권의 행사로 인하여 발행할 주식의 발행가액의 총액
3. 각 신주인수권부사채의 금액
4. 각 신주인수권부사채의 납입금액
5. 제516조의2제2항 제1호 내지 제3호에 정한 사항

② 제514조의2 제1항·제3항 및 제4항의 규정은 제1항의 등기에 관하여 이를 준용한다.
[본조신설 1984.4.10.] [제516조의7에서 이동, 종전 제516조의8은 제516조의9로 이동 [2011.4.14.]]

제516조의9(신주인수권의 행사) ① 신주인수권을 행사하려는 자는 청구서 2통을 회사에 제출하고, 신주의 발행가액의 전액을 납입하여야 한다.
② 제1항의 규정에 의하여 청구서를 제출하는 경우에 신주인수권증권이 발행된 때에는 신주인수권증권을 첨부하고, 이를 발행하지 아니한 때에는 채권을 제시하여야 한다. 다만, 제478조 제3항 또는 제516조의7에 따라 채권(債券)이나 신주인수권증권을 발행하는 대신 전자등록기관의 전자등록부에 채권(債權)이나 신주인수권을 등록한 경우에는 그 채권이나 신주인수권을 증명할 수 있는 자료를 첨부하여 회사에 제출하여야 한다. [개정 2011.4.14.]
③ 제1항의 납입은 채권 또는 신주인수권증권에 기재한 은행 기타 금융기관의 납입장소에서 하여야 한다.
④ 제302조 제1항의 규정은 제1항의 청구서에, 제306조 및 제318조의 규정은 제3항의 납입을 맡은 은행 기타 금융기관에 이를 준용한다.
[본조신설 1984.4.10.] [제516조의8에서 이동, 종전 제516조의9는 제516조의10으로 이동 [2011.4.14.]]

제516조의10(주주가 되는 시기) 제516조의9 제1항에 따라 신주인수권을 행사한 자는 동항의 납입을 한 때에 주주가 된다. 이 경우 제350조 제2항 및 제3항의 규정을 준용한다. [개정 1995.12.29, 2011.4.14.]
[본조신설 1984.4.10.] [제516조의9에서 이동, 종전 제516조의10은 제516조의11로 이동 [2011.4.14.]]

제516조의11(준용규정) 제351조의 규정은 신주인수권의 행사가 있는 경우에, 제513조의2 및 제516조 제1항의 규정은 신주인수권부사채에 관하여 이를 준용한다. [개정 1995.12.29.]
[본조신설 1984.4.10.] [제516조의10에서 이동 [2011.4.14.]]

제9절 해 산

제517조(해산사유) 주식회사는 다음의 사유로 인하여 해산한다. [개정 1998.12.28.]
1. 제227조 제1호, 제4호 내지 제6호에 정한 사유
1의2. 제530조의2의 규정에 의한 회사의 분할 또는 분할합병
2. 주주총회의 결의

제518조(해산의 결의) 해산의 결의는 제434조의 규정에 의하여야 한다.

제519조(회사의 계속) 회사가 존립기간의 만료 기타 정관에 정한 사유의 발생 또는 주주총회의 결의에 의하여 해산한 경우에는 제434조의 규정에 의한 결의로 회사를 계속할 수 있다.

제520조(해산판결) ① 다음의 경우에 부득이한 사유가 있는 때에는 발행주식의 총수의 100분의 10 이상에 해당하는 주식을 가진 주주는 회사의 해산을 법원에 청구할 수 있다.
1. 회사의 업무가 현저한 정돈상태를 계속하여 회복할 수 없는 손해가 생긴 때 또는 생길 염려가 있는 때
2. 회사재산의 관리 또는 처분의 현저한 실당으로 인하여 회사의 존립을 위태롭게 한 때
② 제186조와 제191조의 규정은 전항의 청구에 준용한다.

제520조의2(휴면회사의 해산) ① 법원행정처장이 최후의 등기후 5년을 경과한 회사는 본점의 소재지를 관할하는 법원에 아직 영업을 폐지하지 아니하였다는 뜻의 신고를 할 것을 관보로써 공고한 경우에, 그 공고한 날에 이미 최후의 등기후 5년을 경과한 회사로써 공고한 날로부터 2월 이내에 대통령령이 정하는 바에 의하여 신고를 하지 아니한 때에는 그 회사는 그 신고기간이 만료된 때에 해산한 것으로 본다. 그러나 그 기간내에 등기를 한 회사에 대하여는 그러하지 아니하다.
② 제1항의 공고가 있는 때에는 법원은 해당회사에 대하여 그 공고가 있었다는 뜻의 통지를 발송하여야 한다.
③ 제1항의 규정에 의하여 해산한 것으로 본 회사는 그 후 3년 이내에는 제434조의 결의에 의하여 회사를 계속할 수 있다.
④ 제1항의 규정에 의하여 해산한 것으로 본 회사가 제3항의 규정에 의하여 회사를 계속하지 아니한 경우에는 그 회사는 그 3년이 경과한 때에 청산이 종결된 것으로 본다.
[본조신설 1984.4.10.]

제521조(해산의 통지, 공고) 회사가 해산한 때에는 파산의 경우외에는 이사는 지체없이 주주에 대하여 그 통지를 하여야 한다. [개정 2014.5.20.]

제521조의2(준용규정) 제228조와 제229조 제3항의 규정은 주식회사의 해산에 관하여 이를 준용한다.
[본조신설 1998.12.28.]

제10절 합 병

제522조(합병계약서와 그 승인결의) ① 회사가 합병을 함에는 합병계약서를 작성하여 주주총회의 승인을 얻어야 한다. [개정 1995.12.29, 1998.12.28]
② 합병계약의 요령은 제363조에 정한 통지에 기재하여야 한다. [개정 2014.5.20.]
③ 제1항의 승인결의는 제434조의 규정에 의하여야 한다. [개정 1998.12.28.]

제522조의2(합병계약서 등의 공시) ① 이사는 제522조 제1항의 주주총회 회일의 2주전부터

합병을 한 날 이후 6월이 경과하는 날까지 다음 각호의 서류를 본점에 비치하여야 한다. [개정 1998.12.28.]
1. 합병계약서
2. 합병으로 인하여 소멸하는 회사의 주주에게 발행하는 주식의 배정에 관하여 그 이유를 기재한 서면
3. 각 회사의 최종의 대차대조표와 손익계산서

② 주주 및 회사채권자는 영업시간내에는 언제든지 제1항 각호의 서류의 열람을 청구하거나, 회사가 정한 비용을 지급하고 그 등본 또는 초본의 교부를 청구할 수 있다. [개정 1998.12.28.]
[본조신설 1984.4.10.]

제522조의3(합병반대주주의 주식매수청구권) ① 제522조 제1항의 규정에 의한 결의사항에 관하여 이사회의 결의가 있는 때에 그 결의에 반대하는 주주는 주주총회전에 회사에 대하여 서면으로 그 결의에 반대하는 의사를 통지한 경우에는 그 총회의 결의일부터 20일 이내에 주식의 종류와 수를 기재한 서면으로 회사에 대하여 자기가 소유하고 있는 주식의 매수를 청구할 수 있다.
② 제527조의2 제2항의 공고 또는 통지를 한 날부터 2주내에 회사에 대하여 서면으로 합병에 반대하는 의사를 통지한 주주는 그 기간이 경과한 날부터 20일 이내에 주식의 종류와 수를 기재한 서면으로 회사에 대하여 자기가 소유하고 있는 주식의 매수를 청구할 수 있다. [신설 1998.12.28.]
[본조신설 1995.12.29.]

제523조(흡수합병의 합병계약서) 합병할 회사의 일방이 합병 후 존속하는 경우에는 합병계약서에 다음의 사항을 적어야 한다. [개정 1998.12.28, 2001.7.24, 2011.4.14.]
1. 존속하는 회사가 합병으로 인하여 그 발행할 주식의 총수를 증가하는 때에는 그 증가할 주식의 총수, 종류와 수
2. 존속하는 회사의 증가할 자본금과 준비금의 총액
3. 존속하는 회사가 합병당시에 발행하는 신주의 총수, 종류와 수 및 합병으로 인하여 소멸하는 회사의 주주에 대한 신주의 배정에 관한 사항
4. 존속하는 회사가 합병으로 소멸하는 회사의 주주에게 제3호에도 불구하고 그 대가의 전부 또는 일부로서 금전이나 그 밖의 재산을 제공하는 경우에는 그 내용 및 배정에 관한 사항
5. 각 회사에서 합병의 승인결의를 할 사원 또는 주주의 총회의 기일
6. 합병을 할 날
7. 존속하는 회사가 합병으로 인하여 정관을 변경하기로 정한 때에는 그 규정
8. 각 회사가 합병으로 이익배당을 할 때에는 그 한도액
9. 합병으로 인하여 존속하는 회사에 취임할 이사와 감사 또는 감사위원회의 위원을 정한 때에는 그 성명 및 주민등록번호

제523조의2(합병대가가 모회사주식인 경우의 특칙) 제342조의2에도 불구하고 제523조 제4호에 따라 소멸하는 회사의 주주에게 제공하는 재산이 존속하는 회사의 모회사주식을 포함하는 경우에는 존속하는 회사는 그 지급을 위하여 모회사주식을 취득할 수 있다.
[본조신설 2011.4.14.]

제524조(신설합병의 합병계약서) 합병으로 회사를 설립하는 경우에는 합병계약서에 다음의 사항을 적어야 한다. [개정 2001.7.24, 2011.4.14.]
1. 설립되는 회사에 대하여 제289조 제1항 제1호부터 제4호까지에 규정된 사항과 종류주식을 발행할 때에는 그 종류, 수와 본점소재지
2. 설립되는 회사가 합병당시에 발행하는 주식의 총수와 종류, 수 및 각 회사의 주주에 대한 주식의 배정에 관한 사항
3. 설립되는 회사의 자본금과 준비금의 총액
4. 각 회사의 주주에게 지급할 금액을 정한 때에는 그 규정
5. 전조 제5호와 제6호에 게기한 사항
6. 합병으로 인하여 설립되는 회사의 이사와 감사 또는 감사위원회의 위원을 정한 때에는 그 성명 및 주민등록번호

제525조(합명회사, 합자회사의 합병계약서) ① 합병후 존속하는 회사 또는 합병으로 인하여 설립되는 회사가 주식회사인 경우에 합병할 회사의 일방 또는 쌍방이 합명회사 또는 합자회사인 때에는 총사원의 동의를 얻어 합병계약서를 작성하여야 한다.
② 전2조의 규정은 전항의 합병계약서에 준용한다.

제526조(흡수합병의 보고총회) ① 합병을 하는 회사의 일방이 합병후 존속하는 경우에는 그 이사는 제527조의5의 절차의 종료후, 합병으로 인한 주식의 병합이 있을 때에는 그 효력이 생긴 후, 병합에 적당하지 아니한 주식이 있을 때에는 합병후, 존속하는 회사에 있어서는 제443조의 처분을 한 후, 소규모합병의 경우에는 제527조의3 제3항 및 제4항의 절차를 종료한 후 지체없이 주주총회를 소집하고 합병에 관한 사항을 보고하여야 한다. [개정 1998.12.28.]
② 합병당시에 발행하는 신주의 인수인은 제1항의 주주총회에서 주주와 동일한 권리가 있다. [개정 1998.12.28.]
③ 제1항의 경우에 이사회는 공고로써 주주총회에 대한 보고에 갈음할 수 있다. [신설 1995.12.29.]

제527조(신설합병의 창립총회) ① 합병으로 인하여 회사를 설립하는 경우에는 설립위원은

제527조의5의 절차의 종료후, 합병으로 인한 주식의 병합이 있을 때에는 그 효력이 생긴 후, 병합에 적당하지 아니한 주식이 있을 때에는 제443조의 처분을 한 후 지체없이 창립총회를 소집하여야 한다. [개정 1998.12.28.]
② 창립총회에서는 정관변경의 결의를 할 수 있다. 그러나 합병계약의 취지에 위반하는 결의는 하지 못한다.
③ 제308조 제2항, 제309조, 제311조, 제312조와 제316조 제2항의 규정은 제1항의 창립총회에 준용한다.
④ 제1항의 경우에 이사회는 공고로써 주주총회에 대한 보고에 갈음할 수 있다. [신설 1998.12.28.]

제527조의2(간이합병) ① 합병할 회사의 일방이 합병후 존속하는 경우에 합병으로 인하여 소멸하는 회사의 총주주의 동의가 있거나 그 회사의 발행주식총수의 100분의 90 이상을 합병후 존속하는 회사가 소유하고 있는 때에는 합병으로 인하여 소멸하는 회사의 주주총회의 승인은 이를 이사회의 승인으로 갈음할 수 있다.
② 제1항의 경우에 합병으로 인하여 소멸하는 회사는 합병계약서를 작성한 날부터 2주내에 주주총회의 승인을 얻지 아니하고 합병을 한다는 뜻을 공고하거나 주주에게 통지하여야 한다. 다만, 총주주의 동의가 있는 때에는 그러하지 아니하다.
[본조신설 1998.12.28.]

제527조의3(소규모합병) ① 합병후 존속하는 회사가 합병으로 인하여 발행하는 신주의 총수가 그 회사의 발행주식총수의 100분의 10을 초과하지 아니하는 때에는 그 존속하는 회사의 주주총회의 승인은 이를 이사회의 승인으로 갈음할 수 있다. 다만, 합병으로 인하여 소멸하는 회사의 주주에게 지급할 금액을 정한 경우에 그 금액이 존속하는 회사의 최종 대차대조표상으로 현존하는 순자산액의 100분의 5를 초과하는 때에는 그러하지 아니하다. [개정 2011.4.14.]
② 제1항의 경우에 존속하는 회사의 합병계약서에는 주주총회의 승인을 얻지 아니하고 합병을 한다는 뜻을 기재하여야 한다.
③ 제1항의 경우에 존속하는 회사는 합병계약서를 작성한 날부터 2주내에 소멸하는 회사의 상호 및 본점의 소재지, 합병을 할 날, 주주총회의 승인을 얻지 아니하고 합병을 한다는 뜻을 공고하거나 주주에게 통지하여야 한다.
④ 합병후 존속하는 회사의 발행주식총수의 100분의 20 이상에 해당하는 주식을 소유한 주주가 제3항의 규정에 의한 공고 또는 통지를 한 날부터 2주내에 회사에 대하여 서면으로 제1항의 합병에 반대하는 의사를 통지한 때에는 제1항 본문의 규정에 의한 합병을 할 수 없다.
⑤ 제1항 본문의 경우에는 제522조의3의 규정은 이를 적용하지 아니한다.
[본조신설 1998.12.28.]

제527조의4(이사·감사의 임기) ① 합병을 하는 회사의 일방이 합병후 존속하는 경우에 존속하는 회사의 이사 및 감사로서 합병전에 취임한 자는 합병계약서에 다른 정함이 있는 경우를 제외하고는 합병후 최초로 도래하는 결산기의 정기총회가 종료하는 때에 퇴임한다.
② 삭제 [2001.7.24.]
[본조신설 1998.12.28.]

제527조의5(채권자보호절차) ① 회사는 제522조의 주주총회의 승인결의가 있은 날부터 2주내에 채권자에 대하여 합병에 이의가 있으면 1월 이상의 기간내에 이를 제출할 것을 공고하고 알고 있는 채권자에 대하여는 따로따로 이를 최고하여야 한다.
② 제1항의 규정을 적용함에 있어서 제527조의2 및 제527조의3의 경우에는 이사회의 승인결의를 주주총회의 승인결의로 본다.
③ 제232조 제2항 및 제3항의 규정은 제1항 및 제2항의 경우에 이를 준용한다.
[본조신설 1998.12.28.]

제527조의6(합병에 관한 서류의 사후공시) ① 이사는 제527조의5에 규정한 절차의 경과, 합병을 한 날, 합병으로 인하여 소멸하는 회사로부터 승계한 재산의 가액과 채무액 기타 합병에 관한 사항을 기재한 서면을 합병을 한 날부터 6월간 본점에 비치하여야 한다.
② 제522조의2 제2항의 규정은 제1항의 서면에 관하여 이를 준용한다.
[본조신설 1998.12.28.]

제528조(합병의 등기) ① 회사가 합병을 한 때에는 제526조의 주주총회가 종결한 날 또는 보고에 갈음하는 공고일, 제527조의 창립총회가 종결한 날 또는 보고에 갈음하는 공고일부터 본점소재지에서는 2주내, 지점소재지에서는 3주내에 합병후 존속하는 회사에 있어서는 변경의 등기, 합병으로 인하여 소멸하는 회사에 있어서는 해산의 등기, 합병으로 인하여 설립된 회사에 있어서는 제317조에 정하는 등기를 하여야 한다. [개정 1998.12.28.]
② 합병후 존속하는 회사 또는 합병으로 인하여 설립된 회사가 합병으로 인하여 전환사채 또는 신주인수권부사채를 승계한 때에는 제1항의 등기와 동시에 사채의 등기를 하여야 한다. [개정 1984.4.10.]

제529조(합병무효의 소) ① 합병무효는 각 회사의 주주·이사·감사·청산인·파산관재인 또는 합병을 승인하지 아니한 채권자에 한하여 소만으로 이를 주장할 수 있다. [개정 1984.4.10.]
② 제1항의 소는 제528조의 등기가 있은 날로부터 6월내에 제기하여야 한다. [개정 1984.4.10.]

제530조(준용규정) ① 삭제 [1998.12.28.]

② 제234조, 제235조, 제237조 내지 제240조, 제329조의2, 제374조 제2항, 제374조의2 제2항 내지 제5항 및 제439조 제3항의 규정은 주식회사의 합병에 관하여 이를 준용한다. [개정 1995.12.29, 1998.12.28, 2001.7.24.]
③ 제440조부터 제443조까지의 규정은 회사의 합병으로 인한 주식병합 또는 주식분할의 경우에 준용한다. [개정 1998.12.28, 2014.5.20.]
④ 제339조와 제340조 제3항의 규정은 주식을 병합하지 아니하는 경우에 합병으로 인하여 소멸하는 회사의 주식을 목적으로 하는 질권에 준용한다.

제11절 회사의 분할

제530조의2(회사의 분할·분할합병) ① 회사는 분할에 의하여 1개 또는 수개의 회사를 설립할 수 있다.
② 회사는 분할에 의하여 1개 또는 수개의 존립 중의 회사와 합병(이하 "분할합병"이라 한다)할 수 있다.
③ 회사는 분할에 의하여 1개 또는 수개의 회사를 설립함과 동시에 분할합병할 수 있다.
④ 해산후의 회사는 존립중의 회사를 존속하는 회사로 하거나 새로 회사를 설립하는 경우에 한하여 분할 또는 분할합병할 수 있다.
[본조신설 1998.12.28.]

제530조의3(분할계획서·분할합병계약서의 승인) ① 회사가 분할 또는 분할합병을 하는 때에는 분할계획서 또는 분할합병계약서를 작성하여 주주총회의 승인을 얻어야 한다.
② 제1항의 승인결의는 제434조의 규정에 의하여야 한다.
③ 제2항의 결의에 관하여는 제344조의3제1항에 따라 의결권이 배제되는 주주도 의결권이 있다. [개정 2011.4.14.]
④ 분할계획 또는 분할합병계약의 요령은 제363조에 정한 통지에 기재하여야 한다. [개정 2014.5.20.]
⑤ 삭제 [2011.4.14.]
⑥ 회사의 분할 또는 분할합병으로 인하여 분할 또는 분할합병에 관련되는 각 회사의 주주의 부담이 가중되는 경우에는 제1항 및 제436조의 결의외에 그 주주 전원의 동의가 있어야 한다. [개정 2011.4.14.]
[본조신설 1998.12.28.]

제530조의4(분할에 의한 회사의 설립) ① 이 장 제1절의 회사설립에 관한 규정은 제530조의2의 규정에 의한 회사의 설립에 관하여 이를 준용한다.
② 제1항의 규정에 불구하고 분할에 의하여 설립되는 회사는 분할되는 회사의 출자만으로도 설립할 수 있다. 이 경우 분할되는 회사의 주주에게 그 주주가 가지는 그 회사의 주식의 비율에 따라서 설립되는 회사의 주식이 발행되는 때에는 제299조의 규정을 적용하지 아니한다.
[본조신설 1998.12.28.]

제530조의5(분할계획서의 기재사항) ① 분할에 의하여 회사를 설립하는 경우에는 분할계획서에 다음 각호의 사항을 기재하여야 한다. [개정 2011.4.14.]
1. 설립되는 회사의 상호, 목적, 본점의 소재지 및 공고의 방법
2. 설립되는 회사가 발행할 주식의 총수 및 액면주식·무액면주식의 구분
3. 설립되는 회사가 분할 당시에 발행하는 주식의 총수, 종류 및 종류주식의 수, 액면주식·무액면주식의 구분
4. 분할되는 회사의 주주에 대한 설립되는 회사의 주식의 배정에 관한 사항 및 배정에 따른 주식의 병합 또는 분할을 하는 경우에는 그에 관한 사항
5. 분할되는 회사의 주주에게 지급할 금액을 정한 때에는 그 규정
6. 설립되는 회사의 자본금과 준비금에 관한 사항
7. 설립되는 회사에 이전될 재산과 그 가액
8. 제530조의9제2항의 정함이 있는 경우에는 그 내용
9. 설립되는 회사의 이사와 감사를 정한 경우에는 그 성명과 주민등록번호
10. 설립되는 회사의 정관에 기재할 그 밖의 사항

② 분할후 회사가 존속하는 경우에는 존속하는 회사에 관하여 분할계획서에 다음 각호의 사항을 기재하여야 한다. [개정 2011.4.14.]
1. 감소할 자본금과 준비금의 액
2. 자본감소의 방법
3. 분할로 인하여 이전할 재산과 그 가액
4. 분할후의 발행주식의 총수
5. 회사가 발행할 주식의 총수를 감소하는 경우에는 그 감소할 주식의 총수, 종류 및 종류별 주식의 수
6. 정관변경을 가져오게 하는 그 밖의 사항

[본조신설 1998.12.28.]

제530조의6(분할합병계약서의 기재사항) ① 분할되는 회사의 일부가 다른 회사와 합병하여 그 다른 회사(이하 "분할합병의 상대방 회사"라 한다)가 존속하는 경우에는 분할합병계약서에 다음 각호의 사항을 기재하여야 한다.
1. 분할합병의 상대방 회사가 분할합병으로 인하여 발행할 주식의 총수를 증가하는 경우에는 증가할 주식의 총수, 종류 및 종류별 주식의 수
2. 분할합병의 상대방 회사가 분할합병을 함에 있어서 발행하는 신주의 총수, 종류 및 종류별 주식의 수
3. 분할되는 회사의 주주에 대한 분할합병의 상대방 회사의 주식의 배정에 관한 사항 및 배정에 따른 주식의 병합 또는 분할을 하는 경우에는 그에 관한 사항

4. 분할되는 회사의 주주에 대하여 분할합병의 상대방 회사가 지급할 금액을 정한 때에는 그 규정
5. 분할합병의 상대방 회사의 증가할 자본의 총액과 준비금에 관한 사항
6. 분할되는 회사가 분할합병의 상대방 회사에 이전할 재산과 그 가액
7. 제530조의9 제3항의 정함이 있는 경우에는 그 내용
8. 각 회사에서 제530조의3 제2항의 결의를 할 주주총회의 기일
9. 분할합병을 할 날
10. 분할합병의 상대방 회사의 이사와 감사를 정한 때에는 그 성명과 주민등록번호
11. 분할합병의 상대방 회사의 정관변경을 가져오게 하는 그 밖의 사항

② 분할되는 회사의 일부가 다른 회사 또는 다른 회사의 일부와 분할합병을 하여 회사를 설립하는 경우에는 분할합병계약서에 다음 각호의 사항을 기재하여야 한다.
1. 제530조의5 제1항 제1호·제2호·제6호 내지 제10호에 규정된 사항
2. 설립되는 회사가 분할합병을 함에 있어서 발행하는 주식의 총수, 종류 및 종류별 주식의 수
3. 각 회사의 주주에 대한 주식의 배정에 관한 사항과 배정에 따른 주식의 병합 또는 분할을 하는 경우에는 그 규정
4. 각 회사가 설립되는 회사에 이전할 재산과 그 가액
5. 각 회사의 주주에게 지급할 금액을 정한 때에는 그 규정
6. 각 회사에서 제530조의3 제2항의 결의를 할 주주총회의 기일
7. 분할합병을 할 날

③ 제530조의5의 규정은 제1항 및 제2항의 경우에 각 회사의 분할합병을 하지 아니하는 부분의 기재에 관하여 이를 준용한다.
[본조신설 1998.12.28.]

제530조의7(분할대차대조표 등의 공시) ① 분할되는 회사의 이사는 제530조의3 제1항의 규정에 의한 주주총회의 회일의 2주전부터 분할의 등기를 한 날 또는 분할합병을 한 날 이후 6월간 다음 각호의 서류를 본점에 비치하여야 한다.
1. 분할계획서 또는 분할합병계약서
2. 분할되는 부분의 대차대조표
3. 분할합병의 경우 분할합병의 상대방 회사의 대차대조표
4. 분할되는 회사의 주주에게 발행할 주식의 배정에 관하여 그 이유를 기재한 서면

② 제530조의6 제1항의 분할합병의 상대방 회사의 이사는 분할합병을 승인하는 주주총회의 회일의 2주전부터 분할합병의 등기를 한 후 6월간 다음 각호의 서류를 본점에 비치하여야 한다.
1. 분할합병계약서
2. 분할되는 회사의 분할되는 부분의 대차대조표
3. 분할되는 회사의 주주에게 발행할 주식의 배정에 관하여 그 이유를 기재한 서면

③ 제522조의2 제2항의 규정은 제1항 및 제2항의 서류에 관하여 이를 준용한다.
[본조신설 1998.12.28.]

제530조의8(분할 및 분할합병에 관한 계산) 분할 또는 분할합병으로 인하여 설립되는 회사 또는 분할합병의 상대방 회사가 영업권을 취득한 경우에는 그 취득가액을 대차대조표의 자산의 부에 계상할 수 있다. 이 경우에는 설립등기 또는 분할합병의 등기를 한 후 5년내의 매 결산기에 균등액 이상을 상각하여야 한다.
[본조신설 1998.12.28.]

제530조의9(분할 및 분할합병후의 회사의 책임) ① 분할 또는 분할합병으로 인하여 설립되는 회사 또는 존속하는 회사는 분할 또는 분할합병전의 회사채무에 관하여 연대하여 변제할 책임이 있다.
② 제1항의 규정에 불구하고 분할되는 회사가 제530조의3 제2항의 규정에 의한 결의로 분할에 의하여 회사를 설립하는 경우에는 설립되는 회사가 분할되는 회사의 채무중에서 출자한 재산에 관한 채무만을 부담할 것을 정할 수 있다. 이 경우 분할되는 회사가 분할후에 존속하는 때에는 분할로 인하여 설립되는 회사가 부담하지 아니하는 채무만을 부담한다.
③ 분할합병의 경우에 분할되는 회사는 제530조의3 제2항의 규정에 의한 결의로 분할합병에 따른 출자를 받는 존립 중의 회사가 분할되는 회사의 채무 중에서 출자한 재산에 관한 채무만을 부담할 것을 정할 수 있다. 이 경우에는 제2항 후단의 규정을 준용한다.
④ 제439조 제3항 및 제527조의5의 규정은 제2항의 경우에 이를 준용한다.
[본조신설 1998.12.28.]

제530조의10(분할 또는 분할합병의 효과) 분할 또는 분할합병으로 인하여 설립되는 회사 또는 존속하는 회사는 분할하는 회사의 권리와 의무를 분할계획서 또는 분할합병계약서가 정하는 바에 따라서 승계한다.
[본조신설 1998.12.28.]

제530조의11(준용규정) ① 분할 또는 분할합병의 경우에는 제234조, 제237조부터 제240조까지, 제329조의2, 제440조부터 제443조까지, 제526조, 제527조, 제527조의6, 제528조 및 제529조를 준용한다. 다만, 제527조의 설립위원은 대표이사로 한다. [개정 2011.4.14, 2014.5.20.]
② 제374조 제2항, 제439조 제3항, 제522조의3, 제527조의2, 제527조의3 및 제527조의5의 규정은 분할합병의 경우에 이를 준용한다. [개정 1999.12.31.]
[본조신설 1998.12.28.]

제530조의12(물적 분할) 이 절의 규정은 분할되는 회사가 분할 또는 분할합병으로 인하여 설립되는 회사의 주식의 총수를 취득하는 경우에 이를 준용한다.
[본조신설 1998.12.28.]

제12절 청 산

제531조(청산인의 결정) ① 회사가 해산한 때에는 합병·분할·분할합병 또는 파산의 경우외에는 이사가 청산인이 된다. 다만, 정관에 다른 정함이 있거나 주주총회에서 타인을 선임한 때에는 그러하지 아니하다. [개정 1998.12.28.]
② 전항의 규정에 의한 청산인이 없는 때에는 법원은 이해관계인의 청구에 의하여 청산인을 선임한다.

제532조(청산인의 신고) 청산인은 취임한 날로부터 2주간내에 다음의 사항을 법원에 신고하여야 한다. [개정 1995.12.29.]
1. 해산의 사유와 그 연월일
2. 청산인의 성명·주민등록번호 및 주소

제533조(회사재산조사보고의무) ① 청산인은 취임한 후 지체없이 회사의 재산상태를 조사하여 재산목록과 대차대조표를 작성하고 이를 주주총회에 제출하여 그 승인을 얻어야 한다.
② 청산인은 전항의 승인을 얻은 후 지체없이 재산목록과 대차대조표를 법원에 제출하여야 한다.

제534조(대차대조표·사무보고서·부속명세서의 제출·감사·공시·승인) ① 청산인은 정기총회일로부터 4주간전에 대차대조표 및 그 부속명세서와 사무보고서를 작성하여 감사에게 제출하여야 한다.
② 감사는 정기총회회일로부터 1주간전에 제1항의 서류에 관한 감사보고서를 청산인에게 제출하여야 한다.
③ 청산인은 정기총회회일의 1주간전부터 제1항의 서류와 제2항의 감사보고서를 본점에 비치하여야 한다.
④ 제448조 제2항의 규정은 제3항의 서류에 관하여 이를 준용한다.
⑤ 청산인은 대차대조표 및 사무보고서를 정기총회에 제출하여 그 승인을 요구하여야 한다.
[전문개정 1984.4.10.]

제535조(회사채권자에의 최고) ① 청산인은 취임한 날로부터 2월내에 회사채권자에 대하여 일정한 기간내에 그 채권을 신고할 것과 그 기간내에 신고하지 아니하면 청산에서 제외될 뜻을 2회 이상 공고로써 최고하여야 한다. 그러나 그 기간은 2월 이상이어야 한다.
② 청산인은 알고 있는 채권자에 대하여는 각별로 그 채권의 신고를 최고하여야 하며 그 채권자가 신고하지 아니한 경우에도 이를 청산에서 제외하지 못한다.

제536조(채권신고기간내의 변제) ① 청산인은 전조 제1항의 신고기간내에는 채권자에 대하여 변제를 하지 못한다. 그러나 회사는 그 변제의 지연으로 인한 손해배상의 책임을 면하지 못한다.
② 청산인은 전항의 규정에 불구하고 소액의 채권, 담보있는 채권 기타 변제로 인하여 다른 채권자를 해할 염려가 없는 채권에 대하여는 법원의 허가를 얻어 이를 변제할 수 있다.

제537조(제외된 채권자에 대한 변제) ① 청산에서 제외된 채권자는 분배되지 아니한 잔여재산에 대하여서만 변제를 청구할 수 있다.
② 일부의 주주에 대하여 재산의 분배를 한 경우에는 그와 동일한 비율로 다른 주주에게 분배할 재산은 전항의 잔여재산에서 공제한다.

제538조(잔여재산의 분배) 잔여재산은 각 주주가 가진 주식의 수에 따라 주주에게 분배하여야 한다. 그러나 제344조 제1항의 규정을 적용하는 경우에는 그러하지 아니하다.

제539조(청산인의 해임) ① 청산인은 법원이 선임한 경우외에는 언제든지 주주총회의 결의로 이를 해임할 수 있다.
② 청산인이 그 업무를 집행함에 현저하게 부적임하거나 중대한 임무에 위반한 행위가 있는 때에는 발행주식의 총수의 100분의 3 이상에 해당하는 주식을 가진 주주는 법원에 그 청산인의 해임을 청구할 수 있다. [개정 1998.12.28.]
③ 제186조의 규정은 제2항의 청구에 관한 소에 준용한다. [개정 1998.12.28.]

제540조(청산의 종결) ① 청산사무가 종결한 때에는 청산인은 지체없이 결산보고서를 작성하고 이를 주주총회에 제출하여 승인을 얻어야 한다.
② 전항의 승인이 있는 때에는 회사는 청산인에 대하여 그 책임을 해제한 것으로 본다. 그러나 청산인의 부정행위에 대하여는 그러하지 아니하다.

제541조(서류의 보존) ① 회사의 장부 기타 영업과 청산에 관한 중요한 서류는 본점소재지에서 청산종결의 등기를 한 후 10년간 이를 보존하여야 한다. 다만, 전표 또는 이와 유사한 서류는 5년간 이를 보존하여야 한다. [개정 1995.12.29.]
② 전항의 보존에 관하여는 청산인 기타의 이해관계인의 청구에 의하여 법원이 보존인과 보존방법을 정한다.

제542조(준용규정) ① 제245조, 제252조 내지 제255조, 제259조, 제260조와 제264조의 규정은 주식회사에 준용한다.
② 제362조, 제363조의2, 제366조, 제367조, 제373조, 제376조, 제377조, 제382조 제2항, 제386조, 제388조 내지 제394조, 제396조, 제398조 내지 제408조, 제411조 내지 제413조, 제414조 제3항, 제449조 제3항, 제450조와 제466조의 규정은 청산인에 준용한다. [개정

1962.12.12, 1984.4.10, 1998.12.28.]

제13절 상장회사에 대한 특례

[신설 2009.1.30.]

제542조의2(적용범위) ① 이 절은 대통령령으로 정하는 증권시장(증권의 매매를 위하여 개설된 시장을 말한다)에 상장된 주권을 발행한 주식회사(이하 "상장회사"라 한다)에 대하여 적용한다. 다만, 집합투자(2인 이상에게 투자권유를 하여 모은 금전이나 그 밖의 재산적 가치가 있는 재산을 취득·처분, 그 밖의 방법으로 운용하고 그 결과를 투자자에게 배분하여 귀속시키는 것을 말한다)를 수행하기 위한 기구로서 대통령령으로 정하는 주식회사는 제외한다.
② 이 절은 이 장 다른 절에 우선하여 적용한다.
[본조신설 2009.1.30.]

제542조의3(주식매수선택권) ① 상장회사는 제340조의2 제1항 본문에 규정된 자 외에도 대통령령으로 정하는 관계 회사의 이사, 집행임원, 감사 또는 피용자에게 주식매수선택권을 부여할 수 있다. 다만, 제542조의8제2항 제5호의 최대주주 등 대통령령으로 정하는 자에게는 주식매수선택권을 부여할 수 없다. [개정 2011.4.14.]
② 상장회사는 제340조의2 제3항에도 불구하고 발행주식총수의 100분의 20의 범위에서 대통령령으로 정하는 한도까지 주식매수선택권을 부여할 수 있다.
③ 상장회사는 제340조의2 제1항 본문에도 불구하고 정관으로 정하는 바에 따라 발행주식총수의 100분의 10의 범위에서 대통령령으로 정하는 한도까지 이사회가 제340조의3 제2항 각 호의 사항을 결의함으로써 해당 회사의 집행임원·감사 또는 피용자 및 제1항에 따른 관계 회사의 이사·집행임원·감사 또는 피용자에게 주식매수선택권을 부여할 수 있다. 이 경우 주식매수선택권을 부여한 후 처음으로 소집되는 주주총회의 승인을 받아야 한다. [개정 2011.4.14.]
④ 상장회사의 주식매수선택권을 부여받은 자는 제340조의4 제1항에도 불구하고 대통령령으로 정하는 경우를 제외하고는 주식매수선택권을 부여하기로 한 주주총회 또는 이사회의 결의일부터 2년 이상 재임하거나 재직하여야 주식매수선택권을 행사할 수 있다.
⑤ 제1항부터 제4항까지에서 규정한 사항 외에 상장회사의 주식매수선택권 부여, 취소, 그 밖에 필요한 사항은 대통령령으로 정한다.
[본조신설 2009.1.30.]

제542조의4(주주총회 소집공고 등) ① 상장회사가 주주총회를 소집하는 경우 대통령령으로 정하는 수 이하의 주식을 소유하는 주주에게는 정관으로 정하는 바에 따라 주주총회일의 2주 전에 주주총회를 소집하는 뜻과 회의의 목적사항을 둘 이상의 일간신문에 각각 2회 이상 공고하거나 대통령령으로 정하는 바에 따라 전자적 방법으로 공고함으로써 제363조 제1항의 소집통지를 갈음할 수 있다.
② 상장회사가 이사·감사의 선임에 관한 사항을 목적으로 하는 주주총회를 소집통지 또는 공고하는 경우에는 이사·감사 후보자의 성명, 약력, 추천인, 그 밖에 대통령령으로 정하는 후보자에 관한 사항을 통지하거나 공고하여야 한다.
③ 상장회사가 주주총회 소집의 통지 또는 공고를 하는 경우에는 사외이사 등의 활동내역과 보수에 관한 사항, 사업개요 등 대통령령으로 정하는 사항을 통지 또는 공고하여야 한다. 다만, 상장회사가 그 사항을 대통령령으로 정하는 방법으로 일반인이 열람할 수 있도록 하는 경우에는 그러하지 아니하다.
[본조신설 2009.1.30.]

제542조의5(이사·감사의 선임방법) 상장회사가 주주총회에서 이사 또는 감사를 선임하려는 경우에는 제542조의4제2항에 따라 통지하거나 공고한 후보자 중에서 선임하여야 한다.
[본조신설 2009.1.30.]

제542조의6(소수주주권) ① 6개월 전부터 계속하여 상장회사 발행주식총수의 1천분의 15 이상에 해당하는 주식을 보유한 자는 제366조(제542조에서 준용하는 경우를 포함한다) 및 제467조에 따른 주주의 권리를 행사할 수 있다.
② 6개월 전부터 계속하여 상장회사의 의결권 없는 주식을 제외한 발행주식총수의 1천분의 10(대통령령으로 정하는 상장회사의 경우에는 1천분의 5) 이상에 해당하는 주식을 보유한 자는 제363조의2(제542조에서 준용하는 경우를 포함한다)에 따른 주주의 권리를 행사할 수 있다.
③ 6개월 전부터 계속하여 상장회사 발행주식총수의 1만분의 50(대통령령으로 정하는 상장회사의 경우에는 1만분의 25) 이상에 해당하는 주식을 보유한 자는 제385조(제415조에서 준용하는 경우를 포함한다) 및 제539조에 따른 주주의 권리를 행사할 수 있다.
④ 6개월 전부터 계속하여 상장회사 발행주식총수의 1만분의 10(대통령령으로 정하는 상장회사의 경우에는 1만분의 5) 이상에 해당하는 주식을 보유한 자는 제466조(제542조에서 준용하는 경우를 포함한다)에 따른 주주의 권리를 행사할 수 있다.
⑤ 6개월 전부터 계속하여 상장회사 발행주식총수의 10만분의 50(대통령령으로 정하는 상장회사의 경우에는 10만분의 25) 이상에 해당하는 주식을 보유한 자는 제402조(제408조의9 및 제542조에서 준용하는 경우를 포함한다)에 따른 주주의 권리를 행사할 수 있다. [개정 2011.4.14.]
⑥ 6개월 전부터 계속하여 상장회사 발행주

식총수의 1만분의 1 이상에 해당하는 주식을 보유한 자는 제403조(제324조, 제408조의9, 제415조, 제424조의2, 제467조의2 및 제542조에서 준용하는 경우를 포함한다)에 따른 주주의 권리를 행사할 수 있다. [개정 2011.4.14.]

⑦ 상장회사는 정관에서 제1항부터 제6항까지 규정된 것보다 단기의 주식 보유기간을 정하거나 낮은 주식 보유비율을 정할 수 있다.

⑧ 제1항부터 제6항까지 및 제542조의7제2항에서 "주식을 보유한 자"란 주식을 소유한 자, 주주권 행사에 관한 위임을 받은 자, 2명 이상 주주의 주주권을 공동으로 행사하는 자를 말한다.

[본조신설 2009.1.30.]

제542조의7(집중투표에 관한 특례) ① 상장회사에 대하여 제382조의2에 따라 집중투표의 방법으로 이사를 선임할 것을 청구하는 경우 주주총회일(정기주주총회의 경우에는 직전 연도의 정기주주총회일에 해당하는 그 해의 해당일. 이하 제542조의8제5항에서 같다)의 6주 전까지 서면 또는 전자문서로 회사에 청구하여야 한다.

② 자산 규모 등을 고려하여 대통령령으로 정하는 상장회사의 의결권 없는 주식을 제외한 발행주식총수의 100분의 1 이상에 해당하는 주식을 보유한 자는 제382조의2에 따라 집중투표의 방법으로 이사를 선임할 것을 청구할 수 있다.

③ 제2항의 상장회사가 정관으로 집중투표를 배제하거나 그 배제된 정관을 변경하려는 경우에는 의결권 없는 주식을 제외한 발행주식총수의 100분의 3을 초과하는 수의 주식을 가진 주주는 그 초과하는 주식에 관하여 의결권을 행사하지 못한다. 다만, 정관에서 이보다 낮은 주식 보유비율을 정할 수 있다.

④ 제2항의 상장회사가 주주총회의 목적사항으로 제3항에 따른 집중투표 배제에 관한 정관 변경에 관한 의안을 상정하려는 경우에는 그 밖의 사항의 정관 변경에 관한 의안과 별도로 상정하여 의결하여야 한다.

[본조신설 2009.1.30.]

제542조의8(사외이사의 선임) ① 상장회사는 자산 규모 등을 고려하여 대통령령으로 정하는 경우를 제외하고는 이사 총수의 4분의 1 이상을 사외이사로 하여야 한다. 다만, 자산 규모 등을 고려하여 대통령령으로 정하는 상장회사의 사외이사는 3명 이상으로 하되, 이사 총수의 과반수가 되도록 하여야 한다.

② 상장회사의 사외이사는 제382조 제3항 각 호 뿐만 아니라 다음 각 호의 어느 하나에 해당되지 아니하여야 하며, 이에 해당하게 된 경우에는 그 직을 상실한다. [개정 2011.4.14.]

1. 미성년자, 금치산자 또는 한정치산자
2. 파산선고를 받고 복권되지 아니한 자
3. 금고 이상의 형을 선고받고 그 집행이 끝나거나 집행이 면제된 후 2년이 지나지 아니한 자
4. 대통령령으로 별도로 정하는 법률을 위반하여 해임되거나 면직된 후 2년이 지나지 아니한 자
5. 상장회사의 주주로서 의결권 없는 주식을 제외한 발행주식총수를 기준으로 본인 및 그와 대통령령으로 정하는 특수한 관계에 있는 자(이하 "특수관계인"이라 한다)가 소유하는 주식의 수가 가장 많은 경우 그 본인(이하 "최대주주"라 한다) 및 그의 특수관계인
6. 누구의 명의로 하든지 자기의 계산으로 의결권 없는 주식을 제외한 발행주식총수의 100분의 10 이상의 주식을 소유하거나 이사·집행임원·감사의 선임과 해임 등 상장회사의 주요 경영사항에 대하여 사실상의 영향력을 행사하는 주주(이하 "주요주주"라 한다) 및 그의 배우자와 직계 존속·비속
7. 그 밖에 사외이사로서의 직무를 충실하게 수행하기 곤란하거나 상장회사의 경영에 영향을 미칠 수 있는 자로서 대통령령으로 정하는 자

③ 제1항의 상장회사는 사외이사의 사임·사망 등의 사유로 인하여 사외이사의 수가 제1항의 이사회의 구성요건에 미달하게 되면 그 사유가 발생한 후 처음으로 소집되는 주주총회에서 제1항의 요건에 합치되도록 사외이사를 선임하여야 한다.

④ 제1항 단서의 상장회사는 사외이사 후보를 추천하기 위하여 제393조의2의 위원회(이하 이 조에서 "사외이사 후보추천위원회"라 한다)를 설치하여야 한다. 이 경우 사외이사 후보추천위원회는 사외이사가 총위원의 과반수가 되도록 구성하여야 한다. [개정 2011.4.14.]

⑤ 제1항 단서에서 규정하는 상장회사가 주주총회에서 사외이사를 선임하려는 때에는 사외이사 후보추천위원회의 추천을 받은 자 중에서 선임하여야 한다. 이 경우 사외이사 후보추천위원회가 사외이사 후보를 추천할 때에는 제363조의2 제1항, 제542조의6 제1항·제2항의 권리를 행사할 수 있는 요건을 갖춘 주주가 주주총회일(정기주주총회의 경우 직전연도의 정기주주총회일에 해당하는 해당 연도의 해당일)의 6주 전에 추천한 사외이사 후보를 포함시켜야 한다. [개정 2011.4.14.]

[본조신설 2009.1.30.]

제542조의9(주요주주 등 이해관계자와의 거래) ① 상장회사는 다음 각 호의 어느 하나에 해당하는 자를 상대방으로 하거나 그를 위하여 신용공여(금전 등 경제적 가치가 있는 재산의 대여, 채무이행의 보증, 자금 지원적 성격의 증권 매입, 그 밖에 거래상의 신용위험이 따르는 직접적·간접적 거래로서 대통령령으로 정하는 거래를 말한다. 이하 이 조에서 같다)를 하여서는 아니 된다. [개정 2011.4.14.]

1. 주요주주 및 그의 특수관계인

2. 이사(제401조의2제1항 각 호의 어느 하나에 해당하는 자를 포함한다. 이하 이 조에서 같다) 및 집행임원
3. 감사

② 제1항에도 불구하고 다음 각 호의 어느 하나에 해당하는 경우에는 신용공여를 할 수 있다. [개정 2011.4.14.]

1. 복리후생을 위한 이사·집행임원 또는 감사에 대한 금전대여 등으로서 대통령령으로 정하는 신용공여
2. 다른 법령에서 허용하는 신용공여
3. 그 밖에 상장회사의 경영건전성을 해칠 우려가 없는 금전대여 등으로서 대통령령으로 정하는 신용공여

③ 자산 규모 등을 고려하여 대통령령으로 정하는 상장회사는 최대주주, 그의 특수관계인 및 그 상장회사의 특수관계인으로서 대통령령으로 정하는 자를 상대방으로 하거나 그를 위하여 다음 각 호의 어느 하나에 해당하는 거래(제1항에 따라 금지되는 거래는 제외한다)를 하려는 경우에는 이사회의 승인을 받아야 한다.

1. 단일 거래규모가 대통령령으로 정하는 규모 이상인 거래
2. 해당 사업연도 중에 특정인과의 해당 거래를 포함한 거래총액이 대통령령으로 정하는 규모 이상이 되는 경우의 해당 거래

④ 제3항의 경우 상장회사는 이사회의 승인 결의 후 처음으로 소집되는 정기주주총회에 해당 거래의 목적, 상대방, 그 밖에 대통령령으로 정하는 사항을 보고하여야 한다.

⑤ 제3항에도 불구하고 상장회사가 경영하는 업종에 따른 일상적인 거래로서 다음 각 호의 어느 하나에 해당하는 거래는 이사회의 승인을 받지 아니하고 할 수 있으며, 제2호에 해당하는 거래에 대하여는 그 거래내용을 주주총회에 보고하지 아니할 수 있다.

1. 약관에 따라 정형화된 거래로서 대통령령으로 정하는 거래
2. 이사회에서 승인한 거래총액의 범위 안에서 이행하는 거래

[본조신설 2009.1.30.]

제542조의10(상근감사) ① 대통령령으로 정하는 상장회사는 주주총회 결의에 의하여 회사에 상근하면서 감사업무를 수행하는 감사(이하 "상근감사"라고 한다)를 1명 이상 두어야 한다. 다만, 이 절 및 다른 법률에 따라 감사위원회를 설치한 경우(감사위원회 설치 의무가 없는 상장회사가 이 절의 요건을 갖춘 감사위원회를 설치한 경우를 포함한다)에는 그러하지 아니하다. [개정 2011.4.14.]

② 다음 각 호의 어느 하나에 해당하는 자는 제1항 본문의 상장회사의 상근감사가 되지 못하며, 이에 해당하게 되는 경우에는 그 직을 상실한다. [개정 2011.4.14.]

1. 제542조의8 제2항 제1호부터 제4호까지 및 제6호에 해당하는 자
2. 회사의 상무(常務)에 종사하는 이사·집행임원 및 피용자 또는 최근 2년 이내에 회사의 상무에 종사한 이사·집행임원 및 피용자. 다만, 이 절에 따른 감사위원회위원으로 재임 중이거나 재임하였던 이사는 제외한다.
3. 제1호 및 제2호 외에 회사의 경영에 영향을 미칠 수 있는 자로서 대통령령으로 정하는 자

[본조신설 2009.1.30.]

제542조의11(감사위원회) ① 자산 규모 등을 고려하여 대통령령으로 정하는 상장회사는 감사위원회를 설치하여야 한다.

② 제1항의 상장회사의 감사위원회는 제415조의2 제2항의 요건 및 다음 각 호의 요건을 모두 갖추어야 한다.

1. 위원 중 1명 이상은 대통령령으로 정하는 회계 또는 재무 전문가일 것
2. 감사위원회의 대표는 사외이사일 것

③ 제542조의10 제2항 각 호의 어느 하나에 해당하는 자는 제1항의 상장회사의 사외이사가 아닌 감사위원회위원이 될 수 없고, 이에 해당하게 된 경우에는 그 직을 상실한다.

④ 상장회사는 감사위원회위원인 사외이사의 사임·사망 등의 사유로 인하여 사외이사의 수가 다음 각 호의 감사위원회의 구성요건에 미달하게 되면 그 사유가 발생한 후 처음으로 소집되는 주주총회에서 그 요건에 합치되도록 하여야 한다.

1. 제1항에 따라 감사위원회를 설치한 상장회사는 제2항 각 호 및 제415조의2제2항의 요건
2. 제415조의2 제1항에 따라 감사위원회를 설치한 상장회사는 제415조의2제2항의 요건

[본조신설 2009.1.30.]

제542조의12(감사위원회의 구성 등) ① 제542조의11 제1항의 상장회사의 경우 제393조의2에도 불구하고 감사위원회위원을 선임하거나 해임하는 권한은 주주총회에 있다.

② 제542조의11 제1항의 상장회사는 주주총회에서 이사를 선임한 후 선임된 이사 중에서 감사위원회위원을 선임하여야 한다.

③ 최대주주, 최대주주의 특수관계인, 그 밖에 대통령령으로 정하는 자가 소유하는 상장회사의 의결권 있는 주식의 합계가 그 회사의 의결권 없는 주식을 제외한 발행주식총수의 100분의 3을 초과하는 경우 그 주주는 그 초과하는 주식에 관하여 감사 또는 사외이사가 아닌 감사위원회위원을 선임하거나 해임할 때에는 의결권을 행사하지 못한다. 다만, 정관에서 이보다 낮은 주식 보유비율을 정할 수 있다.

④ 대통령령으로 정하는 상장회사의 의결권 없는 주식을 제외한 발행주식총수의 100분의 3을 초과하는 수의 주식을 가진 주주는 그 초

과하는 주식에 관하여 사외이사인 감사위원회위원을 선임할 때에 의결권을 행사하지 못한다. 다만, 정관에서 이보다 낮은 주식 보유비율을 정할 수 있다.
⑤ 상장회사가 주주총회의 목적사항으로 감사의 선임 또는 감사의 보수결정을 위한 의안을 상정하려는 경우에는 이사의 선임 또는 이사의 보수결정을 위한 의안과는 별도로 상정하여 의결하여야 한다.
⑥ 상장회사의 감사 또는 감사위원회는 제447조의4 제1항에도 불구하고 이사에게 감사보고서를 주주총회일의 1주 전까지 제출할 수 있다.
[본조신설 2009.1.30.]

제542조의13(준법통제기준 및 준법지원인) ① 자산 규모 등을 고려하여 대통령령으로 정하는 상장회사는 법령을 준수하고 회사경영을 적정하게 하기 위하여 임직원이 그 직무를 수행할 때 따라야 할 준법통제에 관한 기준 및 절차(이하 "준법통제기준"이라 한다)를 마련하여야 한다.
② 제1항의 상장회사는 준법통제기준의 준수에 관한 업무를 담당하는 사람(이하 "준법지원인"이라 한다)을 1명 이상 두어야 한다.
③ 준법지원인은 준법통제기준의 준수여부를 점검하여 그 결과를 이사회에 보고하여야 한다.
④ 제1항의 상장회사는 준법지원인을 임면하려면 이사회 결의를 거쳐야 한다.
⑤ 준법지원인은 다음 각 호의 사람 중에서 임명하여야 한다.
1. 변호사 자격을 가진 사람
2. 고등교육법 제2조에 따른 학교에서 법률학을 가르치는 조교수 이상의 직에 5년 이상 근무한 사람
3. 그 밖에 법률적 지식과 경험이 풍부한 사람으로서 대통령령으로 정하는 사람

⑥ 준법지원인의 임기는 3년으로 하고, 준법지원인은 상근으로 한다.
⑦ 준법지원인은 선량한 관리자의 주의로 그 직무를 수행하여야 한다.
⑧ 준법지원인은 재임 중뿐만 아니라 퇴임 후에도 직무상 알게 된 회사의 영업상 비밀을 누설하여서는 아니 된다.
⑨ 제1항의 상장회사는 준법지원인이 그 직무를 독립적으로 수행할 수 있도록 하여야 하고, 제1항의 상장회사의 임직원은 준법지원인이 그 직무를 수행할 때 자료나 정보의 제출을 요구하는 경우 이에 성실하게 응하여야 한다.
⑩ 제1항의 상장회사는 준법지원인이었던 사람에 대하여 그 직무수행과 관련된 사유로 부당한 인사상의 불이익을 주어서는 아니 된다.
⑪ 준법지원인에 관하여 다른 법률에 특별한 규정이 있는 경우를 제외하고는 이 법에서 정하는 바에 따른다. 다만, 다른 법률의 규정이 준법지원인의 임기를 제6항보다 단기로 정하고 있는 경우에는 제6항을 다른 법률에 우선하여 적용한다.
⑫ 그 밖의 준법통제기준 및 준법지원인에 관하여 필요한 사항은 대통령령으로 정한다.
[본조신설 2011.4.14.]

제 5 장 유한회사

제1절 설 립

제543조(정관의 작성, 절대적 기재사항) ① 유한회사를 설립함에는 사원이 정관을 작성하여야 한다. [개정 2001.7.24.]
② 정관에는 다음의 사항을 기재하고 각 사원이 기명날인 또는 서명하여야 한다. [개정 1984.4.10, 1995.12.29, 2001.7.24, 2011.4.14.]
1. 제179조 제1호 내지 제3호에 정한 사항
2. 자본금의 총액
3. 출자1좌의 금액
4. 각 사원의 출자좌수
5. 본점의 소재지

③ 제292조의 규정은 유한회사에 준용한다.

제544조(변태설립사항) 다음의 사항은 정관에 기재함으로써 그 효력이 있다.
1. 현물출자를 하는 자의 성명과 그 목적인 재산의 종류, 수량, 가격과 이에 대하여 부여하는 출자좌수
2. 회사의 설립후에 양수할 것을 약정한 재산의 종류, 수량, 가격과 그 양도인의 성명
3. 회사가 부담할 설립비용

제545조 삭제 [2011.4.14.]

제546조(출자 1좌의 금액의 제한) 출자 1좌의 금액은 100원 이상으로 균일하게 하여야 한다.
[전문개정 2011.4.14.]

제547조(초대이사의 선임) ① 정관으로 이사를 정하지 아니한 때에는 회사성립전에 사원총회를 열어 이를 선임하여야 한다.
② 전항의 사원총회는 각 사원이 소집할 수 있다.

제548조(출자의 납입) ① 이사는 사원으로 하여금 출자전액의 납입 또는 현물출자의 목적인 재산전부의 급여를 시켜야 한다.
② 제295조 제2항의 규정은 사원이 현물출자를 하는 경우에 준용한다.

제549조(설립의 등기) ① 유한회사의 설립등기는 제548조의 납입 또는 현물출자의 이행이 있은 날로부터 2주간 내에 하여야 한다. [개정 1995.12.29.]
② 제1항의 등기에서 다음 각 호의 사항을 등기하여야 한다. [개정 1995.12.29, 2011.4.14.]
1. 제179조 제1호·제2호 및 제5호에 규정된 사항과 지점을 둔 때에는 그 소재지
2. 제543조 제2항 제2호와 제3호에 게기한 사항

3. 이사의 성명·주민등록번호 및 주소. 다만, 회사를 대표할 이사를 정한 때에는 그 외의 이사의 주소를 제외한다.
4. 회사를 대표할 이사를 정한 때에는 그 성명, 주소와 주민등록번호
5. 수인의 이사가 공동으로 회사를 대표할 것을 정한 때에는 그 규정
6. 존립기간 기타의 해산사유를 정한 때에는 그 기간과 사유
7. 감사가 있는 때에는 그 성명 및 주민등록번호

③ 유한회사의 지점 설치 및 이전 시 지점소재지 또는 신지점소재지에서 등기를 하는 때에는 제2항 제3호부터 제6호까지에 규정된 사항과 제179조 제1호·제2호 및 제5호에 규정된 사항을 등기하여야 한다. 다만, 회사를 대표할 이사를 정한 때에는 그 외의 이사는 등기하지 아니한다. [개정 2011.4.14.]

④ 제181조 내지 제183조의 규정은 유한회사의 등기에 준용한다. [개정 1962.12.12.]

제550조(현물출자 등에 관한 회사성립시의 사원의 책임) ① 제544조 제1호와 제2호의 재산의 회사성립당시의 실가가 정관에 정한 가격에 현저하게 부족한 때에는 회사성립당시의 사원은 회사에 대하여 그 부족액을 연대하여 지급할 책임이 있다.

② 전항의 사원의 책임은 면제하지 못한다. [신설 1962.12.12.]

제551조(출자미필액에 대한 회사성립시의 사원등의 책임) ① 회사성립후에 출자금액의 납입 또는 현물출자의 이행이 완료되지 아니하였음이 발견된 때에는 회사성립당시의 사원, 이사와 감사는 회사에 대하여 그 납입되지 아니한 금액 또는 이행되지 아니한 현물의 가액을 연대하여 지급할 책임이 있다. [개정 1962.12.12.]

② 전항의 사원의 책임은 면제하지 못한다. [신설 1962.12.12.]

③ 제1항의 이사와 감사의 책임은 총사원의 동의가 없으면 면제하지 못한다. [신설 1962.12.12.]

제552조(설립무효, 취소의 소) ① 회사의 설립의 무효는 그 사원, 이사와 감사에 한하여 설립의 취소는 그 취소권있는 자에 한하여 회사설립의 날로부터 2년내에 소만으로 이를 주장할 수 있다.

② 제184조 제2항과 제185조 내지 제193조의 규정은 전항의 소에 준용한다.

[전문개정 1962.12.12.]

제2절 사원의 권리의무

제553조(사원의 책임) 사원의 책임은 본법에 다른 규정이 있는 경우외에는 그 출자금액을 한도로 한다.

제554조(사원의 지분) 각 사원은 그 출자좌수에 따라 지분을 가진다.

제555조(지분에 관한 증권) 유한회사는 사원의 지분에 관하여 지시식 또는 무기명식의 증권을 발행하지 못한다.

제556조(지분의 양도) 사원은 그 지분의 전부 또는 일부를 양도하거나 상속할 수 있다. 다만, 정관으로 지분의 양도를 제한할 수 있다.

[전문개정 2011.4.14.]

제557조(지분이전의 대항요건) 지분의 이전은 취득자의 성명, 주소와 그 목적이 되는 출자좌수를 사원명부에 기재하지 아니하면 이로써 회사와 제삼자에게 대항하지 못한다.

제558조(지분의 공유) 제333조의 규정은 지분이 수인의 공유에 속하는 경우에 준용한다.

제559조(지분의 입질) ① 지분은 질권의 목적으로 할 수 있다.

② 제556조와 제557조의 규정은 지분의 입질에 준용한다.

제560조(준용규정) ① 사원의 지분에 대하여는 제339조, 제340조 제1항·제2항, 제341조의2, 제341조의3, 제342조 및 제343조 제1항을 준용한다. [개정 2011.4.14.]

② 제353조의 규정은 사원에 대한 통지 또는 최고에 준용한다.

제3절 회사의 관리

제561조(이사) 유한회사에는 1인 또는 수인의 이사를 두어야 한다.

제562조(회사대표) ① 이사는 회사를 대표한다.

② 이사가 수인인 경우에 정관에 다른 정함이 없으면 사원총회에서 회사를 대표할 이사를 선정하여야 한다.

③ 정관 또는 사원총회는 수인의 이사가 공동으로 회사를 대표할 것을 정할 수 있다.

④ 제208조 제2항의 규정은 전항의 경우에 준용한다.

제563조(이사, 회사간의 소에 관한 대표) 회사가 이사에 대하여 또는 이사가 회사에 대하여 소를 제기하는 경우에는 사원총회는 그 소에 관하여 회사를 대표할 자를 선정하여야 한다.

제564조(업무집행의 결정, 이사와 회사간의 거래) ① 이사가 수인인 경우에 정관에 다른 정함이 없으면 회사의 업무집행, 지배인의 선임 또는 해임과 지점의 설치·이전 또는 폐지는 이사 과반수의 결의에 의하여야 한다. [개정 1984.4.10.]

② 사원총회는 제1항의 규정에 불구하고 지배인의 선임 또는 해임을 할 수 있다. [개정 1984.4.10.]

③ 이사는 감사가 있는 때에는 그 승인이, 감사가 없는 때에는 사원총회의 승인이 있는

때에 한하여 자기 또는 제삼자의 계산으로 회사와 거래를 할 수 있다. 이 경우에는 민법 제124조의 규정을 적용하지 아니한다. [신설 1962.12.12.]

제564조의2(유지청구권) 이사가 법령 또는 정관에 위반한 행위를 하여 이로 인하여 회사에 회복할 수 없는 손해가 생길 염려가 있는 경우에는 감사 또는 자본금 총액의 100분의 3 이상에 해당하는 출자좌수를 가진 사원은 회사를 위하여 이사에 대하여 그 행위를 유지할 것을 청구할 수 있다. [개정 2011.4.14.]
[본조신설 1999.12.31.]

제565조(사원의 대표소송) ① 자본금 총액의 100분의 3 이상에 해당하는 출자좌수를 가진 사원은 회사에 대하여 이사의 책임을 추궁할 소의 제기를 청구할 수 있다. [개정 1999.12.31, 2011.4.14.]
② 제403조 제2항 내지 제7항과 제404조 내지 제406조의 규정은 제1항의 경우에 준용한다. [개정 1998.12.28.]

제566조(서류의 비치, 열람) ① 이사는 정관과 사원총회의 의사록을 본점과 지점에, 사원명부를 본점에 비치하여야 한다.
② 사원명부에는 사원의 성명, 주소와 그 출자좌수를 기재하여야 한다.
③ 사원과 회사채권자는 영업시간 내에 언제든지 제1항에 게기한 서류의 열람 또는 등사를 청구할 수 있다.

제567조(준용규정) 제209조, 제210조, 제382조, 제385조, 제386조, 제388조, 제395조, 제397조, 제399조 내지 제401조, 제407조와 제408조의 규정은 유한회사의 이사에 준용한다. 이 경우 제397조의 "이사회"는 이를 "사원총회"로 한다. [개정 1962.12.12, 1998.12.28, 1999.12.31.]

제568조(감사) ① 유한회사는 정관에 의하여 1인 또는 수인의 감사를 둘 수 있다.
② 제547조의 규정은 정관에서 감사를 두기로 정한 경우에 준용한다.

제569조(감사의 권한) 감사는 언제든지 회사의 업무와 재산상태를 조사할 수 있고 이사에 대하여 영업에 관한 보고를 요구할 수 있다.

제570조(준용규정) 제382조, 제385조 제1항, 제386조, 제388조, 제400조, 제407조, 제411조, 제413조, 제414조와 제565조의 규정은 감사에 준용한다.

제571조(사원총회의 소집) ① 사원총회는 이 법에서 달리 규정하는 경우 외에는 이사가 소집한다. 그러나 임시총회는 감사도 소집할 수 있다.
② 사원총회를 소집할 때에는 사원총회일의 1주 전에 각 사원에게 서면으로 통지서를 발송하거나 각 사원의 동의를 받아 전자문서로 통지서를 발송하여야 한다.
③ 사원총회의 소집에 관하여는 제363조 제2항 및 제364조를 준용한다.
[전문개정 2011.4.14.]

제572조(소수사원에 의한 총회소집청구) ① 자본금 총액의 100분의 3 이상에 해당하는 출자좌수를 가진 사원은 회의의 목적사항과 소집의 이유를 기재한 서면을 이사에게 제출하여 총회의 소집을 청구할 수 있다. [개정 1999.12.31, 2011.4.14.]
② 전항의 규정은 정관으로 다른 정함을 할 수 있다.
③ 제366조 제2항과 제3항의 규정은 제1항의 경우에 준용한다.

제573조(소집절차의 생략) 총사원의 동의가 있을 때에는 소집절차없이 총회를 열 수 있다.

제574조(총회의 정족수, 결의방법) 사원총회의 결의는 정관 또는 본법에 다른 규정이 있는 경우외에는 총사원의 의결권의 과반수를 가지는 사원이 출석하고 그 의결권의 과반수로써 하여야 한다.

제575조(사원의 의결권) 각 사원은 출자1좌마다 1개의 의결권을 가진다. 그러나 정관으로 의결권의 수에 관하여 다른 정함을 할 수 있다.

제576조(유한회사의 영업양도 등에 특별결의를 받아야 할 사항) ① 유한회사가 제374조 제1항 제1호부터 제3호까지의 규정에 해당되는 행위를 하려면 제585조에 따른 총회의 결의가 있어야 한다. [개정 2011.4.14.]
② 전항의 규정은 유한회사가 그 성립후 2년내에 성립전으로부터 존재하는 재산으로서 영업을 위하여 계속하여 사용할 것을 자본금의 20분의 1 이상에 상당한 대가로 취득하는 계약을 체결하는 경우에 준용한다. [개정 2011.4.14.]
[제목개정 2011.4.14.]

제577조(서면에 의한 결의) ① 총회의 결의를 하여야 할 경우에 총사원의 동의가 있는 때에는 서면에 의한 결의를 할 수 있다.
② 결의의 목적사항에 대하여 총사원이 서면으로 동의를 한 때에는 서면에 의한 결의가 있은 것으로 본다.
③ 서면에 의한 결의는 총회의 결의와 동일한 효력이 있다.
④ 총회에 관한 규정은 서면에 의한 결의에 준용한다.

제578조(준용규정) 제365조, 제367조, 제368조 제2항·제3항, 제369조 제2항, 제371조 제2항, 제372조, 제373조와 제376조 내지 제381조의 규정은 사원총회에 준용한다. [개정 2014.5.20.]

제579조(재무제표의 작성) ① 이사는 매결산기에 다음의 서류와 그 부속명세서를 작성하여야 한다. [개정 2011.4.14.]
1. 대차대조표
2. 손익계산서
3. 그 밖에 회사의 재무상태와 경영성과를 표시하는 것으로서 제447조 제1항 제3호에 따른 서류

② 감사가 있는 때에는 이사는 정기총회회일로부터 4주간전에 제1항의 서류를 감사에게 제출하여야 한다.
③ 감사는 제2항의 서류를 받은 날로부터 3주간내에 감사보고서를 이사에게 제출하여야 한다.
[전문개정 1984.4.10.]

第579조의2(영업보고서의 작성) ① 이사는 매결산기에 영업보고서를 작성하여야 한다.
② 제579조 제2항 및 제3항의 규정은 제1항의 영업보고서에 관하여 이를 준용한다.
[본조신설 1984.4.10.]

第579조의3(재무제표등의 비치·공시) ① 이사는 정기총회회일의 1주간전부터 5년간 제579조 및 제579조의2의 서류와 감사보고서를 본점에 비치하여야 한다.
② 제448조 제2항의 규정은 제1항의 서류에 관하여 이를 준용한다.
[본조신설 1984.4.10.]

第580조(이익배당의 기준) 이익의 배당은 정관에 다른 정함이 있는 경우외에는 각사원의 출자좌수에 따라 하여야 한다.

第581조(사원의 회계장부열람권) ① 자본금의 100분의 3 이상에 해당하는 출자좌수를 가진 사원은 회계의 장부와 서류의 열람 또는 등사를 청구할 수 있다. [개정 1999.12.31, 2011.4.14.]
② 회사는 정관으로 각 사원이 제1항의 청구를 할 수 있다는 뜻을 정할 수 있다. 이 경우 제579조 제1항의 규정에 불구하고 부속명세서는 이를 작성하지 아니한다. [개정 1984.4.10.]

第582조(업무, 재산상태의 검사) ① 회사의 업무집행에 관하여 부정행위 또는 법령이나 정관에 위반한 중대한 사유가 있는 때에는 자본금 총액의 100분의 3 이상에 해당하는 출자좌수를 가진 사원은 회사의 업무와 재산상태를 조사하게 하기 위하여 법원에 검사인의 선임을 청구할 수 있다. [개정 1999.12.31, 2011.4.14.]
② 검사인은 그 조사의 결과를 서면으로 법원에 보고하여야 한다.
③ 법원은 전항의 보고서에 의하여 필요하다고 인정한 경우에는 감사가 있는 때에는 감사에게, 감사가 없는 때에는 이사에게 사원총회의 소집을 명할 수 있다. 제310조 제2항의 규정은 이 경우에 준용한다. [개정 1962.12.12.]

第583조(준용규정) ① 유한회사의 계산에 대하여는 제449조 제1항·제2항, 제450조, 제458조부터 제460조까지, 제462조, 제462조의3 및 제466조를 준용한다. [개정 2011.4.14.]
② 제468조의 규정은 유한회사와 피용자간에 고용관계로 인하여 생긴 채권에 준용한다. [개정 1999.12.31.]

제4절 정관의 변경

第584조(정관변경의 방법) 정관을 변경함에는 사원총회의 결의가 있어야 한다.

第585조(정관변경의 특별결의) ① 전조의 결의는 총사원의 반수 이상이며 총사원의 의결권의 4분의 3 이상을 가지는 자의 동의로 한다.
② 전항의 규정을 적용함에 있어서는 의결권을 행사할 수 없는 사원은 이를 총사원의 수에, 그 행사할 수 없는 의결권은 이를 의결권의 수에 산입하지 아니한다.

第586조(자본금 증가의 결의) 다음 각 호의 사항은 정관에 다른 정함이 없더라도 자본금 증가의 결의에서 정할 수 있다.
1. 현물출자를 하는 자의 성명과 그 목적인 재산의 종류, 수량, 가격과 이에 대하여 부여할 출자좌수
2. 자본금 증가 후에 양수할 것을 약정한 재산의 종류, 수량, 가격과 그 양도인의 성명
3. 증가할 자본금에 대한 출자의 인수권을 부여할 자의 성명과 그 권리의 내용
[전문개정 2011.4.14.]

第587조(자본금 증가의 경우의 출자인수권의 부여) 유한회사가 특정한 자에 대하여 장래 그 자본금을 증가할 때 출자의 인수권을 부여할 것을 약속하는 경우에는 제585조에서 정하는 결의에 의하여야 한다.
[전문개정 2011.4.14.]

第588조(사원의 출자인수권) 사원은 증가할 자본금에 대하여 그 지분에 따라 출자를 인수할 권리가 있다. 그러나 전2조의 결의에서 출자의 인수자를 정한 때에는 그러하지 아니하다. [개정 2011.4.14.]

第589조(출자인수의 방법) ① 자본금 증가의 경우에 출자의 인수를 하고자 하는 자는 인수를 증명하는 서면에 그 인수할 출자의 좌수와 주소를 기재하고 기명날인 또는 서명하여야 한다. [개정 1995.12.29, 2011.4.14.]
② 유한회사는 광고 기타의 방법에 의하여 인수인을 공모하지 못한다.

第590조(출자인수인의 지위) 자본금 증가의 경우에 출자의 인수를 한 자는 출자의 납입의 기일 또는 현물출자의 목적인 재산의 급여의 기일로부터 이익배당에 관하여 사원과 동일한 권리를 가진다. [개정 2011.4.14.]

第591조(자본금 증가의 등기) 유한회사는 자본금 증가로 인한 출자 전액의 납입 또는 현물출자의 이행이 완료된 날부터 2주 내에 본점소재지에서 자본금 증가로 인한 변경등기를 하여야 한다.
[전문개정 2011.4.14.]

第592조(자본금 증가의 효력발생) 자본금의 증가는 본점소재지에서 제591조의 등기를 함으

로써 효력이 생긴다.
[전문개정 2011.4.14.]

제593조(현물출자등에 관한 사원의 책임) ① 제586조 제1호와 제2호의 재산의 자본금 증가 당시의 실가가 자본금 증가의 결의에 의하여 정한 가격에 현저하게 부족한 때에는 그 결의에 동의한 사원은 회사에 대하여 그 부족액을 연대하여 지급할 책임이 있다. [개정 2011.4.14.]
② 제550조 제2항과 제551조 제2항의 규정은 전항의 경우에 준용한다. [개정 1962.12.12.]

제594조(미인수출자 등에 관한 이사 등의 책임) ① 자본금 증가후에 아직 인수되지 아니한 출자가 있는 때에는 이사와 감사가 공동으로 이를 인수한 것으로 본다. [개정 1962.12.12, 2011.4.14.]
② 자본금 증가후에 아직 출자전액의 납입 또는 현물출자의 목적인 재산의 급여가 미필된 출자가 있는 때에는 이사와 감사는 연대하여 그 납입 또는 급여미필재산의 가액을 지급할 책임이 있다. [개정 1962.12.12, 2011.4.14.]
③ 제551조 제3항의 규정은 전항의 경우에 준용한다. [개정 1962.12.12.]

제595조(증자무효의 소) ① 자본금 증가의 무효는 사원, 이사 또는 감사에 한하여 제591조의 규정에 의한 본점소재지에서의 등기를 한 날로부터 6월내에 소만으로 이를 주장할 수 있다. [개정 1962.12.12, 2011.4.14.]
② 제430조 내지 제432조의 규정은 전항의 경우에 준용한다.

제596조(준용규정) 제421조 제2항, 제548조와 제576조 제2항의 규정은 자본금 증가의 경우에 준용한다. [개정 1962.12.12, 2011.4.14.]

제597조(동전) 제439조 제1항, 제2항, 제443조, 제445조와 제446조의 규정은 자본금감소의 경우에 준용한다. [개정 2011.4.14.]

제 5 절 합병과 조직변경

제598조(합병의 방법) 유한회사가 다른 회사와 합병을 함에는 제585조의 규정에 의한 사원총회의 결의가 있어야 한다.

제599조(설립위원의 선임) 제175조의 규정에 의한 설립위원의 선임은 제585조의 규정에 의한 사원총회의 결의에 의하여야 한다.

제600조(유한회사와 주식회사의 합병) ① 유한회사가 주식회사와 합병하는 경우에 합병후 존속하는 회사 또는 합병으로 인하여 설립되는 회사가 주식회사인 때에는 법원의 인가를 얻지 아니하면 합병의 효력이 없다.
② 합병을 하는 회사의 일방이 사채의 상환을 완료하지 아니한 주식회사인 때에는 합병후 존속하는 회사 또는 합병으로 인하여 설립되는 회사는 유한회사로 하지 못한다.

제601조(물상대위) ① 유한회사가 주식회사와 합병하는 경우에 합병후 존속하는 회사 또는 합병으로 인하여 설립되는 회사가 유한회사인 때에는 제339조의 규정은 종전의 주식을 목적으로 하는 질권에 준용한다.
② 전항의 경우에 질권의 목적인 지분에 관하여 출자좌수와 질권자의 성명 및 주소를 사원명부에 기재하지 아니하면 그 질권으로써 회사 기타의 제삼자에 대항하지 못한다.

제602조(합병의 등기) 유한회사가 합병을 한 때에는 제603조에서 준용하는 제526조 또는 제527조의 규정에 의한 사원총회가 종결한 날로부터 본점소재지에서는 2주간, 지점소재지에서는 3주간내에 합병후 존속하는 유한회사에 있어서는 변경등기, 합병으로 인하여 소멸되는 유한회사에 있어서는 해산등기, 합병으로 인하여 설립되는 유한회사에 있어서는 제549조 제2항에 정한 등기를 하여야 한다.

제603조(준용규정) 제232조, 제234조, 제235조, 제237조 내지 제240조, 제443조, 제522조 제1항·제2항, 제522조의2, 제523조, 제524조, 제526조 제1항·제2항, 제527조 제1항 내지 제3항 및 제529조의 규정은 유한회사의 합병의 경우에 준용한다. [개정 1962.12.12, 1984.4.10, 1998.12.28.]

제604조(주식회사의 유한회사에의 조직변경) ① 주식회사는 총주주의 일치에 의한 총회의 결의로 그 조직을 변경하여 이를 유한회사로 할 수 있다. 그러나 사채의 상환을 완료하지 아니한 경우에는 그러하지 아니하다.
② 전항의 조직변경의 경우에는 회사에 현존하는 순재산액보다 많은 금액을 자본금의 총액으로 하지 못한다. [개정 2011.4.14.]
③ 제1항의 결의에 있어서는 정관 기타 조직변경에 필요한 사항을 정하여야 한다.
④ 제601조의 규정은 제1항의 조직변경의 경우에 준용한다.

제605조(이사, 주주의 순재산액전보책임) ① 전조의 조직변경의 경우에 회사에 현존하는 순재산액이 자본금의 총액에 부족하는 때에는 전조 제1항의 결의당시의 이사와 주주는 회사에 대하여 연대하여 그 부족액을 지급할 책임이 있다. [개정 2011.4.14.]
② 제550조 제2항과 제551조 제2항, 제3항의 규정은 전항의 경우에 준용한다. [개정 1962.12.12.]

제606조(조직변경의 등기) 주식회사가 제604조의 규정에 의하여 그 조직을 변경한 때에는 본점소재지에서는 2주간, 지점소재지에서는 3주간내에 주식회사에 있어서는 해산등기, 유한회사에 있어서는 제549조 제2항에 정하는 등기를 하여야 한다.

제607조(유한회사의 주식회사로의 조직변경) ① 유한회사는 총사원의 일치에 의한 총회의 결의로 주식회사로 조직을 변경할 수 있다. 다만,

회사는 그 결의를 정관으로 정하는 바에 따라 제585조의 사원총회의 결의로 할 수 있다.
② 제1항에 따라 조직을 변경할 때 발행하는 주식의 발행가액의 총액은 회사에 현존하는 순재산액을 초과하지 못한다.
③ 제1항의 조직변경은 법원의 인가를 받지 아니하면 효력이 없다.
④ 제1항에 따라 조직을 변경하는 경우 회사에 현존하는 순재산액이 조직변경으로 발행하는 주식의 발행가액 총액에 부족할 때에는 제1항의 결의 당시의 이사, 감사 및 사원은 연대하여 회사에 그 부족액을 지급할 책임이 있다. 이 경우에 제550조 제2항 및 제551조 제2항·제3항을 준용한다.
⑤ 제1항에 따라 조직을 변경하는 경우 제340조 제3항, 제601조 제1항, 제604조 제3항 및 제606조를 준용한다.
[전문개정 2011.4.14.]

제608조(준용규정) 제232조의 규정은 제604조와 제607조의 조직변경의 경우에 준용한다. [개정 1984.4.10.]

제 6 절 해산과 청산

제609조(해산사유) ① 유한회사는 다음의 사유로 인하여 해산한다. [개정 2001.7.24.]
1. 제227조 제1호·제4호 내지 제6호에 규정된 사유
2. 사원총회의 결의
② 전항 제2호의 결의는 제585조의 규정에 의하여야 한다.

제610조(회사의 계속) ① 제227조 제1호 또는 전조 제1항 제2호의 사유로 인하여 회사가 해산한 경우에는 제585조의 규정에 의한 사원총회의 결의로써 회사를 계속할 수 있다.
② 삭제 [2001.7.24.]

제611조(준용규정) 제229조 제3항의 규정은 전조의 회사 계속의 경우에 준용한다.

제612조(잔여재산의 분배) 잔여재산은 정관에 다른 정함이 있는 경우외에는 각사원의 출자좌수에 따라 사원에게 분배하여야 한다.

제613조(준용규정) ① 제228조, 제245조, 제252조 내지 제255조, 제259조, 제260조, 제264조, 제520조, 제531조 내지 제537조, 제540조와 제541조의 규정은 유한회사에 준용한다. [개정 1962.12.12.]
② 제209조, 제210조, 제366조 제2항·제3항, 제367조, 제373조 제2항, 제376조, 제377조, 제382조 제2항, 제386조, 제388조, 제399조 내지 제402조, 제407조, 제408조, 제411조 내지 제413조, 제414조 제3항, 제450조, 제466조 제2항, 제539조, 제562조, 제563조, 제564조 제3항, 제565조, 제566조, 제571조, 제572조 제1항과 제581조의 규정은 유한회사의 청산인에 준용한다. [개정 1962.12.12, 1984.4.10.]

제 6 장 외국회사

제614조(대표자, 영업소의 설정과 등기) ① 외국회사가 대한민국에서 영업을 하려면 대한민국에서의 대표자를 정하고 대한민국 내에 영업소를 설치하거나 대표자 중 1명 이상이 대한민국에 그 주소를 두어야 한다. [개정 2011.4.14.]
② 전항의 경우에는 외국회사는 그 영업소의 설치에 관하여 대한민국에서 설립되는 동종의 회사 또는 가장 유사한 회사의 지점과 동일한 등기를 하여야 한다.
③ 전항의 등기에서는 회사설립의 준거법과 대한민국에서의 대표자의 성명과 그 주소를 등기하여야 한다.
④ 제209조와 제210조의 규정은 외국회사의 대표자에게 준용한다. [개정 1962.12.12.]

제615조(등기기간의 기산점) 전조 제2항과 제3항의 규정에 의한 등기사항이 외국에서 생긴 때에는 등기기간은 그 통지가 도달한 날로부터 기산한다.

제616조(등기전의 계속거래의 금지) ① 외국회사는 그 영업소의 소재지에서 제614조의 규정에 의한 등기를 하기 전에는 계속하여 거래를 하지 못한다.
② 전항의 규정에 위반하여 거래를 한 자는 그 거래에 대하여 회사와 연대하여 책임을 진다.

제616조의2(대차대조표 또는 이에 상당하는 것의 공고) ① 외국회사로서 이 법에 따라 등기를 한 외국회사(대한민국에서의 같은 종류의 회사 또는 가장 비슷한 회사가 주식회사인 것만 해당한다)는 제449조에 따른 승인과 같은 종류의 절차 또는 이와 비슷한 절차가 종결된 후 지체 없이 대차대조표 또는 이에 상당하는 것으로서 대통령령으로 정하는 것을 대한민국에서 공고하여야 한다.
② 제1항의 공고에 대하여는 제289조 제3항부터 제6항까지의 규정을 준용한다.
[본조신설 2011.4.14.]

제617조(유사외국회사) 외국에서 설립된 회사라도 대한민국에 그 본점을 설치하거나 대한민국에서 영업할 것을 주된 목적으로 하는 때에는 대한민국에서 설립된 회사와 같은 규정에 따라야 한다.
[전문개정 2011.4.14.]

제618조(준용규정) ① 제335조, 제335조의2부터 제335조의7까지, 제336조부터 제338조까지, 제340조 제1항, 제355조, 제356조, 제356조의2, 제478조 제1항, 제479조 및 제480조의 규정은 대한민국에서의 외국회사의 주권 또는 채권의 발행과 그 주식의 이전이나 입질 또는 사채의 이전에 준용한다. [개정 2014.5.20.]

② 전항의 경우에는 처음 대한민국에 설치한 영업소를 본점으로 본다.

제619조(영업소폐쇄명령) ① 외국회사가 대한민국에 영업소를 설치한 경우에 다음의 사유가 있는 때에는 법원은 이해관계인 또는 검사의 청구에 의하여 그 영업소의 폐쇄를 명할 수 있다. [개정 1962.12.12.]

1. 영업소의 설치목적이 불법한 것인 때
2. 영업소의 설치등기를 한 후 정당한 사유없이 1년내에 영업을 개시하지 아니하거나 1년 이상 영업을 휴지한 때 또는 정당한 사유없이 지급을 정지한 때
3. 회사의 대표자 기타 업무를 집행하는 자가 법령 또는 선량한 풍속 기타 사회질서에 위반한 행위를 한 때

② 제176조 제2항 내지 제4항의 규정은 전항의 경우에 준용한다.

제620조(한국에 있는 재산의 청산) ① 전조 제1항의 규정에 의하여 영업소의 폐쇄를 명한 경우에는 법원은 이해관계인의 신청에 의하여 또는 직권으로 대한민국에 있는 그 회사재산의 전부에 대한 청산의 개시를 명할 수 있다. 이 경우에는 법원은 청산인을 선임하여야 한다.

② 제535조 내지 제537조와 제542조의 규정은 그 성질이 허하지 아니하는 경우외에는 전항의 청산에 준용한다.

③ 전2항의 규정은 외국회사가 스스로 영업소를 폐쇄한 경우에 준용한다.

제621조(외국회사의 지위) 외국회사는 다른 법률의 적용에 있어서는 법률에 다른 규정이 있는 경우외에는 대한민국에서 성립된 동종 또는 가장 유사한 회사로 본다.

제7장 벌 칙

제622조(발기인, 이사 기타의 임원등의 특별배임죄) ① 회사의 발기인, 업무집행사원, 이사, 집행임원, 감사위원회 위원, 감사 또는 제386조 제2항, 제407조 제1항, 제415조 또는 제567조의 직무대행자, 지배인 기타 회사영업에 관한 어느 종류 또는 특정한 사항의 위임을 받은 사용인이 그 임무에 위배한 행위로써 재산상의 이익을 취하거나 제삼자로 하여금 이를 취득하게 하여 회사에 손해를 가한 때에는 10년 이하의 징역 또는 3천만원 이하의 벌금에 처한다. [개정 1984.4.10, 1995.12.29, 1999.12.31, 2011.4.14.]

② 회사의 청산인 또는 제542조 제2항의 직무대행자, 제175조의 설립위원이 제1항의 행위를 한 때에도 제1항과 같다. [개정 1984.4.10.]

제623조(사채권자집회의 대표자 등의 특별배임죄) 사채권자집회의 대표자 또는 그 결의를 집행하는 자가 그 임무에 위배한 행위로써 재산상의 이익을 취하거나 제삼자로 하여금 이를 취득하게 하여 사채권자에게 손해를 가한 때에는 7년 이하의 징역 또는 2천만원 이하의 벌금에 처한다. [개정 1984.4.10, 1995.12.29.]

제624조(특별배임죄의 미수) 전2조의 미수범은 처벌한다.

제624조의2(주요주주 등 이해관계자와의 거래 위반의 죄) 제542조의9제1항을 위반하여 신용공여를 한 자는 5년 이하의 징역 또는 2억원 이하의 벌금에 처한다.
[본조신설 2009.1.30.]

제625조(회사재산을 위태롭게 하는 죄) 제622조 제1항에 규정된 자, 검사인, 제298조 제3항·제299조의2·제310조 제3항 또는 제313조 제2항의 공증인(인가공증인의 공증담당변호사를 포함한다. 이하 이 장에서 같다)이나 제299조의2, 제310조 제3항 또는 제422조 제1항의 감정인이 다음의 행위를 한 때에는 5년 이하의 징역 또는 1천500만 원 이하의 벌금에 처한다. [개정 2009.2.6, 2011.4.14.]

1. 주식 또는 출자의 인수나 납입, 현물출자의 이행, 제290조, 제416조 제4호 또는 제544조에 규정된 사항에 관하여 법원·총회 또는 발기인에게 부실한 보고를 하거나 사실을 은폐한 때
2. 누구의 명의로 하거나를 불문하고 회사의 계산으로 부정하게 그 주식 또는 지분을 취득하거나 질권의 목적으로 이를 받은 때
3. 법령 또는 정관에 위반하여 이익배당을 한 때
4. 회사의 영업범위외에서 투기행위를 하기 위하여 회사재산을 처분한 때

제625조의2(주식의 취득제한 등에 위반한 죄) 제342조의2 제1항 또는 제2항을 위반한 자는 2천만원 이하의 벌금에 처한다.
[전문개정 2011.4.14.]

제626조(부실보고죄) 회사의 이사, 집행임원, 감사위원회 위원, 감사 또는 제386조 제2항, 제407조 제1항, 제415조 또는 제567조의 직무대행자가 제604조 또는 제607조의 조직변경의 경우에 제604조 제2항 또는 제607조 제2항의 순재산액에 관하여 법원 또는 총회에 부실한 보고를 하거나 사실을 은폐한 경우에는 5년 이하의 징역 또는 1천500만원 이하의 벌금에 처한다.
[전문개정 2011.4.14.]

제627조(부실문서행사죄) ① 제622조 제1항에 게기한 자, 외국회사의 대표자, 주식 또는 사채의 모집의 위탁을 받은 자가 주식 또는 사채를 모집함에 있어서 중요한 사항에 관하여 부실한 기재가 있는 주식청약서, 사채청약서, 사업계획서, 주식 또는 사채의 모집에 관한 광고 기타의 문서를 행사한 때에는 5년 이하의 징역 또는 1천500만원 이하의 벌금에 처한다. [개정 1984.4.10, 1995.12.29.]

② 주식 또는 사채를 매출하는 자가 그 매출에 관한 문서로서 중요한 사항에 관하여 부

실한 기재가 있는 것을 행사한 때에도 제1항과 같다. [개정 1984.4.10.]

제628조(납입가장죄등) ① 제622조 제1항에 게기한 자가 납입 또는 현물출자의 이행을 가장하는 행위를 한 때에는 5년 이하의 징역 또는 1천500만원 이하의 벌금에 처한다. [개정 1984.4.10, 1995.12.29.]
② 제1항의 행위에 응하거나 이를 중개한 자도 제1항과 같다. [개정 1984.4.10.]

제629조(초과발행의 죄) 회사의 발기인, 이사, 집행임원 또는 제386조 제2항 또는 제407조 제1항의 직무대행자가 회사가 발행할 주식의 총수를 초과하여 주식을 발행한 경우에는 5년 이하의 징역 또는 1천500만원 이하의 벌금에 처한다.
[전문개정 2011.4.14.]

제630조(발기인, 이사 기타의 임원의 독직죄) ① 제622조와 제623조에 규정된 자, 검사인, 제298조 제3항·제299조의2·제310조 제3항 또는 제313조 제2항의 공증인이나 제299조의2, 제310조 제3항 또는 제422조 제1항의 감정인이 그 직무에 관하여 부정한 청탁을 받고 재산상의 이익을 수수, 요구 또는 약속한 때에는 5년 이하의 징역 또는 1천500만원 이하의 벌금에 처한다. [개정 1984.4.10, 1995.12.29, 1998.12.28.]
② 제1항의 이익을 약속, 공여 또는 공여의 의사를 표시한 자도 제1항과 같다. [개정 1984.4.10.]

제631조(권리행사방해 등에 관한 증수뢰죄) ① 다음의 사항에 관하여 부정한 청탁을 받고 재산상의 이익을 수수, 요구 또는 약속한 자는 1년 이하의 징역 또는 300만원 이하의 벌금에 처한다. [개정 1962.12.12, 1984.4.10, 1995.12.29, 1998.12.28, 1999.12.31, 2011.4.14.]
1. 창립총회, 사원총회, 주주총회 또는 사채권자집회에서의 발언 또는 의결권의 행사
2. 제3편에 정하는 소의 제기, 발행주식의 총수의 100분의 1 또는 100분의 3 이상에 해당하는 주주, 사채총액의 100분의 10 이상에 해당하는 사채권자 또는 자본금의 100분의 3 이상에 해당하는 출자좌수를 가진 사원의 권리의 행사
3. 제402조 또는 제424조에 정하는 권리의 행사

② 제1항의 이익을 약속, 공여 또는 공여의 의사를 표시한 자도 제1항과 같다. [개정 1984.4.10.]

제632조(징역과 벌금의 병과) 제622조 내지 전조의 징역과 벌금은 이를 병과할 수 있다.

제633조(몰수, 추징) 제630조 제1항 또는 제631조 제1항의 경우에는 범인이 수수한 이익은 이를 몰수한다. 그 전부 또는 일부를 몰수하기 불능한 때에는 그 가액을 추징한다.

제634조(납입책임면탈의 죄) 납입의 책임을 면하기 위하여 타인 또는 가설인의 명의로 주식 또는 출자를 인수한 자는 1년 이하의 징역 또는 300만원 이하의 벌금에 처한다. [개정 1984.4.10, 1995.12.29.]

제634조의2(주주의 권리행사에 관한 이익공여의 죄) ① 주식회사의 이사, 집행임원, 감사위원회 위원, 감사, 제386조 제2항·제407조 제1항 또는 제415조의 직무대행자, 지배인, 그 밖의 사용인이 주주의 권리 행사와 관련하여 회사의 계산으로 재산상의 이익을 공여(供與)한 경우에는 1년 이하의 징역 또는 300만원 이하의 벌금에 처한다. [개정 2011.4.14.]
② 제1항의 이익을 수수하거나, 제3자에게 이를 공여하게 한 자도 제1항과 같다.
[본조신설 1984.4.10.]

제634조의3(양벌규정) 회사의 대표자나 대리인, 사용인, 그 밖의 종업원이 그 회사의 업무에 관하여 제624조의2의 위반행위를 하면 그 행위자를 벌하는 외에 그 회사에도 해당 조문의 벌금형을 과(科)한다. 다만, 회사가 제542조의13에 따른 의무를 성실히 이행한 경우 등 회사가 그 위반행위를 방지하기 위하여 해당 업무에 관하여 상당한 주의와 감독을 게을리하지 아니한 경우에는 그러하지 아니하다. [개정 2011.4.14.]
[본조신설 2009.1.30.]

제635조(과태료에 처할 행위) ① 회사의 발기인, 설립위원, 업무집행사원, 업무집행자, 이사, 집행임원, 감사, 감사위원회 위원, 외국회사의 대표자, 검사인, 제298조 제3항·제299조의2·제310조 제3항 또는 제313조 제2항의 공증인, 제299조의2·제310조 제3항 또는 제422조 제1항의 감정인, 지배인, 청산인, 명의개서대리인, 사채모집을 위탁받은 회사와 그 사무승계자 또는 제386조 제2항·제407조 제1항·제415조·제542조 제2항 또는 제567조의 직무대행자가 다음 각 호의 어느 하나에 해당하는 행위를 한 경우에는 500만원 이하의 과태료를 부과한다. 다만, 그 행위에 대하여 형(刑)을 과(科)할 때에는 그러하지 아니하다. [개정 2011.4.14.]
1. 이 편(編)에서 정한 등기를 게을리한 경우
2. 이 편에서 정한 공고 또는 통지를 게을리하거나 부정(不正)한 공고 또는 통지를 한 경우
3. 이 편에서 정한 검사 또는 조사를 방해한 경우
4. 이 편의 규정을 위반하여 정당한 사유 없이 서류의 열람 또는 등사, 등본 또는 초본의 발급을 거부한 경우
5. 관청, 총회, 사채권자집회 또는 발기인에게 부실한 보고를 하거나 사실을 은폐한 경우
6. 주권, 채권 또는 신주인수권증권에 적을 사항을 적지 아니하거나 부실하게 적은 경우
7. 정당한 사유 없이 주권의 명의개서를 하지

아니한 경우
8. 법률 또는 정관에서 정한 이사 또는 감사의 인원수를 궐(闕)한 경우에 그 선임절차를 게을리한 경우
9. 정관·주주명부 또는 그 복본(複本), 사원명부·사채원부 또는 그 복본, 의사록, 감사록, 재산목록, 대차대조표, 영업보고서, 사무보고서, 손익계산서, 그 밖에 회사의 재무상태와 경영성과를 표시하는 것으로서 제287조의33 및 제447조 제1항 제3호에 따라 대통령령으로 정하는 서류, 결산보고서, 회계장부, 제447조·제534조·제579조 제1항 또는 제613조 제1항의 부속명세서 또는 감사보고서에 적을 사항을 적지 아니하거나 부실하게 적은 경우
10. 법원이 선임한 청산인에 대한 사무의 인계(引繼)를 게을리하거나 거부한 경우
11. 청산의 종결을 늦출 목적으로 제247조 제3항, 제535조 제1항 또는 제613조 제1항의 기간을 부당하게 장기간으로 정한 경우
12. 제254조 제4항, 제542조 제1항 또는 제613조 제1항을 위반하여 파산선고 청구를 게을리한 경우
13. 제589조 제2항을 위반하여 출자의 인수인을 공모한 경우
14. 제232조, 제247조 제3항, 제439조 제2항, 제527조의5, 제530조 제2항, 제530조의9제4항, 제530조의11제2항, 제597조, 제603조 또는 제608조를 위반하여 회사의 합병·분할·분할합병 또는 조직변경, 회사재산의 처분 또는 자본금의 감소를 한 경우
15. 제260조, 제542조 제1항 또는 제613조 제1항을 위반하여 회사재산을 분배한 경우
16. 제302조 제2항, 제347조, 제420조, 제420조의2, 제474조 제2항 또는 제514조을 위반하여 주식청약서, 신주인수권증서 또는 사채청약서를 작성하지 아니하거나 이에 적을 사항을 적지 아니하거나 또는 부실하게 적은 경우
17. 제342조 또는 제560조 제1항을 위반하여 주식 또는 지분의 실효 절차, 주식 또는 지분의 질권 처분을 게을리한 경우
18. 제343조 제1항 또는 제560조 제1항을 위반하여 주식 또는 출자를 소각한 경우
19. 제355조 제1항·제2항 또는 제618조를 위반하여 주권을 발행한 경우
20. 제358조의2 제2항을 위반하여 주주명부에 기재를 하지 아니한 경우
21. 제363조의2 제1항, 제542조 제2항 또는 제542조의6 제2항을 위반하여 주주가 제안한 사항을 주주총회의 목적사항으로 하지 아니한 경우
22. 제365조 제1항·제2항, 제578조, 제467조 제3항, 제582조 제3항에 따른 법원의 명령을 위반하여 주주총회를 소집하지 아니하거나, 정관으로 정한 곳 외의 장소에서 주주총회를 소집하거나, 제363조, 제364조, 제571조 제2항·제3항을 위반하여 주주총회를 소집한 경우
23. 제374조 제2항, 제530조 제2항 또는 제530조의11제2항을 위반하여 주식매수청구권의 내용과 행사방법을 통지 또는 공고하지 아니하거나 부실한 통지 또는 공고를 한 경우
24. 제287조의34 제1항, 제396조 제1항, 제448조 제1항, 제510조 제2항, 제522조의2 제1항, 제527조의6제1항, 제530조의7, 제534조 제3항, 제542조 제2항, 제566조 제1항, 제579조의3, 제603조 또는 제613조를 위반하여 장부 또는 서류를 갖추어 두지 아니한 경우
25. 제412조의5 제3항을 위반하여 정당한 이유 없이 감사 또는 감사위원회의 조사를 거부한 경우
26. 제458조부터 제460조까지 또는 제583조를 위반하여 준비금을 적립하지 아니하거나 이를 사용한 경우
27. 제464조의2 제1항의 기간에 배당금을 지급하지 아니한 경우
28. 제478조 제1항 또는 제618조를 위반하여 채권을 발행한 경우
29. 제536조 또는 제613조 제1항을 위반하여 채무 변제를 한 경우
30. 제542조의5를 위반하여 이사 또는 감사를 선임한 경우
31. 제555조를 위반하여 지분에 대한 지시식 또는 무기명식의 증권을 발행한 경우
32. 제619조 제1항에 따른 법원의 명령을 위반한 경우

② 발기인, 이사 또는 집행임원이 주권의 인수로 인한 권리를 양도한 경우에도 제1항과 같다. [개정 2011.4.14.]

③ 제1항 각 호 외의 부분에 규정된 자가 다음 각 호의 어느 하나에 해당하는 행위를 한 경우에는 5천만원 이하의 과태료를 부과한다. [신설 2009.1.30.]

1. 제542조의8제1항을 위반하여 사외이사 선임의무를 이행하지 아니한 경우
2. 제542조의8제4항을 위반하여 사외이사 후보추천위원회를 설치하지 아니하거나 사외이사가 총위원의 2분의 1 이상이 되도록 사외이사 후보추천위원회를 구성하지 아니한 경우
3. 제542조의8 제5항에 따라 사외이사를 선임하지 아니한 경우
4. 제542조의9 제3항을 위반하여 이사회 승인 없이 거래한 경우
5. 제542조의11 제1항을 위반하여 감사위원회를 설치하지 아니한 경우
6. 제542조의11 제2항을 위반하여 제415조의2 제2항 및 제542조의11 제2항 각 호의 감사위원회의 구성요건에 적합한 감사위원회를 설치하지 아니한 경우
7. 제542조의11 제4항 제1호 및 제2호를 위반

하여 감사위원회가 제415조의2 제2항 및 제542조의11 제2항 각 호의 감사위원회의 구성요건에 적합하도록 하지 아니한 경우
8. 제542조의12 제2항을 위반하여 감사위원회 위원의 선임절차를 준수하지 아니한 경우

④ 제1항 각 호 외의 부분에 규정된 자가 다음 각 호의 어느 하나에 해당하는 행위를 한 경우에는 1천만원 이하의 과태료를 부과한다. [신설 2009.1.30.]
1. 제542조의4에 따른 주주총회 소집의 통지·공고를 게을리하거나 부정한 통지 또는 공고를 한 경우
2. 제542조의7 제4항 또는 제542조의12 제5항을 위반하여 의안을 별도로 상정하여 의결하지 아니한 경우

제636조(등기전의 회사명의의 영업 등) ① 회사의 성립전에 회사의 명의로 영업을 한 자는 회사설립의 등록세의 배액에 상당한 과태료에 처한다.

② 선항의 규정은 제616조 제1항의 규정에 위반한 자에 준용한다.

제637조(법인에 대한 벌칙의 적용) 제622조, 제623조, 제625조, 제627조, 제628조 또는 제630조 제1항에 규정된 자가 법인인 경우에는 이 장의 벌칙은 그 행위를 한 이사, 집행임원, 감사, 그 밖에 업무를 집행한 사원 또는 지배인에게 적용한다.
[전문개정 2011.4.14.]

제637조의2(과태료의 부과·징수) ① 제635조(제1항 제1호는 제외한다) 또는 제636조에 따른 과태료는 대통령령으로 정하는 바에 따라 법무부장관이 부과·징수한다.

② 제1항에 따른 과태료 처분에 불복하는 자는 그 처분을 고지받은 날부터 60일 이내에 법무부장관에게 이의를 제기할 수 있다.

③ 제1항에 따른 과태료 처분을 받은 자가 제2항에 따라 이의를 제기한 때에는 법무부장관은 지체 없이 관할 법원에 그 사실을 통보하여야 하며, 그 통보를 받은 관할 법원은 비송사건절차법에 따른 과태료 재판을 한다.

④ 제2항에서 규정하는 기간 내에 이의를 제기하지 아니하고 과태료를 납부하지 아니한 때에는 국세 체납처분의 예에 따라 징수한다.
[본조신설 2009.1.30.]

독점규제 및 공정거래에 관한 법률

[시행 2014.11.29.] [법률 제12708호, 2014.5.28. 일부개정]

제14장 벌 칙

제66조(벌칙) ① 다음 각 호의 어느 하나에 해당하는 자는 3년 이하의 징역 또는 2억원 이하의 벌금에 처한다. [개정 1992.12.8, 1996.12.30, 1998.2.24, 1999.2.5, 1999.12.28, 2001.1.16, 2002.1.26, 2004.12.31, 2007.4.13, 2007.8.3, 2009.3.25, 2012.3.21, 2013.8.13, 2014.1.24, 2014.5.28.]

1. 제3조의2(시장지배적지위의 남용금지)의 규정에 위반하여 남용행위를 한 자
2. 제7조(기업결합의 제한) 제1항 본문을 위반하여 기업결합을 한 자
3. 제8조의2(지주회사 등의 행위제한 등) 제2항 내지 제5항을 위반한 자
4. 제8조의3(채무보증제한기업집단의 지주회사 설립제한)의 규정에 위반하여 지주회사를 설립하거나 지주회사로 전환한 자
5. 제9조(상호출자의 금지 등), 제9조의2(순환출자의 금지)를 위반하여 주식을 취득하거나 소유하고 있는 자
6. 제10조의2(계열회사에 대한 채무보증의 금지) 제1항의 규정을 위반하여 채무보증을 하고 있는 자
7. 제11조(금융회사 또는 보험회사의 의결권 제한) 또는 제18조(시정조치의 이행확보)의 규정에 위반하여 의결권을 행사한 자
8. 제15조(탈법행위의 금지)의 규정에 위반하여 탈법행위를 한 자
9. 제19조(부당한 공동행위의 금지) 제1항의 규정을 위반하여 부당한 공동행위를 한 자 또는 이를 행하도록 한 자

9의2. 제23조(불공정거래행위의 금지) 제1항 제7호, 제23조의2(특수관계인에 대한 부당한 이익제공 등 금지) 제1항 또는 제4항을 위반한 자

9의3. 제23조의3(보복조치의 금지)을 위반한 자

10. 제26조(사업자단체의 금지행위) 제1항 제1호의 규정에 위반하여 사업자단체의 금지행위를 한 자
11. 제50조 제2항에 따른 조사 시 폭언·폭행, 고의적인 현장진입 저지·지연 등을 통하여 조사를 거부·방해 또는 기피한 자

② 제1항의 징역형과 벌금형은 이를 병과할 수 있다.

제67조(벌칙) 다음 각 호의 어느 하나에 해당하는 자는 2년 이하의 징역 또는 1억5천만원 이하의 벌금에 처한다. [개정 1992.12.8, 1994.12.22, 1996.12.30, 1998.2.24, 1999.2.5, 2002.1.26, 2007.8.3, 2009.3.25, 2013.8.13.]

1. 삭제 [1996.12.30.]
2. 제23조(불공정거래행위의 금지) 제1항(제7호는 제외한다)의 규정에 위반하여 불공정거래행위를 한 자
3. 제26조(사업자단체의 금지행위) 제1항 제2호 내지 제5호의 규정에 위반한 자
4. 제29조(재판매가격유지행위의 제한) 제1항의 규정에 위반하여 재판매가격유지행위를 한 자
5. 제32조(부당한 국제계약의 체결제한) 제1항의 규정에 위반하여 국제계약을 체결한 자
6. 제5조(是正措置), 제16조(시정조치 등) 제1항, 제21조(是正措置), 제24조(是正措置), 제27조(是正措置), 제30조(재판매가격유지계약의 수정), 제31조(是正措置) 또는 제34조(是正措置)의 규정에 의한 시정조치 또는 금지명령에 응하지 아니한 자
7. 제14조(상호출자제한기업집단등의 지정 등) 제5항의 규정에 위반하여 공인회계사의 회계감사를 받지 아니한 자

제68조(벌칙) 다음 각 호의 어느 하나에 해당하는 자는 1억원 이하의 벌금에 처한다. [개정 1996.12.30, 1999.2.5, 2002.1.26, 2004.12.31, 2007.4.13, 2007.8.3.]

1. 제8조(지주회사 설립·전환의 신고)의 규정에 위반하여 지주회사의 설립 또는 전환의 신고를 하지 아니하거나 허위의 신고를 한 자
2. 제8조의2(지주회사 등의 행위제한 등) 제7항을 위반하여 당해 지주회사등의 사업내용에 관한 보고를 하지 아니하거나 허위의 보고를 한 자
3. 제13조(주식소유현황등의 신고) 제1항 및 제2항의 규정에 위반하여 주식소유현황 또는 채무보증현황의 신고를 하지 아니하거나 허위의 신고를 한 자
4. 제14조(상호출자제한기업집단등의 지정 등) 제4항의 자료요청에 대하여 정당한 이유없이 자료제출을 거부하거나 허위의 자료를 제출한 자
5. 제50조(위반행위의 조사등) 제1항 제2호의

규정에 위반하여 허위의 감정을 한 자
6. 삭제 [2004.12.31.]
7. 삭제 [1994.12.22.]
8. 삭제 [1999.2.5.]
[전문개정 1992.12.8.]

제69조(벌칙) ① 제50조(위반행위의 조사등) 제5항의 요건에 해당하지 아니함에도 불구하고 그 직권을 남용하여 금융기관의 특정점포의 장에게 금융거래정보의 제출을 요구한 자 또는 동조 제9항의 규정을 위반한 자는 5년 이하의 징역 또는 3천만원 이하의 벌금에 처한다. [신설 2004.12.31.]
② 제62조(비밀엄수의 의무)의 규정에 위반한 자는 2년 이하의 징역 또는 200만원 이하의 벌금에 처한다. [개정 1996.12.30.]

제69조의2(과태료) ① 사업자 또는 사업자단체가 제1호 내지 제6호 및 제8호에 해당하는 경우에는 1억원 이하, 제7호에 해당하는 경우에는 2억원 이하, 회사 또는 사업자단체의 임원 또는 종업원 기타 이해관계인이 제1호 내지 제6호 및 제8호에 해당하는 경우에는 1천만원 이하, 제7호에 해당하는 경우에는 5천만원 이하의 과태료에 처한다. [개정 1996.12.30, 1998.2.24, 1999.2.5, 1999.12.28, 2001.1.16, 2002.1.26, 2004.12.31, 2009.3.25, 2012.3.21.]
1. 제11조의2(대규모내부거래의 이사회 의결 및 공시)부터 제11조의4(기업집단현황 등에 관한 공시)까지의 규정에 따른 공시를 하는 경우에 이사회의 의결을 거치지 아니하거나 공시를 하지 아니한 자 또는 주요내용을 누락하거나 허위로 공시한 자
2. 제12조(기업결합의 신고) 제1항 또는 제6항의 규정에 의한 기업결합의 신고를 하지 아니하거나 허위의 신고를 한 자 또는 같은 조 제8항을 위반한 자
3. 제14조의2(계열회사의 편입 및 제외등) 제2항의 자료요청에 대하여 정당한 이유없이 자료를 제출하지 아니하거나 허위의 자료를 제출한 자
4. 삭제 [2009.3.25.]
5. 제50조(위반행위의 조사등) 제1항 제1호의 규정에 위반하여 정당한 사유없이 출석을 하지 아니한 자
6. 제50조(위반행위의 조사등) 제1항 제3호 또는 제3항의 규정에 의한 보고 또는 필요한 자료나 물건의 제출을 하지 아니하거나, 허위의 보고 또는 자료나 물건을 제출한 자
7. 제50조 제2항에 따른 조사 시 자료의 은닉·폐기, 접근거부 또는 위조·변조 등을 통하여 조사를 거부·방해 또는 기피한 자
8. 제50조(위반행위의 조사등) 제5항의 규정에 의한 금융거래정보의 제출을 거부한 자

② 제43조의2(심판정의 질서유지)의 규정에 위반하여 질서유지의 명령을 따르지 아니한 자는 100만원 이하의 과태료에 처한다. [신설 1996.12.30.]
③ 제1항 또는 제2항의 규정에 의한 과태료는 대통령령이 정하는 바에 의하여 공정거래위원회가 부과·징수한다. [개정 1996.12.30.]
④ 삭제 [2009.3.25.]
⑤ 삭제 [2009.3.25.]
⑥ 삭제 [2009.3.25.]
[본조신설 1992.12.8.]

제70조(양벌규정) 법인(법인격이 없는 단체를 포함한다. 이하 이 조에서 같다)의 대표자나 법인 또는 개인의 대리인, 사용인, 그 밖의 종업원이 그 법인 또는 개인의 업무에 관하여 제66조부터 제68조까지의 어느 하나에 해당하는 위반행위를 하면 그 행위자를 벌하는 외에 그 법인 또는 개인에게도 해당 조문의 벌금형을 과(科)한다. 다만, 법인 또는 개인이 그 위반행위를 방지하기 위하여 해당 업무에 관하여 상당한 주의와 감독을 게을리하지 아니한 경우에는 그러하지 아니하다.
[전문개정 2009.3.25.]

제71조(고발) ① 제66조(罰則) 및 제67조(罰則)의 죄는 공정거래위원회의 고발이 있어야 공소를 제기할 수 있다. [개정 1996.12.30.]
② 공정거래위원회는 제66조 및 제67조의 죄 중 그 위반의 정도가 객관적으로 명백하고 중대하여 경쟁질서를 현저히 저해한다고 인정하는 경우에는 검찰총장에게 고발하여야 한다. [신설 1996.12.30.]
③ 검찰총장은 제2항의 규정에 의한 고발요건에 해당하는 사실이 있음을 공정거래위원회에 통보하여 고발을 요청할 수 있다. [신설 1996.12.30.]
④ 공정거래위원회가 제2항에 따른 고발요건에 해당하지 아니한다고 결정하더라도 감사원장, 조달청장, 중소기업청장은 사회적 파급효과, 국가재정에 끼친 영향, 중소기업에 미친 피해 정도 등 다른 사정을 이유로 공정거래위원회에 고발을 요청할 수 있다. [신설 2013.7.16.]
⑤ 제3항 또는 제4항에 따른 고발요청이 있는 때에는 공정거래위원회 위원장은 검찰총장에게 고발하여야 한다. [신설 2013.7.16.]
⑥ 공정거래위원회는 공소가 제기된 후에는 고발을 취소하지 못한다. [신설 1996.12.30, 2013.7.16.]
[전문개정 1992.12.8.]

자본시장과 금융투자업에 관한 법률

[시행 2014.1.28.] [법률 제12383호, 2014.1.28. 일부개정]

제10편 벌 칙

제443조(벌칙) ① 다음 각 호의 어느 하나에 해당하는 자는 10년 이하의 징역 또는 그 위반행위로 얻은 이익 또는 회피한 손실액의 1배 이상 3배 이하에 상당하는 벌금에 처한다. 다만, 그 위반행위로 얻은 이익 또는 회피한 손실액의 3배에 해당하는 금액이 5억원 이하인 경우에는 벌금의 상한액을 5억원으로 한다. [개정 2013.5.28.]

1. 제174조 제1항을 위반하여 상장법인의 업무 등과 관련된 미공개중요정보를 특정증권등의 매매, 그 밖의 거래에 이용하거나 타인에게 이용하게 한 자
2. 제174조 제2항을 위반하여 주식등에 대한 공개매수의 실시 또는 중지에 관한 미공개정보를 그 주식등과 관련된 특정증권등의 매매, 그 밖의 거래에 이용하거나 타인에게 이용하게 한 자
3. 제174조 제3항을 위반하여 주식등의 대량취득·처분의 실시 또는 중지에 관한 미공개정보를 그 주식등과 관련된 특정증권등의 매매, 그 밖의 거래에 이용하거나 타인에게 이용하게 한 자
4. 제176조 제1항을 위반하여 상장증권 또는 장내파생상품의 매매에 관하여 그 매매가 성황을 이루고 있는 듯이 잘못 알게 하거나, 그 밖에 타인에게 그릇된 판단을 하게 할 목적으로 같은 항 각 호의 어느 하나에 해당하는 행위를 한 자
5. 제176조 제2항을 위반하여 상장증권 또는 장내파생상품의 매매를 유인할 목적으로 같은 항 각 호의 어느 하나에 해당하는 행위를 한 자
6. 제176조 제3항을 위반하여 상장증권 또는 장내파생상품의 시세를 고정시키거나 안정시킬 목적으로 그 증권 또는 장내파생상품에 관한 일련의 매매 또는 그 위탁이나 수탁을 한 자
7. 증권 또는 파생상품에 관한 매매등과 관련하여 제176조 제4항 각 호의 어느 하나에 해당하는 행위를 한 자
8. 금융투자상품의 매매(증권의 경우 모집·사모·매출을 포함한다), 그 밖의 거래와 관련하여 제178조 제1항 각 호의 어느 하나에 해당하는 행위를 한 자

9. 제178조 제2항을 위반하여 금융투자상품의 매매(증권의 경우 모집·사모·매출을 포함한다), 그 밖의 거래를 할 목적이나 그 시세의 변동을 도모할 목적으로 풍문의 유포, 위계의 사용, 폭행 또는 협박을 한 자

② 제1항 각 호의 위반행위로 얻은 이익 또는 회피한 손실액이 5억원 이상인 경우에는 제1항의 징역을 다음 각 호의 구분에 따라 가중한다.

1. 이익 또는 회피한 손실액이 50억원 이상인 경우에는 무기 또는 5년 이상의 징역에 처한다.
2. 이익 또는 회피한 손실액이 5억원 이상 50억원 미만인 경우에는 3년 이상의 유기징역에 처한다.

③ 제1항 또는 제2항에 따라 징역에 처하는 경우에는 10년 이하의 자격정지를 병과(竝科)할 수 있다.

제444조(벌칙) 다음 각 호의 어느 하나에 해당하는 자는 5년 이하의 징역 또는 2억원 이하의 벌금에 처한다. [개정 2009.2.3, 2013.4.5, 2013.5.28.]

1. 제11조를 위반하여 금융투자업인가(변경인가를 포함한다)를 받지 아니하고 금융투자업(투자자문업 및 투자일임업을 제외한다)을 영위한 자
2. 거짓, 그 밖의 부정한 방법으로 제12조에 따른 금융투자업인가(변경인가를 포함한다)를 받은 자
3. 제34조 제1항을 위반하여 같은 항 제1호 또는 제2호에 해당하는 행위를 한 자
4. 제34조 제2항을 위반하여 신용공여를 한 금융투자업자와 그로부터 신용공여를 받은 자
5. 제35조(제350조에서 준용하는 경우를 포함한다)를 위반하여 대주주(그의 특수관계인을 포함한다) 자신의 이익을 얻을 목적으로 같은 조 각 호의 어느 하나에 해당하는 행위를 한 자
6. 제42조 제10항, 제52조 제6항 및 제304조에서 준용하는 금융실명거래 및 비밀보장에 관한 법률 제4조 제1항 또는 제3항부터 제5항까지의 규정을 위반하여 거래정보등

을 제삼자에게 제공하거나 누설한 자와 이를 요구한 자

7. 제70조를 위반하여 투자자로부터 예탁받은 재산으로 금융투자상품의 매매를 한 자
8. 제71조(제7호를 제외한다), 제85조(제8호를 제외한다), 제98조 제1항(제101조 제4항에서 준용하는 경우를 포함한다)·제2항(제10호를 제외한다) 또는 제108조(제9호를 제외한다)를 위반하여 각 해당 조항 각 호의 어느 하나에 해당하는 행위를 한 자

8의2. 제77조의3제4항·제5항(제77조의3제6항에 해당하는 경우는 제외한다)에 위반하여 신용공여를 한 자

8의3. 제77조의3제6항의 기간 이내에 한도에 적합하도록 하지 아니한 자

8의4. 제77조의3제7항을 위반하여 신용공여를 한 종합금융투자사업자와 그로부터 신용공여를 받은 자

9. 제81조 제1항을 위반하여 집합투자재산을 운용함에 있어서 같은 항 각 호의 어느 하나에 해당하는 행위를 한 자
10. 제84조 제1항을 위반하여 집합투자재산을 운용함에 있어서 이해관계인과 거래행위를 한 자
11. 제87조 제2항부터 제5항(제186조 제2항에서 준용하는 경우를 포함한다)까지 또는 제112조 제2항부터 제5항까지의 규정을 위반하여 의결권을 행사한 자
12. 제119조(제5항을 제외한다)를 위반하여 증권을 모집 또는 매출한 자
13. 다음 각 목의 어느 하나에 해당하는 서류 중 중요사항에 관하여 거짓의 기재 또는 표시를 하거나 중요사항을 기재 또는 표시하지 아니한 자 및 그 중요사항에 관하여 거짓의 기재 또는 표시가 있거나 중요사항의 기재 또는 표시가 누락되어 있는 사실을 알고도 제119조 제5항 또는 제159조 제7항(제160조 후단 또는 제161조 제1항 각 호 외의 부분 후단에서 준용하는 경우를 포함한다)에 따른 서명을 한 자와 그 사실을 알고도 이를 진실 또는 정확하다고 증명하여 그 뜻을 기재한 공인회계사·감정인 또는 신용평가를 전문으로 하는 자
    가. 제119조에 따른 증권신고서 또는 일괄신고추가서류
    나. 제122조에 따른 정정신고서
    다. 제123조에 따른 투자설명서(집합투자증권의 경우 제124조 제2항 제3호에 따른 간이투자설명서를 포함한다)
    라. 제159조에 따른 사업보고서
    마. 제160조에 따른 반기보고서 또는 분기보고서
    바. 제161조에 따른 주요사항보고서
    사. 제164조 제2항에 따른 정정명령에 따라 제출하는 사업보고서등
14. 제122조 제3항을 위반하여 정정신고서를 제출하지 아니한 자
15. 다음 각 목의 어느 하나에 해당하는 공고 또는 서류 중 중요사항에 관하여 거짓의 기재 또는 표시를 하거나 중요사항을 기재 또는 표시하지 아니한 자
    가. 제134조에 따른 공개매수공고 또는 공개매수신고서
    나. 제136조에 따른 정정신고서 또는 공고
    다. 제137조 제1항에 따른 공개매수설명서
16. 제134조 제1항 또는 제136조 제5항을 위반하여 공고를 하지 아니한 자
17. 제134조 제2항을 위반하여 공개매수신고서를 제출하지 아니한 자
18. 제147조에 따른 보고서류 또는 제151조 제2항에 따른 정정보고서 중 대통령령으로 정하는 중요한 사항(이하 이 호에서 "중요한 사항"이라 한다)에 관하여 거짓의 기재 또는 표시를 하거나 중요한 사항을 기재 또는 표시하지 아니한 자
19. 제154조에 따른 위임장 용지 및 참고서류 또는 제156조에 따른 정정서류 중 의결권피권유자의 의결권 위임 여부 판단에 중대한 영향을 미칠 수 있는 사항(이하 이 호에서 "의결권 위임 관련 중요사항"이라 한다)에 관하여 거짓의 기재 또는 표시를 하거나 의결권 위임 관련 중요사항을 기재 또는 표시하지 아니한 자

19의2. 제246조 제5항·제6항을 위반하여 거래한 자

20. 제250조 제1항 또는 제251조 제1항을 위반하여 집합투자업을 영위한 자
21. 제280조 제1항을 위반하여 투자매매업자 또는 투자중개업자를 통하지 아니하고 외국 집합투자증권을 국내에서 판매한 자

21의2. 제323조의2를 위반하여 금융투자상품거래청산업인가(변경인가를 포함한다)를 받지 아니하고 금융투자상품거래청산업무를 영위한 자

21의3. 거짓, 그 밖의 부정한 방법으로 제323조의3에 따른 금융투자상품거래청산업인가(변경인가를 포함한다)를 받은 자

22. 제323조의21, 제335조의2, 제355조 제1항 또는 제360조 제1항을 위반하여 인가를 받지 아니하고 해당 업무를 영위한 자
23. 거짓, 그 밖의 부정한 방법으로 제324조 제1항, 제335조의3제1항, 제355조 제1항 또는 제360조 제1항에 따른 인가를 받은 자
24. 제335조 제1항, 제354조 제1항, 제359조 제1항 또는 제364조 제1항에 따라 인가가 취소된 후 그 취소된 업무를 영위한 자
25. 제343조 제1항을 위반하여 신용공여를 한 종합금융회사와 그로부터 신용공여를 받은 자
26. 제357조 제1항을 위반하여 금융투자업을 영위한 자
27. 제373조를 위반하여 거래소허가(변경허가를 포함한다)를 받지 아니하고 금융투자

상품시장을 개설하거나 운영한 자
27의2. 거짓, 그 밖의 부정한 방법으로 제373조의2에 따른 거래소허가(변경허가를 포함한다)를 받은 자
28. 제420조 제1항에 따라 금융투자업인가가 취소된 후 그 취소된 업무를 영위한 자
29. 제435조 제4항을 위반하여 신고자등의 신분 등에 관한 비밀을 누설한 자

제445조(벌칙) 다음 각 호의 어느 하나에 해당하는 자는 3년 이하의 징역 또는 1억원 이하의 벌금에 처한다. [개정 2008.2.29, 2009.2.3, 2013.4.5, 2013.5.28.]
1. 제17조를 위반하여 금융투자업등록(변경등록을 포함한다)을 하지 아니하고 투자자문업 또는 투자일임업을 영위한 자
2. 거짓, 그 밖의 부정한 방법으로 제18조에 따른 금융투자업등록(변경등록을 포함한다)을 한 자
3. 제39조를 위반하여 자기의 명의를 대여하여 타인에게 금융투자업을 영위하게 한 자
4. 제45조 제1항을 위반하여 같은 항 각 호의 어느 하나에 해당하는 행위를 한 자
5. 제45조 제2항을 위반하여 같은 항 각 호의 어느 하나에 해당하는 행위를 한 자
6. 제49조(제52조 제6항에서 준용하는 경우를 포함한다)를 위반하여 같은 조 제1호 또는 제2호에 해당하는 행위를 한 자
7. 제51조 제2항을 위반하여 등록 전에 투자권유를 한 자
8. 제52조 제1항을 위반하여 투자권유대행인 외의 자에게 투자권유를 대행하게 한 자
9. 제54조(제42조 제10항, 제52조 제6항, 제199조 제5항, 제255조, 제260조, 제265조, 제289조, 제304조, 제328조 또는 제367조에서 준용하는 경우를 포함한다)를 위반하여 직무상 알게 된 정보로서 외부에 공개되지 아니한 정보를 자기 또는 제삼자의 이익을 위하여 이용한 자
10. 제55조(제42조 제10항 또는 제52조 제6항에서 준용하는 경우를 포함한다)를 위반하여 같은 조 각 호의 어느 하나에 해당하는 행위를 한 자
11. 제60조 제1항(제255조, 제260조 또는 제265조에서 준용하는 경우를 포함한다) 또는 제187조 제1항을 위반하여 자료를 기록·유지하지 아니한 자
12. 제63조 제1항 제1호(제289조, 제304조, 제323조의17, 제328조, 제335조의14, 제367조, 제383조 제3항 또는 제441조에서 준용하는 경우를 포함한다)를 위반하여 같은 호에 규정된 방법에 따르지 아니하고 금융투자상품을 매매한 자
13. 제76조 제3항을 위반하여 집합투자증권을 판매하거나 판매를 위한 광고를 한 자
13의2. 거짓, 그 밖의 부정한 방법으로 제77조의2제1항에 따른 종합금융투자사업자의 지정을 받은 자
13의3. 제77조의2에 따라 금융위원회로부터 종합금융투자사업자의 지정을 받지 아니하고 전담중개업무 또는 제77조의3제3항 각 호의 어느 하나에 해당하는 업무를 영위한 자
14. 제80조 제3항 전단을 위반하여 투자신탁재산별로 미리 정하여진 자산배분명세에 따라 취득·처분 등의 결과를 배분하지 아니한 자
15. 제87조 제6항(제186조 제2항에서 준용하는 경우를 포함한다)에 따른 명령을 위반하여 주식을 처분하지 아니한 자
16. 제104조 제2항을 위반하여 신탁재산을 고유재산으로 취득한 자
17. 삭제 [2009.2.3.]
18. 제114조 제3항 또는 제240조 제3항을 위반하여 회계감사를 받지 아니한 자
19. 제133조 제3항 또는 제140조를 위반하여 공개매수에 의하지 아니하고 주식등의 매수등을 한 자
20. 제147조 제1항·제3항 또는 제4항을 위반하여 보고를 하지 아니한 자
21. 제152조 제1항 또는 제3항을 위반하여 의결권 대리행사의 권유를 한 자
22. 제169조 제1항을 위반하여 회계감사를 받지 아니한 자
22의2. 제173조의2제2항을 위반하여 파생상품시장에서의 시세에 영향을 미칠 수 있는 정보를 누설하거나, 장내파생상품 및 그 기초자산의 매매나 그 밖의 거래에 이용하거나, 타인으로 하여금 이용하게 한 자
23. 제182조 제1항을 위반하여 집합투자기구를 등록하지 아니한 자
24. 거짓, 그 밖의 부정한 방법으로 제182조 제1항·제8항(제279조 제3항에서 준용하는 경우를 포함한다) 또는 제279조 제1항에 따른 등록이나 변경등록을 한 자
24의2. 제246조 제7항을 위반하여 정보를 이용한 자
25. 제247조 제1항을 위반하여 철회·변경 또는 시정을 요구하지 아니한 자
26. 제250조 제3항(제251조 제2항 또는 제341조 제1항에서 준용하는 경우를 포함한다)을 위반하여 같은 항 각 호의 어느 하나에 해당하는 행위를 한 자
27. 제250조 제4항(제251조 제2항에서 준용하는 경우를 포함한다) 또는 제5항(제251조 제2항 또는 제341조 제1항에서 준용하는 경우를 포함한다)을 위반하여 집합투자재산에 관한 정보를 자기가 운용하는 투자신탁재산의 운용이나 자기가 판매하는 집합투자증권의 판매를 위하여 이용한 자
28. 제250조 제6항(제251조 제2항 또는 제341조 제1항에서 준용하는 경우를 포함한다)을 위반하여 같은 항 각 호의 어느 하나

에 해당하는 행위를 한 자
29. 제253조 제1항에 따라 등록이 취소된 후 그 취소된 업무를 영위한 자
30. 제254조 제1항을 위반하여 등록을 하지 아니하고 해당 업무를 영위한 자
31. 거짓, 그 밖의 부정한 방법으로 제254조 제1항에 따른 등록을 한 자
32. 제257조 제1항에 따라 등록이 취소된 후 그 취소된 업무를 영위한 자
32의2. 제272조의2제1항을 위반하여 등록을 하지 아니하고 해당 업무를 영위한 자
32의3. 거짓, 그 밖의 부정한 방법으로 제272조의2제1항에 따른 등록을 한 자
33. 제279조 제1항에 따른 등록을 하지 아니하고 외국 집합투자증권을 판매한 자
34. 제282조 제1항에 따라 등록이 취소된 후 그 취소된 외국 집합투자기구의 외국 집합투자증권을 판매한 자
35. 제298조를 위반하여 계좌 간의 대체로 결제하는 업무를 영위하거나 국내에서 증권예탁증권을 발행하는 업무를 영위한 자
36. 제301조 제5항, 제323조의9제3항, 제327조 제3항 또는 제383조 제2항(제78조 제6항에서 준용하는 경우를 포함한다)을 위반하여 자금의 공여, 손익의 분배, 그 밖에 영업에 관하여 특별한 이해관계를 가진 자
37. 제335조 제2항, 제354조 제2항, 제359조 제2항 또는 제364조 제2항에 따른 업무의 정지기간 중 업무를 영위한 자
37의2. 제335조의11제6항을 위반하여 직무상 알게 된 요청인의 비밀을 누설하거나 이용한 자
37의3. 제335조의11제7항 제1호를 위반하여 신용평가회사와 특수한 관계에 있는 자와 관련된 신용평가를 한 자
37의4. 제335조의11제7항 제2호를 위반하여 신용평가 과정에서 신용평가회사 또는 그 계열회사의 상품이나 서비스를 구매하거나 이용하도록 강요한 자
38. 제339조 제1항(제357조 제2항 또는 제361조에서 준용하는 경우를 포함한다)을 위반하여 인가를 받지 아니하고 업무를 폐지하거나 해산한 자
39. 제365조 제1항을 위반하여 등록을 하지 아니하고 해당 업무를 영위한 자
40. 거짓, 그 밖의 부정한 방법으로 제365조 제1항에 따른 등록을 한 자
41. 제369조 제1항에 따라 등록이 취소된 후 그 취소된 업무를 영위한 자
42. 제383조 제1항(제78조 제6항, 제323조의17 및 제441조에서 준용하는 경우를 포함한다)을 위반하여 비밀을 누설하거나 이용한 자
43. 제394조 제1항을 위반하여 공동기금을 적립하지 아니한 자
44. 제402조 제7항을 위반하여 비밀을 누설하거나 이용한 자
45. 제417조 제1항(제335조의14에서 준용하는 경우를 포함한다)을 위반하여 승인을 받지 아니하고 같은 항 각 호(겸영금융투자업자의 경우에는 제4호부터 제7호까지에 한한다)의 어느 하나에 해당하는 행위를 한 자
46. 제420조 제1항에 따라 금융투자업등록이 취소된 후 그 취소된 업무를 영위한 자
47. 제420조 제3항에 따른 인가받은 업무의 정지기간 중 그 정지된 업무를 영위한 자
48. 제426조 제2항에 따른 금융위원회(제172조부터 제174조까지, 제176조, 제178조 및 제180조를 위반한 사항인 경우에는 증권선물위원회를 말한다)의 요구에 불응한 자

제446조(벌칙) 다음 각 호의 어느 하나에 해당하는 자는 1년 이하의 징역 또는 3천만원 이하의 벌금에 처한다. [개정 2008.2.29, 2009.2.3, 2010.3.12, 2013.4.5, 2013.5.28, 2013.8.13.]

1. 제23조 제1항(제335조의8제1항 및 제350조에서 준용하는 경우를 포함한다)을 위반하여 승인을 받지 아니하고 주식을 취득하여 대주주가 된 자
2. 제23조 제2항(제335조의8제1항 및 제350조에서 준용하는 경우를 포함한다)에 따른 처분명령을 위반하여 주식을 처분하지 아니한 자
3. 제38조를 위반하여 상호 중에 금융투자, 증권, 파생, 선물, 집합투자, 투자신탁, 자산운용, 투자자문, 투자일임 또는 신탁이라는 문자를 사용한 자
4. 제42조 제1항 단서(제255조에서 준용하는 경우를 포함한다)를 위반하여 업무를 위탁하거나, 같은 조 제5항(제255조에서 준용하는 경우를 포함한다)을 위반하여 업무를 재위탁한 자
5. 제43조 제2항에 따른 위탁계약의 취소명령 또는 변경명령을 위반한 자
6. 제52조 제2항을 위반하여 같은 항 각 호의 어느 하나에 해당하는 행위를 한 자
7. 제53조 제2항에 따라 투자권유대행인등록이 취소된 후 투자권유대행업무를 영위하거나, 같은 조 같은 항에 따른 투자권유대행업무의 정지기간 중 투자권유대행업무를 영위한 자
8. 제57조 제1항부터 제4항까지를 위반하여 투자광고를 한 자
9. 제65조 제2항을 위반하여 자산을 국내에 두지 아니한 자
10. 제65조 제3항을 위반하여 자산을 국내에 주소나 거소가 있는 자에 대한 채무의 변제에 우선 충당하지 아니한 자
11. 제66조를 위반하여 사전에 자기가 투자매매업자인지 투자중개업자인지를 밝히지 아니하고 금융투자상품의 매매에 관한

청약 또는 주문을 받은 자
12. 제67조를 위반하여 금융투자상품을 매매한 자
13. 삭제 [2013.5.28.]
14. 제88조 또는 제280조 제2항을 위반하여 자산운용보고서를 제공하지 아니한 자 또는 거짓으로 작성하거나 그 기재사항을 누락하고 작성하여 제공한 자
15. 제89조(제186조 제2항에서 준용하는 경우를 포함한다)를 위반하여 공시를 하지 아니하거나 거짓으로 공시한 자
16. 제91조 제1항(제186조 제2항에서 준용하는 경우를 포함한다)、제113조 제1항 또는 제280조 제3항을 위반하여 열람이나 교부 청구를 거절한 자
17. 제95조 제2항(제117조에서 준용하는 경우를 포함한다) 또는 제116조 제3항에 따른 명령을 위반한 자
18. 제103조 제1항 또는 제4항을 위반하여 재산을 수탁한 자
19. 제105조 제1항부터 제3항까지의 규정을 위반하여 신탁재산을 운용한 자
19의2. 정당한 이유 없이 제119조의2 또는 제161조의2에 따른 연결재무제표 작성대상 법인의 자료제출 요구 및 조사를 거부·방해·기피한 자
20. 제121조를 위반하여 증권에 관한 취득 또는 매수의 청약에 대한 승낙을 한 자
21. 제123조 제1항, 제137조 제1항 또는 제153조를 위반하여 투자설명서(집합투자증권의 경우 제124조 제2항 제3호에 따른 간이투자설명서를 포함한다), 공개매수설명서 또는 위임장 용지 및 참고서류를 제출하지 아니한 자
22. 제124조 제1항을 위반하여 투자설명서(집합투자증권의 경우 제124조 제2항 제3호에 따른 간이투자설명서를 포함한다)를 미리 교부하지 아니하고 증권을 취득하게 하거나 매도한 자
23. 제124조 제2항을 위반하여 같은 항 각 호의 어느 하나에 해당하는 방법에 따르지 아니하고 청약의 권유 등을 한 자
24. 제132조, 제146조 제2항, 제151조 제2항, 제158조 제2항 또는 제164조 제2항에 따른 금융위원회의 처분을 위반한 자
25. 제137조 제3항을 위반하여 공개매수설명서를 미리 교부하지 아니하고 주식등을 매수한 자
26. 제145조, 제150조 제1항·제3항, 제167조 제3항 또는 제168조 제3항에 따른 처분명령 또는 시정명령을 위반한 자
27. 제156조 제3항 후단을 위반하여 정정서류를 제출하지 아니한 자
28. 제159조, 제160조 또는 제161조 제1항을 위반하여 사업보고서·반기보고서·분기보고서나 주요사항보고서를 제출하지 아니한 자
29. 제167조 제1항을 위반하여 주식을 소유한 자
30. 제169조 제2항(같은 조 제3항 후단에서 준용하는 경우를 포함한다)에 따른 자료의 제출 또는 보고명령이나 조치를 위반한 자
31. 제173조 제1항을 위반하여 보고를 하지 아니하거나 거짓으로 보고한 자
32. 제192조 제1항을 위반하여 승인을 받지 아니하고 투자신탁을 해지한 자
33. 거짓, 그 밖의 부정한 방법으로 제192조 제1항에 따른 승인을 받은 자
34. 제192조 제2항, 제202조 제1항(제211조 제2항, 제216조 제3항, 제217조의6제2항에서 준용하는 경우를 포함한다), 제221조 제1항(제227조 제3항에서 준용하는 경우를 포함한다)을 위반하여 투자신탁을 해지하지 아니하거나 투자회사등을 해산하지 아니한 자
35. 제235조 제4항 또는 제5항을 위반하여 환매대금을 지급하거나 지급하지 아니한 자
36. 제238조 제7항 또는 제280조 제4항을 위반하여 기준가격을 공고·게시하지 아니하거나 거짓으로 공고·게시한 자
37. 제246조 제2항을 위반하여 집합투자재산을 구분하여 관리하지 아니한 자
38. 제246조 제3항을 위반하여 예탁하지 아니한 자
39. 제246조 제4항을 위반하여 집합투자업자의 지시를 각각의 집합투자기구별로 이행하지 아니한 자
40. 제248조 제1항을 위반하여 자산보관·관리보고서를 투자자에게 제공하지 아니하거나 거짓으로 작성하여 제공한 자
41. 제249조 제2항을 위반하여 집합투자증권을 타인에게 양도한 자
41의2. 제249조의2제6항 또는 제7항을 위반하여 보고를 하지 아니하거나 거짓으로 보고한 자
42. 제253조 제2항, 제257조 제2항 또는 제369조 제2항에 따른 업무의 정지기간 중 업무를 영위한 자
43. 제268조 제3항을 위반하여 등록을 하지 아니하고 해당 업무를 영위한 자
44. 거짓, 그 밖의 부정한 방법으로 제268조에 따른 등록(변경등록을 포함한다)을 한 자
45. 제270조 제3항·제4항(제271조 제5항에서 준용하는 경우를 포함한다)·제5항 또는 제278조의3제2항·제6항을 위반하여 운용한 자 또는 지분증권등을 소유하지 아니하거나 처분한 자
46. 제270조 제6항(제271조 제5항에서 준용하는 경우를 포함한다)을 위반하여 이미 취득한 다른 회사의 지분증권 전부를 처분하지 아니한 자
46의2. 제270조 제6항 및 제9항을 위반하여 보고를 하지 아니하거나 거짓으로 보고

한 자
47. 제272조 제6항을 위반하여 같은 항 제1호부터 제3호까지의 어느 하나에 해당하는 행위를 한 자
48. 제273조 제1항을 위반하여 출자한 지분을 타인에게 양도한 자
49. 제274조 제1항(제271조 제5항에서 준용하는 경우를 포함한다)을 위반하여 지분증권을 처분하지 아니하거나, 같은 조 제2항(제271조 제5항에서 준용하는 경우를 포함한다)을 위반하여 지분증권을 취득한 자
50. 삭제 [2009.6.9.]
51. 제276조 제2항을 위반하여 보고를 하지 아니하거나 거짓으로 보고한 자
52. 제278조 제1항에 따라 등록이 취소된 후 그 취소된 업무를 영위한 자
53. 제309조 제3항 또는 제310조 제1항을 위반하여 예탁자계좌부 또는 투자자계좌부를 작성·비치하지 아니하거나 거짓으로 작성한 자
53의2. 제323조의16제1항을 위반하여 거래정보를 보관·관리하지 아니한 자
53의3. 제323조의16제2항을 위반하여 거래정보를 보고하지 아니하거나 거짓으로 보고한 자
54. 제338조 또는 제356조를 위반하여 "종합금융회사", "자금중개" 또는 이와 유사한 명칭을 사용한 자
55. 제342조 제1항부터 제4항(제361조에서 준용하는 경우를 포함한다)까지 또는 제345조 제3항을 위반하여 신용공여를 한 자
56. 제344조를 위반하여 증권에 투자한 자
57. 제345조 제1항을 위반하여 같은 항 각 호의 어느 하나에 해당하는 행위를 한 자
58. 제345조 제2항을 위반하여 의결권을 행사한 자
59. 제345조 제4항에 따른 조치를 이행하지 아니한 자
60. 제346조를 위반하여 지급준비자산을 보유하지 아니한 자
61. 제347조 제1항 또는 제2항을 위반하여 부동산을 취득하거나 소유한 자
62. 제347조 제3항을 위반하여 부동산을 처분하지 아니한 자
63. 제420조 제3항에 따른 등록된 업무의 정지기간 중 그 정지된 업무를 영위한 자

제447조(징역과 벌금의 병과) ① 제443조부터 제446조까지의 규정에 해당하는 죄를 범한 자에게는 징역과 벌금을 병과할 수 있다.
② 제443조 제2항에 따라 가중처벌을 받는 자에게 제1항에 따라 벌금형을 병과하는 경우에는 그 위반행위로 얻은 이익 또는 회피 손실액의 1배 이상 3배 이하에 상당하는 벌금에 처한다. [개정 2013.5.28.]

제448조(양벌규정) 법인(단체를 포함한다. 이하 이 조에서 같다)의 대표자나 법인 또는 개인의 대리인, 사용인, 그 밖의 종업원이 그 법인 또는 개인의 업무에 관하여 제443조부터 제446조까지의 어느 하나에 해당하는 위반행위를 하면 그 행위자를 벌하는 외에 그 법인 또는 개인에게도 해당 조문의 벌금형을 과(科)한다. 다만, 법인 또는 개인이 그 위반행위를 방지하기 위하여 해당 업무에 관하여 상당한 주의와 감독을 게을리하지 아니한 경우에는 그러하지 아니하다.
[전문개정 2009.2.3.]

제449조(과태료) ① 다음 각 호의 어느 하나에 해당하는 자에 대하여는 5천만원 이하의 과태료를 부과한다. [개정 2009.2.3, 2010.3.12, 2013.4.5, 2013.5.28.]
1. 제25조 제1항(제350조에서 준용하는 경우를 포함한다)을 위반하여 같은 항에 규정된 사외이사 선임의무를 이행하지 아니한 자
2. 제25조 제2항 전단(제350조에서 준용하는 경우를 포함한다)을 위반하여 사외이사후보추천위원회를 설치하지 아니한 자
3. 제25조 제2항 후단(제350조에서 준용하는 경우를 포함한다)을 위반하여 사외이사가 총 위원의 2분의 1 이상이 되도록 사외이사후보추천위원회를 구성하지 아니한 자
4. 제25조 제4항(제350조에서 준용하는 경우를 포함한다)에 따라 사외이사를 선임하지 아니한 자
5. 제25조 제6항(제350조에서 준용하는 경우를 포함한다)을 위반하여 사외이사를 두지 아니한 자
6. 제26조 제1항(제350조에서 준용하는 경우를 포함한다)을 위반하여 감사위원회를 설치하지 아니한 자
7. 제26조 제2항(제350조에서 준용하는 경우를 포함한다)을 위반하여 같은 항 각 호의 요건을 모두 충족하는 감사위원회를 설치하지 아니한 자
8. 제26조 제4항(제350조에서 준용하는 경우를 포함한다)을 위반하여 같은 조 제2항의 감사위원회 구성요건에 합치되도록 하지 아니한 자
9. 제28조 제1항(제350조에서 준용하는 경우를 포함한다)을 위반하여 내부통제기준을 정하지 아니한 자
10. 제28조 제2항(제350조에서 준용하는 경우를 포함한다)을 위반하여 준법감시인을 두지 아니한 자
11. 제28조 제3항(제335조의8제5항 및 제350조에서 준용하는 경우를 포함한다)을 위반하여 이사회 결의를 거치지 아니하고 준법감시인을 임면한 자
12. 제28조 제5항(제350조에서 준용하는 경우를 포함한다)을 위반하여 같은 항 각 호의 어느 하나에 해당하는 업무를 수행하는 직무를 담당하거나 담당하게 한 자
13. 제33조 제1항(제335조의14, 제350조, 제

357조 제2항 또는 제361조에서 준용하는 경우를 포함한다)을 위반하여 업무보고서를 제출하지 아니하거나 거짓으로 작성하여 제출한 자

14. 제33조 제2항(제350조, 제357조 제2항 또는 제361조에서 준용하는 경우를 포함한다)을 위반하여 공시서류를 비치 또는 공시하지 아니하거나 거짓으로 작성하여 비치 또는 공시한 자
15. 제33조 제3항(제350조, 제357조 제2항 또는 제361조에서 준용하는 경우를 포함한다)을 위반하여 보고 또는 공시를 하지 아니하거나 거짓으로 보고 또는 공시한 자

15의2. 제33조 제4항(제350조, 제357조 제2항 또는 제361조에서 준용하는 경우를 포함한다)을 위반하여 보고서를 제출하지 아니하거나 거짓으로 작성하여 제출한 자

16. 제34조 제3항을 위반하여 이사회 결의를 거치지 아니한 자
17. 제34조 제4항 또는 제5항을 위반하여 보고 또는 공시를 하지 아니하거나 거짓으로 보고 또는 공시한 자
18. 제34조 제6항 또는 제36조(제350조에서 준용하는 경우를 포함한다)에 따른 자료의 제출명령을 위반한 자
19. 제40조 후단 또는 제41조 제1항을 위반하여 신고를 하지 아니한 자
20. 제43조 제1항, 제53조 제1항, 제131조 제1항, 제146조 제1항, 제151조 제1항, 제158조 제1항, 제164조 제1항, 제321조 또는 제419조 제1항(제252조 제2항, 제256조 제2항, 제261조 제2항, 제266조 제2항, 제281조 제2항, 제292조, 제306조, 제323조의19, 제334조 및 제335조의14, 제353조, 제358조, 제363조, 제368조 또는 제371조에서 준용하는 경우를 포함한다)에 따른 검사·조사 또는 확인을 거부·방해 또는 기피한 자
21. 제47조 제2항(제52조 제6항에서 준용하는 경우를 포함한다)을 위반하여 확인을 받지 아니한 자
22. 제49조(제52조 제6항에서 준용하는 경우를 포함한다)를 위반하여 같은 조 제3호부터 제5호까지의 어느 하나에 해당하는 행위를 한 자
23. 제50조 제1항에 따른 투자권유준칙 또는 제52조 제4항에 따른 투자권유대행기준을 정하지 아니한 자
24. 제56조 제1항을 위반하여 신고를 하지 아니하고 약관을 제정 또는 변경한 자
25. 거짓, 그 밖의 부정한 방법으로 제56조 제1항에 따른 신고를 한 자

25의2. 제57조 제6항을 위반하여 투자광고를 한 자

26. 제59조 제1항을 위반하여 투자자에게 계약서류를 제공하지 아니한 자
27. 제62조 제1항을 위반하여 공고 또는 통지를 하지 아니한 자
28. 제63조 제1항(제289조, 제304조, 제328조, 제367조, 제383조 제3항 또는 제441조에서 준용하는 경우를 포함한다)을 위반하여 같은 항 제2호부터 제4호까지의 방법에 따르지 아니하고 자기의 계산으로 금융투자상품을 매매한 자

28의2. 제68조 제1항부터 제5항까지의 규정을 위반하여 각 해당 조항의 의무를 이행하지 아니한 자

29. 제71조(제7호에 한한다), 제85조(제8호에 한한다), 제98조 제2항(제10호에 한한다) 또는 제108조(제9호에 한한다)를 위반하여 각 해당 조항의 해당 호에 해당하는 행위를 한 자
30. 제76조 제4항부터 제6항까지의 규정을 위반하여 판매수수료나 판매보수를 받은 자

30의2. 제77조의3제2항을 위반하여 같은 항 각 호의 사항을 포함하는 계약을 체결하지 아니한 자

31. 제86조를 위반하여 성과보수를 받은 자
32. 제87조 제7항(제186조 제2항에서 준용하는 경우를 포함한다)을 위반하여 기록·유지하지 아니한 자
33. 제87조 제8항(제186조 제2항에서 준용하는 경우를 포함한다) 또는 제112조 제7항을 위반하여 공시를 하지 아니하거나 거짓으로 공시한 자
34. 제90조 제1항(제186조 제2항에서 준용하는 경우를 포함한다) 또는 제2항(제186조 제2항에서 준용하는 경우를 포함한다)을 위반하여 영업보고서나 결산서류를 제출하지 아니하거나 거짓으로 작성하여 제출한 자

34의2. 제98조의2를 위반하여 성과보수를 받은 자

35. 제114조 제1항 또는 제240조 제1항을 위반하여 회계처리를 한 자
36. 제130조에 따른 조치를 하지 아니한 자
37. 제135조, 제136조 제6항, 제139조 제3항 또는 제148조를 위반하여 신고서 또는 보고서의 사본을 송부하지 아니한 자
38. 제135조, 제136조 제6항 또는 제139조 제3항에 따른 신고서 사본이나 제148조에 따른 보고서 사본에 신고서 또는 보고서에 기재된 내용과 다른 내용을 표시하거나 그 내용을 누락하여 송부한 자
39. 제180조를 위반하여 상장증권에 대하여 공매도를 하거나 그 위탁 또는 수탁을 한 자
40. 제182조 제8항(제279조 제3항에서 준용하는 경우를 포함한다)에 따른 변경등록을 하지 아니한 자
41. 제183조 제2항을 위반하여 명칭을 사용한 자

41의2. 제249조 제6항을 위반하여 보고를 하지 아니하거나 거짓으로 보고한 자

42. 제250조 제7항, 제251조 제3항 또는 제341조 제2항을 위반하여 임원을 두지 아

니하거나 임직원에게 겸직하게 한 자
43. 제250조 제7항, 제251조 제3항 또는 제341조 제2항을 위반하여 이해상충방지체계를 갖추지 아니한 자
44. 제284조, 제295조, 제323조의8, 제325조, 제335조의7 또는 제379조를 위반하여 명칭을 사용한 자
44의2. 제335조의8제2항을 위반하여 신용평가내부통제기준을 정하지 아니한 자
44의3. 제335조의8제3항을 위반하여 준법감시인을 두지 아니한 자
44의4. 제335조의8제4항을 위반하여 같은 항 각 호의 어느 하나에 해당하는 업무를 수행하는 직무를 담당하거나 담당하게 한 자
44의5. 제335조의12제1항 또는 제2항을 위반하여 금융위원회가 정하여 고시하는 서류 또는 신용평가서를 제출하지 아니하거나 거짓으로 작성하여 제출한 자
45. 제343조 제2항을 위반하여 이사회 결의를 거치지 아니한 자
46. 제343조 제3항 또는 제4항에 따른 보고 또는 공시를 하지 아니하거나 거짓으로 보고 또는 공시한 자
47. 제343조 제8항에 따른 자료의 제출명령을 위반한 자
48. 거짓, 그 밖의 부정한 방법으로 제370조 제1항에 따른 허가를 받은 자
49. 제435조 제5항을 위반하여 신고자등에게 불리한 대우를 한 자

② 다음 각 호의 어느 하나에 해당하는 자에 대하여는 1천만원 이하의 과태료를 부과한다. [개정 2009.2.3, 2013.5.28.]

1. 제23조 제4항을 위반하여 보고를 하지 아니하거나 거짓으로 보고한 자
2. 제50조 제2항을 위반하여 공시를 하지 아니하거나 거짓으로 공시한 자
3. 제52조 제3항을 위반하여 같은 항 각 호의 어느 하나에 해당하는 사항을 미리 투자자에게 알리지 아니한 자 또는 표지를 게시하지 아니하거나 증표를 내보이지 아니한 자
4. 제56조 제1항 각 호 외의 부분 단서에 따른 보고를 하지 아니하거나 거짓으로 보고한 자
5. 제73조를 위반하여 매매명세를 통지하지 아니하거나 거짓으로 통지한 자
6. 제101조 제1항에 따른 신고를 하지 아니하고 유사투자자문업을 영위한 자
7. 제128조 또는 제143조를 위반하여 보고서를 제출하지 아니하거나 거짓으로 작성하여 제출한 자
8. 제131조 제1항, 제146조 제1항, 제151조 제1항, 제158조 제1항, 제164조 제1항 또는 제419조 제5항(제43조 제1항 후단, 제53조 제1항 후단, 제252조 제2항, 제256조 제2항, 제261조 제2항, 제266조 제2항, 제281조 제2항, 제292조, 제306조, 제334조, 제335조의14, 제353조, 제358조, 제363조, 제368조 또는 제371조에서 준용하는 경우를 포함한다)에 따른 보고 또는 자료의 제출명령이나 증인의 출석, 증언 및 의견의 진술 요구에 불응한 자

8의2. 제152조의2제2항을 위반하여 발행인이 아닌 의결권권유자의 요구에 응하지 아니한 자
8의3. 제173조의2제1항에 따른 보고를 하지 아니하거나 거짓으로 보고한 자
9. 제190조 제7항(제201조 제3항, 제210조 제3항, 제215조 제4항, 제217조의5제4항, 제220조 제4항 또는 제226조 제4항에서 준용하는 경우를 포함한다)을 위반하여 연기수익자총회 등을 소집하지 아니한 자
10. 제272조 제7항을 위반하여 행위준칙을 제정하지 아니한 자 또는 보고를 하지 아니하거나 거짓으로 보고한 자
11. 제310조 제2항을 위반하여 예탁하지 아니한 자
12. 제310조 제3항을 위반하여 증권등을 구분하여 보관하지 아니한 자
13. 제314조 제4항을 위반하여 통지 또는 공고를 한 자
14. 제314조 제6항, 제315조 제3항부터 제6항까지 또는 제319조 제3항·제4항을 위반하여 통지나 통보를 하지 아니한 자
15. 제316조 제1항 또는 제319조 제5항을 위반하여 실질주주명부 또는 실질수익자명부를 작성·비치하지 아니하거나 거짓으로 작성한 자
16. 제323조 제1항 또는 제2항에 따른 통지를 하지 아니하거나 거짓으로 통지한 자
17. 제339조 제2항(제357조 제2항 또는 제361조에서 준용하는 경우를 포함한다)을 위반하여 보고를 하지 아니하거나 거짓으로 보고한 자 또는 신고를 하지 아니하고 같은 항 제3호에 해당하는 행위를 한 자
18. 제348조(제357조 제2항에서 준용하는 경우를 포함한다)에 따른 승인을 받지 아니하고 다른 영리법인의 상시적인 업무에 종사한 자

18의2. 제416조 단서(제335조의14에서 준용하는 경우를 포함한다)에 따른 조치명령을 위반한 자
19. 제418조(제335조의14 및 제350조에서 준용하는 경우를 포함한다)를 위반하여 보고를 하지 아니하거나 거짓으로 보고한 자

③ 제1항 및 제2항에 따른 과태료는 대통령령으로 정하는 방법 및 절차에 따라 금융위원회가 부과·징수한다. [개정 2008.2.29.]

④ 삭제 [2009.2.3.]

⑤ 삭제 [2009.2.3.]

⑥ 삭제 [2009.2.3.]

제449조(과태료) ① 다음 각 호의 어느 하나에 해당하는 자에 대하여는 5천만원 이하의 과

태료를 부과한다. [개정 2009.2.3, 2010.3.12, 2013.4.5, 2013.5.28.]

1. 제25조 제1항(제350조에서 준용하는 경우를 포함한다)을 위반하여 같은 항에 규정된 사외이사 선임의무를 이행하지 아니한 자
2. 제25조 제2항 전단(제350조에서 준용하는 경우를 포함한다)을 위반하여 사외이사후보추천위원회를 설치하지 아니한 자
3. 제25조 제2항 후단(제350조에서 준용하는 경우를 포함한다)을 위반하여 사외이사가 총 위원의 2분의 1 이상이 되도록 사외이사후보추천위원회를 구성하지 아니한 자
4. 제25조 제4항(제350조에서 준용하는 경우를 포함한다)에 따라 사외이사를 선임하지 아니한 자
5. 제25조 제6항(제350조에서 준용하는 경우를 포함한다)을 위반하여 사외이사를 두지 아니한 자
6. 제26조 제1항(제350조에서 준용하는 경우를 포함한다)을 위반하여 감사위원회를 설치하지 아니한 자
7. 제26조 제2항(제350조에서 준용하는 경우를 포함한다)을 위반하여 같은 항 각 호의 요건을 모두 충족하는 감사위원회를 설치하지 아니한 자
8. 제26조 제4항(제350조에서 준용하는 경우를 포함한다)을 위반하여 같은 조 제2항의 감사위원회 구성요건에 합치되도록 하지 아니한 자
9. 제28조 제1항(제350조에서 준용하는 경우를 포함한다)을 위반하여 내부통제기준을 정하지 아니한 자
10. 제28조 제2항(제350조에서 준용하는 경우를 포함한다)을 위반하여 준법감시인을 두지 아니한 자
11. 제28조 제3항(제335조의8제5항 및 제350조에서 준용하는 경우를 포함한다)을 위반하여 이사회 결의를 거치지 아니하고 준법감시인을 임면한 자
12. 제28조 제5항(제350조에서 준용하는 경우를 포함한다)을 위반하여 같은 항 각 호의 어느 하나에 해당하는 업무를 수행하는 직무를 담당하거나 담당하게 한 자
13. 제33조 제1항(제335조의14, 제350조, 제357조 제2항 또는 제361조에서 준용하는 경우를 포함한다)을 위반하여 업무보고서를 제출하지 아니하거나 거짓으로 작성하여 제출한 자
14. 제33조 제2항(제350조, 제357조 제2항 또는 제361조에서 준용하는 경우를 포함한다)을 위반하여 공시서류를 비치 또는 공시하지 아니하거나 거짓으로 작성하여 비치 또는 공시한 자
15. 제33조 제3항(제350조, 제357조 제2항 또는 제361조에서 준용하는 경우를 포함한다)을 위반하여 보고 또는 공시를 하지 아니하거나 거짓으로 보고 또는 공시한 자

15의2. 제33조 제4항(제350조, 제357조 제2항 또는 제361조에서 준용하는 경우를 포함한다)을 위반하여 보고서를 제출하지 아니하거나 거짓으로 작성하여 제출한 자

16. 제34조 제3항을 위반하여 이사회 결의를 거치지 아니한 자
17. 제34조 제4항 또는 제5항을 위반하여 보고 또는 공시를 하지 아니하거나 거짓으로 보고 또는 공시한 자
18. 제34조 제6항 또는 제36조(제350조에서 준용하는 경우를 포함한다)에 따른 자료의 제출명령을 위반한 자
19. 제40조 후단 또는 제41조 제1항을 위반하여 신고를 하지 아니한 자
20. 제43조 제1항, 제53조 제1항, 제131조 제1항, 제146조 제1항, 제151조 제1항, 제158조 제1항, 제164조 제1항, 제321조 또는 제419조 제1항(제252조 제2항, 제256조 제2항, 제261조 제2항, 제266조 제2항, 제281조 제2항, 제292조, 제306조, 제323조의19, 제334조 및 제335조의14, 제353조, 제358조, 제363조, 제368조 또는 제371조에서 준용하는 경우를 포함한다)에 따른 검사·조사 또는 확인을 거부·방해 또는 기피한 자
21. 제47조 제2항(제52조 제6항에서 준용하는 경우를 포함한다)을 위반하여 확인을 받지 아니한 자
22. 제49조(제52조 제6항에서 준용하는 경우를 포함한다)를 위반하여 같은 조 제3호부터 제5호까지의 어느 하나에 해당하는 행위를 한 자
23. 제50조 제1항에 따른 투자권유준칙 또는 제52조 제4항에 따른 투자권유대행기준을 정하지 아니한 자
24. 제56조 제1항을 위반하여 신고를 하지 아니하고 약관을 제정 또는 변경한 자
25. 거짓, 그 밖의 부정한 방법으로 제56조 제1항에 따른 신고를 한 자

25의2. 제57조 제6항을 위반하여 투자광고를 한 자

26. 제59조 제1항을 위반하여 투자자에게 계약서류를 제공하지 아니한 자
27. 제62조 제1항을 위반하여 공고 또는 통지를 하지 아니한 자
28. 제63조 제1항(제289조, 제304조, 제328조, 제367조, 제383조 제3항 또는 제441조에서 준용하는 경우를 포함한다)을 위반하여 같은 항 제2호부터 제4호까지의 방법에 따르지 아니하고 자기의 계산으로 금융투자상품을 매매한 자

28의2. 제68조 제1항부터 제5항까지의 규정을 위반하여 각 해당 조항의 의무를 이행하지 아니한 자

29. 제71조(제7호에 한한다), 제85조(제8호에 한한다), 제98조 제2항(제10호에 한한다) 또는 제108조(제9호에 한한다)를 위반하

여 각 해당 조항의 해당 호에 해당하는 행위를 한 자
30. 제76조 제4항부터 제6항까지의 규정을 위반하여 판매수수료나 판매보수를 받은 자
30의2. 제77조의3제2항을 위반하여 같은 항 각 호의 사항을 포함하는 계약을 체결하지 아니한 자
31. 제86조를 위반하여 성과보수를 받은 자
32. 제87조 제7항(제186조 제2항에서 준용하는 경우를 포함한다)을 위반하여 기록·유지하지 아니한 자
33. 제87조 제8항(제186조 제2항에서 준용하는 경우를 포함한다) 또는 제112조 제7항을 위반하여 공시를 하지 아니하거나 거짓으로 공시한 자
34. 제90조 제1항(제186조 제2항에서 준용하는 경우를 포함한다) 또는 제2항(제186조 제2항에서 준용하는 경우를 포함한다)을 위반하여 영업보고서나 결산서류를 제출하지 아니하거나 거짓으로 작성하여 제출한 자
34의2. 제98조의2를 위반하여 성과보수를 받은 자
35. 제114조 제1항 또는 제240조 제1항을 위반하여 회계처리를 한 자
36. 제130조에 따른 조치를 하지 아니한 자
37. 제135조, 제136조 제6항, 제139조 제3항 또는 제148조를 위반하여 신고서 또는 보고서의 사본을 송부하지 아니한 자
38. 제135조, 제136조 제6항 또는 제139조 제3항에 따른 신고서 사본이나 제148조에 따른 보고서 사본에 신고서 또는 보고서에 기재된 내용과 다른 내용을 표시하거나 그 내용을 누락하여 송부한 자
39. 제180조를 위반하여 상장증권에 대하여 공매도를 하거나 그 위탁 또는 수탁을 한 자
40. 제182조 제8항(제279조 제3항에서 준용하는 경우를 포함한다)에 따른 변경등록을 하지 아니한 자
41. 제183조 제2항을 위반하여 명칭을 사용한 자
41의2. 제249조 제6항을 위반하여 보고를 하지 아니하거나 거짓으로 보고한 자
42. 제250조 제7항, 제251조 제3항 또는 제341조 제2항을 위반하여 임원을 두지 아니하거나 임직원에게 겸직하게 한 자
43. 제250조 제7항, 제251조 제3항 또는 제341조 제2항을 위반하여 이해상충방지체계를 갖추지 아니한 자
44. 제284조, 제295조, 제323조의8, 제325조, 제335조의7 또는 제379조를 위반하여 명칭을 사용한 자
44의2. 제335조의8제2항을 위반하여 신용평가내부통제기준을 정하지 아니한 자
44의3. 제335조의8제3항을 위반하여 준법감시인을 두지 아니한 자
44의4. 제335조의8제4항을 위반하여 같은 항 각 호의 어느 하나에 해당하는 업무를 수행하는 직무를 담당하거나 담당하게 한 자
44의5. 제335조의12제1항 또는 제2항을 위반하여 금융위원회가 정하여 고시하는 서류 또는 신용평가서를 제출하지 아니하거나 거짓으로 작성하여 제출한 자
45. 제343조 제2항을 위반하여 이사회 결의를 거치지 아니한 자
46. 제343조 제3항 또는 제4항에 따른 보고 또는 공시를 하지 아니하거나 거짓으로 보고 또는 공시한 자
47. 제343조 제8항에 따른 자료의 제출명령을 위반한 자
48. 거짓, 그 밖의 부정한 방법으로 제370조 제1항에 따른 허가를 받은 자
49. 제435조 제5항을 위반하여 신고자등에게 불리한 대우를 한 자

② 다음 각 호의 어느 하나에 해당하는 자에 대하여는 1천만원 이하의 과태료를 부과한다. [개정 2009.2.3, 2013.5.28.]
1. 제23조 제4항을 위반하여 보고를 하지 아니하거나 거짓으로 보고한 자
2. 제50조 제2항을 위반하여 공시를 하지 아니하거나 거짓으로 공시한 자
3. 제52조 제3항을 위반하여 같은 항 각 호의 어느 하나에 해당하는 사항을 미리 투자자에게 알리지 아니한 자 또는 표지를 게시하지 아니하거나 증표를 내보이지 아니한 자
4. 제56조 제1항 각 호 외의 부분 단서에 따른 보고를 하지 아니하거나 거짓으로 보고한 자
5. 제73조를 위반하여 매매명세를 통지하지 아니하거나 거짓으로 통지한 자
6. 제101조 제1항에 따른 신고를 하지 아니하고 유사투자자문업을 영위한 자
7. 제128조 또는 제143조를 위반하여 보고서를 제출하지 아니하거나 거짓으로 작성하여 제출한 자
8. 제131조 제1항, 제146조 제1항, 제151조 제1항, 제158조 제1항, 제164조 제1항 또는 제419조 제5항(제43조 제1항 후단, 제53조 제1항 후단, 제252조 제2항, 제256조 제2항, 제261조 제2항, 제266조 제2항, 제281조 제2항, 제292조, 제306조, 제334조, 제335조의14, 제353조, 제358조, 제363조, 제368조 또는 제371조에서 준용하는 경우를 포함한다)에 따른 보고 또는 자료의 제출명령이나 증인의 출석, 증언 및 의견의 진술 요구에 불응한 자
8의2. 제152조의2제2항을 위반하여 발행인이 아닌 의결권권유자의 요구에 응하지 아니한 자
8의3. 제173조의2제1항에 따른 보고를 하지 아니하거나 거짓으로 보고한 자
9. 제190조 제7항(제201조 제3항, 제210조 제3항, 제215조 제4항, 제217조의5제4항, 제220조 제4항 또는 제226조 제4항에서 준

용하는 경우를 포함한다)을 위반하여 연기수익자총회 등을 소집하지 아니한 자
10. 제272조 제7항을 위반하여 행위준칙을 제정하지 아니한 자 또는 보고를 하지 아니하거나 거짓으로 보고한 자
11. 제310조 제2항을 위반하여 예탁하지 아니한 자
12. 제310조 제3항을 위반하여 증권등을 구분하여 보관하지 아니한 자
13. 삭제 [2013.5.28.]
14. 제314조 제6항, 제315조 제3항부터 제6항까지 또는 제319조 제3항·제4항을 위반하여 통지나 통보를 하지 아니한 자
15. 제316조 제1항 또는 제319조 제5항을 위반하여 실질주주명부 또는 실질수익자명부를 작성·비치하지 아니하거나 거짓으로 작성한 자
16. 제323조 제1항 또는 제2항에 따른 통지를 하지 아니하거나 거짓으로 통지한 자
17. 제339조 제2항(제357조 제2항 또는 제361조에서 준용하는 경우를 포함한다)을 위반하여 보고를 하지 아니하거나 거짓으로 보고한 자 또는 신고를 하지 아니하고 같은 항 제3호에 해당하는 행위를 한 자
18. 제348조(제357조 제2항에서 준용하는 경우를 포함한다)에 따른 승인을 받지 아니하고 다른 영리법인의 상시적인 업무에 종사한 자
18의2. 제416조 단서(제335조의14에서 준용하는 경우를 포함한다)에 따른 조치명령을 위반한 자
19. 제418조(제335조의14 및 제350조에서 준용하는 경우를 포함한다)를 위반하여 보고를 하지 아니하거나 거짓으로 보고한 자

③ 제1항 및 제2항에 따른 과태료는 대통령령으로 정하는 방법 및 절차에 따라 금융위원회가 부과·징수한다. [개정 2008.2.29.]
④ 삭제 [2009.2.3.]
⑤ 삭제 [2009.2.3.]
⑥ 삭제 [2009.2.3.]
[시행일 : 2015.1.1.] 제449조 제2항 제13호

사항색인

【ㅇ】

양 동 석(梁東錫)

〈약　　력〉

朝鮮大學校 法學科 卒
成均館大學校 大學院(法學博士)
美國 The University of Michigan Law School(1986, 조선대학교 지원)
日本 立命館大學(1994, 한국 학술진흥재단 지원),
獨逸 함부르크大學(1996, 조선대학교 지원)
日本 早稻田大學(2002, 일본 학술진흥재단 지원)
美國 The University of Washington Law School(2008, SBS 문화재단 지원) 客員研究員
BK21 1차 핵심분야 기업지배구조개선 전문연구인력 양성팀장(학술진흥재단, 1999-2001)
BK21 2차 핵심분야 경영환경변화에 따른 기업관련법제 연구팀장(학술진흥재단, 2003-2005)
조선대학교 대외협력부장
조선대학교 법과대학장
現 조선대학교 법과대학 명예교수

〈주요 저서〉

대소회사구분입법론(법문사, 1995), 어음·수표법 강의(고시연구사, 2000),
법과 현대사회(조선대출판부, 1997, 공저),
여성과 법률(조선대출판부, 1998, 공저),
東アジアの會社法(日本 法律文化史, 2003, 공저),
中國會社法(진원사, 2007),
유가증권법리와 어음·수표법(제2판, 법영사, 2014, 공저)

〈주요 논문〉

大小會社區分立法論
企業支配構造改善, 執行任員制度導入
韓國における企業支配構造に関する最近の動向(Ⅰ-Ⅱ)
Current Corporate Governance Structure in Korea(Ⅰ-Ⅳ)
중국의 기업법제개혁과 지배구조의 개선
회사법상의 특별배임죄 등 多數

김 현 식(金鉉植)

〈약　　력〉

조선대학교 법과대학 졸업
조선대학교 대학원 법학박사
現 광주은행 근무

〈연구 논문〉

공개매수규제
금융지주회사제도의 문제점과 개선방안
우리나라 금융지주회사제도의 법제현황과 발전방향

기업범죄

2014년 8월 25일 초판인쇄
2014년 8월 31일 초판발행

저　　자 양동석·김현식
발 행 인 고 호 균
발 행 처 **법 영 사**

저자와의 협의하에 인지첩부를 생략함

135-835 서울시 강남구 대치동 611
전화 (501)8898(대) Fax (501)8895
등록 1987. 5. 11. 제3-125호(윤)
Homepage : www.bubyoungsa.co.kr
E-mail : bypuco@chol.com

※ 파본은 교환해 드립니다.　　정가 **25,000**원

ISBN 978-89-7032-298-8